Wilhelm Tieke · Im Feuersturm letzter Kriegsjahre

Wilhelm Tieke

Im Feuersturm letzter Kriegsjahre

II. SS-Panzerkorps mit 9. und 10. SS-Division „Hohenstaufen“ und „Frundsberg“

MUNIN VERLAG GMBH · OSNABRÜCK

Druck:
Kölle-Druck, Preußisch Oldendorf (Westf)

ISBN 3-921242-18-5

VORWORT

Dreißig Jahre nach Kriegsende bringen ehemalige Angehörige des II. SS-Panzerkorps die Kriegsgeschichte ihres Korps heraus. Dieser zeitliche Abstand ermöglicht eine vorurteilsfreie und faire Sicht des Kampfeinsatzes der dem Korps unterstellten Divisionen.

Eine Frage bleibt: Wie war es möglich, daß die jungen Soldaten in den Divisionen dieses Korps der Waffen-SS selbst noch in den aussichtslosen Lagen der letzten Abwehrschlachten kämpften und nicht aufgaben? Die Antwort: Sie alle erfüllten mehr als ihre Pflicht!

Wir Überlebenden fühlen uns den Gefallenen und ihren Angehörigen daher ganz besonders verpflichtet. Durch Taten der Kameradschaft ehren wir am sinnvollsten das selbstlose Sterben der Soldaten unseres Korps und erstatten wir unseren Dank.

(W. Bittrich)

INHALTSVERZEICHNIS

VORWORT VON GENERAL BITTRICH

DAS GENERALKOMMANDO 13

AUFSTELLUNG DER 9. UND 10. SS-DIVISION 14
Namensgebung — Westfrankreich — Südfrankreich — Umgliederung zur Panzerdivision

ALS „FEUERWEHR" NACH RUSSLAND 35
Der Hubekessel — Im Tempo 72 nach Lemberg — Das III./SS-Pz.Gr.Rgt. 22 gerät in einen schweren Bombenangriff — Frühling bei der Abfahrt, Winter bei der Ankunft

ANGRIFF AUF BUCZACZ 44
Hauptsturmführer Frankes Panzer zerschlagen eine Pakfront — Der Strypa-Brückenkopf der SS-Pz.AA 10 — Panzer und Schützenpanzer dringen in Buczacz ein — Geschafft! Männer der 10. SS-Panzerdivision und der 6. Panzerdivision des Heeres reichen sich die Hände — 1. Panzerarmee befreit — Pilawa und Petlikowce Stary

ENTSATZANGRIFF TARNOPOL 73
Stoßtrupp Kunigk — Das Bataillon Frank geht über die Wosuszka — Das Pi.Btl. „Hohenstaufen" baut die Brücke — Panzersturm auf Chodaczkow Wielki — Bittrich und Meyer in vorderster Linie — 55 Tarnopolkämpfer werden aufgenommen — Die Tragödie des „festen Platzes"

RESERVE DER HEERESGRUPPE NORDUKRAINE 96
Wo erfolgt der neue Großangriff der Russen? — Errichtung von „Schwert und Schild" — Das Hohelied der Versorgungstruppen

INVASIONSBEGINN UND BLITZTRANSPORT NACH FRANKREICH 107
Hochbetrieb auf den Bahnhöfen bei Lemberg — Erschwerter Anmarsch in die Bereitstellungsräume — 22. Juni 1944, Beginn der Schlacht um Caen

GEGENANGRIFF SÜDWESTLICH CAEN 121

Hausser übernimmt die 7. Armee — 29. Juni 1944, 06.00 Uhr: Das II. SS-Panzerkorps greift an — Bombenteppich auf die „Hohenstaufen" — Regiment 19 erobert Grainville — Vermessungstruppführer Scherb — Kampf um die Höhen 112 und 113 — Die 9. SS-Panzerdivision zieht Bilanz

VERTEIDIGUNG UND TEILANGRIFFE 141

Das Hohelied der Melder — Untersturmführer Reiter hält mit seinen Männern den Ansturm der englischen Panzer auf — Blitzvorstöße des SS-Panzerregiments 9 — Der Panzer wird zum stählernen Sarg

CAEN UND HÖHE 112 148

„Das Wäldchen der halben Bäume" — Der heldenhafte Einsatz der Panzerzüge Borrekott und Leven — Truppenarzt Hans-Günther Handricks Fürsorge auf dem Gefechtsfeld — Hauptsturmführer Karl Keck und seine Pioniere — „Tiger" stützen die Front — Das III./SS-Panzergrenadierregiment 22 verläßt mit 46 Mann die Höhe 112 — Die „Hohenstaufen" stützt die zusammenbrechende Front

EINSATZ DER 9. SS-PANZERDIVISION BEIM I. SS-PANZERKORPS 188

Verschiebung über die Orne — Zwei Angriffsgruppen der 9. SS-Panzerdivision „Hohenstaufen" — Sturmbannführer Brinkmanns SS-Pz.AA 10 greift als erste ein — Oberscharführer Wehrle befiehlt: „Luken zu, Motor anwerfen, Feuerbereitschaft, durch!" — Funken mit höchster Dringlichkeitsstufe — Hauptsturmführer Borchers stürmt mit seinen Panzergrenadieren St. André

KRISENRAUM AUNAY SUR ODON 204

Voraus die Kampfgruppe Paetsch — Hauptscharführer Küffner von der SS-Pz.AA 10, ein umsichtiger Führer — Männer des SS-Panzergrenadierregiments 22 schießen mit Panzerfäusten 14 „Shermans" ab

BENY BOCAGE, CHENEDOLLE 210

Die 7./SS-Panzerregiment 9 klärt die Lage bei Montchauvet — Ein Sturmmann namens Alber — „Tiger" und Panzeraufklärer stürmen Höhe 119 — Versorgungslage und Kolonnenraum Wi.Btl. 9 — „Tiger" Fey schießt eine englische Panzerkompanie zusammen — Panzerknacker des SS-Pz.Pi.-Bataillons 9 — Zollhöfers SS-Panzergrenadierregiment „Hohenstaufen" — Der Rückzug beginnt

VON AVRANCHES BIS FALAISE 240

Die SS-Pz.AA 10 schützt den Aufmarsch der Division — Die „Frundsberg" deckt die Südflanke des Angriffs auf Avranches — Der Kampf der „Tiger"-Abteilung Weiß nördlich von Falaise — „Rette sich wer kann!" — Das Chaos auf den Rückzugsstraßen — Bei Domfront und Briouze — Kampf um Falaise — „Schlüsselloch" Trun — Die Kirche von St. Lambert — Der Ausbruch

DER RETTENDEN SEINE ZU 270

Sperrgruppen halten den Gegner auf — An den Seinebrücken bei Oissel und Duclair — Die Werfer von Hauptsturmführer Nickmann halten die Engländer auf Distanz — An der Mähne eines Pferdes durch den Strom

RÜCKZUG DURCH NORDFRANKREICH UND BELGIEN 283

Auch an der Somme gibt es kein Halten — Untergang der Kampfgruppe Schultze in Albert — Ein Panzer-Flakgefecht bei Cambrai — An Brüssel vorbei — Sammeln in Holland

AUFFRISCHUNG IM RAUM ARNHEIM 301

Die 9. SS-Panzerdivision gibt Fahrzeuge, Waffen und Bataillone an die 10. SS-Panzerdivision ab — Planung und Neuaufstellung

KAMPFGRUPPENEINSÄTZE IN BELGIEN UND HOLLAND 305

Ein englischer Brückenkopf bei Neerpelt — Die Kampfgruppen Heinke und Roestel bringen den „Fahrplan" von „Market Garden" durcheinander — Kaum erwähnt, und doch entscheidend für den Ausgang des Luftlandeunternehmens bei Nymwegen und Arnheim

ALLIIERTE LUFTLANDUNGEN BEI ARNHEIM UND NYMWEGEN 308

Die 1. Airborne-Division springt bei Arnheim — Harzers Alarmverbände rücken aus — „Front ist da, wo es schießt!" — Die Gruppe Buttlar hält ein englisches Bataillon auf — Das Bataillon Frost erreicht die Nordauffahrt der Straßenbrücke von Arnheim — Hauptsturmführer Gräbner jagt mit seiner Aufklärungs-Abteilung nach Nymwegen — Das Bataillon Krafft — Harmel befehligt den Abschnitt Nymwegen — „Gespenster-Bataillon" Euling — Die SS-Unterführerschule Arnheim unter Führung von Standartenführer Lippert — Der Kessel von Oosterbeek wird ausgeräumt — Das Ende von „Market Garden" — Hauptsturmführer Dr. Skalka rettet die Schwerverwundeten beider Seiten

ABSCHLUSSKÄMPFE BEI ARNHEIM UND NYMWEGEN 369

Die Beute wird gesammelt — Die Kampfgruppen der 9. SS-Panzerdivision werden herausgezogen — Atempause für die 10. SS-Panzerdivision

ZWISCHEN WAAL UND NIEDERRHEIN 371

Der alliierte Brückenkopf Nymwegen soll beseitigt werden — Die 9. und 116. Panzerdivision des Heeres greifen zusammen mit der „Frundsberg" an — Es gelingt nicht, den feindlichen Brückenkopf einzudrücken — Die deutsche Front wird auf den Niederrhein zurückgenommen

EINSATZ DER KAMPFGRUPPE TRAUPE
BEI DER 15. ARMEE 379

Jaboangriffe stören den Anmarsch — Im Maasbrückenkopf bei Hertogenbosch — Der Übergang bei Waalwijk wird offengehalten

AUFFRISCHUNG DER 9. SS-PANZERDIVISION 382

Im Raum Siegen — Ersatz von Luftwaffe und Marine — Oberführer Stadler übernimmt wieder die Division — Im Raum Gütersloh—Gesecke—Paderborn — Abmarsch und Bereitstellung zur Ardennen-Offensive

EINSATZ DER 10. SS-PANZERDIVISION AUF
DEUTSCHEM BODEN 387

General Gillems XIII. US-Korps will durch — „Rauf auf die Höhen von Linnich!" — Die Amerikaner werden abgewiesen

KAMPF UM LINNICH 398

Das Bataillon Euling behauptet die Höhe 98 — Das SS-Panzerartillerieregiment 10 trommelt die amerikanischen Angriffe zusammen — Der Kampf um den Schlackenberg — Obersturmführer Ebert führt den Gegenstoß — Der Chef der Divisions-Begleitkompanie, Obersturmführer Fischer, und sein verwegener Haufen — Das Ringen um Linnich — Die Roer ist die neue Widerstandslinie

EINSATZ DES II. SS-PANZERKORPS BEI DER
ARDENNEN-OFFENSIVE 411

St. Vith — Das SS-Panzergrenadierregiment 19 erobert Grand Halleux — Angriff auf Poteaux — Luftangriffe auf St. Vith und Recht — Nachtangriff über die Salm — Der Kampf um Bastogne — Rückzug auf die Ausgangsstellungen — . . . und am Ende sind es nur noch Reste

EINSATZ DER 10. SS-PANZERDIVISION
IM OBERELSASS 451

Bei Freistett über den Rhein — Obersturmführer Bachmanns Husarenstück — Angriff auf Hagenau

EINSATZ DER 10. SS-PANZERDIVISION
IN HINTERPOMMERN 462

Aus den Zügen heraus . . . — Kampf um den Bahnhof Warnitz — Umgruppierung in ein paar Nachtstunden — Sallenthin und Muscherin werden erobert — „Sonnenwende" steht — Zurück bleiben frische Feldgräber

ZWEITER EINSATZ DER 10. SS-PANZERDIVISION
IN HINTERPOMMERN 474

Kampf um Naugard — Die Odyssee der SS-Pz.AA 10 — Die I./SS-Pz.Art. Rgt. 10 wird überwalzt — Das Ringen um Gollnow — Rosengarten, Hohenkrug und Hökendorf — An den Oderbrücken von Stettin

DER WEG DER 9. SS-PANZERDIVISION VOM PLATTENSEE BIS ZUR REICHSSCHUTZSTELLUNG 491

Ausladen im Raum Raab — Erschwerter Aufmarsch — 6. März 1945: Die deutsche Plattensee-Offensive beginnt — Die Offensive bleibt im Schlamm stecken — Der russische Gegenangriff — Der Kessel von Stuhlweißenburg — Die 9. SS-Panzerdivision hält das Loch offen — Am Plattensee zurück — An der Zala und bei Radkersburg

DAS ENDE DER 10. SS-PANZERDIVISION 527

Heidersdorf — Marsch nach Nordwesten — Der Kessel von Spremberg — Die Schreckensniederung bei Neu-Petershain — Geschafft, doch viele blieben liegen — Über das Erzgebinrge — Jeder versucht es auf eigene Faust

DIE SCHWERE SS-PANZERABTEILUNG 502 AN DER ODERFRONT UND DER AUSBRUCH AUS DEM KESSEL VON HALBE 551

Sturmbannführer Hartrampfs Abteilung, Stütze der Oderfront — Der Sturm auf Berlin bricht los — Aussichtsloser Kampf — Die 9. Armee wird eingekesselt — Ausbruch durch märkische Wälder — Das große Drama — Endlich Verbindung mit der Armee Wenck — Die Reste der 9. Armee gehen bei Tangermünde über die Elbe — Bei den Amerikanern

DIE LETZTEN EINSÄTZE DES GENERALKOMMANDOS 579

Zwischen Neusiedler-See und Donau — Kampf um Wien — Bei Stockerau

DAS ENDE IN ÖSTERREICH 584

Die letzten Kämpfe — An der Enns — Kapitulation — Bittrichs Abschiedsansprache — Gefangenschaft

JAHRE DANACH 599

Das Vermächtnis Guggenbergers — Dr. med. Runge besucht die alten Kampfstätten

NACHWORT UND DANK DES VERFASSERS 604

ANHANG 605

Feldpostnummern-Verzeichnis, Orden und Ehrungen, Stellenbesetzungslisten, Schlacht- und Gefechtsbezeichnungen, Stärke- und Verlustmeldungen

QUELLENNACHWEIS 629

DIENSTGRADABKÜRZUNGEN 633

ERLÄUTERUNGEN UND ABKÜRZUNGEN 634

DAS GENERALKOMMANDO

Das SS-Generalkommando wird am 1. Juni 1942 auf dem Truppenübungsplatz Bergen-Belsen unter SS-Obergruppenführer und General der Waffen-SS Paul Hausser, seinem Generalstabschef, SS-Oberführer Ostendorff, und dem neugebildeten Korpsstab aufgestellt.
In „Generalkommando SS-Panzerkorps" unbenannt und nach Frankreich verlegt, führt es dort die in Umgliederung und Neuaufstellung stehenden SS-Panzergrenadier-Divisionen „Leibstandarte" und „Das Reich", zu denen später noch die Division „Totenkopf" hinzutritt. Aufgabe in Frankreich: Schutz der Atlantikküste und Beteiligung an der Besetzung Südfrankreichs.
Bei Hereinbrechen der Krise um Stalingrad wird das Generalkommando SS-Panzerkorps mit den SS-Divisionen der Nummern 1—3 im Februar 1943 als OKH-Reserve nach Rußland geworfen und im Donezgebiet versammelt, wo es wenig später in die schweren Abwehrkämpfe der Heeresgruppe Don eingreift.
Dann ist das Generalkommando SS-Panzerkorps mit seinen drei Divisionen an den Abwehr- und Angriffskämpfen im Raum Charkow und Kursk im Frühjahr und Sommer 1943 maßgeblich beteiligt.
Nach der letzten Räumung Charkows und der Verlegung an den Mius-Abschnitt zerfällt die Geschlossenheit des Panzerkorps. Seine Divisionen kommen an verschiedenen Abschnitten der Heeresgruppe Süd zum Einsatz.
Das Generalkommando und die SS-Pz.Gr.-Division „Leibstandarte" werden Anfang August 1943 zur Entwaffnung der Badoglio-Truppen nach Oberitalien verlegt. Hier führt das Generalkommando den Tarnnamen „SS-Panzerarmee". Paul Hausser führt einen Armeestander an seinem Wagen. Danach Sicherung und Bandenbekämpfung in Oberitalien, in Istrien und im slowenischen Raum.
Mitte Dezember 1943 wird das Generalkommando SS-Panzerkorps nach Frankreich in den Raum Argentan verlegt und in „Generalkommando II. SS-Panzerkorps" umbenannt, denn inzwischen sind auch die Generalkommandos I. und III. SS-Panzerkorps aufgestellt worden.

Das Generalkommando II. SS-Panzerkorps wird Panzergruppenreserve des Oberbefehlshabers West und überwacht die Ausbildung der im Raum Lisieux—Rouen—Evreux—Falaise von Südfrankreich eingetroffenen 10. SS-Pz.-Division. Zum II. SS-Panzerkorps soll später die 9. SS-Pz.-Division hinzutreten. Das Panzerkorps mit seinen beiden Panzerdivisionen ist speziell für die Abwehr einer alliierten Landung auf dem westeuropäischen Festland ausgebildet und vorgesehen.

AUFSTELLUNG DER 9. UND 10. SS-DIVISION

Namensgebung — Westfrankreich — Südfrankreich — Umgliederung zur Panzerdivision

Ende Dezember 1942 wird mit der Aufstellung der 9. SS-Panzer-Grenadier-Division begonnen. Über die ersten Tage liegt ein Tätigkeitsbericht (Bundes-Militärarchiv) vor, der folgenden Wortlaut hat:

„SS-Pz.Gr.Rgt. 2 der SS-Panzergrenadier-Division ‚Hohenstaufen‘.
31. 12. 1942: Aufstellung der 9. SS-Pz.Gr.Div. ‚Hohenstaufen‘.
Kdr.: SS-Brigadeführer und Generalmajor der Waffen-SS Wilhelm Bittrich;
Adj.: SS-Hauptsturmführer Schwarz.
27. 1. 1943: Aufstellungstag des 2. SS-Pz.Gr.-Regimentes.
Kdr.: SS-Ostubaf. Müller;
Adj.: SS-Ostuf. Heynig.
Beim SS-Pz.Gr.Ers.Btl. ‚Totenkopf‘/III in Brünn wurde der erste verkürzte Aufstellungsstab zusammengestellt.
Es waren: SS-Hstuf. Gruber, stellvertretender Rgt.Kdr. und Kdr. des I. Bataillons;
SS-Ostuf. Heynig, Rgt.-Adjutant;
SS-Ostuf. Bohrmann, Rgt.-Verwaltungsführer;
SS-Ostuf. Krüger, Rgt.-Ordonnanz-Offizier;
SS-Ustuf. Korb, Adjutant I. Bataillon;
sowie 3 Unterführer und 8 Männer, die in erster Linie aus Verpflegungs- und Rechnungsführern sowie Feldköchen bestanden."

Im Januar 1943 treffen die ersten Mannschaftstransporte von Ersatzeinheiten der Waffen-SS auf dem französischen Truppenübungsplatz Maille le Camp bei Reims ein, denen am 13. 2. 1943 zwei größere Transporte vom Ersatzbataillon der „LSSAH“ Berlin-Lichterfelde folgen. Am 8. 2. 1943 beginnt der Aufstellungsstab mit der personellen Aufstellung der Division unter Führung von SS-Brigadeführer und Generalmajor der Waffen-SS Wilhelm Bittrich.

Mit einem Divisionsbefehl vom 19. 3. 1943 wird die endgültige Namensgebung allen Angehörigen der 9. SS-Panzergrenadier-Division bekanntgegeben. Darin heißt es:

> „Es hat in deutschen Landen Männer und Geschlechter gegeben, deren Namen über alle Zeiten im deutschen Volke fortklingen, deren Namen unsterblich geworden sind durch ihre überragende Tat. Ein solcher Name ist der, den unsere Division trägt: ‚Hohenstaufen‘.
> Ein Geschlecht trug ihn durch Jahrhunderte deutscher Geschichte und erwarb ihm Ewigkeitsruhm. Längst waren die Hohenstaufen vergangen, aber ihr Name lebte noch und wurde zur Sage im deutschen Volk, wie die Sage vom Staufenkaiser Friedrich im Kyffhäuser.
> Wenn wir heute diesen Namen tragen, so wissen wir, daß er schon einen Klang hat aus der Geschichte, den ihm jenes Geschlecht deutscher Kaiser erwarb. Wir wissen weiter, daß es nun an uns ist, den Klang dieses Namens nicht nur zu bewahren, sondern ihn aufs Neue zu erwerben in harter Tat, damit er bleibe auch dann, wenn die Namen der einzelnen von uns einmal vergangen sind.
> Das sei unser Ziel! Das ist unsere Pflicht dem Namen ‚Hohenstaufen‘ gegenüber.“

Werfen wir einen kurzen Blick in die Geschichte: Die Staufer waren ein schwäbisches Geschlecht, das 1138—1254 den deutschen Königs- und Kaiserthron innehatte.
Stammvater war Friedrich von Büren; unter seinem Lehen stand das Dorf unweit der im 11. Jahrhundert erbauten Burg Hohenstaufen bei Göppingen. Friedrich von Büren vermehrte seinen Besitz durch Heirat im Elsaß. Sein Sohn Friedrich erhielt als Schwiegersohn Kaiser Heinrichs IV. das Herzogtum Schwaben. Nach Kaiser Heinrichs V. Tod

fielen im Erbgang die gesamten Hausgüter der Salier an die Staufer. Im Besitz dieser Länder und Würden erhoben die Staufer Anspruch auf die deutsche Krone, die ihnen zunächst verwehrt blieb, da sich Lothar von Supplinburg durchsetzte; aber 1138 gelangten sie mit Konrad III. auf den deutschen Königsthron. Der Kampf gegen das Geschlecht der Welfen erfüllte die folgenden Jahrzehnte. Mit Friedrich Barbarossa, der das kaiserliche Ansehen gegenüber dem lombardischen Städtebund und dem Papsttum festigte und Deutschland im allgemeinen Frieden brachte, entfaltete sich die Macht der Staufer nach Süden. Ihr fügte Heinrich VI. durch Heirat 1186 Süditalien und Sizilien ein.
Der Abstieg der Staufer begann unter Philipp von Schwaben, der sich Ottos IV., des welfischen Gegenkönigs, erwehren mußte. Wegen des Erstarkens der deutschen Landesfürsten und des Zusammenbruchs der staufischen Herrschaft in Ober- und Mittelitalien konnte auch die glanzvolle Regierung Friedrichs II. (1194—1250) den Niedergang nicht aufhalten. Sie beendete politisch, geistig und kulturell eine Epoche, die wesentlich von den Staufern geprägt war. In der Erinnerung der Nachwelt wirkte die Weite des staufischen Reichsgedankens sowie die Blüte der höfisch-ritterlichen Kultur dieses Zeitalters stark nach. Soviel über die Staufer.
Unter dem verpflichtenden Namen „Hohenstaufen" wird die Aufstellung der Division zügig vorangetrieben. Die Führungskader kommen von fast allen Divisionen der Waffen-SS und haben sich zum größten Teil im Fronteinsatz bewährt. Die taktische Umstellung auf Selbstfahrlafetten und auf Panzer bereitet keine großen Schwierigkeiten. Ein Teil der Führungskader wird auf Speziallehrgänge — auch des Heeres — geschickt.
Der Personalbedarf der 9. und 10. SS-Panzergrenadierdivision bereitet dem Ergänzungsamt der Waffen-SS große Sorgen, da Freiwillige in genügender Zahl nicht mehr zur Verfügung stehen. Der Chef des SS-Ergänzungsamtes, Obergruppenführer und General der Waffen-SS Gottlob Berger, schildert die Personalbereitstellung in einem Brief vom 11. 5. 1974 an den Verfasser so:
„Nach dem großen Aderlaß von Stalingrad erhielt ich den Auftrag vom OKW, zwei SS-Divisionen neu aufzustellen und wenn die Freiwilligen nicht dazu reichen würden, durch Musterungen in RAD-Lagern den Personalbedarf zu decken. Hierl und sein Stabsführer, in dessen Händen der gesamte Reichs-Arbeits-Dienst lag, wurden ins Führerhauptquartier befohlen, und sie erklären sich am Schluß der Verhandlungen bereit,

uns jede Hilfestellung zu geben. Ich selbst erließ einige Aufrufe an die Arbeitsdienstlager und sprach in manchen von ihnen mit großem Werbeerfolg. Im Norden und Süden Deutschlands wurde auf Freiwilligenmeldungen großer Wert gelegt; in den Arbeitsdienst-Lagern Hessens war es dann eine reine Musterung, die da und dort sehr unwürdig durchgeführt wurde.

Bei dieser Aktion sind rund 27 000 Mann gemustert worden. 13 100 waren Freiwillige. Die übrigen stellten die Volksdeutschen aus dem Südosten, die gerade dann, als der freiwillige Zustrom im Sommer 1943 aufhörte, durch Staatsverträge (Rumänien) frei wurden; es waren ca. 8000 Mann."

Infolge der Tragödie von Stalingrad und der damit verbundenen gewaltigen Schwächung der deutschen Wehrkraft wird die Aufstellung und Ausbildung der 9. SS-Panzergrenadierdivision „Hohenstaufen" forciert, da in Frankreich nach Abzug fast aller OKH-Reserven nach Rußland keine nennenswerten Reserven mehr zur Verfügung stehen, die einer sich abzeichnenden alliierten Invasion wirksam begegnen könnten. Die 9. und die gleichzeitig in der Aufstellung befindliche 10. SS-Panzergrenadierdivision bilden nun die Reserve der Panzergruppe West.

Das Schwergewicht der Ausbildung liegt auf Waffen- und Gefechtsausbildung. Zu Anfang stehen nur russische Pak und Infanteriegeschütze zur Verfügung, die erst allmählich durch deutsche Waffen und Fahrzeuge ersetzt werden, da die Industrie infolge der zahlenmäßig hohen Anforderungen des deutschen Feldheeres, besonders im Osten, die Neuaufstellungen nur schleppend mit Waffen und Fahrzeugen ausrüsten kann.

Wichtigstes Führungsinstrument ist die Nachrichten-Abteilung. Die von Sturmbannführer König aus Abgaben der SS-Nachrichten-Ersatz-Abteilung Nürnberg aufgestellte SS-Pz.Nachr.Abt. 9 hat schon in den Anfängen der Divisionsaufstellung wichtige Funktionen zu erfüllen. Die unter Führung von Hauptsturmführer Thom in der Ausbildung stehende Fernsprechkompanie, die 1., betreibt unter Leitung von Unterscharführer Boser mit geliehenen Geräten und Materialien eine Divisions-Fernsprechvermittlung, und wenig später kommen auch Regimentsvermittlungen hinzu. Unter Hauptsturmführer Berndt nimmt auch die 2., die Funkkompanie, feste Formen an und wächst langsam in die Aufgaben des Funkdienstes hinein. Ein Trupp alter Funker betreibt mit geliehenen Geräten eine Funkstelle beim Divisionsstab.

In den ersten Märztagen des Jahres 1943 erfolgt die Verlegung der stehenden Teile der 9. SS-Pz.Gr.-Division von Maille le Camp nach dem Truppenübungsplatz Maria ter Heide und in den Raum Kortryk—Menen—Halvin—Mouscron in Flandern. Der Divisionsstab bezieht in Elverdinge Quartier.
Die 2./SS-Pz.Nachr.Abt. 9 wird in einem Kastell des Dorfes Langemarck und teilweise in Privatquartieren untergebracht. Langsam nimmt die Funkkompanie ihre zweckerfüllende Form an. In einer kleinen Kammer im Kastell wird eine Abhörstelle eingerichtet, die die Welle vom OB West abhört. Sturmmann Rettig ist Leiter der Abhörstelle, die nur hören, nicht geben darf. Die aufgenommenen Funksprüche werden per Telefon quittiert.
Vom SS-Art.Ers.Rgt. München-Freimann treffen große Mannschaftstransporte in Kortryk ein, die auf alle vier Artillerieabteilungen des SS-Artillerie-Regiments „Hohenstaufen“ aufgeteilt werden. Einige der Neuankömmlinge werden schon nach einigen Tagen bei den Batterien auf die Schule für Artillerie-Vermessungs-Trupps (A.V.T.) nach Glau geschickt. Anfang April führt das Artillerieregiment das erste Schulschießen mit Geschützen durch. Wenig später erfolgt auf dem Truppenübungsplatz Maria ter Heide das Artillerieschulschießen der Batterien.
Der Grundstock der Panzerabteilungen der SS-Pz.Gr.-Divisionen 9 und 10 wurde auf dem Truppenübungsplatz Bitsch im Elsaß im Januar 1943 gelegt. Wenig später erfolgte die Verlegung in die Aufstellungsräume der Divisionen. Aber die Ausstattung an Panzerfahrzeugen läßt noch lange auf sich warten.
Da der kleine Truppenübungsplatz Maria ter Heide keine ausreichenden Möglichkeiten für größere Verbandsübungen bietet, wird die Division „Hohenstaufen“ nach Abzug einer Heeres-Panzerdivision in den Raum Amiens verlegt, wo ein größerer Truppenübungsplatz zur Verfügung steht. Die Verlegung der Division läuft vom 25. bis 30. Juni 1943. Die auf dem Truppenübungsplatz Amiens forcierte Verbandsausbildung wird vom Befehlshaber der Panzergruppe West, General der Panzertruppen Freiherr Geyr von Schweppenburg, überwacht. Sein Steckenpferd ist die Ausbildung im Kampf gegen Fallschirmtruppen. Diese kluge, vorausschauende Ausbildung bewährt sich später bei den alliierten Luftlandungen bei Arnheim. Im Herbst 1943 weilt der Generalinspekteur der deutschen Panzertruppen, Generaloberst Guderian, bei der Division „Hohenstaufen“. Nach einer großen Lehrübung bei Abbéville

wird die Division sehr gelobt. An weiteren Lehrübungen nehmen auch Offiziere von Heeresdivisionen, und einmal japanische und rumänische Generale, Stabsoffiziere und Militärattachés teil.
Die Flakabteilung der „Hohenstaufen" wurde in Arolsen beim Flak-Ersatz-Regiment aufgestellt, vervollständigte im Raum Mengeringhausen die Ausbildung und stieß im Raum Amiens zur Division. Ende Juli 1943 wird die Abteilung bereits zur Abwehr alliierter Bombereinflüge eingesetzt. Die 1. Batterie geht auf dem Flugplatz bei Amiens in Stellung und verliert bei einem Luftangriff die ersten jungen Soldaten. Die 2. Batterie des Untersturmführers Wunderling verfeuert aus ihren Stellungen am Stadtrand von Amiens am 31. Juli ihre ersten Granaten auf anfliegende Bomberverbände, die besonders den großen Verschiebebahnhof angreifen. Einen Augenzeugenbericht über den schwersten Bombenangriff auf den Verschiebebahnhof Longue bei Amiens gibt uns der Kommandeur des SS-Wirtschafts-Bataillons 9:
„Am 2. September 1943 um 11.00 Uhr dröhnen Bomberpulks in drei Wellen über Amiens, und am Stadtrand klinken alle Bomberschützen zugleich aus. Ängstlich blicken die Franzosen auf die unendlich vielen torkelnden Projektile, die aus 3000 m Höhe in der Sonne gefährlich funkeln und dicht wie große Hagelkörner schräg fallend mit den Viermotorigen ziehen, die unbekümmert ohne Jagdschutz fliegen können, da unsere Jagdverbände abgezogen worden sind.
Alarm beim Wirtschaftsbataillon 9, dessen drei Kompanien am Stadtrand von Amiens liegen. Der Flächenwurf gilt dem großen französischen Verschiebebahnhof Longue und dem Flugplatz dahinter, der nicht belegt ist.
Auf mehr als zehn Gleisen stehen Transportzüge. Ein Eisenbahnzug mit Heu- und Strohballen — Rauhfutter für pferdebespannte Divisionen — brennt, und im Nachbarzug geht Munition hoch, darunter Waggons mit Lufttorpedos und Flakmunition. Aus einem typisch französischen Zug aus Weinwaggons, alle aus Holzfässsern, spritzen Fontänen des kostbaren Rotweins. Einen gerade durchfahrenden D-Zug hat es schlimm erwischt; viele französische Zivilisten sind tot oder verwundet.
Alle Lkw fahren mit Mannschaften und Arbeitsgeräten (Schaufeln und Hacken), und auch die Kran- und Werkstattwagen, zum Flugplatz und zum Verschiebebahnhof, um noch zu retten, was zu retten ist. Verwundete Zivilisten, Luftwaffenhelferinnen und Eisenbahner werden in die

Krankenhäuser gefahren. Da keine Rangierloks greifbar sind, werden abgekoppelte brennende Wagen ‚von Hand' so weit auseinandergezogen, daß nicht alles der Vernichtung anheim fallen kann. Doch diese flächenvernichtenden Bombenangriffe sind nur der Anfang und für uns die Vorwarnung. Wir sind zur Abwehr der ständig angedrohten Invasion aufgestellt worden und sehen schon jetzt, daß wir gegen eine solche Luftüberlegenheit keine Chancen haben, wenn diese viermotorigen Geschwader am Himmel bleiben und in solchen Mengen Bomben werfen, als schütte man Zuckerrüben aus Eisenbahnwagen.

Im Divisionstagesbefehl Nr. 16 vom 4. 9. 1943 heißt es u. a.:

> „Ich spreche dem Wirtschaftsbataillon für den wiederholten schnellen und tatkräftigen Einsatz von Hilfskommandos nach Luftangriffen auf die Umgebung von Amiens meine Anerkennung aus...
>
> gez. Bittrich*"

Die Stationen der Instandsetzungs-Abteilung der „Hohenstaufen" sind: Aufstellung in Ypern—Raum Amiens. Die Abteilung ist behilflich bei der Aufstellung der I-Staffeln und besorgt alle nötigen Kfz-Umbauten, u. a. den Aufbau der Feldküchen. Anfang Juni wird der Führer der 3. Kompanie, Obersturmführer Budach, mit drei Gehilfen zum SS-Führungshauptamt nach Berlin geschickt, um für die beschleunigte Zuführung der noch fehlenden Waffen, Fahrzeuge und Geräte zu sorgen. Diese Mission nennt sich „Nachschubkommando Hohenstaufen". Budachs gute Zusammenarbeit mit dem Sachbearbeiter für den technischen Nachschub der Waffen-SS, Sturmbannführer Bree, und seine Verbindungen zu Freunden beim OKH am Fehrbelliner Platz und am Tirpitzufer bewirken die überplanmäßige Zuführung von Notstromaggregaten, von Elektroschweißgeräten auf Einachsanhängern und die Zuweisung von vier Opel-Blitz-Pritschen und zwei Anhängern (drei Tonnen) zum Aufbau von zwei kompletten Vulkanisierzügen. Für diese Tätigkeit wird Obersturmbannführer Budach vom Divisionskommandeur belobigt und mit dem Kriegsverdienstkreuz I. Klasse ausgezeichnet.
Im Raum Amiens ist die 9. SS-Pz.Gr.-Division „Hohenstaufen" der 15. Armee des Generals von Vietinghoff-Scheel unterstellt. Zur Tarnung

* Kopie vom Original im Besitz von Helmuth Thöle.

und zur Irreführung feindlicher Agenten werden die SS-Zeichen abgelegt. Der am 1. Mai 1943 zum SS-Gruppenführer und Generalleutnant der Waffen-SS beförderte Divisionskommandeur Bittrich läßt in seiner Division Priester beider Konfessionen zu. Bittrich erklärt dazu 1972, daß er hierzu von zahlreichen Eltern seiner jungen Soldaten veranlaßt wurde.
Indessen wird auch die Schulung des Führerkorps vertieft. Bei Planspielen werden alle denkbaren Lagen durchgespielt.
Auf Befehl des SS-Führungshauptamtes wird die SS-Panzergrenadierdivision „Hohenstaufen" Anfang November 1943 in eine Panzerdivision umgebildet. Die Umstellung geht rasch und zügig voran. Umbesetzungen und Versetzungen werden zumeist innerhalb der Division vorgenommen. Mit der Umgliederung zu einer Panzerdivision werden die SS-Panzergrenadierregimenter 1 und 2 in 19 und 20 umnummeriert.
Im August-September 1943 verlegt die SS-Flak-Abt. 9 in den Küstenabschnitt Ostende—Calais. Der Abteilungsgefechtsstand wird in Bailleul an der belgisch-französischen Grenze errichtet. Obersturmführer Heilers 4. Batterie liegt in Wissant. Die Flakabteilung übernimmt den Schutz der schweren deutschen Batterien, die an der Straße von Calais—Dover in Stellung sind. Die 4. Batterie geht direkt an der Küste in Stellung und hat die Aufgabe, etwaige feindliche Schnellbootangriffe abzuwehren; danach verlegt die Batterie nach Wattenvetum zum Schutz der V-Waffen-Abschußbasen.
Vom 10. 11. bis 20. 12. 1943 wird die 9. SS-Pz.-Division — besonders die Pionierkompanien — im Abschnitt der 183. Sicherungsdivision (Machholz) zum Ausbau der zweiten Linie des Atlantikwalles eingesetzt.
Im Januar 1944 meldet sich der Oberbefehlshaber West, Generalfeldmarschall von Rundstedt, zu einem Besuch bei der 9. SS-Pz.Div. an. Divisionskommandeur Bittrich befiehlt, von Rundstedt durch eine Ehrenkompanie zu empfangen. Da die Pz.Gr.-Regimenter nicht mehr den Präsentiergriff gelernt haben, können sie dem Feldmarschall diese Reverenz nicht erweisen. Man besinnt sich auf das Wirtschafts-Bataillon, in dem der Griff noch geübt wurde. Der Kommandeur, Sturmbannführer Thöle, bildete seine Fleischer und Bäcker an allen Waffen aus, in der Erkenntnis, daß im Kriegseinsatz oft auch Bäcker und Fleischer sich verteidigen mußten. Und als der Feldmarschall von Rundstedt im Divi-

sionsstabsquartier in Amiens erscheint, steht eine Kompanie von Bäkkern und Fleischern zum Empfang angetreten, und der Präsentiergriff klappt tadellos.
Ab 8. Februar 1944 wird die 9. SS-Panzerdivision nach Südfrankreich in den Raum Nimes—Avignon—Cavaillon verlegt. Das Divisionsstabsquartier befindet sich in Nimes. Hier ist die Division dem AOK 19 des Generals von Sodenstern unterstellt.
Im Frühjahr 1944 ist die Aufstellung und Ausbildung nahezu abgeschlossen. Die in der Jägerkaserne von Nimes liegende SS-Flak-Abt. 9 erhält Scheinwerfer; die 4. Batterie drei 60-cm-Scheinwerfer. Die I. Abteilung des SS-Pz.Rgt. 9 muß noch lange auf ihre Panzer V warten; der Aufklärungszug und die 5. und 6. Kompanie der II. Abteilung sind mit Panzer IV, die 7. und 8. Kompanie mit Sturmgeschützen ausgestattet. Mit der Umgliederung in eine Panzerdivision besteht das SS-Art.Rgt. 9 nunmehr aus einer Selbstfahrlaffetten-Abteilung (I.), einer leichten Abteilung mit mot. Zug (II.) und der schweren (III.) Abteilung. Alle Batterien haben sechs Geschütze.
Wenn auch die materielle Ausstattung der 9. SS-Pz.-Division „Hohenstaufen“ noch nicht vollständig ist und später auch nie eine Vollständigkeit erreicht, so kann Ende 1943 bis Anfang 1944 die personelle Aufstellung als abgeschlossen gelten. Mit Stand vom 31. 12. 1943 meldet die 9. SS-Panzerdivision an das Führungshauptamt die Stärke von 485 Führern, 2684 Unterführern und 16 442 Mannschaften, also eine Gesamtstärke von 19 611.
In Südfrankreich wird auch die 9. SS-Pz.-Division „Hohenstaufen“ zunehmend mit der Störtätigkeit französischer Widerstandskämpfer konfrontiert. Resistanceeinheiten greifen mehrfach Sanitäts- und Versorgungsfahrzeuge der Division in entfernten Unterkunftsgebieten an, wobei die Division Tote zu beklagen hat. Das führt so weit, daß die Division „Hohenstaufen“ auf Weisung der Armee Razzien und Säuberungsaktionen durchführen muß. Dabei werden spanische und französische Widerständler mit Waffen ergriffen. Bei den Razzien in Häusern werden britische Waffen, Verpflegung und Goldbarren gefunden und beschlagnahmt. Gefangene und Verdächtige werden von den Truppenteilen der Feldgendarmeriekompanie übergeben.
Die etwa zehn Resistanceleute werden von der Feldgendarmerie nach Nimes gebracht und in Zusammenarbeit mit der deutschen Feldkommandantur Nimes und der deutschen Sicherheitspolizei verhört und

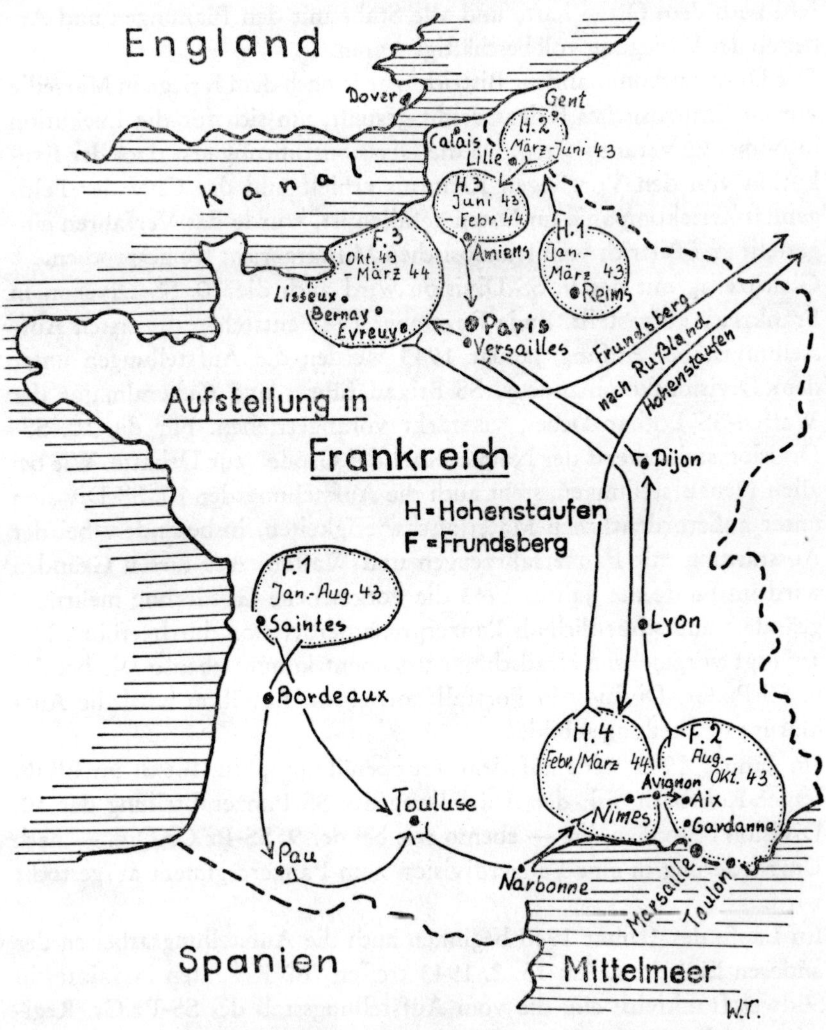

Aufstellung der 9. und 10. SS-Panzerdivision in Frankreich

an einer Eisenbahnbrücke in Nimes aufgehängt. Diese Exekution soll die Widerständler von weiteren Überfällen und Sabotageakten abschrecken.

Die Exekution geschah ohne Wissen der Divisionsführung und lief wohl deshalb so überstürzt ab, weil die Division bereits den Verlegungsbe-

fehl nach dem Osten hatte und alle Stäbe mit den Planungen und Arbeiten der Verlegung voll beschäftigt waren.
Der Divisionskommandeur Bittrich wurde nach dem Kriege in Marseille vor ein französisches Kriegsgericht gestellt, um sich für die Exekution in Nimes zu verantworten. Da die Divisionsführung erst *nach* der Exekution von den Vorgängen Kenntnis erhielt und der Chef der Feldgendarmeriekompanie im Osten gefallen ist, wurde das Verfahren eingestellt und Bittrich vom französischen Militärgericht freigesprochen.
Gleichzeitig mit der 9. SS-Division wird auch die 10. SS-Division in Frankreich aufgestellt. Ende Dezember 1942 entstehen die ersten Aufstellungsstäbe. Anfang Januar 1943 werden die Aufstellungen unter dem Divisionskommandeur, SS-Brigadeführer und Generalmajor der Waffen-SS Lothar Debes, verstärkt vorangetrieben. Für die 10. SS-Division steht zuerst der Name „Karl der Große" zur Debatte. Wie bei allen Neuaufstellungen, steht auch die Aufstellung der 10. SS-Division unter außerordentlichen Materialschwierigkeiten, insbesondere bei der Ausstattung mit Panzerfahrzeugen und Waffen. Aus diesen Gründen wird im Laufe des Jahres 1943 die vorgesehene Gliederung mehrmals geändert und schließlich als Panzergrenadierdivision durchgeführt. Das anfangs vorgesehene Kradschützenregiment kommt ebenso wie bei der 9. SS-Pz.Gr.-Division in Fortfall; aus einem Bataillon wird die Aufklärungs-Abteilung gebildet.
Im Januar 1943 wird auf dem Truppenübungsplatz Bitsch im Elsaß, Lager Rohrbach, mit der Aufstellung der SS-Panzerabteilung der 10. Division begonnen, die — ebenso wie bei der 9. SS-Pz.Gr.Div. — nach Umgliederung in eine Panzerdivision zum Panzerregiment aufgestockt wird.
Im Laufe des Januar 1943 beginnen auch die Aufstellungsarbeiten der anderen Einheiten. Am 15. 2. 1943 treffen 760 Rekruten in Saintes in Südwestfrankreich ein, die vom Aufstellungsstab des SS-Pz.Gr.-Regiments 1 der 10. SS-Pz.Gr.-Division in Empfang genommen werden. Die Neuankömmlinge werden vom Aufstellungsstab Hauptsturmführer Laubscheer in den zugewiesenen Unterkunftsraum Saint Jean de Angely geführt. Diese Gruppe ist in den Unterlagen des Bundesmilitärarchivs Freiburg mit Personalien belegt.
Die im Raum Saintes—Angoulème—Barbezieux, nördlich von Bordeaux, in der Aufstellung begriffene 10. SS-Pz.Gr.-Division erhält von allen Ersatztruppenteilen der Waffen-SS Stämme und Rekruten. Füh-

rer und Unterführer sind alte erfahrene Soldaten, die sich bei Fronteinsätzen in fast allen Divisionen der Waffen-SS bewährt haben. Die Mannschaften sind Freiwillige und Gezogene der Jahrgänge 1925 und 1926. Viele kommen aus volksdeutschen Siedlungsgebieten des Südostens.

Die Division ist anfangs der 1., dann der 19. Armee unterstellt. Das Gewicht liegt auf Waffen- und Gefechtsausbildung. Die Formalausbildung wird erst später vervollständigt.

Der Divisionsstab der 10. SS-Pz.Gr.-Division befindet sich in Salis de Bearn. In der Nähe liegt die SS-Aufklärungs-Abteilung 10, mit Stab in Port de Lanne und den Kompanien in Mayveville, Sigogne und Rovillac.

Nach der Räumung Siziliens von deutschen und italienischen Truppen und angesichts des sich abzeichnenden Sprungs der Alliierten auf das italienische Festland (nach Übernahme der Regierung in Italien durch Marschall Badoglio und der Verhaftung Mussolinis) muß die deutsche Führung mit dem völligen Abfall Italiens rechnen, der dann am 3. 9. 1943 eintritt. Die Regierung Badoglio schließt mit den Alliierten einen Waffenstillstand, der gleichzeitig eine Landung der Alliierten in Calabrien und einen Vorstoß nach Norden, gegen Rom, bewirkt. Diese vorauszusehende Entwicklung schließt auch eine Landung der Alliierten an der französischen Mittelmeerküste nicht aus und erfaßt auch die 10. SS-Pz.Gr.-Division, die in die bisherigen Unterkunftsräume der Pz-Gr.-Division „Feldherrnhalle“ aufrückt, da diese nach Italien verlegt.

Im August 1943 verlegt die 10. SS-Pz.Gr.-Division aus dem südwestfranzösischen Raum in den Raum Marseille. Die Eisenbahntransporte rollen über Pau—Toulouse—Narbonne (an den Pyrenäen und an der Mittelmeerküste entlang). Im Raum Gardanne—Aix werden Biwaks und Ortsunterkünfte bezogen.

Im Raum Marseille wird die Ausbildung fortgesetzt. Fahrzeuge und Waffen treffen ein; so erhält die von Sturmbannführer Brinkmann geführte SS-Aufklärungs-Abteilung 10 Anfang Oktober Schützenpanzer und rüstet damit die 2., 3. und 4. Kompanie aus. Am 3. 10. macht die nun voll ausgerüstete Abteilung eine Werbefahrt durch Marseille für die in den Anfängen stehende französische SS-Division „Charlemagne“.

In Südfrankreich kommen die Männer der 10. SS-Pz.Gr.-Division mit der Schönheit der Mittelmeerregion in Berührung. Die Gegend um Marseille vermittelt die Pracht und Vegetation der Tropen. Im Raum Mar-

seille werden Einheiten der 10. SS-Pz.Gr.-Division mehrmals alarmiert und zum Schutz von Bahnkörpern und Brücken gegen französische Widerstandskämpfer eingesetzt.
Ende Oktober 1943 verlegt die 10. SS-Pz.Gr.-Division in die Normandie; ab 23. 10. das I. — mit SPW ausgestattete — Bataillon des 1. Regiments vom Verladebahnhof Aix über Lyon—Dijon—Versailles nach Montfort und mit dem zweiten Transport nach Bernay. Die SS-AA 10 verlädt am 24. 10. 1943 in Marseille und gelangt auf gleichem Wege nach Bernay, marschiert dann mot. in den Raum St. Martin und bezieht dort am 27. 10. 1943 Unterkunft.
Mit der Verlegung der 10. SS-Panzergrenadierdivision in die Normandie ist eine Umgliederung in eine Panzerdivision und eine endgültige Namensgebung verbunden. Gleichzeitig wird eine Artillerieabteilung zur Aufstellung des SS-Artillerieregiments 17 abgegeben, und die Panzergrenadierregimenter 1 und 2 werden im Zuge der Durchnummerierung aller Regimenter der Waffen-SS in die Nummern 21 und 22 umbenannt.
Ab 4. 11. 1943 wird die Division als 10. SS-Panzerdivision „Frundsberg“ geführt. In einem Tagesbefehl zur Namensgebung heißt es:

> „Frundsbergs Gestalt ist heute aus dem geschichtlichen Bewußtsein des deutschen Volkes in weitem Umfange verschwunden. Außer seinem Namen und der Tatsache, daß er ein deutscher Landsknechtsführer war, ist nur wenigen Deutschen bekannt, wer Frundsberg war. Wenn der Führer unserer Division den Namen
>
> ‚Frundsberg‘
>
> verliehen hat, dann soll dieser damit unverdienter Vergessenheit entrissen werden. Frundsbergs unermüdlicher Einsatz für das Reich und die deutsche Sache, die kraftvolle kämpferische Persönlichkeit dieses Mannes soll wieder lebendig werden. Das Landsknechtstum war Generationen hindurch Inbegriff der urwüchsigen und überlegenen soldatischen Kraft unseres Volkes. Mögen ihm auch mancherlei Schlacken angehaftet haben, im Namen ‚Frundsberg‘ vereinen sich sinnbildlich seine besten Kräfte.
> Wir wollen den Namen dieses großen Deutschen mit Stolz tragen! Frundsberg sei uns Vorbild in diesem Kampf, den wir für das Volk und Reich zu führen haben!
> Diesem stolzen Namen Ehre zu machen, muß unser heiliger Wille sein.“

Die Lebensdaten des großen Landsknechtsführers und -Vaters sind kurz erzählt: Georg von Frundsberg, kaiserlicher Feldhauptmann, Sohn Ullrichs von Frundsberg, eines der ersten Hauptleute des schwäbischen Bundes, wurde am 24. 9. 1473 auf Schloß Mindelheim bei Memmingen geboren. Georg von Frundsberg diente 1499 unter Kaiser Maximilian I. gegen die Schweizer und wurde 1504 zum Ritter geschlagen. Er nahm 1513 am Kriege gegen Venedig teil und befehligte 1519 das Fußvolk des Schwäbischen Bundes gegen Ullrich von Württemberg. Bekannt ist seine Begegnung mit Luther in Worms 1521. Hier übertrug ihm Karl V. den Oberbefehl gegen Frankreich. An den kaiserlichen Siegen von Bicocca 1522 und Pavia 1525 hatte er bedeutenden Anteil. Georg von Frundsberg, der Vater der Landsknechte, hat diese zu einer schlagkräftigen Truppe geformt. Sein Sohn Kaspar war ebenfalls Söldnerführer. Mit seinem Enkel Georg von Frundsberg erlosch 1586 das Geschlecht. Der Vater der Landsknechte starb am 20. 8. 1528.

Am 15. 11. 1943 verläßt der Divisionskommandeur, SS-Brigadeführer und Generalmajor der Waffen-SS Lothar Debes, die 10. SS-Pz.Div. „Frundsberg" und übernimmt in Finnland die 6. SS-Gebirgsdivision „Nord". Neuer Divisionskommandeur wird SS-Gruppenführer und Generalleutnant der Waffen-SS Karl von Treuenfeld.

In der Normandie nimmt die Umgliederung in eine Panzerdivision abermals Zeit und Energie in Anspruch. Auf verschiedenen Lehrgängen werden Waffenspezialisten ausgebildet. In Orbec finden unter Obersturmführer Moses Funkkurse statt. Die Ausbildung des I./SS-Pz.Gr.-Regiments 21 auf SPW übernimmt ein Ausbildungsstab des Heeres. Der großräumige Unterkunftsraum der Division wird etwa durch die Städte Lisieux—Rouen—Evreux Falaise begrenzt. Die Verbandsübungen treten in den Vordergrund. Hierzu bietet der Truppenübungsplatz Falaise gute Möglichkeiten.

Am 16. 11. 1943 wohnt der Oberbefehlshaber der Panzergruppe West, General Geyr von Schweppenburg, auf dem Übungsplatz Falaise einer Übung des Pz.Gr.-Regiments 21 bei und zollt dem Regiment ein hohes Lob für den guten Ausbildungsstand. Den Verbandsübungen schließen sich große und kleine Funkübungen an, denn von einer schnellen Nachrichtenübermittlung hängt der Erfolg der Abwehr feindlicher Landungen im weiträumigen Küstengebiet ab, wo nicht überall Truppen stationiert werden können. Ende 1944 läuft eine große Funkübung an der Normandieküste. Vom 1. bis 11. 3. 1944 folgt eine weitere.

Am 31. 12. 1943 weist die Stärkeliste des Führungshauptamtes für die SS-Panzerdivision „Frundsberg“ eine Stärke von 487 Führern, 2722 Unterführern und 16 104 Männern, also eine Gesamtstärke von 19 313 Soldaten aus.
Auch der Kommandierende General des II. SS-Panzerkorps, Paul Hausser, wohnt nun häufig Verbandsübungen der 10. SS-Pz.-Division „Frundsberg“ auf dem Truppenübungsplatz Falaise bei. Anläßlich einer Truppenbesichtigung des SS-Pz.Gr.-Regiments 21 lobt er den hohen Ausbildungsstand des Regiments und drückt neben anderen Führern und Unterführern auch dem Oberscharführer Tanner, einem Teilnehmer des Ersten Weltkrieges, anerkennend die Hand. Ein Ereignis, das Tanner bis heute nicht vergessen kann.
Indessen dringen immer häufiger alliierte Fliegerkräfte bis über den U-Raum der 10. SS-Pz.-Division vor und greifen mit Bomben und Bordwaffen die Unterkünfte an. Anfang Februar wird das Eingraben aller Fahrzeuge der Division befohlen.
Im März 1944 ist die Ausbildung der 10. SS-Pz.-Division „Frundsberg“ abgeschlossen. Weitere große Rahmenübungen und Planspiele vertiefen Ausbildung und Wissen der Führer und Mannschaften.

Über ein Planspiel der Nachschubtruppen der „Frundsberg“ liegen konkrete Unterlagen vor, die hier einmal widergegeben werden sollen. Sie geben Einblick in die verantwortungsvolle Arbeit der Nachschubtruppen, die die Fronttruppe mit allen zum Leben und Kampf benötigten Dingen versorgen und damit entscheidenden Anteil am Gesamterfolg haben. Was hier noch ein Planspiel ist, wird später Wirklichkeit und steht für alle Nachschub- und Versorgungsdienste einer Division:

Stellenbesetzung für das Planspiel am 24. 3. 1944

Leitender:	SS-Hauptsturmführer Markus
Leitungsgehilfe:	SS-Obersturmführer Hofmann
Kdr.Div.-Nachschub:	SS-Hauptsturmführer Mutz
Adjutant:	SS-Obersturmführer Dr. Schulte
zbV. 1:	SS-Untersturmführer Sprengard
Kp.-Führer:	wie besetzt (2. Kf.Kp. SS-Untersturmf. Glier).

10. SS-Pz.Div. „Frundsberg“ O.U., den 23. 3. 1944
Kdr. d. Div.-Nachschub-Tr.

Planspiel

gemäß Ausbildungsbefehl Ib vom 2. 2. 1944 Tgb.Nr. 177/44 geheim

Karten: 1:200 000 Blatt 14, 15, 23 und 24
1: 80 000 Blatt 29, 30, 45 und 46

A. Taktische Lage:

1. Engl.-amerik. Kräfte sind am 3. 3. 44 an der Kanalküste zwischen Seine-Mündung und dem Golf von St. Malo gelandet. Luftlandetruppen wurden bis zu 40 km von der Küste entfernt abgesetzt, zum Teil konnte ihre Vereinigung mit den an der Küste gelandeten Kräften nicht verhindert werden. Der größte Teil der Verbände wurde vernichtet.

2. Feind zäh und erbittert kämpfend wurde auf allgemeine Linie Pont-Audemer, Beuzeville, St. Gatien, St. Martin-aux-Chartrains, Glanville, Dozule, Houlgate zurückgedrängt, im Raum Pont-le-Veque wurden starke Kräfte eingeschlossen.

3. Einzelne Stützpunkte im Küstengebiet wurden von Teilen der 711. Inf.Div. gehalten.

4. Die 10. SS-Pz.Div. „Frundsberg" ist mit 4 Kampfgruppen im Raum der 711. ID zwischen Honfleur und Cabourg eingesetzt.
Kampfgruppe 1 hat den Auftrag, eingeschlossenen Feind im Raum Pont-le-Veque zu vernichten.
Kampfgruppe 2 kämpft im Raum St. Martin—St. Etienne—Glanville—Danestal.
Kampfgruppe 3 hat den Auftrag, die Verbindung zur Festung Honfleur herzustellen und gegen Trouville vorzustoßen.

5. Div.Gef.Std. Ia: St. Hymer
Div.Gef.Std. Ib: Coquainvilliers
Feldlazarett: Trun.

6. Bemerkungen zur taktischen Lage:
   a) Feindl. Luftüberlegenheit hält an.
   b) Mit Auftreten versprengter Feindteile, einzelner Sabotagetrupps, auch fdl. Kampfwagen muß gerechnet werden.
   c) Eigene Truppe hat 20 % Ausfall an Toten und Verwundeten.
   d) Nachrichtenlage: Alle Verbände angeschlossen, durch Funk, Versorgungstruppen in der Hauptsache auf Melder angewiesen.
   e) Wetter: trocken, keine Fernsicht, Nachtfrost,

B. Versorgungslage:
Div.-Nachschub-Truppen im jetzigen U-Raum.

1. Allgemeines: Im Lande befinden sich Vorräte an Vieh und landwirtschaftl. Versorgungsmitteln für die Versorgung der Truppe.
2. Verkehrslage:
   a) Straßen mit Kunstdecke, zum Teil durch Bombentreffer beschädigt,
   b) Eisenbahn: Bahnlinien nur bis Alencon und Mortagne betriebsfähig.
3. Versorgungslage:
   a) Einrichtung der Armee:
   Armeebetriebsstofflager in Beaufai (8 km westl. Laigle),
   Armee-Muni-Lager in Sevigny (5 km nördl. Argentan).
   b) Den Div.-Nachschubtruppen stehen an Kolonnenraum zur Verfügung:
   1. Kraftf.Kp.: 105 t (15 t nicht einsatzfähig)
   2. Kraftf.Kp.: 115 t (5 t nicht einsatzfähig)
   3. Kraftf.Kp.: 15 t und 80 t Sandkühler
   (15 t nicht einsatzfähig)
   4. Kraftf.Kp.: 65 t Sandkühler
   5. Kraftf.Kp.: 85 t (schwerste Kfz.)
   6. Kraftf.Kp.: 118 t (schwere Kfz., 5 t nicht einsatzfähig)
   7. Kraftf.Kp.: 60 t.

   Nachschubstraße für Division: St. Gauburge, Gace, Vimoutiers, Lisieux, Pont Leveque und Trouville.
   Für Munition: Argentan, Vimoutiers, Lisieux, Pont Leveque und Trouville.

Aufgaben:

1. Errechnung der Marschbänder bei Tage und bei Nacht.
2. Festlegung der Marschstraßen zum Armee-Mun.-Lager und Armee-Betriebsstoff-Lager (Nebenstraßen).
3. Erkundung der Marschstraßen.
   a) Am 23. 3. 44, 15.00 Uhr, erhält Ord.Offz.Div.-Nachschub-Truppen von Ib mündl. Befehl: Es sind sofort im ABL 100 cbm Otto-Kraftstoff für Kampfgruppe 3 zu laden und auf Straße Valsème —Brubec umzuschlagen.

b) Der Kampfgruppe 2 sind nach Bonnebosq 25 cbm Diesel und 20 cbm Otto-Kraftstoff zuzuführen.
c) Am 24. 3. 44, 23.00 Uhr, ist der III./SS-Pz.Art.Rgt. 10 in Quilly-le-Vicomte eine Mun.-Ausstattung zuzuführen. Empfang in der Nacht zum 24. 3. im AML.
d) Der I./SS-Pz.Art.Rgt. 10 ist bis 24. 3. 44, 03.00 Uhr, eine Mun.-Ausstattung zuzuführen und auf Straße in Nähe Drubec umzuschlagen.
Dem SS-Pz.Rgt. 10 sind 40 t Munition zuzuführen und zur gleichen Zeit in Clarbec umzuschlagen.
e) Der Kampfgruppe 2 sind 400 Schuß lFH und 160 Schuß sFH aus dem AML nachzuschieben. Lagerung der Munition hat in La Forge a lan Planche zu erfolgen.
f) Der BAST. sind 80 cbm Kraftstoff zuzuführen.
g) Der MAST. sind 90 000/Inf.-Munition, 600 Wrfgr. 8 cm und 1,2 t Signalmunition zuzuführen.
h) Dem I./SS-Pz.Gr.Rgt. 21 sind 40 t Munition nach Les Authieux sur Calonne bis 24. 3., 22.00 Uhr, zuzuführen.

Aufgaben:

1. Errechnung des erforderlichen Kolonnenraumes.
2. Errechnung des Zeitbedarfes für Beladung, Fahrt und Umschlag.
3. Unterziehen der Fahrzeuge am Tage.
4. Rückführung von Verwundeten.

Zusatz zu c: In Quilly-le-Vicomte stehen Einweiser mit dem Befehl, die Hälfte der Munition in die Feuerstellungen der III./SS-Pz.AR 10 zu fahren (1. Bttr. 1 km südl. St. Hymer; 2. Bttr. nach Fierville les Parcs; 3. Bttr. nach St. André d'Hebertot).

gez. Markus, SS-Hauptsturmführer und Kdr. i. V.

Ende März sind die Aufstellungsarbeiten und die Ausbildung der 9. und 10. SS-Panzerdivision beendet, die Truppen voll kriegsverwendungsfähig. Lediglich die Ausstattung der I. (Panther-)Abteilungen der Panzerregimenter mit Panzern fehlen noch. Mit geringen Abweichungen setzen sich beide Divisionen wie folgt zusammen:
Divisionsstab mit den Abteilungen a, b, und c der Div.-Begleit-Kompanie, die auch als Sturmkompanie ausgebildet und ausgerüstet ist, und

der Feldgendarmerie-Kompanie, die sich größtenteils aus ehemaligen Polizeibeamten zusammensetzt.

Div.-Nachschub-Truppen mit mehreren leichten und schweren Kfz-Nachschubkolonnen.

Sanitätsabteilung mit Feldlazarett, zwei Sanitätskompanien und der Kranken-Kraftwagen-Kolonne mit drei Zügen.

Wirtschafts-Bataillon: Je 1 Bäcker- und Schlächter-Kompanie; Verwaltungskompanie; Feldpostamt.

Instandsetzungs-Abteilung: 3 Inst.-Kompanien; Nachschubstaffel.

Feld-Ersatz-Bataillon: 4—5 Kompanien (wechselnde Stärke).

Nachrichten-Abteilung: Je 1 Funk- und Fernsprech-Kompanie.

Pionier-Bataillon: Stabskompanie mit Pi.-Erkundungs-, Nachrichten- und Inst.-Zug; 3 Pionier-Kompanien (davon die 3. auf SPW); Brückenkolonne; leichte Pionier-Kolonne.

Panzerjäger-Abteilung: Stabskompanie; 3 Panzerjäger-Kompanien; Versorgungsstaffel. (In Vorplanung.)

Flak-Abteilung: Stabsbatterie; 3 schwere Batterien (je 6 8,8-cm-Geschütze); 1 leichte Batterie (12 3,7-cm-Geschütze); Versorgungsstaffel.

Aufklärungs-Abteilung: Stabskompanie;
- 1. Kp.: 4- und 8-Radspähwagen;
- 2.—4. Kp.: leichte SPW-Kompanien;
- 5. Kp. schwere SPW-Kp. mit Pi.- und Kanonenzug (7,5-cm kurz) und Pak-Zug (mot. Zug). Mittlere und schwere Wurfrahmen an den Bordwänden angebaut;
- Versorgungsstaffel.

Panzer-Regiment: Stabs-Kp.; Inst.- und Vierlings-Flak-Zug.
- I. Abteilung: Stabs-Kp.;
  - 1.—4. Panzer-Kp. à 17 Panzer V (Panther);
  - Versorgungsstaffel. (In Aufstellung.)
- II. Abteilung: Stabs-Kp.;
  - 5.—8. Panzer-Kp. à 20 Panzer IV (teilweise Sturmgeschütze);
  - Versorgungsstaffel.

1. Panzergrenadier-Regiment: Stabskompanie.
- I. Bataillon: Stab.
  - 1.—3. Pz.Gr.Kp. mit je 3 leichten Zügen und 1 schweren Zug (sMG und GraWe.);
  - 4. (schwere) Kompanie mit Pak-, lIG- und Pi.-Zug.

II. und III. Bataillon wie oben.
13. Kompanie: 6 Inf.-Geschütze 15 cm.
14. Kompanie: 12 leichte Fla-Geschütze
15. (Kradschützen-)Kompanie entfällt.
16. Kp. Pioniere.

2. Panzergrenadier-Regiment wie oben.
Anmerkung: Alle Kompanien sind mot.-verlastet. Ein Bataillon der beiden Pz.Gr.-Regimenter ist mit Schützenpanzern (SPW) ausgestattet. Bei der 9. SS-Pz.-Division ist es das III./SS-Pz.Gr.Rgt. 20, bei der 10. SS-Pz.-Division ist es das I./SS-Pz.Gr.Rgt. 21.

Artillerie-Regiment: Stabs-Batterie mit 2-cm-Vierlings-Flakzug.
I. Abteilung (Selbstfahrlafetten): Stabsbatterie.
1. und 2. Bttr. à sechs Geschütze 10,5 cm auf Sfl. (Wespe);
3. Bttr. sechs Geschütze 15 cm auf Sfl. (Hummel).
II. Abteilung (mot. Zug): Stabsbatterie.
4.—6. Bttr. zu je sechs Geschützen 10,5 cm.
III. Abteilung (mot. Zug): Stabsbatterie.
7.—9. Bttr. zu je sechs Geschützen 15 cm und oder eine 10-cm-Kanonen-Batterie.

Alle Einheiten führen die Bezeichnung: SS-Pz. . . . , und am Ende die Divisionsnummer 9 oder 10. Wie erwähnt, weicht diese Aufstellung teilweise von der Ist-Aufstellung der Divisionen etwas ab. So fehlen zunächst noch die Panzerjäger-Abteilungen, die infolge schleppender Ausstattung mit Waffen noch längere Zeit im Heimatgebiet verbleiben. Ebenso steht es mit den I. (Panther-)Abteilungen der Panzerregimenter. Die 10. SS-Pz.-Division „Frundsberg" stellt später nach dem Rückzug aus Frankreich aus Beutegeschützen eine neue IV. Artillerie-Abteilung auf. Die Kommandeursbesetzung ist aus einer Aufstellung im Anhang zu ersehen.
Durch den Beginn der russischen Großoffensive im Südabschnitt der Ostfront gerät die Heeresgruppe Süd des Generalfeldmarschalls von Manstein in eine große Krise. Die für den Osten und Westen geltenden Grundsätze werden über Bord geworfen; die Sperre, für den Westen bestimmte Divisionen und Einheiten nach dem Osten zu verlegen, wird zunächst auf kaltem Wege umgangen. Ersatzeinheiten fließen an die Ostfront. Aus Dänemark, Ungarn und Polen folgen komplette Divi-

sionen. In der Nacht zum 24. 3. 1944 setzt schließlich der tiefe Einbruch in die Bestände des Westens ein, die unter großen Materialschwierigkeiten aufgestellt worden sind und zur Abwehr der bevorstehenden Invasion in Frankreich bereitstehen. Zunächst werden die Sturmgeschütz-Abteilungen der 326., 348. und 346. Inf.-Division und der 19. Luftwaffen-Felddivision nach dem Osten geworfen. Und gerade die Ausrüstung mit Sturmgeschützen stößt auf besondere Schwierigkeiten, die auch die Ausstattung der Panzerjäger-Abteilungen der SS-Pz.-Divisionen 9 und 10 sehr verzögern.
Am 24. 3. 1944 schreibt Generaloberst Jodl, Chef des Wehrmachtführungsstabes — neben den oben aufgezählten Panzerjäger-Abteilungen — in sein Tagebuch: „OB West gibt 349. Inf.-Division ab" und einen Tag später „als Letztes und Äußerstes: II. SS-Panzerkorps im Höchsttempo nach dem Osten abtransportieren."
Nach der Abgabe der Panzer-Lehr-Division, der 21. Pz.Div. und der 349. Inf.Div. nach Italien, Ungarn und Rußland, und nun noch des II. SS-Panzerkorps mit den SS-Panzerdivisionen „Hohenstaufen" und „Frundsberg" ist die deutsche Abwehrkraft an der Atlantikküste sehr geschwächt. Sie soll durch Neuaufstellungen wieder verbessert werden.

Aber dazu kommt es infolge der sich überstürzenden Ereignisse nicht mehr. Zunächst rollt das II. SS-Panzerkorps nach Rußland und der Generalstab des Heeres, unter Zeitzler, versteht es, das II. SS-Panzerkorps — entgegen der ursprünglichen Absicht, es sofort nach Erledigung des Auftrages nach dem Westen zurückzuführen — im Osten zurückzuhalten.
Nach dem Abtransport des II. SS-Panzerkorps nach Rußland verlegen die I. Abteilungen der SS-Panzerregimenter 9 und 10 nach dem Truppenübungsplatz Maille le Camp, um hier auf ihre Ausrüstung mit Panzern vom Typ „Panther" zu warten.

ALS „FEUERWEHR“ NACH RUSSLAND

Der Hubekessel — Im Tempo 72 nach Lemberg — Das III./SS-Pz.Gr.Rgt. 22 gerät in einen schweren Bombenangriff — Frühling bei der Abfahrt, Winter bei der Ankunft

Die drohende Einschließung der 1. Panzerarmee zwischen russischem Bug und Dnjestr durch die russ. 1. und 2. Ukrainische Front (Heeresgruppe) zwingt das Oberkommando der Wehrmacht (OKW), das sorgfältig ausgebildete und für die Abwehr der bevorstehenden Invasion in Frankreich stehende II. SS-Panzerkorps unter Führung von SS-Obergruppenführer und General der Waffen-SS Paul Hausser im Eiltransport von Frankreich nach Rußland zu verlegen. Der Verlegung ging ein Tauziehen zwischen Hitler und den für den Osten verantwortlichen deutschen Führungsstäben voraus, da Hitler das II. SS-Panzerkorps für Rußland nicht freigeben wollte. Das OKH und insbesondere die Heeresgruppe Süd hatten jedoch aus Mangel an Reserven keine Möglichkeit, aus eigener Kraft die 1. Panzerarmee des Generals Hube zu entsetzen.
Indessen treibt die Lageentwicklung bei der 1. Panzerarmee dem Höhepunkt zu und es droht ihr ein zweites Stalingrad. Zwischen der 4. Panzerarmee im Norden und der 1. Panzerarmee im Süden ist die Verbindung gerissen. Russische Verbände dringen zwischen Seret und Zbruzcz gegen den Dnjestr vor. Am rechten Flügel der 1. Panzerarmee treibt die 2. Ukrainische Front einen weiteren tiefen Keil in Richtung Dnjestr vor und zerreißt die Verbindung zwischen der 1. Panzerarmee und der südlich anschließenden 8. Armee. Weitere Verbände der 2. Ukrainischen Front gehen bei Mogilew-Podolsk über den Dnjestr, stoßen nach Westen und bedrohen im Rücken der 1. Panzerarmee Brücken und Nachschubwege. Der nunmehr fällige Ausbruch der 1. Panzerarmee wird vom Panzer-Armee-Oberkommando 1 und von der Heeresgruppe Süd verschieden beurteilt. Das Pz.AOK 1 schlägt den Ausbruch nach Süden vor, die Heeresgruppe einen solchen nach Westen, obwohl in dieser Ausbruchsrichtung zahlreiche Flüsse zu überwinden sind. Die zweite Lösung wird durchgeführt und ist richtig — wie sich durch die spätere Entwicklung in Rumänien herausstellt.
In dieser Lage wird das II. SS-Panzerkorps von Frankreich nach Südrußland geworfen, um durch Angriff aus dem Raum südostwärts Lemberg auf Buczacz—Czortkow die 1. Panzerarmee freizuschlagen und ihr den Anschluß an die 4. Panzerarmee zu ermöglichen. Aus Ungarn

kommen die 100. Jägerdivision und die 367. Infanteriedivision hinzu.
In den letzten Märztagen des Jahres 1944 verladen die Einheiten der 9. SS-Panzerdivision „Hohenstaufen“ auf den Bahnhöfen im Raum Nimes in Südfrankreich. Nach genauem Zeitplan, im Tempo 72, also 72 Züge pro Tag und Strecke, dampft ein Transportzug hinter dem anderen das Rhônetal aufwärts und dann quer durch Deutschland und Polen. Am 29. 3. gehen die Transporte mit der III. Abteilung des SS-Artillerie-Regiments 9 von Quissac ab und treffen am 4. 4. 1944 auf den Bahnhöfen im Raum Lemberg ein.
Zur gleichen Zeit verladen die Einheiten der 10. SS-Panzerdivision „Frundsberg“ auf den Bahnhöfen im Raum Lisieux—Bernay. Hier in der Normandie das gleiche Bild wie bei der „Hohenstaufen“ in Südfrankreich. Zug um Zug dampft in Richtung Paris ab. Ostwärts Paris, auf dem Bahnhof Vaires, wird ein Transport des III./SS-Pz.Gr.-Regiments 22 (Hauptsturmführer Bünning) und von Teilen der Nachrichten-Abteilung und der Divisions-Nachschubtruppen von feindlichen Flugzeugen angegriffen. Bomben fallen, Bordwaffen bellen, die 10. SS-Pz.-Division „Frundsberg“ hat die ersten Toten und Verwundeten, die ersten Materialausfälle. Die Transporte rollen weiter. Am 27. März verlädt Sturmbannführer Brinkmanns SS-Aufklärungs-Abteilung 10 auf dem Bahnhof Lisieux; die Fahrt geht über Nantes—Paris—Metz—Trier—Koblenz—Kassel—Halle—Kottbus—Breslau—Krakau—Lemberg. Am 3. April Entladen in Zloczow.
Die Soldaten des II. SS-Panzerkorps erlebten in Frankreich erste Frühlingstage. Sie verließen die Unterkünfte in Südfrankreich, in der Normandie, um sie mit den trostlosen Unterkünften Südrußlands zu vertauschen. Dort war schon Frühling und im Raum Lemberg herrscht noch der Winter. Kälte und Schneestürme, Schneematsch und grundlose Straßen. Welch ein krasser Unterschied!
Für viele junge Soldaten ist das die erste Fahrt an die Front, und der damalige Sturmbannführer Thöle schildert diese Blitzverlegung des II. Korps von Südfrankreich nach Rußland wie folgt:
„Mit dem Rauch der Lokomotive fliegt waagerecht der Schnee. Der Oststurm heult dem überladenen Truppentransportzug entgegen. Aus Südfrankreich heranrollend, schnauft er jetzt vor Lemberg. ‚Über die Pfuffer laden‘, so heißt die neueste Weisung, die der Waggonmangel erzwungen hat. So stehen denn schwere Lastkraftwagen mit den Vor-

derrädern auf dem einen und den Hinterachsen auf dem nächsten Rungenwagen. In dichter Folge jagen die langen Güterzüge mit dem II. SS-Panzerkorps heran. Die neuaufgestellten Verbände — 9. SS-Panzerdivision ‚Hohenstaufen' und 10. SS-Panzerdivision ‚Frundsberg' — sollen die eingeschlossene 1. Panzerarmee bei Kamenez-Podolsk herausschlagen und die eingeigelte Besatzung in Tarnopol entsetzen. Es klafft eine große Lücke zwischen den Heeresgruppen Süd und Mitte bei Schepetowka und Rowno im März 1944.

An der Bahnlinie sehen die Soldaten Vorbereitungen zur Sprengung, um den russischen Vormarsch zu verzögern. Truppen ziehen auf den vereisten Straßen. Die Waffengattungen vermischt. Zwischen gepanzerten Fahrzeugen, Backanhängern und Panjewagen marschierende Soldaten mit und ohne Waffen. Man spürt die trostlose Krisenlage. Die Front ist weit aufgerissen. Ob die vorgesehenen Ausladebahnhöfe erreicht werden können, bevor die Rote Armee sie besitzt? Ausladen auf freier Strecke ist vorbereitet. Dazu werden Strohballen mitgeführt, die die Entladerampen ersetzen sollen.

Zunächst sollten sie nach Nettuno, südlich von Rom, um den Brückenkopf einzudrücken. Mitten in der Umrüstung auf Tropenbekleidung werden sie im Eil-Eisenbahnmarsch nach Rußland geworfen. Dort brennt es noch mehr, und so sind sie eben nicht mit Winterbekleidung sondern mit Feldbluse und einfachem Mantel ausgestattet.

Für viele junge Soldaten ist dies der erste Einsatz. Sie sehen aus den Waggons hinaus in den Schneesturm. Auf einem kleinen Bahnhof stehen lange Güterzüge nebeneinander. Morgengrauen, Kaffeefassen — heißer Malzkaffee und Marmeladenbrote, Rufe hinüber und herüber. Sie glauben an ihre Kraft: Durchschnittsalter 18 Jahre — der Nachbarzug rollt schon wieder an. Von welchem Regiment? — Durch beide Hände als Trichter vor dem Mund tönt's zurück durch den Wind . . . III. Bataillon 20, dann singen sie wieder wie vor zehn Minuten, als sie neben uns hielten."

Die jungen Soldaten blicken auf ihre Unterführer und Führer, hören auf sie, denn diese, zumeist alte Ostfrontsoldaten, kennen Rußland und bilden mit ihrer Kriegserfahrung das eiserne Gerüst.

Durch die etwas kürzere Anfahrtsstrecke sind am 2. April von der 10. SS-Panzerdivision „Frundsberg" 24 Transportzüge, und von der 9. SS-Panzerdivision „Hohenstaufen" 14 Transportzüge im Raum Lemberg eingetroffen. Die ersten Transporte laden auf den Bahnhöfen ostwärts

von Lemberg aus, um so weit als möglich an die Ausgangsbasen heranzukommen. Überall werden die Strecken zur Sprengung vorbereitet, Zeichen einer außerordentlichen Krisensituation.
Am 1. April 1944 trifft der Korpsstab in Lemberg ein. Die Führungsabteilung nimmt unverzüglich die Arbeit auf. Für das II. SS-Panzerkorps liegen die ersten Vororientierungen der Heeresgruppe Süd vor. Hausser und sein Chef des Stabes, SS-Standartenführer Pipkorn, überdenken bereits den Angriff. Die 10. Division links, den weiteren Weg zu den Bereitstellungsräumen, da sie zuerst mit Masse heran ist — die 9. Division rechts!
In der ersten Vororientierung der Heeresgruppe heißt es: „4. Panzerarmee tritt so frühzeitig wie möglich mit Angriffsgruppe Hausser (II. SS-Pz.Korps mit 9. und 10. SS-Pz.Div.; 367. Inf.Div.; 100. Jäg.Div.; s.Pz.Abt. 506; Pz.Abt. II./23 und möglichst starken Heerestruppen) zum Angriff nach Südosten an, allgemeine Richtung Czortkow."
Am 1. April, 22.07 Uhr, gehen präzisere Vorbefehle bei der Führungsabteilung des II. SS-Panzerkorps ein: „II. SS-Panzerkorps wird außer 9. und 10. SS-Pz.Div. am 2. 4., 12.00 Uhr, 367. Inf.Div. unterstellt. 367. Inf.Div. hat durch 4. Panzerarmee den Auftrag, am 2. 4. den Raum Bursztyn—Rohatyn zu erreichen . . . Das Korps trifft alle Vorbereitungen, 10. SS-Pz.Div. am 4. 4. über Zloczow—Pomorzany in den Raum Brzezany—Pluhow (beide ausschließlich), 9. SS-Pz.Div. am 4. 4. auf der Straße Unterwalden—Przemyslany—Rohatyn in den Raum Unterwalden—Rohatyn zu führen."
Zum Schaffen der Angriffsbasen und von Brückenköpfen werden die 100. Jägerdivision links und die 367. Infanteriedivision rechts vom beabsichtigten Schwerpunkt angesetzt.
In den folgenden Tagen rollen die Transporte weiter an. Ausladen und Vorziehen der Einheiten in die Versammlungsräume. Alle Bewegungen sind durch typisches Aprilwetter und verschlammte Straßen außerordentlich schwer, doch die sich immer mehr zuspitzende Lage bei der 1. Panzerarmee läßt keinen Zeitverzug zu. Am 3. April 1944 trägt der Sturmmann Weyh von der 3./SS-Pz.AA 10 in sein Tagebuch ein: „Mot.-Marsch wird durch Schneeverwehungen aufgehalten; bis zum Abend nur 9 km zurückgelegt." Die 3. Kompanie des Untersturmführers Harmstorf gilt als Beispiel für alle Einheiten.
Mit dem Vordringen russischer Verbände bekommen auch die Partisanen Oberwasser und treten vermehrt mit Sabotageakten und anderen

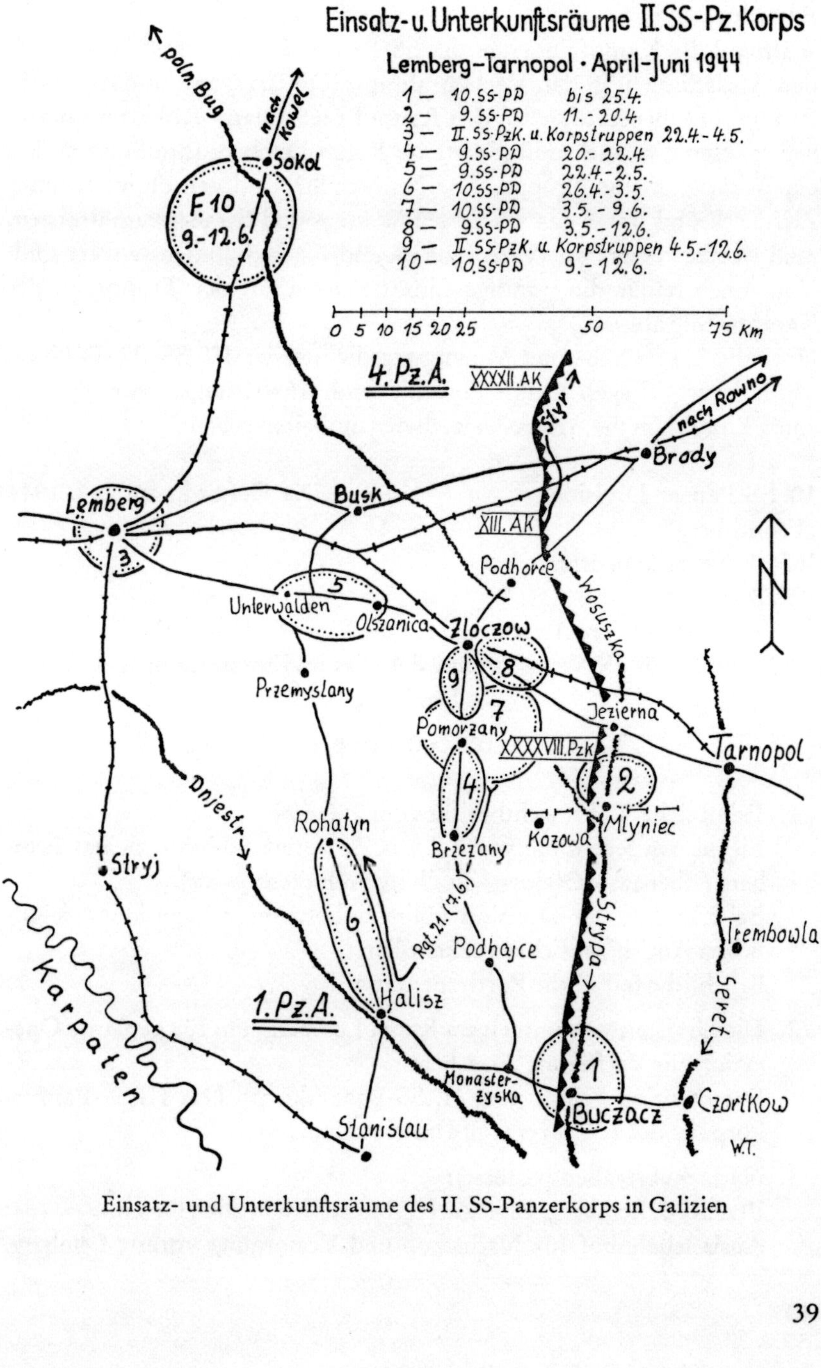

Einsatz- und Unterkunftsräume des II. SS-Panzerkorps in Galizien

Störungen in Erscheinung. Hierauf muß sich besonders der Nachschub einstellen.

Während die Kampfeinheiten der SS-Pz.-Division „Frundsberg" nach den Ausladungen in den Versammlungsraum Brzezany und der 9. SS-Pz.Div. „Hohenstaufen" in den Raum Przemyslany-Rohatyn vorziehen, richten die Nachschubdienste im Raum Lemberg ihre Stützpunkte ein. Was wäre eine Truppe ohne Nachschub? Und gerade jetzt, unter Zeitdruck und unter den schlechten Wetter- und Straßenverhältnissen, muß sich beweisen, was Versorgungs- und Nachschubdienste wert sind. Von ihnen hängt die ständige Einsatzbereitschaft der Truppe, ja der Kampferfolg ab.

Über die Nachschub- und Versorgungsdienste der 10. SS-Pz.-Division „Frundsberg" liegen Originalbefehle und Anweisungen vor, die uns einen Einblick in die Arbeitsweise dieser Einheiten geben:

10. SS-Panzer-Division — Div.Gef.Std., am 2. 4. 1944
„Frundsberg"
Ib Tgb.Nr. 550/44 offen
Rö./Z

Besondere Anordnung für die Versorgungstruppen
für die Versammlung der Div. im Einsatzraum
Lemberg.

Karten: 1:100 000 Lemberg—Brody.

1. Feind siehe Wehrmachtbericht vom 2. 4. 1944.
   Eigene vordere Linie verläuft zur Zeit etwa 80 km ostwärts Lemberg (Zberow—Olejow—Podhorce—Holeskowice).
   Bei zur Zeit der Division völlig unbekannter Lage keine feindlichen Angriffsabsichten erkennbar.
   Erhebliche feindliche Partisanentätigkeit.
2. Die Division versammelt im Raum Lemberg, um für geplante Operation zur Verfügung zu stehen.
   Die Division gehört zum II. SS-Panzerkorps. Das II. SS-Panzerkorps ist der 4. Panzerarmee unterstellt...
3. Nachschubstraßen (vorerst):
   Przemysl, Lemberg, Zloczow. Sprechstellen in allen Orten.
   Ausladebahnhof für Nachschub und Versorgung vorerst Lemberg.

Unterkunftsraum:
Kdr.Div.Nachsch.Tru. mit Stab im Raum Zimna Woda und westlich.
Wi.-Btl. 10 Westrand Lemberg.
Instandsetzungstruppen im Raum Grodek Jagiellonski.
San.-Abt. 10 im Raum Obroszyn.

4. Versorgung der Versorgungstruppen:
Mun.-Ausgabe-Stelle (MASt) im Walde 1,5 km südwestlich Zimna Woda.
Betriebsstff.-Ausgabe-Stelle (BASt) im Walde hart südlich Zimna Woda.
San.-Einrichtungen gemäß Ia-Befehl.
Verpflegung: Wi.-Btl. 10 mit Div.-Verpflegungs-Amt am Westrand Lemberg.

5. Nachschubtruppen:
1. Unterkunft: Die Nachschubtruppen beziehen Unterkunft im Raum Rudno (8 km westl. Lemberg), Zimna Woda, Bartatow, Grodek Jagiellonski, Kamienobrod, Stronna. Stab Nachschubtruppen in Zimna Woda.

2. Munitionsverwaltung:
a) Die Munitionsverwaltung erkundet und richtet ein:
MASt. 1 (Inf.-Munition),
MASt. 2 (Artillerie- und Panzermunition)
im Waldstück 1,5 km südwestlich Zimna Woda. Ausgabebereitschaft spätestens in den Morgenstunden des 4. 4. muß sichergestellt sein.
Nach Ankunft des ersten Tonnageraumes sind abzuholen im Armee-Munitions-Lager (AML) 1000 Faustpatronen und an der Erstausstattung fehlende Munition.

b) Die Division ist auf den Armee-Versorgungsstützpunkt für Munition in St. Parscocowide 15 km ostwärts Lemberg an der Eisenbahnlinie nach Brody angewiesen.
Ein neues AML wird in Mikolajew (33 km südl. Lemberg) eingerichtet.

c) Munitionsausgabe an die Truppenteile ist für den 4. 4. ab Vormittag vorgesehen.

d) Es wird darauf hingewiesen, daß die Munitionsversorgung im russ. Raum nicht immer sichergestellt ist. Die Truppenteile werden daher zu sparsamem Verbrauch angewiesen.

3. Betriebsstoffverwaltung erkundet und richtet ein:

a) Ausgabestelle im Waldstück hart südl. Zimna Woda.
Im ABL sind am 4. 4. vormittags 2,5 Versorgungs-Sätze (VS) für die Division bereitgestellt. Empfang sofort nach Ankunft des Tonnageraumes.
Der Armee-Versorgungsstützpunkt für Betriebsstoff befindet sich in Zabytow (15 km nordostwärts Lemberg).

b) Ausgabe von Betriebsstoff und Auffüllung auf 5 VS an die Truppenteile ist im Laufe des 4. 4. vorgesehen. Faß- bzw. Kanisterraum muß durch die Truppenteile gestellt werden.

c) Die Armee schiebt den Betriebsstoff nur in Kesselzügen zu. Die Umfüllung muß durch die Division geschehen.

6. Instandsetzungstruppen:

a) Die Instandsetzungstruppen beziehen Unterkunft im Raum Grodek Jagiellonski (13 km südwestlich Lemberg).

b) 1 Kfz.-Sammelplatz ist durch eine Kp. am Ostrand von Lemberg einzurichten. Arbeitsbereitschaft muß unter allen Umständen am 3. 4. in den Abendstunden gewährleistet sein. Diese Kp. verbleibt bis zum Abmarsch der Division im bisherigen Unterkunftsraum und arbeitet auf. 2 andere Kompanien sind als Reserve zur Verfügung zu halten.

7. Verwaltungstruppen:

a) Wi.-Btl. 10 bezieht Unterkunft am Westrand Lemberg (durch SS-Ostuf. Böhler bereits erkundet).

b) Die Division ist auf das Armee-Verpflegungs-Lager in Winniki (6 km südostwärts Lemberg) angewiesen.
Verpflegung kann dort jederzeit ausreichend und gut empfangen werden, jedoch besteht Schwierigkeit in der Brotversorgung. Die Bäckerei-Kp. hat sofort den Backbetrieb aufzunehmen.

c) Wi.-Btl. 10 beschafft über den Armee-Intendanten schnellstens Schneehemden und weiße Tarnkleidung.

d) Der Feldpostmeister der Division hat umgehend nach Eintreffen beim Armee-Postmeister in Winniki die Verbindung aufzunehmen.

8. Sanitätstruppen gemäß Befehl Ia.

9. Veterinärtruppen für Feld-Ersatz-Bataillon:
Veterinär-Einrichtungen sind durch das FEB 10 selbständig zu erkunden. Das FEB 10 wird auf bodenständige Einrichtungen des Heeres in Lemberg angewiesen.

10. Ordnungstruppen:
Befehle für Verkehrsregelung gemäß Befehl Ia.
Für Ib-Teile gesonderter Befehl.
Einrichtung einer Gefangenen-Sammelstelle durch Feldgendarmerie-Kp. gem. mündl. Befehl.

11. Feldpostdienste: Die Postsperre ist ab sofort aufgehoben.
An- und Ausgabe der Post bei Verpflegungsempfang ist sicherzustellen.

12. a) Div.Kdo. (Ib) ab 2. 4. bis voraussichtlich 5. 4. in Lemberg SS- und Polizei-Siedlung.
Nachschubführer ab 2. 4. in Zimna Woda.
b) Abstellung eines ständigen Melders der Truppenteile zur Ib-Staffel ist sofort zu veranlassen.

Für das Divisions-Kommando
der 2. Generalstabsoffizier
gez. Rösch, SS Hstuf.

Diese BAV wird ständig verbessert, ergänzt und im Zuge der Standortveränderungen der Kampfgruppen immer wieder erneuert. Es ist schon eine beachtliche Arbeit und Organisationsleistung, die Nachschub-Stäbe und Dienste vollbringen müssen. Und genauso, wie hier am Beispiel der „Frundsberg“ aufgezeigt, geht es auch bei der „Hohenstaufen“ zu. Bevor die Kampfverbände ihre ersten Kampfaufträge erfüllen, stehen die Nachschub- und Versorgungsdienste schon im Einsatz. Sie sind ein großes Zahnrad im Getriebe einer Division, und alle Räder und Rädchen haben ihre Funktion zu erfüllen, wenn der Einsatz der Division erfolgreich sein soll.

ANGRIFF AUF BUCZACZ

Hauptsturmführer Frankes Panzer zerschlagen eine Pakfront — Der Strypa-Brückenkopf der SS-Pz.AA 10 — Panzer und Schützenpanzer dringen in Buczacz ein — Geschafft! Männer der 10. SS-Panzerdivision und der 6. Panzerdivision des Heeres reichen sich die Hände — 1. Panzerarmee befreit — Pilawa und Petlikowce Stary

Die 4. Panzerarmee des Generals Raus hat den Auftrag, die 1. Panzerarmee des Generals Hube freizuschlagen. Am 3. April 1944 findet die beabsichtigte Angriffsführung im Befehl der 4. Panzerarmee ihren Niederschlag. Darin heißt es:

„Aufgabe des II. SS-Panzerkorps ist es, überraschend am b-Tag aus der Linie Rohatyn—Brzezany nach Südosten anzutreten, den Gegner südlich Podhajce zu schlagen und über Monasterzyska auf Buczacz vorzustoßen.

Hierzu gewinnt das Korps mit 367. Inf.Div., am a-Tag aus dem Raum Bursztyn—Rohatyn antretend, den Raum Wolclow—Horozanka—Bolszwec. Weitere Aufgabe der Division wird es sein, die nach Osten führende Operation zu unterstützen und am Dnjestr nach Süden abzudecken.

Mit einer Pz.Div. ist am b-Tag mit Anfang von Brzezany über Podhajce auf Monasterzyska vorzubrechen, sodann nach Osten einzudrehen und der Strypa-Abschnitt zu gewinnen.

Mit einer Pz.Div. ist je nach Wegeerkundungsergebnis, entweder von Rohatyn über Chorostkow—Wolczkow—Zielone oder über die Linie Rohatyn—Brzezany hinter linker Panzerdivision der Strypa-Abschnitt südlich Buczacz zu gewinnen."

Die Korps-Führungsabteilung arbeitet die Befehle für die Divisionen aus. Es wird gerechnet, gezirkelt, Fernschreiber ticken, Melder jagen davon.

Bei der Führungs-Abteilung der „Frundsberg" werden die Befehle des Korps auf die Einheiten der Division umgesetzt. Generalleutnant der Waffen-SS Karl von Treuenfeld, sein 1. Generalstabsoffizier, Sturmbannführer Lingner, und der Führungsstab überdenken alles und setzen ihre Einheiten in den großen Plan ein. An die einzelnen Kampfverbände gehen konkrete Einsatzbefehle heraus.

Und drüben bei der Führungs-Abteilung der „Hohenstaufen" in Przemyslany das gleiche Bild. Generalleutnant der Waffen-SS Wilhelm

Bittrich und sein 1. Generalstabsoffizier, Sturmbannführer Walter Harzer, müssen noch schärfer rechnen und zirkeln, da wesentliche Teile der 9. SS-Panzerdivision gerade erst auf den Ausladebahnhöfen eintreffen, der Angriff aber auf den nächsten Tag bereits festgesetzt worden ist. Dadurch läßt sich später eine Vermischung der Verbände nicht vermeiden. Es muß mit den Verbänden angetreten werden, die bisher eingetroffen sind.
Haussers Plan sieht vor, auf zwei Straßen, mit der 9. SS-Pz.-Division rechts und der 10. SS-Pz.-Division links, auf Buczacz vorzustoßen, während die 100. Jägerdivision den linken und die 367. Inf.-Division den rechten Flankenschutz zu übernehmen hat. Die SS-AA 9 erhält den Auftrag, am 4. 4. direkt nach Süden vorzustoßen, bei Halicz über den Dnjestr zu gehen und mit der bei Stanislau stehenden Sperrgruppe Püchler (Schutz der Dnjestr-Übergänge) Verbindung aufzunehmen. Auf Befehl der 4. Panzerarmee sind die Feld-Ersatz-Bataillone der „Hohenstaufen“ und „Frundsberg“ dem Korück 585 in Zolkiew zu unterstellen, mit der Aufgabe, eventuelle Feindvorstöße am polnischen Bug beiderseits Kamionka—Strumilowa aufzufangen, denn auch am Nordflügel der 4. Panzerarmee ist die Lage keineswegs gefestigt.
Schon beim Anmarsch der Einheiten der „Frundsberg“ und „Hohenstaufen“ in die Versammlungsräume machen sich Schneeverwehungen, Glatteis und am Tage Matsch und zerfahrene Wege sehr hemmend bemerkbar. Die jungen Kraftfahrer werden auf die höchste Probe gestellt. Und schnell zeigt sich auch die Wirklichkeit des Krieges: Auf einer Höhe hinter Lemberg, wo wieder einmal ein steckengebliebener Wagen den Marsch der Kolonne aufhält, erschallt plötzlich der Ruf: „Achtung, Flieger!“ Und schon jagen russische Schlachtflieger im Tiefflug heran und streuen mit Bordwaffen die verstopfte Straße ab. Die Männer versuchen durch den kniehohen Schnee von den Fahrzeugen wegzukommen, dann ist der ganze Spuk schon vorüber. Aber nicht immer geht es gut! Jeden Tag sind russische Schlachtflieger da und erschweren Aufmarsch und Vormarsch des II. SS-Panzerkorps. Die ersten Toten werden begraben. Nun tritt der Krieg an die jungen Soldaten mit harter Wirklichkeit heran, und die Tage werden bald zum Kriegsalltag, den sich viele so ganz anders vorgestellt hatten.
Am 4. April 1944 beginnt der Angriff des II. SS-Panzerkorps mit der 367. Inf.-Division rechts und der 100. Jägerdivision links. Links von der 100. Jägerdivision schließt sich das XXXXVIII. Panzerkorps des

Generals Balck mit der 359. Inf.-Division als Flügeldivision an. Das XXXXVIII. Panzerkorps hat den Auftrag, die HKL wieder bis zur Strypa vorzudrücken. Nördlich vom XXXXVIII. Pz.-Korps hat das XIII. Armeekorps mit dem Panzerverband Friebe den Auftrag, den Feind zu fesseln und Ausgangsbasen für den Entsatz des eingeschlossenen „festen Platzes“ Tarnopol zu schaffen.
Am rechten Korpsflügel wirft die 367. Inf.-Division den Feind bis zur Linie Miedzyhorce—Horozanka zurück. Vor dem Angriff der 100. Jägerdivision weicht der Feind bis zur Linie Woloszyzna—Latiatyn—Kozowa aus. Nach den Ergebnissen der Luftaufklärung ziehen die Sowjets ihre auf Lemberg angesetzten Spitzen nach Osten und Südosten zurück. Das ist ein erster Erfolg. Am 4. April sind von der 10. SS-Panzerdivision 57 Züge und von der 9. SS-Panzerdivision 35 Züge im Raum Lemberg eingetroffen. Die Einheiten der 9. SS-Panzerdivision werden hinter der 359. Inf.-Division an der Straße Przemyslany, die der 10. SS-Panzerdivision in den Raum Brzezany vorgezogen. Das SS-Pz.Gr.Rgt. 22 erreicht den Raum Urman, nördlich von Brzezany.
Das Gros der 100. Jägerdivision dringt indessen weiter nach Süden vor und erobert in den Abendstunden des 4. April den Westteil von Podhajce. Indessen bemühen sich die Einheiten der 10. SS-Panzerdivision, durch grundlose Schlammstrecken nach Podhajce aufzuschließen. Vorweg SS-Sturmbannführer Brinkmanns SS-Pz.AA 10, die am 3. 4. aus dem Unterziehraum Zloczow aufgebrochen war. Auf der Vormarschstraße über Pomorzany nach Brzezany sind so starke Schneeverwehungen und dann wieder Schlammstrecken, daß die Gefechtsteile der Abteilung erst am 3. 4. um 21.00 Uhr und die Trosse im Laufe des 4. April in Brzezany eintreffen. Sie benötigen für die rund 35 km 14 Stunden.
Die Vormarschstraße im Raum Brzezany ist angefüllt mit Kolonnen, die sich im Schneckentempo nach Süden bewegen. Oft müssen die Besatzungen einer Kolonne stundenlang schieben und ziehen, um die Strecke wieder frei zu bekommen, bis dann die nächsten Fahrzeuge festsitzen. Und in rollenden Einsätzen fliegen russische Schlachtflieger die deutschen Kolonnen an und holen sich ihre Opfer. Die Schlachtfliegertätigkeit wird zur Plage.
Auf der Straße Unterwalden—Rohatyn das gleiche Bild. Hier quälen sich die eingetroffenen Teile der 9. SS-Panzerdivision „Hohenstaufen“ bis in den Raum Rohatyn vor, schließen zur 367. Inf.-Division auf. Vorweg Hauptsturmführer Gräbners SS-Pz.AA 9. Die „Hohenstau-

fen“ bringt wie die „Frundsberg“ von Frankreich nur die II. Abteilung des Panzerregiments mit, da die I. Abteilung noch ohne Panzer ist.
Der Wetterbericht für den 5. April sagt Regen und Tauwetter voraus, das bedeutet eine weitere Verschlechterung des Straßenzustandes. Die Hilferufe der eingeschlossenen 1. Panzerarmee lassen keinen Zeitverzug zu; die Entsatzgruppe des II. SS-Panzerkorps muß mit allen Mitteln versuchen vorwärtszukommen. Die 4. Panzerarmee funkt an die 1. Panzerarmee: „II. SS-Panzerkorps vorstößt von Nordwesten auf Buczacz. Zur Zeit Brückenschwierigkeiten.“ Generaloberst Hubes Spitzen kämpfen sich von Osten an Buczacz heran.

Am 5. April gewinnt die 367. Inf.-Division die Linie Bysczow—Wolczkow (etwa parallel mit dem Dnjestr) und dreht dann nach Osten ein. Vor Horozanka kommt ihr Angriff zum Stehen. Die SS-Pz.AA 9 folgt über Bursztyn, stößt über Halisc über den Dnjestr und nimmt mit der bei Stanislau stehenden Sperrgruppe Püchler die Verbindung auf.
In den Morgenstunden des 5. April gewinnt die 100. Jägerdivision in Podhajce einen Brückenkopf über den Koropiec-Bach. Gegen 11.00 Uhr ist der Brückenkopf 1 km nach Osten, Süd- und Nordosten erweitert. Am Nachmittag werden die Orte Bialokiernica und Bekersdorf erobert. Während die 100. Jägerdivision nach Osten einschwenkt, schließt die 10. SS-Panzerdivision nach Podhajce auf, um in der Hauptstoßrichtung Buczacz weiter vorzustoßen.
Um 11.00 Uhr ist eine Besprechung auf dem Gefechtsstand der 100. Jägerdivision in Podhajce, dabei ist der Kommandeur der 10. SS-Panzerdivision und der Kommandeur seiner Aufklärungs-Abteilung. Die Weiterführung des Angriffs wird besprochen. Dabei wird deutlich, daß durch das befohlene Vorgehen der 100. Jägerdivision nach Osten zwischen dieser und der Hauptstoßrichtung auf Buczacz eine schwache Stelle entsteht, die von der SS-Pz.AA 10 abgedeckt werden soll.
Wenig später stehen SS-Gruppenführer von Treuenfeld und Sturmbannführer Brinkmann an der zerstörten Bachbrücke von Podhajce und besprechen den Auftrag für die SS-Pz.AA 10. Er lautet: „Aufklärung für die Division in Richtung Buczacz und Abdecken der linken Flanke der Division im Abschnitt nördlich Buczacz—Wisniowczyk und dort Bildung eines Brückenkopfes über die Strypa!“
Das größte Hindernis ist der Koropiec-Bach. Einwohner von Podhajce und Pioniere schaffen schließlich eine Furt durch den Bach. Gegen 13.00

Uhr können die ersten Fahrzeuge der aufgeschlossenen SS-Pz.AA 10 die Furt in Podhajce passieren.
Im Sinne des Auftrages: Aufklärung für die Division, setzt Sturmbannführer Brinkmann drei Spähtrupps an:

Spähtrupp 1 über Dobrowody—Kowalowka auf Buczacz;
Spähtrupp 2 über Madzelowka—Kurdwanowka—Osowce auf Buczacz;
Spähtrupp 3 über Chajmowka—Kotuzow—Wisniowczyk auf Osowce.

Die schlechten Wegeverhältnisse lassen den Kampfeinsatz der 4- und 8-Rad-Spähwagen der 1. Kompanie nicht zu. Die Spähtrupps werden von den Halbkettenfahrzeugen der 2. und 3. Kompanie gefahren.
Die ersten Funkmeldungen der Spähtrupps 1 und 2 lassen erkennen, daß die Sowjets bei der Straßengabel 6 km südostwärts Podhajce und westlich davon eine Pakfront aufgebaut haben. Der Spähtrupp 1 von der 2. Kompanie unter Führung von Untersturmführer Schöller wird 1 km

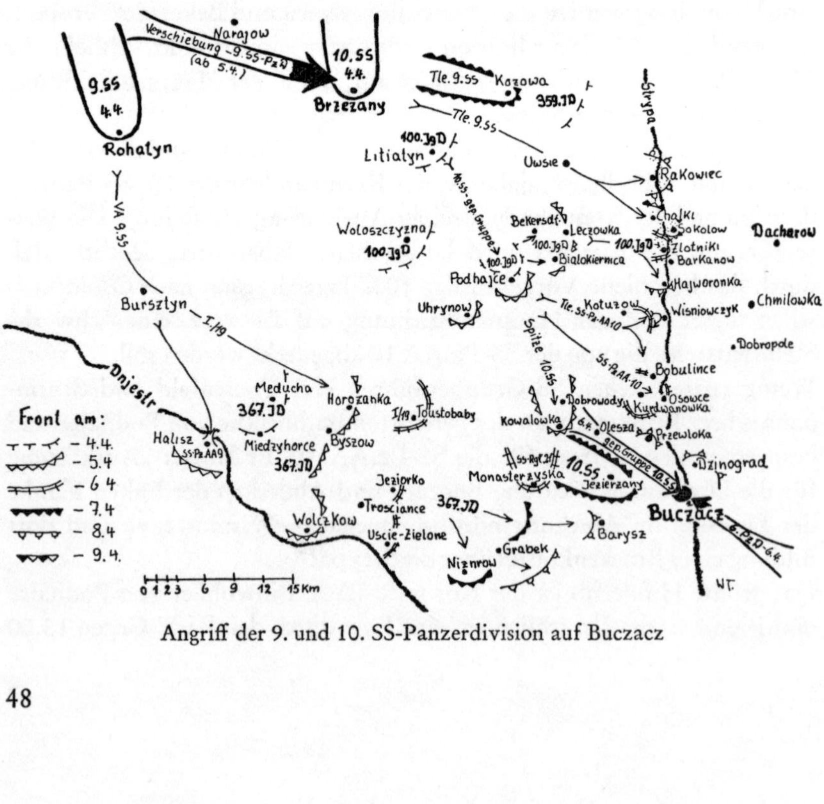

Angriff der 9. und 10. SS-Panzerdivision auf Buczacz

nördlich der Pakstellungen angeschossen, versucht die Pakfront nordostwärts zu umfahren und fährt sich dabei mit zwei Wagen hoffnungslos im Gelände fest. Der Spähtrupp bleibt hängen und kann seinen Auftrag nicht erfüllen.
Indessen tastet sich der Spähtrupp Hofmann von der 3. Kompanie von Beobachtungspunkt zu Beobachtungspunkt und stellt Madzelowka als feindbesetzt fest. An der Pakfront vorbeifahrend, folgen die 3. Kompanie und die Masse der Aufklärungs-Abteilung. Obersturmführer Hinzes 3./SS-Pz.AA 10, verstärkt durch zwei Kanonen- und einen Pak-Zug der Fünften, greift an und nimmt gegen 17.00 Uhr Madzelowka. Russische Infanterie und Bespannteile fliehen in Richtung Kurdwanowka.

Die mit MG und 2-cm-Kanonen bestückten SPW der 3. Kompanie und die 7,5-cm-Kanonenwagen der 5. Kompanie hinterher — schießen, fahren, schießen. Teile der russischen Verteidiger von Madzelowka werden gefaßt, aber dann setzt ein wolkenbruchartiger Frühjahrsregen ein, der das Vorwärtskommen der Halbkettenfahrzeuge erschwert oder unmöglich macht. Die Masse der Russen entkommt bei Osowce über die Strypa.
Spähtrupp Hofmann als Spitze und die 3. Kompanie quälen sich weiter. In den Abendstunden wird Kurdwanowka genommen. Weiter! Um 21.00 Uhr funkt Obersturmführer Hinze an die Abteilung:
„3. Kompanie hat mit Spähtrupp Hofmann und mit zwei Zügen die Strypa-Brücke bei Osowce unbeschädigt und den Ort selbst genommen!“
Die 3. Kompanie hat damit einen kleinen Brückenkopf über die Strypa gebildet, aber die Abteilung kann ihn nicht verstärken, weil sie sich mit Masse im aufgeweichten Boden zwischen Madzelowka und Kurdwanowka festgefahren hat.
Der Spähtrupp Küffner, der von Podhajce nach Osten vorstößt, trifft hart ostwärts Kotuzow gegen 18.00 Uhr auf fliehenden Feind und jagt diesen über Wisniowczyk über die Strypa. Sechs russische Lkw und ein B-Krad bleiben auf der Strecke liegen und können aus Kräftemangel vom Spähtrupp Küffner nicht geborgen werden. Danach wird der Spähtrupp Küffner durch Funk zur Verstärkung des Brückenkopfes nach Osowce befohlen. Die Masse der SS-Pz.AA 10 schließt in den Raum Kurdwanowka auf. Die Panzerspähkompanie verbleibt vorerst im Raum Podhajce.

Trotz schlechter Wetter- und Wegeverhältnisse hat die SS-Pz.AA 10 ihren Auftrag — Erreichen der Strypa-Linie und Bildung eines Brückenkopfes — erfüllt.
Nachdem sich die SS-Pz.AA 10 gegen 13.00 Uhr in Podhajce durch die verschlammte Furt hindurch gequält hat, beginnt diese Schinderei für die Panzerkompanien der II./SS-Pz.Rgt. „Frundsberg". Podhajce und die Furt sind das Nadelöhr, durch das alle folgenden Einheiten der „Frundsberg" hindurch müssen. Immer wieder greifen russische Schlachtflieger die Kolonnen an. Generalleutnant der Waffen-SS von Treuenfeld steht stundenlang an der Furt und regelt den Verkehr, greift persönlich ein, um Fahrzeuge wieder flottzumachen. Heute sollte seine Division nach Möglichkeit schon Buczacz erreichen, aber gegen 16.00 Uhr ist die II./SS-Pz.Rgt. 10 erst drüben.
Die II. Panzerabteilung erhält den Auftrag, über Kowalowka auf Buczacz vorzustoßen. Das ist der Weg, den der Spähtrupp 1 der SS-Pz.AA 10 nehmen sollte, aber der Spähtrupp blieb vier Kilometer südostwärts von Podhajce im Schlamm stecken.
Hauptsturmführer Frankes 6. Kompanie des SS-Panzerregiments „Frundsberg" fährt Spitze. Die vom Spähtrupp Schöller aufgeklärte russische Pakfront an der Wegegabel 6 km südlich von Podhajce wird vorsichtig angefahren. Gegen 18.00 Uhr wird Frankes Spitze angeschossen. Die Kompanie rollt in breiter Feuerfront vor. Die hellen Abschüsse der russischen Pak und Ratschbumm und der deutschen Kampfwagen-Kanonen stören den hereinbrechenden Abendfrieden. Das Duell zwischen den Panzern IV und den Pak nimmt an Heftigkeit zu. Der Abteilungskommandeur, Sturmbannführer Reinhold, schickt weitere Panzerkompanien ins Treffen. Zehn russische Pak sind zerfetzt, abgeschossen, als die 6. Panzerkompanie weiterrollt — ohne ihren Chef, Hauptsturmführer Franke, der verwundet worden ist. Die Kompanie führt jetzt Untersturmführer Quandel. Aber Sturmbannführer Reinholds II./SS-Pz.Rgt. 10 und in ihrem Gefolge erste Teile des SS-Pz.Gr.-Regiments 21 kommen an diesem Abend noch bis Kowalowka und igeln dort. In der Nacht schließen weitere Teile des Regiments 21 nach Kowalowka auf.

Unter dem 5. April 1944 verzeichnet das KTB der 4. Panzerarmee: „Die am heutigen Tage begonnene Operation zur Herstellung der Verbindung zwischen der 1. und 4. Panzerarmee leidet erheblich unter den durch das Tauwetter bedingten ungeheuer schlechten Wegeverhältnissen sowie der Tatsache, daß der Feind die für den Angriff und Vormarsch wichtigen Brücken gesprengt hat. Alle Bewegungen werden hierdurch erheblich verzögert. Die Tagesziele des II. SS-Panzerkorps wurden nicht erreicht."

Der Marschweg der „Hohenstaufen" ist nicht besser. Im KTB der 4. Panzerarmee heißt es am 5. April hierzu: „Die Masse der Division ‚Hohenstaufen' fährt sich auf den grundlosen Wegen vollkommen fest."
Generalfeldmarschall Walter Model, der am 2. April die Heeresgruppe Süd von Generalfeldmarschall von Manstein übernommen hat, unter gleichzeitiger Umbenennung in Heeresgruppe Nordukraine, ist am 5. April von morgens bis abends unterwegs. Er fährt zu General der Waffen-SS Hausser, zu General Raus, zu General Balck, zu Generalleutnant der Waffen-SS Bittrich und erhält so ein Bild der Lage. Der eisenharte Model erkennt, daß es so nicht weitergeht. Um 16.45 Uhr weist er den OB der 4. Panzerarmee, Raus, fernmündlich an, beide Panzerdivisionen des II. SS-Panzerkorps bei Podhajce zusammenzufassen, um mit ihnen sodann nach Süden vorzustoßen. 367. Inf.-Division und 100. Jägerdivision sollen weiter in der alten Richtung angreifen.
Wenig später besprechen der OB der 4. Panzerarmee, General Raus, und der Kommandierende General des II. SS-Panzerkorps, Hausser, die Ansatzänderung der 9. SS-Panzerdivision. Bald darauf gehen der 9. SS-Panzerdivision neue Befehle zu. Darin heißt es:

> „II. SS-Pz.-Korps faßt alle schnellen Kräfte im Raum Podhajce und nördlich zusammen. Es bleibt Aufgabe des Korps, in südlicher bzw. südostwärtiger Richtung vorstoßend, den Feind zwischen ihm und der 1. Panzerarmee zu vernichten und die Verbindung mit der 1. Panzerarmee herzustellen.
>
> Hierzu ist die 9. SS-Pz.-Division (ohne Teile, die bereits die Rybalka überschritten haben) über Narajow—Brzezany und über Pomorzany hinter 10. SS-Pz.-Division nachzuziehen. Die Division hat mit Anfängen bei Brzezany eng aufzuschließen, um gegebenenfalls von Brzezany auch nach Osten abgedreht werden zu können.
>
> Mit 10. SS-Pz.-Division und 367. Inf.-Division ist der Kampf wie bisher zu führen. Es kommt darauf an, daß Masse 367. Inf.-Division zum Schutz der Südflanke des Korps im Vorgehen nach Osten

bleibt und zur Sperrung der Dnjestr-Übergänge nur unbedingt notwendige Kräfte zurückläßt.
Die Vorausabteilung 9. SS-Pz.-Division (I./19) ist vorübergehend der 367. Inf.-Division zu unterstellen. Die 100. Jägerdivision mit zugeteilter Tiger-Abteilung 506 wird am 5. 4., 20.00 Uhr, dem II. SS-Panzerkorps unterstellt, mit ihr ist der Angriff im Raum Podhajce nach Osten zum Schutz der Nordflanke des Korps fortzusetzen und zunächst Übergänge über die Strypa zu gewinnen.

SS-Pz.AA 9 verbleibt bis 6. 4. abends in Stanislau. Aufklärung südlich des Dnjestr nach Anordnung des Korps."

In Ausführung der neuen Befehle quälen sich die Einheiten der „Hohenstaufen" in den Aufmarschraum der „Frundsberg" herüber. Im E-Transport sind die letzten Teile der 9. und 10. SS-Panzerdivision eingetroffen und werden von den Entladebahnhöfen vorgeführt.
In der Beurteilung der Feindlage ergibt sich folgendes Bild: Vor der Angriffsfront des II. SS-Panzerkorps und des nördlich anschließenden XXXXVIII. Panzerkorps weicht der Feind nach Osten und Südosten zurück, während er vor rechtem Flügel und Mitte des II. SS-Panzerkorps bei Horozanka mit stärkeren Kräften hält, um Zeit zu gewinnen. Nach Brechen einer Feindfront südlich Podhajce durch die 10. SS-Panzerdivision und weiteren Angriff nach Südosten wurde der Raum Kowalowka—Kurdwanowka erreicht.

6. April 1944: „Himmel bedeckt, teilweise Regen. Plus 7—9 Grad. Wege völlig verschlammt", lautet die Straßen- und Wettermeldung für diesen Tag.
Der Auftrag des II. SS-Panzerkorps ist klar! Durch die Lageverschlechterung bei der 1. Panzerarmee, die insbesondere an Nachschub aller Art leidet, wird es höchste Zeit, die Verbindung mit der 1. Panzerarmee herzustellen und ihr zum Kampf und zu ihrer Beweglichkeit Betriebsstoff, Munition und Verpflegung zuzuführen. Eine Luftversorgung konnte infolge des schlechten Wetters nur sehr beschränkt erfolgen. Zur ersten Versorgung der 1. Panzerarmee zieht die Heeresgruppe ein Versorgungspaket von 600 Tonnen von Lemberg auf dem Vormarschweg der 10. SS-Panzerdivision heran, das die Straßenbelegung noch zusätzlich belastet.
Am rechten Flügel des II. SS-Panzerkorps stößt die 367. Inf.-Division

— unter schwacher Sicherung der Dnjestr-Übergänge — nach Osten vor und erreicht nach Kampf die Linie Uscie-Zielone—Trosciance—Jeziorko. Die Vorausabteilung der 9. SS-Panzerdivision, Sturmbannführer Hagenlochers I./SS-Pz.Gr.Rgt. 19, der 367. Inf.-Division unterstellt, erobert im schwungvollen Angriff aus dem Raum Horozanka den Ort Toustobaby. Damit kommt der Angriff der 367. Inf.-Division wieder in Fluß und führt zur Bildung von mehreren Brückenköpfen über den von Norden nach Süden verlaufenden kleinen Fluß Zlota Lipa.

In der Nacht 5./6. April schließt das I. und II. Bataillon des SS-Panzergrenadierregiments 21 zum Igel der II./SS-Pz.Rgt. 10 nach Kowalowka—Dobrowody auf. Das Antreten der Hauptkräfte der „Frundsberg" auf Buczacz wird zunächst aus Treibstoffmangel verzögert. Endlich haben sich die Tankwagen der Division nach Kowalowka durchgequält. Die Einheiten tanken auf. Gegen Mittag kann es weitergehen.

Die II. Abteilung des Panzerregiments „Frundsberg" greift unter Führung von Regimentskommandeur Obersturmbannführer Kleffner über Olesca direkt in Richtung Buczacz an. Die 6. Panzerkompanie fährt wieder Spitze. Sturmmann Wenig fährt auf eine Mine, der Panzer von Oberscharführer Erhardt erhält einen Paktreffer, aber der Panzerraid auf Buczacz ist nicht aufzuhalten. Es geht an dem stark feindbesetzten Przewloka vorbei, durch zwei feindliche Sperrstellungen hindurch, und gegen 17.00 Uhr rasseln 18 Panzer der II./SS-Pz.Rgt. „Frundsberg" von Westen nach Buczacz hinein. Von der Ostseite kommen die Spitzen von Major Stahls Panzergrenadierregiment 114. Um 17.15 Uhr ist die erste Verbindung zwischen der 10. SS-Pz.Div. „Frundsberg" und der 6. Panzerdivision des Heeres hergestellt. Die seit 14 Tagen abgeschnittene Verbindung zwischen der 1. und 4. Panzerarmee ist wieder vorhanden.

Freilich ist die erste Verbindung ein hauchdünner Faden. Nördlich Buczacz und im Raum Monasterzyska stehen noch starke Feindkräfte, die den schmalen Verbindungsschlauch nach Buczacz weiterhin gefährden.

Gleichzeitig mit Sturmbannführer Reinholds II./SS-Pz.Rgt. 10 fährt Sturmbannführer Laubscheers I./SS-Pz.Gr.Rgt. 21, das SPW-Bataillon der „Frundsberg", in Richtung Monasterzyska an. Vor Monasterzyska wird die Spitze des Regiments 21 angeschossen. Absitzen, entfalten, Angriff. Die Gefechtsberührung zeigt eine zahlenmäßige Überlegenheit

der Sowjets. Der verschlammte Vormarschweg des Regiments 21 erschwert das Aufschließen weiterer Kompanien. Der Angriffsstreifen liegt unter schwerem Feuer. Als der Kommandeur des III./21, Sturmbannführer Molt, verwundet wird, kommt der Angriff ins Stocken. Der Regimentskommandeur, Obersturmbannführer Deisenhofer, wartet einen eigenen Stuka-Angriff ab und stürmt dann mit den vordersten Teilen seines Regiments, in Stärke einer verstärkten Kompanie, den Ort Monasterzyska. Gegen 16.00 Uhr ist Hauptsturmführer Maurers II. Bataillon aufgeschlossen und treibt in den Abendstunden Aufklärung auf Buczacz vor. Aufgrund der Aufklärungsergebnisse stößt das Bataillon Maurer noch bis Wierzbiatyn und Jezierzany vor.
Die SS-Pz.AA 10, die am Vortag mit der 3. Kompanie bei Osowce einen Strypa-Brückenkopf bilden konnte und mit Masse in den Raum Kurdwanowka aufgeschlossen ist, erhält um 16.10 Uhr einen Funkbefehl der Division: „Przewloka nehmen und Brückenkopf bilden." Damit will von Treuenfeld den Durchbruchsschlauch Buczacz auch im Norden absichern. Aber Brinkmanns Aufklärungs-Abteilung sitzt bei Kurdwanowka im grundlosen Gelände fest. Die 1. Kompanie liegt noch bei Podhajce. 60 Prozent der Gefechtsteile der Abteilung, die von Kurdwanowka auf Przewloka angesetzt werden könnten, haben keinen Treibstoff mehr. Zwei Zugmaschinen der 6./SS-Art.Rgt. 10 sind zu ihnen mit Treibstoff unterwegs, aber sie treffen erst bei Dunkelheit ein.
Obersturmführer Hinzes 3. Kompanie hat in Osowce Benzin und Öl erbeutet und ist voll aufgetankt. Brinkmann erwägt, die 3. Kompanie auf Przewloka anzusetzen, die Brücke im Ostteil des Ortes zu nehmen und den Brückenkopf bis zum Eintreffen der Masse der Abteilung zu halten. Ein richtiger Entschluß, den jedoch der Feind undurchführbar macht.
Während die Masse der SS-Pz.-Aufklärungs-Abteilung 10 im Igel von Kurdwanowka auf Sprit wartet, wird sie wiederholt von russischen Schlachtfliegern angegriffen, drei Flugzeuge werden mit Infanteriewaffen abgeschossen.
Sturmbannführer Brinkmanns Entschluß, die 3. Kompanie aus Osowce abzuziehen und in den Brückenkopf Teile der Abteilung im Fußmarsch vorzuziehen, wird durch Alarmmeldungen aus Osowce zunichte gemacht.
Um 17.05 Uhr ist der Chef der 3. Kompanie mit dem Abteilungskommandeur durch Sprechfunk verbunden:

„Sturmbannführer, ich melde, daß der Brückenkopf Osowce von Osten und Norden von zwei bis drei Kompanien angegriffen wird. Der Angriff wird von vier Panzern, von Granatwerfern und Pak unterstützt."
„Was sagen Sie da, Hinze?" fragt Brinkmann zurück.
Und der Chef der Dritten wiederholt seinen Spruch und setzt hinzu: „Wenn nicht schnell Verstärkung kommt, werde ich den Brückenkopf nicht halten können."
Damit ist der Ansatz der voll aufgetankten 3. Kompanie zunichte gemacht; der Auftrag der Division zur Bildung eines Brückenkopfes in Przewloka kann nicht durchgeführt werden. Jedenfalls am 6. April nicht mehr.
Um 17.20 Uhr meldet Hinze: „Der Feind greift mit zwei Panzern und einer Kompanie Infanterie nun auch den Brückenkopf Osowce entlang des Strypa-Westufers von Nordwesten her an."
„Halten Sie, Hinze, halten Sie — ich schicke Ihnen Verstärkung!" Und seinem Adjutanten Untersturmführer Harmstorf erteilt er die Weisung:
„Lassen Sie aus allen in der Nähe stehenden Fahrzeugen das Benzin abzapfen und damit den Kanonenzug auffüllen. Der Kanonenzug soll dann sofort nach Osowce vorfahren und den Kampf der Dritten unterstützen."
Sturmbannführer Brinkmann bleibt persönlich am Sprechfunkgerät und läßt sich über die Lageentwicklung in Osowce laufend durch den Chef der Dritten unterrichten. Als um 19.15 Uhr der zahlenmäßig und vor allem an schweren Waffen vielfach überlegene Feind Osowce von Norden her westlich zu umfassen droht, erteilt Brinkmann der 3. Kompanie den Befehl, den Brückenkopf aufzugeben und unter Aufbau eines genügenden Feuerschutzes in einem Zuge auf Kurdwanowka zurückzugehen. Um 03.00 Uhr sind die letzten Teile in den Igel der Abteilung bei Kurdwanokwa aufgenommen.
Wie sich am 7. April herausstellt, hatten die Russen offenbar die Absicht, nur den Brückenkopf Osowce zu beseitigen, um die Strypa-Linie zunächst als feste Verteidigungslinie zu behaupten.
Die 100. Jägerdivision dringt am 6. April zügig nach Osten vor und bildet bei Zlotniki einen Brückenkopf. Aber zwischen Zlotniki und Osowce klafft eine 15 km breite Lücke, in der die Feindverhältnisse ungeklärt sind.

Nachdem an der Stypa-Brücke von Buczacz sich Kräfte der 1. und 4. Panzerarmee am 6. April die Hände gereicht haben, wird die weitere Verwendung der 9. SS-Panzerdivision „Hohenstaufen“ im Laufe des Tages bei verschiedenen Gesprächen erörtert. Der OB der 4. Panzerarmee, General Raus, hält es für zweckmäßig, die 9. SS-Panzerdivision in den Raum Brezezany aufschließen zu lassen und sie für einen Stoß in Richtung auf den eingeschlossenen „festen Platz“ Tarnopol zu verwenden. In Anbetracht der Wege- und Brückenschwierigkeiten glaubt Raus nicht, daß es möglich ist, die „Hohenstaufen“ bis Podhajce vorzuziehen, abgesehen davon, daß zunächst das Versorgungspaket für die 1. Panzerarmee auf diesem Wege durchgezogen werden muß. Auch Feldmarschall Model verschließt sich diesen Überlegungen nicht, zumal als nächstes brennendes Problem der Entsatz Tarnopols ins Auge gefaßt werden muß.
Die vollmotorisierten Versorgungstruppen der Panzerdivision „Hohenstaufen“ und „Frundsberg“ werden beim Einsatz Buczacz voll gefordert. Es müssen auch die aus dem Kessel kommenden Truppen der 1. Panzerarmee mit versorgt werden. Die Quartiermeisterstaffeln mit ihren Spezialisten für alle Versorgungsfragen werden auf eine äußerste Probe gestellt. Ärzte, Divisions-Intendanten und Offiziere für Waffen und Munition sorgen täglich für das Heranbringen der Nachschubgüter, die für eine Division im Kampf rein gewichtsmäßig bei 1000 to je Tag liegen. Dabei wird man das Vorbringen durch grundlose Wege und unter der Bedrohung durch Partisanen oder reguläre Truppen, besonders durch feindliche Luftwaffe, und die materiellen Grenzen der Nachschubeinheiten, die 1944 so unangenehm fühlbar werden, einkalkulieren müssen. Im Kessel der 1. Panzerarmee herrscht Mangel an allem. Die von außen antretenden Teile, oft ohne verfügbare eigenen Versorgungseinheiten, können auf Einrichtungen des Landes kaum zurückgreifen, da viele Mühlen und Lager zerstört sind. Nachdem die Verbindung mit der 1. Panzerarmee hergestellt ist, strömen bald die befreiten Teile durch einen schmalen Schlauch aus dem Kessel heraus und müssen von den Feldküchen des II. SS-Panzerkorps mitverpflegt werden. Es dauert lange, bis der normale Versorgungsstand eintritt.
Am 7. April geht der Angriff des II. SS-Panzerkorps weiter. Am rechten Flügel stößt die 367. Inf.-Division entlang der Bahnlinie über Niznrow nach Süden zum Mündungsgebiet der Strypa in den Dnjestr vor. Mit dem linken Flügel erhält die Division Verbindung mit dem bei Monaster-

zyska stehenden SS-Pz.Gr.Rgt. 21. Die Masse der 10. SS-Panzerdivision quält sich in den Raum Monasterzyska—Jezierzany vor. Die bis Buczacz vorgestoßene Panzergruppe der „Frundsberg", zu der an diesem Tage nur unbedeutende Kräfte aufschließen können, erobert zusammen mit Teilen der 6. Panzerdivision die beherrschende Höhe 379, hart nordostwärts Buczacz.
Die 100. Jägerdivision erringt mit dem Jägerregiment 54, unterstützt von der schweren Panzerabteilung 506, im Brückenkopf Zlotniki am Nachmittag einen großen Abwehrerfolg. 25 russische Panzer vom Typ T 34 werden abgeschossen.
Die Kämpfe der 100. Jägerdivision bei Zlotniki und das Vorrücken weiterer starker Feindverbände in den Raum südlich davon lassen vermuten, daß der Russe nunmehr in der Lücke zwischen der 100. Jägerdivision und der 10. SS-Panzerdivision neue Stoßkräfte massiert, um die Einschließung der 1. Panzerarmee, die inzwischen mit Masse den Seret erreicht hat, westlich der Strypa abermals zu versuchen. Daneben versteift sich der russische Widerstand gegenüber den Angriffskräften bei Buczacz zusehends.
Auf dem Gefechtsstand der „Frundsberg" in Monasterzyska herrscht eine gespannte Atmosphäre. Gruppenführer von Treuenfeld und sein Ia, Sturmbannführer Lingner, wissen, daß bei einem neuerlichen Abschneiden der 1. Panzerarmee auch die „Frundsberg" im Kessel sitzen wird. Die doch noch sehr schwache Position Buczacz muß gestärkt werden, das noch zurückhängende SS-Pz.Gr.Rgt. 22 muß schnellstens aufschließen. Und das ist bei den grundlosen Wegen sehr schwer. SS-Pz.-AA 10 erhält den Auftrag, den Strypa-Abschnitt nördlich von Buczacz zu decken; sie führt diese Aufgabe durch bewegliche Kampfführung durch. Aus dem Basisraum Kurdwanowka fahren täglich kampfstarke Panzerspähtrupps der Abteilung den Strypa-Abschnitt zwischen Zlotniki und Przewloka ab und werfen wiederholt über die Strypa vorgehende schwächere Feindkräfte zurück. Ein gepanzerter Spähtrupp schießt am 7. April 1 km südlich Petlikowce-Stare ein am Boden stehendes russisches Aufklärungsflugzeug vom Typ „R 5" (P-5 SSS) in Brand.
Infolge verschlammter Wege kann die Masse der 10. SS-Panzerdivision am 7. April nicht zu ihrer Spitze aufschließen. Ebenso ergeht es der Korpsgruppe Breith, die nicht zur 6. Panzerdivision nach Buczacz durchkommt. An diesem Tage marschieren zwischen Seret und Strypa

eigene und russische Verbände durcheinander. Die hauchdünne Verbindung zwischen den beiden deutschen Panzerarmeen ist wieder in Frage gestellt. Schwerpunkt ist der Raum Czortkow—Buczacz—Trembowla.

Das I. und II./SS-Pz.Gr.Rgt. 20, die I./SS-Art.Rgt. „Hohenstaufen" und die schwere Heeres-Panzerjäger-Abteilung 653 erreichen den Raum Kozowa und sichern mit den hier stehenden Teilen der stark angeschlagenen 359. Inf.-Division den neuen Aufmarschraum der 9. SS-Panzerdivision. Die 9. SS-Panzerdivision rückt damit an den linken Flügel des II. SS-Panzerkorps. Absicht von Heeresgruppe und 4. Panzerarmee ist es, nunmehr mit beiden SS-Panzerdivisionen aus dem Strypa-Abschnitt auf Trembowla vorzustoßen. Im Armeebefehl, der um 20.35 Uhr auf dem Gefechtsstand des Korps in Brzezany eintrifft, heißt es:

> „Aufgabe des II. SS-Panzerkorps ist es, nach Herstellung einer festen Verbindung zur 1. Panzerarmee am 8. April in nordostwärtiger Richtung über die Strypa vorzustoßen, um den zwischen Seret und Strypa südostwärts Trembowla stehenden Feind (X. Garde-Panzerkorps) zu schlagen. Hierzu ist mit 367. Inf.-Divison die Südflanke am Dnjestr bis zur Strypa-Einmündung möglichst unter Bildung von Brückenköpfen offensiv abzudecken.
> 10. SS-Panzerdivision wird den Kampf so zu führen haben, daß sie nach Herstellung einer festen Verbindung mit 1. Panzerarmee von Buczacz in Richtung Trembowla vorstößt und im Zusammenwirken mit 9. SS-Panzerdivision den Feind vor der Nordfront der 1. Panzerarmee vernichtet.
> 9. SS-Panzerdivision hat aus dem Raum Brzezany—Kozowa über Uwsie in Richtung bei oder nördlich Zlotniki den Übergang über die Strypa zu erzwingen und baldmöglichst zu einem Zusammenwirken mit der 10. SS-Panzerdivision zu kommen.
> Die schwere Panzerjäger-Abteilung 653 wird der 9. SS-Panzerdivision unterstellt."

Am 8. April erobert die 367. Inf.-Division mit ihrem rechten Flügel das beherrschende Dnjestr-Nordufer bei Niznrow. Mitte und linker Flügel nehmen Grabek und das Höhengelände 3 km westlich Barysz.
Nach Abwehr von Feindangriffen an der Eisenbahnlinie ostwärts Buczacz treten das in der Nacht aufgeschlossene I./SS-Pz.Gr.Rgt. 22 und Teile der II./SS-Pz.Rgt. 10 zum Angriff nach Nordosten an. Beider-

seits der Straße Buczacz—Dobropole haben die Sowjets zum Schutz ihrer südlichen Aufmarschflanke einen starken Sperriegel aufgebaut. Das I. Bataillon des Regiments 22 stürmt unter Führung von Sturmbannführer Wild und mit Unterstützung von Kampfwagen des Panzer-Regiments „Frundsberg" das zäh verteidigte Dorf Dzinograd. Dabei wird ein russischer Pakriegel durchbrochen. Das Gefecht bei Dzinograd wird mit der Vernichtung von 14 russischen Pak und 1 Sturmgeschütz zugunsten der „Frundsberger" entschieden.
Indessen stoßen Teile des III./SS-Pz.Gr.Rgt. 22 aus dem Raum Jezierzany nach Nordosten, nehmen hinter dem flüchtenden Feind Przewloka und besetzen nach Überschreiten der Strypa den Ort Zielona. Hier entsteht eine lose Verbindung zum I./22.
Wenn auch durch das Aufschließen weiterer Teile der „Frundsberg" in den Raum Buczacz sich hier die Lage stabilisiert, so bleibt der Strypa-Abschnitt bis zur 15 km entfernt stehenden 100. Jägerdiv. äußerst gefährdet. Hier sind die Sowjets bei Wisniowczyk und Bobulinke in der Nacht zum 8. April über den Fluß gekommen und haben Brückenköpfe gebildet, die sie laufend verstärken. Die mit der Sicherung dieses Abschnittes betraute SS-Pz.AA 10 ist nicht in der Lage, die russischen Brükkenköpfe allein einzudrücken.
Teile der 100. Jägerdivision stoßen auf dem Strypa-Westufer nach Süden, erobern Hajworonka und im weiteren Vorstoß mit Panzern Wisniowczyk.
Im Sinne des neuen Auftrages der 9. SS-Panzerdivision „Hohenstaufen", etwa im Raum Zlotniki die Strypa zu überschreiten und im Zusammenwirken mit der 10. SS-Panzerdivision den Panzerfeind im Raum Trembowla—Dacharow zu schlagen, werden die vordersten Teile des SS-Pz.Gr.Rgt. 20 nach Osten vorgeworfen. Die Panzergrenadiere des II. und III. Bataillons gewinnen abgesessen, nach Brechen schwächeren Feindwiderstandes, das Strypa-Westufer bei Chalki und Rakowiec. Sie fließen dann in den Brückenkopf der 100. Jägerdivision bei Zlotniki ein, um am nächsten Tag diesen nach Nordosten zu erweitern.
Am 8. April nachmittags besprechen Generalfeldmarschall Model und General Hube in Buczacz die künftige Aufgabe der 1. Panzerarmee. Models Absicht ist es, eine neue stabile Front etwa in der Linie Tschernowitz—Seretmündung—Czortkow—Trembowla—Tarnopol herzustellen. Die 1. Panzerarmee soll den Seret-Abschnitt halten, die 4. Panzerarmee ihn durch Angriff des II. SS-Panzerkorps im Raum Trembow-

la—Tarnopol gewinnen und die in Versammlung begriffene ungarische 1. Armee die neue Verteidigungslinie von der Einmündung des Seret in den Dnjestr nach Süden bis Tschernowitz besetzen. Nach Abschluß der Kämpfe im Raum Czortkow—Trembowla soll dann die 1. Panzerarmee diesen Abschnitt bis Trembowla übernehmen und das II. SS-Panzerkorps durch Angriff beiderseits Tarnopol auch dort die Seret-Linie aufbauen und gleichzeitig Tarnopol entsetzen.

Um 20.00 Uhr ruft Model den Oberbefehlshaber der 4. Panzerarmee an und erklärt, daß er morgen zur Unterstützung des Angriffs des II. SS-Panzerkorps die gesamte Luftflotte 4 einsetzen will. Das II.SS-Panzerkorps soll vorübergehend der 1. Panzerarmee unterstellt werden, sobald diese führungsmäßig dazu in der Lage ist. Am Schluß des Telefonates bittet Model General Raus um einen Vorschlag für ein Unternehmen zur Entlastung des eingeschlossenen, schwer ringenden festen Platzes Tarnopol bis 22.00 Uhr. „Das Unternehmen ist zunächst nicht als ein solches von entscheidendem Charakter gedacht, sondern soll lediglich zur Entlastung des festen Platzes beitragen*."

Models Plan, den Seret-Abschnitt als neue feste Verteidigungslinie wiederzugewinnen, wird schon Stunden später in Frage gestellt. Um 21.45 Uhr geht folgendes Fernschreiben der 4. Panzerarmee beim Generalkommando II. SS-Panzerkorps ein:

„Feind führt in dem Raum Trembowla mot. Kräfte heran. Es ist damit zu rechnen, daß er mit diesen Kräften den Seret überschreiten wird, um das eigene Vorgehen über die Strypa zu verhindern.

II. SS-Panzerkorps stellt am 9. 4. diesen Gegner im Raum Chmielowka —Darachow zum Kampf und schlägt ihn.

Hierzu ist mit der 10. SS-Panzerdivision der Stoß nach Nordosten auf Chmielowka fortzusetzen.

Mit 100. Jägerdivision und 9. SS-Panzerdivision ist bei Zlotniki der Übergang über die Strypa zu erzwingen und in Richtung Chmielowka anzugreifen.

367. Inf.-Division hat letzte Feindkräfte südlich der Straße Monasterzyska—Buczacz zu zerschlagen und weiterhin am Dnjestr abzuschirmen."

Der Straßenzustands- und Wetterbericht für den 9. April 1944 lautet: „Sonnig, stark verschlammte Straßen und Wege, kaum befahrbar."

* KTB 4. Pz.-Armee vom 8. 4. 1944.

Am rechten Flügel des II. SS-Panzerkorps ringt die 367. Inf.Div. noch um den Besitz der Höhenstellung am Dnjestr-Nordufer bei Niznrow. Der linke Flügel der Division erobert Barysz-West und Mitte.
Die 10. SS-Panzerdivision führt infolge Aufmarschverspätungen entlang der Straße Buczacz—Chmielowka nur örtlich begrenzte, in der Hauptsache Aufklärungsvorstöße. Dabei stellt sich heraus, daß der russische Abwehrschwerpunkt ostwärts Petlikowce-Stare und bei Medwedowce liegt.
Teile der 100. Jägerdivision greifen das Höhengelände südostwärts Burkanow an.
Abgesessene Panzergrenadiere der 9. SS-Panzerdivision — Teile des II. und III./Rgt. 20 — nehmen Sokolow und das Höhengelände ostwärts davon; sie wehren am Abend heftige Feindangriffe mit Panzerunterstützung ab, die aus Richtung Darachow vorgetragen werden. Der Brükkenkopf Zlotniki ist für die Sowjets eine große Gefahr, bedeutet er doch eine deutsche Ausgangsbasis auf ihren Versammlungsraum Darachow—Trembowla und die wichtigen Seret-Übergänge bei Trembowla. Um gegen russische Panzerangriffe gewappnet zu sein, rollen seit 14.00 Uhr die „Ferdinande" der schweren Heeres-Panzerjäger-Abteilung 653 durch die Strypa-Furt bei Zlotniki auf das Ostufer. Die II./SS-Pz.Rgt. 9 ist auf dem Marsch von Brzezany—Latiatyn—Podhajce in den Raum Zlotniki. Die „Hohenstaufen" soll nach der Versammlung im Raum Zlotniki auf Darachow—Trembowla angreifen, um die in diesem Raum aufmarschierten sowjetischen Panzerkräfte im Zusammenwirken mit der Division „Frundsberg" zu schlagen.
Aufklärung und örtliche Kämpfe am 9. April lassen erkennen, daß die Sowjets ihren Schwerpunkt in den Raum nordostwärts Buczacz verlegt haben, um den Angriff des II. SS-Panzerkorps zu parieren. Ein russisches Panzerkorps und zwei mot. mechanische Korps sowie vier bis sechs Schützendivisionen werden hier in Angriffsgliederung festgestellt. Hinzu kommen zwei weitere Schützendivisionen, die nördlich vom linken Flügel des II. SS-Panzerkorps an der Strypa eine Abwehrfront aufbauen. Darüber hinaus stellt Luftaufklärung fest, daß weitere russische Kräfte, dabei Panzer, über Trembowla in den Raum Chmielowka—Darachow vorziehen.
Der Kommandierende General des II. SS-Panzerkorps, Hausser, und sein Führungsstab werden angesichts dieser Feindmassierungen vor große Probleme gestellt. Hausser weist bei den übergeordneten Füh-

rungsstellen auf die ernste Lage hin, zumal sich nach Eingang der ersten Meldungen der Teilangriffe der „Frundsberg" die starke Feindmassierung bestätigt. Zudem ist das Korps — besonders die im Marsch von West nach Ost stehende 9. SS-Panzerdivision — durch die schlechten Wegeverhältnisse in seinen Bewegungen gehemmt. Die russische Rasputiza, der Frühjahrsschlamm, macht den Marschgruppen außerordentlich zu schaffen.
Haussers Sorgen werden durch die Sorgen des Oberbefehlshabers der 1. Panzerarmee, des Generals Hube, vermehrt. Die 1. Panzerarmee hat sich mit der Masse bis zum Seret zurückgekämpft. Südlich von Czortkow steht die Front wieder einigermaßen, aber südlich des Dnjestr dringt die russische 6. Panzerarmee zwischen Dnjestr und Pruth nach Westen vor, und ob die ungarische 1. Armee rechtzeitig zur Stelle sein wird, um die Seret-Front nach Süden zu verlängern, erscheint fraglich. Die größte Sorge bereitet jedoch der Raum Trembowla. So steht die 1. Panzerarmee in Abwehr nach drei Seiten. Hinzu kommt, daß das II. SS-Panzerkorps nach Gewinnung des Seret-Abschnittes bei Trembowla wieder abgezogen werden soll und die 1. Panzerarmee diesen Abschnitt mit zu übernehmen hat. In klarer Einschätzung der Lage und der Kräfteverhältnisse kommt General Hube zu der Überzeugung, daß die 1. Panzerarmee den Seret-Abschnitt von der Mündung in den Dnjestr bis Trembowla mit ihren geschwächten Verbänden nicht halten kann und stellt bei der Heeresgruppe den Antrag, die Front hinter die Strypa zurückzunehmen. Dieser Vorschlag wird angenommen und führt zu grundlegenden Veränderungen, auch beim II. SS-Panzerkorps. Diese Änderung schließt ein, daß der bisher gehaltene und eingeschlossene feste Platz Tarnopol nicht in die neue Verteidigungslinie an der Strypa mit einbezogen wird und ein weiteres Halten Tarnopols sinnlos ist. Nunmehr wird ein unverzüglicher Entsatz Tarnopols zwingend, zumal die zusammengewürfelten Verteidiger, unter Befehl von Generalmajor von Neindorff, am Ende ihrer Kräfte sind.
Wie Model bei der Besprechung mit General Hube am 8. 4. in Buczacz in Aussicht stellte, wird das II. SS-Panzerkorps am 9. 4., 20.00 Uhr, der 1. Panzerarmee unterstellt. Die am Nordflügel des Korps in den Raum Zlotniki vorziehende 9. SS-Panzerdivision scheidet jedoch aus dem II. SS-Panzerkorps aus und wird dem XXXXVIII. Panzerkorps des Generals Balck unterstellt. Der neue Auftrag für das II. SS-Panzerkorps (ohne 9. SS-Pz.Div.) lautet: „Den Feind nordostwärts Buczacz angrei-

fen und eine geschlossene Abwehrfront an der Strypa nördlich Buczacz bis zum Anschluß an die 4. Panzerarmee aufzubauen."
Über die Verwendung der 9. SS-Panzerdivision erhält das II. SS-Panzerkorps folgenden Befehl:

> „9. SS-Panzerdivision — ohne die zur Zeit bei Zlotniki eingesetzten Teile und die zur Unterstützung dabei befindlichen schweren Waffen — ist ab sofort abzudrehen und längst der Straße Brzezany—Kozowa—Plolgcza bis 10. 4. vormittags so zu versammeln, daß sie am 11. 4. in den frühen Morgenstunden zu neuer Verwendung antreten kann. Die 9. SS-Panzerdivision (ohne Teile) wird ab 10. 4., 09.00 Uhr, dem XXXXVIII. Panzerkorps unterstellt."

Aufgrund der wechselnden Absichten wird die 9. SS-Panzerdivision hin und her gehetzt. Mensch und Maschine werden bei dem herrschenden Frühjahrsschlamm überbeansprucht. Dementsprechend sind die Marschleistungen. Der Einsatz der 9. SS-Panzerdivision „Hohenstaufen" beim Entsatzangriff auf Tarnopol wird gesondert beschrieben.
Die beabsichtigte Zurücknahme der 1. Panzerarmee hinter die Strypa ist in Anbetracht der schlechten Wegeverhältnisse auf mehrere Tage veranschlagt. Um die Verbände der 1. Panzerarmee beweglich zu halten, ist es notwendig, ausreichend Betriebsstoff, Munition und Verpflegung heranzubringen. Das muß größtenteils auf den schlechten Straßen von Lemberg über Buczacz erfolgen.
Die 1. Panzerarmee, die sich vorerst nach drei Seiten verteidigen muß, muß gegenüber der feindlichen Kräftemassierung nordostwärts von Buczacz mit dem II. SS-Panzerkorps eine feste Verteidigung mit Front nach Nordosten aufbauen, die bis zum Seret durch Verbände des LIX. Armeekorps verlängert wird. Zur Sicherung der wichtigen Nachschubstraße über Buczacz hat die 10. SS-Panzerdivision angriffsweise ihre Sicherungslinie weit genug von Buczacz nach Nordosten vorzudrücken, daß die Zurücknahme der 1. Panzerarmee vom Seret- in den Strypa-Abschnitt gewährleistet ist und eine Flankenbedrohung durch die nordostwärts von Buczacz massierten Feindkräfte ausgeschaltet wird. Weiterhin hat das II. SS-Panzerkorps mit 10. SS-Panzerdivision und 100. Jägerdivision eine feste Front an der Strypa, nördlich von Buczacz, aufzubauen. Die 367. Inf.-Division scheidet aus dem II. SS-Panzerkorps aus und wird dem III. Panzerkorps südlich von Buczacz unterstellt.

Die Division „Frundsberg“ setzt beide Panzergrenadier-Regimenter für diese angriffsweisen Sicherungsaufgaben ein, die von Teilen der II./SS-Pz.Rgt. 10 unterstützt werden. Eine große Sorge bereitet die ungeklärte Lücke zwischen der 100. Jägerdivision und der 10. SS-Panzerdivision an der Strypa, die bisher nur ungenügend von der SS-Pz.AA 10 überwacht werden kann; hier haben die Sowjets Brückenköpfe, aus denen sie jederzeit zu einer neuen Umfassung der 1. Panzerarmee antreten können.
Am 10. April greift die „Frundsberg“ nach Norden an, um die starke Feindgruppe nördlich Buczacz zu zerschlagen und sie zur Aufgabe ihrer Strypa-Brückenköpfe bei Bobulince zu zwingen. Links greift das SS-Pz.Gr.Rgt. 22, rechts das SS-Pz.Gr.Rgt. 21 an, neben dem Rgt. 21 sind Verbände des LIX. Armeekorps angelehnt. Die Regimenter der „Frundsberg“ treten aus dem Raum 3 km nördlich und nordostwärts Buczacz an. Das Rgt. 22 hat den Auftrag, die Linie Biclawince—Höhe 392—Nordrand See von Nowostawce zu erreichen. Das Rgt. 21 nimmt das stark verteidigte Dorf Medwedowce, die Höhen nordostwärts davon und baut beiderseits Pilawa die Verteidigung auf.
Am linken Flügel des Rgt. 22 greift das III. Bataillon mit unterstellter 3. Kompanie an. Diese Angriffsgruppe dringt in den hart verteidigten Wald ostwärts von Petlikowce Stary ein, aber es gelingt ihr nicht, den Wald zu durchdringen. Dadurch erhält das etwas später antretende I. Bataillon (II. Btl. in Reserve), das auf die Höhe 392 nördlich Zielona angesetzt ist, Flankenfeuer, und kann die Höhe 392 nicht nehmen. Es zeigt sich, daß der Feind seinen Strypa-Brückenkopf nach Süden stark abgesichert hat.
Die 6./SS-Pz.Rgt. 9 unter Führung von Untersturmführer Quandel unterstützt den Angriff. In Medwedowce hemmt die gesprengte Pilawa-Brücke den weiteren Angriff. Pioniere vor! Mit allen Kräften arbeiten die Männer der Pionier-Kompanie des Regiments 21 an der Wiederherstellung der Brücke. Und immer wieder kommen russische Schlachtflieger, den Bau zu stören. In Abständen von einer halben oder höchstens einer Stunde sind sie da, um dann 20 bis 30 Minuten lang den Raum Medwedowce unsicher zu machen. Und immer wieder sind die Pioniere dabei, die Brückenpfeiler zu reparieren und mit neuem Brükkenbelag zu versehen. Indes warten die Panzer der II./SS-Pz.Rgt. 10 und die SPW und anderen Fahrzeuge des Regiments, weit auseinandergezogen, bis endlich die Brücke fertig ist. Das dauert Stunden.

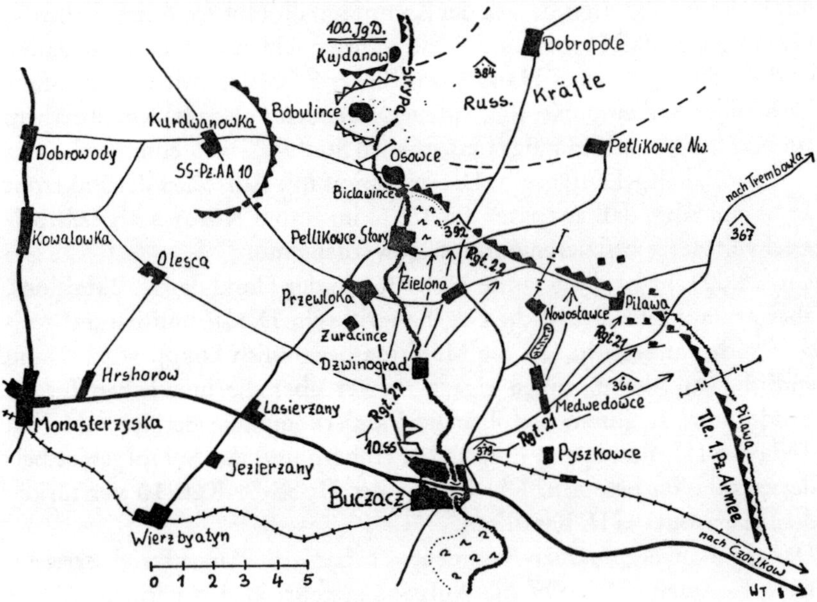

Die 10. SS-Panzerdivision bei Buczacz

Regimentskommandeur Obersturmbannführer Deisenhofer hat inzwischen das II. Bataillon mit der unverzüglichen Weiterführung des Angriffs beauftragt. Hauptsturmführer Maurers Bataillon geht durch flache Stellen und auf Notstegen über den kleinen Fluß. 2 km nordostwärts von Medwedowce liegt die beherrschende Höhe 366. Hier haben die Sowjets einen starken Pakriegel mit Feldstellungen. Das Regiment fordert darauf Stuka an, die bald darauf ihre Bomben abladen. Dann jagen sie beim Abflug noch einmal den vermeintlichen Feind, aber es ist das angreifende II./SS-Pz.Gr.Rgt. 21, das schon weit vorgestoßen ist. Der Fliegerleit-Offizier ist nicht rechtzeitig eingetroffen. Hauptsturmführer Maurer krampft es das Herz zusammen, er schreit zum Himmel, winkt wie ein Besessener mit seiner Mütze, um ihn herum und in sein angreifendes Bataillon schlagen die Bordwaffen deutscher Stuka ein und fordern Verluste.

Die Höhe 366 nordostwärts von Medwedowce fordert vom Bataillon Maurer alles. Panzer und SPW können nicht unterstützen, da sie noch an der gesprengten Brücke in Medwedowce stehen. Schwere Waffen können

nur bedingt eingreifen, da sich der Kampf um die Höhe 366 inzwischen so verzahnt hat, daß Freund und Feind nicht voneinander zu unterscheiden sind. Endlich gelingt es Hauptsturmführer Sebastian mit einigen Männern seiner 6. Kompanie, in den feuerspeienden Pakriegel einzubrechen. Im Nahkampf, mit Handgranaten, wird Stellung auf Stellung geknackt und der Pakriegel aufgerollt. Dieser Kampf mit Aufrollen der Pakfront ist so einmalig, daß er später am 15. 5. im Raum Kozowa als Lehrbeispiel vor Heeresoffizieren vorgeführt werden muß.
Um 18.00 Uhr ist die gesamte Höhe 366 in der Hand des II. Bataillons, aber prompt setzen russische Gegenangriffe ein. Die „Frundsberger" weichen nicht, auch nicht, als die Munition bedenklich knapp wird. Dann endlich, am Abend, rollen eigene Panzer über die inzwischen fertige Brücke vor. In ihrem Gefolge die Pionierkompanie des Rgt. 21 und Teile des III. Bataillons, die Pilawa erobern und das Sumpfgebiet beiderseits davon besetzen. Die Panzer der II./SS-Pz.Rgt. 10 verstärken die Feuerfront des II. Bataillons.
Das SS-Panzergrenadier-Regiment 21 hat das Angriffsziel erreicht. Dem Regiment 22 bleibt die Aufgabe gestellt, in den nächsten Tagen hart ostwärts der Strypa vorzukommen und den russischen Brückenkopf Bobulince im Zusammenwirken mit der von Norden kommenden 100. Jägerdivision zu beseitigen.
Am 11. April fährt die II./SS-Pz.Rgt. 10 und das I./(SPW)SS-Pz.Gr. Rgt. 21 am rechten Flügel der 10. SS-Panzerdivision einen Angriff auf Kosow. Hier ist die Abschirmfront zwischen Seret und Strypa noch sehr dünn, hier stehen nur schwache Teile der 1. Panzerarmee. Im offenen, leicht welligen Gelände westlich von Kosow gibt es mehrere harte Panzerduelle. Der Führer der 6. Panzerkompanie, Untersturmführer Quandel, wird beim Abschuß seines Panzers verwundet, Oberscharführer Übelacker fällt, Oberscharführer Erhards Panzer erhält zwei Paktreffer, zwei eigene Panzer müssen gesprengt werden. Die Panzerabteilung sichert auch am 12. und 13. April diesen Abschnitt; sie wird am 14. April von Teilen des LIX. Armeekorps abgelöst und rollt dann nach Buczacz in Ruhe.
Am 11. 4. wird der linke Flügel des Regiments 21 im Raum Pilawa und Höhe 366 mehrmals von russischen Kräften berannt. Die HKL hält! Am 12. 4. folgen heftige Tieffliegerangriffe, Granatwerfer und Stalinorgeln verschießen große Mengen Munition; die deutsche HKL bei Pilowka und Höhe 366 hält! Am 13. 4. greift die 7./SS-Pz.Gr.Rgt. 21 die

Häusergruppe 2 km ostwärts der Höhe 366 an; es gibt Verluste, die Kompanie muß zurück. Am 14. 4. greifen russische Panzer und Infanterie bei Pilawa und Höhe 366 an. Im Abschnitt der 5./21 kommt es zu heftigen Nahkämpfen. In den kleinen Ort Pilawa dringen vier russische T 34 ein und werden von vier beherzten Pionieren geknackt. Die gerade in Buczacz eingetroffene 6./SS-Pz.Rgt. 10 wird alarmiert. Aus der verdienten Ruhe wird nichts. Untersturmführer Stark führt die wenigen einsatzbereiten Panzer nach Pilawa, um hier die Lage zu bereinigen. Um 17.00 Uhr Gegenangriff auf Pilawa. Sechs russische Pak, zwei Lkw, ein T 34 werden von der 6. Panzerkompanie zusammengeschossen, Unterscharführer Schneider wird schwer verwundet. Die Kompanie bleibt dort auch am 15. 4.

Am 14. und 15. April erfolgt die Ablösung des SS-Panzergrenadier-Regiments 21 durch die 7. Panzerdivision. Das Regiment wird zur Bereinigung des Krisenherdes bei Bobulince herangezogen.

Vom 11.—15. 4. führt das Panzergrenadierregiment 22 Teilangriffe zur Gewinnung der beherrschenden Höhe 392 und des Waldes ostwärts von Petlikowsce Stary. Hierbei werden der Regimentskommandeur, Obersturmbannführer Schützeck, und der Bataillonskommandeur des I./22, Sturmbannführer Wild, schwer verwundet.

Indessen verstärken die Sowjets laufend ihren Brückenkopf Bobulince und schieben die Stellungen bis an die Verteidigungsstellung der SS-Pz. AA 10 bei Kurdwanowka vor. Sturmbannführer Brinkmanns Aufklärungs-Abteilung „Frundsberg" schlägt am 14. 4. drei Feindangriffe zusammen. Ein T 34 wird durch Unterscharführer Gstöttner von der 3. Kompanie 30 Meter vor der eigenen HKL durch eine Panzerfaust vernichtet. Ein KW-I wird durch 7,5-cm Pak bewegungsunfähig geschossen, jedoch in der folgenden Nacht von den Russen abgeschleppt. Ein kleiner Einbruch in die Stellung der 3. Kompanie wird durch Gegenstoß bereinigt.

Am 6. April wurde bei Buczacz die erste Verbindung zwischen der 1. und 4. Panzerarmee hergestellt, der weit nach Süden reichende Stoßkeil der russischen 1. Panzerarmee durchschnitten. In den folgenden Tagen massierten die Sowjets weitere Kräfte im Raum zwischen Trembowla und Buczacz, um die 1. Panzerarmee erneut zu umfassen. Nördlich von Buczacz kämpfte und kämpft die 10. SS-Panzerdivision gegen das russische VI. und IX. mot.-mechan. Korps, gegen das X. Gardepanzerkorps und gegen mindestens sechs Schützendivisionen. Ihr Ziel ist nach wie vor, nördlich Buczacz über die Strypa nach Südwesten vorzugehen. An dieser russischen Absicht ändert der am 11. 4. begonnene Entsatzangriff des XXXXVIII. Panzerkorps auf Tarnopol nichts. So entsteht zwischen Tarnopol und Buczacz die militärische Kuriosität, daß die einen nach Westen und die anderen nach Osten angreifen. Das II. SS-Panzerkorps hat nun die vordringliche Aufgabe, die schwache Strypa-Linie zwischen Bobulince und Zlotniki zu festigen und die über die Strypa nach Westen vorgedrungenen Feindkräfte über den Fluß zurückzuwerfen.

In der Nacht 14./15. April bekommt Untersturmführer Siebenhüner von der 3./SS-Pz.AA 10 den Auftrag, aus dem Igel der Abteilung bei Kurdwanowka mit zwei Gruppen auf SPW nach Norden aufzuklären, um die Ausdehnung des Feindes nach Westen festzustellen und durch örtliche Vorstöße den Feind in seiner rechten Flanke zu stören. Siebenhüners kleine rollende Streitmacht verjagt 30 Russen aus ihren Stellungen. Weiter! Dann fahren sie in eine Falle. Zwei russische Panzer greifen ein. Eine Gruppe wird aufgerieben, die andere kehrt mit mehreren Verwundeten nach Kurdwanowka zurück, die Männer bringen die Nachricht mit, daß Untersturmführer Siebenhüner gefallen ist. Die Gefallenen konnten nicht mitgebracht werden. Am Vormittag des 15. April wird ein Feindangriff gegen die nördlichen Stellungen der SS-Pz. AA 10 im Gegenstoß abgewiesen, dabei fällt Untersturmführer Hofmann von der 3. Kompanie.

Das SS-Panzergrenadier-Regiment 22 hat nach der Verwundung von Obersturmbannführer Schützeck, dem Kommandeur des Panzerregiments, das ohnehin nur die II. Abteilung in Rußland hat, Obersturmbannführer Kleffner übernommen. Am 15. April greift das SS-Pz.Gr. Rgt. 22 nach Norden an. Links daneben wird das III./21 angesetzt. Das Regiment 21 wurde — bisher am rechten Flügel der Division kämpfend — durch Teile der 7. Panzerdivision abgelöst und kommt nun links neben dem Rgt. 22 zum Einsatz. Das III./22 erobert mit der 9. Kompanie die hartumkämpfte Höhe 392 und hält sie gegen einsetzende Gegenangriffe. Links davon kämpft das I./22 um Petlikowce Stary und um den ostwärts davon gelegenen Wald. Am rechten Flügel des Regiments 22 pariert das II. Bataillon heftige Gegenangriffe.

Auf dem Gefechtsstand der SS-Pz.AA 10 in Kurdwanowka treffen im Laufe des 15. 4. mehrere Funksprüche der Division ein, daß das Regiment 21 von Süden und Teile des Jägerregiments 54 (100. Jg.Div.)

von Norden angreifen. Die Angriffszeiten werden immer wieder verschoben. Gegen 16.00 Uhr greift dann das III./SS-PzGr.Rgt. 21 aus dem Raum Przewloka nach Norden an, die Russen geben ihre Stellungen 1 km südostwärts Kurdwanowka auf und fliehen in den 500 Meter nördlich davon liegenden Wald. Die Aufklärungs-Abteilung tritt aus ihrem Igel Kurdwanowka mit zwei Gruppen auf SPW und vier KwK-Wagen zur Verfolgung an. Die Verfolgungsgruppe bringt dem Feind empfindliche Verluste bei, muß sich aber kurz vor Erreichen des Waldes unter feindlichem Panzer- und Pakbeschuß zurückziehen. In der Nacht besetzen die Russen jedoch wieder ihre aufgegebenen Stellungen. Am Abend und in der Nacht beschießen russische Salvengeschütze Kurdwanowka, wobei die AA einige Ausfälle an Fahrzeugen hat, obwohl diese bis über das Laufwerk eingegraben sind. Gefechtsaufklärung stellt in der Nacht zum 16. 4. fest, daß die Russen Bobulince und die Höhe westlich davon stark besetzt haben. Umfangreiche Feldstellungen, ein eingegrabener T 34, zwei Pak, mehrere Panzerbüchsen und MG-Stellungen werden erkannt. Nach Aussage von Gefangenen steht die 137. Schützendivision mit etwa 600 Mann im Raum Bobulince. Das erfordert deutscherseits eine größere Kräftemassierung. Das I. und II./SS-Pz.Gr.Rgt. 21 werden in der Nacht zum 16. April in den Raum Przewloka vorgezogen.

Am 16. April greift die 10. SS-Panzerdivision „Frundsberg“ mit dem Rgt. 22 und dem SPW-Btl. Laubscheer (I./21) ostwärts der Strypa und mit dem III./21, Teilen der 19. Panzerdivision und der SS-Pz.AA 10 westlich der Strypa nach Norden an, um endlich den russischen Brückenkopf bei Bobulince einzudrücken. Letztere Kräftegruppe befehligt der Arko des II. SS-Panzerkorps, Oberführer Bock; ihr sind „Tiger“ der schweren Panzerabteilung 506 unterstellt.
Gegen Mittag hat das I./22 den Gegner aus dem Wald hart nordostwärts Petlikowce Stary herausgeworfen. Rechts davon hat die 9./22 die Höhe 392 voll in Besitz genommen, nachdem rechts davon die gepanzerte Gruppe Laubscheer die Höhe 380, 2 km nordostwärts Osowce, erreicht hat. Das II./22 wirft den Feind nördlich von Nowostawce.
Währenddessen greift westlich der Strypa die Gruppe Bock aus dem Raum Przewloka nach Norden an. Vor dem Angriff von 20 „Tigern“ der schweren Panzerabteilung 506 und Teilen des Pz.Gr.Rgt. 73 (19. Pz.Div.) verlassen die Russen südostwärts von Kurdwanowka flucht-

artig ihre Stellungen. In diese Fluchtbewegung stößt die 4./SS-Pz.AA 10, verstärkt durch eine Kanonengruppe und eine 7,5-cm-Pak der Abteilung sowie ein Sturmgeschütz, hinein und überwalzt aufgesessen und in weitgefächerter Gliederung die Feindstellungen 1 km ostwärts von Kurdwanowka. Obersturmführer Paulis 4. Kompanie wird von russischen Panzern und Pak eingedeckt, doch die wilde Jagd ist nicht zu bremsen. Drei russische Panzer ziehen sich feuernd in Richtung Osowce zurück. Einer wird durch einen 7,5-cm-Kanonenwagen in Brand geschossen, die anderen beiden werden durch die Kanonen der „Tiger" vernichtet.

Die verstärkte 4./SS-Pz.AA 10 dreht nach Norden gegen Bobulince ein. Die wilde Jagd geht weiter! Der Brückenkopf Bobulince ist das nächste Angriffsziel.

Von Norden drückt das Jägerregiment 54, frontal und rechts ausholend Obersturmführer Paulis 4./SS-Pz.AA, links ausholend Obersturmführer Hoffmanns 2. Kompanie. Ein Kanonenwagen fährt auf eine Mine und brennt aus. Ungeachtet des starken Abwehrfeuers rollt der Angriff weiter. Zwei russische Pakstellungen werden überwalzt. Ein wahrer Feuerregen liegt auf der Höhe 1 km westlich von Bobulince, dann ist die Höhe genommen. Das ist gegen 17.00 Uhr.

Weiter! 500 Meter vor Bobulince erhält Obersturmführer Paulis Kompanie starkes Pakfeuer. Zwei SPW fallen aus. Absitzen! Angriff zu Fuß!

Gegen 19.00 Uhr sind die 4./SS-Pz.AA von Westen, Teile des Jägerregiments von Nordwesten und Teile des Pz.Gr.Rgt. 73 von Süden in Bubolince eingedrungen, bald darauf ist der ganze Ort vom Feind gesäubert. Ab 21.00 Uhr übernimmt die SS-Pz.AA 10 den Strypa-Abschnitt beiderseits Bobulince und setzt rechts die 4. und links die 3. Kompanie ein.

Mit der Gewinnung dieser Linie und mit dem Beziehen der Pilawa-Stellung finden die Angriffe der „Frundsberg" ihren Abschluß. Das bedeutet aber nicht, daß damit die Kämpfe in diesem Raum beendet sind. Immer wieder versuchen die Sowjets, die Front der „Frundsberg" aufzureißen. Die Höhe 392, die vom III./22 gehalten wird, ist immer wieder das Ziel russischer Angriffe. Petlikowce Stary und Nowostawce bleiben Unruheherde im Abschnitt des Regiments 22.

In der Nacht zum 18. April löst das III./SS-Pz.Gr.Rgt. 21 die SS-Pz. AA 10 am Strypa-Abschnitt Bobulince ab, die Abteilung zieht nach

Przewloka als Divisionsreserve. In den Strypa-Abschnitt bei Osowce rückt das II./SS-Pz.Gr.Rgt. 21 ein.
Am 19. April wird der Ausbau der Strypa-Pilawa-Stellung befohlen. Nachdem der Entsatzangriff auf Tarnopol gescheitert ist und die 1. Panzerarmee hinter der Strypa einen festen Halt gefunden hat, geht die Heeresgruppe Nordukraine endgültig zur Verteidigung über.
Am 21. 4. lösen SS-Pz.AA 10 und Divisions-Begleit-Kompanie das III./SS-Pz.Gr.Rgt. 21 im Abschnitt Bobulince ab und verbleiben hier bis zur endgültigen Ablösung der „Frundsberg". Die SS-Pz.AA 10 macht ihre Verlustbilanz vom bisherigen Einsatz:

Tote:	1 Führer,	46 Unterführer und Männer;
Vermißte:	1 Führer,	6 Unterführer und Männer;
Verwundete:	2 Führer,	151 Unterführer und Männer;
Gesamt:	4 Führer,	203 Unterführer und Männer.

Von den Verwundeten verbleiben 47 Leichtverwundete bei der Abteilung.
Die Abteilung hat in ihrem bisherigen Einsatz vernichtet oder erbeutet: 4 Flugzeuge „R 5"; 2 Panzer T 34; 2 Sturmgeschütze (15 cm); 6 Pak; 17 Panzerbüchsen; über 30 MG.
Sturmbannführer Brinkmanns Aufklärungs-Abteilung „Frundsberg" hat die große Feuertaufe bestanden. Sie hat sich als schlagkräftiges, bewegliches Instrument der Division ausgewiesen. Nachzutragen bleibt, daß die Gefallenen des Spähtrupps Siebenhüner von der Nacht 14./15. 4. am 16. 4. geborgen werden konnten. Von Untersturmführer Siebenhüner fehlt jedoch jede Spur.
In der Nacht zum 25. April 1944 wird die 10. SS-Panzerdivision „Frundsberg" von der 20. Pz.Gr.-Division und der 371. Inf.-Division in ihren bisherigen Stellungen abgelöst. Die Führung im Abschnitt des II. SS-Panzerkorps übernimmt das LIX. Armeekorps.
Damit findet der Einsatz der 10. SS-Panzerdivision „Frundsberg" bei Buczacz seinen Abschluß. Trotz widriger Wetter- und Wegeverhältnisse hat sie ihre vornehmste Aufgabe, Freischlagung der 1. Panzerarmee, hervorragend erfüllt. Führung und Truppe sind gleichermaßen am Erfolg beteiligt. Zurück bleiben die ersten Gräber.
Der Kessel der 1. Panzerarmee im Raum Kamencz-Podolsk ist auch als Hube-Kessel in die Geschichte eingegangen. Nachdem Mitte Februar sich die ersten Risse in der Abwehrfront der Heeresgruppe Süd zeigten,

flog Sowjet-Marschall Schukow ins Hauptquartier nach Moskau und unterbreitete Stalin Vorschläge für die weiteren Operationen vor der deutschen Heeresgruppe Süd. Schukow, hervorragender Kopf der russischen militärischen Führung, zumeist mit Sonderaufgaben betraut, erhielt von Stalin den Auftrag, die Operationen der 1. und 2. Ukrainischen Front zur Einschließung der 1. deutschen Panzerarmee zu koordinieren. Die 1. Ukrainische Front führte General Watutin, die 2. General Konjew. In einer weiträumigen Umfassung stießen Verbände der 1. Ukrainischen Front über Buczacz—Czortkow bis an den Dnjestr vor. Gleichzeitig gelangte die 2. Ukrainische Front zwischen Mogilew-Podolsk und Jampol bis an den Dnjestr. Die Panzerspitzen beider Fronten bedrohten die Rückzugswege der 1. Panzerarmee zwischen Dnjestr und Pruth. General Hube wollte nach Süden ausbrechen, solange dies noch möglich erschien; von Manstein nach Westen, um wieder Anschluß an die 4. Panzerarmee zu bekommen. Die Krise spitzte sich von Tag zu Tag zu. In einer dramatischen Auseinandersetzung mit Hitler auf dem Berghof bei Berchtesgaden ertrotzte Generalfeldmarschall von Manstein, OB der Heeresgruppe Süd, die Freigabe des II. SS-Panzerkorps zum Freischlagen der Panzerarmee Hube, der er den Ausbruch nach Westen befahl. Und so geschah es dann. Manstein hat die Durchführung seiner Führungslinie nicht mehr als OB erlebt. 200 000 Mann der 1. Panzerarmee wurden nicht nur gerettet, sie fochten schon bald wieder in einer festen Front. Marschall Schukow schreibt hierzu in seinem Buch „Erinnerungen und Gedanken", daß er und sein Truppenstab fest damit gerechnet hatten, daß die 1. deutsche Panzerarmee nach Süden ausbrechen würde und darauf die russischen Maßnahmen zugeschnitten waren. Weiter heißt es dann: „Wie später aus erbeuteten Dokumenten hervorging, hatte das Kommando der deutschen Heeresgruppe Süd eine Gruppe zusammengezogen, zu der die 9. und 10. SS-Panzerdivision gehörten, und am 4. April einen starken Schlag aus dem Raum Podhajce gegen unsere Außenfront geführt. Diese deutsche Panzergruppe durchbrach die Stellungen des XVIII. Korps der 1. Gardearmee und drang in den Raum Buczacz vor, um dort ihren Truppen, die aus dem Kessel entweichen wollten, Entsatz zu bringen."

ENTSATZANGRIFF TARNOPOL

Stoßtrupp Kunigk — Das Bataillon Frank geht über die Wosuszka — Das Pi.Btl. „Hohenstaufen" baut die Brücke — Panzersturm auf Chodaczkow Wielki — Bittrich und Meyer in vorderster Linie — 55 Tarnopolkämpfer werden aufgenommen — Die Tragödie des „festen Platzes"

Die Front der Heeresgrupe Süd war an mehreren Stellen zerrissen, die 1. Panzerarmee eingeschlossen und wieder freigekämpft worden. Die Seret-Linie war nicht mehr zu halten. Und Tarnopol liegt am Seret.

Hitlers Haltung, Räume nicht preiszugeben, führt ihn auf die Idee der „festen Plätze". Neben Kowel wird auch Tarnopol zum „festen Platz" erklärt, ohne daß die verteidigungsmäßigen Voraussetzungen erfüllt sind. In der Erklärung der Stadt Tarnopol zum „festen Platz", die über die Heeresgruppe Süd am 10. 3. 1944 bei der 4. Panzerarmee eingeht, heißt es: „Durch Führerbefehl ist Tarnopol zum ‚festen Platz' erklärt worden. ‚Feste Plätze' sind unter Heranziehung des letzten deutschen Mannes zum Kampf bis zum Letzten zu halten, auch wenn sie eingeschlossen sind."

Die Bedenken der Heeresgruppe Süd gegen die Erklärung Tarnopols zum „festen Platz" wurden von Hitler in den Wind geschlagen. Manstein ist bemüht, durch eine bewegliche und den Kräfteverhältnissen angemessene geschmeidige Kampfführung, auch unter Preisgabe von Boden, zur Gewinnung von Reserven den tatsächlichen Gegebenheiten Rechnung zu tragen; er — der nach Hitler „nur immer operieren wolle" — wird mit der Begründung in die Wüste geschickt, „daß die Zeit des Operierens vorbei sei und man jetzt Steher brauche". — In Generalfeldmarschall Walter Model glaubt Hitler den Mann gefunden zu haben, der im Südabschnitt der Ostfront die verfahrene Lage meistern wird. Model, ein eisenharter Mann, auch gegen sich selbst, geht der Ruf eines guten Truppenführers voraus, der mehr bei der Truppe als auf dem Gefechtsstand zu finden ist. Das bringt ihm vor allem die Verehrung der Fronttruppe ein. Aber Model setzt sich auch gegen Hitler durch, wenn es die Frontlage erfordert. Er ruft den OB der 4. Panzerarmee, General Raus, an und bittet ihn um seinen Vorschlag zur Entlastung des „festen Platzes" Tarnopol, da sich die Hilferufe von dort überschlagen.

Am 9. April wird offensichtlich, daß die Russen gegenüber dem Trembowla angreifenden II. SS-Panzerkorps starke Kräfte bereitstellen. Angesichts dieser neuen Bedrohung und der Tatsache, daß die sehr geschwächte 1. Panzerarmee den ihr zugedachten Seret-Abschnitt nicht wird halten können, stellt der OB der 1. Panzerarmee den Antrag, die Seret-Linie aufzugeben und hinter der Strypa die neue Verteidigungslinie aufzubauen. Dieser Antrag wird von Model gutgeheißen und von Hitler genehmigt.

Durch die Änderung des Verlaufs der neu aufzubauenden Front wird eine weitere Verteidigung des eingeschlossenen „festen Platzes" Tarnopol sinnlos und der sofortige Entsatz notwendig. Mit dem Entsatz und der Rückführung der Verteidiger wird das XXXXVIII. Panzerkorps des Generals Balck beauftragt.

Die 9. SS-Panzerdivision „Hohenstaufen", die aufgrund der wechselnden Führungsabsichten in einer Querverschiebung vom rechten an den linken Flügel des II. SS-Panzerkorps verlegt wird, scheidet mit der neuesten Entwicklung — nämlich mit der 10. SS-Panzerdivision und der 100. Jägerdivision an der Strypa und bei Buczacz zu halten — aus dem Verband des II. SS-Panzerkorps aus.

Die 9. SS-Panzerdivision „Hohenstaufen" wird als Hauptstütze im Rahmen des XXXXVIII. Panzerkorps zum Entsatz von Tarnopol eingesetzt.

Über den Entsatz von Tarnopol berichtet Gert Fricke in „Fester Platz Tarnopol 1944", herausgegeben vom Militärgeschichtlichen Forschungsamt, erarbeitet nach Kriegstagebüchern der Heeresgruppe, der 4. Pz.-Armee und dem Erfahrungsbericht des XXXXVIII. Pz.-Korps über den Entsatz von Tarnopol. Besonders das KTB des XXXXVIII. Pz.-Korps und sein Erfahrungsbericht enthalten heftige Kritiken an Führung und Truppe der 9. SS-Pz.-Div. Im wesentlichen geben sie die Gedanken von General Balck und seinem engsten Führungsstab wieder.

Fricke stützt sich auf dieses Material, ohne die Gegendarstellungen der 9. SS-Panzerdivision und den wahren Sachverhalt zur Kenntnis zu nehmen.

Leider liegen von den Verbänden der Waffen-SS auch keine Kriegstagebücher vor; aber Fricke hat sich auch nicht bemüht, Wissensträger der 9. SS-Panzerdivision zu hören, was für einen Historiker selbstverständlich sein müßte. Seine Darstellung ist daher einseitig und unsachlich.

Nach jahrelangen Forschungen zur Geschichte der 9. SS-Panzerdivision und eingehenden Erörterungen des Verfassers mit dem damaligen Kommandeur der 9. SS-Panzerdivision, seinem Ia und zahlreichen anderen

Wissensträgern entsteht ein anderes Bild, als es Fricke zeichnet. Es ist nicht die Absicht, diesen Abschnitt polemisch aufzubauen. Er soll den taktischen Einsatz der Einheiten der 9. SS-Panzerdivision schildern, die beim Entsatzangriff auf Tarnopol alles in ihren Kräften stehende taten, um die Besatzung von Tarnopol herauszuhauen. Dennoch soll zu einigen Anschuldigungen Stellung bezogen werden.
Ende März hatte der schlagkräftige Panzerverband des Obersten Friebe den Versuch unternommen, von Jezierna nach Tarnopol durchzubrechen und ein Versorgungspaket einzuschleusen. Der Verband Friebe — eine Neuaufstellung der 8. Panzerdivision, bestehend aus einer Panzerabteilung, zwei SPW-Bataillonen und Unterstützungswaffen — war an starker russischer Abwehr gescheitert und mußte in die Ausgangsstellung zurück. Nun soll der Panzerverband Friebe und die 9. SS-Panzerdivision nach Tarnopol durchstoßen und die Verteidiger hinter die Strypa zurückführen — und das gegen wesentlich stärkere Feindkräfte, als sie Friebe im März vor sich hatte.
Schon allein die mehrmalige Verschiebung der Verbände der 9. SS-Panzerdivision auf verschlammten Wegen, bei ständigen Nachschubschwierigkeiten (besonders Treibstoff) ist eine Leistung, die auch die Eintragung im KTB der 4. Pz.-Armee vom 10. 4. 1944: „Die 9. SS-Pz.Div., mit Spitze im Raum Plolgcza, hat ihre Bewegungen in den Bereitstellungsraum in Anbetracht der schwierigen Wegeverhältnisse noch nicht abgeschlossen", nicht verschweigt.

Am 10. April, in der Zeit von 9.00 bis 12.00 Uhr, findet auf dem Gefechtsstand des XXXXVIII. Panzerkorps in Pomorzany eine Besprechung statt; anwesend sind der OB der 4. Panzerarmee, General Raus, der Kommandierende General des XXXXVIII. Panzerkorps, General Balck; der Kommandierende General des VIII. Fliegerkorps, Generalleutnant Seidemann; Oberst Friebe; Generalleutnant der Waffen-SS Bittrich, Armee-Pionierführer Oberst Schmeling, Arko 144, Generalmajor Fabiunke sowie die Generalstabsoffiziere der Armee, des Panzerkorps und der Divisionen. Hierbei wird der Entsatzangriff Tarnopol durchgesprochen.
Das XXXXVIII. Panzerkorps beabsichtigt, mit zwei Stoßkeilen aus der Strypa-Linie direkt auf Tarnopol vorzustoßen; mit dem Panzerverband Friebe aus dem Raum Kozlow über Domamorycz und der 9. SS-Panzerdivision aus dem Raum Horodyzscze über Chodaczkow-Wielki.

In Anbetracht der sich stündlich zuspitzenden Lage der Verteidiger von Tarnopol muß die 4. Panzerarmee auf das unverzügliche Antreten der Entsatzkräfte drängen, obwohl die Verbände der 9. SS- Panzerdivision erst im Aufschließen sind und die Bereitstellung nur zu einem geringen Teil erfolgt ist. General Raus erläßt an die Entsatzverbände folgenden Befehl:

„Euch ist die ehrenvolle Aufgabe gestellt, die tapferen Verteidiger von Tarnopol zu befreien. Wochenlang haben diese Männer den festen Platz, von der Außenwelt vollkommen abgeschnitten, gegenüber einer mehrfachen Überlegenheit in herorischem Kampf gehalten. Zeigt Euch Eurer Kameraden würdig! Nur wenn jeder sein Letztes für diese hohe Aufgabe einsetzt, ist der volle Erfolg gewährleistet."

Im Befehl Nr. 63 der 4. Panzerarmee vom 10. 4. 1944 wird die Entsatzoperation auf Tarnopol wie folgt festgelegt:

„Gegner greift seit dem 9. 4. erneut mit überlegenen Kräften den festen Platz Tarnopol laufend an. Die Besatzung wehrt mit letzter Kraft in schwersten Straßenkämpfen die Feindangriffe ab und erwartet für den 1-Tag unseren Entsatzangriff.
4. Panzerarmee entsetzt am 1-Tag mit XXXXVIII. Pz.-Korps den festen Platz Tarnopol und führt die Besatzung hinter die eigene HKL zurück. Besatzung ist bei Herankommen des Korps oder Ausbruchsbeginn dem XXXXVIII. Pz.-Korps unterstellt.
Hierzu bricht XXXXVIII. Pz.-Korps am 1-Tag mit Tagesanbruch antretend mit 9. SS-Pz.Div. und Pz.-Verband Friebe nach kurzer Artillerievorbereitung über die eigene HKL im Abschnitt Horodyszcze—Kozlow vor, erzwingt den Übergang über die Strypa und stößt unter ausreichendem Schutz der Flanken des Angriffskeils auf kürzestem Weg auf Tarnopol durch.
Nach Gewinnen des Westufers des Seret bei Tarnopol ist beiderseits Durchgangsstraße IV nach Norden und Süden abzudecken. Unter Feuerschutz aller mitgeführten Waffen hat der Austritt der Besatzung des festen Platzes zu erfolgen. Sollte es nicht gelingen, bis unmittelbar an den Verteidigungsring heranzukommen, hat die Besatzung auszubrechen. Befehl zum Ausbrechen gibt das XXXXVIII. Panzerkorps. Nach Herausführen der gesamten Besatzung und aller Verwundeten an die Entsatztruppen, und nach-

dem der Antransport der nicht mehr marschfähigen Verwundeten sichergesetellt ist, ist schrittweise auf die Strypa auszuweichen . . . An dem Entsatzangriff sind alle verfügbaren Teile der 359. Inf. Div. zu beteiligen. Insbesondere kommt es darauf an, die Masse der Artillerie der 359. Inf.Div. zur Vorbereitung des Angriffs und Unterstützung des ersten Vorgehens heranzuziehen. Im Abschnitt der 357. Inf.Div. und der 359. Inf.Div. sind am 1-Tag Stoßtruppunternehmen und Feuerüberfälle durchzuführen, um den Feind vor diesen Fronten zu binden.
Entsatzparole: Kein Soldat besser als wir!"

Beide Seiten konzentrieren also beachtliche Kräfte, um den Fall Tarnopol in ihrem Sinne zu lösen.
Die hin und her geworfene 9. SS-Panzerdivision „Hohenstaufen" steht vom Beginn des Entsatzangriffs an unter äußerster Zeitnot. Am 10. April ist ein kleiner vorausgeschickter Führungsstab der Division unter dem Ia, Obersturmbannführer Harzer, in Plolgcza arbeitsfähig, während sich der Divisionskommandeur mit anderen Offizieren des Divisionsstabes um das Herankommen der Masse der Division bemüht, was bei den schlechten Wegen zum größten Problem wird. Dazu sind die

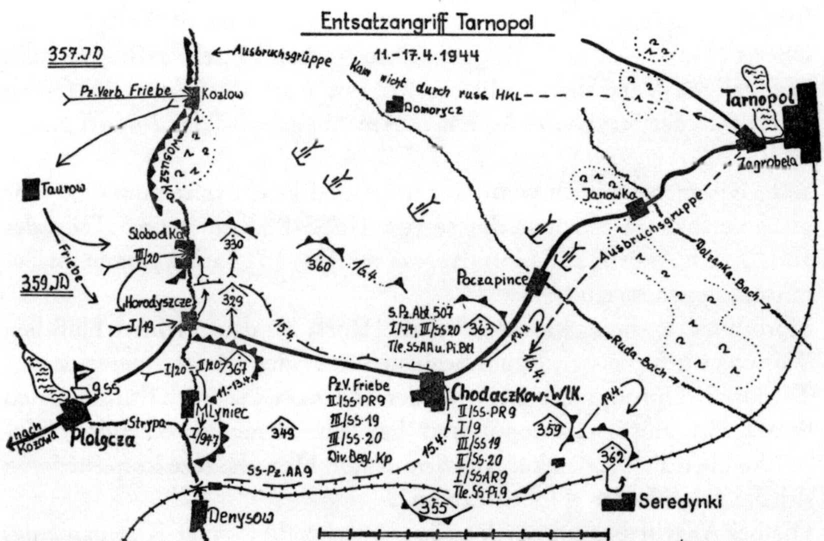

Verbände der Division weit auseinandergerissen. Zum Beispiel befindet sich die gepanzerte Gruppe der Division — die über Brzezany—Podhajce in den Brückenkopf Zlotniki befohlen war, um von hier aus im Zusammenwirken mit der 10. SS-Panzerdivision auf Trembowla anzugreifen — im Anmarsch, und es scheint fraglich, ob der nun wieder nach Norden beorderte Verband rechtzeitig eintreffen wird.
Die „Hohenstaufen" muß einsetzen, was gerade an Einheiten eintrifft. Am Abend des 10. April trifft Sturmbannführer Franks II./SS-Pz.Gr. Rgt. 20 als erster Verband in Plolgcza ein und wird vom Ia der Division südlich von Horodyszcze eingewiesen. In der Nacht trifft die 16. (Pi.)/SS-Pz.Gr.Rgt. 20 ebenfalls ein und wird nördlich vom II./20 bereitgestellt. An Gefechtsaufklärung ist nicht mehr zu denken. Die Männer kommen in Bauernkaten und Strohdiemen zur Nacht unter.
Das I./SS-Pz.Gr.Rgt. 19, das Horodyszcze nehmen soll, quält sich in der Nacht aus dem Raum Brezezany vor und trifft erst bei Morgengrauen des 11. April im Bereitstellungsraum ein. Von der Divisionsartillerie kommt nur die Sfl-Abteilung zeitgerecht heran. So tritt die 9. SS-Panzerdivision praktisch direkt aus dem Marsch und mit „hängender Zunge" zum Entsatzangriff an.
Am frühen Morgen des 11. April beginnt der Entsatzangriff des XXXXVIII. Panzerkorps mit dem Panzerverband Friebe bei Kozlow. Friebe hat 24 Panzer V (Panther), 9 Panzer VI (Tiger) und zwei SPW-Bataillone mit 101 SPW — zusammengefaßt zum SPW-Rgt. unter Oberst Hauser — zur Verfügung. Dem Verband Friebe gelingt es nach dreimaligen Versuchen nicht, in Kozlow über die Wosuszka (einen Nebenfluß der Strypa) zu kommen. Am Abend wird der Angriff eingestellt.
Sechs Kilometer südlich vom Panzerverband Friebe treten um 6.20 Uhr erste verfügbare Sturmgeschütze der II./SS-Pz.Rgt. 9 und Teile der 16./20 zum Angriff auf Horodyszcze an. Das I./19 trifft gerade im Bereitstellungsraum ein.
Horodyszcze, dieses kleine galizische Dorf, an dem kleinen Flüßchen Wosuszka gelegen, wird zum Schlüsselpunkt der Entsatzoperation auf Tarnopol. Horodyszcze liegt an der für russische Verhältnisse guten Straße Brzezany—Tarnopol und hat eine dementsprechende Holzbrücke über die Wosuszka. Auf dem Raum Horodyszcze konzentrieren sich die Angriffe der „Hohenstaufen".
Die bei Angriffsbeginn zur Verfügung stehende Pionier-Kompanie des

Regiments 20 hat bei Dunkelheit ihre Schlauchboote soweit als möglich herangebracht. Ein paar Sturmgeschütze rasseln heran. Man wartet noch auf das I. SS-Pz.Gr.Rgt. 19 — vergebens. Es beginnt zu tagen, höchste Zeit, wenn der Handstreich auf die Brücke von Horodyszcze gelingen soll. Der Chef der Pioniere, Obersturmführer Siegfried Klauk, hat alles mit seinen Zugführern und den Sturmgeschützbesatzungen abgesprochen.
Los! Beiderseits der Straße huscht Untersturmführer Kunigk mit seinem 2. Zug der 16./20 davon. Sein Stoßtrupp soll die Brücke nach Möglichkeit unversehrt in eigene Hand bringen. Links der Straße geht der 1. Zug, rechts der Straße der 3. Zug vor. Die Sturmgeschütze folgen und geben notfalls Feuerschutz.
Die Züge kommen bis an Horodyszcze heran, dann bricht mit dem neuen Tag die Hölle los. Der Stoßtrupp Kunigk stürmt der Brücke entgegen. Abwehrfeuer von MG, Gewehren und Granatwerfern prasselt aus Feldstellungen und Häusern. Unterscharführer Vierig bleibt liegen, tot. Und noch ein Gruppenführer wird verwundet, doch die Männer stürmen weiter hinter ihrem Untersturmführer her. Dann liegt Kunigk kurz vor der Brücke. MG-Feuer zwingt ihn tief herunter. Er schreit nach der Drahtschere, um die Zündleitung zu kappen, doch seine letzten Worte gehen in einer gewaltigen Detonation unter. Holzteile prasseln hernieder, die Brücke ist nur noch ein Gewirr von zersplitterten Balken und Bohlen.
Von links hat sich der 1. Zug herangekämpft. Ein Schlauchboot fliegt ins Wasser. Sieben Männer rudern mit hastigen Schlägen und tief geduckt ans andere Ufer und springen in Deckung.
Indessen hat auch Oberscharführer Albrechts 3. Zug mit Floßsäcken rechts der Hauptstraße einen Acker überquert und die ersten Häuser von Horodyszcze erreicht. Keuchend werfen sich die Männer vor dem nun einsetzenden schweren Abwehrfeuer der Russen zu Boden.
Ein Sturmgeschütz erhält kurz vor dem Dorf einen Paktreffer. Die Besatzung bootet aus; die mit heilen Knochen herauskommen, bringen ihre verwundeten Kameraden in Sicherheit.
Alle ziehen daraus die bittere Lehre, daß Horodyszcze ein waffenstarrender Igel ist, daß dieser Angriff viel sorgfältiger hätte vorbereitet werden müssen. Hatten die Einheiten dazu Zeit? Darüber stehen der Befehl und die Hilferufe der Besatzung von Tarnopol, die ohne Gefechtsaufklärung und ohne Bereitstellung zu Einsätzen drängen.

Ohne Gefechtsaufklärung und ohne Bereitstellung tritt auch das I./SS-Pz.Gr.Rgt. 19 zum Angriff an. Mit kurzen, schnellen Sätzen weist Bataillonskommandeur Sturmbannführer Hagenlocher seine Kompaniechefs ein. Als es hell wurde, erreichte die Spitze des Bataillons gerade Kozowa. In Plolgcza absitzen, Fahrzeuge unterziehen. Die Kompanien hasten im Laufschritt beiderseits der Straße nach Horodyszcze. Links die 2. Kompanie unter Obersturmführer Meisel, rechts die 3. Kompanie unter Hauptsturmführer Kriz. Zwischen 9.00 und 10.00 Uhr überwinden die Kompanien eine freie Pläne und einen verschlammten Acker. Über dem Bataillon fliegen deutsche Stuka hinweg, die die russischen Stellungen auf den Höhen hinter dem Ort bombardieren.
Während des Laufens entwickeln sich die Kompanien in Gefechtsgliederung. Starkes Abwehrfeuer von leichten und schweren Infanteriewaffen fordert die ersten Verluste.
Untersturmführer Hauer verläßt mit seinem 1. Zug der 3. Kompanie den vorgeschriebenen Angriffsstreifen, weil der so stark unter Feuer liegt. Im Straßengraben ist besseres Vorwärtskommen. Vorbei an einem abgeschossenen Sturmgeschütz, an zwei zerschossenen Volkswagen, auf denen schlaffe Floßsäcke hängen. Der Zug Hauer dringt in den südlichen Teil von Horodyszcze ein und bringt dem hier liegenden Pi.-Zug der 16./20 Entlastung. Wenig später schließt Hauptsturmführer Kriz mit den anderen Zügen auf.
Links der Hauptstraße stürmt Obersturmführer Meisel mit seiner 2. Kompanie. Hier das gleiche Bild. Stürmende Männer, Einschläge, Tote und Verwundete, um die sich Sanitäter bemühen. Die Zwote ist auf den Hauptwiderstand gestoßen und bleibt im Nordteil von Horodyszcze zwischen den ersten Bauernkaten liegen.
Indessen wehrt sich der Stoßtrupp Kunigk an der Brücke verzweifelt und hofft auf das Aufschließen von Verstärkungen. Sie bleiben aus. Der kleine Brückenkopf ist nicht mehr zu halten. Nachdem Untersturmführer Kunigk schwer verwundet ist, gehen die letzten Überlebenden des Stoßtrupps zurück und werden von der 3./19 aufgenommen.
Sturmbannführer Hagenlocher setzt seine 1. Kompanie an. Auch sie muß heftiges Abwehrfeuer durchlaufen, ehe sie Horodyszcze erreicht. Hauptsturmführer Borchers soll mit seiner 1./19 die 2. Kompanie entlasten und den heftigen Feindwiderstand im Nordteil des Ortes niederkämpfen. Die weit auseinanderstehenden Bauernkaten geben kaum Deckung. Und das ganze Dorf ist ein einziges Stellungssystem.

Ein Verbindungsoffizier vom II./SS-Pz.Gr.Rgt. 20, das weiter südlich einen Brückenkopf gebildet hat und nun nicht weiterkommt, bittet um Feuerunterstützung auf Höhe 367. Das ist nicht möglich, weil dem I./19 selbst die Munition ausgeht. Bis zum Abend gelingt es nicht, ganz Horodyszcze zu nehmen. Die Kompanien des I./SS-Pz.Gr.Rgt. 19 igeln sich im Westteil von Horodyszcze ein.

Indessen gehen noch in den Nachtstunden erste Teile des von Sturmbannführer Frank geführten II./SS-Pz.Gr.Rgt. 20 durch die Wosuszka und bilden einen ersten kleinen Brückenkopf auf dem Ostufer des Flüßchens. Die Männer verschwinden bis zum Hals im Wasser, hoch über ihren Köpfen halten sie ihre Waffen. Die Übergangsstelle liegt 2 km südlich von Horodyszcze. Franks Absicht, überraschend und unter Ausnutzung der Dunkelheit über den Fluß zu kommen, erfüllt sich, doch wird gleich bei Tagesanbruch dieser Erfolg durch einen eigenen Stukaangriff zunichte gemacht. Die Ju 87 laden in den eigenen Reihen einen Teil ihrer Bombenlast ab; das Bataillon Frank hat ca. 80 Ausfälle. Ein bedauerliches Mißverständnis durch Versagen des Fliegerleitoffiziers beschwört ein Chaos herauf. Ehe sich das Bataillon wieder gefangen hat, vergehen Stunden. Der Feind auf Höhe 367 hat den Stukaangriff verhältnismäßig gut überstanden und erwartet den neuen deutschen Angriff. Inzwischen gehen weitere Teile des II./SS-Pz.Gr.Rgt. 20 mit dem bisherigen Stellungs-Bataillon, dem I./GR 947, in Floßsäcken über die Wosuszka. Das I./GR 947 dreht nach Süden ein und wirft den Feind im Gebiet der Wosuszka-Mündung in die Strypa bis zur Bahnlinie Denysow—Tarnopol zurück. Das neugegliederte II./20 greift nach Osten an, überwindet zwei feindliche Feldstellungen und erobert die beherrschende Höhe 367.

Die Angriffe der „Hohenstaufen“ werden am 11. April nur von der I./SS-Art.Rgt. 9 (Sfl) unter Sturmbannführer von Sauken unterstützt, aber auch diese Unterstützung muß aus Munitionsmangel unzureichend bleiben. Außerdem traf die Abteilung erst am Morgen ein und mußte sich erst ihre Feuerräume erschießen. Teile der Div.-Brückenkolonne fahren vom 10. bis 15. 4. mit ihren Opel- und Ford-Muli-Halbkettenfahrzeugen Munition für das Artillerie- und Panzerregiment, weil Räderfahrzeuge auf den verschlammten Straßen nicht durchkommen. Die III./SS-Art.Rgt. 9, die im Raum Zlotniki den geplanten Angriff auf Trembowla unterstützen sollte, hat sich dort festgefahren, und die II./SS-Art.Rgt. 9 muß wegen des Durchziehens des Versorgungspaketes für

die 1. Pz.-Armee einen erheblichen Umweg machen und ist ebenfalls erst am Abend bei der Division zu erwarten.
Um 11.40 Uhr meldet die 9. SS-Pz.Div. an das XXXXVIII. Pz.-Korps, daß es zwar bei Mlyniec gelungen ist, einen Brückenkopf zu bilden und sich auf dem Kamm der Höhe 367 festzusetzen, ein weiteres Vorkommen des II./20 nach Norden und Osten ohne Zuführung von Verstärkungen aber nicht möglich ist. Das gerade in Teofipolka eintreffende I./20 soll so schnell als möglich in den Brückenkopf Mlyniec nachgeschoben werden.
Der kleine Brückenkopf Mlyniec wird Anlaß zu Spekulationen bei den Stäben der 4. Panzerarmee und dem XXXXVIII. Pz.-Korps. In ihn werden Hoffnungen gesetzt, die unter den gegebenen Umständen von der Truppe nicht erfüllt werden können. Noch am 11. April erreicht folgender Armeebefehl die Entsatzkräfte:

> „Die Besatzung des festen Platzes Tarnopol stand auch heute im schwersten Straßenkampf gegen überlegenen Feind. Schnellster Entsatz dringend erforderlich. XXXXVIII. Panzerkorps überschreitet sofort nach Fertigstellung der Kriegsbrücke Mlyniec die Wosuszka und stößt unter vollster Ausnutzung der hellen Nacht unter Zusammenfassung aller verfügbaren Kräfte auf Tarnopol durch. Es kommt auf jede Minute an. Falls Panzerverband Friebe auch beim dritten Angriff keinen Boden über die Wosuszka gewinnen sollte, sind die Panzer des Verbandes Friebe unter größter Beschleunigung herauszuziehen und hinter 9. SS-Panzerdivision über Kriegsbrücke Mlyniec nachzuführen, um den Übergang bei Kozlow von rückwärts zu öffnen."

Dieser Befehl ist nichts mehr als ein Stück Papier, das die Wünsche und Hoffnungen der hohen Stäbe ausdrückt, keineswegs aber den Gegebenheiten Rechnung trägt. Der Frühjahrsschlamm bringt alle Zeitpläne durcheinander. Wie sehr Wetter- und Straßenverhältnisse den Ablauf der Operation negativ beeinflussen, zeigten bereits die ersten Kampfhandlungen.
„Um 15.55 Uhr geht über dem gesamten Angriffsgelände ein wolkenbruchartiger Regen nieder, der alle Bewegungen hemmt und den Boden so aufweicht, daß Verschiebungen auch mit Kettenfahrzeugen kaum noch durchzuführen sind. Dadurch wird auch der Boden bei Mlyniec so aufgeweicht, daß das Brückengerät, das dort eingebaut werden sollte,

steckenbleibt und erst am späten Abend mit Sturmgeschützen wieder herausgezogen werden kann. Der bei Mlyniec durch 9. SS-Panzerdivision vorgesehene Brückenschlag kann daher nicht durchgeführt werden. Meldung hierüber erreicht das Korps jedoch erst am späten Abend", heißt es im später vom XXXXVIII. Panzerkorps verfaßten Erfahrungsbericht über den Entsatzangriff Tarnopol.

Die Wetterlage verzögert auch das Herankommen und das Nachführen des I./SS-Pz.Gr.Rgt. 20 in den Brückenkopf, den das tapfere Bataillon Frank gegen heftige Feindangriffe hält.

Der kleine Brückenkopf Horodyszcze, der auf starken Feinddruck wieder aufgegeben werden mußte, wird später zum umstrittenen Punkt des Entsatzangriffes, nachdem der Brückenschlag bei Mlyniec infolge des Wolkenbruchs und der Verschlammung nicht durchgeführt werden kann. Der ehemalige Kommandeur der 9. SS-Pz.Div. und sein Ia können sich nicht erinnern, daß eine Meldung über die Gewinnung des kleinen Brückenkopfes in Horodyszcze an das Korps ging — der Kommandierende General wußte durch VB und Artilleriemeldungen von dem kleinen Brückenkopf. Beide Führer der „Hohenstaufen" erinnern sich aber daran, daß sie den Kommandierenden General, den OB der 4. Panzerarmee und den OB der Heeresgruppe anläßlich ihres Besuches auf dem Gefechtsstand der Division am Nachmittag des 11. 4. darauf hingewiesen haben, daß der Brückenkopf Horodyszcze nicht mehr bestehe. Aber zu dieser Zeit setzten alle ihre Hoffnungen in den Brückenschlag bei Mlyniec.

Noch am Abend und in der Nacht zum 12. April hofft die Führung der 9. SS-Panzerdivision, daß der Brückenschlag in der Wosuszka-Schleife nördlich von Mlyniec durchgeführt werden kann, und unternimmt hierzu vergebliche Anstrengungen.

Unter großen Geländeerschwernissen schließt in der Nacht das I./SS-Pz.Gr.Rgt. 20 zum II. Bataillon in den Brückenkopf bei Höhe 367 auf.

Jetzt wird auch offenkundig, daß der Brückenschlag bei Mlyniec undurchführbar ist. Um 04.15 Uhr (12. 4.) meldet der Kommandeur der „Hohenstaufen" an General Balck, daß der Brückenschlag bei Mlyniec nicht durchgeführt werden könne und das Brückengerät von Sturmgeschützen aus dem Schlamm herausgezogen werden müsse. Daraufhin befiehlt das Korps, „nunmehr mit allen Kräften einen Brückenkopf in Horodyszcze zu erzwingen".

Am 12. April geht der erbitterte Kampf um Horodyszcze weiter. Für Sturmbannführer Hagenlochers I./SS-Pz.Gr.Rgt. 19 heißt der Auftrag nach wie vor: „Bildung eines Brückenkopfes in Horodyszcze und Vorstoß nach Osten!"

Das Bataillon Hagenlocher, das am Vortag schon 50 Prozent Ausfälle hatte, wird in einen mühseligen, verlustreichen Kleinkrieg verwickelt. Horodyszcze ist ein einziger Maulwurfshügel mit Bunkern und Stellungssystemen. Bunker auf Bunker und Stellung auf Stellung müssen einzeln herausgebrochen werden. Heftiges Flankenfeuer aus dem etwas nördlich gelegenen Dorf Slobodka erschwert das Vorwärtskommen zusätzlich. Langsam kämpfen sich Panzergrenadiere und Pioniere bis an den Fluß heran, unter ständigen Feuerüberfällen schwerer Feindwaffen. Bis zum Abend wird der Westteil von Horodyszcze erobert. Bei der Kirche werden die vielen Toten des Bataillons und der 16./20 begraben. Das Vorhaben eines Brückenschlages in Horodyszcze im Zuge der Hauptstraße setzt die Wegnahme des starken russischen Stützpunktes Slobodka voraus. Slobodka wird wiederholt von Teilen des Grenadierregiments 948 (359. Inf.Div.) ohne Erfolg angegriffen. Nun fordert das XXXXVIII. Panzerkorps von der 9. SS-Panzerdivision die Wegnahme von Slobodka noch am Abend des 12. April, doch das bedeutet abermals eine Umgruppierung und Umdisponierung der Bataillone der 9. SS-Panzerdivision. „Dem Angriff hat eine sorgfältige Bereitstellung und Feuervorbereitung vorauszugehen", fordert das XXXXVIII. Panzerkorps, doch ist dieser Satz nur eine Phrase, wenn man dagegen hält, daß das Korps immer wieder auf die Zeit drückt. So wird das für den Angriff auf Slobodka vorgesehene III./SS-Pz.Gr.Rgt. 20 herangehetzt, so quälen sich die II. und III. Abteilung des Artillerie-Regiments „Hohenstaufen" heran. Wie kann man dann von einer sorgfältigen Vorbereitung des Angriffs sprechen?

Das stete Drängen des Kommandierenden Generals Balck zum Angriff wird noch verschärft durch die am Nachmittag des 12.4. eingehende Entscheidung Hitlers*: „Es ist Ehrenpflicht der Heeresgruppe, die Besatzung von Tarnopol trotz aller Schwierigkeiten herauszuhauen. Der Führer verspricht sich nichts von einem Ausbruch der Besatzung aus eigener Kraft." Nachdem das Wetter so negativ auf den Entsatz eingewirkt hatte, stand ein Ausbruch der Besatzung zur Diskussion. „Alles

* Fricke: „Fester Platz Tarnopol", Seite 113.

hängt vom Wetter ab", sagte General Raus und sprach damit aus, was alle Führungsstäbe dachten.

Dem Panzerverband Friebe, dem es nach dreimaligen Versuchen nicht gelungen ist, in Kozlow einen Brückenkopf und Ausgangspunkt für den Entsatzangriff zu gewinnen, wird die Ablösung in Kozlow durch Teile der 359. Inf.Div. und Versammlung im Raum Taurow befohlen.

Der für 17.00 Uhr auf Slobodka vom Korps befohlene Angriff kann nicht durchgeführt werden, da das III./SS-Pz.Gr.Rgt. 20 nicht herankommt.

Indessen kämpfen das I. und II./SS-Pz.Gr.Rgt. 20 im Brückenkopf bei Höhe 367 ihren großen Kampf. Nach einer geringfügigen Erweiterung bis an den Südostrand von Horodyszcze und nach Osten treten die Russen zu heftigen Gegenangriffen an. Die Kämpfe im Brückenkopf toben den ganzen Tag über. Beide Bataillone haben empfindliche Verluste, besonders durch schweres Infanterie- und Artilleriefeuer von den Höhen nordostwärts von Horodyszcze und Slobodka. Dort sind auch russische Panzer eingegraben, die mit ihrem Feuer entscheidend in die Kämpfe eingreifen. In der Nacht zum 13. April dringt ein russischer Stoßtrupp am Südostrand von Horodyszcze in den vom II./SS-Pz.Gr. Rgt. 20 genommenen Graben ein. An der Spitze einer schnell zusammengerafften Gegenstoßgruppe fällt der Bataillonskommandeur, Sturmbannführer Frank. Er wird nachträglich mit dem Ritterkreuz ausgezeichnet.

Da mit der Lageentwicklung am 12. April ein Brückenbau — die Voraussetzung für das Nachziehen von Panzerkräften — wieder unwahrscheinlicher wird, andererseits aber die Hilferufe aus Tarnopol immer dringender werden, lautet die Antwort der 4. Panzerarmee auf eine Funkanfrage des Kommandanten des festen Platzes Tarnopol, des Generalmajores von Neindorff: „Haltet aus! Entsatz wegen widriger Geländeverhältnisse noch nicht möglich!" Fricke schreibt hierzu in „Fester Platz Tarnopol", Seite 112: „Die Ermunterung zum Aushalten kann in diesem Augenblick nur als Phrase angesehen werden, wenn man weiß, daß die Generale Raus und Fangohr (Chef des Stabes der 4. Pz.-Armee) die Aussichten des Entsatzangriffes bei Anhalten des Wetterzustandes als hoffnungslos einschätzen."

Eines wird am 12. April klar: Will man bei Horodyszcze weiterkommen, müssen Slobodka und die ostwärts davon gelegenen waffenstarrenden Höhen erobert werden.

In den frühen Morgenstunden des 13. April greift Sturmbannführer Grubers III./SS-Pz.Gr.Rgt. 20 Slobodka an. Slobodka ist ein waffenstarrender Igel. Slobodka lag ebenso wie Horodyszcze nicht in der deutschen HKL. Hier hatten die Russen Zeit, die Orte zu befestigen. Es wird ein langer, heftig hin und her wogender Kampf. Am Nachmittag greifen auch Teile des Panzerverbandes Friebe ein. Der auf dem Westufer der Wosuszka gelegene Teil von Slobodka wird erobert. Die 10./SS-Pz.Gr.Rgt. 20 versucht mit Schlauchbooten über den Fluß zu kommen; es gelingt nicht. Es ist aussichtslos, den Fluß zu überwinden und die beherrschenden Höhen ostwärts von Slobodka zu nehmen.
Das im Brückenkopf bei Höhe 367 stehende I. und II./SS-Pz.Gr.Rgt. 20 parieren bis Mittag heftige Gegenangriffe. Am Nachmittag greifen Stoßgruppen beider Bataillone nach Norden an, um den Brückenkopf über den Ostteil von Horodyszcze zu erweitern. Auch diese Angriffe bleiben nach wenig Raumgewinn im feindlichen Abwehrfeuer liegen.
In Gefolge der Erweiterungsangriffe bei Horodyszcze geht auch der von Unterscharführer Winnerl geführte Pionier-Erkundungszug vor, um eine geeignete Brückenstelle zu suchen. Etwa 300 Meter unterhalb der zerstörten Brücke, etwas außerhalb von Horodyszcze, wird eine geeignete Stelle gefunden. Winnerl, der auch die Erkundung bei Mlyniec vorgenommen hatte, macht eine Flußprofilaufnahme und meldet die Ergebnisse seiner Erkundung. Wenig später bespricht der Kommandeur des SS-Pionier-Bataillons 9, Hauptsturmführer Monich, mit dem Chef der 1. und 2. Kompanie den Brückenbau und unterrichtet hierüber die Division und den Pionierführer des II. SS-Panzerkorps, Obersturmbannführer Max Seela. Der Brückenbau soll in der Nacht vom 13./14. April in Angriff genommen werden. Alles wird vorbereitet. Obersturmführer Schefflers 1. Kompanie soll die Brücke bauen, Obersturmführer Möller mit seiner 2. Kompanie die Materialbeschaffung übernehmen. Auf den etwa 400 Meter nordostwärts der vorgesehenen Brückenstelle eingegrabenen T 34 wird in den Abendstunden ein Pionierstoßtrupp angesetzt, der jedoch auf ein sicherndes Stellungssystem stößt und nicht durchkommt. Obwohl dieser Panzer direkt auf die Brückenstelle einwirken kann, beginnt bei Einbruch der Dunkelheit der Brückenbau.
Die 1. Kompanie setzt die vorbereiteten Böcke, die Männer der Zwoten plagen sich mit Baumstämmen und Bohlen ab. Immer wieder wird ihre Arbeit durch russische Feuerüberfälle gestört, doch sie wissen, daß jede Minute für den Entsatz der Tarnopolkämpfer wertvoll ist, daß Panzer

und Sturmgeschütze hinüber müssen, damit auch der Brückenkopf bei Höhe 367 entlastet wird. Die Männer arbeiten wie die Berserker, und als sich der neue Tag aus Dunst und Nebelschleiern erhebt, steht die Brücke und wird letzte Hand an den Knüppeldamm gelegt, der zur Anfahrt notwendig wurde.
Gegen 06.00 Uhr rollen die ersten Sturmgeschütze der 7. und 8. Kompanie des SS-Panzerregiments 9 über die Brücke. Etwas unterhalb der Brücke gehen indessen die letzten Männer des II./SS-Pz.Gr.Rgt. 19 mittels Floßsacksteg über den Fluß. Der Angriff beginnt.
Sturmgeschütze und das I./SS-Pz.Gr.Rgt. 20 schlagen den Feind bei Höhe 329 und nehmen damit die unmittelbare Feindeinwirkung auf die Brückenstelle.
Im Laufe des Vormittags passieren die Panzer IV der 5. und 6. Kompanie SS-Panzerregiment 9 die Brücke und drücken unter Mitnahme des II./SS-Pz.Gr.Rgt. 19 bis zur Höhe 349 vor. Mit im Gefolge die 4. Bttr. der SS-Flak-Abteilung 9 mit ihren Sfl. Harte Panzer/Pak-Duelle prägen das Bild des Kampfes. Am Abend des 14. April verläuft die vorderste Linie der „Hohenstaufen" von Höhe 329 über Höhe 349 bis zur Bahnlinie bei Denysow. Drei Panzergrenadier-Bataillone und die II./SS-Panzerregiment „Hohenstaufen" — die 5. und 6. Kompanie mit zusammen 30 Panzern IV, und die 7. und 8. Kompanie mit zusammen 30 Sturmgeschützen — haben die Ausgangsbasis zum Entsatz der Verteidiger von Tarnopol erkämpft. Mehr war bisher nicht möglich, aber für die Tarnopolkämpfer ist das zu wenig; in Tarnopol vollzieht sich bereits der Untergang. Hören wir hierzu den Sowjet-Marschall Schukow; er schreibt in seinem Buch „Erinnerungen und Gedanken": „Am 12. April begann die Liquidierung des in Tarnopol eingeschlossenen Gegners. Nach zwei Tagen war er vernichtet. Am 14. April wurde Tarnopol vom 15. und 94. Schützenkorps und vom 4. Gardepanzerkorps besetzt." Und das IV. Gardepanzerkorps ist der große Gegner der „Hohenstaufen" und des Panzerverbandes Friebe.

Am Abend des 14. April stehen der Kommandeur des SS-Panzerregiments 9, Obersturmbannführer Otto Meyer, und Generalleutnant der Waffen-SS, Wilhelm Bittrich, bei Höhe 349 und sehen mit dem Fernglas nach Chodaczkow Wielki hinüber. Sie erkennen mehrere Pakriegel und eingegrabene Panzer. Sie sehen nach Norden und erkennen auch dort auf den Höhen schwere Waffen der Russen.

„Meyer, wie soll es weitergehen?“ wendet sich Bittrich an seinen Panzerkommandeur.
„Dieses Kaff Chodaczkow Wielki versperrt uns den Weg nach Tarnopol. Es muß ungeachtet der Flankenbedrohung von den nördlichen Höhen zuerst genommen werden!“
„Was schlagen Sie vor?“
„Alle verfügbaren Kräfte heranholen, den Panzerverband Friebe und unsere restlichen Bataillone, und dann mit Scheuklappen durch!“
Am Abend wird noch der Bahnhof Denysow erobert und an der Bahnlinie nach Tarnopol mit Teilen der SS-Pz.AA 9 und der Pionier-Kompanie des Rgt. 19 eine Sicherungslinie nach Süden aufgebaut.
In der Nacht zum 15. April wird das II./SS-Pz.Gr.Rgt. 20 in Slobodka von Teilen der 359. Inf.-Division abgelöst.
Die Brücke von Horodyszcze muß auch der Panzerband Friebe mit seinen schweren Panzern passieren. Deshalb arbeiten in der gleichen Nacht die Pioniere der 1. und 2. Kompanie daran, die Brücke zu verstärken. Wieder wird es eine Schinderei, bei völliger Dunkelheit und laufenden Artillerie-Feuerüberfällen. In den Morgenstunden des 15. April beginnt der Panzerverband Friebe und danach das III./SS-Pz.Gr.Rgt. 20 den Uferwechsel.
Für den frühen Morgen ist der Angriff der Panzerstoßgruppe auf Chodaczkow Wielki geplant, doch die Panzer der „Hohenstaufen“ haben nicht mehr genügend Treibstoff, die Tankwagen kamen nicht durch. Die Luftwaffe springt ein und wirft Betriebsstoff und Munition ab. Dann ist auch Oberst Friebe mit seinen Panzern aufmarschiert.
Gegen 10.00 Uhr rollt der Panzerangriff; Friebe links, Meyer rechts. Zunächst wird in schweren Kämpfen der flankierende Feind südlich Chodaczkow Wielki niedergekämpft, dann werden mehrere Pakriegel durchbrochen. In den späten Nachmittagsstunden tobt der Kampf um Chodaczkow Wielki. Die Panzer von Oberst Friebe und Obersturmbannführer Meyer haben keinen leichten Stand, aber sie schießen Panzer und Pak der Russen systematisch zusammen. In ihrem Gefolge sind die Panzergrenadiere vom II. und III./SS-Pz.Gr.Rgt. 20 und vom II./SS-Pz.Gr.Rgt. 19. Deutsche Stuka werfen bei mehreren Angriffen Bomben auf die russischen Batterie- und Panzerstellungen. Und hinter dieser laufenden, rollenden und kämpfenden Armada fährt Sturmbannführer von Saukens I./SS-AR 9 und mischt mit einer 15-cm-Hummel- und zwei 10,5-cm-Wespen-Batterien (Sfl) von Zeit zu Zeit mit. In der Orts-

mitte entbrennt noch einmal ein heftiger Kampf, zehn russische Pak werden niedergekämpft. Bis zum Einbruch der Nacht stehen die deutschen Spitzen hart ostwärts von Chodaczkow Wielki. Die 68. Gardeschützen- und die 302. Schützendivision sowie die 52. Garde-Panzerbrigade sind bezwungen.

Fast den ganzen Angriff fährt Generalleutnant Bittrich im Kommandeurspanzer von Obersturmbannführer Meyer mit.

Gleichzeitig mit dem Angriff auf Chodaczkow Wielki schieben I./19 und I./20 die Sicherungslinie bei Horodyszcze nach Nordosten vor.

Die eigene Luftwaffe unterstützt während des ganzen Tages die Angriffsgruppen, aber auch der russische Luftwaffeneinsatz ist sehr stark.

Inzwischen sind die Verteidiger von Tarnopol durch konzentrische Angriffe zusammengeschmolzen. In der Nacht zum 14. April brechen die Reste der Verteidiger nach Zagrobela — einem Dorf westlich von Tarnopol — durch. 700 Verwundete bleiben in Tarnopol zurück. Gleichzeitig mit der Meldung von der Einnahme von Chodaczkow Wielki trifft am Abend des 15. April bei der 4. Panzerarmee die letzte Funkmeldung aus Zagrobela ein; Generalmajor von Neindorff ist gefallen. Die Lage in Zagrobela ist aussichtslos. Oberst von Schönfeld, Kommandeur des Grenadier-Regiments 949, kann sich mit ca. 1500 Mann am 15. 4. in Zagrobela halten, doch Korps und Armee können sich ausrechnen, daß Zagrobela einen weiteren Tag nicht überstehen wird. Unter diesem ungünstigen Vorzeichen — die Funkverbindung nach Zagrobela ist inzwischen abgerissen — funkt die 4. Panzerarmee an Oberst Friebe, der mit der Führung aller Panzerkräfte betraut wurde: „Lage Tarnopol gestattet kein Ruhen und Rasten. Sofort weiter!" Die Forderung des OB der 4. Panzerarmee, ohne Rücksicht auf Flanke und Rücken, unter Ausnutzung des Mondlichts gleich weiterzustoßen, um nach Möglichkeit bis Poczapince durchzukommen und hier einen Brükkenkopf über den Ruda-Bach zu bilden, scheitert an Munitions- und Treibstoffmangel und an erkannten starken Pakriegeln an der Straße nach Poczapince.

Inzwischen befiehlt Oberst von Schönfeld den Ausbruch aus Zagrobela. Gegen Mitternacht des 15./16. April treten die Tarnopolkämpfer in drei Gruppen zum Ausbruch an.

Am 16. April, um 06.20 Uhr, greift der Panzerverband Friebe in zwei Stoßgruppen nach Osten und Nordosten an. Die schwere Panzer-Abteilung 507 sowie I./Pz.Gr.Rgt. 74 und III./SS-Pz.Gr.Rgt. 20 stoßen auf

starke Pak-Abwehr, die nach zeitraubenden Einzelaktionen niedergekämpft wird. Der Kampf endet mit der Eroberung der Höhe 363. Die 3. und 4./SS-Pz.AA 9 sowie Teile der 3./SS-Pi.Btl. 9 (auf SPW) erobern links davon eine kleine Höhe und sichern nach Norden.
Die nach Osten vorstoßende Angriffsgruppe — II./SS-Pz.Rgt. 9, III./SS-Pz.Gr.Rgt. 19, II./SS-Pz.Gr.Rgt. 20, I./SS-AR 9 und Teile der 3./SS-Pi.Btl. 9 — kämpft sich gegen die zäh verteidigende Gardeschützendivision vor und erobert die Höhen 359, 362 und nach hartem Kampf das Dorf Seredynki.
Bei der Erweiterung des Brückenkopfes Horodyszcze dringen das I./SS-Pz.Gr.Rgt. 19 und das I./SS-Pz.Gr.Rgt. 20 nach Norden vor; hier waren mehrmals Pionierstoßtrupps gegen eingebaute Panzer und gegen Bunker gescheitert. Am Nachmittag nehmen beide Bataillone im Zusammenwirken mit Teilen der 359. Inf.-Division Slobodka-Ost und die ostwärts gelegenen Höhen 330 und 363.

Am 16. April zeigt sich die außerordentliche Gegenwehr der Sowjets durch vermehrten Einsatz von Pak und Artillerie. Gegen die deutschen Spitzen werden heftige Gegenangriffe geführt.
Von den ausgebrochenen Tarnopolkämpfern kommen in den Morgenstunden des 16. April einige an die Stellungen der 357. Inf.-Division heran, aber es gelingt ihnen nicht, durch die russische HKL bei Kozowa durchzubrechen. Von der Panzergruppe Friebe werden am Vormittag Tarnopolkämpfer der zweiten Ausbruchsgruppe aufgenommen. Nach Durchbrechen russischer Stellungen hat sich die letzte Gruppe bis Chodaczkow Wielki durchgeschlagen. Die Tarnopolkämpfer berichten, daß im Wald südlich von Janowka noch Teile der Besatzung kämpfen. Das XXXXVIII. Panzerkorps weist den Verband Friebe an, durch Abschießen von Leuchtzeichen die vorderste Linie anzuzeigen.
Angesetzte Luftaufklärung stellt fest, daß in Zagrobela der Kampf erloschen ist. Dennoch haben die deutschen Führungsstellen Hoffnung, noch größere Teile der Tarnopolkämpfer aufzunehmen. Aus diesem Grunde ergeht vom XXXXVIII. Panzerkorps an die 9. SS-Panzerdivision der Auftrag, „daß der Angriff der Gruppe Friebe vorerst auf jeden Fall weitergeführt werden muß, um möglichst starke Teile der Besatzungstruppe aufnehmen zu können“. Aber im etwas später eintreffenden Befehl der 4. Panzerarmee an das Korps heißt es in der Aufgabenstellung für den 17. April:

„Das Korps hat alle Vorkehrungen zu treffen, um alsdann unter Bergung allen Gerätes und aller ausgefallenen Fahrzeuge der 9. SS-Panzerdivision und des Verbandes Friebe wieder hinter die bisherige HKL zurückzugehen."

Am 17. April treten die deutschen Stoßgruppen entlang der Straße nach Tarnopol und aus der Linie 359—362—Seredynk nach Osten an, um noch möglichst viele Tarnopolkämpfer aufnehmen zu können. Nach geringem Raumgewinn treten die Russen zum Gegenangriff an und drängen die Deutschen in die Verteidigung. Das russische VI. Gardepanzerkorps und zwei Schützendivisionen berennen nun den weit vorgeschobenen deutschen Frontsack ostwärts von Chodaczkow Wielki. Nach erbitterten Kämpfen wird Seredynk von den Russen zurückerobert. Am 15., 16. und 17. April werden von der 9. SS-Panzerdivision und vom Panzerverband Friebe 74 russische Panzer, 84 Geschütze, 21 Pak und 12 Granatwerfer vernichtet oder erbeutet, wobei der Hauptteil auf den 17. April fällt. Für den guten Einsatz der II./SS-Pz.Rgt. 9 wird Obersturmbannführer Otto Meyer mit dem Ritterkreuz ausgezeichnet.

Angesichts der harten Abwehrkämpfe scheint es ausgeschlossen, daß noch eine größere Anzahl Tarnopolkämpfer die deutschen Linien erreichen wird. Damit ist das Halten des Frontsackes Chodaczkow Wielki sinnlos geworden und würde nur zu unnötigen Verlusten führen.

Um die gleiche Zeit, als die russischen Verbände gegen den deutschen Frontsack anrennen, ist Generalfeldmarschall Model auf dem Gefechtsstand der 4. Panzerarmee. General Raus berichtet über den Entsatzangriff, und beide Oberbefehlshaber stimmten darin überein, daß ein weiteres Halten des Frontsackes nicht mehr vertretbar ist. Model betont ausdrücklich, daß er die 9. SS-Panzerdivision dringend zu anderen Aufgaben benötige, daß daher diese Division bis zum 20. April herausgezogen und im Raum Brzezany— Podhajce versammelt sein müsse. Mit dem Herausziehen der 9. SS-Panzerdivision soll in der kommenden Nacht begonnen werden.

Daraufhin formuliert die 4. Panzerarmee folgenden Armeebefehl, der um 12.45 Uhr beim XXXXVIII. Panzerkorps eintrifft:

1. XXXXVIII. Panzerkorps schließt die Kampfhandlungen auf dem ostwärtigen Strypa-Wosuszka-Ufer ab, daß 9. SS-Panzerdivision am 20. 4. vormittag im Raum Podhajce—Brzezany zur

Verfügung der Heeresgruppe, Panzerverband Friebe am 20. 4. nachmittag in den Raum Zborow—Pluhow zur Verfügung der 4. Panzerarmee versammelt ist.
2. Von der 9. SS-Panzerdivision ist ein verstärktes Panzergrenadier-Bataillon (1 Btl. und 1 Bttr.) am 17. 4. abends aus der Front herauszuziehen, bis 18. 4. vormittags zur Verfügung der Heeresgruppe nach Podhajce zu führen. 1 Pz.-Gr.-Regimentsstab, 1 weiteres Pz.Gr.-Bataillon, Regimentstruppen, 1 Sturmgeschützbatterie sowie eine leichte Artillerieabteilung (ohne 1 Bttr.) sind am 18. 4. aus Front herauszulösen und bis 19. 4. früh zur Verfügung Heeresgruppe in den Raum Podhajce zu verlegen.
3. XXXXVIII. Panzerkorps beläßt auf dem ostwärtigen Strypa-Wosuszka-Ufer so lange einen Brückenkopf — der aber nur von Panzergrenadieren zu halten ist —, bis das gesamte Brückengerät ausgebaut ist. Die notwendigen Maßnahmen hierzu sind einzuleiten."

Das Generalkommando erteilt daraufhin der 9. SS-Panzerdivision für den 18. 4. folgenden Auftrag:

„9. SS-Pz.-Division mit unterstelltem Pz.-Verband Friebe gliedert sich in der gewonnenen Linie zur Abwehr. Feind ist anrennen zu lassen und durch zusammengefaßtes Feuer der Artillerie und gepanzerte Gegenstöße zu vernichten. Befehl über weitere Absicht folgt zeitgerecht am 18. 4.
Ferner erhält 9. SS-Panzerdivision den Auftrag, mit Beginn der Dunkelheit 1 verstärktes Pz.Gr.-Bataillon aus der Front herauszuziehen und dieses zur Verfügung der Heeresgruppe nach Podhajce zu versammeln."

Am Abend des 17. April meldet die 9. SS-Pz.-Division an einsatzbereiten Panzern:

9. SS-Pz.Div.: 18 Panzer IV, 6 Sturmgeschütze;
Verband Friebe: 6 Panzer VI, 20 Panzer V.

Während die Kämpfe im Raum Chodaczkow Wielki toben, haben die Männer der SS-Pi.-Bataillons 9 an der Brückenstelle Horodyszcze keine ruhige Minute. Immer wieder belegen russische Artillerie und Flugzeuge die Brücke mit Granaten und Bomben. Immer wieder müssen die Männer der 1. und 2. Pionier-Kompanie die entstandenen Schäden beheben und die Brücke funktionsfähig halten. Gleich nach Fertigstellung der Brücke wurde sie direkt wieder mit Minen und Sprengstoffen von etwa vier Tonnen zur Sprengung vorbereitet. Und das führt beinahe zu einer Katastrophe. Bei einem russischen Artilleriefeuerüberfall gerät die Leitfeuerverbindung in Brand. In buchstäblich letzter Minute wird die brennende Zündschnur entdeckt. Geistesgegenwärtig springen Unterscharführer Bilek und ein Volksdeutscher aus dem Banat auf die Brücke und reißen die Zündschnüre aus den Ladungen. Bilek wird mit dem EK I ausgezeichnet und zum Oberscharführer, der Banater mit dem EK II ausgezeichnet und zum Sturmmann befördert.

Nach einem ruhigen Vormittag hagelt am 18. April in den Mittagsstunden ungewöhnlich starkes Artilleriefeuer auf den deutschen Frontvorsprung bei Chodaczkow Wielki nieder. Gegen 13 Uhr treten die Sowjets zu konzentrischen Angriffen an, die von der 9. SS-Panzerdivision unter hohen Verlusten abgeschlagen werden. Hierbei werden noch einmal zwölf Feindpanzer abgeschossen.

In der Nacht zum 19. April wird der Frontvorsprung Chodaczkow Wielki, unter gleichzeitigem Ausscheiden von Einheiten, bis in die Linie Höhe 349 zurückgenommen.

Am 19. April halten nur noch Panzergrenadiere diese Stellung, die dann bis zum Morgen des 20. April hinter die Wosuszka zurückgenommen wird und damit Aufnahme in der neuen deutschen Frontlinie findet. Um 02.30 Uhr kommen die letzten Panzergrenadiere zurück. Der Nachhutführer meldet dem Chef der 1./SS-Pi.Btl. 9, dann gibt Obersturmführer Scheffler den Befehl zur Sprengung der Brücke, die seine Kompanie gebaut hat. „Achtung Sprengung!“ — und mit einem ohrenbetäubenden Donnerschlag gehen vier Tonnen Sprengmittel in die Luft und zerfetzen die Wosuszka-Brücke in Horodyszcze. Der Entsatzangriff zur Aufnahme der Tarnopolkämpfer ist abgeschlossen.

Von den Tarnopolverteidigern, die am 11. 3. 1944 94 Offiziere, 677 Unteroffiziere und 3952 Mannschaften zählten, die am 16. 4. auf etwa 1500 Mann zusammengeschmolzen waren, erreichen nur 55 Mann die deutschen Linien. Von den drei aus Zagrobela ausgebrochenen Gruppen fallen alle Offiziere. Der Entsatzangriff kostet das XXXXVIII. Panzerkorps 1200 Tote und Verwundete und 18 Panzer. Ein erschütterndes Ergebnis!

„Bei Tarnopol brachen unsere Truppen in hartnäckigen Kämpfen von Westen her bis in die feindlichen Artilleriestellungen ein und nahmen

bereits einen Teil der befehlsmäßig nach Westen ausgebrochenen tapferen Besatzung der Stadt auf. Weitere Teile stehen noch in schwerem Ringen gegen feindliche Übermacht. In diesen Kämpfen wurden 19 Panzer und 31 Geschütze des Feindes vernichtet", meldet der deutsche Wehrmachtbericht am 17. April und macht aus einer Niederlage einen Sieg. Und am 18. April findet Tarnopol im Wehrmachtbericht ein letztes Mal folgende Erwähnung: „... Bei Tarnopol kämpfen sich weitere Teile der Besatzung befehlsgemäß zu den in harten Abwehrkämpfen vorgedrungenen, von der Luftwaffe wirkungsvoll unterstützten Verbänden des Heeres und der Waffen-SS durch. Damit hat der heroische Kampf der Besatzung unter Führung des am Vortag des Ausbruchs gefallenen und inzwischen vom Führer mit dem Eichenlaub zum Ritterkreuz ausgezeichneten Generalmajors von Neindorff seinen Abschluß gefunden. In 25tägigem erbitterten Ringen hat sie, von Transportfliegergeschwadern trotz feindlicher Abwehr in aufopferndem Einsatz versorgt, den Ansturm einer mehr als zehnfachen feindlichen Übermacht bei schwerstem Artilleriefeuer und laufenden Luftangriffen standgehalten und durch Binden starker feindlicher Kräfte den Aufbau einer festen Abwehrfront ermöglicht ..."
Wie schon erwähnt, hat Fricke in seinem Buch „Fester Platz Tarnopol 1944" schwere Anschuldigungen gegen die Führung der 9. SS-Panzerdivision erhoben, ohne sich die Mühe zu machen, auch die andere Seite, den Angeschuldigten, zu hören. Alle Einzelheiten hier noch einmal zu beleuchten, lohnt die Mühe nicht. Die Männer der 9. SS-Panzerdivision und ihre Führung haben ihr Menschenmögliches zur Rettung der Tarnopolkämpfer getan. Es muß aber festgestellt werden, daß sich zwischen Generalleutnant der Waffen-SS Bittrich und dem Kommandierenden General des XXXXVIII. Panzerkorps, General der Panzertruppen Hermann Balck, dem die Division „Hohenstaufen" ab 10. April unterstellt war, zunehmend Meinungsverschiedenheiten in bezug auf die Führung der 9. SS-Panzerdivision entwickelt hatten, die am 14. 4. ihren Höhepunkt erreichten. General Balck — der zugegebenermaßen unter dem Druck von Führerbefehlen stand — hat immer versucht, in die Führung der 9. SS-Panzerdivision einzugreifen, um die notwendig gewordenen Umgruppierungen und Bereitstellungen zu forcieren. Das lief dem Kommandeur der 9. SS-Panzerdivision, Bittrich, zuwider, der — anders als Balck — die tatsächlich zu erwartenden Marschleistungen seiner Division in Anbetracht der widrigen Wege-

verhältnisse richtig einzuschätzen vermochte. Das gilt auch für die Bereitstellungen. Aus den vorhergehenden Kapiteln wird deutlich, wie sehr die „Hohenstaufen“ von einem Frontabschnitt in den anderen gehetzt wurde. Die sich zuspitzenden Meinungsverschiedenheiten zwischen beiden höheren Truppenführern finden in den Unterlagen des von Balck geführten XXXXVIII. Panzerkorps ihren Niederschlag und strahlen auch auf die Unterlagen der 4. Panzerarmee aus. Ganz offensichtlich hat General Balck diesbezüglich auch auf den OB der 4. Panzerarmee, General Raus, einzuwirken versucht, während Generalfeldmarschall Model — der übrigens General Bittrich aus früheren Einsätzen schätzen gelernt hatte — ausgleichend auftrat.
Frickes Anschuldigungen gegen die „Hohenstaufen“ und ihre Führung stützen sich, wie bereits erwähnt, in weiten Teilen auf den „Erfahrungsbericht des XXXXVIII. Panzerkorps über den Entsatzangriff auf Tarnopol vom 11. bis 17. 4. 1944“. Dieser Erfahrungsbericht, der sich als Anlage Nr. 33 zum KTB des XXXXVIII. Panzerkorps im Bundesarchiv-Militärarchiv Freiburg befindet, trägt am Kopf die Bezeichnung „Entwurf“ und ist vom 22. 4. 1944 datiert. Sollte dieser Erfahrungsbericht, der die Meinung Balcks vertritt, eine Rechtfertigung des mißlungenen Entsatzes Tarnopol sein, mit dem Zweck, die Schuld am Mißlingen einem anderen zuzuschieben? Mit einer Rechtfertigung gegenüber Hitler in bezug auf Tarnopol mußte General Balck rechnen, und hier hat er vorgebaut! Auffallend ist auch, daß in dem „Erfahrungsbericht“ alle Stellen, die die „Hohenstaufen“ belasten, mit Bleistift-Randbemerkungen versehen sind, die wahrscheinlich von Fricke stammen, denn nach der Benutzerliste hat nur Fricke diesen Erfahrungsbericht durchgearbeitet. Die gekennzeichneten Stellen kehren dann fast wörtlich in Frickes Buch wieder, und es drängt sich die Vermutung auf, daß Fricke mit einer vorgefaßten Meinung, die gerade ein Historiker nicht haben sollte, ans Werk gegangen ist. Alle Einzelheiten dieser Differenzen wurden in der Zeitschrift „Der Freiwilige“, Oktober und November 1972, behandelt. Es bleibt die Feststellung, daß der Entsatzangriff auf Tarnopol viel zu spät angesetzt wurde, gegen einen Feind, der damit rechnen mußte und dementsprechend starke Kräfte in Bereitschaft hielt. Schuld und Verantwortung liegen bei der höchsten Führung, nicht aber bei der Fronttruppe, der 9. SS-Panzerdivision „Hohenstaufen“ und dem Panzerverband Friebe, die unter letztem Einsatz ihr Möglichstes leisteten.

*

Am Rande der Kämpfe um Tarnopol hat der Unterscharführer Schäferling, Sanitätsdienstgrad der 1. Batterie SS-Pz.Art.Rgt. 9 ein besonderes Erlebnis, das er so beschreibt:

„Während der Bereitstellung zum Entsatzangriff auf Tarnopol ist meine Verbandsstelle — deutlich durch eine Rote-Kreuz-Fahne gekennzeichnet — gerade eingerichtet, meine Sanitätskiste gerade in Ordnung gebracht, da kommt schon eine alte Frau zu mir und sagt: „Dr. helfen, Pan (Herr) kaputt!" — Ich gehe, vorsichtshalber bewaffnet, mit der Alten zu ihrem Pan, und was ich dort sehe, ist fürchterlich. Der alte Mann, kriegsbeschädigt aus dem Ersten Weltkrieg, ist unterschenkelamputiert und liegt mit 41° Fieber darnieder. Sein Beinstumpf ist ein einziger Eiterherd. Ich mache für den alten Mann erst einmal ein Bad und gebe ihm einen Prontosilstoß (Tabletten, die wir als Allheilmittel haben). Nach mehrmaligem Baden des Stumpfes bearbeite ich diesen mit Skalpell und Ätzstift, so lange, bis Blut kommt. Diese Prozedur wiederhole ich drei Tage hintereinander. Der Erfolg stellt sich ein, der alte Mann wird genesen, das Fieber geht zurück und der Stumpf hört auf zu eitern. Ich verbinde ihn und bedecke die Wunden mit Prontosilpuder und Mull-Läppchen. Am vierten Tag kommt dann die alte Frau wieder und bringt Speck und Eier, kniet nieder und betet für alle im Dorf anwesenden Soldaten; immer wieder höre ich die Worte ‚Germanski, Soldatski und Doktor'.
Als dann unsere Batterie weiterzieht, steht die alte Frau mit ihrem Pan am Straßenrand und schwenkt ein Kruzifix."

RESERVE DER HEERESGRUPPE NORDUKRAINE

Wo erfolgt der neue Großangriff der Russen? — Errichtung von „Schwert und Schild" — Das Hohelied der Versorgungstruppen

Die sowjetischen Truppenkonzentrationen bei Brody bestärkten Hitler und das OKW in der Annahme, der Feind beabsichtige, an der Naht der Heeresgruppen Mitte und Nordukraine auf Lemberg durchzubrechen und bis zur Ostsee vorzustoßen.

Die sowjetischen Vorbereitungen entpuppten sich später zwar als groß angelegtes Täuschungsmanöver, aber sie waren der Auftakt zum Zusammenbruch der Heeresgruppe Mitte.
Bei Cannae schlug im Jahre 216 v. Chr. der karthagische Feldherr und Staatsmann Hannibal die Römer in einer Umfassungsschlacht, die als Vorbild in die Kriegsgeschichte einging. In einer Umfassungsschlacht wird im Sommer 1944 die deutsche Heeresgruppe Mitte von den Sowjets zerschlagen.
Die tatsächliche Entwicklung konnte von der Heeresgruppe Nordukraine allerdings nicht vorausgesehen werden.
Für den Eventualfall — den Durchbruchsversuch der Sowjets an der Naht zwischen der Heeresgruppe Mitte und Nordukraine — will Generalfeldmarschall Model das II. SS-Panzerkorps zur Verfügung haben.
Am 20. April 1944 vermerkt das KTB der Heeresgruppe und der 4. Panzerarmee: „9. SS-Panzerdivision ‚Hohenstaufen' ist zur Verfügung der Heeresgruppe Südukraine im Raum Podhajce—Brzezany versammelt. Panzerverband Friebe wird zur Verfügung der 4. Panzerarmee im Raum Zborow—Zloczow versammelt."
Am 21. April zeigt das Thermometer 10 bis 15 Grad Wärme an. Der Himmel ist bedeckt. Die Wege haben sich nach vorübergehender Abtrocknung durch Gewitterschauer wieder verschlechtert.
Feldmarschall Model beabsichtigt, das II. SS-Panzerkorps als Reserve im Raum ostwärts von Lemberg bereitzustellen, um einen Stoß auf Lemberg auffangen zu können.
Am 22. April 1944 setzen sich die Marschgruppen der 9. SS-Panzerdivision „Hohenstaufen" in Bewegung und erreichen den neuen Unterziehraum Unterwalden—Olszany, an der Hauptstraße Lemberg—Zloczow. Hier bleibt die Masse der Division, während eine Kampfgruppe — bestehend aus Panzern, Panzergrenadieren, Artillerie und Pionieren — in den Raum Jaryczow—Busk, an der Straße Lemberg—Busk, weitermarschiert und unterzieht.
Am 23. April, abends, erreicht das Generalkommando II. SS-Pz.-Korps Lemberg. Das Generalkommando stand bisher im Raum Brzezany. Dem II. SS-Panzerkorps sollen 9. und 10. SS-Panzerdivision und der Panzerverband Friebe unterstellt werden, doch bevor die 10. SS-Panzerdivision aus dem Raum Buczacz herausgelöst worden ist, verfügt die Heeresgruppe, daß wegen der Entwicklung im Raum Stanislau die 10. SS-Panzerdivision vorerst der Heeresgruppe direkt unterstellt bleibt.

Am 24. und 25. April werden die Einheiten der 10. SS-Panzerdivision „Frundsberg" im Abschnitt Buczacz von Einheiten der 1. Panzerarmee abgelöst. Die 2. Kompanie der SS-Aufklärungs-Abteilung 10 hat die Erkundung der Anmarschwege und des Unterkunftsraumes der 10. SS-Panzerdivision übernommen. Am 25. April wird die SS-Pz.AA 10 bei Bobulince abgelöst und marschiert nach Litiatyn, und am 26. und 27. April in den Raum Bouszow weiter. Bis zum 27. April treffen Einheiten der „Frundsberg" im neuen Unterkunftsraum an der Straße Rohatyn—Halisz ein, in unmittelbarer Nähe des neuen Krisenherdes Stanislau.
Das Herausziehen des II. SS-Panzerkorps mit den Divisionen „Hohenstaufen" und „Frundsberg" aus der Abwehrfront der Heeresgruppe Nordukraine erfolgte auf Drängen Hitlers, der das Korps wieder als Einsatzreserve zur bevorstehenden Abwehr der Invasion in Frankreich verfügbar haben will. Doch Model will in Anbetracht aufkommender Gewitterwolken das Korps in seiner Verfügungsgewalt behalten und führt gegenüber seinen übergeordneten Stellen immer neue Argumente hierzu ins Feld. Und in der Tat kommen neue Krisen auf die Heeresgruppe Nordukraine zu.

Am 27. April 1944 übernimmt das Generalkommando II. SS-Panzerkorps den Befehl über die 9. SS-Panzerdivision und den Panzerverband Friebe. Die 10. SS-Panzerdivision ist als Heeresgruppenreserve im Raum Rohatyn—Halicz versammelt und dem II. SS-Panzerkorps nur truppendienstlich unterstellt.
An diesem Tage trifft SS-Standartenführer Heinz Harmel beim II. SS-Panzerkorps in Lemberg ein. Harmel hatte einen Divisionsführerlehrgang in Hirschberg besucht und mußte ihn vorzeitig abbrechen, um die 10. SS-Panzerdivision „Frundsberg" zu übernehmen. Der bisherige Divisionskommandeur, Generalleutnant der Waffen-SS von Treuenfeld, übernimmt eine andere Kommandostelle in der Waffen-SS.
Heinz Harmel übernimmt als 37jähriger die Führung der Division „Frundsberg". Er gehört zu den Männern, die das kämpferische Gesicht der Waffen-SS formten. Er kommt aus dem Unterführerkorps und weiß darum wie kein anderer die Sorgen und Nöte des kleinen Mannes einzuschätzen. Harmel erwarb sich als Kommandeur des Regiments „Deutschland" im März 1943 bei den schweren Abwehrschlachten der Division „Das Reich" im Südabschnitt der Ostfront das Ritterkreuz. Seine Männer bei „Deutschland" hatten ihn den „alten Frundsberg"

getauft. Die Division „Frundsberg" wird fortan von Heinz Harmel von Waffentat zu Waffentat geführt, und es ist ihm vergönnt, seine Männer der 10. SS-Panzerdivision bis zum bitteren Ende des Krieges zu führen.

Wegen des befürchteten Losschlagens der Sowjets am Nordflügel der Heeresgruppe verfügt diese die Verlegung der 10. SS-Panzerdivision am 1. Mai als Eingreifgruppe in den Raum Pomorzany. Im Verlegungsbefehl heißt es: „Die Verlegung hat so zu erfolgen, daß die Eingreifgruppe schnell und reibungslos sowohl nach Osten vorgeführt wie auch in südlicher und nördlicher Richtung verschoben werden kann."
Die 4. Panzerarmee beantragt bei der Heeresgruppe die Freigabe der SS-Pz.AA 9 zur Bandenbekämpfung im Raum Iwancze (20 km nördlich Sokol). Dort haben die Eisenbahnsprengungen durch Partisanen erheblich zugenommen, die den Einsatz der SS-Pz.AA 9 notwendig machen. Ab 1. 5. kommt die SS-Pz.AA 9 im Raum nördlich Sokol zum Einsatz.
Um den erwarteten Stoß auf Lemberg aufzufangen, befiehlt Feldmarschall Model die Bereitstellung des II. SS-Panzerkorps ostwärts Lemberg. Um gleichzeitig den Feind zu täuschen — der über ein ausgezeichnetes Agentennetz verfügt, das alle eigenen Bewegungen weitermeldet — und die Einsatzbereitschaft der Verbände des II. SS-Panzerkorps zu erhöhen, werden die Verlegungen in Form von Alarmübungen durchgeführt. Im Verlegungsbefehl, der am Abend des 30. 4. beim II. SS-Panzerkorps eingeht, heißt es:

> „II. SS-Panzerkorps verlegt Nacht 1./2. 5. 1944 Panzerverband Friebe in den Raum Podhorce—Olesko—Ozydow—Sasow.
> Nacht 2./3. 5. Aufschließen der 9. SS-Panzerdivision in den Raum Zborow—Zloczow.
> Die Verlegungsbefehle werden jeweils am entsprechenden Tage um 16.00 Uhr durch Offiziere überbracht, um damit gleichzeitig Alarmübungen durchzuführen."

Die im Verlegungsbefehl vorgesehenen Bewegungen der 9. SS-Panzerdivision und des Panzerverbandes Friebe werden befehlsgemäß durchgeführt. Die 10. SS-Panzerdivision, über die bisher die Heeresgruppe verfügte, erhält am 2. 5. 1944 in einem Befehl wieder klare Unterstellungsverhältnisse. Darin heißt es:

„Die Heeresgruppe hat entschieden, daß 10. SS-Panzerdivision dem II. SS-Panzerkorps wieder voll unterstellt wird. Alle taktischen Belange der 1. Panzerarmee sind hierbei zu berücksichtigen."

Am 3. Mai ergeht ein Heeresgruppen-Befehl an die 4. Panzerarmee und an das II. SS-Panzerkorps, worin sich die HG ausdrücklich den taktischen Einsatz des II. SS-Panzerkorps mit allen drei Verbänden vorbehält. Truppendienstlich bleibt das II. SS-Panzerkorps der 4. Panzerarmee unterstellt.
Aufgrund eines gleichfalls im Laufe des Abends eingehenden HG-Befehls werden die Feld-Ersatz-Bataillone der 9. und 10. SS-Panzerdivision für die Dauer von acht Tagen dem XIII. Armeekorps zur Verstärkung und zum Ausbau der zweiten Stellung unterstellt. Am 4. 5. marschieren die Feldersatzbataillone in den Raum Radziechow und beginnen mit den Arbeiten und mit dem Ausbau der Stellungen, die als starker Riegel an der Straße Brody—Lemberg entstehen.

In der Nacht 3./4. 5. marschiert die SS-Pz.AA 10 im Rahmen der 10. SS-Panzerdivision nachts nach Pomorzany. Die Marschdisziplin ist gut, die technischen Ausfälle sind gering. Die Masse der 10. SS-Panzerdivision „Frundsberg" zieht im Raum nordostwärts Pomorzany unter. Hier erfolgen in den nächsten Tagen noch Verschiebungen kleinerer Verbände und das Zurechtrücken der Einheiten der Division für neue Aufgaben.

Am 4. Mai verlegen das Generalkommando II. SS-Panzerkorps und ein Teil der Korpstruppen in den Raum südlich Zloczow. Damit steht das Generalkommando direkt hinter seinen Verbänden.
Die kriegsmäßige Ausbildung geht weiter. Die Inst.-Truppen beheben Schäden an Panzern und Fahrzeugen, die die letzten Einsätze verursacht haben. Ein Bild von der Arbeit der Instandsetzungs-Truppen gibt uns ein Bericht von Obersturmführer Budach, der in Berlin für den technischen Nachschub der „Hohenstaufen" sorgte:

„Anfang Mai werde ich zur Division zurückbeordert. Für die Fahrt nach Lemberg erhalte ich vom OKH noch 2 VW-Schwimmwagen, mit denen ich und meine Begleiter in 2 Tagesmärschen über Reichsstadt und Lemberg den Raum Zloczow erreichen. Nach Meldung bei der Division und Übergabe eines Schwimmwagens, der für den Divisionskommandeur hergerichtet wird, melde ich mich in Poczapy (4 km nordwestlich Zloc-

zow) bei Sturmbannführer Hofmann, dem Führer der Ib-Staffel. Hier werde ich der Abteilung V, Sturmbannführer Musch, als Gehilfe zugeteilt. Ich erhielt die Aufgabe, die Inst.-Kompanien zu besuchen und ihnen in allen technischen Bereichen Hilfestellung zu geben. Die Panzer-Inst.-Kompanie liegt in Unterwalden, auf halbem Wege nach Lemberg; die 2. Kompanie liegt in einem Wäldchen bei Sasow (5 km nördlich Zloczow), dort liegen noch mehrere russische Panzer aus dem Polenfeldzug 1939, die von der 2. Kompanie ausgeschlachtet und zur Reparatur verwandt werden. Die 2. Kompanie führt Obersturmführer Hauptfleisch, die Panzer-Inst.-Kompanie Sturmbannführer Stolze.
Die Inst.-Kompanien müssen sich nachts gegen Partisanenüberfälle schützen, das ist für die schwer arbeitenden Männer eine zusätzliche Belastung. Wie die russischen Angenten arbeiten, erfahre ich eines Nachts beim Ausladen von nachgelieferten SPW auf dem Bahnhof Zloczow. Ein „Betrunkener" kommt torkelnd daher und setzt sich auf eine Bank in der Nähe des Bahnhofs. Als ich mich ihm nähere, springt er plötzlich auf und verschwindet im nahen Gebüsch. So behalten die Russen alle unsere Bewegungen und Veränderungen im Auge.
Nicht nur die Reparatur beschädigter Fahrzeuge ist allein die Aufgabe der Inst.-Abteilung, sondern auch die Verwaltung und ständige Auffüllung mit Ersatzteilen. Wie hoch der Ersatzteilbedarf einer Panzerdivision mit ihren ca. 3000 Fahrzeugen ist, geht daraus hervor, daß außer den bei den Inst.-Kompanien und I.-Staffeln mitgeführten Teilen die Kfz.-Staffel der Division (Führer Obersturmführer Bartaune) 150 Tonnen Ersatzteile geladen hat. Ein Betriebsstoff-Verbrauchssatz einer Division beträgt 130 Kubikmeter, das sind 7 Bahnkesselwagen zu je 20 000 Liter."
An dieser Stelle müssen auch einmal jene Männer genannt werden, die still ihre Arbeit tun, ohne groß herausgestellt zu werden: Die Nachschubfahrer! Sie und die Landstraße sind eins, und sie bemühen sich mit den ihnen anvertrauten Fahrzeugen, der Division den lebenswichtigen Nachschub zuzuführen. Und wenn man heute den bedeutungsvollen Ausdruck „Kapitäne der Landstraße" geprägt hat, so sind jene Nachschubfahrer des letzten Krieges noch viel höher einzustufen. „Im Staub der Rollbahn" heißt ein Stückchen niedergeschriebenes Heldentum der Fahrer:
„Die Straße in Galizien ist ein staubiger Pfad voller Unebenheiten. Vor wenigen Tagen war sie noch ein glitschiger Seifenweg. Einige Meter nur

ist die Rollbahn breit, zwerghaft erscheint sie in der Weite der Landschaft, doch zum Riesen, zum Moloch kann sie für den Benutzer werden. Das Bild dieser Straße des Ostens ist von dem, was auf ihr fährt, mindestens ebenso bestimmt wie von dem, was an ihr liegen geblieben ist. Die Straße frißt das Material der Wagen und zehrt an der Kraft der Fahrer. Der Frühjahrsschlamm und der Staub trockener Tage dringt durch alle Fugen und Ritzen und vermischt sich mit dem Öl der Maschinen, reibt in Scharnieren und Lagern wie er in den Augen und auf der Haut beißt und brennt. Tiefe Furchen haben sich in die Rollbahn eingefressen, kleine Hügel stehen zwischen ihnen. Wo vor kurzer Zeit Panzer und SPW den Weg ausgemahlen haben, da kann der Volkswagen viel weniger fahrend als springend vorwärtskommen.
Wie müde kann diese Straße den Menschen machen. Aber fragt die Nachschubfahrer und alle anderen, die diese Wochen seit Anfang April auf ihr fahren oder zu fahren versuchen! Die dann immer wieder das beste Stück der Rollbahn ausfindig zu machen sich bemühen, die manche Bodenwelle und manches plötzlich auftauchende Hindernis erst nach dem vierten oder fünften Anlauf mit ihrem Wagen zu nehmen vermögen. Fragt sie, die in der Schlammperiode mit ihren Lkw über die schwarze Teerseifenmasse geglitten, geschwänzelt sind. Nur zwischen Gleiten und Steckenbleiben gab es die Wahl. Fragt sie, die jetzt im Staub der Rollbahn die zerschundenen Reifen flicken, und die sich mit den Leiden der ewig hin- und hergeschüttelten Motore ganz plötzlich und ohne größere Hilfsmittel befassen müssen."
Die Strapazen des Frühjahrs sind bald vergessen, und die Maisonne wischt alles Gewesene wie einen bösen Traum weg. Die Sonne weckt alle Lebensgeister und ruft zu neuen Taten. „Hohenstaufen" und „Frundsberg" rüsten sich zu neuen Einsätzen.

Vom 5. bis 18. Mai werden Teile des SS-Pz.Gr.Rgt. 19 der 57. Sicherungs-Division zu einer Frontbegradigung bei Czernika (westlich Brody) unterstellt. Der Einsatz läuft unter dem Decknamen „Zeisig".

Am 7. Mai wird die SS-Pz.AA 9 abermals zur Bandenbekämpfung in den Raum nördlich Sokol verlegt, wo sie mit dem Eisenbahn-Panzerzug 11 zusammenarbeitet. Der Gefechtsstand der Abteilung befindet sich in Poryk. Am 13. 5. ist der Einsatz beendet, die Abteilung fährt zurück zur Division.

Ab 9. Mai wird auch die 88. Inf.-Division (nach dem Kessel von Tscherkassy wieder aufgefüllt) der Heeresgruppe Nordukraine zugeführt und die aufgefrischte 96. Inf.-Division in die Front des XXXXVIII. Panzerkorps eingeschoben.

Feldmarschall Model, der täglich die Fronttruppen besucht, verfügt am 13. Mai den beschleunigten Ausbau der zweiten Stellung im Nordabschnitt des XXXXVIII. Panzerkorps. Hierzu werden Teile des Pz.-Verbandes Friebe und Pionierkompanien der 9. und 10. SS-Panzerdivision im Abschnitt Zborow eingesetzt. Besonderes Gewicht wird auf den Ausbau von Pak-Sperriegeln gelegt. Im Rahmen dieser Vorsorge verlegt die SS-Pz.AA 10 nach Zarbdzie, 4 km westlich Zborow. Der Abteilung werden die 1./SS-Pi.Btl. 10 und der Pak-Zug der Divisions-Begleitkompanie unterstellt. Aufgabe der verstärkten SS-Pz.AA 10: An der Straße Tarnopol—Zloczow durchbrechenden Feind in der Stellung Zborow zum Stehen bringen, um der Division die Bereitstellung zu ermöglichen. Im Einzelfall werden außerdem entweder die Pak-Züge des SS-Pz.Gr.Rgt. 21 oder 22 und die 9./SS-AR 10 unterstellt. Am 16. Mai ist bereits die 4. Sperrlinie fertig. Alle vorbereitenden Maßnahmen für das Beziehen der Sperrlinien und den Verlauf der Stellungen regelt ein Abteilungsbefehl. Am 21. Mai, um 11.30 Uhr, löst der Divisionskommandeur, Oberführer Harmel, eine Alarmübung aus. Nach 35 Minuten ist Sturmbannführer Brinkmanns Aufklärungs-Abteilung marschbereit und bezieht die befohlene Sperrstellung C. Diese Zeit bedeutet Höchstleistung und spricht für den guten Ausbildungsstand der Abteilung.
Wenn von der Heeresgruppe Nordukraine der Raum Brody als Schwerpunkt angenommen wurde, so wird immer deutlicher, daß durch Einschieben von Sowjetverbänden der Großraum Luzk als kommender Schwerpunkt angesehen werden muß. Das bedeutet für die Heeresgruppe Nordukraine, daß das am Nordflügel stehende XXXXII. Armeekorps und der Südflügel der Heeresgruppe Mitte die Hauptlast der sich abzeichnenden russischen Großoffensive werden tragen müssen.
Die Anzeichen des neuen Sturmes gegen die Heeresgruppe Nordukraine berühren auch das in Reserve stehende II. SS-Panzerkorps, dem weitere Verbände unterstellt werden. Am 14. 5. befiehlt die Heeresgruppe: „II. SS-Panzerkorps (9. und 10. SS-Panzerdivision und Panzerverband Friebe), 1. Panzerdivision, 88. Infanteriedivision sowie sämtliche Korpsreserven sind ab 15. 5., 03.00 Uhr, abmarschbereit."

Zwei Tage später ergeht folgender Befehl:

> „Auf Befehl der Heeresgruppe wird unter Berücksichtigung aller Anzeichen, die auf einen Angriffsbeginn am 18. 5. schließen lassen, befohlen, daß das II. SS-Panzerkorps, 1. Pz.-Division und 88. Inf.-Division keinerlei größere Übungen abhalten und ab 04.00 Uhr abmarschbereit zu sein haben."

Aber der russische Großangriff läßt auf sich warten. Steht die Angriffsverzögerung mit der deutschen Truppenmassierung im Zusammenhang? Haben die russischen Agenten infolge der dauernden Verschiebungen des II. Panzerkorps die Übersicht verloren? Und haben sie mehr Truppen gemeldet, als in Wirklichkeit bereitstehen? Großes Rätselraten! Das warme Maiwetter hat die Wege abgetrocknet, die daher gut befahrbar sind und die schnelle Verschiebung von mot. Verbänden gestatten.

Am 20. 5. 1944 heißt es in einem neuen Befehl:

> „Das II. SS-Panzerkorps, die 1. Pz.-Division, die 28. Jägerdivision (88. Inf.Div. inzwischen beim XXXXII. Armeekorps eingesetzt) sowie sämtliche Korpsreserven sind in Zukunft während der Nacht bis 07.00 Uhr so alarmbereit zu halten, daß sie binnen 2 Stunden abmarschbereit sind."

General Hube, Oberbefehlshaber der 1. Panzerarmee, erhält die Schwerter zum Ritterkreuz. Nach der Verleihung auf dem Berghof stürzt das Flugzeug bei Berchtesgaden ab, wobei Hube den Tod findet. General Raus, bisher OB der 4. Panzerarmee, übernimmt die 1. Panzerarmee; und General Harpe, bisher OB der 9. Armee, wird am 22. 5. neuer OB der 4. Panzerarmee.
Für ein begrenztes Angriffsunternehmen im Abschnitt der 454. Sicherungsdivision werden dem XIII. Armeekorps am 25. 5. die „Hummel-Abteilung" der 8. Panzerdivision und die II./SS-AR 9 unterstellt.
Ende Mai läßt der befürchtete russische Großangriff immer noch auf sich warten. Die Spannung hat sich gelegt. Nunmehr forciert Generalfeldfeldmarschall Model den Ausbau der gewonnenen Linie zu einer stabilen Front mit dem Namen „Schwert und Schild". „Schwert und Schild" soll den Schutz des Deutschen Reiches und die Abwehr des Feindes an dieser Linie bedeuten. Überall wird geschanzt. Model, der damit rechnet, daß ihm das II. SS-Panzerkorps spätestens bei Invasionsbeginn in

Frankreich wieder entzogen wird, macht bei Hitler eine Division nach der anderen locker, die er in die neue Front einschiebt. Das II. SS-Panzerkorps mit den Divisionen „Hohenstaufen“ und „Frundsberg“ befindet sich nur noch in einer „Gastrolle“ bei der Heeresgruppe Nordukraine.

Am 25. 5. ergeht ein Heeresgruppenbefehl an das II. SS-Panzerkorps zur Erkundung für eine rasche Verschiebung des Korps aus den derzeitigen Unterkunftsräumen zum Einsatz gegen einen aus dem Raum Kolomea—Horodenka (bei 1. Panzerarmee) nach Nordwesten geführten Feindangriff. Hierbei sollen möglichst drei feste Straßen in den Raum südlich und südostwärts Stanislau sowie Ein- und Ausladebahnhöfe für Gleiskettenfahrzeuge erkundet werden. Erkundungskommandos des II. SS-Panzerkorps führen diese Aufgabe durch. Am 7. 6. marschiert das SS-Pz.Gr.Rgt. 21, durch Teile des Artillerieregiments, der AA und des Pi.Btl. „Frundsberg“ verstärkt, nach Süden ab. Eine Verlegung der anderen Teile der „Frundsberg“ erübrigt sich, da die 1. Panzerarmee die Lage allein meistert.

Die Masse der 10. SS-Panzerdivision verlegt ab 8. Juni 1944 in den Raum nördlich von Lemberg. Damit ist die Division in zwei über 150 km entfernt stehende Teile auseinandergerissen. Die SS-Pz.AA 10 trifft am 11. Juni im Raum 8 km ostwärts Sokol ein.

Am 7. 6. werden Teile des Rgt. 19 der 9. SS-Panzerdivision beim Unternehmen „Zaunkönig“, einer Frontbegradigung südlich Jecierna, eingesetzt.

Die Russen haben den Beginn ihrer Großoffensive verschoben, um erst dann loszuschlagen, wenn die Invasion in Frankreich begonnen hat. Der Hauptstoß erfolgt nicht auf Lemberg, sondern gegen die in vorgeschobener Front nach Osten stehende Heeresgruppe Mitte, die Ende Juni und im Juli und August 1944 vollkommen zerschlagen wird.

Am 6. Juni 1944 beginnen die Alliierten an der normannischen Küste in Frankreich die Invasion. Durch den deutschen Atlantikwall gellt der Ruf: „Sie kommen!“

Mit dem Fußfassen der Alliierten in Frankreich entsteht für Deutschland eine neue Front, die seine Kräfte übersteigen muß. Die Atlantikwall-Divisionen, zumeist ältere Jahrgänge, können den eingeleiteten Untergang des Deutschen Reiches nur aufhalten, nicht verhindern. Und das II. SS-Panzerkorps mit den Divisionen „Hohenstaufen“ und „Frundsberg“, das sich für diese Stunde vorbereitet hat, steht in Rußland. Erst ab 12. Juni 1944 wird das II. SS-Panzerkorps mit der 9. und 10. SS-Panzerdivision wieder von Rußland nach Frankreich verlegt. Beim Scheiden des Korps erläßt Generalfeldmarschall Model folgenden Tagesbefehl:

Der Oberbefehlshaber der
Heeresgruppe Nordukraine   Hqu., den 12. 6. 1944
Ia Nr. 2781/44 geh.

Tagesbefehl!

Soldaten des II. SS-Panzerkorps!

Am 12. 6. 1944 scheidet das II. SS-Panzerkorps mit der 9. SS-Pz. Div. „Hohenstaufen" und der 10. SS-Pz.Div. „Frundsberg" aus dem Verbande der Heeresgruppe Nordukraine aus.
Das Korps hat in der Zeit der Unterstellung unter die Heeresgruppe Nordukraine in schwerer Zeit einen Hauptteil an dem Festigen der Front und der Aufstellung des Schildes für das Generalgouvernement und damit für die Heimat getragen.
Mit dem Entsatzangriff für Tarnopol und der Wiederherstellung der Verbindung mit der 1. Panzerarmee bei Buczacz habt Ihr Männer der 9. und 10. SS-Panzerdivision an entscheidender Stelle geholfen, diesen Schild zu errichten.
Führung und Truppe sage ich Dank und Anerkennung! Männer des II. SS-Panzerkorps, Ihr könnt stolz sein auf die unter Führung Eures altbewährten Kommandierenden Generals, des SS-Obergruppenführers und Generals der Waffen-SS Hausser errungenen Waffenerfolge.
Zu neuen Aufgaben ruft Euch der Befehl des Führers. Ich bin sicher, daß Ihr sie lösen werdet im Sinne unseres Wahlspruches, kein Soldat der Welt soll besser sein als die Soldaten unseres Führers Adolf Hitler!
Meine besten Wünsche begleiten Führung und Truppe. Heil unserm Führer!

gez. Model

INVASIONSBEGINN UND BLITZTRANSPORT NACH FRANKREICH

Hochbetrieb auf den Bahnhöfen bei Lemberg — Erschwerter Anmarsch in die Bereitstellungsräume — 22. Juni 1944, Beginn der Schlacht um Caen

Mit einem Masseneinsatz von Menschen und Material beginnt am 6. Juni 1944 die alliierte Invasion. Ersten britischen und amerikanischen Landungswellen gelingt es unter schweren Verlusten, auf der Cotentin-Halbinsel, an der Calvados-Küste und an der Ornemündung den Fuß auf das europäische Festland zu setzen, auf eigens dazu konstruierten Landungsfahrzeugen; regelrechte künstliche Häfen werden herangeschwommen, gedeckt von einer großen Schiffsarmada und der vollen Luftherrschaft der anglo-amerikanischen Luftwaffe, kommen immer neue Truppen heran. Das Seegebiet zwischen der englischen Südwestküste und der Normandie wimmelt von alliierten Seefahrzeugen. Die schwachen deutschen Seestreitkräfte und die deutsche Luftwaffe werden in ihren Basen blockiert. Die im Atlantikwall stehenden deutschen Divisionen nehmen den Kampf auf.

„Overlord", wie die Invasion von den Alliierten genannt wird, befehligt der amerikanische General Eisenhower. „Overlord" wurde unter strengster Geheimhaltung vorbereitet und stand unter dem Decknamen D-Tag. Das D steht für Decision, für Entscheidung, für Entscheidung des Zweiten Weltkrieges.

Der britische Feldmarschall Montgomery ist der Oberbefehlshaber der 21. Heeresgruppe, die für die Landungen verantwortlich zeichnet. Ihm unterstehen die amerikanische 1. Armee mit dem V. und VII. Korps mit insgesamt fünf Divisionen der 1. Welle und die britische 2. Armee mit dem I. und XXX. Korps und insgesamt acht Divisionen. Hinzu kommen zwei amerikanische und eine britische Luftlande- oder Fallschirmjägerdivision. Die 1. amerikanische Armee wird von Generalleutnant Bradley, die 2. britische Armee von Generalleutnant Dempsey befehligt. Der amerikanischen 1. Armee gelingt es, beiderseits der Vire-Mündung Fuß zu fassen und die Landeköpfe „Utah" und „Omaha" zu bilden. Die britische 2. Armee bildet an der Calvados-Küste nördlich von Caen die Landeköpfe „Gold", „Juno" und „Sword".

Um die Abwehr einer bevorstehenden Invasion hatte es deutscherseits viele Diskussionen gegeben. Generalfeldmarschall Rommel, Befehlsführender am Atlantikwall, vertrat die Ansicht, die deutschen Panzereingreifreserven möglichst dicht hinter dem Atlantikwall in Reserve zu halten, weil er eine Verschiebung von Panzerverbänden bei Beginn einer Invasion für undurchführbar hielt; Rommel war davon überzeugt, daß die unumschränkte Luftherrschaft der Alliierten — die er in Afrika so drückend verspürte — keine großen Verschiebungen zulassen würde. Der Inspekteur der deutschen Panzertruppen, Generaloberst Guderian, wie auch der Oberbefehlshaber der Panzergruppe West, General Geyr von Schweppenburg, wollten dagegen nördlich und südlich von Paris je eine Panzerreserve in Bereitschaft halten, die dann bei Beginn der Invasion an dem sich bildenden Schwerpunkt zum Einsatz kommen sollte. Entschieden wurde, daß die deutschen Panzerreserven im Raum Amiens in Bereitschaft zu halten seien, weil man mit einer Invasion an der Straße von Calais rechnete.

Das Kräfteverhältnis zu Beginn der Invasion ist wie folgt:

	Deutschland:	Alliierte:	
Inf.-Divisionen	49	6	(Geb./LL.Div.)
mot. Divisionen	—	55	davon 40 Div. 1. Welle
Pz.-Divisionen	10	25	
Panzer	rund 1600	?	
Bombenflugzeuge	88	3467	
Jagdflugzeuge	172	5409	
Aufklärer	59	?	
Transportflugz./Sonstige	115	1360	
Gleitflugzeuge	—	3500	
Schlachtschiffe	—	7	
Kreuzer	—	27	
Zerstörer	3	164	
Schnellboote	36	—	
U-Boote	34	—	
Landungsfahrzeuge	—	6500	aller Art.

Gesamtstärke der Alliierten am 6. Juni 1944: 2,7 Millionen Mann,
Oktober 1944: 3,05 Millionen Mann,
davon 0,8 in England.

Die Normandie-Küste verteidigt die deutsche 7. Armee unter Generaloberst Dollmann, mit dem LXXXIV. Armeekorps des Generals Marcks. Die Divisionen des LXXXIV. Korps können den gezielten Angriffen

nicht standhalten. Die Invasion frißt sich nach Frankreich hinein und läutet den Niedergang Deutschlands ein.
Im deutschen OKW, im Führerhauptquartier, bei der Heeresgruppe West des Generalfeldmarschalls von Rundstedt in Paris, glaubt man an einen Scheinangriff, glaubt man, daß die eigentliche Invasion noch bevorsteht. Bevorsteht an der Meerenge, an der Küste von Calais. Diese Annahmen und die komplizierten deutschen Befehlsverhältnisse machen einen sofortigen Gegenangriff mit starken Kräften unmöglich. Schwache Angriffe einer deutschen Panzer- und einer Fallschirmjägerdivision vermögen nicht die Gelandeten ins Meer zurückzuwerfen.
Indessen schieben die Alliierten immer neue Divisionen nach. Ihre Landeköpfe wachsen zusammen. Zögernd gibt das OKW die Panzergruppe West frei, aber der Gegenangriff der Panzer-Lehrdivision und der 12. SS-Panzerdivision „Hitlerjugend" dringt nicht mehr zur Küste durch. Die Alliierten drücken nach allen Seiten ihre Linien vor. Die Chance eines sofortigen Gegenangriffs mit starken Kräften ist dahin. Es beginnen die aufreibenden und zermürbenden Kämpfe deutscher Gegenstoßverbände, um doch noch das Blatt zu wenden. Von allen Ecken und Enden Frankreichs und Europas werden deutsche Divisionen herangekarrt, aber auch die Alliierten werden von Stunde zu Stunde stärker; ihre Luftwaffe beherrscht unumschränkt den Luftraum und erschwert die deutschen Bewegungen, ja macht sie am Tage schließlich unmöglich. Unter dem Druck der Lage an der Invasionsfront befiehlt Hitler am 12. Juni 1944, eine Woche nach Invasionsbeginn, den Abtransport des II. SS-Panzerkorps vom Osten nach Frankreich.
Nach dem mißlungenen ersten Takt im Kampf gegen die Invasion — die Anlandungen zu verhindern —, und dem kleckerweise geführten zweiten Takt — der örtlich begrenzten Abwehrschläge — setzt man nun zum dritten Takt an, dem geschlossenen Gegenangriff. Als Angriffsziel ist der kleine Küstenort Balleroy, etwa in der Mitte der Landungsfront, vorgesehen. Ziel des Angriffs: Briten und Amerikaner auseinanderzusprengen. Ein OKW-Befehl vom 17. Juni 1944 erwähnt die „Versammlung von 4 SS-Panzerdivisionen (1. 2., 9. und 10.) im Raum westlich der Linie Caen—Falaise, deren Ansatz zum Gegenangriff sich der Führer je nach Entwicklung der Lage vorbehält".
Das ständig zunehmende Übergewicht der Alliierten und die unstete Führung Hitlers führen dazu, daß auch diese Pläne hinfällig werden, ehe sie zur Durchführung gelangen. Hierzu schreibt Warlimont in sei-

nem Buch „Im Hauptquartier der Wehrmacht": „Während der Wehrmachtführungsstab in einer an Jodl (Chef WFSt) gerichteten Stellungnahme zu den näheren Absichten des OB West am 24./25. Juni darauf drang, die Angriffskräfte unter Inkaufnahme jedes Risikos an anderen Küstenabschnitten noch erheblich zu verstärken und den 5. Juli als Termin zu ihrem geschlossenen Antreten vorschlug, befahl Hitler noch am gleichen Tage, daß die bereits eingetroffenen Verbände, ohne die Versammlung sämtlicher Kräfte abzuwarten, jederzeit auch zur offensiven Abwehr eines feindlichen Durchbruchs bereit sein müßten. Der letztmögliche Versuch, das Gesetz des Handelns vielleicht doch noch an sich zu bringen, mußte auf diese Weise scheitern und damit auch jede Aussicht verloren gehen, die Abhängigkeit vom Gegner abzuschütteln. Verschärft wurde die Unsicherheit solcher Führung noch dadurch, daß Hitler gleichzeitig den anderen Gedanken zu verfolgen begann, die neu eintreffenden Panzerverbände zum Entsatz von Cherbourg zu verwenden und sie hierzu an der Westküste der Cotentin-Halbinsel hinaufzuführen. Je weniger der OB West, von Feind und eigener Führung über jedes Maß bedrängt, dieses weite Vorgehen quer zur Hauptstoßrichtung des Gegners und unter dem von der überwältigenden Masse seiner Flieger beherrschten Himmel für möglich halten wollte, um so mehr versteifte sich Hitler auf den neuen Gedanken des Entsatzes von Cherbourg."

Die Sätze Warlimonts machen das Hin und Her dieser Führung und ihrer dauernd geänderten Pläne deutlich. Unter diesen Umständen muß ein kraftvoll angestrebter Gegenangriff, der dann aber verzettelt ausgeführt wird, zum Scheitern verurteilt sein. Und so kommt es auch! Die tropfenweise eintreffenden Gegenstoßdivisionen werden so, wie sie kommen, gleich in den Kampf geworfen, anstatt das Eintreffen aller Verbände abzuwarten und mit ihnen einen geballten Stoß zu führen. Der kleckerweise Einsatz der deutschen Panzerreserven führt dazu, daß sich die deutschen Panzerdivisionen bald in reiner Defensive in die lange Kette der deutschen Infanteriedivisionen eingereiht sehen, die den alliierten Landekopf in der Normandie umklammern.

Soweit die Entwicklung in Frankreich! In unmittelbarem Zusammenhang damit befiehlt Hitler am 12. Juni 1944 den Abtransport des II. SS-Panzerkorps von Rußland nach Frankreich.

Um den 10. Juni 1944 rollt das Stammpersonal für die neu aufzustellenden Panzerjäger-Abteilungen der 9. und 10. SS-Panzerdivision —

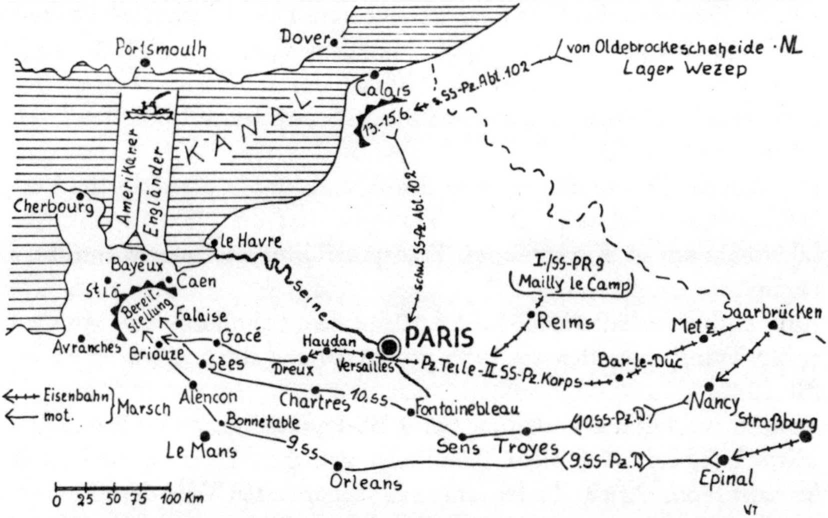

Transport des II. SS-Panzerkorps nach Frankreich

hauptsächlich von den II. Panzerabteilungen dieser Divisionen — auf Befehl des Führungshauptamtes unter Führung von Hauptsturmführer von Allwörden von Lemberg nach Deutschland.

Am 12. Juni, gleich nach Eintreffen des Verlegungsbefehls, rollen die ersten alarmierten Einheiten des II. SS-Panzerkorps zu den Verladebahnhöfen.

Die inzwischen im Raum nördlich von Lemberg neu versammelte 10. SS-Panzerdivision „Frundsberg" verlädt auf den Bahnhöfen Sokol und Krystynopol. Von der II./SS-Pz.Rgt. 10 (die I. Abt. war noch nicht mit Panzern ausgestattet und kam nicht nach Rußland) liegt ein Verlegungsbericht aus dem Bundesarchiv vor, der sinngemäß für alle anderen Einheiten der Divisionen gilt. Darin heißt es:

„Am 12. 6. 1944, vormittags, erreicht ein neuer Verlegungsbefehl die II./SS-Pz.Rgt. 10. In 6 Transportzügen, die von den Bahnhöfen Sokol und Krystynopol abgehen, soll die Abteilung verladen. Sofortige Abmarschbereitschaft wird befohlen. Die einzelnen Transportführer werden bestimmt. Die zu anderen Einheiten abgestellten Panzerkampfwagen sowie die in Sanok zur Generalüberholung weilenden Panzer sollen durch Sonderkommando nachgeführt werden. Als Fahrtziel für diese Kommandos wird Saarbrücken angegeben.

Um 07.30 Uhr ist die Abteilung marschbereit. Der Gefechtsstab beginnt um 11.00 Uhr mit der Verladung. Nachdem Verpflegung für 14 Tage übernommen wurde, erfolgt die Abfahrt des 1. Transportzuges, mit dem auch der Abteilungskommandeur, Sturmbannführer Reinhold, fährt, um 17.20 Uhr.

Die anderen Transporte sollen in den Abendstunden ebenfalls die Verladebahnhöfe verlassen. Der 1. Transport hat die Nr. 612 311. Abfahrtsbahnhof ist Krystynopol. Transportführer ist Untersturmführer Henn."

Am 12. Juni verlädt die SS-Pz.AA 10 auf dem Bahnhof Sokol. Mit dem ersten Transport rollen die 1./SS-Pz.AA 10 und die 3.(gep.)/SS-Pz.Pi. Btl. 10 ab.

Ähnlich verläuft die Verladung der 9. SS-Panzerdivision im Raum ostwärts Lemberg. Auf allen Bahnhöfen zwischen Zloczow und Busk herrscht Hochbetrieb. Zuerst fahren die gepanzerten Teile der „Hohenstaufen" ab. Am 16. Juni wird die schwere Abteilung des Artillerieregiments auf dem Bahnhof Krasne bei Busk verladen; das ist einer der letzten Transporte.

Bis auf das Nachführen von in Reparatur befindlichen Fahrzeugen und von Sammeltransporten ist der Abgang der Kampfteile des II. SS-Panzerkorps aus dem Osten Mitte Juni abgeschlossen.

Unterscharführer Petzschner vom Stab der Nachschubtruppen der „Frundsberg" ist der „Lumpensammler" der Division. Seine Aufgabe besteht darin, alle Fahrzeuge, Waffen und Geräte, die beim Abgang der Division defekt waren, zu sammeln und nachzuführen. Petzschner meistert diese Aufgabe mit großem Organisationstalent und Durchsetzungsvermögen gegen alle möglichen Dienststellen in Lemberg. Er sammelt und verlädt mit wenigen Männern und einer größeren Anzahl Hiwis noch zwei Transportzüge und führt sie der Division nach.

Defekte Waffen und Fahrzeuge werden im Raum Paris Werkstattkompanien übergeben. Im Raum Vimoutiers stoßen die Transporte auf die Nachschubtruppen „Frundsberg".

Die beiden SS-Panzerdivisionen des II. SS-Panzerkorps werden im Tempo 72 auf zwei strategischen Bahnlinien nach Frankreich transportiert. Jede Division benötigt etwas über 100 Züge. Nach dieser Berechnung müßten beide Divisionen in zweieinhalb Tagen in Frankreich sein, aber die Transportkommandanturen sind nicht in der Lage, dieses Tempo zu gewährleisten. Zu sehr haben sie mit Lokomotivausfällen und

Strecken- und Brückensprengungen zu kämpfen, die in Rußland und dann auch in Frankreich von Partisanen und Resistance-Leuten verübt werden. Die Transportbewegung, die am 12. 6. begann und am 17. 6. abgeschlossen ist, geht im Osten noch verhältnismäßig gut, aber je weiter sie nach Westen rollt, um so mehr Verzögerungen durch Jaboangriffe und Streckenunterbrechungen treten ein.
Die Transporte rollen über Jaroslau—Oppeln—Breslau—Cottbus, dann auf verschiedenen Strecken durch Deutschland und über Köln, Frankfurt/M. und Straßburg nach Frankreich hinein. Die „Hohenstaufen" lädt mit Masse im Raum Epinal, die „Frundsberg" im Raum Nancy und Bar le Duc (südwestlich Metz) aus.
Unter dem 16. 6. vermerkt das KTB der II./SS-Pz.Rgt. 10: „Die bisher zügige Fahrt verlangsamt sich immer mehr. Stundenlang bleiben die Transporte auf freier Strecke liegen. In Bar le Duc verläßt der Abteilungskommandeur mit dem Adjutanten den 1. Transportzug. Nach Fühlungnahme mit der Transportkommandantur Nancy will der Kommandeur den neuen U-Raum im mot. Marsch erreichen."
Da man bei der Einladung des II. SS-Panzerkorps nicht mit der nachhaltigen Zerstörung des französischen Streckennetzes gerechnet hat, waren die Züge nach taktischen Gesichtspunkten beladen worden, soweit dies die zur Eile antreibenden Befehle zuließen. Das hat zur Folge, daß die in Elsaß-Lothringen eintreffenden Transporte zum Teil neu zusammengestellt werden müssen, um die Gleiskettenfahrzeuge soweit als möglich an den vorgesehenen Bereitstellungsraum heranzufahren. So gelangen noch einige Transporte bis in den Raum von Paris und müssen hier infolge der dauernden Luftangriffe ausladen.
Von der „Frundsberg" treffen bis zum 23. 6. 1944 morgens 21 Transporte in Dreux, 70 km westlich Paris, ein. Bis zu diesem Tage werden weitere 39 Transporte in Bar le Duc und 56 im Raum Nancy ausgeladen. Bei letzteren handelt es sich um Transporte mit dem SS-Pz.Gr. Rgt. 21, das infolge einer Verlegung zur 1. Panzerarmee erst verspätet im Osten abgehen konnte und dementsprechend verspätet in Frankreich eintrifft; einige Transporte werden schon im Raum Saarbrücken entladen.
Die Panzer- und Gleiskettenfahrzeuge der „Hohenstaufen" gelangen per Eisenbahn bis in den Raum Paris. Vom Truppenübungsplatz Mailly le Camp kommt die neuaufgestellte I./(Panther-)SS-Pz.Rgt. 9 hinzu und fädelt sich in die Transportbewegung ein. Einer ihrer Transporte

wird von Jabos angegriffen, mehrere mitgeführte Betriebsstoffwagen geraten in Brand. Um die wertvollen Panzer vor der Vernichtung zu retten, fahren die jungen Panzerfahrer ihre 56 Tonnen schweren „Panther" ohne Entladeanlagen von den Eisenbahnsonderwagen auf freier Strecke herunter, eine beachtenswerte Leistung.
Anfahrt, Ausladung und Weitermarsch der Raupenteile beider SS-Panzerdivisionen stehen bereits unter dauernder Einwirkung der alliierten Luftwaffe und unter ersten Ausfällen an Menschen und Material. Nachts fahren und am Tage fliegergedeckt unterziehen ist dann zuletzt noch die einzige Chance, in den Bereitstellungsraum zu gelangen. Bereits der mot. Anmarsch der Kettenteile bis teilweise auf 300 km fordert schon von den Motoren eine außerordentliche Belastung und die Hälfte ihrer Lebensdauer.

Über Ausladung und Marsch in den Bereitstellungsraum gibt uns das KTB der 6./SS-Pz.Rgt. 10 Auskunft, und sie dürfte etwa für alle Teile der II. Abteilung des SS-Pz.Rgt. 10 zutreffen:

„18. 6. 1944: Ausladung in Haudan in Frankreich. 22.00 Uhr Abmarsch über Dreux in den U-Raum St. Jean.
19. 6. 1944: Weitermarsch über Châteauneuf, Digmy, Le Magne, Longny (dort Div.-Stabsquartier bis 25. 6.) in den U-Raum Foret du Perche. Dort vorerst Verbleib.
22. 6. 1944: Kompanieübergabe von Untersturmführer Quandel an Obersturmführer Heggemann."

Die I.(Panther)/SS-Pz.Rgt. 10, die nicht in Rußland war, liegt nach wie vor auf dem Truppenübungsplatz Mailly de Camp. Nachdem die I. Abt. SS-Pz.Rgt. „Hohenstaufen" mit „Panthern" ausgestattet war, sollte die I./SS-Pz.Rgt. „Frundsberg" „Panther" erhalten. Die ersten 10 „Panther" waren bereits eingetroffen. Sie mußten aber bald wieder an die Panzer-Lehrdivision abgegeben werden. So steht die I./SS-Pz.Rgt. 10 wieder ohne Panzer da und muß noch lange darauf warten.
Die Räderteile und damit die Masse der „Frundsberg" marschieren mot. von den Ausladebahnhöfen in den Versammlungsraum Gace—Falaise—Briouze. Die Entfernung beträgt 500 bis 600 Kilometer. Die Märsche müssen angesichts der feindlichen Luftüberlegenheit in den kurzen Nachtstunden erfolgen. Das bedeutet eine weitere Verzögerung des Anmarsches. Französische Widerständler stören den Anmarsch geringfügig

durch Ausstreuen von Nägeln und kleinen Sprengkörpern, die Reifenschäden verursachen. Der Marschweg führt über Troyes—Sens—Fontainebleau—Chartres—Sées.
Der Marsch der „Hohenstaufen“ vollzieht sich ebenso. Die Masse der Räderteile marschiert auf einer Straße, und zwar aus dem Raum Epinal über Troyes—Orléans—Bonnetable—Alençon in den Versammlungsraum südlich Evrecy. Wegen einer Streckensprengung bei Epinal laden schon hier große Teile — so auch die 4./SS-Flak-Abt. 9 — aus. Die ersten 300 km werden in Fliegerabständen bei Tage zurückgelegt. Wegen zunehmender Luftgefährdung wird ab Orléans nur noch nachts marschiert. Am Tage sind alle Marschgruppen in Waldstücken untergezogen. Durch straffe Organisation und gute Marschdisziplin erreichen die Einheiten ohne große Fahrzeugausfälle ihre Marschziele.
In den letzten Junitagen treffen beide Divisionen des II. SS-Panzerkorps in den Bereitstellungsräumen ein. Das ist rund 20 Tage nach Invasionsbeginn — viel zu spät! Bereits eine Woche war verstrichen, bis das Ringen der deutschen Führungsstäbe des Ostens und Westens um Verbleib oder Zuführung des II. SS-Panzerkorps entschieden war; denn auch Model rechnete mit Invasionsbeginn im Westen mit einem Losschlagen der Sowjets im Osten. Und dann vergingen noch einmal 10 Tage für einen erschwerten Anmarsch des Korps, da ab Metz die Eisenbahnen zerbombt und die Straßen bei Tag durch Waffenwirkung der feindlichen Luftwaffe gesperrt waren. Mit jedem Tag aber wurden die Alliierten auf dem französischen Festland um eine bis zwei Divisionen stärker.
Zum beabsichtigten Gegenangriff des II. SS-Panzerkorps wird dem Generalkommando die auf dem Truppenübungsplatz Oldebroekscheheide (Nordost-Holland), Lager Wezep, neuaufgestellte schwere SS-Panzerabteilung 102 zugeführt. Die Abteilung führt Sturmbannführer Weiß. Chef 1. Kompanie ist Obersturmführer Kalls; 2. Kp. Hauptsturmführer Endemann; 3. Kp. Obersturmführer Siebenlist. Die Kompanien sind mit je 12 Panzern VI „Tiger“ ausgestattet. Die Abteilung wurde im Frühjahr 1944 auf dem genannten Übungsplatz aufgestellt. Wie alle Neuaufstellungen hatte auch sie auf ihre Panzer warten müssen. Mitte Mai 1944 standen die 1. und 3. Kompanie. Am 15. Mai wurden Untersturmführer Schroif und Oberjunker Seretz mit der Aufstellung und Ausbildung der 2. Kompanie beauftragt. Die Unterführer und Männer wurden zu einem geringen Teil aus der Abteilung, zum größ-

ten Teil aber aus der schweren Panzerabteilung 103, die für das III. (germ.)SS-Panzerkorps bestimmt war, zusammengestellt. Die Männer waren überwiegend Volksdeutsche aus Rumänien. Am 6. Juni übergab Hauptsturmführer Endemann, der inzwischen die 2. Kompanie übernommen hatte, in feierlicher Form der Kompanie ihre „Tiger".

Am 13. Juni wurde sie in den Raum St. Pol, südlich Calais, verlegt. Die an der schmalsten Stelle des Ärmelkanals vermutete Hauptlandung blieb aus. Die Landungen in der Normandie erwiesen sich als die Hauptlandung und gewannen immer mehr Raum. Ab 15. Juni wurde die schwere SS-Panzerabteilung 102 in den Raum Paris verlegt, um hier endgültig auf das II. SS-Panzerkorps zu stoßen, für das sie vorgesehen war.

Mit dem Eintreffen und Ausladen im Raum Paris untersteht sie dem II. SS-Panzerkorps. Nun sollen Führer, Unterführer und Männer der Abteilung ihr Können beweisen. Vergessen sind die strapaziösen Ausbildungstage, das „Büffeln" der technischen Zusammenhänge ihrer „Tiger". Vergessen ist auch die Schinderei der letzten Tage, die jede Eisenbahnverladung für die Besatzungen bedeutet. Da sei zum Beispiel das Wechseln der Ketten von Gelände- auf Straßenketten erwähnt. Im Park von Versailles ist die schwere SS-Panzerabteilung 102 untergezogen und wartet auf Marschbefehle. Über den Landmarsch an die Invasionsfront berichtet Oberscharführer Streng in seinem persönlichen Erinnerungsbuch, es ist so treffend und lebendig geschrieben, daß hier einige Teile wiedergegeben werden sollen:

„Zugweise, in Stundenabstand, setzen sich die einzelnen Kompanien zur ersten Marschetappe in Fahrt. Zug Rathsack mit Winter, Harlander, Streng, gefolgt von Zug Schroif mit Kuhlemann, Piller und Münster. Als letzter Zug Loritz mit Oberhuber, Rosovsky und Reißke. Die ‚Tiger' rasseln mit brüllendem Motor aus dem lastenden Dunkel auf die Straße und mit klirrenden Ketten zum Parktor hinaus auf die Hauptstraße Versailles—Rambouillet. Das Dunkel des Sommerabends senkt sich über das Land. Der Fahrtwind weht kühl, und ich friere leicht in dem dünnen, buntfarbigen Tarndrillich oben auf dem Turmluk. Auf den breiten gepflasterten Straßen herrscht bereits lebhafter Verkehr, sucht doch jeder das letzte Licht des Tages für ein schnelles Vorwärtskommen auszunutzen. Von der Front kommend und zur Lagebesprechung nach Paris fahrend, begegnet uns der Kommandierende General des II. SS-Panzerkorps. Wir schreiben heute den 1. Juli.

Unsere Fahrt geht durch matt erleuchtete französische Dörfer. Dann nimmt uns wieder die pappelumsäumte Landstraße auf. Die Fahrer leisten Übermenschliches im Kampf mit der Müdigkeit und der narkotisierenden Wirkung des in der Kolonne und jedem Panzer mitkriechenden Benzin- und Öldunstes.

Alle 10 bis 15 km wird ein technischer Halt eingelegt, während dem das Tag und Nacht rastlos eingesetzte technische Personal zusammen mit der Besatzung aufgetretene Motor- und Laufwerkschäden beheben muß. Die stark gewölbten Straßen verursachen erheblichen Verschleiß an Kettenbolzen und Sicherungsringen, die bei jedem Halt nachgeschlagen werden müssen.

Kurz nach 03.00 Uhr morgens erreichen wir Rambouillet, südlich von Dreux, wo die Panzer im Holundergebüsch unterziehen. Und bald schlafen alle Männer in Decken eingerollt unter den Panzern oder im Gebüsch.

In der zweiten Verlegungsnacht klettert der Thermostat meines Motors infolge schlechter Wege, niedriger Gänge und hoher Umdrehungszahlen auf über 110 Grad Wärme. Jetzt anzuhalten und den Motor abkühlen zu lassen, hieße die Kolonne verlieren. Also weiter! Durch die längst glühenden Auspufftöpfe werden meterlange Flammenbündel der Auspuffgase fortgeschleudert, die Heckpanzerplatten in unmittelbarer Nähe beginnen zu glühen. Am Ausgang von Châteauneuf wird der Motor noch einmal durch einen Berg auf höchste Leistung getrieben, und dann fängt der Motor zu brennen an. ‚Der Wagen brennt!' Der Schreckensruf lößt Abwehrmaßnahmen aus, Handfeuerlöscher treten in Tätigkeit und ersticken die Flammen. Knisternd und knackend kühlt sich der Motor langsam ab. Dann weiter, und noch einmal brennt der Panzer aus gleichen Gründen. Bei Anbruch des neuen Tages erreichen wir schließlich den befohlenen Unterziehraum, und hier beginnt sogleich die Instandsetzungsstaffel mit der Schadensbehebung. Ein neuer Lüfter wird eingebaut.

Am Nachmittag des dritten Tages macht sich die Kompanie wieder abmarschbereit. Keine zehn Meter fahren wir, da steht unser Motor. Wir suchen und finden den Fehler, beheben ihn und fahren der Kompanie nach. Drei Kilometer geht es gut, dann brennt unser Motor wieder. Wir erreichen ein Dorf, ziehen unter und machen uns wieder an die Arbeit. Ein neuer Lüfter wird beschafft und eingebaut, denn der erste Lüfter war ein verkehrter Lüfter, der die Heißluft nicht absaugte, sondern durch falsche Drehrichtung gegen den Motor drückte. So etwas wurde in den technischen Unterweisungen nie besprochen."

Das also sind die Sorgen und Nöte der Männer der Panzereinheiten! Indessen sind die Divisionen „Hohenstaufen" und „Frundsberg" längst in ihren Einsatzräumen eingetroffen.

Am 25. Juni wird der Kommandeur der 10. SS-Panzerdivision, Oberführer Harmel, der seiner Division vorausgefahren ist, vom Kommandierenden General in die Lage an der Invasionsfront und den Ansatz des Korps eingewiesen. Der Korpsbefehl lautet:

> „Die Alliierten haben an der Küste der Normandie mit der 2. britischen Armee nördlich Caen und mit der 1. amerikanischen Armee auf der Cotentin-Halbinsel Fuß gefaßt und bis heute die Linie nördlich Caen—Tilly—s. Seulles—Caumont—St. Clair—Portbeil erreicht. Die Naht beider feindlicher Armeen liegt etwa bei Caumont—Bayeux.
> Ein eigener Gegenangriff unter Befehl der Panzergruppe West, mit dem I. und II. SS-Panzerkorps und dem XXXXVIII. Panzerkorps des Heeres soll die beiden alliierten Armeen aufspalten, den amerikanischen Ostflügel um Balleroy vernichten, dann gegen die britische Landegruppe eindrehen und auch diese zerschlagen."

Dazu befiehlt das Korps, daß die „Hohenstaufen" links, und die „Frundsberg" rechts angesetzt wird:

> „Führen Sie dementsprechende Erkundungen zur Bereitstellung und zum Angriff im Raume Villers-Bocage—Caumont durch. Nähere Befehle folgen."

Mit der ihm eigenen Energie und Tatkraft führt Oberführer Harmel die Erkundungen durch. Er fährt, läuft und schleicht — manches Mal mit einem kleinen Stab — auf dem Höhengelände ostwärts Caumont herum, um günstige Bereitstellungs- und Angriffsräume zu erkunden. Dem kleinen Divisions-Erkundungsstab schließen sich die Einweisungen der Einheitsführer der aufschließenden Regimenter und Bataillone an.
Eine ähnliche Aktivität auch bei der „Hohenstaufen". Hier ist es der umsichtige und erfahrene Divisionskommandeur Bittrich und sein Ia, Harzer, die alles in Augenschein nehmen und die Entscheidungen treffen.

Am 26. und 27. Juni schließt die Division „Hohenstaufen" südlich der Linie Falaise—Condé sur Noireau auf. Alle Bewegungen können infolge der alliierten Luftherrschaft nur nachts erfolgen. Das verzögert den Aufmarsch des II. SS-Panzerkorps um zwei bis drei Tage. Über diese Bewegungen liegt ein Befehl der 9. SS-Panzerdivision vor, der vom 25. 6. 1944 datiert ist:

Befehl für den Vormarsch ab 25./26. Juni 1944.

1. II. SS-Panzerkorps wird in der Nacht beginnend in den Raum Longvillers — St. Martin—Tynchebray—Thury-Harcourt verlegt, und zwar: Rechts 10. SS-Pz.Div., links 9. SS-Pz.-Div.
   Bewegungsstreifen für 9. SS-Panzerdivision: rechts zur 10. SS-Pz.-Division: Straße Planches—Nonant—Argentan—Fromeniel—St. Hilletre de Brienze für 10. SS-Pz.-Division, dann Bachabschnitt ostwärts La Carnaille—Athis (69. Div.)—Condé (9. SS-PD)—St. Vigor (9. SS-PD)—Montschau Vet (9. SS-PD)—Montamy (10. SS-PD).
   Grenze links: Alençon—La Sacelle—La Forte Mace—Vire (ausschließlich)—Straße La Graverie—Torigni sur Vire (einschließlich).
   Vordere Begrenzung des U-Raumes für 9. SS-Pz.Div.: Mont My—Le Tourneur—St. Martin Don.
   Rückwärtige Begrenzung für 9. SS-Pz.Div.: Condé—Le Frènes—Tinchebry.
   Einteilung des U-Raumes wie mündlich befohlen.

7. Die Bewegungen sind nur während der Nacht durchzuführen. Bei Hellwerden ist jede Bewegung einzustellen. Dieses ist den nachfolgenden Teilen mitzuteilen. Für die Nacht 25./26. 6. 44 marschieren zunächst die gepanzerten Gruppen, Teile des Rgt. 19 und 20. Alle übrigen Truppenteile verbleiben im jetzigen U-Raum und halten sich für die Nacht 26./27. 6. 44 abrufbereit.

8. Es kommt darauf an, beschleunigt den neuen U-Raum zu erreichen. Die Lage macht es erforderlich, die Truppe während des Marsches straff zu führen, um jederzeit ein Abdrehen einzelner Teile zu gewährleisten.

9. Nachrichtenübermittlung nur durch Ord.-Offiziere oder Melder.

10. Der abgestellte Kolonnenraum wird baldmöglichst wieder zugeführt. Die nicht zu befördernden Teile verbleiben im jetzigen U-Raum.

11. Divisionsgefechtsstand: Zunächst im Waldstück 4 km nordostwärts Almeneche.
Neuer Div.Gef.-Stand: In Gegend Waldstück 4 km nördlich Vasey. Meldung über erreichte Marschziele und im alten U-Raum verbleibende bis 26. 6. 1944, 08.00 Uhr, an Div.-Ia.

Dieser Befehl läßt die Planung und die Gründlichkeit erkennen, mit der der Ia der Division, Obersturmbannführer Harzer, zu Werke geht. Eingerechnet die Schwierigkeiten, die dieses Vorrücken angesichts der vollkommenen Luftherrschaft der Alliierten vermuten lassen. Und ebenso gründlich ist auch das Vorziehen der Division „Frundsberg" durch den Ia, Obersturmbannführer Lingner, durchdacht und in Befehlen festgelegt. Aber alle diese Planungen werden schon bald nach Anlaufen der Bewegungen gestoppt. Die Großlage hat eine überraschende Wende genommen. Das Gesetz des Handelns liegt eindeutig bei den Alliierten, was dazu führt, den geplanten Angriff der Panzergruppe West mit drei Panzerkorps nicht anlaufen zu lassen.
Auf der Halbinsel Cotentin überwinden die Amerikaner den deutschen Widerstand und stürmen auf die Seefestung Cherbourg zu. Und auch die Engländer und Kanadier wollen ihren Sieg, und zwar da, wo er ihnen seit Wochen versagt blieb: bei Caen! Caen sollte laut „Fahrplan" bereits am zweiten Invasionstag fallen.

Am 22. Juni entbrennt die Schlacht um Caen, eine der härtesten des Zweiten Weltkrieges. Ziel der Briten ist es, über das kleine Odon-Flüßchen und über das Höhengelände südwestlich Caen — mit der beherrschenden Höhe 112 — die Orne zu erreichen, um dann im Zangenangriff Caen zu nehmen. Die 12. SS-Panzerdivision „Hitlerjugend" steht ihnen gegenüber.

Am Nachmitag des 27. Juni geht der Kampf um Cherbourg zu Ende. Die Amerikaner haben ihren Sieg, die Engländer wollen auch ihren. Am Nachmittag des 27. Juni gelingt es der britischen 11. Panzerdivision, einen Brückenkopf über den Odon zu bilden und sich langsam gegen die Höhe 112 vorzukämpfen. „Höhe 112 muß gehalten werden!" lautet der Befehl für die 12. SS-Panzerdivision. Ähnlich entwickelt sich die

Lage nordostwärts Caen bei der 16. Luftwaffen-Felddivision und bei der 21. Panzerdivision.
Aufgrund dieser neuen Lage im britischen Abschnitt wird der Angriff des II. SS-Panzerkorps nach Norden abgeblasen. Das II. SS-Panzerkorps soll nun rechtsum machen, um den Briten, die einen Keil gegen Höhe 112 vorgetrieben haben, in die Westflanke zu stoßen. Am 28. Juni, 17.00 Uhr, übernimmt die Panzergruppe West unter General Geyr von Schweppenburg den Befehl über das I. und II. SS-Panzerkorps und über das XXXXVII. Panzerkorps des Heeres. Die Divisionen werden umdirigiert. „Frundsberg" führt neue Erkundungen im Raum südlich Evrecy, „Hohenstaufen" im Raum Tournay—Neuilly durch. Die Einheiten werden in die Bereitstellungsräume nachgezogen.
Die Umgruppierung bedeutet Zeitverlust. Der Angriff des II. SS-Panzerkorps wird auf den 29. Juni festgelegt. Aber bis zu diesem Tag können die Umgruppierungen nicht abgeschlossen werden.
Am Vormittag des 29. Juni marschiert das SS-Pz.Gr.Rgt. 21 der „Frundsberg" in den Bereitstellungsraum. Der Zeitplan kommt völlig durcheinander. Mit Fahrzeugen ist nichts mehr zu machen, jedes Transportauto, jedes Gefechtsfahrzeug wird von Jabos verfolgt und beschossen. Die Panzergrenadierkompanien kommen in „Sprüngen", bei erheblichen Zeitverlust, in die Bereitstellungsräume heran, und da ist bereits die Schlacht um Caen im Gang.

GEGENANGRIFF SÜDWESTLICH CAEN

Hausser übernimmt die 7. Armee — 29. Juni 1944, 06.00 Uhr: Das II. SS-Panzerkorps greift an — Bombenteppich auf die „Hohenstaufen" — Regiment 19 erobert Grainville — Vermessungstruppführer Scherb — Kampf um die Höhen 112 und 113 — Die 9. SS-Panzerdivision zieht Bilanz

Die einzige Chance der Deutschen, die alliierten Anlandungen in der Normandie zu zerschlagen, lag in unmittelbar folgenden Teilschlägen beweglicher deutscher Kräfte. Diese Chance wurde vertan. Die Alliierten haben den Wettlauf der Truppenverstärkungen im Invasionsgebiet gewonnen.
Hitlers Absicht, das II. SS-Pz.-Korps mit den im Ostkrieg gehärteten SS-Pz.-Divisionen „Hohenstaufen" und „Frundsberg" als Schwertspitze

eines großen Gegenangriffs auf Bayeux anzusetzen, um die Invasionsfront der Engländer und Amerikaner aufzuspalten, nach den Seiten aufzurollen und zu vernichten, bleibt nur ein Plan. Die Engländer schlagen zuerst wieder los. Mit der Gewinnung eines Odon-Brückenkopfes durch die britische 11. Pz.Div. südlich von Caen wird eine neue Situation geschaffen, die die Deutschen zur Änderung ihrer Absichten zwingt.

Aufgrund der neuesten Lageentwicklung wird der ursprüngliche Angriffsplan des II. SS-Pz.-Korps geändert. Das Korps wird nun nicht mehr auf Bayeux, sondern nach Nordwesten, auf Caen, angesetzt.
General der Waffen-SS Hausser, Kommandierender General des II. SS-Panzerkorps, sein Chef des Stabes, Standartenführer Pipkorn, der Ia, Sturmbannführer Maier, und die dazu gehörenden Arbeitsgruppen erarbeiten am 27. Juni den neuen Angriffsplan. Am 28. Juni, mitten in den Angriffsvorbereitungen, muß Paul Hausser sein Korps abgeben und die 7. Armee für den verstorbenen General Dollmann führen. Zum ersten Mal führt damit ein hoher Offizier der Waffen-SS eine Armee mit vorwiegend Heeresverbänden. Das II. SS-Panzerkorps übernimmt der bisherige Kommandeur der 9. SS-Panzerdivision, Generalleutnant der Waffen-SS Wilhelm Bittrich. Mit der Führung der 9. SS-Panzerdivision wird Standartenführer Müller beauftragt.
General der Waffen-SS Paul Hausser tritt mit der Übernahme der 7. Armee ein schweres Erbe an. Die Armee steht im Brennpunkt der Invasion. Paul Hausser, im kaiserlichen Kadettenkorps erzogen, nahm als junger Offizier am Ersten Weltkrieg teil, rückte in der Reichswehr zum Generalleutnant auf und wurde der Begründer der SS-Verfügungstruppe, der späteren Waffen-SS. Paul Hausser oder Papa Hausser, wie ihn seine Untergebenen liebevoll nennen, kann auch mit der 7. Armee das Gesetz des Handelns nicht mehr zurückgewinnen. Die Alliierten sind zu stark geworden.
Der neue Angriffsplan des II. SS-Panzerkorps sieht vor:
Angriff beiderseits des Odon-Baches nach Nordwesten zur Vernichtung des nach Südosten vorgedrungenen Feindes und zur Freikämpfung der Straße Villiers Bocage—Caen.
Dazu greifen an:
9. SS-Panzerdivision „Hohenstaufen“ links, in sich nach links gestaffelt. Die Kampfgruppe Weidinger schließt sich links an, um die linke Flanke abzuschirmen. Angriffsziele nacheinander: Missy, Noyers (ausschließ-

lich), Mouen, Cheux, Flugplatz westlich Caen. Herstellung der Verbindung nach links mit der Panzer-Lehr-Division.

10. SS-Panzerdivision „Frundsberg“ rechts, in sich nach rechts gestaffelt. Angriffsziele nacheinander: Gavrus, Baron, Höhe 112, Verson. Bei Verson Verbindungsaufnahme mit dort stehenden Teilen der 12. SS-Panzerdivision.

Trennungslinie zwischen „Hohenstaufen“ und „Frundsberg“ der Odon-Bach.

Beginn des Angriffs: 29. Juni 1944, 06.00 Uhr.

Das Beziehen der Bereitstellungsräume erfolgt unter der Einwirkung der alliierten Luftwaffe und von weitreichenden Schiffsgeschützen im Abschnitt der 9. SS-Panzerdivision.

Die 9. SS-Panzerdivision „Hohenstaufen“ rückt am 28. Juni mit ersten Teilen in den Bereitstellungrsaum Monts—Tournay ein. Das Gelände ist mit Hecken durchsetzt und erschwert den Einsatz von Panzern. In diesen Raum ist Tage zuvor die Kampfgruppe Weidinger eingerückt. Der O 1 der „Hohenstaufen“, Hauptsturmführer Hunke, erhält den Auftrag, in Gegend Noyers mit der Kampfgruppe Weidinger Verbindung aufzunehmen und die eigenen Verbände einzuweisen. Hauptsturmführer Hunke bekommt als erster der „Hohenstaufen“ die niederschmetternde Wirkung der weitreichenden alliierten Schiffsartillerie zu spüren. Nachdem er stundenlang im schwersten Artilleriefeuer umhergeirrt ist, gelingt es ihm erst am Morgen des 29. Juni, mit Obersturmbannführer Weidinger in Verbindung zu treten. Die Engländer schießen Trommelfeuer, weil sie das Hereinführen der Weidinger zugeteilten Artillerie erkannt haben. Diese Artilleriefaust, verstärkt durch die Breitseiten der Kriegsschiffe und durch dauernde Tieffliegerangriffe, erschwert das Hineinführen der Bataillone der „Hohenstaufen“ in die Bereitstellung.

In der Nacht vom 27./28. Juni zieht die SS-Pz.AA 10 zur Sicherung des Bereitstellungsraumes der 10. SS-Panzerdivision „Frundsberg“ aus dem Raum Laigle in den Raum nordwestlich Thury-Harcourt vor. Der Abt.-Gefechtsstand befindet sich in der Ferme de la Prelande. Zum Sicherungseinsatz kommen links die 3. Kompanie im Raum Neuilly und rechts die 4. Kompanie im Raum Amayé.

Bis zum Abend des 28. Juni hat sich die „Frundsberg“ mit dem SS-Pz. Gr.Rgt. 22 bei Neuilly und dem I./SS-Pz.Gr.Rgt. 21 und Teilen der SS-Pz.AA 10 bei St. Honorine und Maizet bereitgestellt. Die Masse des

Regiments 21 (als letztes vom Osten abgegangen) ist noch im Anmarsch. Der größte Teil der Divisionsartillerie ist in Stellung. Das Angriffsgelände ist nach Osten und Südosten durch das teilweise tief eingeschnittene und panzersichere Ornetal begrenzt. Der Verkehr über die Orne ist auf wenige Brücken beschränkt. An der linken Divisionsgrenze erlaubt der Odonbach mit versumpften Uferbezirken, Baumreihen und dichtem Buschwerk nur teilweise den Einsatz von eigenen Panzern. Ein weiterer kleinerer Bach, der südlich Evrecy entspringt und quer zur Angriffsrichtung nach Osten fließt, trägt die gleichen Merkmale wie der Odon und ist nur auf Übergängen zu überschreiten. Das dahinterliegende Höhengelände mit den beherrschenden Höhen 112 und 113 bietet einen umfassenden Einblick in das Odon- und Ornetal. Knicks und Erdwälle, mit Hecken bestanden, stellen Panzerhindernisse dar.
Der Angriff des II. SS-Panzerkorps steht von Anfang an unter Zeitdruck und wird vom Vordringen der Engländer bestimmt. Korps und Divisionen werden gedrängt, sofort anzugreifen, obwohl die Vorbereitungen und Bereitstellungen nicht abgeschlossen sind.
Ehe der deutsche Angriff beginnen kann, sind britische Verbände des VIII. Korps westlich Caen bereits im Angriff. Eine südliche Zange des Großangriffs auf Caen erreicht das Höhengelände zwischen Odon und Orne, nachdem sie vorher die Front der 12. SS-Pz.Div. „Hitlerjugend“ und der Pz.-Lehr-Division eingedrückt hat. Neben dem II. SS-Panzerkorps kommen Teile der 1. SS-Pz.Div. LSSAH und „Das Reich“ zu Hilfe. Die LSSAH liegt mit Masse in Belgien zur Auffrischung, „Das Reich“ in Südfrankreich. Im Raum Noyers riegelt die Kampfgruppe „Das Reich“ (zwei Bataillone und eine Pz.Abt) unter Obersturmbannführer Weidinger die Westflanke des britischen Einbruchs ab.
Am Abend des 28. Juni, als noch nicht alle Teile des II. SS-Pz.-Korps in ihre Bereitstellungsräume eingerückt sind, stehen bereits Montgomerys Panzer vor der Höhe 112.
Britische Verbände überschreiten die Nationalstraße 175, die von Avranches nach Caen führt, und erobern am 28. Juni 1944 die Höhe 112.
Das II. SS-Panzerkorps muß den auf den 29. Juni, 06.00 Uhr, vorgesehenen Angriffsbeginn auf 14.00 Uhr verschieben, da die Angriffsverbände — aufgehalten durch Jaboangriffe und schweres Artilleriefeuer — verspätet ihre Bereitstellungsräume einnehmen.
Das VIII. britische Korps hat von Montgomery für den 29. 6. den Auftrag: Halten der Höhe 112, dann Vorgehen der 11. Armed-Division

gegen die Orne. Der Angriff wird um 12.00 Uhr angehalten, da der Angriff des II. SS-Pz.-Korps bevorsteht.
Der um 14.00 Uhr begonnene Angriff der 9. SS-Pz.-Div. „Hohenstaufen" gewinnt mit dem SS-Pz.Gr.Rgt. 20 links und dem SS-Pz.Gr.Rgt. 19 rechts zunächst schnell Boden. Links schließt sich die Kampfgruppe Weidinger an. Mit Unterstützung von Teilen des SS-Pz.Rgt. 9 erobert das SS-Pz.Gr.Rgt. 19 Grainville. Links daneben schließt das von Panzerkompanien begleitete SS-Pz.Gr.Rgt. 20 auf. Nächstes Ziel ist Cheux. Gerade als sich die I./SS-Pz.Rgt. 9 und das III./SS-Pz.Gr.Rgt. 20 (SPW-Btl.) in Noyers und in einem Waldstück bei Bas des Forges zum Angriff auf Cheux bereitstellen, werden sie von ca. 100 Lancaster-Bombern angegriffen.
Zum ersten Mal erleben die Männer der „Hohenstaufen" einen Bombenteppich. Nur wer einen solchen jemals erlebt hat, wird ihn ganz ausloten können. Hilflos ist der Mensch der Kriegsfurie ausgesetzt, die aus tausend Schlünden die Bomben löst und zur Erde niederregnen läßt, und wo sie hinfallen, wird die Erde umgewühlt, benetzen die surrenden Splitter Meter um Meter das Gelände wie ein Platzregen. Die Bomben prasseln wie Hagelkörner, zerwühlen den normannischen Boden, knicken Baumstämme wie Streichhölzer, heben Schützenpanzerwagen in die Luft und zerreißen Laufwerke und Schutzplatten. Der Tod hat Erntezeit! Rufe nach dem Sanitäter, das Röcheln der Sterbenden. Eine riesige Staub- und Qualmwolke markiert den Ort der Vernichtung. Und als sie verzogen ist, laufen — welch ein Wunder — hier und dort SPW- und Panzermotoren an, regt sich menschliches Leben. Das III./SS-Pz.Gr.Rgt. 20 hat 20 Tote und 40 Verwundete. 80 Prozent der SPW sind am Abend wieder einsatzbereit.
Wo das II. SS-Panzerkorps angreift, war Tage zuvor noch das Kampfgebiet der 12. SS-Panzerdivision. Hier haben britische Infanterie und Panzerverbände die Front der Division „Hitlerjugend" zersägt und die Orte Bretteville, Rauray, Grainville und Cheux besetzt. Die 12. SS-Pz.-Division wurde hart angeschlagen und sollte halten, bis das II. SS-Pz.-Korps zum Gegenangriff antreten konnte. Zum rechten Nachbarn, zur Panzer-Lehr-Division, riß die Verbindung.
Der vorgeschobene Gefechtsstand der 9. SS-Pz.Div. „Hohenstaufen" befindet sich nach Inbesitznahme von Grainville im Gehöft de Nouillons 500 m nördlich Bas des Forges. Hier erlebt der Gefechtsstab den Bombenteppich auf Grubers SPW-Bataillon. Hier treffen die ersten Mel-

dungen der Regimenter ein, werden neue Befehle gegeben. Das SS-Pz.-Gr.Rgt. 20, das mit dem I. und II. Btl. links neben das in Grainville liegende Rgt. 19 aufgeschlossen und die Basis für den Stoß auf Cheux erkämpft hat, wird von der feindlichen Artillerie festgenagelt. Im Angriff auf Brettevilette gerät der weit vorgezogene Pak-Zug der Stabskompanie des Rgt. 20 in einen Hinterhalt und verliert zwei 5-cm-Pak. Das Weiterkommen auf Cheux wird unmöglich, da die Briten zu stark sind. Die Panzergrenadiere graben sich ein, um das pausenlose Artilleriefeuer, verstärkt durch die Breitseiten schwerer Schiffsgeschütze, und die dauernden Jaboangriffe zu überleben.

Ebenso ist die Lage beim SS-Pz.Gr.Rgt. 19 in Grainville. Der Ort versinkt unter Bomben und Granaten in Schutt und Asche. Am Abend treten feindliche, von Panzern unterstützte Infanterieverbände an und erobern Grainville zurück. Das SS-Pz.Gr.Rgt. 19 baut hart südlich des Ortes eine neue Verteidigungslinie auf.

Ein heißer Kampftag ist um. Ein weiteres Blatt in der Geschichte der 9. SS-Panzerdivision „Hohenstaufen" geschrieben. Ein Tag aber besteht im Rahmen der Division aus Tausenden von Einzelschicksalen, und ein Einzelschicksal erfüllt sich am ersten Kampftag in der Normandie an Unterscharführer Scherb. Sein Stellvertreter, der Sturmmann Hörlebein, hat es aufgeschrieben:

„Am Abend des 28. Juni 1944 wird die III. (schwere) Abteilung des SS-Art.Rgt. 9 in Feuerstellung im Raum Monts, an der Straße Caen—Avranches, vorgezogen. In der Dämmerung bauen wir das Stabszelt der III. Abteilung im Schutze einer Böschung auf, graben Pfosten ein und legen darüber ein Wellblechdach, das wir mit Erde bedecken. Hier arbeitet der Artillerie-Vermessungs-Trupp, der von Unterscharführer Scherb geführt wird. Wegen des schweren Artilleriefeuers bauen wir noch im Park des Châteaus von Monts einen Erdbunker, in dem sich die wachfreien Männer aufhalten. Als der Bombenteppich auf Teile unserer Division ‚Hohenstaufen' niedergeht, haben wir im Streckenzug gerade unsere Batterien vermessen. Etwa gegen 18.00 Uhr gehe ich mit der kalten Verpflegung für unseren Vermessungstruppführer, Unterscharführer Scherb, von unserem Küchenwagen der Stabs-Batterie im Schloßpark zum Gefechtsstand an der Straßenböschung, um Scherb die Verpflegung zu bringen und ihn für die nächsten 24 Stunden in der Feuerleitung abzulösen. Scherb lehnt eine Ablösung ab und will noch 24 Stunden weitermachen, da er sich mit dem Adjutanten des Art.-Regiments

gut eingespielt hat. Auf meinen Einwand, daß er doch einmal ausschlafen solle, bleibt er hart. Es nutzt alles Reden nichts, Scherb will noch 24 Stunden am Plantisch bleiben. So gehe ich dann und bringe ihm noch einen Krug Cidre (Apfelwein), den ich im Keller eines verlassenen Bauerngehöftes gefunden habe.
Beim Rückweg zu unserem Bunker im Schloßpark von Monts muß ich wiederholt vor einschlagenden Granaten Deckung nehmen, einmal unter einem Panzer. Am Morgen des 30. Juni bringt uns der Fahrer des AVT, Balfanz, die Nachricht, daß Unterscharführer Scherb und der Fahrer des Abteilungsarztes, Sturmmann Zmeck, gefallen sind. Wir gehen sofort nach vorn. Das Stabszelt ist durchlöchert. Scherb und Zmeck liegen mit wächsernen Gesichtern im Gras; Scherb hat einen großen Splitter im Kopf, Zmeck ein großes Loch am Hals. Wir tragen unsere toten Kameraden fort und bereiten ihnen unter schattigen Bäumen im Schloßpark von Monts das Grab. Heinrich Scherb aus Oberösterreich, Lehrer von Beruf, hinterläßt eine Frau und zwei Kinder. An Heinrich Scherb erfüllt sich mein Schicksal. Die Überlebenden erschauern beim Nachdenken — ja das Schicksal geht seltsame Wege! Ich trete an Scherbs Stelle und führe fortan den Artillerie-Vermessungs-Trupp."
Das infolge feindlicher Tieffliegerangriffe verspätete Eintreffen des SS-Pz.Gr.Rgt. 21 führt dazu, daß die 10. SS-Pz.Div. „Frundsberg" am 29. Juni erst um 14.30 Uhr zum Angriff antreten kann. Nach Erkennen des deutschen Angriffs wird der Angriff der 11. britischen Pz.-Division von der Höhe 112 in Richtung Ornebrücken angehalten; die Division richtet sich zur Verteidigung ein.
Oberführer Harmel hat sich entschlossen, den Angriffsschwerpunkt der 10. SS-Pz.-Division auf den linken Flügel zu legen, weil der quer zur Angriffsrichtung nach Osten verlaufende Bach vor allem den Einsatz von Panzern im Raum Avenay sehr erschwert. Er hat also die Absicht, die Masse seiner Division auf der schmalen Landbrücke zwischen Odon und Evrecy-Bach vorbrechen zu lassen, dann nach Osten auszuscheren und im Zusammenwirken mit der im Raum Eterville—Maltot stehenden 12. SS-Pz.Div. „Hitlerjugend" die Höhe 112 zurückzuerobern.
Während die schwere Art.Abt. der 12. SS-Pz.Div. die Höhe 112 unter starkem Feuer hält, stürmen die Angriffstruppen der 10. SS-Pz.-Division von Südwesten und die der 12. SS-Pz.-Division von Osten und Südosten gegen die Höhe 112 vor.
Der Angriff gerät zunehmend unter feindliches Artilleriefeuer. Briti-

sche Aufklärer lenken das Artilleriefeuer auf die deutschen Bewegungen. Schlachtflieger brausen über das Kampffeld und verursachen weitere Ausfälle. Von der deutschen Luftwaffe ist nichts zu sehen. Hierbei fallen Harmel die Bauchlandungen deutscher Me 109 auf einem Feld bei Longny ein; vor gut einer Woche lag der Div.-Stab im Château Longny und hat die Notlandungen der deutschen Messerschmitt-Jäger erlebt. Die Erklärung hieß: Fehlleitung und Betriebsstoffmangel. Waren es bewußte Fehlleitungen?

Das aus dem Raum Neuilly antretende verstärkte SS-Pz.Gr.Rgt. 22 schiebt sich im Odon-Tal gegen Bougy vor. Am linken Flügel bieten Geländeeinschnitte und Buschgruppen etwas Deckung. Am rechten Flügel stehen alle Bewegungen unter Feindeinsicht von der Höhe 112. Die 7. und 8. Kompanie des SS-Pz.-Regiments „Frundsberg" unterstützen den Angriff des SS-Pz.Gr.Rgt. 22 auf Gavrus, das heftig verteidigt wird. In einem später herausgegebenen Tagesbefehl des SS-Pz.Rgt. 10 heißt es hierzu:

> „Beim Angriff am 29. 6. 44 auf Gavrus gelang es dem SS-Sturmmann Ewald Menzel von der 7./SS-Pz.Rgt. 10 als Richtschütze durch wenige mit Ruhe und Kaltblütigkeit gezielte Schüsse fünf Panzer ‚General Sherman' abzuschießen. Er hat bisher 11 Feindpanzer abgeschossen und 22 Pak vernichtet."

Geschickt arbeiten sich Stoßtrupps der Panzergrenadiere und einer unterstellten Kompanie des SS-Pi.Btl. 10 an Gavrus heran und brechen in den Ort ein. Ortsgefecht. Flammenwerfer der Pioniere brennen sich vor. Am späten Nachmittag hat Obersturmbannführer Schultzes SS-Pz.Gr. Rgt. 22 Gavrus erobert. Das Angriffsziel ist Baron, aber bis dahin dringt der Angriff nicht mehr durch. Bald nach Einnahme von Gavrus treten die Engländer zum Gegenangriff an; vorgeschossen durch ihre Artillerie. Das Rgt. 22 wird wieder aus Gavrus herausgedrückt und geht hart südlich des Ortes zur Abwehr über.

Rechts vom SS-Pz.Gr.Rgt. 22 stürmt das gerade mit letzten Teilen eingetroffene Rgt. 21. Auch dieses Regiment ist durch Pioniere verstärkt, die die Aufgabe haben, Durchlässe durch die Wallhecken zu sprengen und Übergänge über den Evrecy-Bach für Panzer und SPW zu schaffen. Das ostwärts von Neuilly antretende II./SS-Pz.Gr.Rgt. 21 gerät schon nach wenigen Minuten im offenen Angriffsgelände in heftiges feindliches Artilleriefeuer. Es verzögert und erschwert das Vorgehen auf Evrecy.

Sommer 1943.
Bei einer Übung der 9. SS-Panzerdivision. Von links nach rechts: Bittrich, Divisionskommandeur; dahinter Harzer, Ia; Divisionsadjutant Schwarz; dahinter Rettberg, O1.

Mannschafts-Transport für die SS-Pz.Nachr.Abt. 10 trifft in Angoulème ein.

Frankreich 1943.
Die 3. Kp./SS-Pz.Gr.Rgt. 19 (Hohenstaufen) auf dem Marsch.

Die 6. Kp./SS-Pz.Rgt. 10
beim Sport.
Vars bei Angoulème.

Übungsschießen der
2./SS-Pz.-Flak-Abt. 9
auf dem Übungsplatz
Epernay 1943.

Der Kommandeur der
9. SS-Panzerdivision
bei einer Gefechtsübung
des I./19.

9. SS-Panzerdivision in Frankreich 1943. Lehrvorführung vor rumänischen Offizieren.

Einsatz Rußland im April 1944. Vormarschstraße nach Tarnopol.

Eigner Herd — Goldes wert.

Waffenreinigen (sMG).

Eine Pfeife und ein Grand mit Vieren.

SS-Oberführer Harmel und der Kommodore des Stuka-Geschwaders 77, Oberstleutnant Brück.

Rußland, Mai 1944. Generalfeldmarschall Model, Oberbefehlshaber der Heeresgruppe Südukraine, und SS-Oberführer Harmel, Kommandeur der 10. SS-Panzerdivision.

Otto Meyer, Obersturmbannführer und Regimentskommandeur 9. SS-Panzerregiment erhält vor der Front seines Regiments das Ritterkreuz. Er fiel im Westen (Normandie) und erhielt das Eichenlaub zum Ritterkreuz nach seinem Tode.

Störfeuer bei Nacht.

In direktem Beschuß (Wespe).
SS-Pz.Art.Rgt. 10.

SS-Gruppenführer von Treuenfeld verleiht Auszeichnungen an Soldaten des SS-Panzerregiments 10.

Bunker der Russen wird sturmreif geschossen.

15 cm „Hummel“ im Einsatz. SS-Panzerartillerieregiment 10.

Im östlichen Teil des Dorfes stößt das Btl. auf englische Infanterie, die von Panzern unterstützt wird. Die Engländer werden aus Evrecy herausgedrückt. Und dann geht es um die Höhe 113, zwei Kilometer nördlich von Evrecy. Standartenführer Deisenhofer muß alle Kräfte aufbieten, um in den Besitz der Höhe 113 zu kommen. Aber das Tagesziel ist die Höhe 112, und der Weg dorthin führt über Esquay, ein kleines normannisches Dorf am Südwesthang der Höhe 112.
Der Kampf um die Höhe 113 wird von der II. Abteilung des Panzerregiments „Frundsberg" entschieden. Ohne Panzer ist dem Tommy nicht beizukommen. Im guten Zusammenwirken zwischen Panzergrenadier- und Panzerkompanien wird Höhe 113 gegen Abend erobert. Die II./SS-Pz.Rgt. 10 meldet den Abschuß von 28 englischen Panzern bei zwei Eigenverlusten.
Ein Weiterkommen auf Esquay und Höhe 112 ist an diesem Tage nicht mehr möglich. Der Angriff des Rgt. 21 wird besonders durch Flankenfeuer aus Gegend Avenay und St. Martin erstickt. Die Panzergrenadiere graben sich auf dem Nord- und Osthang der Höhe 113 ein.
Mit Sorge hat Oberführer Harmel die Meldungen seiner Regimenter verfolgt. Bei einbrechender Dunkelheit berät der Divisionsstab auf dem Gefechtsstand der „Frundsberg" in St. Honorine Ergebnisse und neue Pläne. „So kommen wir nicht weiter!" stellt Harmel fest, und sein Ia, Obersturmbannführer Hans Lingner, pflichtet ihm bei. „Das Flankenfeuer von rechts muß ausgeschaltet werden. Avenay muß zuerst fallen!" Noch einmal verfolgen die Führer auf der Karte den Tagesverlauf, und Lingner spricht Harmels Gedanken aus: „Versuchen wir es rechts herum!"
„Umgruppierung, Schwerpunkt rechts!" ist der Tenor der neuen Befehle. „Nachtangriff!" heißt es weiter.
Beide Seiten erreichen ihre Angriffsziele nicht. Zwischen Odon und Orne kommt der Angriff der 2. britischen Armee, aber auch des II. SS-Panzerkorps zum Stehen. Die Fronten verzahnen sich ineinander. Den Ruf nach Reserven vermögen nur die Alliierten mit immer neuen Anlandungen zu erfüllen; die Panzergruppe West — als operative Reserve bereitgehalten — mußte längst ihre Verbände in die allgemeine Abwehrlinie einreihen. Kleine Reserven werden von einer brennenden Frontstelle an die andere gehetzt, das muß sie frühzeitig zerschleißen.
In der Nacht 29./30. Juni 1944 gruppiert die „Frundsberg" um. Um 01.30 Uhr beginnt der Angriff.

Das verstärkte SS-Pz.Gr.Rgt. 21 nimmt überraschend Avenay und dringt nach Überwindung des Evrecy-Baches in Vieux ein. Damit ist die Ausgangsbasis für den Angriff auf die Höhe 112 geschaffen. Sturmbannführer Reinholds II. Abteilung des SS-Panzerregiments 10 folgt und überschreitet noch bei Dunkelheit den Bachgrund zwischen Avenay und Vieux.
Das SS-Pz.Gr.Rgt. 22 greift abermals Gavrus an. Die durch brennende Häuser aufgehellte Sommernacht wird durch den Lärm der Waffen aus ihrer Ruhe gerissen. Flammenwerfer der Pioniertrupps verzerren bei ihrem Aufzischen das Bild der vergewaltigten Nacht ins Groteske. Bei beginnendem Morgen wird die Übersicht besser, werden die Briten aus den letzten Häusern von Gavrus vertrieben. Mit aller Wucht greift die feindliche Artillerie ein und legt einen Wall von Granaten vor das in Richtung Baron weiter angreifende SS-Pz.Gr.Rgt. 22. Die Ausfälle sind hoch. Der Schwerpunkt der „Frundsberg" verlagert sich auf den rechten Divisionsflügel.
Beim SS-Pz.Gr.Rgt. 21 klappt es besser. Hier steht der Kriegsgott auf der Seite der Deutschen. Im Morgengrauen des 30. Juni, in jener Stunde, da das Schwesterregiment vor Baron in die Verteidigung gezwungen wird, greifen Rgt. 21, die II./SS-Pz.Rgt, 10 von Süden und Südwesten, und die II./SS-Pz.-Rgt. 12 von Osten, die Höhe 112 an. Die Divisions- und Korpsartillerie, die auf Zusammenarbeit angewiesene Werferbrigade 8, die Artillerie der 12. SS-Panzerdivision und die mit ihr zusammenarbeitende Werferbrigade 7 schießen die Höhe 112 sturmreif.
Die auf Höhe 113 und bei Vieux liegenden Teile des Rgt. 21 und der II./SS-Pz.Rgt. 10 stürmen von Westen und Süden, aus dem Raum Maltot fährt die II. Abteilung des Panzerregiments der Division „Hitlerjugend" an. Im Zusammenwirken aller Truppenteile fällt gegen Mittag des 30. Juni 1944 die Höhe 112 in deutsche Hand. Von Panzern unterstützte Gegenangriffe werden abgewehrt.

Im Laufe des Tages nimmt das Rgt. 22 den Angriff auf Baron wieder auf. Stoßtrupps dringen in die Gärten am Südrand und in die ersten Häuser am Westrand des Ortes ein, aber einsetzende Gegenmaßnahmen zwingen sie in die Ausgangsstellungen zurück.
Versuche des Regiments 21, in der zweiten Tageshälfte den Angriff von Höhe 112 nach Norden aufzunehmen, werden von der englischen Artillerie und unter Einsatz von Panzern im Keim erstickt. Geringfügig

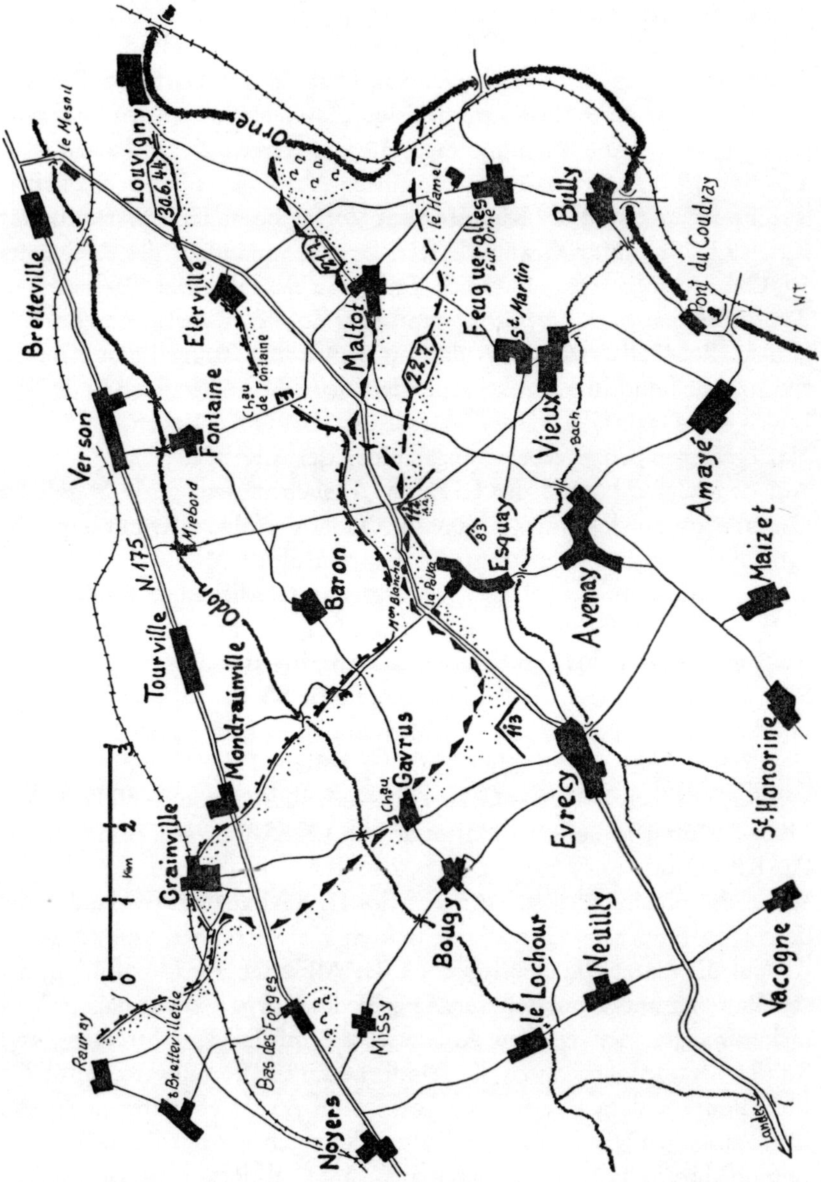

Kampfraum Höhe 112

werden die Stellungen verbessert. Das Angriffsziel der „Frundsberg“, die Straße Caen—Avranches, liegt in weiter Ferne.
Die Nacht macht die feindlichen Artilleriebeobachter blind, erschwert den gezielten Einsatz von Flugzeugen. Deshalb hat das II. SS-Panzerkorps auch für die 9. SS-Panzerdivision „Hohenstaufen“ den Nachtangriff angesetzt. Am 30. Juni, um 01.30 Uhr, treten die SS-Pz.-Gr.-Regimenter 19 und 20 wieder an. Vor ihren Abschnitten haben die Briten ihre Front aufgrund der Kämpfe vom Vortag besonders verstärkt. Das Rgt. 19 beißt sich an Grainville fest. Der Kommandeur des Regiments 19, Obersturmbannführer Woith, fällt bei einem der vielen feindlichen Artilleriefeuerüberfälle, Sturmbannführer Zollhöfer übernimmt das Regiment. Bei Hellwerden setzt das aus dem Raum Tourville und Baron einsetzende feindliche Flankenfeuer dem deutschen Angriff ein Ende.
Links von Grainville kämpft das SS-Pz.-Gr.Rgt. 20 ebenso glücklos. Nach geringen Frontverbesserungen bleibt der Angriff liegen.
Auf dem Gefechtsstand der Division „Hohenstaufen“ in le Mesnil au Grain, 4 km nordostwärts Annay sur Odon, verfolgen der mit der Führung der Division beauftragte Standartenführer Müller und der Ia, Obersturmbannführer Harzer, besorgt das Geschehen. Sie müssen es hinnehmen, daß die befohlenen Teilangriffe in der Endsumme auch nicht das Tagesziel erreichen, und brechen die Angriffe ab.
So beurteilt auch das Generalkommando II. SS-Panzerkorps die Lage und befiehlt, am Nachmittag des 30. Juni den Angriff beider Divisionen einzustellen und die erreichte Linie zu halten. Die Verteidigungslinie verläuft nördlich Noyers—Grainville—nördlich Gavrus—Höhe 113—Höhe 112 und schließt bei Maltot an die 12. SS-Panzerdivision (I. SS-Pz.-Korps) an.
Wenn der eineinhalbtägige Angriff des II. SS-Panzerkorps beiderseits des Odon-Flüßchens nicht die gesteckten Ziele erreichen konnte, so ist das auf die materielle Überlegenheit der Alliierten zurückzuführen, die mit Bomben und Granaten den Angriff des Korps erstickt haben. Munitionsmangel der eigenen Artillerie, die infolge von Strecken- und Straßenzerstörungen durch die feindliche Luftwaffe teilweise selbst die Munition aus dem Raum Paris holen muß (so ist es später noch oft), führt zu ungenügender Unterstützung der eigenen Angriffe. Die eigene Luftaufklärung fällt vollkommen aus. 13 000 alliierte Flugzeuge stehen gegen 300 deutsche. Der Himmel ist von deutschen Flugzeugen leergefegt; schon bei den Vorbereitungsschlägen zur Invasion wurden ihre

Flugplätze in Kraterlandschaften verwandelt und viele Maschinen zerstört. Der Aufwand an Artilleriemunition bei den Anglo-Amerikanern beträgt etwa das 20fache des deutschen Verbrauches.
Am 1. Juli sollen die Divisionen „Hohenstaufen“ und „Frundsberg“ noch einmal auf ihre alten Angriffsziele antreten. Angelaufene Umgruppierungen werden von den Engländern erkannt und durch Artillerie und Jabos gestört. Die vorgesehenen Angriffe werden abgeblasen, weil auch die Großlage eine andere Wendung genommen hat. Im Sinne ihrer Strategie, die deutsche Abwehrfront durch wechselnde Schläge, einmal der Amerikaner und dann wieder der Briten, zu zersägen, beginnen die Amerikaner einen neuen Schlag im Raum St. Lô. Dort zeichnet sich ein neuer Schwerpunkt ab. General Bayerleins Panzer-Lehr-Division, bisher linker Nachbar der „Hohenstaufen“, wird in den Raum St. Lô geworfen. Bayerleins Abschnitt übernimmt Generalleutnant Kurt Badinski mit seiner herankommenden 276. Inf.-Division. Die Panzergruppe West wartet ab, wie sich die Lage bei St. Lô entwickelt. Außerdem rechnet man mit einem erneuten Vorstoß der Briten zur Inbesitznahme der entscheidenden Höhe 112.
In den Mittagsstunden des 1. Juli kommt in den Abschnitt der „Frundsberg“ wieder Bewegung. Starke Feuerzusammenfassungen auf schmalen Abschnitten gehen britischen Vorstößen voraus. Bataillonsstarke Angriffe, von Panzern unterstützt, richten sich gegen Höhe 112 und Esquay. Mit den letzten Reserven riegelt die „Frundsberg“ Einbrüche ab oder drückt sie durch. Bei Höhe 113 behaupten sich die 4./SS-Pz. AA 10, verstärkt durch einen Panzerjägerzug des Regiments 21, und die Divisions-Begleitkompanie; diese Kräfte sind zwischen den Regimentern 21 und 22 eingeschoben worden. Bei der rechts benachbarten 12. SS-Panzerdivision entstehen ähnliche Situationen.
Die Abschußerfolge des SS-Panzerregiments „Hohenstaufen“ für Juni bis einschließlich 1. Juli 1944 betragen:
49 Panzer (Churchill II und III, Sherman, Mark II) durch Sturmgeschütze (7. und 8. Kompanie);
13 Panzer (Typen wie oben) durch Panzer IV und V (I. Abt. und 5. und 6. Kompanie).
Am 2. Juli bleibt es zwischen Odon und Orne verhältnismäßig ruhig. Die Panzergrenadiere der „Frundsberg“ wühlen sich mühsam in den steinigen Boden hinein. Eine Deckung, ein Loch, ein kleiner Bunker entscheidet oft über Leben und Tod. Auf Höhe 112 wird das Schanzen

unmöglich. Jede Bewegung fordert das Feuer der schweren Waffen des Feindes heraus. Hier bieten nur die abgeschossenen Panzer etwas Schutz. Unter diesen Kampfbedingungen meiden Freund und Feind das Plateau der Höhe und schanzen sich an den Rändern, an den Hinterhängen ein.
Als am 2. Juli bei St. Lô eine neue Krise entstanden ist, wird dieser Tag zum Tag der Sündenböcke. Hitler hat sie gesucht und gefunden: Generalfeldmarschall von Rundstedt, Oberbefehlshaber der Heeresgruppe B, wird durch Generalfeldmarschall von Kluge ersetzt. General Geyr von Schweppenburg, Oberbefehlshaber der Panzergruppe West, wird durch General der Panzertruppen Eberbach abgelöst. Die Umbesetzungen, die auch die betroffenen Stäbe in Mitleidenschaft ziehen, entschärfen nicht den Befehlswirrwarr. Die Panzergruppe West, bisher dem AOK 7 unterstellt, tritt unter unmittelbaren Befehl der Heeresgruppe B. Das führt zu vorübergehenden Störungen in der Versorgung mit Munition und Betriebsstoff, auch beim II. SS-Panzerkorps.
Während es am 2. Juli im Abschnitt des II. SS-Panzerkorps verhältnismäßig ruhig bleibt, erobert die 12. SS-Panzerdivision, aus Eterville antretend, das Dorf Fontaine zurück und schließt den Brückenkopf der 12. SS-Panzerdivision um Caen, den diese Division unter Aufbietung aller ihrer Kräfte noch tagelang hält.
Die Lage bei der „Hohenstaufen“ wird durch eine am frühen Morgen des 2. Juli 1944 beim II. SS-Panzerkorps eingehenden Meldung beleuchtet, die das Korps gleich an die Panzergruppe West weitergibt. Darin heißt es:
„Der Führer der 9. SS-Panzerdivision, Oberst Müller, meldet: Durch außergewöhnlich hohen Ausfall ist straffe Führung im unübersichtlichen Heckengelände fraglich geworden. Durch pausenloses Trommelfeuer sind nahezu alle Nachrichtenmittel zerstört. Der Ausfall an Waffen und Geräten ist bedenklich; unter anderem hat das SS-Pz.Gr.Rgt. 19 bereits sämtliche Pak verloren ... Die Division meldet hiermit, daß ohne gleichwertige Artillerie und entsprechende Bekämpfung der feindlichen Artillerie jeder Angriff vor vornherein zum Scheitern verurteilt ist. Durch das tagelange Trommelfeuer geht die Moral der Truppe, die wehrlos den Feuerschlägen ausgesetzt ist, allmählich zur Apathie über.
Die genauen Verluste der ‚Hohenstaufen‘, der beiden Bataillone der Kampfgruppe ‚Das Reich‘, können infolge des unaufhörlichen Trommelfeuers überhaupt noch nicht festgestellt werden. Kampfgruppe ‚Das Reich‘ meldet für die letzten vier Tage 450—500 Mann Verluste.

‚Hohenstaufen' hat 800—900 Mann Verwundete; etwa 300 Tote und Vermißte; 8 Führer gefallen, 12 verwundet, 1 vermißt.
Die Division ist der Ansicht, daß die feindliche Infanterie nach Haltung und Ausbildung schlecht ist und daß ein Angriff gegen überlegene Kräfte zum Ziele führt, wenn diese Art von Trommelfeuer ausgeschaltet werden kann."
Diese Meldung erreicht das Korps um 03.20 Uhr, sie wird durch einen 20 Stunden später eingehenden Lagebericht untermauert:

„9. SS-Panzerdivision
‚Hohenstaufen' Div.Gef.-Stand, den 2. Juli 1944.
Ia Tgb.Nr. 2400/44 geh.

Lagebericht der 9. SS-Pz.Div. ‚Hohenstaufen'
für die Zeit vom 29. 6. 1944, 12.00 Uhr, bis 2. 7. 1944, 19.00 Uhr.

1. Bei den Gefechtshandlungen in der angeführten Zeit hatte die Division besonders hohe Ausfälle durch das außergewöhnlich starke Art.-Feuer, das sich täglich mindestens 8 bis 12 Stunden zu einem Trommelfeuer steigerte, wie in den größten Materialschlachten des Weltkrieges. Einzig und allein diese Art.-Überlegenheit zwang die tapfer und vorbildlich kämpfende Infanterie zum sofortigen Eingraben.
   Beispiel: Innerhalb dreieinhalb Stunden wurden in einem Rgt.-Abschnitt 6000—8000 Einschläge gezählt.
   Bei einer unterstellten Werfer-Batterie (Sfl) lagen in 55 Minuten 400 Schuß 17-cm-Granaten mitten in der Stellung.
   Alle Angriffsversuche der Panzergrenadiere werden durch außergewöhnlich lang anhaltende schwere Feuerschläge von mindestens einem Artillerieregiment auf ein Ziel im Keim erstickt. In der Verteidigung wurden die hohen Verluste durch Hochziehen der Sprengpunkte und Zusammentrommeln der gesamten Stellung bis weit hinter die Regimentsgefechtsstände unter großem Munitionsaufwand aller Kaliber verursacht. Dazu treten zur weiteren Verdichtung mehrere Granatwerfer-Batterien auf engem Raum. Beim SS-Pz.Gr.Rgt. 19 lagen in einem Raum 300 mal 300 die Einschläge so dicht, daß zwischen den einzelnen Granattrichtern nicht mehr als eineinhalb Schritte Zwischenraum waren.

2. Weitere Vorteile des Feindes sind der ungestörte Einsatz von Fesselballons in großer Zahl, grundsätzliches Schießen mit Artilleriefliegern

sowie der glänzend ausgebaute Agentenapparat mit Funk hinter der eigenen Linie.

3. Die uneingeschränkte Luftherrschaft des Gegners ist dabei nicht berücksichtigt.
4. Die unter vorstehenden Ziffern aufgeführten Gründe haben zu folgenden personellen und materiellen Verlusten innerhalb 3 Tagen geführt (siehe Anlage).

gez. Müller

SS-Standartenführer und Div.-Führer"

„Anlage:

Zusammenfassung der Ausfälle der 9. SS-Pz.-Division bis 1. 7. 1944 (einschließlich)

1. Personelle Verluste:

SS-Pz.Rgt. 19	Fhr.	Unterfhr.	Mannschft.	Gesamt
Gefallen:	5	15	42	62
Verwundet:	6	16	52	74
Vermißt:	1	4	10	15
Gesamt:	12	35	104	151

SS-Pz.Gr.Rgt. 19:

(Meldung kann nicht vollkommen aufgegliedert werden, da Truppe noch nicht gemeldet hat.)

Geschätzt:				630
I./Rgt. 19:				
Geschätzt:				170
II./Rgt. 19:				
Gefallen:				28
Verwundet:				114
Vermißt:				22
Gesamt:				164
III./Rgt. 19:				
Gefallen:				34
Verwundet:	2	20	108	130
Vermißt:	1	—	26	27
Gesamt:				191

	Fhr.	Unterfhr.	Mannschft.	Gesamt
Rgt.-Stab und Rgt.-Einheiten:				
Gefallen:				23
Verwundet:				91
Vermißt:				12
Gesamt:				126
SS-Pz.Gr.Rgt. 20 (einschließlich III. Btl.):				
Gefallen:				49
Verwundet:				224
Vermißt:				11
Gesamt:				284
Kampfgruppe Weidinger (je ein Btl. SS-‚D' und SS-‚DF'):				
Gefallen:	3	19	86	108
Verwundet:	9	54	336	402
Vermißt:	1	8	117	126
Gesamt:				636
SS-Pz.Art.Rgt. 9:				
Gefallen:	1	1	12	14
Verwundet:	1	5	39	45
Vermißt:	—	—	1	1
Gesamt:				60
Übrige Truppenteile der Division:				
Gefallen:				4
Verwundet:				13
Vermißt:				3
Gesamt:				20

Bisherige Gesamtverluste der 9. SS-Panzerdivision ohne
Kampfgruppe Weidinger: 1145 Mann
Kampfgruppe Weidinger: 636 Mann

2.Materielle Verluste (schwere Waffen):

SS-Pz.Rgt. 9: 6 Panzer V; 16 Panzer IV; 10 Sturmgeschütze.

SS-Pz.Gr.Rgt. 19: 11 schw. Pak (3 in W.K.); 1 sIG; 6 lIG; 13 mittl. Granatwerfer; 19 sMG.

SS-Pz.Gr.Rgt. 20: 1 lIG; 3 sMG, 4 mittl. Granatwerfer (1 in W.K.); 1 Flak-Sfl (2 cm); 1 SPW."

Diese Verlustzahlen lassen die Schwere der Kämpfe erkennen und dürften auch etwa für die 10. SS-Panzerdivision „Frundsberg" zutreffen. In beiden Meldungen kommt die außerordentliche Materialüberlegenheit der Alliierten zum Ausdruck. Besonders erschwerend wirkt sich die absolute Luftherrschaft der Engländer und Amerikaner aus, die den deutschen Nachschubverkehr am Tage völlig unterbinden. Die deutschen Nachschub- und Versorgungseinheiten und besonders ihre Fahrer werden zu stillen Helden der Invasionsschlachten. Anfangs versuchen sie noch am Tage ihre Zielorte anzufahren, dann wird dies nur noch nachts möglich. Einen Einblick in die Sorgen und Nöte der Nachschub- und Instandsetzungseinheiten vermittelt uns ein Bericht des TFK, Standartenoberjunker Casselmann, von der Werkstatt-Kompanie 102 des Generalkommandos II. SS-Panzerkorps:

„Unsere Kompanie liegt entsprechend der ersten Angriffsabsicht des II. SS-Panzerkorps im Raum westlich St. Lô. Anfang Juli 1944 sollen die Korpseinheiten in den Raum Thury-Harcourt verlegen, und ich erhalte den Auftrag, den neuen Unterkunftsraum für die Werkstatt-Kompanie zu erkunden. Ich fahre mit einem VW-Kübel, begleitet von einem Rottenführer, in der Morgendämmerung los. Jabos sind noch nicht am Himmel, aber dann plötzliches Motorengeräusch eines einzelnen Jabos; nach unseren Erfahrungen handelt es sich um einen einzigen Jabo, den U.v.D., der nur Aufklärung fliegt und selten ein Fahrzeug angreift.

Auf der Straße sehen wir dann weit vor uns einen einzelnen 8-Rad-Spähwagen, auf den der Jabo zum Angriff ansetzt. Der Spähwagen stürzt um und brennt; wir glauben, daß er seine Allradlenkung eingeschaltet hat und deshalb — nicht sehr manöverierfähig — in den Straßengraben stürzte. Der Jabo zieht weiter.

Wenig später sind wir an der Unfallstelle. Durch Feuer und Rauch in der Sicht behindert, war die Besatzung aus dem Turm geklettert und suchte die nächste Deckung auf, in der Erwartung eines neuen Anflugs. Der als Fliegerbeobachter auf dem Spähwagen gesessene Soldat aber liegt schreiend zwischen einem Rad des umgestürzten Wagens und der Straßendecke, mit einem Bein eingeklemmt, und das Feuer erfaßt immer mehr den Spähwagen. Um das Leben des eingeklemmten Soldaten zu retten, schreit mein Rottenführer: ‚Oberjunker, das Bein abhacken!' —

Der Schreck fährt mir in die Glieder, aber vielleicht ist es die einzige Möglichkeit ...
Zum Glück kommt ein einzelner Lkw in schneller Fahrt heran. Winken, anhalten, Schleppseil an den Turm und starkes Anrucken des Mercedes L 3000 werden zu einem Guß. Während des Anruckens explodieren im Spähwagen Munition und Handgranaten; eine Druckwelle schlägt aus dem Turm, doch die Bodenwanne schützt mich und den eingeklemmten Soldaten. Dann kommt das Bein frei, und ich ziehe schnell den Verunglückten in den gegenüberliegenden Straßengraben. Gerettet! Der Verunglückte ist mit leichten Verletzungen davongekommen. Als beim Losmachen des Schleppseiles der Lkw-Fahrer so beiläufig sagt, daß er Werfermunition geladen hat, fühlen wir uns alle wie neu geboren."
Über den Einsatz der Versorgungs- und Nachschubeinheiten gibt uns der Kommandeur des Wirtschafts-Bataillons der „Hohenstaufen" folgenden Bericht, der für alle Divisionen gilt:
„Als das II. SS-Panzerkorps nach einer Transportbewegung quer durch Europa in Frankreich eintrifft, haben die Alliierten bereits einen tiefen Brückenkopf und die absolute Luftherrschaft. Die heranrollenden Teile, insbesondere auch die Wirtschafts- und Versorgungseinheiten, werden wie nie zuvor im Zweiten Weltkrieg von Jagdbombergeschwadern und Kampfflugzeugen aller Art angegriffen, ohne daß die Reste der deutschen Luftwaffe das verhindern können. Bewegungen werden nur noch nachts durchgeführt. Da aber der Auftrag der Versorgungstruppen nur erfüllt werden kann, wenn ihre Kolonnen rund um die Uhr im Großkampf alles herankarren, so ist klar, daß in den kurzen Sommernächten diese Aufgaben nicht zu schaffen sind. Insbesondere die produzierenden Teile, also Schlächterei- und Bäckerei-Kompanien und ähnliche Einrichtungen, die zum Arbeiten feste Standplätze benötigen, kommen mitunter in eine ausweglose Situation. Die tägliche Leistung von 12 000 Broten, die Bereitstellung von Frischfleisch und Wurst, insbesondere die Herankarrung von Munition, Kraftfahrzeugersatz und vor allem Brennstoff, sank schnell ab, da in einer Zone von 300 km Tiefe alle Lager und Ausgabestellen zerstört sind und das Bahnnetz lahmgebombt ist. Die Wege der Nachschubtruppen werden immer länger und die Fahrten immer verlustreicher. Ganze Kolonnen werden zusammengeschossen. Das Ziel der alliierten Luftwaffe, das deutsche Hinterland vollkommen zu lähmen und damit die kämpfende Truppe von ihrer Versorgung mit allen zum Kampf benötigten Dingen abzuschneiden, wird

vollkommen erreicht; zerstörte Bahnstrecken, zerschlagene Eisenbahnzüge, mit Bombenkratern übersäte Straßen, die von Fahrzeugwracks aller Schattierungen gesäumt sind, sind Marksteine des deutschen Unterganges."

Systematisch fressen sich die Zerstörungen durch die alliierte Luftwaffe immer mehr nach Frankreich hinein. Die Divisionen müssen ihren Nachschub aus dem Raum Paris selbst heranholen. Ein Glied in der Kette der Nachschubversorgung ist der Unterscharführer Petzschner vom Stab der Nachschubtruppen der 10. SS-Panzerdivision „Frundsberg". Er hatte die letzten Sammeltransporte aus dem Osten nach Frankreich durchgeführt. Nachdem die Division bereits kurz nach Eintreffen an der Invasionsfront mit Nachschubschwierigkeiten zu kämpfen hat, erhält Petzschner nach seiner Zurückmeldung beim Ib der Division im Raum Vimoutiers von Hauptsturmführer Rösch einen neuen Sonderauftrag; er soll mit einem Fahrer nach Paris fahren, sich dort beim Oberquartiermeister der Heeresgruppe West melden und die Bereitstellung und Organisation des Betriebsstoff-Nachschubs organisieren. Petzschner erhält in Paris die Anweisung, nach Sens (100 km südostwärts Paris) zu fahren und sich dort bei der Wirtschaftlichen Forschungsstelle zu melden. Die Wifo ist eine zivile Dienststelle, die die Treibstofflager von Sens verwaltet. Dort errichtet Petzschner für die Division „Frundsberg" eine Ausgabestelle, leitet die Übernahme aus dem Bestand der Wifo und verteilt den Betriebsstoff auf die täglich ankommenden Tankwagenkolonnen der Division. Diese wichtige Aufgabe in der Nachschubkette einer Division erfüllen Petzschner und sein Fahrer so lange, bis auch dieses Treibstofflager infolge zunehmender Luftangriffe geräumt wird. Mit dem Herankommen der Front an Paris verlegt die Treibstoffverteilungsstelle der „Frundsberg" nach dem neuen Lager der Wifo, Château-Saline (Salzburgen) im Elsaß.

VERTEIDIGUNG UND TEILANGRIFFE

Das Hohelied der Melder — Untersturmführer Reiter hält mit seinen Männern den Ansturm der englischen Panzer auf — Blitzvorstöße des SS-Panzerregiments 9 — Der Panzer wird zum stählernen Sarg

Am 1. und 2. Juli hält die Division „Frundsberg" unter wechselvollen Kämpfen die Höhe 112. Um die schwerringende Division zu entlasten, wird der Abschnitt verkleinert. Das SS-Pi.Btl. 9 löst den linken Flügel des Regiments 22 bei Gavrus ab. Damit verschiebt sich die Grenze zwischen der „Hohenstaufen" und „Frundsberg" etwas nach Osten. Die herausgelösten Teile des Regiments 22 werden Divisionsreserve.

Am 3. Juli versuchen die Engländer erneut den Durchbruch zu erzwingen. In den frühen Morgenstunden entbrennt wieder der Kampf um die Höhe 112 und an der Naht der Division „Frundsberg" und „Hitlerjugend" südwestlich von Eterville. Das SS-Pz.Gr.Rgt. 21 hält die Höhe 112. In die schwache Stelle zur „Hitlerjugend" wird die Divisionsreserve, das II./22, bei Château de Fontaine eingeschoben. Der Feindangriff wird abgewehrt.

Währenddessen hält das II./SS-Pz.Gr.Rgt. 22 das Château de Fontaine. Beiderseits gehen die Engländer in Richtung Maltot vor. Im Keller des Château befindet sich der Bataillonsgefechtsstand. Der Bataillonskommandeur, Hauptsturmführer Hauck, weiß, daß sein Abschnitt halten muß, soll die HKL nicht ganz aus den Fugen geraten. Und die Reste des II./22 halten in den Anlagen und Obstgärten des Château von Fontaine trotz Überflügelungen aus und schaffen damit die Voraussetzung für einen erfolgreichen Gegenangriff.

Hier beim Château de Fontaine erklingt das Hohelied der Pflichterfüllung der Melder. Der Funk versagt, längst sind alle Telefonkabel, die aus dem Bataillonsgefechtsstand im Keller des Schlosses von Fontaine zu den Einheiten führen, von Granaten zerfetzt. Da hilft kein Flicken mehr. Zur Befehlsübermittlung bleiben acht Melder, die teils zum Bataillonsstab gehören, teils von den Kompanien abgestellt sind. Sie ersetzen die Technik, die im Feuerorkan versagt. Die Nachrichtenübermittlung wird auf ihren Ursprung, den Melder, zurückgeführt. Acht Melder hasten zu den Einheiten, nehmen immer wieder Deckung und laufen mit der Gefahr um die Wette; einer nach dem anderen bleibt aus. Verwundet, tot. Zuletzt sind es noch zwei Melder, die immer und immer wieder den Eisenhagel durchlaufen und wichtige Meldungen und Befehle überbringen, und als die Tommys den Bataillonsgefechtsstand bedrängen, liegen sie mit Stabsoffizieren und Funkern im Abwehrriegel und versagen dem Feind den Erfolg. Château de Fontaine hält allen Feindangriffen stand und schafft günstige Voraussetzungen für einen eigenen Gegenangriff, der am Nachmittag anläuft.

Die Angriffe aus dem Odon-Brückenkopf stehen im Zusammenhang mit den britischen Angriffen auf Caen.

Eterville und Maltot sind die Zwischenstationen zur Ornebrücke bei St. André. Das weiß auch der Kommandeur der „Frundsberg", Oberführer Harmel, und der Kommandeur der „Hitlerjugend", Oberführer Mayer. Sie befehlen den Gegenangriff. Nach flüchtiger Bereitsstellung tritt der rechte Flügel des SS-Pz.Gr.Rgt. 21, verstärkt durch das I./22, um 13.00 Uhr zum Gegenangriff auf Maltot an, dem sich der linke Flügel der 12. SS-Panzerdivision „Hitlerjugend" anschließt. Gegen 15.00 wird Maltot im Zangenangriff zurückerobert. Dann verstärkt sich das englische Artilleriefeuer dermaßen, daß die Angriffsteile beider Divisionen durch den Granatenvorhang nicht weiterkommen; daneben greifen verstärkt feindliche Flugzeuge in den Kampf ein. Der Angriff auf Eterville soll in der Nacht fortgesetzt werden.

Mit dem Anlaufen des Angriffs auf Maltot setzen die Engländer ihrerseits zum Angriff auf die Höhe 112 an; dieses Mal mit zwei Stoßgruppen gegen die westlichen und östlichen Abhänge. Dieser Angriff soll gleichzeitig ihren in Maltot kämpfenden Teilen Entlastung bringen.

Der Kampf um die Höhe 112 entbrennt erneut in aller Härte. Artillerie und Schlachtflieger machen die Höhe zu einem Vulkan, in dem es nach menschlichen Ermessen kein Leben mehr gibt. Englische Panzer und Infanteristen rücken vor und erhalten aus den Stellungen um Höhe 112 Feuer. Neue Kompanien werden nachgeschoben. Die Höhe muß fallen!

Doch so schnell fällt sie noch nicht. Oberführer Harmel schickt die letzten Reserven der „Frundsberg" ins Treffen: das I./21 und Teile der II./SS-Pz.Rgt. 10. Standartenführer Sander, Kommandeur des SS-Pz.Art. Rgt. 10, läßt alle Rohre in Richtung Höhe 112 herumkurbeln und Sperrfeuer schießen. Hauptsturmführer Schrembs SS-Flak-Abt. 10 wechselt ständig die Ziele, greift in den Erdkampf bei 112 ein und bekämpft vorwiegend mit den leichten Geschützen die anfliegenden Jabos. Die Nebelwerferbrigade 8 unterstützt den Abwehrkampf der Panzergrenadiere.

Die Krise erreicht den Höhepunkt. Auf dem West- und Südhang der Höhe 112 igelt sich Untersturmführer Hans Reiter mit seiner Panzerjägerkompanie vom Regiment 21 ein und hält wichtige Punkte der Höhe, bis sie der eigene Gegenangriff entsetzt. Der erbitterte Widerstand der Panzerjäger verhindert einen feindlichen Panzerdurchbruch und schafft die Voraussetzung für einen erfolgreichen Gegenangriff. Hans Reiter wird mit dem Ritterkreuz ausgezeichnet; er findet am 13. September 1944 den Soldatentod. Rechts von Reiters Streitmacht dringen die Engländer in das zerzauste Wäldchen am Osthang der Höhe 112 ein; der eigene Gegenangriff auf Maltot wird dadurch von Flankenfeuer erfaßt.

Teile der 10. und 12. SS-Panzerdivision erobern im Nachtangriff Eterville zurück. Am 4. Juli wechselt dann Eterville mehrmals den Besitzer und bleibt zuletzt in der Hand der 12. SS-Pz.-Division.

Im Nachtangriff werden die Engländer auch vom Osthang und aus dem Wäldchen von Höhe 112 unter Einsatz der Pi.Kp. des Regiments 21 geworfen.

Da der Abschnitt der „Frundsberg" sich als besonders krisenanfällig herausstellt, erhält die SS-Pz.AA 10 den Auftrag, an verschiedenen Stellen des Divisionsabschnittes Beobachtungsstellen einzurichten, damit gefährdete Abschnitte durch Funk schnellstens gemeldet und dann verstärkt werden können. Doch dieser Auftrag der SS-Pz.AA 10 wird schon bald hinfällig. Am 3./4. Juli erfolgt die Verlegung der Abteilung nach Bonneil, 10 km westnordwestlich von Falaise als Heeresgruppenreserve. Am 4. Juli meldet sich Sturmbannführer Brinkmann auf dem Panzergruppengefechtsstand zwischen Nôtre-Dame-de-Gorson und Falaise. Hier übernimmt gerade General Eberbach von General Geyr von Schweppenburg die Panzergruppe West. Neben zwei anderen Abteilungen erhält die SS-Pz.AA 10 den Auftrag, Bereitstellungsräume zur Verhinderung von feindlichen Durchbrüchen und neuen Landungen ostwärts Caen zu erkunden. Unter besonderer Berücksichtigung der feindlichen Luftherrschaft führen Spähtrupps der Abteilung die Wegeerkundungen durch. Die schwere SS-Pz.Abt. 102 wird ebenfalls für diese Aufgabe in den Raum Cauville, 8 km westsüdwestlich von Thury-Harcourt, vorgezogen.

Die Tage vom 5. bis 7. Juli verlaufen bei der 10. SS-Panzerdivision verhältnismäßig ruhig. Mehrere feindliche Erkundungsvorstöße werden abgewiesen. Trosse und rückwärtige Dienste stellen alle entbehrlichen Männer zu den Panzergrenadierkompanien ab.

Nach Abbruch des eigenen Angriffs am 30. Juni und Übergang zur Verteidigung steht die 9. SS-Panzerdivision „Hohenstaufen“ in einer Linie bei Brettevilette—Grainville—Gavrus; mit dem Rgt. 19 rechts und dem Rgt. 20 links. Noch einmal konnte die 10. SS-Panzerdivision die Angriffe bei Höhe 112 abwehren, doch neue Gewitter ziehen sich zusammen. Die 9. SS-Panzerdivision soll ganz herausgezogen werden, um für den erkennbaren Großangriff der Briten und Kanadier bei Caen zur Verfügung zu stehen. Dabei werden die Höhen 112 und 113 wieder im Schwerpunkt der Kämpfe stehen. Die herankommende 277. Inf.-Division soll die 9. SS-Pz.Div. „Hohenstaufen“ ablösen.
Über das Geschehen bei der „Hohenstaufen“ berichten die Tagesmeldungen und Lageberichte, die an das II. SS-Panzerkorps abgehen. Nach dem Lagebericht vom 3. bis 4. Juli 1944 muß die 9. SS-Pz.-Division starkes feindliches Artilleriefeuer über sich ergehen lassen. „Starke feindliche Fliegertätigkeit, jedoch in vorderster Linie und bis zu einer Tiefe von 15 km durch besonders gute Flakabwehr der Luftwaffe und der eigenen Flak wenig wirksam. Zum ersten Mal eigene Fliegertätigkeit mit wirksamer Bekämpfung feindlicher Artilleriestellungen bei Grainville. Neuzuführen starker feindlicher Panzerkräfte erkannt, beabsichtigte Stoßrichtung noch nicht erkennbar.“
Neben kleineren Erfolgsmeldungen, wie der Vernichtung von Lkw und Munitionsschleppern durch IG der Regimenter 19 und 20, dem Abschuß von zwei Lightnings durch die SS-Flak-Abt. 9 und der Abwehr von örtlichen Feindvorstößen gegen die HKL, vermerkt die Tagesmeldung vom 4. 7.: „Die SS-Pz.AA 9 wird im Laufe der Nacht zum 5. 7. 1944 durch Teile der 276. Inf.Div. abgelöst.“ Die 276. ID hat den Abschnitt der Panzer-Lehr-Division übernommen und mit dem rechten Flügel die am linken Flügel der „Hohenstaufen“ eingesetzte SS-Pz.AA 9 freigemacht.
Die Tagesmeldung vom 5. Juli bringt einen neuen Aspekt: „Hinter dem Waldstück nordostwärts Gavrus gingen 5 feindliche Lastensegler nieder, die die im Wald stehende Artillerie anscheinend mit Munition versorgten.“ Und zur Veröffentlichung in der Presse heißt es: „Innerhalb von 3 Tagen wurden von der 9. SS-Pz.-Division 43 Panzer, 32 Pak, 17 Lkw, 4 Geschütze, 1 Muniträger und 3 gep. MG-Träger abgeschossen bzw. im Nahkampf vernichtet.“
Die kurze Pressemitteilung vermag nur der Kundige zu beurteilen. Hierin stecken kurze schnelle Gegenstöße des SS-Panzerregiments 9 mit

Erfolgen und eigenen Verlusten. Von einem solchen Panzervorstoß berichtet Sturmmann Booms: „Wir fahren unter Oberscharführer Holte mit einem Zug der 2./SS-Pz.Rgt. 9 einen Angriff im Raum Grainville und schlagen uns mit britischen Panzern herum. Im Verlauf des Gefechtes bekommt unser ‚Panther' einen Paktreffer an der Walzenblende; die Phosphor-Granate schlägt durch und gleich darauf steht unser Panzer in Flammen. Oberscharführer Holte brüllt: ‚Ausbooten!' Der Oberscharführer, der Richtschütze und ich — der Ladeschütze — kommen aus dem Turm heraus, aber Funker Sturmmann Gödtke und Fahrer Sturmmann Appel werden schwer verwundet und kommen nicht mehr heraus. Wir versuchen von außen die Funker- und Fahrerluke zu öffnen — vergebens. Die Hitze wird unerträglich, im Panzer explodiert die Munition. Wir laufen 30 m zurück, werfen uns in einen Granattrichter und müssen mit ansehen, wie unser Panzer ausglüht; Appel und Gödtke wird er zum Grab, ohne daß wir helfen können."
Im Lagebericht der „Hohenstaufen" für die Zeit vom 4. bis 5. 7. werden neben dem täglichen schweren Artilleriefeuer und eigener und feindlicher Spähtrupptätigkeit 50 Sperrballons in Richtung Fontenay gemeldet. „Die Panzerlage bessert sich langsam. Von der ‚Panther'-Abteilung liegen noch 50 % der Panzer mit kleinen technischen Fehlern auf der Strecke." Dazu muß man wissen, daß die I./SS-Pz.Rgt. 9 mit 80 „Panthern" im Invasionsraum eintraf.
Im Lagebericht der 9. SS-Pz.-Division vom 5. bis 6. 7., 19.00 Uhr, heißt es: „Feindliche Artillerie legte in den letzten 24 Stunden nur mehrfach Störungsfeuer auf vordere Linie und rückwärtige Gefechtsstände und Verbindungswege. Keine feindliche Spähtrupptätigkeit. Eigene Aufklärung stellte fest, daß der Feind sich 800 bis 1000 m von der eigenen HKL entfernt hat. Feind verlegt Minen und schanzt. Vermutlich sind Teile zur Auffrischung herausgezogen oder zum Aufmarsch an anderer Stelle abgezogen. — Eigene Artillerie bekämpfte mit Feuerschlägen erkannte Feindziele und Artilleriestellungen. Rege feindliche Lufttätigkeit ohne eigene Jagdabwehr. - Division beabsichtigt heute nacht HKL vorzuverlegen, um Feindberührung nicht zu verlieren. — Durch die Luftherrschaft der Alliierten hat die Division eine bedeutende Anzahl von Lkw durch Bordwaffenbeschuß verloren. Die Transportwege für den Nachschub sind so groß, daß bei größeren Kampfhandlungen die Versorgung der Division nicht mehr sichergestellt ist. Die Nachschubtruppen einer sonst voll kampfkräftigen Division verfügen lediglich

noch über 150 Tonnen Kolonnenraum. Abhilfe ist dringend geboten durch näheres Heranführen von Betriebsstoff und Munition durch Kraftwagen-Transport-Regimenter oder Neuzuweisung von entsprechendem Tonnageraum. Als Mindestforderung benötigt eine Panzerdivision in der derzeitigen Lage über 300 t Tonnageraum."

Diese Einblendung eines Lageberichtes der „Hohenstaufen" an das II. SS-Panzerkorps, der am Kopf den Stempel „Geheim" trägt, zeichnet ein Bild von der prekären Lage der Versorgungs- und Nachschubtruppen, die in unermüdlichem Einsatz sich bemühen, die Division zu versorgen, ständig gejagt von Bordkanonen der Jabos und Granaten der schweren Artillerie, die die Nachschubwege verunsichern. Der Bericht macht aber auch den verstärkten Einsatz der eigenen Artillerie deutlich. Der Kommandeur des SS-Art.-Regiments 9, Obersturmbannführer Ludwig Spindler, kreuzt mit seinem gepanzerten Befehlswagen wie am ersten Angriffstag im Gelände herum und leitet selbst das Feuer seiner Batterien, in der Absicht, die schwerringenden Panzergrenadiere zu entlasten, gemäß dem Auftrag der Artillerie, der unentbehrlichen Schwesterwaffe der Infanterie.

Die im Lagebericht erwähnte Vorverlegung der eigenen HKL führt dazu, daß auch das SS-Pz.Pi.Blt. 9 am rechten Flügel der „Hohenstaufen" die HKL bei Gavrus vorschiebt; Spähtrupps stellen fest, daß der Feind anscheinend nur vorgeschobene Beobachter im Gelände zwischen Gavrus und Baron stehen hat, die bei geringsten eigenen Bewegungen das Feuer der englischen Artillerie auslösen.

Bis zum 6. 7. hat die SS-Flak-Abteilung 9 an feindlichen Flugzeugen abgeschossen: 3 Fortress, 2 Lightning, 1 Thunderbolt, 1 Spitfire.

Der Lagebericht vom 6. bis 7. 7., 19.00 Uhr, berichtet vom üblichen schweren feindlichen Artilleriefeuer. „Bei Bekämpfung von Feindzielen durch eigene Artillerie antwortet der Feind sofort mit fünf- bis zehnfachem Munitionseinsatz. Feind versorgt seit einigen Tagen bis in die vorderste Linie mit Lastenseglern."

Das SS-Pz.Rgt. 9 meldet für die Zeit vom 6. 6. bis 7. 7. 1944 an Totalausfällen: 11 Panzer V („Panther"), 11 Panzer IV und 9 Sturmgeschütze.

Am 8. Juli kommen erste Teile der 277. Inf.-Division heran. Diese Division soll die 9. SS-Panzerdivision in der Abwehr ablösen. Die 9. SS-Pz.Div. „Hohenstaufen" soll dann als Reserve für den sich anbahnenden Kampf um Caen bereitstehen.

In der Nacht zum 8. 7. sind Einweiser der 277. ID in den Stellungen der „Hohenstaufen". Im Morgengrauen des 8. 7. löst das II./GR 991 die Div.-Begleit-Kompanie, die 1./SS-Pi.Btl. 9 und das III./SS-Pz.Gr. Rgt. 21 (10. SS-PD) im Raum Gavrus ab. Damit wird die neue Divisionsgrenze zur „Frundsberg" um eine Bataillonsbreite nach Osten verschoben.
Im Laufe des 8. Juli werden im Abschnitt der „Hohenstaufen" mehrere feindliche Vorstöße abgewehrt. Starker Luftwaffeneinsatz im Raum Caen. Viermotorige Bomber der Alliierten zerstören die letzten Häuser von Caen und leiten die neue Schlacht ein. Starker Tieffliegereinsatz auf deutsche Nachschubstraßen und Artilleriestellungen. Die deutsche Luftwaffe tritt nicht in Erscheinung.
Im Laufe der Nacht zum 9. 7. werden das II. und III./SS-Pz.Gr.Rgt. 19 vom II./GR 989, und das II./SS-Pz.Gr.Rgt. 20 durch das II./GR 990 abgelöst. Die I. und II./SS-Art.Rgt. 9 werden aus ihren Feuerstellungen herausgelöst; die II./SS-Art.Rgt. 9 kann ihre im Raum ostwärts Vacoges erkundeten neuen Stellungen wegen zu starker feindlicher Fliegertätigkeit am Tage nicht beziehen. Unter „Absicht" heißt es in der Tagesmeldung vom 9. 7.: „Herauslösen der Restteile der Division ‚Hohenstaufen' bis auf II. und III./SS-Art.Rgt. 9 und Rückführung in den gemeldeten Unterziehraum Avenay—Vieux—Bully—Amayé."
Am 10. Juli 1944, um 04.00 Uhr, hat die Division „Hohenstaufen" ihren Abschnitt an die 277. Inf.-Division übergeben. Als letzte abgelöste Einheiten ziehen I./19 und I./20 in den befohlenen U-Raum. Und unter diesem Tag heißt es bereits unter „Absicht": „Gegenangriff zur Wiederherstellung der alten Lage bei der 10. SS-Panzerdivision ‚Frundsberg'."

CAEN UND HÖHE 112

„Das Wäldchen der halben Bäume" — Der heldenhafte Einsatz der Panzerzüge Borrekott und Leven — Truppenarzt Hans-Günther Handricks Fürsorge auf dem Gefechtsfeld — Hauptsturmführer Karl Keck und seine Pioniere — „Tiger" stützen die Front — Das III./SS-Panzergrenadierregiment 22 verläßt mit 46 Mann die Höhe 112 — Die „Hohenstaufen" stützt die zusammenbrechende Front

Wer in den Julitagen des Jahres 1944 an den Trümmern von Avenay, Amayé oder Vieux vorbeikommt, dessen Blick wird sofort gefangengenommen durch Rauchschwaden, die fast ununterbrochen auf der kleinen Höhe westlich aufsteigen. Und rings die verschiedenen Orte liegen abwechselnd oder auch zusammen unter schwerstem Artilleriefeuer der Engländer. Ständiges Donnern und Krachen und Bersten erfüllt die Luft, gelbe, graue und braune Rauchsäulen erheben sich, wohin das Auge blickt. Über allem aber ragt gleich einer Dornenkrone ein bizarres Gebilde zerborstenen Holzes aus dieser Hügellandschaft. Die Baumgruppe, die sonst wenig aufgefallen ist, trägt nun den schicksalsschweren Namen „Wäldchen der halben Bäume" und ist von der Höhe 112 nicht zu trennen. Höhe und Wäldchen sind der Brennpunkt der Kämpfe im Raum südwestlich Caen. Wer von Vieux aus dort hinauf will, der muß zunächst eine schmale Straße überqueren, in deren hügelan gelegener Böschung provisorische Unterstände eingebaut sind. Dann führt ein Feldweg weiter, vielleicht noch an einem Buschwerk vorbei, das in wenigen Tagen oder Stunden von Granaten vollkommen zerschlagen sein wird. Und nun geht es durch Kornfeld oder Wiesenfläche der Höhe zu. Das heißt: Hier gab es einmal eine Weide. Jetzt ist es ein aufgeworfener, deckungsloser Boden, der als typische Merkmale der mit hochempfindlichen Zündern ausgestatteten britischen Geschosse jene ganz flachen Wölbungen aufweist, die eigentlich gar nicht mehr Trichter genannt werden können. Aber um so teuflischer ist jetzt die Wirkung der weit und flach wirkenden Splitter. Wer vom Kamm dieses Hügels blickt, erkennt, warum hier so erbittert gerungen wird. Weithin zeigt sich das Land, beherrschend ist die Höhe und ihr Besitz darum entscheidend für den Fortgang der Schlacht.

Was Caen für die 12. SS-Panzerdivision „Hitlerjugend" bedeutet, das bedeutet für die „Frundsberg" und „Hohenstaufen" die Höhe 112. Wer von den Soldaten, die zwischen Orne und Odon stehen, kennt sie nicht, die mit Schweiß und Blut getränkte Höhe 112? — Mit Erschauern ist sie in aller Munde! Die Höhe 112 steht für unerbittlichen Kampf, für Mut und Tapferkeit, aber auch für menschliche Schwächen, für Angst und Feigheit. Die Höhe 112 ist die Königin einer sonst friedlichen, lieblichen normannischen Hügellandschaft in der Schere der französischen Nationalstraßen 175 und 162. In diesem Abschnitt, in den Flußtälern von Knicks und Buschgruppen durchzogen, sucht Feldmarschall Montgomery mit seinen Briten und Kanadiern die Entscheidung, hier und mit dem Besitz der Stadt Caen.

An den Außenbezirken von Caen krallen sich die jungen Panzergrenadiere der 12. SS-Panzerdivision „Hitlerjugend" fest. Den Kampf in der Stadt, den Straßen- und Häuserkampf scheut Montgomery, denn er weiß, daß ein solcher Kampf den Verteidigern viele Vorteile bietet. Im Straßen- und Häuserkampf kommt das materielle Übergewicht weniger zur Geltung. Hier zählen Mut und Tapferkeit eines jeden Mannes und schlagen in der Gesamtheit entscheidend zu Buche. Und Montgomery beschließt, die Stadt Caen durch die alliierte Luftwaffe „pulverisieren" zu lassen. Panzermeyers junge Soldaten der 12. SS-Panzerdivision „HJ" nötigen den Engländern unerhörten Respekt ab, aber die Verbände bluten schon vor der Stadt, am Flugplatz Carpiquet, bei Buron, bei Authie, beim Kloster Ardenne. Caen ist die Drehscheibe in der englischen Front. Wenn auch noch der Übergang über die Flußbarriere der Orne gelingt, öffnet sich das Tor in das Herz Frankreichs. Feldmarschall Montgomery setzt deshalb einen Zangenangriff auf die Stadt an. Und der südliche Zangenarm führt über die Höhe 112.

Am Morgen des 8. Juli 1944 ist die Schlacht um Caen im vollen Gange. Die „Frundsberg" bleibt im Raum der Höhe 112 noch unbehelligt. Am 9. Juli werden feindliche Bereitstellungen im Odon-Tal erkannt und unter gutliegendes Artilleriefeuer genommen.

Am 9. Juli wird Caen von der 12. SS-Panzerdivision aufgegeben und auf dem Orne-Ostufer eine neue Abwehrstellung bezogen. Durch die Einnahme von Caen verlagern sich die Kämpfe südlich von Caen. Die bei Eterville und Louvigny stehenden Teile der 12. SS-Pz.Div. (ihr linker Flügel) werden aus Eterville herausgedrückt. Damit entsteht abermals ein gefährlicher Krisenherd am Ostflügel des II. SS-Panzerkorps, an der Naht „Frundsberg"/„Hitlerjugend", der später den Einsatz von Teilen der 9. SS-Pz.-Division notwendig macht. Aber noch kann die 9. SS-Pz.Div. nicht eingreifen; sie wird gerade von der 277. Infanterie-Division abgelöst.

Am 10. Juli gehen die Engländer auch gegen die 10. SS-Panzerdivision „Frundsberg“ zum entscheidungssuchenden Angriff über. Aus ihrer Stoßrichtung ist zu schließen, daß sie möglichst tief in die Flanke des am Ostufer der Orne stehenden I. SS-Panzerkorps kommen wollen. Voraussetzungen sind die Orne-Übergänge südlich von Caen, und der Weg dorthin führt über die beherrschende Höhe 112.

Am Morgen des 10. Juli 1944 eröffnet ein kaum noch zu überbietendes Trommelfeuer auf die deutsche HKL und den rückwärtigen Raum die Schlacht zwischen Odon und Orne. Mit zwei Stoßkeilen und dabei jeweils 50 bis 60 Panzern treten die Engländer aus dem Odon-Tal bei Verson und Baron zum Angriff an. Unter stärkstem Einsatz von Nebel- und unter dem Schutz neuartiger Scheingranaten, die mehr eine moralische Wirkung zeigen und die Angreifer gefahrlos bis dicht an die gegnerischen Stellungen herankommen lassen, gelingt den Briten im ersten Ansturm ein breiter Einbruch zwischen Eterville und Höhe 112. Die neue Angriffstaktik bewährt sich. Nach einer mehrmals vor- und zurücklaufenden Feuerwalze der Artillerie nähern sich im Schutz des künstlichen Nebels Panzer und Infanterie den deutschen Stellungen. Die Begleitfahrzeuge der Panzer, niedrige mit Infanterie besetzte gepanzerte Kettenfahrzeuge — sogenannte Scouts — stoßen zwischen den Panzern mit hoher Geschwindigkeit aus der Nebelwand heraus, halten und feuern fächerartig Raketengeschosse gegen die deutschen Infanterienester und Panzer. Die Scouts brausen zurück oder halten, bis Panzer und Infanteristen aufgeschlossen sind. Unter Einsatz der Scheingranaten brechen dann englische Panzer, Scouts und Infanterie in die deutschen Stellungen ein. Das ist eine neue Kampftaktik, die die Soldaten des II. SS-Panzerkorps bisher nicht kannten, aber diese Taktik führt nur zu Erfolgen, solange sie neu ist. Doch mit dieser Kampfweise wird am 10. Juli die Front der Division „Frundsberg“ aufgerissen.
Die Höhe 112 scheint verloren, doch hier entscheidet der Einsatz der von Hauptsturmführer Hauser geführten 5. Kompanie des SS-Panzerregimentes 10 über Besitz oder Verlust der wichtigen Höhe 112. Genau genommen ist Hauptscharführer Mathias Borrekott das „Zünglein an der Waage“. Als die Engländer mit 25 Panzern gegen die Höhe 112 anfahren, steht Hauptscharführer Borrekott mit den drei Panzern seines Zuges als Panzerwarnzug bei Höhe 112. Der Einsatz von Warnzügen an der HKL hat sich bewährt. So bieten nur wenige Panzer der feind-

lichen Luftwaffe und Artillerie Ziele und verschleiern die eigene Stärke, während die Masse der Panzerkompanien abrufbereit weiter hinten in sicherer Deckung bleibt. Kommt ein feindlicher Angriff, so greift der Panzerwarnzug sofort in den Kampf ein und ermöglicht das Herankommen der anderen Teile der Kompanie und der Reserven. Als 25 englische Panzer gegen Höhe 112 anrollen, nimmt Hauptscharführer Borrekott mit seinen drei Panzern sofort den Kampf auf und fesselt die feindlichen Panzer. Bei diesem Panzergefecht wird Borrekotts Panzer abgeschossen und der Hauptscharführer findet mit seiner Besatzung den Tod.

Gleich nach der Alarmierung durch den Warnzug Borrekott fährt der Zug des Oberscharführers Kurt Leven, von der 5./SS-Pz.Rgt. 10, in die Feuerfront des Warnzuges. Leven tritt mit den drei Kampfwagen seines Zuges in den Abwehrkampf ein. Auch Levens Panzer wird abgeschossen, und der Oberscharführer fällt mit seiner Besatzung. Beide Feinderfolge gehen auf die neuartige Kampftaktik zurück.

Der heldenhafte Einsatz der Panzerzüge Borrekott und Leven ermöglicht den An- und Aufmarsch weiterer Teile der II. Abteilung des SS-Panzerregiments 10. Abteilungskommandeur Sturmbannführer Reinhold setzt seine anderen Kompanien zwischen den Höhen 113 und 112 zum Gegenangriff an; die 6. unter Obersturmführer Heggemann, die 7. unter Obersturmführer Riedel und die 8. Kompanie unter Obersturmführer Alius brechen vor. Schießen, fahren, schießen, fahren. Während Hauptsturmführer Hausers 5. Kompanie den Feind frontal bindet, wirft ein Flankenstoß der II./SS-Pz.Rgt. 10 die Entgländer zurück. Noch einmal geht es gut. Obwohl schon englische Panzer auf der Höhe 112 gestanden haben, bleibt sie in der Hand der „Frundsberger".

Beim Kampf um die Höhe 112 zeichnet sich auch Hauptsturmführer Hans-Günther Handrick, Abteilungsarzt der II./SS-Pz.Rgt. 10, besonders aus. Trotz stärkstem feindlichen Feuer versorgt er mit vorbildlicher Ruhe und Besonnenheit die Verwundeten seiner Abteilung und die des SS-Pz.Gr.-Regiments 21, insgesamt über 70 Verwundete. Ein Truppenarzt kämpft um das Leben, das die Schlacht tausendmal zu nehmen sich anschickt. Handrick ist der Engel der Schlacht! Ein Truppenarzt unter vielen, die ihre Pflicht tun, getreu ihrem ärztlichen Gelöbnis, den leidenden Menschen zu helfen. Handrick steht ganz, ganz vorn — im Feuer — und hilft und verbindet, spendet Trost und drückt brechende Augen zu. In Handrick ist ein neuer Ambroise Paré erstanden; dieser

Franzose, Vater der Feldchirurgie, hat sich bei den Feldzügen in Oberitalien in der Mitte des 16. Jahrhunderts auf dem Schlachtfeld der Verwundeten angenommen und den Grundstock zum späteren Roten Kreuz gelegt. Hauptsturmführer Handrick nimmt sich in diesen Tagen der Verwundeten auf dem Schlachtfeld bei Höhe 112 und bei Esquay an — und findet zwei Tage später, am 12. Juli, bei der Verwundetenversorgung beim Dorfe Vieux den Soldatentod.

Am rechten Flügel der „Frundsberg" rettet die schwere SS-Pz.-Abteilung 102 die Situation. Die „Tiger"-Abteilung, die im Raum Vacogne in Bereitschaft lag, wird am 9. Juli nach rechts verschoben, um an der Naht „Frundsberg"/„Hitlerjugend" eingreifen zu können. Um 23.00 Uhr steht die Abteilung im Aufmarschhalt am Nordausgang von St. Martin und wartet auf Einsatzbefehle.

Als am Morgen des 10. Juli die Engländer die Höhe 112 sturmreif trommeln und die Panzerzüge Borrekott und Leven ihren letzten Kampf kämpfen, die Besatzungen gefallen sind, hält im „Wäldchen der halben Bäume" Hauptsturmführer Karl Keck mit seiner 16. (Pionier-)Kompanie des Regiments 21 lange die Angreifer auf und ermöglicht den Anmarsch von Reserven. Dann aber muß Kecks Streitmacht gegen eine große Übermacht schrittweise zurück. In den folgenden wechselhaften Kämpfen zeichnet sich die Pionierkompanie durch besondere Standhaftigkeit aus. Hauptsturmführer Karl Keck fällt am 11. Juli südlich der Höhe 112; er wird nach dem Tode mit dem Ritterkreuz ausgezeichnet.

Trotz tapferster Gegenwehr der Kompanie Keck dringen englische Panzer und Infanteristen in das „Wäldchen der halben Bäume" ein. Eine gefährliche Situation! Die Engländer haben die Orne-Brücken bei St. André und Amayé vor Augen — ihr erstes Ziel! In dieser bedrohlichen Lage erhält die von Sturmbannführer Weiß geführte schwere SS-Panzerabteilung 102 den Einsatzbefehl.

Die 2. Kompanie rollt mit sieben „Tigern" von St. Martin gegen die Höhe 112 vor. Noch ist nichts zu sehen, die Engländer haben die ganze Höhe vernebelt. Die Kampfwagen der 2. Kompanie tasten sich gegen die Kuppe vor, dann ist plötzlich der Nebel wie weggeblasen. Hauptsturmführer Endemanns 2. „Tiger"-Kompanie geht zum Angriff über. Fahren, schießen. Rechts boxt sich der Zug des Untersturmführers Schroif, links der des Untersturmführers Rathsack unaufhaltsam vor. Alle Aufmerksamkeit liegt auf dem „Wäldchen der halben Bäume" am

Südosthang der Höhe 112. Unterscharführer Pillers Kampfwagen Nr. 213 — die erste Zahl nennt die Kompanie, die zweite den Zug, die dritte den Panzer im Zug, jedoch ist diese Einordnung, bis auf die Kompanie-Zahl, infolge der Ausfälle bald nicht mehr bindend — erhält einen Paktreffer und setzt zurück. Untersturmführer Schroifs Panzer Nr. 212 schießt zwei, der Wagen Nr. 231 des Untersturmführers Rathsack einen englischen Panzer ab; der Wagen Nr. 212 dann noch eine Pak. Hauptsturmführer Endemann stößt mit seinem „Tiger" Nr. 221 rechts heraus in das Kastenwäldchen und wird seitdem vermißt; die Funkanlage war schon bei Angriffsbeginn defekt. Gegen 10.00 Uhr stehen die „Tiger" der 2. Kompanie wieder auf dem Ostteil der Höhe 112 und behaupten sie mit Männern des SS-Panzergrenadierregiments 21. Nun, wo die Briten die Höhe und das „Wäldchen der halben Bäume" wieder verloren haben, schießen sie wieder Trommelfeuer. Sturmbannführer Weiß befiehlt den „Tigern", die Höhe 112 zu räumen und hart südlich der Höhe in Lauerstellung zu gehen. Auf der Höhe liegt nun wieder Trommelfeuer und künstlicher Nebel. Wann werden sie wiederkommen, die Tommys, denken die Panzergrenadiere!
Gleichzeitig mit dem Angriff der 2./schweren SS-Panzerabteilung 102 fährt rechts davon die 1. Kompanie mit ihren „Tigern" vor. Kompaniechef Obersturmführer Kalls hat den Auftrag, mit seiner Kompanie die Lage bei Maltot zu klären. In Maltot sitzen wahrscheinlich seit dem frühen Morgen die Engländer. Die Erste rollt vor. Am rechten Flügel der Zug des Hauptscharführers Baral; sein Auftrag lautet: „Klärung der Lage in Maltot und rechter Flankenschutz für den Angriff der Abteilung auf Höhe 112." Von St. Martin kriechen die „Tiger" nach Norden. In schneller Fahrt erreicht der rechte Flügel der Kompanie über offenes Feld den Rand von Maltot. Gegen die vier „Tiger" des Zuges Baral schießen die Engländer Sperrfeuer. Die schnellste Gangart läßt die „Tiger" ohne Ausfälle an Maltot herankommen. Kurzer Halt an Mauern und Hecken; sogleich konzentriert sich das feindliche Abwehrfeuer von Panzern und Pak auf die einzelnen „Tiger". Da bleibt nur eines — weiter! Der Kommandant des Kampfwagens Nr. 134, Unterscharführer Fey, läßt entschlossen anfahren, Nr. 134 stößt durch Hecken und hat plötzlich vier „Sherman-Panzer" vor der Kanone. „Panzer halt! Feindlicher Panzer am weitesten links, 200 Meter — Feuer frei!" — Zwei Granaten genügen, zwei weitere für den nächsten „Sherman", der „Tiger" Nr. 134 bleibt zweimal Sieger. Den dritten „Sherman" schießt Barals

„Tiger“ zusammen, der vierte Gegner wendet und entkommt nach Norden.
Als der 10. Juli in das Abenddunkel eintaucht, grollen und grummeln immer noch die Geschütze. Trotz der deutschen Panzergegenstöße ist die Lage beiderseits der Höhe 112 ungeklärt. Die Höhe selbst muß infolge des überaus starken feindlichen Artilleriefeuers wieder geräumt werden. Die 9. SS-Panzerdivision „Hohenstaufen“, deren letzte Teile am Morgen von der 277. Infanterie-Division abgelöst worden sind, hat inzwischen den neuen Bereitstellungsraum Avenay—Vieux—Bully—Amayé erreicht.
Mit der Umgruppierung endet die vertretungsweise Führung der Division durch Standartenführer Müller. Die Division wird nun von Standartenführer Sylvester Stadler geführt. Stadler, ein umsichtiger und erfahrener Truppenführer, kommt von der 2. SS-Panzerdivision „Das Reich“ und hat als Kommandeur des II./„Der Führer“ das Ritterkreuz und als Kommandeur des SS-Panzergrenadierregiments 4 „Der Führer“ für hervorragende Waffentaten das Eichenlaub erhalten. Stadler war in den Schlachten des Jahres 1943 zwischen Donez und Dnjepr einer der besten und erfolgreichsten Truppenführer, den Umsicht, Gelassenheit und bewundernswerte Ruhe auch in schlimmen Situationen auszeichneten. Mit dieser Vorleistung übernimmt Sylvester Stadler in schwieriger Lage die Division „Hohenstaufen“ und führt sie von Waffentat zu Waffentat.
Kaum ist Standartenführer Stadler auf dem Divisionsgefechtsstand in le Mesnil eingewiesen, trifft eine fernschriftliche Vororientierung und wenig später der Befehl des Korps ein:

> „9. SS-Panzerdivision ‚Hohenstaufen‘ tritt zum Gegenstoß an und erobert die Orte Maltot und Eterville zurück. Angriffsbeginn um 12.00 Uhr. Ein weiterer Angriff ist über Höhe 112 auf Baron anzusetzen. Angriffsbeginn 20.00 Uhr.“

Und nun wird die Maschinerie der Befehlsgebung, der Alarmierung und das Heranführen der Einheiten in die vorher erkundeten Bereitstellungsräume in Gang gesetzt.
Nach flüchtiger Bereitstellung tritt Sturmbannführer Grubers SS-Pz.Gr. Rgt. 20 um 13.00 Uhr zum Gegenangriff auf Maltot an. Das Regiment ist in zwei Stoßgruppen gegliedert, die aus St. Martin und Feuguerolles hervorbrechen. Der rechten Stoßgruppe schließen sich die Teile der 12.

SS-Pz.-Division an, die am Morgen zurückgedrängt worden sind. Der „Tiger“-Zug Baral unterstützt als Bahnbrecher das Vorgehen der linken Stoßgruppe. Um 15.00 Uhr ist Maltot wieder in deutscher Hand. Die Weiterführung des Angriffs auf Eterville wird wegen schwersten feindlichen Artilleriefeuers und stärkster Jabotätigkeit nicht mehr möglich. Das SS-Pz.Gr.Rgt. 19, das lange nach dem Rgt. 20 erst angriffsbereit ist — es wurde erst später aus den alten Stellungen herausgezogen — soll gegen 20.00 Uhr über Höhe 112 auf Baron antreten.
Im Laufe der Nacht zum 11. Juli dringen stehengebliebene Teile der SS-Pz.Gr.-Regimenter 21 und 22 in Eterville ein und nehmen Verbindung mit der aus Château de Fontaine ausgewichenen Gruppe des Regiments 22 auf. Das Schloß wird wieder eingenommen. Der Angriff wird gemeinsam mit dem aus Maltot angreifenden Regiment 20 durchgeführt. Südwestlich von Eterville wird die alte HKL wieder erreicht, sie muß jedoch in den Morgenstunden gegen starken Feinddruck wieder aufgegeben werden.
Inzwischen haben sich die Engländer im Schutze der Dunkelheit wieder auf der Höhe 112 und im Wäldchen festgesetzt. Das SS-Pz.Gr.Rgt. 19 und das III./SS-Pz.Gr.Rgt. 22 treffen letzte Vorbereitungen zum Gegenangriff.
Gegen Mitternacht zum 11. Juli schwillt das feindliche Artilleriefeuer auf Eterville plötzlich wieder an und springt dann auf Schloß Fontaine und auf Maltot über. Hinter der englischen Linie blitzen Scheinwerfer auf und strahlen die Wolkendecke an, gedämpftes Licht fällt auf die Erde zurück. Englische Panzer, Schützenpanzer und Infanterie erobern Eterville. Der Ort wechselt abermals den Besitzer.
Durch diesen Gegenschlag der Engländer am rechten Flügel der „Frundsberg“ kommt der Gegenangriff des SS-Pz.Gr.Rgt. 19 und des III./SS-Pz.Gr.Rgt. 22 in Verzug. Die deutschen Stäbe warten ab. Um 05.15 Uhr greifen das Rgt. 19 und das III./22 mit Unterstützung der schweren SS-Pz.Abt. 102 die Höhe 112 an. Gegen 05.20 Uhr schießt Untersturmführer Schroif mit seinem „Tiger“ Nr. 212 drei am „Wäldchen der halben Bäume“ stehende „Shermans“ ab. Acht englische Pak sind als nächste dran. Dann 15 Scouts.
Nicht weit davon rollt auch die 1. und 3. „Tiger“-Kompanie vor. Der Tau liegt noch auf Blättern und Gräsern. Ein Nahaufklärer des Feindes, vergleichbar mit dem deutschen Fieseler-Storch, zieht bereits über der Höhe 112 seine Kreise. Zehn Minuten später liegt ein Höllenfeuer auf

den angreifenden „Tiger"-Kompanien; Granaten landen auf Turm und Bug. Die begleitenden Panzergrenadiere bekommen den Kopf nicht mehr hoch und viele bleiben für immer liegen. Die „Tiger" schießen mehrere „Churchill" ab. An anderer Stelle bringen die Tommys eine Pak in Stellung. Die „Tiger"-Kanonen bellen, das Schutzschild der Pak fliegt weg, Räder wirbeln durch die Luft. So werden mehrere englische Panzerabwehrgeschütze zu Schrott zerhämmert.

Wieder schießen die Engländer eine dichte Nebelwand. Die „Tiger" liegen kurz vor der Kuppe fest. Da heißt es nur durch — einmal muß doch der Nebel zu Ende sein ! — Dann sind sie durch. „Panzer halt!" — Kaum 100 m vor den „Tigern" räumen die Briten die Höhe 112. Die kleinen Scouts kurven hin und her und laden Mannschaften und Geräte auf. Zwei sichernde „Churchill" werden in Brand geschossen und die in eine neue Nebelwand abbrausenden Scouts unter Feuer genommen.

Während die schwere SS-Panzerabteilung 102 und das III./SS-Pz.Gr. Rgt. 22 von Südosten her die Höhe angreifen, gewinnt ein Angriff des SS-Pz.Gr.Rgt. 19 mit der Kampfgruppe Hauptsturmführer Kriz (I./19) und der 5. und 6. Kompanie aus dem Raum Esquay gegen den Westhang der Höhe 112 schnell Boden; diese Teile des Rgt. 19 rollen die feindliche Linie nach Osten auf und erreichen gemeinsam mit der Ostgruppe das Höhenplateau 112. Aber dann setzt heftiges Artilleriefeuer des Feindes ein, das von den ausgepumpten Kompanien erhebliche Verluste fordert.

Am rechten Flügel der „Frundsberg" treten am Vormittag Teile der Regimenter 20 und 22 abermals gegen das in der Nacht verlorengegangene Eterville an und nehmen es in Besitz. Bald darauf greifen nach starker Artillerievorbereitung wieder die Engländer mit Unterstützung von 60 Panzern an, und Eterville geht endgültig in ihren Besitz über. Ein am Nachmittag mit Verstärkungen des rechten Nachbarn anlaufender Gegenangriff schlägt nicht durch. Die deutschen Panzergrenadiere graben sich hart südlich von Eterville ein.

Im Lagebericht der 9. SS- Panzerdivision für die Zeit vom 10. bis 11. 7. 1944, 19.00 Uhr, heißt es: „Während des ganzen gestrigen Tages versuchte der Feind mit überlegenen Panzerkräften und unter Einsatz weit überlegenen Materials den Durchbruch südwestlich Caen zu erzwingen. Die Division trat zum Gegenstoß an und bereinigte Einbruchsstellen und stellte die alte HKL wieder her. Eigener Angriff litt unter stundenlangem Trommelfeuer der weit überlegenen feindlichen Artillerie und verursachte wieder hohe Ausfälle an Personal und Material. Wegen ungünstiger Witterung trat feindliche Luftwaffe weniger in Erscheinung. — Es wurde festgestellt, daß der Feind über Peilgeräte verfügt, die jede Funkstelle eines wichtigen Gefechtsstandes genauestens erfaßt und ihm ermöglicht, innerhalb von 5 bis 10 Minuten einen genau liegenden Feuerschlag auf den betreffenden Gefechtsstand zu legen. Anpeilungen sind durch Funker festgestellt. Bei feindlichen Panzerangriffen wurden eigene vordere Stellungen eingenebelt, so daß starke Panzerkräfte überraschend vor und in der HKL auftraten. — Es hat sich gezeigt, daß bei Nachtangriffen die eigenen Verluste weit geringer sind, da die feindliche Artillerie nicht voll zur Wirkung gelangen kann."

Zur neuartigen Anpeilung der deutschen Gefechtsstände schreibt der Divisionskommandeur später in der Gefangenschaft in einer Studie: „Allerorts kam es zu einer regelrechten Peilpsychose, ganz besonders bei den vom Artilleriefeuer am schwersten betroffenen Panzergrenadieren. Sie ging so weit, daß der Infanterist jeden Artilleriebeobachter und jeden anderen Nachrichtenmann, der in seiner Nähe funken wollte, unverzüglich zum Stellungswechsel aufforderte, weil er Sorge trug, daß der Gegner das Funkgerät sofort anpeilt und den betreffenden Punkt mit Artilleriefeuer eindeckt." Und über die Angriffstaktik der Engländer und Unterstützungswaffen schreibt Sylvester Stadler: „Mit jedem abgeschlagenen Angriff wuchs die Zuversicht der eigenen Truppe und sank allem Anschein nach der Angriffsmut des Gegners. Seinen Unternehmungen ging zwar immer massiertes und stundenlang andauerndes Artilleriefeuer voraus, doch seine Panzer und Grenadiere kamen nur noch sehr zögernd und vorsichtig heran, machten nach den ersten Ausfällen kehrt und ließen erneut ihre Artillerie sprechen. Meistens dann in verstärkterem Maße, sofern eine Steigerung überhaupt noch möglich war. Das Artilleriefeuer erreichte in diesen Tagen eine Heftigkeit, wie es nach Aussagen von Teilnehmern des Ersten Weltkrieges selbst in den großen Materialschlachten dieses Krieges nicht zutraf. Dennoch gewöhnte sich die Masse der Männer, trotz des in keiner Weise zu übersehenden unerhörten moralischen Eindruckes auf die Gesamtheit, irgendwie an diese Tatsache. Sei es nun durch Abstumpfen gegenüber der permanenten Lebensgefahr, Gleichgültigkeit oder durch ein immer gleichmäßig sich wiederholendes Schema der feindlichen Artillerieführung. Jedermann stellte sich darauf ein, daß z. B. von 07.00 bis 09.00 Uhr, von 13.00 bis 15.00 Uhr und von 02.00 Uhr nachts bis etwa gegen

04.00 Uhr morgens der Gegner Feuerpausen einlegte, sofern nicht Angriffe für diese Zeiten vorgesehen waren. Jeder Melder, Verpflegungs- oder Munifahrer wußte, wann er durch eine Ortschaft oder über eine Straßenkreuzung fahren durfte, weil diese Ziele stets nach der gleichen Reihenfolge beschossen wurden. Man konnte sogar die einzelnen Artillerieregimenter des Gegners unterscheiden. In der Regel wurden auf solche Ziele geschlossene Regimentsüberfälle gefeuert, die fast alle gut saßen, aber nach den ersten Tagen sinnlos wurden, weil sich niemand länger als notwendig an solchen Stellen aufhielt." Und zum Munitionsaufwand schreibt Stadler: „Wenn man bedenkt, daß der Gegner den Abschnitt einer Division nach damaligen Schätzungen täglich mit 28 000 bis 30 000 Schuß belegte, dem wir durchschnittlich nur mit ca. 800 Schuß antworten konnten, so wird wohl jedermann anerkennen müssen, welch einmalige Leistung und Kampfmoral unsere Männer auch in dieser Situation zeigten."

Die Verlustzahlen nehmen ab, weil nun auch die Verbände schnell schwächer werden und die Truppe die Bedingungen des Großkampfes noch besser beherrscht; um so schwerer wiegen die Ausfälle, die jetzt doppelt schmerzlich sind. So haben z. B. die harten Kämpfe am 10. und 11. Juli abermals stark am Bestand der „Frundsberg" gezehrt; das Rgt. 22 hat noch eine Kampfstärke von 400 Mann, ähnlich sieht es auch beim Rgt. 21 aus. Die Einheiten der 10. SS-Panzerdivision müssen neu gegliedert und aufgefrischt werden, vielfach sind sie mit Gegenstoß-Bataillonen der „Hohenstaufen" vermischt. Darum verbleiben die Regimenter 19 links und 20 rechts vorerst in der HKL. Die vom II. SS-Panzerkorps befohlene Ablösung des Rgt. 19 beiderseits Höhe 112 durch Teile der „Frundsberg" wird zunächst zurückgestellt.
Gegen Mitternacht zum 12. Juli fühlen die Engländer entlang der alten Römerstraße gegen die Höhe 112 vor und werden abgewiesen. Anschließend liegt Trommelfeuer auf Höhe 112 und Maltot. Dann folgt eine ruhige Zeitspanne. Ab 14.30 Uhr schwillt das feindliche Artilleriefeuer wieder zu großer Stärke an, wobei die alte HKL, besonders das bei Maltot stehende Rgt. 20 und die Feuerstellungen der I./SS-Art.Rgt. 9, mit Nebelgranaten eingedeckt werden. Erkannte feindliche Bereitstellungen in der Schlucht südwestlich Cheaux mit Infanterie und Panzern sowie im Raum Baron und Eterville werden von eigenen Werfern und Artillerie bekämpft. Der erwartete Feindangriff bleibt aus. Im Lage-

bericht der „Hohenstaufen" heißt es weiter: „Gegen Abend erfolgte ein feindlicher Tieffliegerangriff auf Höhe 112 nach Zielmarkierung durch die feindliche Artillerie. Starke feindliche Jabotätigkeit während des ganzen Tages. In Frontnähe bekämpfte eigene Flak wirksam feindliche Luftwaffe, so daß diese nicht voll zur Wirkung kam. Zum ersten Mal zeigten sich stärkere deutsche Jagdverbände über eigener Front. Mit Verminung der Höhe 112 wurde begonnen."

Die Gefechtsstände sind folgendermaßen angegeben:

Rgt.Gef.-Stand 19 in Avenay;

- I./19 Weg von Avenay nach Norden, etwa ostwärts Höhe 112;
- II./19 200 m nordostwärts Kirche Esquay;
- III./19 auf Höhe 112.

Rgt.Gef.-Stand 20 etwa 800 m flußabwärts Pont du Coudray;

- I./20 900 m westlich Wegespinne Maltot;
- II./20 Nordostrand von St. Martin.

Panzerregiment Gef.-Stand 9 Nordwestausgang Bully;

- I. Abteilung in Feuguerolles sur Orne;
- II. Abteilung in Courvaudon (5 km südlich Landes).

Div.Gef.-Stand und Art.Rgt. in le Grand Mesnil.

Das SS-Pz.Pi.Btl. 9 beginnt mit der Verminung der Höhe 112. Die Stellungen entstehen etwa entlang des Nordrandes des Wäldchens, die Kuppe selbst bleibt wegen des feindlichen Artilleriefeuers ausgespart. Die Pioniere bauen neue starke Bunker in die Hinterhänge hinein.
Seit 23.00 Uhr besteht nach rechts Verbindung zur 11./LSSAH. Im Verlauf der Nacht wird das Rgt. 19 durch Teile des III./21 und der 1./SS-Pz.Pi.Btl. 10 beiderseits Höhe 112 abgelöst. Am Morgen des 13. Juli erkennen die im Abschnitt Maltot stehenden Panzergrenadiere des Rgt. 20, daß sich die Engländer vor ihren Stellungen eingegraben haben. Im Laufe des Tages werden mehrere feindliche Bereitstellungen durch eigene Artillerie bekämpft.
Am Morgen des 13. Juli ist der OB der 5. Panzerarmee (bisher Panzergruppe West), General der Panzertruppen Eberbach, auf dem Gefechtsstand des Regiments 22 in Feuguerolles. Anschließend besucht er Stellungen bei Höhe 112 und gibt danach auf dem Divisionsgefechtsstand der „Frundsberg" im Wald hart südlich von Grimbosq eine Orientierung

über die Großlage. Im Zuge der alliierten Strategie — Zersägen der deutschen Front durch wechselnde Angriffsschwerpunkte einmal im englischen, ein andermal im amerikanischen Abschnitt — bahnt sich nun im amerikanischen Frontabschnitt eine Krise größten Ausmaßes an. Eberbach orientiert Harmel darüber, daß die „Frundsberg" bis zum Eintreffen der 271. Inf.-Division unbedingt die jetzige Linie halten muß und dann abgelöst wird. Oberführer Harmel macht besonders das Absinken der Gefechtsstärken deutlich, bei minimaler Ersatzzuführung über das FEB. Eberbach hört sich Harmels Sorgen an, aber er kann nichts tun, so geht es allen Divisionen.

Alle Meldungen der „Frundsberg" und „Hohenstaufen" sprechen in den Tagen vom 12. bis 15. Juli 1944 von feindlichen Infanterie- und Panzerbereitstellungen vor ihren Abschnitten. Im Zuge des blutigen Wechselspiels soll Montgomery mit seinen britischen und kanadischen Divisionen den Ausbruch aus der Caen-Front erzwingen, die hier stehenden deutschen Panzerdivisionen zunächst binden, den Amerikanern den entscheidenden Durchbruch an der St.-Lô-Front erleichtern und damit den endgültigen Ausbruch aus der Halbinsel Cotentin in den freien französischen Raum erzwingen. Montys Rezept ist einfach: Es ist das Rezept der Materialschlacht, dem die Deutschen nichts Gleichwertiges entgegensetzen können. Montgomerys Schwerpunkt wird beiderseits Caen liegen — südwestlich zwischen Odon und Orne und nördlich der Stadt, beim alten Orne-Brückenkopf der 6. britischen Luftlandedivision. Die deutschen Führungsstäbe sehen, was auf sie zukommt. Es wird geflickt, improvisiert, klägliche Reste werden aus der ohnehin dünnen Front abgezogen. Die Alliierten diktieren das Geschehen. In Erwartung der Großangriffe bereitet das SS-Pz.Pi.Btl. 9 die Sprengung der Eisenbahnbrücken in der Orneschleife bei Feuguerolles und Bully sowie der Straßenbrücke bei Brieux vor; in der Orneschleife nordostwärts von Grimsbosq stellen die 1. und 2./SS-Pi.Btl. 9 am 14. Juli eine Furt fertig. Der Gefechtsstand des SS-Pz.Pi.Btl. 9 befindet sich im Château de Villeroi bei Brieux.

Bevor die Neuordnung der „Frundsberg" und die Bewegungen der „Hohenstaufen" abgeschlossen sind, beginnt am 14. Juli ein feindlicher Großangriff, zunächst mit Schwerpunkt Höhe 112. Die HKL wird zusammen mit den noch nicht herausgelösten Teilen der „Hohenstaufen" gehalten. An diesem Abwehrerfolg hat besonders die deutsche Artillerie hohen Anteil, die ausnahmsweise über reichlich Munition verfügt.

Ein Funktrupp der SS-NA 9 hört ständig englische Klartextmeldungen ab und kann wiederholt Bomben- und Artilleriewarnungen an deutsche Einheiten durchgeben. Am 14. Juli, gegen 16.45 Uhr, fordern die englischen Bodenstellen einen Fliegerangriff auf die „Tiger" der schweren SS-Panzerabteilung 102 in den Obstgärten von St. Martin an. Um 17.00 Uhr wird die Abteilung alarmiert, ein weiterer Kampfwagen bleibt bei Höhe 112 als zweiter Vorwarner zurück; die anderen Wagen der Abteilung fahren zurück nach Amayé.
Einen ausgezeichneten Situationsbericht über den 13. und 14. Juli 1944, Frontalltag, spannungsgeladen, gibt uns der Hauptscharführer Streng von der 2. Kompanie der schweren SS-Panzerabteilung 102:
„Nach Reparatur meines ‚Tigers' Nr. 234 stoße ich am 13. Juli wieder zur Kompanie. Kurz nach Amayé gelangen wir nach St. Martin, einem wohl früher verträumten Bauerndorf am Nordosthang der Höhe 112, von dem nur Ruinen übrig geblieben sind, dessen Gesteinsbrocken und zerschmetterte Mauern die Durchfahrt hindern.
Inmitten des Ortes prallt mein Fahrer Ott durch Übermüdung mit dem rechten Antriebsrad gegen eine meterdicke Mauer, so daß ich vermute, daß durch die Wucht das ganze Vorgelege abgerissen ist, doch mir blieb das Glück treu. Klatschend wirbeln Granateinschläge in die Ruinen und schleudern Erde und Balken umher, bis nach Minuten die nächste Salve heranheult.
Auf Weisung von Untersturmführer Rathsack, der selber zum Abteilungsgefechtsstand eilt, nehme ich Verbindung zu Untersturmführer Schroif, dem Führer der Kampfstaffel, auf; in schnellen Sprüngen hetze ich durch Schutt und Trümmermassen ums halbe Dorf, werfe mich vor dem Orgeln der Granaten hinter deckende Erde und haste weiter und melde Ankunft und Einsatzbereitschaft der Panzer. Untersturmführer Schroif umreißt mit wenigen Worten Verhaltungsmaßregeln für Angriff und Abwehr, Vergleichen der Uhrzeit, Tarntafel, Kompanie-Frequenz und vorläufige Zugeinteilung; im übrigen sofort unterziehen im Obstgarten und Unterweisung der Kommandanten; auf gute Tarnung sei größter Wert zu legen. Schroifs Gesichtszüge machen auf mich einen übernächtigten, abgespannten Eindruck — ein Abbild des Erlebten.
Vor uns liegt der kahle, beherrschende Bergrücken der Höhe 112. Geht dieser Berg verloren, dann müssen sie auch rechts und links zurück, muß ein weiter Abschnitt aufgegeben werden, in dessen Folge muß sich der Einschließungsring um den Invasionsbrückenkopf entscheidend lockern.

Gegen 09.00 Uhr vormittags zerplatzen Granaten etwa 100 m über dem Ruinenfeld von St. Martin, aus dessen Innern orangefarbene Rauchzeichen in das Schuttfeld schweben. Nachlässig und noch in Unkenntnis der wahren Bedeutung beobachten wir interessiert das Farbenspiel, dessen tödliche Gefahren uns Sekunden später bewußt werden, als feindliche Jabos im Sturzflug aus der Sonne herabstoßen und mit Bordwaffen und Raketen sich blindwütig in die Häuserreste stürzen. Die neuartigen farbigen Rauchzeichen sind Richtungsweiser für die feindliche Luftwaffe und Artillerie.
Rings über und um uns hat sich der Schlund der Hölle aufgetan, in dessen Toben, Zischen und Heulen wir uns an die Erde pressen und unter dem Panzer Schutz suchen. Wild pocht das Herz, wenn die Angst das nackte Leben abzuschnüren droht, wenn das lauschende Ohr in Bruchteilen von Sekunden jede drohende Wahrnehmung aufnimmt.
Wie ich blitzschnell unter den Panzer kam, kann ich mir denken, wie ich jedoch zwischen dem ersten und zweiten Anflug mit einem Sprung kopfüber in die Fahrerluke hineingestürzt bin, wird mir erst an den Beulen und Schrammen meines Körpers spürbar. Noch Sekunden bannt uns die Angst und körperliche Ermattung nach überstandener Gefahr an den Ort, wo wir kauern oder liegen. Bleich und mit zitternden Knien kommen wir unter oder aus dem Wagen hervorgekrochen. Dieses Mal ist von uns keiner verwundet, doch weiter links Schmerzensschreie und gurgelnde Laute — der Ruf nach dem Sanitäter. Pioniere sind beim Bunkerbau überrascht worden. Nun, die erste Lehre vom Tommy haben wir weg!
Zu Zeiten liegt der noch an die 2 km langsam ansteigende Berg so unter umfassendem Granatfeuer, daß er mehr in der Luft als auf dem Boden zu hängen scheint, alles ist dann in Qualm und Staub eingehüllt.
Noch am Vormittag ergeht an uns Alarm. Klirrend brechen wir durch Gärten und Mauern zur Straße, die schräg nach oben und in einer Hohlwegabzweigung zur Kuppe führt, dessen meterhoher Wegeinschnitt in den folgenden Nächten manchem Wagen zum Verhängnis wird.
Über reifende Kornfelder, unzählige kleine und große Granattrichter fahren wir zur Kuppe, eingehüllt in einer mächtigen Staubfahne. Aus Erdlöchern winken uns bärtige, graue, verschwitzte Infanteristen entgegen, glücklich im Bewußtsein, einen gewichtigen Waffenkameraden um sich zu haben. Gleich einem großen Halbrund legen wir unsere Pan-

zer um den Höhenrand, schieben die Kanonen nach vorn, nehmen die weitreichenden Marinegläser an die Augen und beobachten das Gelände, in dessen Vorfeld zahlreiche ausgebrannte Panzerwracks liegen.
Langsam verebbt das Artilleriefeuer, tropfenweise zerhämmern nur noch einzelne Einschläge die Höhe, der künstliche Nebel und Pulverdampf verwehen. Über uns flimmert die heiße Julisonne. Eigene Infanterie gräbt ihre eingestürzten Erdhöhlen und Bunker wieder frei, Verwundete werden nach hinten getragen, die Toten bleiben bis zur Nacht liegen. Hoch über uns ziehen feindliche Bomberverbände nach Osten. Kurz vor Dunkelwerden zieht die Panzerkompanie in die Obstgärten von Amayé zurück. Ich verbleibe als einziger Sicherungswagen als Vorwarner auf der Höhe. Kurz vor Einbruch der Dunkelheit erfolgt ein letzter Jaboangriff auf die Schluchten am linken Hinterhang des Berges, in denen eigene Flak und Nebelwerfer ihre Feuerstellungen haben. Wie Habichte stürzen die Jabos auf ihre Ziele herab.
Leichte Flak schießt Sperrfeuer, ein feindliches Flugzeug wird getroffen und zerschellt am Boden. Dann verebbt der Höllenlärm.
Abends um 21.00 Uhr erfolgt Ablösung durch Reißke. Wir fahren mit unserem ‚Tiger' in den Obstgarten zurück. Müde klettere ich aus den Stahlwänden und vertrete mir die Beine. Nun, in der Dämmerung wird der Verpflegungswagen bald kommen.
Es ist zum Verzweifeln: ‚Alarm — sofort antreten!' Hastig fliegen die Wäschebeutel wieder ins Wageninnere, die Tarnung von den Wagen gerissen, Kopfhörer und Mikrofon übergestülpt, der Funker geht auf Empfang, Motor anwerfen, Fahrer marsch, über Trümmer hinweg zur Dorfstraße, die von den vorausfahrenden Wagen in undurchdringliche Staubwolken gehüllt ist. Am Ortsende Einweisung durch Untersturmführer Loritz. Mit Panzer Oberhuber werde ich zur Verstärkung der Abwehrfront gegen drohenden Feindangriff auf die Höhe befohlen.
Wir richten die Waffen auf die blaß schimmernden Silhoutten des Vorfeldes ein, tasten mit Augen und Nachtgläsern das Niemandsland ab, das für Sekunden durch eine Leuchtrakete grell erleuchtet wird.
Zuweilen liegt das Artilleriefeuer wie ein plötzlich einfallender Katarakt auf dem Berg und ergießt sich über die anschließenden Höhenzüge. Gleich riesigen Irrlichtern tanzen die Einschläge englischer Granaten ebenfalls weit im Hinterland der Front; an den neuralgischen Punkten des Nachschubverkehrs, den Straßenkreuzungen, den Brücken, den Ortsausgängen.

Nun ist es wieder für kurze Zeit still geworden. Langsam wird es Mitternacht. Der Funk verbindet uns mit der Kompanie, meldet Lage und bringt Antwort und Anweisung nach vorne.
Unsagbar quälend wehrt sich der einzelne gegen die schleichende Müdigkeit der nun schon zweiten durchwachten Nacht. Längst ist der Nervenkitzel des Neuen, der voraus drohenden Gefahr, verklungen. Benzindunst schwängert die Luft im Panzerinnern. Trotz geöffneter Luken dringt kaum etwas Nachtkühle in den Wagen ein.
Endlich schimmert erstes fahles Grau im Osten — der neue Tag kündigt sich an.
Mit den ersten Sonnenstrahlen ist die feindliche Luftwaffe wieder aktiv. Auch dieser neue Tag bringt Jaboangriffe, Bomben und Artilleriefeuer abwechselnd.
Wer hier im Kampfe steht, der braucht einen Finger Kühnheit, einen Finger Tapferkeit, Gehorsam und Kameradschaft und einen Finger Menschenverstand. Die ganze andere Hand aber braucht er, um mit ihr aus seinem Innersten immerzu Ruhe und Geduld, Gleichmut, Gelassenheit und Ausdauer zu schöpfen.
Seltsam ruhig und sicher stehen die feindlichen Artillerieflieger über dem Fronthorizont und spähen weit ins eigene Hinterland, in jedes Erdloch, hinter jeden Baumstumpf, unter jede Hecke. Sie melden jede Nachschubkolonne, jedes einzelne Fahrzeug und Geschütz, jeden Mann der durch den Graben hastet und lenken das unerbittliche Feuer der Batterien sicher und rasch auf erkannte Ziele.
Seit dem frühen Nachmittag des 15. Juli zerbersten unaufhörlich feindliche Granaten auf Höhe 112. Längst ist weder Abschuß noch Einschlag zu unterscheiden. Alles droht in einem unaufhörlichen Donnergrollen unterzugehen.
Gegen 17.00 Uhr wird die Masse der Abteilung alarmiert. Alle verfügbaren ‚Tiger' werden auf Höhe 112 und den anschließenden Hügeln gruppiert. In langer Reihe schließt unsere Kompanie zu uns auf, voraus der Kommandeur, der uns durch Zeichen und Winken einweist. Alles Rufen und Schreien versinkt im Toben der angebrochenen Schlacht, und mit dem vermeintlichen Ende unserer Beobachtungszeit und Ablösung fällt der Beginn einer Kanonade zusammen, die das Furchtbarste selbst in den Schatten stellt. So etwas habe ich bisher nie erlebt. Die ganze Abwehrfront auf Höhe 112 und den Bergrücken rechts und links verwandelt sich in Staub und Rauch, in Splitter und Trümmer und taucht

unter in einem gewaltigen Tosen und Heulen und Krachen. Die Luft ist erfüllt von Rauch und Qualm. Diesem Wüten folgt ein Bombenhagel aus der Luft. Die Erde zittert und schlingert, der Panzer federt in seinen Schwingachsen.
Um für Infanterie- und Panzerangriffe etwas Sicht zu behalten, setzt die Kompanie einige hundert Meter zurück; der Abteilungskommandeur widerruft den Befehl mit Rücksicht auf die in den Erdlöchern liegenden Panzergrenadiere, doch eine Wiedervorverlegung der Panzerabwehrstellung wird undurchführbar, keiner erkennt mehr das Gelände noch den Weg. ‚Stehenbleiben, alles stehenbleiben!' korrigiert Untersturmführer Schroif seinen Befehl über Funk als einzig mögliche Lösung.
Über die Kompaniewelle kommt der Abteilungsspruch, daß der Großangriff bevorsteht. Es wird 19.00 Uhr abends und noch immer kein Nachlassen des feindlichen Artilleriefeuers. Wie lange noch? Wann kommen sie endlich?
Kuhlemann meldet Volltreffer auf Ladeschützenluke. Kanone beschädigt, Ladeschütze linker Arm abgerissen. Panzer wird nach hinten entlassen.
Jetzt schießen die Tommys auch noch verstärkt mit Nebel. In wenigen Minuten wogt ein dickes, weißes Nebelmeer über dem Berg. Wir schnappen nach Luft. In der ersten Bestürzung reißen wir die Gasmasken von den Halterungen und stülpen sie über den Kopf, aber dann merken wir, daß es kein Gas ist.
Inzwischen wird es 22.00 Uhr. Ob jetzt die feindliche Infanterie angreift? — Von rückwärts schießen eigene Nebelwerfer und Feldhaubitzen Sperrfeuer. Vorn schwillt das Infanteriefeuer an. An ein Eingreifen der eigenen Panzer im Pulverqualm, künstlichen Nebel und im Dunkel der Nacht ist nicht zu denken, ohne Gefährdung der eigenen Panzergrenadiere."
Das ist der Bericht eines Panzerkommandanten der schweren SS-Panzerabteilung 102. Einen lebendigen zusammenfassenden Bericht vom Kampf der Panzergrenadiere vorn in den zerschossenen Stellungen und Schützenlöchern gibt uns der Sturmmann Zemlitz, Melder im Bataillonsstab des III./SS-Pz.Gr.-Regiment 22. Dieser Bericht bezeugt Pflichterfüllung und höchste Bewährung, er vermittelt den Hauch des Todes, mit dem die Panzergrenadiere ständig leben und kämpfen müssen:

„Sympathie füreinander, Zuverlässigkeit, Treue und Mut, das unsichtbare Band der Kameradschaft, das Menschen verschiedener Herkunft, verschiedenen Alters und unterschiedlicher Dienstgrade verbindet, haben den Kommandeur des III. Bataillons des SS-Pz.Gr.-Regiments 22, Sturmbannführer Alfred Bünning, seinen Adjutanten, Obersturmführer Bramersdorfer, den Gefechtsschreiber, Oberscharführer Hülsmann, den Meldestaffelführer und persönlichen Begleiter des Kommandeurs, Unterscharführer Ertel, und mich, den Melder und Sturmmann Zemlitz, zu einer verschworenen Gruppe zusammengeschlossen. Irgendwie stellen wir im Bataillonsstab eine ‚Familie' für sich dar.
In der Nacht zum 11. Juli tritt unser Bataillon mit ‚Tigern' zum Gegenangriff auf die Höhe 112 an. Die Engländer ziehen sich fluchtartig zurück. Wir machen viel Beute, und am Morgen des 11. Juli ist die Höhe 112 in unserem Besitz. Die Verluste sind hoch. Die Kompanien graben sich etwas unterhalb der Höhe ein.
Im ‚Wäldchen der halben Bäume' hat sich ein ‚Sherman' auf einem Baumstumpf festgefahren und die Besatzung hat den Panzer verlassen. Unter diesem Panzer richten wir den Bataillons-Gefechtsstand ein. Die Melder graben abwechselnd ein immer tiefer und breiter werdendes Loch. In diesem Erdbunker, der oben durch den ‚Sherman' abgedeckt ist, fühlen wir uns ziemlich sicher.
Tag und Nacht liegt Artilleriefeuer auf der Höhe 112, darunter schwerste ‚Koffer' der Schiffsartillerie. Am Tage decken uns Bomber und Jabos mit Bomben und Bordwaffen ein. Von morgens bis abends stehen feindliche Luftaufklärer über uns und lösen auf jede eigene Bewegung das Feuer ihrer Batterien aus. Ebenso reagiert die feindliche Artillerie auf unseren Funkverkehr, den sie anpeilen, und wir haben bald keine Funker und Funkgeräte mehr. Die Fernsprechleitungen werden immer wieder zerschossen, und bald stellen nur noch wir neun Melder die Verbindungen vom Bataillon zu den Kompanien und zum Regiment her. Wir müssen immer wieder im stärksten Feuer los, um wichtige Befehle und Meldungen zu überbringen. Mir bleibt in diesen Tagen und Wochen das Glück treu, obwohl ich von allen Meldern am meisten unterwegs bin. Ich glaube, der feindliche Artilleriebeobachter in der Luft kennt mich schon, mehrmals habe ich ihm zugewinkt, und es scheint mir, als wolle er mich nicht erwischen, denn alle Granaten liegen zu weit. Immer wieder finde ich auf meinen Meldegängen Deckung und Schutz hinter den vielen Hecken und kleinen Gehölzen. Jeden Meter Boden,

jedes Loch, jeden Granattrichter im Bataillonsabschnitt kenne ich bald. An Schlaf ist kaum zu denken. In einer Nacht bin ich auf dem Wege zu einer Kompanie, da verstärken die Engländer das Artilleriefeuer so sehr, daß ich schleunigst im nächsten Granattrichter Deckung suche — aber darin liegt schon jemand. Wir rücken wie ein Liebespaar zusammen und geben uns gegenseitig so etwas wie ein Gefühl der Geborgenheit. Dann schlafe ich trotz des Trommelfeuers vor Erschöpfung ein. Wie lange ich so gelegen habe, vermag ich später nicht zu sagen. Als ich aufwache, ist der Kamerad neben mir tot, ich hatte den Angriff verschlafen.

Fast jeden Tag greifen die Tommys an, und es gelingt ihnen manches Mal, bis in das ‚Wäldchen der halben Bäume' vorzudringen. 100 Meter rückwärts verläuft ein mit Buschwerk bewachsener Wallgraben, der in solchen Krisen dann immer unsere letzte Auffanglinie ist. Der Wallgraben bietet gute Deckung, nach vorn zum Wäldchen haben wir 100 Meter gutes Schußfeld, hinter dem Graben ist 1000 Meter bergabwärts keine Deckung mehr, und so heißt es immer: ‚Im Graben halten oder sterben!' Und wir halten immer — kein einziges Mal kommt der Tommy bis an den Wallgraben heran.

Was ich hier bei der Höhe 112 erlebe, gräbt sich unvergeßlich in mein Gehirn ein. Auch später werde ich immer wieder von solchen Erlebnissen geschüttelt. Es ist grauenvoll! Fast täglich Abwehr und Gegenangriff.

Hier erhält Sturmbannführer Bünning die Nachricht, daß er zum zweiten Male Vater geworden ist; ihm stehen Tränen in den Augen, als er sagt: ‚Da bekommt man die Nachricht von der glücklichen Geburt eines Kindes und hier verliert man alle seine guten Männer. So dicht stehen Geburt und Tod beieinander.' Und als ich ihm nach Obersturmführer Bramersdorfer gratuliert habe, drückt er mich an sich und sagt: ‚Zemlitz bleib' wie du bist und weiterhin so wachsam, vielleicht kommen wir dann durch!' In der Tat ist Sturmbannführer Bünning unser großes Vorbild in jeder Beziehung.

Bei einem Feindangriff liege ich hinter einem MG in unmittelbarer Nähe eines Unterstandes einer Artillerie-VB-Funkstelle. Dieses Erdloch, 75 cm tief, notdürftig mit Brettern und Erde abgedeckt — Schutz gegen Splitter und Sicht — verdient eigentlich den Namen Unterstand nicht. In diesem abgedeckten Erdloch liegen zwei Funker. Ein flacher Kriechgraben führt 30 Meter nach vorn bis zum Loch des vorgeschobenen Artilleriebeobachters. Der VB kommt durch den Graben zurückgekrochen und gibt den Funkern die Sperrfeuerauslösung und die Schußwerte, die diese an die Batterie funken. Es dauert nicht lange, da liegen drei feindliche Artillerieeinschläge in unmittelbarer Nähe der Funkstelle, und die vierte Granate ist ein Volltreffer, der den VB und seine beiden Funker auf der Stelle tötet.

Ein anderes Mal beobachte ich, wie ein Sanitäts-SPW dicht an einen abgeschossenen eigenen Panzer heranfährt, um die Verwundeten zu bergen. Ich sehe, wie Arzt und Sanitäter sich am blakenden Panzer zu schaffen machen, die Lukendeckel aufreißen, und dann schlägt in unmittelbarer Nähe eine neue Granate ein — der Arzt, ein Oberscharführer und der Sankafahrer fallen. Das sind Erlebnisse, die ich nie vergessen werde.

Bei einem Nachtangriff drücken uns die Engländer aus dem ‚Wäldchen der halben Bäume' heraus. Damit verlieren wir auch unseren bombensicheren Bataillons-Gefechtsstand unter dem ‚Sherman'-Panzer. Am nächsten Tag bringt uns ein eigener Gegenstoß wieder in Besitz des Wäldchens. Unser ‚Sherman' — der ja unversehrt war — ist weg, abgeschleppt von den Engländern. Nun wird unser neuer Gefechtsstand ein abgeschossener eigener Panzer, der an dem Wallgraben in unserer Auffangstellung steht. Aus diesem Panzerwrack beobachtet Sturmbannführer Bünning fortan den Verlauf der Kämpfe.

Von den Meldern sind fast alle ‚alten' weg — tot oder verwundet. Während des Kampfes unseres III./SS-Pz.Gr.Rgt. 22 bei Höhe 112 werden uns nacheinander etwa 20 neue Melder zugeteilt, die immer wieder durch Tod oder Verwundung ausfallen. Darunter sind auch zwei Soldaten einer Heeres-Nebelwerfereinheit, die anstelle von drei Tagen Arrest eine Woche bei uns hier vorn verbringen sollen.

Die letzten 24 Stunden, die die Reste unseres III. Bataillons auf Höhe 112 erleben, sind die schlimmsten. Die ganze Nacht liegt Trommelfeuer auf der Höhe, das nicht mehr zu überbieten ist, und wir wissen, daß das der Auftakt zu einem neuen Großangriff ist. Im Morgengrauen schwillt das Trommelfeuer noch einmal an, dann schießen sie Nebel, und dann kommen sie! Zum Glück kommt Wind auf, der den Nebel wegfegt. Unsere Männer, die das Trommelfeuer in der Nacht überlebt haben, schießen. Aber es sind nur wenige. Letzten Rückhalt gibt wieder der Graben 100 Meter hinter dem ‚Wäldchen der halben Bäume'. In dieser Stellung finden sich die Reste des Bataillons und verwehren dem Tommy jegliches Weiterkommen. Ein eigener Granatwerferzug, der auch

hier seine Stellung hat, schießt mit steilster Rohrerhöhung in das Wäldchen, was das Zeug hält, doch die Engländer besetzen es mit starken Kräften.
Sturmbannführer Bünning beobachtet von seinem ‚Panzer'-Gefechtsstand den Kampfverlauf und gibt den Granatwerfern neue Ziele an. Ich liege in der Nähe hinter einem MG und jage einen Gurt nach dem anderen heraus.
Plötzlich liegt Sturmbannführer Bünning neben mir und sagt: ‚Zemlitz, lauf los und hole unsere Panzer rauf!' Während er das MG übernimmt, renne ich schon den Berg herunter. Ringsum krepieren die Granaten, doch ich habe wieder unwahrscheinliches Glück und treffe nach ca. 1000 Metern auf unsere Panzer, die am Fuß der Höhe in Hohlwegen und an steilen Abhängen dicht mit Strauchwerk getarnt als Einsatzreserve in Bereitschaft stehen. Ich melde dem Panzerkommandeur die Lage und wenig später fahren gut ein Dutzend ‚Tiger' an.
In schneller Fahrt, weit auseinandergezogen, erreichen die ‚Tiger' unsere Stellung an der Wallhecke. Ich springe vom ‚Tiger' ab und direkt unserem Adjutanten, Obersturmführer Bramersdorfer, vor die Füße. Der ruft mir zu: ‚Zemlitz, Gegenstoß — wir nehmen das Wäldchen wieder — hinter mir folgen!'
Wir jagen einen flachen Graben entlang nach links, dann geht es in einem anderen Graben nach rechts weiter, direkt auf die linke Ecke des ‚Wäldchens der halben Bäume' zu — ganz vorn Bramersdorfer, ich dahinter und hinter mir vier weitere Männer. Das ist die ganze Gegenstoßgruppe.
Während wir Feuerschutz geben, springt Obersturmführer Bramersdorfer als erster aus dem Graben heraus und mit langen Sätzen auf das Wäldchen zu. Als er das Wäldchen erreicht hat, springe ich als nächster und hinter mir noch einer, die drei anderen geben uns Feuerschutz.
Indessen tobt auch der Panzerkampf. Überall brennen britische und deutsche Panzer. Mit unseren Panzern erreichen wir das Wäldchen, aber von Obersturmführer Bramersdorfer ist nichts mehr zu sehen. Ich übernehme das Kommando über die kleine Gruppe, die nun noch fünf Männer zählt, und gegen 11.00 Uhr ist die Lage bereinigt und die Höhe 112 wieder in unserer Hand. Eine dichte Wolkendecke und einsetzender Nieselregen halten uns die feindlichen Flugzeuge fern.
Obersturmführer Bramersdorfer bleibt — soviel wir auch suchen — verschollen. Wir vermuten, daß er den Engländern am Waldrand direkt

in die Arme gelaufen ist, die ihn dann mitgenommen haben. Er gilt bis heute als vermißt. Vielleicht ist er auch bis zur Unkenntlichkeit von einer Granate zerrissen worden.

Am Abend des 18. Juli und in der Nacht zum 19. Juli werden die letzten Reste des III./SS-Pz.Gr.Rgt. 22 vom II./IR 978 (272. ID) abgelöst. Aus der Stellung gehen Sturmbannführer Bünning als einziger Führer und 45 Männer — 46 Überlebende des tapferen III. Bataillons des SS-Pz. Gr.-Regiments 22.

In meinem Soldbuch erhöht sich die Zahl der Nahkampftage in der Normandie auf zwölf, und die Vernichtung von zwei Feindpanzern mit der Panzerfaust wird mir eingetragen.

Nach der Ablösung wird aus den Resten des Bataillons, aus Ausgekämmten von Trossen und den Regimentseinheiten die Kampfgruppe Bünning gebildet, die im Kessel von Falaise untergeht. Sturmbannführer Alfred Bünning ist am 19. 8. gefallen. Auch ich werde dort verwundet, komme aber aus dem Kessel heraus und ins Lazarett und stoße später bei Arnheim wieder zur Division. Hier muß ich dem Divisionskommandeur vom Kampf und Untergang des III./SS-Pz.Gr.-Regiment 22 berichten."

Dieser erschütternde Kampfbericht des Sturmmannes Zemlitz steht stellvertretend für den Kampf aller Panzergrenadiere. Er umfaßt den Zeitraum bis zur Ablösung am 19. Juli und eilt dem Geschehen in den Nachbarabschnitten etwas voraus. Verfolgen wir nun wieder das tägliche Geschehen und schalten zurück auf den 14. Juli.

In der Nacht zum 15. Juli wird das SS-Pz.Gr.Rgt. 20 im Abschnitt Maltot vom SS-Pz.Gr.Rgt. 22 abgelöst. Weisungsgemäß soll die 9. SS-Panzerdivision wieder aus der Front herausgezogen werden und die Reserve der 5. Panzerarmee bilden.

Die 10. SS-Panzerdivision „Frundsberg" trägt am 15. Juli wieder allein die Last des Kampfes. Im Lagebericht der 9. SS-Pz.-Division „Hohenstaufen" vom 15. 7., 19.00 Uhr, heißt es: „Während der Nacht häufige Feuerüberfälle auf HKL und rückwärtige Stellungen. Ablösung trotzdem reibungslos durchgeführt. Auf Befehl des Generalkommandos ein Panzergrenadier-Bataillon aufgelöst und übrige schwachen Bataillone damit verstärkt." Der letzte Satz leitet das große Auflösen ein.

Die 9. SS-Panzerdivision, die nur noch Teile des Regiments 19 und der II./SS-Panzerregiment 9 bei Höhe 113 in Stellung hat, bezieht mit Masse den alten U-Raum hinter dem rechten Flügel der 10. Panzerdivi-

sion und erkundet weisungsgemäß Wege und Orneübergänge zum eventuellen Einsatz ostwärts der Orne beim I. SS-Panzerkorps.
Am 15. Juli behauptet die „Frundsberg" trotz pausenlosem Artilleriefeuer ihre Stellungen. Als Eingreifresereven stehen der Division zur Verfügung:

Das I.(gep.)/SS-Pz.Gr. Rgt. 21 bei Honorine;
die SS-Pz.AA 10 bei Hamers (5 km nordwestl. Thury-Harcourt).

Das II./IR 980 (272. ID) rückt in der Nacht zum 16. Juli in die HKL westlich Maltot ein.
Der Verlauf des 15. Juli ist von Hauptscharführer Streng und Sturmmann Zemlitz treffend geschildert worden. Die Höhe 112 hält. Die Briten verlegen ihre Angriffsschwerpunkte auf beide Flügel der „Frundsberg". In der Nacht zum 16. Juli, um 02.00 Uhr, greifen die Engländer unter Gefechtsfeldbeleuchtung und mit Flammenwerferpanzern Maltot an. Maltot hält, ostwärts davon gerät das Bataillon Schulze vom Rgt. 22 in eine feindliche Umklammerung und wird durch Gegenstoß der 1./sch. SS-Pz.Abt. 102 freigekämpft. Das Château de Fontaine, das im Zuge einer Vorverlegung der HKL erneut besetzt wurde, geht endgültig verloren.
Gleichzeitig mit dem Angriff auf Maltot brechen aus dem Raum Gavrus —Baron starke, von Panzern unterstützte Angriffe gegen das im linken Abschnitt der „Frundsberg" stehende SS-Pz.Gr.Rgt. 21 los. Teile der II./SS-Pz.Rgt. 10 rollen zur Unterstützung auf Höhe 113 vor. In einem Befehl des SS-Pz.Rgt. 10 heißt es hierzu: „SS-Panzerschütze Arwed-Viktor Pusch, Melder in der 6./SS-Pz.Rgt. 10, hat in der Nacht vom 15. auf den 16. 7. 1944 als Melder einer vorgeschobenen Warnstelle zur Kompanie im stärksten Trommelfeuer von 21.45 Uhr bis 05.10 Uhr viermal trotz Verwundung mit unbedingter Zuverlässigkeit jede feindliche Panzerannäherung gemeldet. Erst nach erheblichem Blutverlust und Körperschwächung und auf Befehl des Kompanieführers ließ er sich zum nächsten Hauptverbandsplatz bringen."
Viermal schlägt sich die II./SS-Pz.Rgt. 10 mit englischen Panzern herum und gibt keinen Boden preis.
Die Meldung des SS-Pz.Rgt. 10 beleuchtet den Einsatz des einfachen Mannes, der sich in der Schlacht bewährt und in der Pflichterfüllung lebt.
Im Lärm der Waffen, unter den Einschlägen von Bomben und Grana-

ten zeigt auch der Krieg mitunter sein anderes Gesicht, trägt er Züge der Menschlichkeit. Auf Höhe 112 beteiligen sich mehrmals Männer der „Frundsberg" an der Bergung englischer Verwundeter durch englische Sanitäter. Alle Feindschaft ist dann vergessen, und wenn alle Toten und Verwundeten geborgen sind, geht jeder auf seine Seite zurück, und der Krieg geht weiter.
Ein anderes Erlebnis hat die „Tiger"-Besatzung des Oberscharführers Rodinger bei einem Sicherungsauftrag. Ein englischer Hauptmann kommt winkend an den Panzer heran, und die Besatzung rätselt: Überläufer oder Parlamentär? Der englische Hauptmann spricht fließend deutsch mit Wiener Dialekt, und er fordert Rodinger und alle anderen Panzerbesatzungen auf, den Kampf zu beenden, da der Krieg für die Deutschen verloren sei. Er redet 20 Minuten lang auf Rodinger — der selbst Wiener ist — ein, und als Rodinger ihm bedeutet, daß er ihn als Gefangenen einbringen werde, wenn er nicht schleunigst verschwindet, kehrt der englische Hauptmann zu den eigenen Linien zurück.
Die Höhe 113 hält, aber links und rechts bricht der Feind in die eigene HKL mit Unterstützung von Flammenwerferpanzern ein, angestrahlt durch Scheinwerfer. Vorgeholfen durch eine starke Artillerie, die sogenannte Glas- oder Scheingranaten verschießt, die es der eigenen Truppe ermöglichen, ohne Gefahr dicht hinter der Feuerwalze zu folgen.
Westlich von Höhe 113, bei Gavrus, bricht die Front der 277. ID. Ostwärts von 113 reißt die HKL des SS-Pz.Gr.Rgt. 21 in einer Breite von 400 m auf, dabei geraten ca. 50 SS-Panzergrenadiere in englische Gefangenschaft. Im Nebel und bei den dichten Einschlägen der Glasgranaten haben die deutschen Grenadiere das Herankommen der Engländer erst im letzten Moment wahrgenommen, und da war es bereits zu spät.

Die ganze Nacht über halten die Kämpfe an. Die Lage ist verworren. Ostwärts Höhe 113 wird die eisern haltende 15./SS-Pz.Gr.Rgt. 21 vom Feind eingeschlossen. Sie behauptet sich unter Abschuß von feindlichen Panzern, bis am nächsten Vormittag ein Gegenstoß die Eingeschlossenen entsetzt. Die Gehöfte la Polka und Maison Blanche an der Straße Eterville—Evrecy, zwischen den Höhen 112 und 113, gehen verloren. Das I./SS-Pz.Gr.Rgt. 21 verhindert durch entschlossenes Abriegeln einen tiefen Einbruch in Richtung Esquay. Das rechts anschließende III./SS-Pz.Gr.Rgt. 21 behauptet mit den „Tigern" der schweren SS-Pz.Abt. 102 die Höhe 112.

Die gefährlichsten Einbrüche entstehen im Abschnitt der 277. Inf.-Division bei Gavrus und Noyers. Bei Gavrus wird der Einbruch immer tiefer, auch Bougy geht verloren.
Gleich nach Beginn der sich abzeichnenden Einbrüche wird die 9. SS-Panzerdivision „Hohenstaufen" alarmiert und erreicht im Laufe der Nacht und in den frühen Morgenstunden des 16. Juli mit vordersten Teilen die allgemeine Linie Maizet—St. Honorine—Vacogne. Eine Verzögerung des Antretens des SS-Pz.Rgt. 9 erklärt sich durch den am Vortag begonnenen technischen Dienst. Der Gefechtsstand der 9. SS-Pz.Div. wird von Haute Bosq (2 km südostwärts Bonnemaison) in die Ferme de Brobeuf (1 km südwestlich St. Honorine) verlegt.
Inzwischen hat die Divisionsführung der „Hohenstaufen" einen ungefähren Überblick der Lage. Standartenführer Stadler erhält vom Korps den Befehl, zunächst die gefährlichen Einbrüche zwischen Höhe 113 und Gavrus zu bereinigen und die alte HKL wieder zu besetzen.
Nach Verbindungsaufnahme mit dem Kommandeur des vorn eingesetzten SS-Pz.Gr.Rgt. 21, Standartenführer Deisenhofer, und dem bei Gavrus kämpfenden Kommandeur des Inf.Rgt. 991 läßt Standartenführer Stadler das gerade greifbare SS-Pz.Gr.Rgt. 19, Teile des SS-Pz. Rgt. 9 und das Div.-Füselier-Btl. 277 weiter vorrücken.
Nach flüchtiger Bereitstellung läuft der Gegenangriff gegen 11.00 Uhr aus der Linie Neuilly—Evrecy an. Die Masse von Obersturmbannführer Zollhöfers SS-Pz.Gr.Rgt. 19 und das Füs.Btl. 277 gehen im Odon-Tal vor. Zwei Kompanien des Rgt. 19 streben — rechts ausholend — der Höhe 113 zu. Obersturmbannführer Mayers SS-Panzerregiment unterstützt mit 20 gerade greifbaren Panzern das infanteristische Vorgehen. Das SS-Art.Rgt. 9 und die Korpsartillerie schießen gut liegende Feuerüberfälle und zermürben den feindlichen Widerstand; jedoch hat das SS-Artillerieregiment 9 für diesen Angriff nur etwa 600 Schuß zur Verfügung.
Die Engländer, teilweise selbst noch im Angriff, schießen verstärkt Nebel. Ein noch laufender feindlicher Angriff entlang des Feldweges Gavrus—Evrecy gerät in den deutschen Gegenangriff. Die Teile des Rgt. 19, die bereits die Höhe 113 erreicht haben, werden durch das Feuer ringsum und durch das schwere Nebelschießen irritiert, glauben sich umzingelt und räumen die Höhe 113 wieder. Dadurch ist die Höhe 113 zwei Stunden unbesetzt. Der deutsche Gegenangriff verlagert und versteift sich immer mehr bei der Ortschaft Bougy, wo Mayers Panzer ebenfalls

eingreifen. Zur Verstärkung des rechten Angriffsflügels bei Höhe 113 wird Sturmbannführer Grubers Rgt. 20 eingesetzt.
Die Briten wollen das einmal eroberte Gelände nicht preisgeben und ziehen immer neue Reserven heran. Starkes Artilleriefeuer und die in Feuerfronten aufgefahrenen britischen Panzer lassen den deutschen Angriff nur langsam an Boden gewinnen. Gegen 14.00 Uhr ist Bougy wieder in deutscher Hand. Der Angriff geht weiter in Richtung Gavrus. Die Tommys setzen den Deutschen aus den Waldstücken im Odon-Tal immer stärkeren Widerstand entgegen. Deutscherseits rollen aus den U-Räumen immer mehr Panzer heran. Im Odon-Tal ist es Sturmbannführer Bollerts I./SS-Pz.Rgt. 9, die sich mit den Tommys herumschlägt, und besonders Oberscharführer Josef Holte mit seinem Zug von der 2. Kompanie, der zahlreiche „Sherman" und „Churchill" zusammenschießt. Das SS-Pz.Rgt. 9 diktiert zusehends den Kampfverlauf. Der künstliche Nebel ist hinderlich. Der Panzerkampf wird teilweise aus allernächster Nähe geführt. Erst nach Abschuß von 18 Feindpanzern in und bei Bougy durch die I. Abteilung und weitere 8 bei Höhe 113 durch die II. Abteilung ist der Kampf um Bougy endgültig entschieden.

Der dramatische Kampf spiegelt sich in folgenden Funksprüchen an die Division wider:

„13.55 Uhr und 14.07 Uhr / Von Pz.Rgt. an Div.Ia: Sturmbannführer Bollert schwer verwundet."

„15.30 Uhr und 16.40 Uhr / Von Pz.Rgt. an Div.Ia: II./SS-Pz.Rgt. 9 15 Feindpanzer abgeschossen."

„16.12 Uhr / Von Rgt. 20 an Div.Ia: 15.45 Uhr Höhe 113 erreicht. Feindliches Artilleriefeuer auf Evrecy."

Die in Richtung Gavrus zurückweichenden Engländer verteidigen sich jedoch weiterhin geschickt, vornehmlich mit Panzern und Pak aus Hohlwegen und Hecken. Der Gegenangriff der „Hohenstaufen" dringt bis zum Ortsrand von Gavrus durch und erreicht ostwärts davon die alte HKL. Um den Ort selbst entbrennen noch einmal heftige Kämpfe. Die Divisionsartillerie kann aus Munitionsmangel kaum noch eingreifen, währenddessen die Engländer den Raum um Bougy verstärkt mit Artilleriefeuer belegen und dann zum Gegenangriff antreten.
Um 17.55 Uhr läßt Standartenführer Stadler, der sich zur Zeit auf Höhe 113 befindet und von dort die feindlichen Bereitstellungen zum

Gegenangriff beobachtet, über eine Funkstelle des Rgt. 20 an den Div.Ia funken: „Wo bleibt Angriff auf Gavrus? Feind macht Gegenstöße. Stadler."

Gegen 18.30 Uhr greifen die Engländer Gavrus an und setzen einige deutsche Panzer außer Gefecht. Gavrus geht verloren, die deutschen Kräfte werden auf Bougy zurückgedrückt.

Der Lagebericht der „Hohenstaufen" vom 16. Juli faßt die Kämpfe so zusammen: „Nach anhaltendem Trommelfeuer auf die HKL 10. SS-Pz.Div. trat Feind am gestrigen Abend zum Großangriff beiderseits Höhe 112 und auf rechtem Flügel 277. Inf.Div. an. Es gelang ihm, Esquay im Laufe des Abends und in der Nacht mit Panzern zu nehmen. Gleichzeitig wurde rechter Flügel der 277. Inf.Div. nach trommelfeuerartigem Artilleriefeuer mit Panzerunterstützung eingedrückt, Gavrus und Bougy genommen und der Nordrand von Evrecy erreicht. Im Laufe des heutigen Tages erfolgte ein weiterer feindlicher Panzereinbruch nördlich der Bahnlinie Noyers. SPW-Bataillon der Division (III./20) wurde mit Erfolg zur Bereinigung einer Einbruchstelle ostwärts Höhe 112 eingesetzt. Masse der 9. SS-Pz.-Division aus dem Raum Evrecy zum Gegenangriff antretend, warf den Gegner von Höhe 113 nach Norden zurück und nahm nach harten, erbitterten Kämpfen Bougy. Anhaltend erbitterte Kämpfe um Gavrus zur Wiederherstellung der alten HKL sind im Gange. Der Feind setzte an allen Stellen starke Panzerkräfte ein und trommelte laufend auf vordere Linie und Bereitstellungen. Um jeden Meter Boden wurde heiß gekämpft. In Panzergefechten wurden bis heute abend durch SS-Pz.Rgt. 9 46 Feindpanzer abgeschossen bei 5 eigenen Verlusten. SS-Pz.AA 9 ist zur Bereinigung der Einbruchsstelle bei Noyers der 277. Inf.Div. unterstellt und befindet sich seit heute nachmittag im erfolgreichen Gegenangriff mit Teilen der 276. Inf.-Division (diese hatte links von der 277. Inf.Div. den Abschnitt der Pz.-Lehr-Division übernommen) entlang der Bahnlinie Villiers Bocage—Caen. Die Schlacht ist noch in vollem Gange."

Dieser Lagebericht wird in der Tagesmeldung vom 17. Juli dahingehend geändert, daß (statt 46) 48 feindliche Panzer abgeschossen worden sind. Die Panzerlage des SS-Pz.Rgt. 9 beträgt am 17. 7.: 25 Panzer V; 13 Panzer IV; 15 Sturmgeschütze einsatzbereit.

Als die Tagesmeldung zum Generalkommando II. SS-Panzerkorps abgeht, ist der Kampf im Odon-Tal bei Gavrus und Bougy noch nicht beendet. Vor Einbruch der Dunkelheit tritt das SS-Pz.Gr.Rgt. 19 noch

einmal auf Gavrus an, wird aber abgewiesen. Die Kämpfe am 16. Juli haben abermals dem Rgt. 15 ca. 15 Prozent der Kampfkraft gekostet; das III. Bataillon wird aufgelöst und auf das I. und II. Bataillon aufgeteilt.
Das SS-Pz.Pi.Btl. 9 wird zum Ausbau der Riegelstellung in Linie Maizet —St. Honorine eingesetzt. Während die 1. und 2. Kompanie den Stellungsbau durchführen, verbleibt die 3. Kompanie in Brettevilette als Stoßreserve.
Der deutsche Wehrmachtbericht meldet am 16. Juli 1944 unter anderem: „... In den Kämpfen um Caen haben sich die 9. SS-Panzerdivision ‚Hohenstaufen' unter Führung von SS-Standartenführer Stadler und die 10. SS-Panzerdivision ‚Frundsberg' unter Führung von SS-Oberführer Harmel zusammen mit Truppen des Heeres durch besondere Tapferkeit ausgezeichnet. In Abwehr und Angriff fügten beide Divisionen dem Feind hohe Verluste an Menschen und Material zu. Dabei wurden durch diese Divisionen zusammen 140 Panzer abgeschossen ..."
Bleibt noch der Einsatz der SS-Pz.AA 9 bei der 277. Inf.-Division. Den Engländern gelang gleichzeitig mit den Großangriffen bei Höhe 112 und Gavrus ein tiefer Einbruch bei Noyers. Die bei le Locheur als Korpsreserve stehende SS-Pz.AA 9 wird alarmiert und der 277. Inf.-Division zugeführt. Am 16. Juli läßt der Kommandeur der Abteilung, Hauptsturmführer Gräbner, an die 9. SS-Pz.-Division folgenden Funkspruch absetzen:
„Gegen 17.30 Uhr hat SS-Pz.AA 9 den Raum 4 km südlich Noyers erreicht. Angriff rechts und links der Bahnlinie Noyers—Caen zur Erreichung der alten HKL. Lage rechts der Straße Villers Bocage—Caen ungeklärt. Lage bei 277. ID wird durch Gegenangriff geklärt."
Die fünf Kompanien der Aufklärungs-Abteilung „Hohenstaufen", die mit ihren Kanonenwagen eine beachtliche Streitmacht darstellen, boxen sich gegen das von den Engländern genommene Noyers vor. Deutsche Artillerie legt einen Feuerschlag auf das große Dorf, dann rasseln und schießen sich Gräbners schnelle Kompanien an Noyers heran. Am 17. Juli, nachts um 02.55 Uhr, funkt die SS-Pz.AA 9 an die Division: „Noyers nach Kampf genommen, Angriff auf Befehl (der 277. ID) eingestellt. AA ‚igelt' in Noyers für die Nacht. 5 Panzer der Pz.-Lehr-Div. Verbindung (von links) aufgenommen. 5 Gefangene eingebracht. Feind hatte hohe Verluste. Eigene Verluste im Rahmen. Seit 16. 7., 20.00 Uhr, Trommelfeuer auf Noyers. Anschluß rechts und links noch unsicher."

Am 17. Juli festigt die SS-Pz.AA 9 durch weitere Teilvorstöße die Front und stellt mit herankommenden Teilen der 277. Inf.Div. endgültig die alte HKL wieder her. Für die Leistungen der Abteilung im Kampf um Noyers schlägt der Kommandeur der 277. Inf.Div., Generalmajor Praun, den Kommandeur der SS-Pz.AA 9, Hauptsturmführer Victor Eberhard Gräbner, zum Ritterkreuz vor, das ihm am 17. September 1944 verliehen wird.

Im Abschnitt Bougy—Höhe 112 führen die Engländer am 17. Juli noch vereinzelte Vorstöße, die an einigen Stellen zu Einbrüchen führen. In den Morgenstunden wird ein in der Nacht erfolgter Einbruch nordostwärts der Höhe 113 bereinigt. Die alte HKL wird im wesentlichen wieder durchgehend besetzt. Auf Höhe 112 steht wieder ein „Tiger" als Vorwarner, während die Kompanien der schweren SS-Pz.Abt. 102 in St. Martin und Feuguerolles untergezogen sind und technischen Dienst machen. Ansonsten das übliche schwere Artilleriefeuere auf die deutschen Stellungen und rückwärtigen Orte und Verbindungswege. Gegen wiederholte feindliche Tieffliegerangriffe tritt die eigene Flakabwehr in Tätigkeit. Nach Eintritt der Dunkelheit ein Angriff stärkerer deutscher Schlachtfliegerverbände auf Feindstellungen und Ortschaften.

Der 18. Juli ist sonnig, mit vereinzelten Gewittern. Fliegerwetter. Englisch-kanadische Divisionen beginnen ihren lange vorbereiteten Großangriff ostwärts der Orne. Nach mehrstündigem Trommelfeuer, unterstützt von 1000 Flugzeugen, brechen Panzer- und mot. Verbände die deutsche Orne-Front bei Caen und nördlich davon an mehreren Stellen auf. Die den britischen Orne-Brückenkopf nördlich von Caen umklammernde 16. Luftwaffen-Felddivision wird weggespült. Die südlich davon stehende 21. Panzerdivision wird in Mitleidenschaft gezogen und versucht vergeblich, die Einbrüche abzuriegeln. Der britisch-kanadische Großangriff erfaßt auch die bei Caen stehende 272. Inf.-Division, die die zerschlagene 12. SS-Pz.-Division abgelöst hatte, und durchbricht ihre Front. Teile der 1. und 12. SS-Pz.-Division kommen zu Hilfe und werfen sich den feindlichen Panzerspitzen entgegen. Beim II. SS-Panzerkorps kamen die Briten nicht zum Zuge — ist der neue Großangriff nun Montgomerys Ausbruch in den freien französischen Raum?

Mit der neuen Großoffensive der Engländer bei Caen und der Amerikaner bei St. Lô haben die Kämpfe im Abschnitt des II. SS-Panzerkorps am 18. Juli nur bindenden Charakter. Briten und Amerikaner haben

nun einen großen deutschen Kessel im Auge, der sich später bei Falaise schließt und zwei deutsche Armeen zerschlägt.
Ein feindlicher Panzervorstoß gegen Höhe 112 wird abgewiesen. Vorwarner Unterscharführer Oberhuber schießt mit seinem „Tiger" Nr. 224 drei englische Panzer und eine Pak zusammen. Dann ist Ruhe.
Um 19.00 Uhr erfolgt nach kurzem Artilleriefeuerschlag ein feindliches Stoßtruppunternehmen gegen das Füsilier-Bataillon 277 bei Gavrus, das abgeschlagen wird. Der Feind nebelt sich ein und zieht sich unter Mitnahme seiner Ausfälle zurück.
In der Nacht zum 19. Juli wird das Füs.Btl. 277 durch das I./SS-Pz.Gr. Rgt. 19 abgelöst. Das Füs.Btl. 277 soll die bei Brettevilette stehende SS-Pz.AA 9 ablösen, die mit dem SS-Pz.Pi.Btl. 9 die Reserve der „Hohenstaufen" bilden soll.
Bei der 10. SS-Pz.Div. „Frundsberg" sind durch die Verluste der letzten Großkampftage die Gefechtsstärken erheblich gesunken. Die Kräfte reichen nicht mehr aus, um die HKL durchgehend zu besetzen. Das II. SS-Panzerkorps entschließt sich daher, den Abschnitt der „Frundsberg" zu verkleinern. Die neuen Grenzen verlaufen rechts zur 272. Inf.Div. hart ostwärts St. Martin—westlich Maltot; nach links zu den im Abschnitt der 277. Inf.Div. eingesetzten Teilen der „Hohenstaufen" in der Linie Maizet—hart ostwärts Höhe 113—Baron. Am 17. und 18. Juli treffen die ersten Teile der 271. Inf.Div. — I./IR 979, II./IR 978 und Teile der Artillerie, des Pi.Btl. und der NA — im Hinterland der „Frundsberg" ein. In der Nacht zum 18. Juli löst das I./IR 979 das II./IR 980 (272. ID) bei Maltot ab. In diese Ablösung erfolgt ein feindlicher Vorstoß, der jedoch gemeinsam von beiden Bataillonen abgewiesen wird. Das II./IR 978 wird in der Nacht zum 19. 7. nördlich Esquay in die HKL eingeschoben und löst dabei die Reste des III./SS-Pz.Gr.Rgt. 22 ab. Der Einsatz des III./22 wurde bereits zusammenhängend im Bericht des Sturmmannes Zemlitz beschrieben.
Am 19. 7. ist die 9. SS-Pz.-Division befehlsführend im Abschnitt la Polka—Westrand Bougy. Ein feindlicher Vorstoß aus dem Raum Baron wird abgewiesen. Ein in der Nacht zum 20. 7. gegen Baron angesetzter Stoßtrupp des SS-Pz.Gr.Rgt. 20 wird mit der Vernichtung von zwei englischen Panzern und drei Munitions-Lkw erfolgreich ausgeführt.
Culey-le-Patry, 19. Juli 1944. Ein kleines Dorf an der Invasionsfront in der Normandie. Hier liegt Sturmbannführer König mit seinem Stab der SS-Nachrichten-Abteilung 9. In höchster Sorge kommt ein Franzose

zum Truppenarzt der Abteilung, Dr. Runge, gelaufen, um Hilfe für seine Frau zu erbitten, bei der bereits die Geburtswehen eingesetzt haben. Weder französische Ärzte noch Hebammen sind im Kampfgebiet, und das Dorf ist auch von fast allen Zivilisten verlassen worden. Obersturmführer Runge vollbringt die friedlichste Tat inmitten des Krieges und hilft einem jungen französischen Erdenbürger ans Licht der Welt. So dicht stehen Leben und Tod beieinander! Fast dreißig Jahre später steht Dr. Runge dem Manne gegenüber, dem er damals auf die Erde geholfen hat: Bernard Gosselin.

Durch die sich anbahnende Krise ostwärts der Orne beim I. SS-Panzerkorps wird es notwendig, die „Hohenstaufen" wieder aus ihrem Frontabschnitt herauszulösen, um sie für den Einsatz ostwärts der Orne als Reserve bereitzuhalten. Zunächst wird das SS-Pz.Rgt. 9 in der Nacht zum 20. 7. herausgelöst und marschiert ab 05.15 Uhr in den neuen U-Raum zwischen Grimsbosq und Bretteville, wo ausgedehnte Wälder einen hervorragenden Fliegerschutz bieten.

In der Nacht zum 21. 7. gehen die Ablösungen der „Hohenstaufen" durch die 277. Inf.Div. weiter. Am 22. 7. sind noch von der „Hohenstaufen" die AA, das Pi.Btl., die 7./SS-Pz.Rgt. 9 und die I./SS-AR 9 der 277. Inf.-Division unterstellt. Die „Hohenstaufen" wird Reserve der 5. Panzerarmee (bisher Pz.-Gruppe West).

Regnerisches Wetter bis einschließlich 21. Juli läßt — abgesehen von erfolglosen feindlichen Vorstößen am 19. 7. aus dem Raum Baron gegen Höhe 112 — kaum größere Kampfhandlungen zu.

In der Nacht zum 21. Juli kehrt ein am 16. Juli in britische Gefangenschaft geratener Unterführer der „Frundsberg" zu seiner Truppe zurück. Er konnte während eines deutschen Artilleriefeuerüberfalls fliehen und sich zur deutschen Linie durchschlagen. Er berichtet von feindlichen Truppenverschiebungen und Munitionstransporten aus dem Raum Caen nach Westen. Sollte Montgomery im Raum Villers-Bocage zu einem neuen Schlag ausholen?

Zunächst rollt der englisch-amerikanische Großangriff ostwärts der Orne und überrollt die rechts von der „Frundsberg" stehende 272. Inf.-Division. Am 21. Juli ist die Abwehr der 272. ID an der Straße Caen—Thury-Harcourt zusammengebrochen. Britische Spitzen stehen in May. Zum Abfangen der feindlichen Angriffsspitzen wird die SS-Pz.AA 10 (Korpsreserve) dem I. SS-Panzerkorps unterstellt. Ihr Einsatz wird im nächsten Abschnitt ausführlich beschrieben.

Die Kämpfe ostwärts der Orne stehen im unmittelbaren Zusammenhang mit den Kämpfen westlich des Flusses. Zur Verbesserung der eigenen HKL bereitet die „Frundsberg" ein begrenztes örtliches Unternehmen gegen die Häusergruppe la Polka vor.
Am 21. Juli erhält Hauptsturmführer Karl Bastian den Auftrag, mit seinem II./SS-Pz.Gr.Rgt. 21 die Häusergruppe la Polka, nördlich von Esquay, die wie ein Pfahl in der deutschen Verteidigung bei Höhe 112 steckt, in eigenen Besitz zu bringen und damit die HKL vorzuverlegen. Das I./SS-Pz.Gr.Rgt. 21 soll diesen Stoßtruppangriff mit einem Unternehmen gegen die ostwärts von la Polka gelegene Häusergruppe Maison Blanche und von Höhe 112 unterstützen. In der Nacht 21./22. Juli läuft das Unternehmen an.
Maison Blanche wird im nächtlichen Stoßtruppkampf von der 1. und 3./SS-Pz.Gr.Rgt. 21 genommen und die feindlichen Stellungen werden ausgeräumt. Damit ist die rechte Flankenbedrohung für das Stoßtruppunternehmen gegen die Gehöftgruppe la Polka ausgeschaltet.
Gleichzeitig stürmen Stoßtrupps des II./SS-Pz.Gr.Rgt. 21 zangenartig gegen la Polka vor, aber bald stellt sich heraus, daß die Gehöftgruppe außerordentlich stark vom Feind besetzt ist und verteidigt wird. Die Stoßtrupps des II. Bataillons bleiben liegen, der Erfolg des Unternehmens wird in Frage gestellt. In dieser kritischen Phase greift Bataillonskommandeur Hauptsturmführer Bastian mit der ihm eigenen ruhigen und doch energischen Führungskraft ein, rafft beherzte Männer zu einem neuen Stoßtrupp zusammen und führt sie im nächtlichen Handgranatenkampf so umsichtig und geschickt, daß dem zahlenmäßig überlegenen Feind ein Entweichen unmöglich wird. 67 Gefangene werden eingebracht, zahlreiche Beute sowie wichtiges Kartenmaterial, das Aufschluß über die Feindabsichten gibt. Hauptsturmführer Karl Bastian wird für diese Tat mit dem Ritterkreuz ausgezeichnet. Der Kommandierende General spricht in folgendem Tagesbefehl allen Beteiligten seinen Dank und seine Anerkennung aus:

„10. SS-Panzerdivision
‚Frundsberg' Div.Gef.-Stand, den 25. 7. 1944

Abschrift eines Fernschreibens des Komm. Generals
II. SS-Panzerkorps vom 22. Juli 1944.

Panzergrenadiere und Panzermänner der 10. SS-Panzerdivision ‚Frundsberg', gut unterstützt von ihren schweren Waffen, haben

nach sorgfältig vorbereitetem Plan des Standartenführers Deisenhofer bei dem Stoßtruppunternehmen am 22. 7. 1944 einen schönen Erfolg errungen.
Sie haben bei einem Bruchteil an eigenen Ausfällen dem Gegner hohe Verluste an Toten — 50 Feindtote gezählt — und Gefangenen — 1 Offizier und 86 Mannschaften — zugefügt, die eigene HKL vorverlegt, 2 Feindpanzer und 3 Pak vernichtet und 1 Pak erbeutet.
Sie haben damit die kämpferische Überlegenheit der 10. SS-Panzerdivision ‚Frundsberg' erneut unter Beweis gestellt.

Ich spreche den Führern und Männern meine Anerkennung aus.

gez. Bittrich

SS-Gruppenführer und Generalleutnant der Waffen-SS."

Nach Ausführung des Auftrages betritt Hauptsturmführer Bastian in den ersten Stunden des 22. Juli den Gefechtsstand des Regiments 21 in Avenay und meldet Deisenhofer die Durchführung des Unternehmens; daß nun auch die ausgebauten Keller- und Bunkerstellungen der Gehöftgruppe la Polka und des dortigen Obstgartens genommen sind. Das noch von den Anstrengungen des Kampfes gezeichnete Gesicht des Bataillonsführer wird sichtlich ruhiger, als handele es sich um eine ganz selbstverständliche Mitteilung. Dabei war das Unternehmen, dessen erfolgreichen Abschluß er soeben mitteilen konnte, von größten Schwierigkeiten begleitet gewesen. Die im Tagesbefehl Bittrichs angegebenen Gefangenen- und Beutezahlen sind für das I. und II./SS-Pz.Gr.Rgt. 21 zusammengefaßt.
Nach dem erfolgreichen Angriff auf la Polka und Maison Blanche antworten die Engländer verstärkt mit Artilleriefeuer, das sich den ganzen Tag über hinzieht und gegen Abend im Abschnitt Höhe 112 und Maltot den Höhepunkt erreicht. Nach Nebelschießen bricht gegen 17.00 Uhr ein feindlicher Vorstoß gegen Höhe 112 zusammen. In Maltot und ostwärts davon bricht der Feind in die deutsche HKL ein und erobert Schloß und Dorf. Die dort stehenden Teile der 272. und 271. Inf.-Division werden auf Feuguerolles zurückgeworfen. Mit Eingreifreserven der „Frundsberg" wird 500 m südlich Maltot eine neue Abwehrlinie aufgebaut. An der Abwehr dieses Feindangriffes ist die schwere SS-Pz.Abt. 102 maßgeblich beteiligt. Im Gefechtsbericht der 2. Kompanie heißt es

hierzu: „17.00 Uhr Alarm. Mündlicher Befehl des Kommandeurs, Sturmbannführer Weiß, bis Abt.Gef.-Stand Amayé vorzuziehen. Dort weitere Einweisung. Kompanie zieht vor und erhält gegen 18.00 Uhr folgenden Auftrag: Von St. Martin entlang der Straße nach Maltot vorzustoßen, mit Masse rechts der Straße, und Verbindung mit eigener Infanterie aufzunehmen, da Feind Maltot und ostwärts davon angegriffen hat. 2. Kompanie tritt an und stößt mit Breitkeil bis Südwestrand vor und stößt hier auf Infanterie- und Flakfeuer; vor allem stark flankierendes Feuer von der Höhe westlich Maltot. Rechts ist der 1. Zug eingesetzt, links der 2. Zug, und als Sturmgeschütze der ‚Frundsberg' nachrollen, wird der 2. Zug links herausgenommen und bis an den Nordrand Feuguerolles vorgeschoben, um dort Verbindung mit der eigenen Infanterie aufzunehmen. Hierbei stößt der ‚Tiger'-Zug auf feindliches Infanterie- und Pakfeuer und schießt dabei drei Pak zusammen. Eigene Infanterie rückt auf und besetzt mit den ‚Tigern' den Nordrand von Feuguerolles. In der Nacht sichert die 2. Kompanie in der Linie zwischen Feuguerolles und Maltot."

Der feindliche Angriff auf Maltot steht in unmittelbarem Zusammenhang mit den Kämpfen ostwärts der Orne und zielt auf die Brücken bei St. André und Bully. Der Abschnitt der „Frundsberg" wird bis an die Bahnlinie im Ornetal verbreitert. Hier verbleibt jedoch die schwere SS-Pz.Abt. 102 als Sicherheitsfaktor. Der Gefechtsbericht dieser Abteilung gibt über den 23. Juli 1944 folgende Auskunft: „2. Kompanie sichert in der gewonnenen Linie und fordert zweimal Artilleriefeuer auf Maltot an, da dort starke Motorengeräusche zu hören sind. Drei eigene Artillerieüberfälle mit sichtbarem Erfolg auf Maltot. In der Nacht sollte ein Angriff auf Maltot anlaufen, der jedoch nicht ausgeführt wurde, da die Infanterie nicht vollzählig herankam. Nach Hellwerden wieder starke Artilleriefeuerüberfälle auf den Kompanieabschnitt. Wagen 214, Unterscharführer Kuhlmann, erhält Artillerievolltreffer ins Laufwerk und fällt aus. Gegen 08.30 Uhr (23. 7.) greifen englische Panzer aus Maltot heraus der Straße entlang an. Sechs Panzer werden abgeschossen, drei durch Untersturmführer Schroif (Wagen 241), zwei durch Unterscharführer Rodinger (Wagen 231) und einer durch Unterscharführer Münster (Wagen 212). Die 2./schwere SS-Pz.Abt. 102 verbleibt dann noch, bis Infanterie eingegraben ist, und zieht dann 200 m hinter der HKL an den Hecken unter. Zwei Panzer bleiben als Vorwarner am

Nordausgang von Feuguerolles.“ Mit diesem Zwischenspiel haben die „Tiger“ den Engländern den Griff nach der Brücke von St. André versalzen.

Die Tagesmeldung der „Hohenstaufen“ vom 23. Juli ist kurz, jedoch inhaltsschwer. Die Einheiten der Division sind auf dem Marsch in den neuen U-Raum Waldgebiet de Cinglais, westlich von Bretteville. Erstmalig geht die Tagesmeldung an das II. und I. SS-Panzerkorps, worin es heißt: „Division zur Verfügung der 5. Pz.-Armee (vormals Pz.-Gruppe West) im befohlenen Raum. Die Auswechselung der SS-Pz.AA 10 durch zwei Kompanien des III./20 (gep.) konnte infolge Einsatzes der SS-Pz.AA 10 im Raum May nicht durchgeführt werden. Eine Batterie I./SS-Art.Rgt. 9 (Sfl) zur Ablösung der I./SS-Pz.Art.Rgt. 10 (Sfl) ebenfalls im befohlenen Raum eingetroffen. — Die SS-Pz.Gr.Rgtr. 19 und 20 wurden am 23. 7. 1944 in ein Panzergrenadierregiment umgegliedert. — III./SS-Pz.Gr.Rgt. 20 (SPW-Btl.) ist aus dem Verband der Pz.Gr.Rgtr. ausgeschieden und dem SS-Pz.Rgt. 9 unterstellt. — Einsatzbereit: 10 Panzer V (Panther) 22 Panzer IV, 13 Sturmgeschütze.“

Diese Tagesmeldung wirft ein bezeichnendes Licht auf die Kampfstärke der Division. Die vorausgegangenen Kämpfe führten zum großen personellen und materiellen Schwund, bei völlig unzureichender Ersatzzuführung. In den Kämpfen in der Normandie verbluten die besten deutschen Divisionen, stirbt Deutschlands Jugend! Aller Mut, alle Tapferkeit sind auf die Dauer der ungeheuren materiellen Überlegenheit der Alliierten nicht gewachsen. Die Division „Hohenstaufen“ hat noch ein Panzergrenadierregiment, fortan als Pz.Gr.Rgt. „Hohenstaufen“ geführt. Das arg zusammengeschmolzene Panzerregiment — abzulesen an der Panzerlage — wird durch das SPW-Bataillon (III./20) verstärkt, aber die SPW sind den viel stärker gepanzerten Kampfwagen mit Turmkanonen natürlich nicht gleichzusetzen. Diese Umgliederung ist für die Truppe notwendig, auch darum, weil es an Führern aller Gattungen fehlt; sie ist aber auch eine Selbsttäuschung der hohen Führungsstäbe: Dort wird noch mit Panzerdivisionen gerechnet, die keine mehr sind. Und diese schwachen Divisionen bekommen weiterhin die vollen Abschnittsbreiten, die großen Aufträge aufgebürdet, als wären sie voll kampfstarke Divisionen. Das Beispiel „Hohenstaufen“ gilt auch für die „Frundsberg“ und für alle anderen deutschen Divisionen in der Normandie. Obersturmführer Zollhöfer, Kommandeur des SS-Panzergrenadier-Regiments „Hohenstaufen“, formiert neben den üblichen drei

Bataillonen aus dem größeren Bestand der Regimentskompanien der Regimenter 19 und 20 folgende neue Regimentskompanien:
13. Kompanie: 12 15-cm-sIG; 14. Kompanie: 12 2-cm-Flak; 15. Kompanie: 12 12-cm-Granatwerfer; 16. Kompanie: Pionierkompanie; 17. Kompanie: Stabskompanie bestehend aus: 1 Nachrichtenzug; 1 Kradschützenzug; 1 SPW-Zug.
Während die Panzergrenadierkompanien nur ca. 70 Prozent der Sollstärke erreichen, sind die Regimentskompanien mit Fahrzeugen, Waffen und Mannschaften fast auf dem Sollstand.
Damit hat das SS-Pz.Gr.Rgt. „Hohenstaufen" eine beachtliche Kampf- und Feuerkraft und befähigt es, gestellte Aufgaben selbst und schnell zu lösen, ohne daß langwierige, zeitraubende und verlustreiche Heranführungen unterstellter oder auf Zusammenarbeit angewiesener Artillerieeinheiten abgewartet werden müssen. Die 17. Kompanie, also die Stabskompanie, bildet fortan eine Art eigene Aufklärungs-Abteilung des Regiments, die sich insbesondere beim Seine-Übergang und der Absetzbewegung nach den Niederlanden hervorragend bewährt. Die Zusammenlegung der Panzergrenadier-Regimenter führt wohl zu einer vermehrten Kampf- und Feuerkraft eines Regiments, sie kann aber darüber nicht hinwegtäuschen, daß die Division insgesamt ein Panzergrenadier-Regiment eingebüßt und damit an Kampf- und Feuerkraft verloren hat.
Schließen wir nun zunächst den Einsatz der 10. SS-Panzerdivision „Frundsberg" zwischen Orne und Odon ab und behandeln dann den Einsatz der 9. SS-Panzerdivision „Hohenstaufen" im Rahmen des I. SS-Panzerkorps ostwärts der Orne im nachfolgenden Kapitel. Nur bei zusammenhängenden Einsätzen soll die „Hohenstaufen" im Rahmen der Gesamtlage erwähnt werden.
Im Bestreben, den englisch-kanadischen Einbruch ostwärts der Orne bei May wieder nach Norden zurückzudrücken und die alte HKL der 272. Inf.-Division zu schließen, werden Teile der 1. und 12. SS-Panzerdivision sowie erste verfügbare Teile der „Hohenstaufen" bei May eingesetzt. Diese Kämpfe werden durch Feuerunterstützung der schweren SS-Panzerabteilung 102 vom Westufer der Orne beeinflußt. Im Gefechtsbericht der 2./schw.SS-Pz.Abt. 102 heißt es unter dem 24. 7. 1944: „In der gewonnenen Linie halten. — Unterstützung des Angriffes ostwärts der Orne aus Stellungen nördlich und nordostwärts Feuguerolles zusammen mit Panzersturmkompanie. Erkundung ergibt, nur Unter-

stützung aus Stellung bei le Hamel möglich. 2. Zug unterstützt sofort den Angriff. Nebel hindert, zum Teil Entfernung für Panzerabschuß zu groß, und Gegenwehr verhältnismäßig stark, da eigene Stellung gut einzusehen ist. Daraufhin wird der 2. Zug zurückgenommen. Nach neuer Erkundung unterstützt der 1. Zug von einem Feldweg, der auf dem Höhenkamm verläuft, den Angriff, jedoch ohne Erfolg. Den 30 bis 40 Feindpanzern auf Höhe 67, nördlich von St. André, ist nicht beizukommen. Schon nach ersten Granaten nebeln sie sich ein. In der Nacht sichert die Kompanie am alten Platz."

Inzwischen gehen die Ablösungen der „Frundsberg" durch die 271. Inf.-Division weiter. Mit Kolonnenraum der „Frundsberg" werden Einheiten der 271. ID herangefahren, damit die Ablösung schneller geht. Am 24. 7. muß vorübergehend die SS-Pz.AA 9 bei Höhe 113 eingesetzt werden, um einen Vorstoß der Briten abwehren zu helfen.

Am 25. Juli tritt nach vorübergehender Beruhigung im Abschnitt May, nach Aufgabe des Ortes durch die Engländer, bei der 272. ID eine neue Krise ein; nach heftigen Angriffen zerreißt ihre Front abermals bei St. Martin und weiter rechts bei Bourguebus. Zur Wiedergewinnung der alten HKL greift die 9. SS-Pz.Div. „Hohenstaufen" an. Der Angriff der „Hohenstaufen" wird vom linken Orne-Ufer von „Tigern" unterstützt. Hierzu wieder der Gefechtsbericht der 2./schw. SS-Pz.Abt. 102:

„25. 7. 1944: Bekämpfen der Feindbewegungen auf Höhe 67 nördlich von St. André. Sichern westlich Feuguerolles. — Aus den Stellungen von gestern bekämpften wieder vorgezogene ‚Tiger' trotz starker Gegenwehr durch Pak, Panzer und Artillerie sowie auch durch Jaboangriffe die Feindbewegungen auf dem Ostufer der Orne. Es wurden von der Kompanie vernichtet: drei feindliche Panzer, vier Pak und zehn Lkw. Masse der Kompanie sichert in alter Stellung und schickt am Nachmittag in Zeitabständen je zwei Wagen in Lauerstellung. Wagen Nr. 222, Unterscharführer Oberhuber, erhält Pakvolltreffer um 11.30 Uhr. Funker gefallen."

Die Angriffe ostwärts der Orne werden gleichzeitig mit örtlichen Vorstößen auch westlich der Orne geführt. Deutscherseits befürchtet man, daß der Raum Bougy—Evrecy—Avenay in den Brennpunkt neuer Kämpfe geraten wird. Jedenfalls lassen feindliche Panzer- und Infanteriebewegungen darauf schließen — oder ist es ein Ablenkungsmanöver zugunsten des bevorstehenden Großangriffs ostwärts der Orne?

Am 26. Juli erfolgt die Verlegung der SS-Pz.AA 10 — die bis zum 24. 7. ostwärts der Orne beim I. SS-Panzerkorps eingesetzt war (der Einsatz wird im nächsten Kapitel beschrieben) von Trois-Monts nach St. Honorine zum Ausbau der zweiten Stellung in der Linie Evrecy—Avenay.

Am 26. 7., 01.25 Uhr, funkt das Generalkommando II. SS-Pz.-Korps an die 10. SS-Pz.-Division: „II./SS-Pz.Rgt. 10 ist mit allen Teilen durch 10. SS.-Pz.-Division so bereitzuhalten, daß zwischen Höhe 113 und Bougy durchbrechende Feindpanzer angegriffen werden können.“ Das ist eine Vorsichtsmaßnahme, die aufgrund neuer feindlicher Panzeransammlungen getroffen wird.
Ende Juli trifft die auf dem Truppenübungsplatz „Kurmark“ unter Sturmbannführer des Coudres neuaufgestellte SS-Werfer-Abteilung 102 beim II. SS-Panzerkorps ein. Die Abteilung besteht aus der Stabsbatterie, einer Kolonne und vier Werfer-Batterien. Sie wird der Werfer-Brigade 8 (Oberst Leis) und dem schweren Werfer-Regiment 2 (Oberstleutnant Wiesomiersky) unterstellt und schießt am 1. 8. 1944 aus den Feuerstellungen bei Landes die erste Abteilungssalve auf feindliche Bereitstellungen bei Gavrus. Danach verlegt die Abteilung hinter der 9. SS-Pz.-Division in den Raum Montchamp.
Feindliche Luftaufklärung und Artilleriefeuerschläge erschweren die angelaufenen Ablösungen der „Frundsberg“ durch die 271. Inf.-Division. Die abgelösten Teile der 10. SS-Pz.Div. werden Eingreifreserve, die Artillerie verbleibt noch in den alten Feuerstellungen. Die erstmals festzustellende Unzuverlässigkeit von Teilen der ablösenden Einheiten verursacht eine weitere Verzögerung. Ein Kommandeur eines ablösenden Bataillons berichtet, daß sein Stab ihn gezwungen habe, Teile seiner Einheiten und des Stabes dem Feinde zu übergeben — der durch Lautsprecher dazu aufgefodert hat —, ihm selbst sei es gelungen, zu entkommen. Hier drückt sich bereits die Kriegsmüdigkeit von Infanterieeinheiten älterer Jahrgänge aus, die die Sinnlosigkeit des Kampfes gegenüber einer gewaltigen Übermacht erkannt haben.
Am 29. Juli wird die SS-Pz.AA 10 zum Besetzen einer Riegelstellung westlich der Straße Evrecy—Avenay und Ausbau derselben eingesetzt. Abends erhält die Abteilung den Befehl, mit einer Kompanie eine Frontlücke zu schließen, die durch Verschiebung von Korpsgrenzen und die Zurücknahme der Front entstanden ist. Sturmbannführer Brinkmann setzt dazu Obersturmführer Paulis 4. Kompanie ein, die die Linie nach

eigenem Ermessen bezieht, da die abzulösenden Teile der 271. Inf.-Div. nicht mehr angetroffen werden. Die 4. Kompanie verbleibt auch am 30. Juli in dieser Stellung, wobei der Kompaniechef verwundet wird. Danach zieht sich die Abteilung in den Nachmittagsstunden in den neu befohlenen U-Raum Trois-Monts zurück.

Am 31. Juli 1944 hat die von Generalleutnant Dannhauser geführte 271. Infanteriedivision den Abschnitt der 10. SS-Panzerdivision übernommen. Oberführer Harmel rechnet mit dem Einsatz der „Frundsberg" in westlicher Richtung, denn am 29. Juli brach die deutsche Front bei St. Lô auseinander.

Das II. SS-Pz.-Korps hat mit den Divisionen „Hohenstaufen" und „Frundsberg" vier Wochen lang im ständigen Wechsel von Angriff und Abwehr das wichtige Höhengelände zwischen Odon und Orne behauptet. Die Divisionen des II. SS-Panzerkorps wurden ohne ausreichende Kenntnis der Feindlage in den Kampf geworfen, der zu diesem Zeitpunkt keinen operativen Erfolg mehr versprach. Sie wurden schon nach wenigen Tagen in die Verteidigung gedrängt und hatten in den Kämpfen des Monats Juli hohe personelle und materielle Ausfälle und einen starken Verschleiß an Waffen, Bewegungsmitteln und sonstiger Ausrüstung. Ihr Kampfwert ist erheblich gesunken, als die deutsche Normandie-Front Anfang August 1944 in Bewegung gerät und schließlich von den Alliierten aus den Angeln gehoben wird. Führung und Truppe des II. SS-Panzerkorps haben mehr als ihre soldatische Pflicht getan, haben gekämpft bis zur Selbstaufopferung, aber sie vermochten das Blatt nicht zu wenden. Material und Technik der Alliierten triumphieren über Mut und Tapferkeit. Die jungen und gut ausgebildeten Divisionen „Hohenstaufen" und „Frundsberg", die als Reserve der Westfront bei einer Landung der Alliierten den ersten großen Gegenschlag führen sollten, finden sich nach kurzem Gegenangriff in die Kette der deutschen Abwehrdivisionen eingereiht, die den alliierten Normandie-Brückenkopf umklammern. Der große Gegenschlag, bei zahlreichen Planspielen einstudiert, fand nicht statt. Der deutsche Befehlswirrwarr, der sich besonders gleich nach der Landung unheilvoll bemerkbar machte, trug dazu bei, das Gesetz des Handelns in die Hände der Angloamerikaner zu spielen.

EINSATZ DER 9. SS-PANZERDIVISION BEIM I. SS-PANZERKORPS

Verschiebung über die Orne — Zwei Angriffsgruppen der 9. SS-Panzerdivision „Hohenstaufen" — Sturmbannführer Brinkmanns SS-Pz.AA 10 greift als erste ein — Oberscharführer Wehrle befiehlt: „Luken zu, Motor anwerfen, Feuerbereitschaft, durch!" — Funken mit höchster Dringlichkeitsstufe — Hauptsturmführer Borchers stürmt mit seinen Panzergrenadieren St. André

Nach und nach werden die in der Invasionsfront stehenden deutschen Panzerdivisionen durch herankommende Infanteriedivisionen ersetzt, um sie wieder als operative Reserven zur Verfügung zu haben, aber dazu kommt es nicht, da die freiwerdenden Panzerdivisionen größtenteils an anderen brennenden Frontabschnitten eingesetzt werden müssen. Auffrischungen, so zum Beispiel der 12. SS-Panzerdivision, müssen schon nach wenigen Tagen abgebrochen und die Einheiten als „Feuerwehr" an neuen Krisenstellen eingesetzt werden.

Den Orne-Abschnitt bei Caen hatte am 10. Juli die 272. Inf.Div. übernommen. Hier und aus dem englischen Orne-Brückenkopf nordostwärts Caen tritt Montgomery am Morgen des 18. Juli mit dem VIII. britischen Korps mit drei Panzerdivisionen und mit dem II. kanadischen Korps mit zwei Infanteriedivisionen und einer Panzerbrigade zum Angriff nach Süden an, um im Wechselspiel mit den wenig später losschlagenden Amerikanern die deutsche Normandie-Front aufzureißen und ihre Kräfte zu zerschlagen. Das ist der Ursprung des Kessels von Falaise.

Diesen britisch-kanadischen Angriff bomben drei alliierte Luftflotten mit 2100 Maschinen voran. Die deutsche Front bricht an mehreren Stellen. Englisch-kanadische Verbände stürmen nach Süden, aber deutsche Panzer und Flak-Batterien, vordem zum Schutz von Caen eingesetzt, bereiten den ostwärts der Orne vorstoßenden britischen Panzerverbänden mit ihren 8,8-cm-Granaten einen blutigen Empfang. Die erste Krise wird überwunden, aber dann beginnt die Taktik der Nadelstiche; der unter dem frischfröhlichen Decknamen „Gut Holz" begonnene Großangriff wird mit Teilangriffen fortgesetzt.

Am 18. Juli tobt die Schlacht ostwärts der Orne. 272. ID, 16. Luftwaffen-Feld-Division und 21. Panzerdivision sowie die in die Kämpfe eingreifende 1. und 12. SS-Panzerdivision machen Montgomerys Stoßverbänden das Vorwärtskommen schwer; teilweise werden die britisch-kanadischen Angriffsspitzen zurückgedrängt.

Auf dem Gefechtsstand des I. SS-Panzerkorps im Hecken- und Waldgelände südlich von Bretteville-sur-Laize verfolgt man die Anstrengungen Montgomerys mit ernster Sorge. Der Kommandierende General Sepp Dietrich sowie alle weitsichtigen Truppenführer wissen, daß ihre abgekämpften Truppen auf die Dauer den Tommys den Weg nach Falaise nicht verbauen können. Sie kennen aber auch nicht die deutsche Gesamtplanung.

Am 18. Juli wird auch die im Raum Hamars als Reserve der 10. SS-Pz.-Division stehende SS-Pz.Aufkl.Abt. 10 alarmiert und dem I. SS-Panzerkorps unterstellt. In der Nacht 18./19. Juli verlegt die Abteilung über Thury-Harcourt in den Forst de Cinglais. Am Vormittag meldet sich Sturmbannführer Brinkmann auf dem Gefechtsstand des I. SS-Panzerkorps bei Bretteville und wird vom Chef des Stabes, Oberführer Krämer, in Lage und Auftrag eingewiesen. Die SS-Pz.AA 10 bildet mit Teilen der 272. Inf.-Division sowie mit der heranmarschierenden I./SS-Pz.Rgt. 9 und Teilen des III./SS-Pz.Gr.Rgt. 20 eine Kampfgruppe unter Führung von Oberstleutnant Koch. Bei der Einweisung ist auch der Kommandeur des SS-Pz.Rgt. 9, Obersturmbannführer Meyer, anwesend. Die Kampfgruppe Koch soll die verlorengegangenen Orte St. André, St. Martin und May zurückerobern.

Der geplante Gegenangriff steht von Anfang an unter Zeitdruck. Da die Masse der 9. SS-Panzerdivision noch im Kampf bei Bougy und Höhe 113 gebunden ist und ihre Ablösung durch die 277. Inf.-Division schleppend vor sich geht, kommt auch die zum Gegenangriff vorgesehene I./SS-Pz.Rgt. 9 nur tropfenweise und schleppend heran. In der Nacht 21./22 Juli zieht Sturmbannführer Brinkmanns SS-Pz.AA 10 in die Bereitstellung bei Laize-la-Ville vor. Der Angriffsplan sieht vor: Angriff auf May mit 3. Kompanie (Obersturmführer Hintze) rechts, und 4. Kompanie (Obersturmführer Pauli) links; links zur Orne gestaffelt die 2. Kompanie (Obersturmführer Hoffmann); rechter Flankenschutz durch die gep. Spähtrupps Rech und Küffner; Pionierzug als Reserve beim Abteilungsgefechtsstand. 3. und 4. Kompanie sollen je durch drei „Panther" der I./SS-Pz.Rgt. 9 unterstützt werden, die Masse der Panzerabteilung soll rechts an May vorbeistoßen.

Am Morgen des 22. Juli 1944 steht Brinkmanns SS-Pz.AA 10 hart südlich von May zum Angriff bereit. Die „Panther", die die SS-Pz.AA 10 unterstützen sollen, sind noch nicht eingetroffen. Lediglich einige „Panther" der 2./SS-Pz.Rgt. 9 sind zum Einsatz bereit, aber Hauptsturmführer Seilers Panzerkompanie soll rechts an May vorbeistoßen und das von Hecken und Buschgruppen durchsetzte Höhengelände nordostwärts von May nehmen. Hierzu erhält Oberscharführer Wehrle von Seiler den Befehl, bei Morgengrauen gegen das Gelände nordostwärts von May mit seinen drei „Panthern" eine bewaffnete Aufklärung zu fahren, da außer der allgemeinen Orientierung vom Feind nichts bekannt ist. Oberscharführer Wehrle, alter Ostfrontkämpfer und ehemaliger Infanterist der Division „Totenkopf", erkundet zu Fuß im Morgengrauen des 22. Juli den Einsatzweg und legt sich Fahrtstrecke und Halts fest. Wenig später rollt er mit seinen drei „Panthern" los. Der Panzerzug kommt unter bester Geländeausnutzung voran. Mitunter kommen Oberscharführer Wehrle Zweifel, ob es hier überhaupt eine feindliche Front gibt, so glatt scheint der Einsatz zu laufen. Als dann der volle Tag anbricht, stehen die drei „Panther" plötzlich unter vielen Lkw, Panzerabwehrkanonen und Soldaten. Zuerst denkt Wehrle an eigene Truppen, aber dann kommen ihm Zweifel, und er sieht sich die anderen Soldaten genauer an. Erschreckt stellt er fest, daß sein Panzerzug im Morgendämmer mitten in eine britische Truppenbereitstellung gestoßen ist. Luken zu, Motor anwerfen und Feuerbereitschaft sind eins. Ruhig gibt Wehrle an seine Panzerkommandanten die eben getroffene Feststellung über Sprechfunk durch — und dann Angriff! Wie ein Blitz aus heiterem Himmel bellen drei deutsche KwK und die Bord-MG in die Menge der Engländer. Und dort ist die Überraschung ebenso groß; sie stieben wie ein Bienenschwarm auseinander und lassen Waffen und Geräte größtenteils im Stich. Wehrles „Panther" leisten ganze Arbeit, und bald geht die Munition zu Ende. Der Oberscharführer gibt die Lage über Funk an Hauptsturmführer Seiler weiter, geht mit seinen drei „Panthern" in Abwehr über und wartet auf das Aufschließen der Kompanie und den weiteren Angriff. Oberscharführer Wehrle ist überzeugt, daß bei einem unverzüglichen Nachstoß die gesamte Front der Briten aufgerollt werden kann, aber hier steht der Kriegsgott auf seiten der Engländer. Die anderen Wagen der Kompanie, der Abteilung, sind noch auf dem Marsch in den neuen Einsatzraum und kommen nicht rechtzeitig heran. So steht der Zug des Oberscharführers Wehrle mit drei „Panthern" volle vier Stunden in einer Lauerstellung; Zeit genug für die Engländer, sich neu zu formieren.

Indessen greift die SS-Pz.AA 10 um 06.00 Uhr den Ort May ohne Panzerunterstützung an. Die 3. Kompanie kämpft sich bis zur Ortsmitte gegen heftigen Widerstand und Flankenfeuer von rechts vor. Die 4.

Kompanie dringt links davon in den Ort ein, bleibt aber schon vor dem Gutshof von May im schweren Feindfeuer liegen. Im Gutshof liegt ein englischer Gefechtsstand, der sich äußerst zäh verteidigt. Die SS-Pz.AA 10 kommt ohne Panzerunterstützung nicht mehr weiter.

Gegen Mittag ist endlich die Masse der I./SS-Pz.Rgt. 9 heran, insgesamt 24 einsatzbereite „Panther". Zwei rollen nach May hinein und unterstützen die 4./SS-Panzer-Aufklärungs-Abteilung 10 in ihrem Bemühen, den Gutshof zu nehmen, aber es gelingt nicht. Flankierendes Pakfeuer zwingt sie zurück. Die Front in May erstarrt. Jeweils zur Hälfte wird der Ort von Deutschen und Engländern behauptet.

Indessen schließt gegen Mittag auch Hauptsturmführer Seiler mit seinen „Panthern" zur Lauerstellung des Zuges Wehrle auf. Der Panzerangriff geht weiter, gerät aber schon bald unter heftiges Flankenfeuer britischer Pak. Sofort stehen drei „Panther" der 2. Kompanie in Flammen. Andere Teile der I. Abteilung greifen ein, aber aus günstigen Stellungen schießen englische Pak einen deutschen Panzer nach dem anderen ab, sowie sie über eine kleine Anhöhe kommen. In dieser Lage tut Hauptsturmführer Seiler das einzig Richtige: „Gefecht abbrechen und unter Einnebeln auf die Ausgangsstellung zurückziehen!" lautet sein Befehl. Der vorn stehende Zug Wehrle wirft alle Nebelkerzen, die er hat, und zieht sich dann als letzter aus der Falle zurück. Dieser überhastete, ohne genügende Aufklärung und ohne sorgfältige Bereitstellung durchgeführte Angriff kostete die I./SS-Pz.Rgt. 9 elf „Panther", jedoch sind die meisten keine Totalausfälle und werden von den Inst.-Kompanien wieder instand gesetzt.

Am 23. Juli steht die SS-Pz.AA 10 nach wie vor in May und muß stärkstes feindliches Artillerie- und Granatwerferfeuer über sich ergehen lassen. Indessen werden weitere Teile der 9. SS-Panzerdivision in der alten Stellung links der Orne durch die 277. ID abgelöst und in den Raum Forst de Cinglais herangeführt und dem I. SS-Panzerkorps unterstellt. In der Nacht 23./24. Juli wird die SS-Pz.AA 10 von zwei Kompanien des III./Pz.Gr.Rgt. 20 (SPW) abgelöst, nachdem sie bereits am Abend May geräumt hatte, das unter stärkstem feindlichen Artilleriefeuer in Schutt und Asche versank. Die SS-Pz.AA 10 verlegt wieder über die Orne in den Raum Trois-Monts zur Verfügung der 10. SS-Panzerdivision. Ihr weiterer Einsatz ist im vorigen Kapitel beschrieben.

Je mehr die Wahrscheinlichkeit eines feindlichen Großangriffs westlich der Orne abnahm, um so mehr steigerte sich die Annahme eines solchen ostwärts der Orne beim I. SS-Panzerkorps. Auf Grund dieser Erwägungen wird die 9. SS-Panzerdivision mit Masse in der Nacht 22./23. Juli durch die 10. SS-Panzerdivision im ostwärtigen und durch die 277. Inf. Div. im westlichen Teil des Abschnittes Bougy—Höhe 113 abgelöst. Die „Hohenstaufen" wird am 23. 7. dem I. SS-Panzerkorps unterstellt und auf das Ostufer der Orne geführt, mit dem Auftrag, Einsatzmöglichkeiten bei feindlichem Durchbruch an den Straßen Caen—Thury-Harcourt und Caen—Falaise, vor allem im Abschnitt der 272. Inf.Div. zu erkunden. Der Verlegungsmarsch muß infolge feindlicher Artillerie- und Fliegertätigkeit während der Nacht auf Nebenwegen und in kleinen Kompanie- und Batteriegruppen durchgeführt werden. Die Verlegung wickelt sich mit vielen Störungen, jedoch ohne Ausfälle ab.

Jede Verlegung bringt insbesondere der Nachrichten-Abteilung der Division viel Arbeit. Betrachten wir einmal die Verlegung des Divisionsgefechtsstandes. Ein kompliziertes Führungsinstrument der Division ist ihre Nachr.Abt. Aufgabe des Leiters der Funkführungsstaffel (L.d.Fu.) — meistens der Chef der 2. (Funk-)Kompanie oder einer seiner Zugführer — ist es, die Funkverbindung der Division nach „oben" und „unten" herzustellen und aufrechtzuerhalten. Der Leiter der Nachrichtenverbindung (L.d.N.) hat im Bereich der Drahtverbindungen die gleiche Aufgabe. Bei einer Verlegung des Divisionsgefechtsstandes werden beide Leiter meistens durch den Ia der Division unterrichtet und der neue Div.-Gefechtsstand vorgegeben. Die Feldgendarmerie übernimmt die Verkehrsregelung. Die Funkführungsstaffel marschiert bei der Verlegung in einer vorbestimmten Reihenfolge des Divisionsstabes. Meistens halten die drei oder vier Funktrupps auf dem Marsch die Verbindung mit den Funktrupps der Gegenstellen durch kurzes Geben und Rufen, so daß der L.d.Fu. schon beim Beziehen des neuen Gefechtsstandes die „Aufnahme der Verbindungen" melden kann. Danach beginnen die Fernsprech-Bautrupps der 1. Kompanie mit der Verlegung der neuen Fernsprechverbindungen, so daß Fernsprech und Funk durch Überlagerung eine sichere Nachrichtenverbindung ergeben, die die Voraussetzung für den Einsatz ist und Führung und Truppe oder Planung und Ausführung in Übereinstimmung bringt.

Durch Funkanpeilung der Alliierten ist eine Konzentration von Funkstellen in der Nähe des Divisionsgefechtsstandes nicht mehr vertretbar. Die Divisionen ordnen an, daß die Funkstellen etwa 1 km entfernt vom Divisionsgefechtsstand ihre Kurbelmasten ausfahren und den Funk-

betrieb aufnehmen. Die Fernsprechkompanie, die erste, verbindet diese Funkstellen durch Draht mit dem Div.-Gefechtsstand.
Die SS-Pz.-Nachrichten-Abteilung 9 erfährt im Juli einige Veränderungen: Der Kommandeur der Abteilung, Sturmbannführer König, sowie der Chef der 2. Kompanie, Hauptsturmführer Berndt, werden versetzt und übernehmen größere Aufgaben. Hauptsturmführer Wortmann übernimmt die SS-Pz.NA 9 und Obersturmführer Escher die 2. Kompanie. Bald darauf fällt Escher durch Frontunfall aus und wird durch Obersturmführer Heimann ersetzt.
Ewald Kraßmann beschreibt in der Chronik der 2./SS-Pz.NA 9 einen Gefechtsstandwechsel so: „Die SS-Panzerdivision ‚Hohenstaufen‘ verlegt in den Raum ostwärts der Orne. Am hellen Tage wird der Ortswechsel der Funk-Führungsstaffel durchgeführt. Wir müssen über eine Orne-Brücke, die durch zwei Bombentreffer beschädigt ist. Die Kraftfahrer müssen all ihr Können anwenden, um die Fahrzeuge über die beschädigte Brücke zu bringen. Und tief unten rauscht die Orne. Feindliche weitreichende Artillerie beschießt die Brückenstelle, aber die ‚Koffer‘ liegen zu weit. Von feindlichen Flugzeugen ist im Moment nichts zu sehen. Während der Fahrt wird der Funkverkehr mit den Gegenstellen aufrechterhalten. Das erspart die fortlaufenden Funkbereitschaftsmeldungen. Durch technischen Fehler fällt der Funktrupp des Unterscharführers Freitag aus, wir, der Funktrupp des Unterscharführers Asche, müssen die Verbindung zum Ib (Versorgung) der Division übernehmen. Kaum hat der Trupp Asche die Bereitschaft gemeldet, meldet auch schon die Gegenstelle den ersten Versorgungsspruch an. Mit ‚kr‘ und ‚ssd‘ (höchste Dringlichkeitsstufen) fängt es an. Unterscharführer Asche ist zum L.d.Fu. gegangen, und wir Funker müssen allein den verantwortungsvollen Funkverkehr durchführen. Im großen Tempo gibt die Gegenstelle ihren ersten Spruch durch. Wir stellen fest, daß da Könner am Gerät sitzen — aber wer? Mit ‚ar-K‘ sichern sie sich den weiteren Vorrang. Nachdem unser Trupp quittiert hat, steigert sich das Tempo der Gegenstelle. Mit ‚kr‘ ist alles dringend gemacht, was sich auch im Verlauf des Funkverkehrs bestätigt. Es dreht sich um Betriebsstoff und Munition. Die Schlüssler Sturmmann Esser und Ebhard schlüsseln sich die Finger wund. Auf jeden Spruch wird ein ‚qsl‘ gemeldet, ein Zeichen sauberer Arbeit beider Funkstellen. Insgesamt werden in kurzer Zeit 18 Funksprüche gesendet und empfangen. Zum Hohn auf die geheime Funkvorschrift nimmt der Trupp Asche am Schluß auf: ‚gut-gut-gut-er-

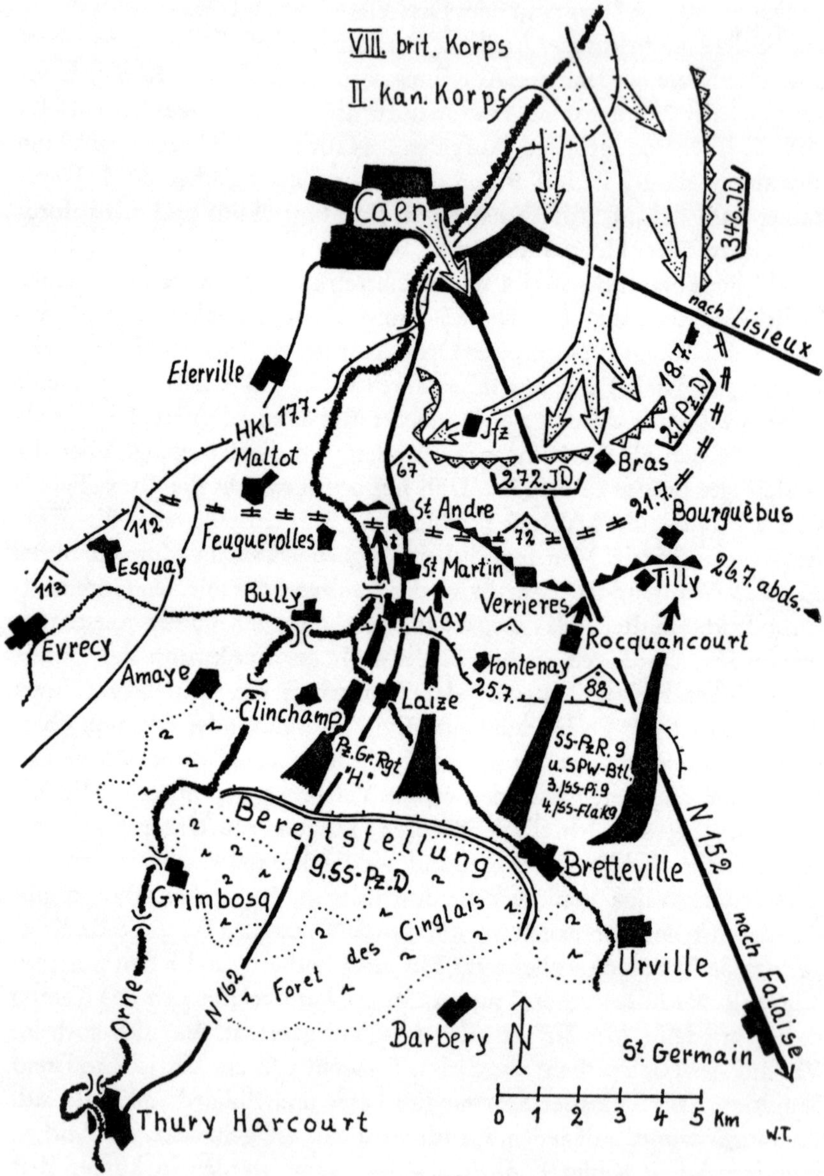

Einsatz der 9. SS-Panzerdivision beim I. SS-Panzerkorps

Loe'. Damit steht fest, daß die Gegenseite der Trupp Loemker ist. Eine halbe Stunde später kommt Unterscharführer Loemker mit dem Motorrad angebraust und sucht die Funkstelle Asche auf. Unterscharführer Asche ist noch nicht da, und Unterscharführer Loemker erfährt, daß die Sturmmänner Skiba und Kraßmann als Funker 1 und 2 den vorbildlichen Funkverkehr abgewickelt haben. Als Anerkennung zieht Loemker eine Schachtel Zigaretten aus der Tasche und gibt sie den Funkern. Der Gefechtsstand der Division wechselt bald darauf erneut seinen Standort. Südlich der Ortschaft May, in der Nähe eines Hauptverbandplatzes, ziehen wir in einem großen, von einer hohen Hecke umgebenen Obstgarten unter, und hier kurbeln wir wieder unsere Funkmasten hoch."

Am 25. Juli 1944, gegen Mittag, ruft der Chef des Stabes des I. SS-Panzerkorps, Oberführer Krämer, fernmündlich die Division „Hohenstaufen" an. Auf dem Divisionsgefechtsstand Fresny, am Waldrand 2 km ostwärts von Grimsbosq, wird der Ia der Division, Obersturmbannführer Harzer, an den Apparat geholt. Der Chef des I. SS-Panzerkorps steuert ohne Umschweife auf sein Anliegen zu:
„Harzer, die Tommys sind im Abschnitt der 272. Infanterie-Division durchgebrochen. Die Schwerpunkte liegen an der Straße Caen—Thury-Harcourt bei St. Martin und May und an der Straße Caen—Falaise bei Rocquancourt. Die 9. SS-Panzerdivision ‚Hohenstaufen' tritt sofort zum Gegenstoß nach Norden an und stellt den Verlauf der alten HKL wieder her. Dazu sind zwei Regimentsgruppen anzusetzen. — Noch Fragen? — Nein! — Also dann los. Eile ist geboten!"
Harzer weiß ohnehin, wo die Briten und Kanadier durchwollen und läßt die Einheiten in Alarmbereitschaft setzen. Dann läuft alles wie ein Uhrwerk ab. Als Standartenführer Stadler wenig später auf dem Divisionsgefechtsstand eintrifft, ist der Aufmarsch zum Gegenangriff im Gange. Die zwei Kommandeure der Angriffsgruppen erscheinen auf dem Divisionsgefechtsstand zum Befehlsempfang. Nach einer kurzen Lageorientierung erteilt Stadler die Angriffsbefehle:

> „Mayer, Ihre Angriffsgruppe, bestehend aus der Masse des Panzerregiments, dem III./20, der 3. Pi.- und der 4. Flak ‚Hohenstaufen', tritt aus dem Bereitstellungsraum Bretteville nach Norden an und wirft den Feind zurück. Ungeklärte Lage bei Höhe 88 und bei Rocquancourt verlangen ein vorsichtiges Vorgehen entlang der Natio-

nalstraße 152 in Richtung Caen. Nach letzten Meldungen geht der Feind entlang dieser Straße in Richtung Falaise vor. Ein Abdrehen von Teilkräften gegen die Höhe 76 bei Tilly ist notwendig."

An Obersturmbannführer Zollhöfer gewandt fährt Stadler fort:

„Das Pz.Gr.Rgt. ‚Hohenstaufen' tritt aus dem Bereitstellungsraum südlich von Clinchamp entlang der Nationalstraße 162 nach Norden an und stellt den Verlauf der alten HKL nach Rückeroberung der Orte May, St. Martin und St. André wieder her.
Wiehle, Ihr SS-Pz.-Artillerieregiment 9 unterstützt das Vorgehen beider Angriffsgruppen aus den Waldstellungen bei Bretteville und Grimsbosq."

Das sind klare Befehle. Andere Lösungen bieten sich nicht an. Als die Regimentskommandeure wieder bei ihren Regimentern sind, haben die Stäbe alle Angriffsvorbereitungen getroffen.
Um 13.05 Uhr melden die Regimentsgruppen das Antreten ihrer Verbände. Obersturmbannführer Mayers Angriffsgruppe zieht durch Bretteville, geht in Angriffsform über und schlägt sich bald mit der englischen Panzerspitze herum, die bei Höhe 88 steht. Übergangsschwierigkeiten über die Laize — alles muß über eine Brücke — wirken sich zeitraubend und hemmend aus.
Obersturmbannführer Zollhöfers zwei Bataillone des Regiments 19 und des I./20, die Tage zuvor zum SS-Pz.Gr.Rgt. „Hohenstaufen" zusammengefaßt worden sind, dringen bald über Laize-la-Ville hinaus und erhalten aus May starkes Feindfeuer. Nach einem zusammengefaßten Feuerschlag des SS-Art.-Regiments 9 stürmen die Grenadierkompanien May. Im Ort entwickeln sich heftige Kämpfe. Gegen 18.00 Uhr erreicht das SS-Pz.Gr.Rgt. „Hohenstaufen" den Nordrand von May.
Bei Einbruch der Dunkelheit steht die Division „Hohenstaufen" in der Linie May—Fontenay—Höhe 88. Die SS-Pz.AA 9 ist in Zuführung von der 10. SS-Pz.-Division, wo sie vorübergehend eingesetzt war. Das SS-Pz.Pi.Btl. 9 (ohne 3. Kp.) ist weiterhin dem II. SS-Panzerkorps unterstellt. Der Auftrag für den 26. Juli lautet: „Gewinnung der alten HKL der 272. Inf.-Division und Besetzung derselben."
Den Angriff der 9. SS-Pz.-Division unterstützte am 25. 7. die schwere SS-Pz.Abt. 102 vom linken Orne-Ufer. Das SS-Wirtschaftsbataillon 9 schießt eine „Thunderbolt" ab.

Da sich herausstellt, daß die Engländer auf Höhe 88 einen starken Abwehrschwerpunkt gebildet haben, vor dem Mayers Panzer liegen geblieben sind, gliedert die rechte Angriffsgruppe der 9. SS-Pz.-Division in der Nacht um. Teile der 1. SS-Pz.-Division und der 272. Inf.-Division, die sich am Vortag dem Angriff der Engländer entgegengeworfen haben, werden in den Angriff der 9. SS-Pz.-Division mit einbezogen.
Am Morgen des 26. Juli treten die Angriffstruppen der 9. SS-Panzerdivision wieder an. Rege feindliche Fliegertätigkeit stört beträchtlich die eigenen Bewegungen. Besonders die Nationalstraßen werden von sich ständig ablösenden Jaboverbänden kontrolliert und unter Feuer genommen, sobald sich Bewegungen zeigen. Die SS-Pz.-Flak-Abt. 9 und die 14./SS-Pz.Gr.Rgt. „Hohenstaufen" schießen je eine „Thunderbolt" ab.

Bei der Angriffsgruppe Zollhöfer bildet Hauptsturmführer Hermann Borchers mit seinem I./SS-Pz.Gr.Rgt. „Hohenstaufen" (vormals I./19) die Spitze. Das Bataillon dringt im schwungvollen Angriff entlang der Hauptstraße nach Norden vor und erobert die Orte St. Martin und St. André nach vierstündigem erbitterten Ortsgefecht. Hermann Borchers ist die Seele des Kampfes. Am Spätnachmittag tobt der Kampf nördlich von St. André. Die Engländer versuchen mit schnell aufgebauten Panzerriegeln das deutsche Vorgehen zu stoppen, aber der tapfere Einsatz des banatendeutschen Sturmmannes Schneider, der mit der Panzerfaust drei Panzer abschießt, bringt den Sperriegel ins Wanken. Unter dem Druck eines neuen Angriffs weicht der Gegner zurück und gibt die beherrschende Höhe 67, nördlich von St. André, preis.
Die Angriffsgruppe Mayer kämpft indessen weniger erfolgreich. Den ganzen Tag über wird um die beherrschende Höhe 88 gerungen. Heftige Panzerduelle prägen das Bild des Kampfes. Feindliche Jabos greifen in die Kämpfe ein und erschweren den deutschen Panzern das Herankommen an Höhe 88 über freie Flächen. In der Abenddämmerung geben die Engländer die Höhe 88 auf.
In den Abend- und Nachtstunden des 26. Juli hat die 9. SS-Pz.-Division im wesentlichen die alte HKL der 272. ID wieder genommen und dabei ein eingeschlossenes Bataillon der 272. ID entsetzt. Rechts und links besteht Anschluß an die Nachbardivisionen. Nur um den kleinen Ort Verrières und um die Höhe 72 wird noch gekämpft. Die 9. SS-Pz.-Division übernimmt den wiedergewonnenen Abschnitt der 272. Inf.-Division in der Linie St. André—Tilly. Die 272. ID löst die 21. Pz.Div. in

der Linie Tilly—Vimont ab. Die 21. Pz.Div. wird Eingreifreserve der 5. Panzerarmee. Den bisherigen Bereitstellungsraum der 9. SS-Pz.Div. hat inzwischen die 2. Pz.Div. belegt. Teile der 1. und 12. SS-Panzerdivision sind noch im Abschnitt der 9. SS-Panzerdivision und der 272. Inf.-Division eingesetzt, jedoch sollen diese bald herausgelöst werden.

Am Spätnachmittag und am Abend des 26. Juli weist die 9. SS-Pz.Div. mehrere feindliche Gegenstöße ab. Eigene Artillerie belegt Panzer- und Infanterieansammlungen mit zusammengefaßten Feuerschlägen, an denen sich auch die Werferbrigade 7 des Oberstleutnants Tzschökell mit den Regimentern 83 und 84 beteiligt.

Am Abend des 26. Juli sind auf dem Divisionsgefechtsstand der „Hohenstaufen" in Fresnay le Pont 23 gefangene Engländer. 115 gefallene Engländer sind gesammelt und begraben worden. Der Ic, Obersturmführer Schöberle, verhört die gefangenen Engländer und schiebt sie ab zur 5. Panzerarmee. Das SS-Pz.Rgt. 9 meldet 18 Panzer V, 18 Panzer IV und 11 Sturmgeschütze einsatzbereit.

Am 27. Juli scheitert ein eigenes Unternehmen zur Wiedereroberung von Verrières. Die Verteidigung des Ortes wird wesentlich durch das Feuer schwerer englischer Waffen von der stark ausgebauten Höhe 72 — nördlich Verrières — unterstützt. Die Reste des Grenadierregiments 982 (272. ID) werden im Abschnitt Orne—Südrand St. André von der SS-Pz.AA 9 abgelöst. Die eigene HKL, die infolge der feindlichen Einwirkung von schwerer Artillerie bis an den Nordrand von St. André zurückgenommen wurde, wird abermals bis auf das Friedhofs- und Kirchengelände zwischen St. André und St. Martin zurückgenommen.

Die Tagesmeldung der 9. SS-Panzerdivision vom 28. Juli an das I. SS-Panzerkorps lautet:

a) Gegner verhielt sich im Verlauf der Nacht sowie am heutigen Tage im allgemeinen ruhig. Durch mehrere von der SS-Pz.AA 9 angesetzte Spähtrupps wurde Château (Schloß) 1 km westsüdwestlich Kirche St. Martin feindfrei festgestellt. Daraufhin wurde dort ein stehender Spähtrupp eingerichtet. SS-Pz.Gr.Rgt. „Hohenstaufen" meldet Wegegabel 1 km südwestlich Höhe 72 feindfrei. Gegner schanzt vornehmlich beiderseits Höhe 72 und nordostwärts St. André. Schanzarbeiten werden laufend durch Feuer schwerer Waffen gestört. Im Raum Verrières eingesetzte Teile LSSAH wurden um 22.55 Uhr beginnend, durch 3./20 abgelöst. Durch ständiges Störungsfeuer verzögerte sich die völlige Ablösung bis zum Morgengrauen. Artilleriefeuerschläge im rechten Abschnitt SS-Pz.Gr.Rgt. „Hohenstaufen" (bei Verrières). Es besteht der Eindruck, daß der Gegner entweder Stellungswechsel seiner Artillerie vorgenommen hat oder ihm neue Batterien zugeführt worden sind. Um 17.30 Uhr schoß Gegner Nebel auf eigene Stellungen südlich Höhe 72. Ab 18.10 Uhr wurden Bewegungen von Infanterie und Fahrzeugen in Richtung Höhe 67 und 72 und umgekehrt festgestellt, die durch Artillerie bekämpft wurden. Feindliche Luftwaffentätigkeit heute geringer als am Vortag.

d) SS-Pz.Pi.Btl. 9 wieder der Division unterstellt und im Nordteil von Forst Cinglais unterzogen.

f) Weiterer Ausbau der Verteidigungsstellungen und Verminung des Vorgeländes.

g) Einsatzbereit: 26 Panzer V; 22 Panzer IV, 22 Sturmgeschütze.
Erfolgsmeldung:
Durch SS-Flak-Abt. 9 wurden eine „Typhoon" abgeschossen, zwei Maschinen vom Typ „Mustang" in Brand geschossen. Durch Rgt. „Hohenstaufen" wurde eine Pak erbeutet und eine weitere zerstört.

Diese Tagesmeldung zeigt das Erstarren der Front an. Wer sie aufmerksam liest, erkennt auch die feinen Nuancen, wie zum Beispiel die Beobachtungen der englischen Bewegungen bei Höhe 72, die durch vorhergehendes Nebelschießen verschleiert werden sollten, und die Verminung des Geländes. Das Dorf Verrières wird nach wie vor von den Engländern behauptet.
In der Tagesmeldung vom 29. Juli wiederholen sich die Symptome des Stellungskrieges. Beim SS-Pz.Gr.Rgt. „Hohenstaufen" werden feindliche Aufklärungsvorstöße bei Höhe 72 bis Ostrand St. André abgewiesen. Beim Feind werden Auswechselungen und Verstärkungen beobachtet, die durch Feuer eigener schwerer Waffen bekämpft werden. Ein in der Nacht zum 29. 7. auf St. André angesetzter Spähtrupp der SS-Pz.AA 9 stellt fest, daß der Südteil von St. André feindfrei ist. Die Verminung des Vorgeländes wird durch Artilleriefeuer des Feindes wesentlich erschwert. Den Abschnitt ostwärts Verrières bis Westrand Tilly verteidigt die Divisionsgruppe Meyer mit dem SPW-Bataillon und der II./SS-Pz.Rgt. 9; letztere steht etwas abgesetzt an der Straße nach Falaise in Lauerstellung. Die I./SS-Pz. Rgt. 9 steht als Reserve im Raum

Bretteville. Die 4. Kompanie des Fernlenkpanzerregiments 301 (FlK) wird der Division unterstellt und zieht in einem Waldstück bei Bretteville unter. Das I./19 wird im Abschnitt St. Martin—Höhe 72 durch das I./20 abgelöst. Für den Einsatz im Raum St. André, St. Martin und Höhe 67 wird der Kommandeur des I./19, Hauptsturmführer Hermann Borchers, mit dem Ritterkreuz ausgezeichnet. Die Panzerlage des SS-Pz.Rgt. 9: 29 Panzer V; 22 Panzer IV; 27 Sturmgeschütze (zusammen 78) einsatzbereit. Weiter heißt es in der Tagesmeldung vom 29. Juli: „Während eines feindlichen Artillerieüberfalles gegen 15.00 Uhr wurde der Divisionskommandeur verwundet."
Bei einem feindlichen Artilleriefeuerüberfall auf den Gefechtsstand der 9. SS-Panzerdivision im Waldstück bei Fresney — der oft das Ziel feindlicher Artilleriefeuerüberfälle ist — krepieren die hoch brisanten Granaten schon in den Bäumen. Der nach unten sausende Splitterregen verwundet Standartenführer Stadler. Der Divisionsgefechtsstand wird daraufhin nach Fontaine zurückverlegt. Auf Befehl des II. SS-Panzerkorps übernimmt der Korpsartillerieführer, SS-Oberführer Bock, die Führung der 9. SS-Panzerdivision. Oberführer Friedrich Wilhelm Bock, Jahgang 1897, nahm schon am Ersten Weltkrieg als Feldartillerist teil. 1934 zum Hauptmann der Schutzpolizei aufgerückt, stand er 1941 als Abteilungskommandeur des Artillerieregiments der SS-Polizeidivision im Einsatz und erhielt für eine erfolgreiche Abwehr russischer Kräfte vor Leningrad am 1. April 1943 das Ritterkreuz. Danach wurde der Artillerist Friedrich Wilhelm Bock zum Artillerieführer des II. SS-Panzerkorps berufen.
Die erste Hälfte des 30. Juli vergeht ohne wesentliche Ereignisse. Frontalltag! Dann, gegen 17.30 Uhr, erfolgen nach vorhergehender feindlicher Artillerievorbereitung heftige Vorstöße der Engländer gegen die HKL des SS-Pz.Gr.-Regiments „Hohenstaufen" mit Schwerpunkten hart ostwärts St. Martin und bei Verrières, die durch 29 Jagdbomber unterstützt werden. Die feindlichen Angriffe werden mit Hilfe der eigenen Artillerie abgeschlagen. Um 21.30 Uhr wiederholen die Engländer ihre Angriffe, dieses Mal unter Einsatz von Nebel- und Phosphorgranaten. Auch dieses Mal behaupten die deutschen Panzergrenadiere ihre Stellungen. Um 23.45 Uhr erfolgt dann ein überraschender Feindangriff in Kompaniestärke mit Unterstützung von zwei Panzern, der zu einem örtlichen Einbruch in Gegend Kirche und Friedhofsgelände von St. Martin führt. Sofort ist Hauptsturmführer Borchers da und wirft unter per-

sönlicher Führung mit Teilen seines I./19 und der SS-Pz.AA 9 den Feind zurück; dabei werden Gefangene gemacht, unter ihnen der englische Kompanieführer. Die Fairneß des Kampfes drückt sich in folgendem Vorfall aus: Ein englischer Arzt und fünf Sanitäter begeben sich freiwillig in deutsche Gefangenschaft, um die englischen Toten und Verwundeten zu bergen. Der letzte Dienst an seinen Kameraden bewegt den englischen Arzt, weiterhin auf deutscher Seite der Front für die Verwundeten beider Seiten zu sorgen.
Nach Besetzen der alten deutschen HKL liegt starkes feindliches Artilleriestörungsfeuer auf dem gesamten Abschnitt des SS-Pz.Gr.Rgt. „Hohenstaufen".
Als der 31. Juli aus dem Dunkel der Nacht emporsteigt, es Tag wird, fühlen feindliche Spähtrupps gegen das in der Mitte des SS-Pz.Gr.Rgt. „Hohenstaufen" stehende II./19 vor und werden abgewiesen. Gegen 05.00 Uhr erfolgt ein neuer Vorstoß eines englischen Stoßtrupps in Stärke von 40 bis 50 Mann auf das Friedhofsgelände von St. Martin, der zum Teil im Nahkampf abgewiesen wird.
Im rechten Divisionsabschnitt bleibt es verhältnismäßig ruhig. Die an der Straße nach Falaise bei Höhe 76 in Lauerstellung stehenden Panzer und Sturmgeschütze der II. Abt. SS-Pz.Rgt. 9 werden durch die „Panther" der I. Abteilung abgelöst. Der Gefechtsstand des SS-Pz.Rgt. 9 befindet sich in Château, südwestlich von Gouvix.
Nach sorgfältiger Erkundung und Vorbereitung erfolgt am 31. 7. gegen 07.00 Uhr morgens ein Einsatz von zwei FLK-Zügen auf Verrières und Höhe 72. Einige Fernlenkpanzer, genannt „Goliath", erreichen englische Stellungen ostwärts Verrières und im Ort und werden gezündet. Von dem links eingesetzten Zug bleiben vier Fernlenkpanzer wegen Geländeschwierigkeiten vor Höhe 72 stecken und sollen in der kommenden Nacht geborgen werden. Besondere Erfolge der Fernlenkpanzer sind nicht zu verzeichnen. Unter günstigen Gelände- und Anfahrtverhältnissen erzielen die knapp ein Meter langen und 67 Zentimeter hohen und mit 91 Kilo Sprengstoff im Bauch von den Landsern „Goliath" genannten Fernlenkpanzer, die durch Funkimpulse gesteuert werden, bessere Erfolge.
Das SPW-Bataillon wird ostwärts Verrières gegen Teile des SS-Pi.Btl. 9 ausgetauscht und zieht bei Urville unter. Die 6. Batterie des SS-Pz.Art. Rgt. 9 wird am Vormittag des 31. Juli von einem feindlichen Artilleriefeuerschlag erfaßt und hat Tote und Verwundete. Alle noch einsatzbe-

reiten vier Geschütze der Batterie fallen aus. Drei sind nach zwei Tagen wieder einsatzbereit, am vierten arbeitet der Waffenmeisterzug noch mehrere Tage. Mehrere Meldungen bestätigen das Auftreten von zwei feindlichen gepanzerten Fahrzeugen ungewöhnlichen Ausmaßes in Gegend Höhe 72; Rohrlänge 6 bis 8 Meter, Kaliber etwa 12 bis 15 Zentimeter. Ob es sich um einen Panzer oder um ein Geschütz auf Selbstfahrlafette handelt, ist nicht festzustellen.
Um 18.20 Uhr fühlt abermals ein feindlicher Stoßtrupp gegen die deutsche HKL bei Kirche St. Martin vor. Eingebrochener Gegner wird durch zusammengefaßtes Feuer von sechs sIG der 13./SS-Pz.Gr.Rgt. „Hohenstaufen" unter Feuer genommen und wieder herausgeschossen. Die alte HKL wird wieder besetzt.

1. August 1944: Mitternacht ist gerade vorbei. In den deutschen Stellungen stehen Panzergrenadiereposten und starren gegen den Feind. In der hellen Sommernacht heben sich die bekannten Geländepunkte vor den spähenden Augen ab. Die Posten, die den Schlaf ihrer Kameraden durch ihre Aufmerksamkeit sichern, stellen im Vorgelände nichts Verdächtiges fest. Die Front hält den Atem an. Nach den Angriffen, die die Tommys wieder zurückgedrückt haben, scheint die Linie St. Martin—Tilly—Vimont zu erstarren. Hüben und drüben wühlen sie sich in die Erde hinein. Doch das allgemeine Frontbild täuscht über die Absicht Montgomerys hinweg, endlich aus der „Einmauerung" südlich Caen herauszukommen, die ostwärts Caen durch das von vielen Wasserläufen geprägte Mündungsgebiet des Dives-Flusses begrenzt wird und einen Ausbruch in den freien Raum unmöglich erscheinen läßt. Und Monty hat dem VIII. britischen und dem II. kanadischen Korps die Stadt Falaise als nächstes Ziel gesetzt. Um 02.30 Uhr wird die friedliche Stille der Nacht vom Aufblitzen unzähliger Mündungsfeuer britischer und kanadischer Geschütze jäh verdrängt. Englische Batterien schießen Trommelfeuer auf den gesamten Abschnitt der 9. SS-Panzerdivision. Jäh werden die deutschen Panzergrenadiere aufgeschreckt und taumeln durch Stellungen und Gräben auf ihre Posten. Unter den dichten Granateinschlägen heben sich die dumpfen, tief brummenden Einschläge schwerer Granaten ab. Bei Verrières stößt ein deutscher Panzergrenadier seinen Kameraden an und sagt: „Du, das sind Koffer von den dicken Brocken, die wir bei Höhe 72 beobachtet haben."
Ab 04.15 springt das starke, an- und abschwellende Trommelfeuer weit

nach hinten zurück und erfaßt Stäbe, Batteriestellungen, Wege und Straßen.
Längst sind die deutschen Panzergrenadiere in den Stellungen an ihren Waffen. Gegen 05.00 Uhr dringen die Tommys in das zertrommelte Kirchen- und Friedhofsgelände von St. Martin ein. Hauptsturmführer Borchers meldet das seinem Regimentskommandeur, Obersturmbannführer Zollhöfer. Zollhöfer kann nur eines erwidern: „Halten, Borchers — die HKL halten!"
Borchers eilt nach vorn. Bei der Kirche von St. Martin ist die eigene HKL in einer Breite von 150 Metern aufgerissen worden. Im tagelang umkämpften Friedhofsgelände von St. Martin sitzen die Engländer. Mit schnell zusammengerafften Männern seines I./19 und der SS-Pz.AA 9 riegelt Hauptsturmführer Borchers den Einbruch ab. Reserven stehen nicht zur Verfügung. Borchers meldet das an Zollhöfer, und der entschließt sich nach dem kurzen Lagebericht von Borchers, das kräftezehrende Friedhofsgelände zu räumen und die HKL etwas zurückzuverlegen.
Nun wissen die Männer der 9. SS-Panzerdivision „Hohenstaufen", warum die Kämpfe an den letzten Julitagen abgeklungen sind: Montgomery hat neue Kräfte in den Brückenkopf ostwärts Caen — zwischen Orne und Dives — hineingepumpt, um den Großangriff auf Falaise verstärkt wiederaufzunehmen. Und seine Artillerie hat Stellungswechsel nach vorn gemacht.
Aber nicht nur bei St. Martin und an der Straße Caen—Falaise entsteht eine neue Krise; bei Avranches ist den Amerikanern der Ausbruch aus der Cotentin-Halbinsel gelungen, und auch an der Mittelfront bei St. Lô ist ein Durchbruch in Richtung Vire erfolgt. Das Herauslösen von deutschen Panzerdivisionen an ruhigeren Frontstellen und das Hinüberhetzen an Krisenherde beginnt und steigert sich von Tag zu Tag und muß ein vorzeitiges Verschleißen der Verbände herbeiführen.

KRISENRAUM AUNAY SUR ODON

Voraus die Kampfgruppe Paetsch — Hauptscharführer Küffner von der SS-Pz.AA 10, ein umsichtiger Führer — Männer des SS-Panzergrenadierregiments 22 schießen mit Panzerfäusten 14 „Shermans" ab

Die Strategie des alliierten Oberkommandos ist die Ausnutzung der materiellen Überlegenheit, die Ausschöpfung von Wissenschaft und Technik, die dem Kriege dienstbar gemacht wurde, und diesen schweren Gewichten hat die deutsche Seite nichts Gleichwertiges entgegenzusetzen. Alliierte Bomberverbände verwandeln mit Bombenteppichen ganze Landstriche in „tote Zonen". Hinzu kommt die täglich zunehmende zahlenmäßige Überlegenheit an Soldaten.

Ende Juli 1944 gelingt es den Amerikanern, bei St. Lô die deutsche Einschließungsfront zu durchbrechen. Der Ausbruch der Amerikaner aus der Cotentin-Halbinsel zeichnet sich ab. Im Zuge dieser großangelegten und miteinander abgestimmten Operationen schlagen auch die Engländer bei Caen los, um die deutschen Panzerdivisionen der 5. Panzerarmee zu binden und den Amerikanern damit den Ausbruch aus der Cotentin-Halbinsel zu erleichtern.

Gekoppelt mit den britisch-kanadischen Angriffen ostwärts der Orne erfolgen am 31. Juli starke Feindangriffe auf den linken Flügel der 5. Panzerarmee. Bei der dort stehenden 326. Inf.-Division zeichnen sich mehrere Durchbrüche ab, der gefährlichste bei Beny Bocage. Das II. SS-Panzerkorps erhält den Befehl, die entstandene Lücke zwischen dem LXXIV. Armeekorps (5. Pz.-Armee) und dem II. Fallschirmjägerkorps (7. Armee) durch Gegenangriff zu schließen. Gepanzerte Teile des II. SS-Panzerkorps werden vorausgeworfen, um die britischen Angriffskräfte aufzufangen. An den Krisenherd bei Jurques, am rechten Flügel der 326. Inf.-Division, wird die 10. SS-Pz.Div. „Frundsberg" herangeführt.

Als erster Verband ist die dem II. SS-Panzerkorps unterstellte 21. Panzerdivision des Generals Feuchtinger verfügbar, die ab 30. Juli vom Schlachtfeld ostwärts der Orne auf Aunay sur Odon marschiert, um mit den Resten der zerschlagenen 326. Inf.-Division über die Linie Coulvain—Jurques im Angriff die alte Frontlinie wiederzugewinnen. Teile der 21. Panzerdivision ziehen weiter nach Süden in den Raum Mesnil—Auzouf, um auch hier die bröckelnde Front zu stützen. Beide Gruppen der 21. Pz.Div. stoßen auf starke britische Infanterie- und Panzerkräfte und müssen ihren Angriff einstellen und zur Verteidigung übergehen.

Am Nachmittag des 1. August ergeht der Korpsbefehl an die Divisionen mit folgendem Inhalt:

> „II. SS-Panzerkorps, mit unterstellter 9. und 10. SS-Panzerdivision und 21. Panzerdivision, bereinigt durch Gegenangriff der 10. SS-Panzerdivision den feindlichen Einbruch bei Coulvain und schließt mit 21. Pz.Div. und 9. SS-Pz.Div. die Lücke zwischen dem LXXIV. Armeekorps und dem Ostflügel der 7. Armee (II. Fs.-Korps). Anschluß an die 7. Armee ist bei Höhe 205, dicht westlich Beny Bocage herzustellen."

Zur Durchführung des detaillierten Korpsbefehls tritt die 10. SS-Panzerdivision „Frundsberg" sofort mit den verfügbaren Teilen auf Aunay sur Odon—Odefontaine an. Voraus die SS-Pz.Aufkl.Abt. 10 mit Aufklärungsaufträgen und Verbindungaufnahme mit den noch haltenden Teilen der 326. Inf.-Division. Alle noch eingesetzten Teile der 10. SS-Panzerdivision im Abschnitt Höhe 112 werden von Teilen der 271. und 277. Inf.Div. frei gemacht und sollen beschleunigt nachgeführt werden. Indessen überstürzen sich im Laufe des 1. August im Abschnitt des LXXIV. Armeekorps die Ereignisse. Während der rechte Flügel des Korps den Raum Villers Bocage—Amayé sur Seullers behauptet, nimmt der Feind am linken Korpsflügel den Raum Beny Bocage in Besitz und stößt in Richtung Vire vor. Stützungsaktionen der 21. Panzerdivision fangen den Feind im Raum Coulvain—Bremoy auf; ihn auch noch bei Beny Bocage aufzufangen, fehlen ihr Kräfte.

Beschreiben wir nun zunächst den Einsatz der 10. SS-Panzerdivision bei Aunay sur Odon:

Am Nachmittag des 1. August ist eine Kampfgruppe der 10. SS-Panzerdivision „Frundsberg" unter Führung von Obersturmbannführer Paetsch auf dem Marsch an den bedrängten Frontabschnitt Aunay. Voraus Sturmbannführer Brinkmanns SS-Pz.AA 10, dahinter Sturmbannführer Reinholds II. Abteilung des SS-Panzerregiments 10 und eine Kompanie des SS-Pz.Pi.Btl. 10. Gegen 22.00 Uhr erreicht die Kampfgruppe Paetsch Aunay sur Odon. Der Durchmarsch durch das von Bomben zerstörte Aunay stockt, die Pionierkompanie, die dritte, wird zum Räumen der Durchgangsstraße eingesetzt.

Inzwischen nimmt Obersturmbannführer Paetsch Verbindung mit dem LXXIV. Armeekorps auf und erfährt auf dem Gefechtsstand im Château de Courvaudon, 5 km ostwärts Aunay, die Lage. Paetsch entschließt

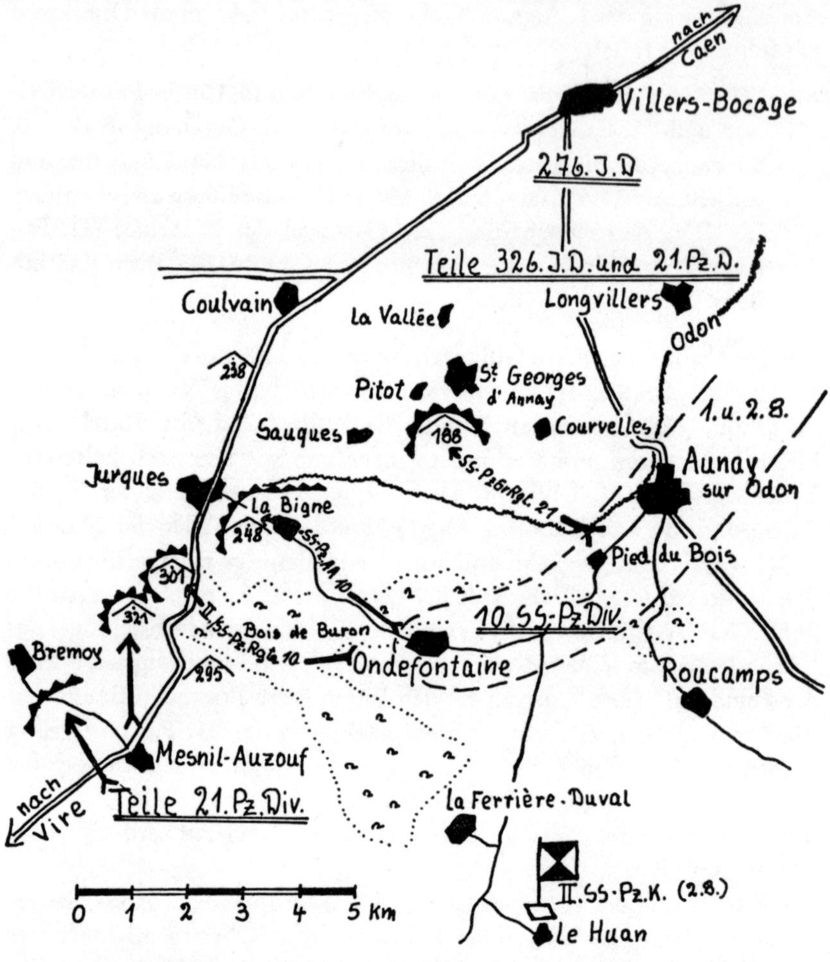

Einsatz der 10. SS-Panzerdivision bei Aunay sur Oden

sich daraufhin, den Raum Aunay—Ondefontaine für die nachfolgende Division zu sichern und mit Teilkräften noch in der Nacht bis in den Krisenraum Jurques—Bremoy vorzufühlen.

Sturmbannführer Brinkmanns Aufkl.-Abteilung hat sich indessen durch das zerstörte Aunay hindurchgequält und fährt nach Ondefontaine vor. Die Masse der Kampfgruppe Paetsch schließt auf. Brinkmanns Abteilung fährt auf dem Weg Ondefontaine—la Bigne weiter und wird im

Wald de Buron vom Feind angeschossen. Die Abteilung bezieht 1 km ostwärts la Bigne Stellung.
Auch die II./SS-Pz.Rgt. 10 marschiert weiter, stößt links an der Aufkl.-Abteilung bis zur Straße Caen—Vire vor und geht 2 km südlich Jurques nach Feindberührung in Stellung.
Nach allen Seiten angesetzte Aufklärung ergibt um 04.00 Uhr (2. 8.), daß der Feind in unbekannter Stärke bis Pitot, Sauques, la Bigne und auf die Höhe 188, 1 km ostwärts Sauques, vorgedrungen ist.
Die Kampfgruppe Paetsch sichert am Nordrand des Waldes de Buron, in der Linie Pied du Bois—südlich la Bigne—Höhe 301 und südlich davon.
Im Laufe des 2. August verstärkt sich der Feind im Raum Pitot, ohne von den Deutschen behindert zu werden. Die Masse der 10. SS-Panzerdivision kommt infolge schleppender Ablösung und der starken feindlichen Luftwaffentätigkeit erst in der Nacht zum 3. August heran.
Indessen wehrt die Kampfgruppe Paetsch am 2. 8. in ihrer Sicherungslinie wiederholte feindliche Vorstöße ab. Harte Kämpfe entbrennen um die Höhe 301, die von der II./SS-Pz.Rgt. 10 gehalten wird; trotz starker feindlicher Artillerieunterstützung und wiederholten Panzerangriffen von Norden und Westen behaupten sich Sturmbannführer Reinholds Panzerkompanien und schießen 20 englische Panzer ab. Bei der nach Süden anschließenden 21. Panzerdivision gehen die unmittelbar südwestlich 301 liegende Höhe 321 sowie der Ort Bremoy verloren.
Am Nachmittag des 2. 8. hat das II. SS-Panzerkorps seinen Gefechtsstand in le Huan bezogen. Auf Grund der eintreffenden Meldungen über die englischen Truppenverstärkungen im Raum Pitot— St. Georges befiehlt General Bittrich der 10. SS-Panzerdivision den unverzüglichen Angriff, aber dazu kommt es nicht, da die Masse der Division erst verspätet eintrifft. Die Kampfgruppe Paetsch, die vorübergehend dem Generalkommando direkt unterstellt war, tritt am Abend des 2. 8. wieder unter Befehl der 10. SS-Panzerdivision.
Oberführer Harmel entschließt sich zum Angriff auf die britische Spitze bei St. Georges aus dem Raum Ondefontaine. Nach Aufschließen der Division will er aus dem Sicherungsraum der Kampfgruppe Paetsch die Engländer in ihrer Südflanke angreifen. Doch dieser geplante Angriff steht bereits unter Zeitdruck; der Aufmarschtrend des II. SS-Panzerkorps zielt nach Südwesten, wo sich im Raum Beny Bocage noch eine größere Krise abzeichnet.

Obwohl der Krisenraum nördlich von Vire bald Vorrang gewinnt, beabsichtigt das II. SS-Panzerkorps, zunächst den Krisenherd im Abschnitt der 10. SS-Panzerdivision zu beseitigen. Befehlsgemäß tritt am Morgen des 3. August die 10. SS-Panzerdivision „Frundsberg" aus dem Bereitstellungsraum Ondefontaine—Aunay zum Angriff nach Nordwesten an, um die bei St. Georges versammelte Stoßgruppe der 2. britischen Armee in ihrer Südflanke anzugreifen.
Nach zusammengefaßten Feuerschlägen des SS-Art.-Rgt. 10 auf Höhe 188 und auf die Ortschaft la Bigne beginnt der Angriff. Die Engländer setzen ihm heftigen Widerstand entgegen und gehen zum Gegenangriff über. Das auf die Höhe 188 angesetzte SS-Pz.Gr.Rgt. 21, unterstützt von der Teilen der II./SS-Pz.Rgt. 10 und der Jagdpanther-Abteilung des LXXIV. Armeekorps, trifft auf die Südflanke des mit 80 Panzern aus dem Raum St. Georges nach Westen vorgehenden Feindes, der schwache Teile der 326. Inf.Div. vor sich herschiebt und die Orte la Vallée und Courcelles besetzt. Der Flankenstoß des verstärkten SS-Pz.Gr.Rgt. 21 dringt nach wechselvollen Kämpfen bis auf Höhe 188 durch und erzwingt die Einstellung des britischen Angriffs durch Flankenfeuer. Gegen Abend greifen die Engländer die Höhe 188 von Norden und Westen erfolglos an.
Gleichzeitig mit dem Angriff des verstärkten Regiments 21 auf die Höhe 188 läuft ein Angriff der Kampfgruppe Paetsch mit der SS-Pz.AA 10 und Teilen der II./SS-Pz.Rgt. 10 auf la Bigne. Auch dieser Angriff gerät bald in einen britischen Gegenangriff. Die Kampfgruppe Paetsch geht vor la Bigne zur Verteidigung über und wehrt gleichzeitig mit anderen Teilen die auf Höhe 301 gerichteten Feindangriffe ab. In der Nacht 3./4. August greift Sturmbannführer Brinkmanns Aufkl.-Abteilung nochmals la Bigne an und erobert es. Bei diesen Kämpfen zeichnet sich Hauptscharführer Gottfried Küffner mit seinem Zug der 2./SS-Pz.AA 10 besonders aus und wird dafür später mit der Ehrenblattspange und Nennung im Ehrenblatt des Deutschen Heeres geehrt.
Indessen greift auch die 21. Panzerdivision die Engländer im Raum Bremoy an und erzielt örtlich Erfolge; unter anderen erobert sie die tags zuvor verlorengegangene Höhe 321 zurück. Die stark angeschlagene 21. Panzerdivision ist verstärkt durch die schwere Panzerabteilung 503 und die Werfer-Brigade 8.
Am 4. August setzen die Engländer ihre Angriffe fort. Die vom SS-Pz. Gr.Rgt. 21 verteidigte Höhe 188 bleibt jedoch von Feindangriffen ver-

schont. Eine starke Feindgruppe drückt aus dem Raum St. Georges gegen Aunay und den Odon-Bach vor. Jetzt kommt Standartenführer Sanders große Stunde; mit den Batterien seines SS-Pz.Art.Rgt. 10 hämmert er den Feindangriff auf Aunay zusammen, und Deisenhofers SS-Panzergrenadiere erfassen die Engländer mit ihrem Flankenfeuer von Höhe 188. Bei den Kämpfen um Höhe 188 am 3. und 4. August haben die Panzergrenadiere des Rgt. 21 allein mit Panzerfäusten 14 „Shermans" zur Strecke gebracht.
Ebenso scheitern englische Angriffe gegen la Bigne und Höhe 301. Nach Abschlagen der Feindangriffe meldet Oberführer Harmel dem Korps die eigene Absicht, nunmehr selbst die bei St. Georges stehende Feindgruppe anzugreifen, aber das Korps plant bereits mit der 10. SS-Panzerdivision einen anderen Einsatz und lehnt Harmels Antrag ab. Das Generalkommando befiehlt der 10. SS-Pz.Div., sich am 4. August abends bei Einbruch der Dunkelheit vom Gegner zu lösen und sich im Raum Vassy zur Verfügung der Heeresgruppe zu versammeln, da die Division am Gegenangriff in Richtung Avranches teilnehmen soll.
Zwei harte Kampftage liegen hinter den Männern der 10. SS-Panzerdivision „Frundsberg". Otto Paetsch trug entscheidend mit seiner Kampfgruppe dazu bei, daß den Engländern der Stoß zum Straßenknotenpunkt Condé versagt blieb. Das entschlossene Verhalten von Obersturmbannführer Paetsch machte den Stoß der Engländer in die tiefe Flanke der 276. Inf.-Division unwirksam; für diesen Einsatz wird er später mit der Verleihung des Ritterkreuzes belohnt. Beispielhaft für die außergewöhnliche physische Beanspruchung sei erwähnt, daß es dem O1, Hauptsturmführer Klapdor, der Paetsch den Befehl zum Absetzen überbringt, nicht gelingt, den Kampfgruppenkommandeur zu wecken, auch nicht mit Hilfe des Adjutanten des SS-Pz.Rgt. 10, Hauptsturmführer Kulp.
In der Nacht 4./5. August löst sich die 10. SS-Pz.Div. im Raum la Bigne —Aunay vom Feind und verlegt in den Raum Vassy.
Das Herauslösen der „Frundsberg" aus ihren Stellungen auf Höhe 188 und bei la Bigne wird durch starken Feinddruck erschwert. Die Nachtruppen werden auf Höhe 188 in verlustreiche Kämpfe verwickelt und kämpfen sich anschließend durch das vom Feind bereits besetzte Ondefontaine hindurch. Trotz erheblicher Störungen des Marsches durch die feindliche Luftwaffe treffen am Abend des 5. August erste Teile der Division ostwärts Chenedolle ein.

BENY BOCAGE, CHENEDOLLE

Die 7./SS-Panzerregiment 9 klärt die Lage bei Montchauvet — Ein Sturmmann namens Alber — „Tiger“ und Panzeraufklärer stürmen Höhe 119 — Versorgungslage und Kolonnenraum Wi.Btl. 9 — „Tiger“ Fey schießt eine englische Panzerkompanie zusammen — Panzerknacker des SS-Pz.Pi.-Bataillons 9 — Zollhöfers SS-Panzergrenadierregiment „Hohenstaufen“ — Der Rückzug beginnt

Ein weit gefährlicherer Feindeinbrurch als der bei Aunay zeichnet sich bald bei Beny Bocage ab. Hier gelingt es, die deutsche 7. Armee und die 5. Panzerarmee auseinanderzusprengen und einen tiefen Einbruch zu erzielen. Das LXXIV. Armeekorps ist nicht in der Lage, das Loch zu stopfen, dazu wird das II. SS-Panzerkorps herangeführt.

Am 1. August beginnt die Ablösung der 9. SS-Panzerdivision „Hohenstaufen“ im Abschnitt ostwärts der Orne durch die 1. SS-Panzerdivision. Am Abend beginnt der Abmarsch der gepanzerten Gruppe Meyer mit 31 Panzern V, 17 Panzern IV, 28 Sturmgeschützen und dem SPW-Bataillon Gruber. In der folgenden Nacht werden auch die anderen Teile der Division abgelöst und marschieren nach Westen. Am 2. August 1944, um 06.00 Uhr, ist der Abschnitt der „Hohenstaufen“ an die „Leibstandarte“ übergeben. Noch in den letzten Nachtstunden braust Hauptsturmführer Gräbners SS-Pz.AA 9 hinter der vorausfahrenden Gruppe Meyer her und überholt sie.

Im Laufe des Nachmittags des 1. August ergeht Korpsbefehl auch zum Abzug der schweren SS-Panzer-Abteilung 102 im Schutze der Dunkelheit nach Süden, zur Verfügung der 9. SS-Panzerdivision. Bei Eintritt der Dunkelheit lösen sich die „Tiger“ in 20-Minuten-Abständen aus den Stellungen bei Maltot und Höhe 112. Noch längs der über die Orneschlucht südwärts führenden Landstraße nehmen englische Batterien von jenseits die aufgewirbelten Staubfahnen, grell beleuchtet von den letzten Strahlen der versinkenden Sonne, unter Beschuß. Im Nachtmarsch erreicht die schwere SS-Pz.Abt. 102 über la Caine, Hamars, Campandre den Raum Roucamps und zieht hier unter. Was solch ein Nachtmarsch in sich birgt, schildert Hauptscharführer Ernst Streng von der 2./schw.SS-Pz.Abt. 102:

„In scharfen Kurven führt die oft schmale Fahrstraße hinab in tiefe Täler, über schmale Brücken, durch alte winklige Ortschaften den jenseitigen Hang wieder hoch. Aufklärungsteile und gepanzerte Kampf-

gruppen des II. SS-Panzerkorps streben in langen Kolonnen nach Südwesten. Einzelne Fahrzeuge fahren sich fest, aber in der Kolonne ist noch Bewegung.
Mitten im Hohlweg eines Höhenrückens hat sich dann doch die nach rückwärts flutende Marschbewegung mit entgegenkommenden Nachschubfahrzeugen festgefahren. Erst nach langem Hin- und Herstoßen ist der Weg für unsere Panzer wieder frei, und es geht weiter. Grell ergießen feindliche Leuchtbomben ihr Licht aus der Höhe über die Hügellandschaft und beleuchten das Gewirr der nebeneinanderstehenden Kolonnen. Die Motoren werden abgestellt, über uns wird das Dröhnen feindlicher Flugzeuge vernehmbar, Bomben rauschen, und drüben blitzen große Feuerpilze aus dem Dunkel, und der Höhenrücken erbebt unter der Wucht der Bombenexplosionen.
Vorne heulen die Motoren auf, die ersten Fahrzeuge setzen sich wieder in Bewegung. Vor schmalen, gefährlichen engen Kurven, Durchfahrten und Kreuzungen springe ich voraus und gebe meinem Fahrer mit der Taschenlampe Zeichen, wie er fahren soll.
Mit tränenden Augen suchen wir die Finsternis und von vorausfahrenden Kettenfahrzeugen aufgewirbelten Staubfahnen zu durchdringen. Es ist für die Besatzung, insbesondere den Fahrer, unendlich schwer, das sich nur matt vom übrigen gähnenden Dunkel abhebende Band der Fahrstraße zu unterscheiden und deren Führung in oft steilen Berg- und Talfahrten mit einem 60 Tonnen schweren Kampfwagen zu überwinden.
Nach Mitternacht gelangen wir überraschend in den Bereich feindlicher Fernkampfartillerie, die ihnen wichtig erscheinende Straßenpunkte beschießt und den deutschen Nachschubverkehr stört.
Nach Süden auf einen Feldweg abbiegend, reißt im nächsten Dorf ein schwerer Treffer das neben der Kirche gelegene Wohnhaus auseinander, dessen Schutt und Gesteinsbrocken bis auf die Straße geschleudert werden. Noch an der von dicken Gartenmauern begrenzten Wegekreuzung am Dorfende entsteht ein heilloses Durcheinander mit von rechts zurückflutenden Pferdegespannen und Lastkraftwagen. Kurz vor Hellwerden ziehen wir 300 Meter nordwestlich Roucamps, von Kradmeldern eingewiesen, in einem Obstgarten unter.
Noch ist die Mehrzahl der Besatzungen mit Auftanken und Arbeiten am Laufwerk beschäftigt, gibt es ‚Alarm — Fertigmachen — Kampfstaffel sofort zur Einweisung vor Heckenreihe antreten!‘ Dort weist uns

Untersturmführer Schroif in Lage und neuen Auftrag ein: ‚2. Kompanie fährt nach St. Jean, dreht dort nach Westen ein und erreicht die große Straßenschleife 3 km nordwestlich St. Jean. 1. Kompanie sichert 1 km südlich davon!'
Um 07.45 Uhr erreicht die Kompanie die große Straßenschleife. 2 km nördlich und nordwestlich von uns sichern bereits Sturmgeschütze der 9. SS-Panzerdivision."

Am Morgen des 2. August steht bereits die Kampfgruppe Meyer mit der II. Abteilung und Teilen der I. Abteilung SS-PzRgt. 9, dem SPW-Btl. Gruber, der I./SS-Pz.Art.Rgt. 9 und der SS-Pz.AA 9 im Krisenraum in der Linie Arclais—Waldstück 2 km westlich Montchauvet—Montchamp—Straßengabel hart südwestlich le Grand Bonfait und sichert diese. Da die eigene Luftaufklärung ausfällt, müssen erhebliche Teile der Kampfgruppe Meyer zur Aufklärung angesetzt werden.
Die Aufklärungsergebnisse lassen bald die Hauptstoßrichtung der Engländer und ihre Ausdehnung erkennen. Darauf aufbauend, beabsichtigt der Kommandierende General des II. SS-Panzerkorps mit zwei Flankenangriffen von Westen und Osten — etwa im Verlauf der alten HKL — die Frontlücke bei Le Beny-Bocage zu schließen. Die im Raum Roucamps versammelte schwere SS-Pz.Abt. 102 wird in den Raum südwestlich St. Jean vorgezogen und — als Klarheit über die Angriffsführung gewonnen ist — über Estry, Chenedolle, Viessoix, Vire an die große Straße Vire—Villers Bocage herangezogen, um entlang dieser nach Nordosten vorzustoßen. Der schw. SS-Pz.Abt. 102 wird die SS-Pz.AA 9 unterstellt; beide werden vom Kommandeur der schw. SS-Pz. Abt. 102 geführt und bilden die Kampfgruppe Weiß. Treffpunkt der Kampfgruppen Weiß und Meyer soll der Raum Le Beny-Bocage sein.
Bei der Kampfgruppe Weiß fährt Hauptsturmführer Kalls 1. „Tiger"-Kompanie Spitze. Bei Chenedolle wird sie in ein Gefecht mit einer englischen Panzerspitze verwickelt. Sturmbannführer Weiß hat den Auftrag, unbedingt noch bis Vire vorzustoßen, um einen vermuteteten Stoß der Briten auf die ungedeckte Stadt zu vereiteln. Weiß läßt von der Kompanie Kalls die Lage bei Chenedolle klären und zieht gegen 15.00 Uhr die dahinter fahrende 2. „Tiger"-Kompanie, südlich ausholend, bis Vire vor. Um 20.30 Uhr nimmt die Kompanie Schroif in Vire die Verbindung mit dort stehenden Flakkampftrupps der 3. Fallschirmjägerdivision auf. Damit ist Vire gesichert.

Indessen werden am Vormittag des 2. August die ersten herangekommenen Teile der 9. SS-Panzerdivision in zahlreiche örtliche Kämpfe verwickelt. Beide Seiten beabsichtigen, günstige Ausgangsbasen für größere Angriffe zu gewinnen. Bei Montchauvet greift die 7./SS-Pz.Rgt. 9 an. Diese Kompanie hat sich unter Obersturmführer Höhn bei Grainville und Gavrus durch schneidige Einsätze ausgezeichnet. Nach dem Soldatentod von Obersturmführer Höhn führt Obersturmführer Fröhlich die Kompanie. Bereits in den Morgenstunden dringt Obersturmführer Fröhlich mit seiner Panzerkompanie und einer versprengten Kampfgruppe der 326. Inf.Div. in Montchauvet ein und wirft die Engländer zurück. Bei Höhe 270 (de Montchauvet) kommt es zu einem heftigen Panzerduell, dabei schießen Fröhlichs Panzer und Sturmgeschütze fünf englische „Cromwell"-Panzer ab und erbeuten fünf gepanzerte Mannschaftstransportwagen. Mit Inbesitznahme der Höhe 270, 2 km westlich von Montchauvet, wirken die deutschen Waffen direkt auf die Straße Villers Bocage—Vire ein. Mit einbrechendem Abend wird die Kampfgruppe Fröhlich eingeschlossen, sie kämpft sich den Rücken frei, schießt von den englischen Aufklärungskräften noch einmal vier „Cromwell" ab und verteidigt in der Nacht 2./3. 8. Montchauvet gegen mehrere Feinangriffe.
Zur gleichen Stunde wird nördlich von der Panzerkompanie Fröhlich die rechte Flankensicherung der Kampfgruppe Meyer bedrängt. Gegen 08.00 Uhr greift englische Infanterie, unterstützt von fünf Panzern, entlang der Straße Beny-Bocage—Catheolles—Montchauvet an und drückt in kurzer Zeit die Stellungen der beiderseits der Straße bei der Mühle Autcloy eingesetzten Einheit des Majors von Schenk zurück. Das III./SS-Pz.Gr.Rgt. 20 (SPW-Btl.), das in weitgespannter Sicherungsfront zwischen Montchauvet und Montchamp steht, eilt mit dem Kompanietrupp der 9./20 und drei Panzern IV der II./SS-Pz.Rgt. 9 der Einheit Schenk zu Hilfe. Hier wird Sturmmann und Melder Hermann Alber zum Held des Tages. Er wird zum Führer der Gegenstoßgruppe, die aus Kompaniemeldern und neun Versprengten des Heeres besteht. Mit zwingenden Befehlen stürmt Alber der kleinen Schar voraus, wirft englische Infanterie aus gerade fertiggestellten Feldstellungen und besetzt die wichtige Höhe 221 südwestlich von Arclais. Doch damit nicht genug! Im Nachstoß erreicht Alber mit ein paar Männern den am Fuß der Höhen 221 und 220 gelegenen kleinen Ort la Vautelière, der von einer englischen Infanterie-Kompanie und sechs Panzern besetzt ist. Es

entbrennt ein kurzer heftiger Kampf, und ehe sich die kleine Schar auf die Höhe 221 zurückzieht, vernichtet Alber mit Handgranaten noch einen „Cromwell". Am Abend ist Alber im Rahmen seiner Kompanie im Angriff von Höhe 221 auf Höhe 176. Auch hierbei zeichnet er sich durch mitreißenden Angriffsschwung aus, aber die endgültige Einnahme der Höhe 176 durch die 9. Kompanie des SS-Pz.Gr.Rgt. 20 erlebt Alber nicht mehr; er fällt gegen 19.30 Uhr. Nach dem Tode werden dem Tapferen beide EKs, das Pz.-Vernichtungsabzeichen und das Ritterkreuz verliehen.

Im Laufe des 2. August ist auch Zollhöfers SS-Pz.Gr.Rgt. „Hohenstaufen", dem Teile des SS-Pz.Rgt. 9 unterstellt sind, bemüht, aus der Sicherungslinie Montchamp—ostwärts Presles in Richtung Westen Boden zu gewinnen. Gegen Abend greift am rechten Flügel das I./19 aus dem Raum Montchamp in Richtung Westen an, bleibt aber vor Höhe 176 — 3 km westsüdwestlich Montchamp — infolge einsetzender Feindangriffe liegen. Das nördlich davon angesetzte II./19 kommt bis zur Höhe 175, 2 km ostwärts von St. Charles de Percy. Das Angriffsziel Le Beny-Bocage wird nicht erreicht. Die Engländer treten in den späten Nachmittagsstunden zum Angriff an; ihr Schwerpunkt liegt bei Presles, also südlich von dem der 9. SS-Panzerdivision. In der Tagesmeldung der 9. SS-Panzerdivision an das II. SS-Panzerkorps heißt es hierzu: „Der Widerstand im Angriffsstreifen des SS-Pz.Gr.Rgt. ‚Hohenstaufen' versteifte sich merklich in der Linie Höhe 176—Höhe 175. Angriff mußte infolge Fehlens geeigneter Kräfte zur Schwerpunktbildung in dieser Linie liegenbleiben. Es gelang der Division, bis zum Einbruch der Dunkelheit den vordringenden Gegner aufzufangen und die Einbruchsstelle bei Presles abzuriegeln. Angesetzte Nachtangriffe führten zu keinem Erfolg."
Die feindliche Schwerpunktbildung im Raum Presles stellt den beabsichtigten eigenen Angriff nördlich davon, in Richtung Le Beny-Bocage, in Frage, zumal die 9. SS-Panzerdivision ziemlich schwach ist und dem feindlichen Schwerpunkt bei Presles nur schwache eigene Kräfte entgegenstellen kann. Die 9. SS-Panzerdivision muß demzufolge Kräfte vom rechten Flügel abziehen, um sie bei Presles einzusetzen. In der Nacht 2./3. August wird das II./SS-Pz.Gr.Rgt. 19 aus dem Raum nordwestlich Montchamp abgezogen (den Abschnitt übernimmt zusätzlich das I./19) und in den Raum westlich von Estry verschoben. Einzige Divi-

sionsreserve ist das SS-Pz.Pi.Btl. 9, das in den Raum Hte. Oraille (3 km nordostwärts Estry) aufschließt. Der Gefechtsstand der Kampfgruppe Meyer und des SS-Pz.Gr.Rgt. „Hohenstaufen“ befindet sich in Estry, Division und SS-Pz.Art.Rgt. 9 in le Theil.
Am 3. August greift die Panzerkampfgruppe Weiß von Vire nach Norden an. Der Auftrag lautet: „Sperrung der Straße Vire—Caen bei Höhe 119, 1 km nördlich la Bistière und dort Verbindungsaufnahme mit der weiter westlich stehenden 3. Fallschirmjägerdivision!“
Um 11.00 Uhr rollt die 2. „Tiger“-Kompanie nach Norden. Spitze fährt Untersturmführer Loritz mit seinem Zug. Rechts und links gehen abgesessen je eine Gruppe vom Zug Hauptscharführer Gottfried von der 3./SS-Pz.AA 9 vor. Die 1. „Tiger“-Kompanie sowie die Masse von Hauptsturmführer Gräbners SS-Pz.AA 9 folgt aufgesessen.
Hart nördlich der Straßengabel, 3 km nördlich von Vire, stößt die Angriffsspitze auf britische Panzer. Untersturmführer Loritz schießt mit seinem „Tiger“ Nr. 232 drei englische „Cromwell“ ab. Der Gegner antwortet mit einem heftigen Artilleriefeuerüberfall. Die Feindfühlung ist da, nun gilt es vorsichtiger zu sein! Beiderseits der Straße ist das Gelände durch Heckenreihen, Alleen und Geländeeinschnitte sehr unübersichtlich und daher gefahrbringend für die schwerfälligen „Tiger“. Hier könnten verwegene Nahkämpfer mit Nahkampfmitteln zum Zuge kommen. Hier muß sich einmal mehr das Zusammenwirken von Panzern und Panzergrenadieren bewähren. Die Masse der 3./SS-Pz.AA 9 sitzt ab, schwärmt beiderseits der Straße aus, um die „Tiger“ vor Überraschungen zu schützen. Das ist Waffenkameradschaft!
Langsam fährt der so geschützte Spitzenzug wieder an. Die Männer der 3./SS-Pz.AA 9 folgen auf gleicher Höhe. Sie boxen sich von Heckenreihe zu Heckenreihe vor, von Geländefalte zu Geländefalte, von einem Hohlweg zum anderen. Die „Tiger“ bekämpfen fortlaufend britische Panzer, die den Vormarsch der „Tiger“ und Panzeraufklärer aufzuhalten versuchen. Gegen 13.00 Uhr stehen sie vor dem kleinen Ort la Bistière. „Tiger“ decken die von Haus zu Haus vorgehenden Männer der 3./SS-Pz. AA 9. Nach kurzer Zeit ist der Ort durchkämmt. Weiter!
Kurz hinter la Bistière schießt der Kampfwagen Nr. 232 einen „Sherman“ ab, und dann rasseln die „Tiger“ der 2. Kompanie auf die Höhe 119 hinauf. Von hier schießt Untersturmführer Loritz mit seinem „Tiger“ Nr. 232 zwei weitere „Sherman“ ab, die anderen fahren fluchtartig zurück. Einmal mehr zeigt sich die eindeutige Überlegenheit des deut-

schen „Tigers“ gegenüber allen englischen und amerikanischen Panzertypen im offenen Gefecht, und da die Engländer das wissen, räumen sie nördlich von la Bistière das Feld. Die „Tiger“ des Untersturmführers Schroif (241) und des Hauptscharführers Streng schießen noch je zwei weitere englische Panzer ab. Strengs Panzer Nr. 234 erhält einen Treffer ins Laufwerk und muß zurückgeschleppt werden.

Indessen dreht die 1./schwere SS-Pz.Abt. 102 bei la Papillonniere (3 km nördlich Vire) nach Nordwesten ab. Hauptsturmführer Kalls „Tiger“-Kompanie und die 2./SS-Pz.AA 9 stoßen an der Straße Vire—St. Lô bis la Graverie vor und erhalten Verbindung mit der 3. Fallschirmjägerdivision.

Mit der Eroberung der Höhe 119 und dem Aufschließen bis la Graverie hat die Kampfgruppe Weiß ihren Tagesauftrag erfüllt. Sie gliedert sich bei Anbruch der Nacht zur Verteidigung. Krisenherd bleibt die Höhe 119 nördlich von la Bistière. Hier sichern je zwei „Tiger“ nach Westen, Norden und Osten. „Tiger“ Nr. 223 schleppt den bewegungsunfähigen „Tiger“ Nr. 234 zurück und hält dann die Straße nach rückwärts offen. Die Männer der 3./SS-Pz.AA 9 graben sich bei den Panzern ein.

Gleichzeitig mit der Kampfgruppe Weiß tritt rechts daneben das SS-Pz. Pi.Btl. 9 zum Angriff nach Norden an. Aus dem Raum südwestlich Burcy antretend, soll das Pionier-Bataillon über Burcy mit linken Flügel die Verbindung mit der Kampfgruppe Weiß herstellen. Angriffsgliederung: links 1., rechts 2. Kompanie, an beiden Flügeln Teile der 3. Kompanie. Der Angriffsschwerpunkt liegt an der Straße Viessoix—Burcy. Laut Aufklärung hat sich der Feind in einer Ferme südlich von Burcy mit Infanterie und vier Panzern festgesetzt.

Am 3. August um 07.30 Uhr tritt Sturmbannführer Monichs Pionierbataillon zum Angriff an. Artillerieunterstützung kann nicht gegeben werden, da die Batterien im Raum Vassy stehen. Der Angriff, der überraschend erfolgt, gewinnt zunächst gut Boden. Die Sicherungen der Engländer werden geworfen, aber gegen Mittag versteift sich der Feindwiderstand. Kernstück der Abwehr ist eine Ferme südlich von Burcy. Im Verlauf des Kampfes stellt sich heraus, daß in den Obstgärten mindestens zehn Britenpanzer in Stellung sind. Der Ruf nach Pak und eigenen Panzern wird laut, aber diese sind am rechten Flügel der 9. SS-Panzerdivision eingesetzt. Die Pioniere greifen zu Nahkampfmitteln.

Indessen wogt der Kampf um das Wohnhaus der Ferme, den Kern der Verteidigung. Die Munition wird knapp. Ein B-Kradmelder der 1.

Kompanie kommt tollkühn nach vorn gebraust — und erhält einen Volltreffer; die explodierende Munition zerreißt Fahrer und Krad in tausend Stücke. Dann rollen englische Panzer zum Gegenstoß vor. Panzerfäuste zischen auf, T-Minen werden geworfen, drei englische Panzer bleiben bewegungsunfähig liegen, den anderen vergeht das Angreifen. Nun trommelt englische Artillerie auf die Ferme. In den Gebäuden und Obstgärten krepieren unzählige Granaten. Das Wohnhaus gerät in Brand und muß von den Pionieren geräumt werden.

Eine Umfassung von links scheitert. Hauptsturmführer von Cölln versucht mit seiner 3. Kompanie westlich an Burcy vorbeizustoßen. Die Masse der SPW fährt sich im versumpften Bachtal 3 km westsüdwestlich von Burcy fest. Melder zum Bataillon kommen nicht durch. Hauptsturmführer von Cölln fällt beim Versuch, den Angriff seiner Kompanie wieder vorzureißen. Eine Verbindung nach links zur SS-Pz.AA 9 kommt nicht zustande.

Ab Mittag greifen Jabos verstärkt in die Erdkämpfe ein. Die Lage der 1. und 2. Kompanie des SS-Pz.Pi.Btl. 9 wird kritisch. Ein kräftiger Gegenangriff wirft die Kompanien Scheffler und Möller zurück. Ungeachtet der deutschen Angriffe aus Presles und Burcy stoßen starke britische Panzerkräfte auf Chenedolle vor mit dem Ziel, die Straße Vire—Vassy zu erreichen. Sturmbannführer Monich muß sein SS-Pz.Pi.Btl. 9 herumwerfen und in der Linie südlich Burcy—Pavée eine neue Abschirmfront aufbauen, die, sehr weit gespannt, den feindlichen Ansturm zu parieren sucht.

Die am 3. August von der 9. SS-Panzerdivision angesetzten Angriffe zur Abschnürung der in den Raum Presles vorgedrungenen britischen Infanterie- und Panzerkräfte leiden unter Mangel an eigenen Kräften. Es zeigt sich bereits, daß die Lage allein von der 9. SS-Pz.Div. nicht zu bereinigen ist, und es zeigt sich auch, daß die Engländer ihren Einbruchsraum mit immer neuen Kräften nähren, um die Aufspaltung der deutschen Normandie-Front in Richtung Falaise zu erzwingen.

Nach erfolgter Umgliederung in der Nacht 2./3. August greift das I./SS-Pz.Gr.Rgt. 20 (Pz.Gr.Rgt. „Hohenstaufen") am rechten Divisionsflügel aus dem Raum westlich Montchauvet auf Beny-Bocage an, bleibt aber vor der überragenden Höhe 266, 3 km ostwärts Beny-Bocage, im schweren Abwehrfeuer liegen.

Weiter südlich nimmt nach erheblicher Feuervorbereitung durch die Divisionsartillerie einschließlich Werfer-Rgt. 2 das I./SS-Pz.Gr.Rgt. 19

im Zusammenwirken mit Teilen des SS-Pz.Rgt. 9 gegen 11.00 Uhr die Höhe 176, 3 km westsüdwestlich Montchamp.
Indessen stößt neugegliedert die Kampfgruppe Meyer mit Masse des SS-Pz.Rgt. 9 sowie dem II./19 und dem SPW-Btl. Gruber aus dem Bereitstellungsraum Estry—Pierres auf Presles vor. Der Angriff erfolgt von Nordosten in Richtung Südwesten und stößt mit seinem Kern nördlich an Presles vorbei. Heftiger Feindwiderstand und ungünstiges Gelände wirken sich hemmend aus, doch es gelingt, die Masse der im Raum Presles stehenden britischen Kräfte von ihren Verbindungen abzuschneiden und Presles gegen 13.35 Uhr zu erobern.
Bei der Kampfgruppe Weiß fühlen indessen immer wieder britische Infanteristen und Panzer gegen die wichtige Höhe 119 von allen Seiten vor. Das ungünstige Heckengelände erleichtert ihnen die Annäherung, aber Panzerbesatzungen und Männer der SS-Pz.AA 9 sind wachsam. Immer wieder kommt es zu Duellen aus nächster Entfernung. Alle britischen Vorstöße werden abgewehrt. Dabei werden folgende Erfolge erzielt: Unterscharführer Rodinger (Nr. 242) ein Panzer; Unterscharführer Harlander (Nr. 233) ein Panzer, eine Pak; Oberscharführer Piller (Nr. 213) zwei Panzer, zwei Panzerspähwagen, ein Krad; Unterscharführer Kuhlemann (Nr. 214) drei Panzer. Neben dem durch Laufwerkbeschuß ausgefallenen „Tiger" Nr. 234 wird Hauptscharführer Rosowskis „Tiger" Nr. 233 abgeschossen, er erhält aus nächster Nähe sieben Treffer. Die Gesamtabschußzahl der 2./schw.SS-Pz.Abt. 102 beträgt am 3. August 1944: 17 Panzer, 2 Panzerspähwagen, 2 Pak und 3 Lkw. In der Nacht 3./4. 8. sichert die Pz.AA 9 die Höhe, während die „Tiger" zum Auftanken und Munitionieren nach la Bistière zurückfahren.
In der Tagesmeldung der 9. SS-Panzerdivision vom 3. 8. heißt es: „Die konzentrisch geführten Angriffe am Nachmittag gegen den auf Chenedolle und südlich davon durchgebrochenen Gegner führten dazu, daß die Masse der durchgebrochenen Kräfte bis zu den späten Abendstunden von ihren rückwärtigen Verbindungen abgeschnitten war. Die Kesselbildung erforderte den Einsatz sämtlicher Reserven der Division, so daß sie ohne Reserven kämpfen mußte."
Auch beim rechten Nachbarn und im bisherigen Einsatzraum der 10. SS-Panzerdivision westlich Aunay drücken die Engländer. Das II. SS- Panzerkorps befiehlt die Zurücknahme der HKL etwa in die Linie Montchauvet—Ondefontaine in der Nacht 3./4. 8. Das am rechten Flügel der 9. SS-Panzerdivision stehende I./19 gerät am Spätnachmittag in

eine Umklammerung, da der rechte Nachbar die Höhe 200, westlich Arclais, vorzeitig räumt und ohne Verständigung des I./19 auf die neu befohlene Linie zurückgeht. Auch einige Batterien des SS-Pz.Art.Rgt. 9 und des Werfer-Rgt. 2 müssen vorübergehend zur Nahverteidigung übergehen. Hauptsturmführer Borchers schlägt sich mit seinem I./19 in der Nacht 3./4. August nach Osten durch und geht in der neuen HKL in Stellung.
In der Tagesmeldung der 9. SS-Panzerdivision heißt es abschließend: „Die Angriffsunternehmen werden durch sehr ungünstiges Gelände, das dem Gegner alle Vorteile bietet, sehr erschwert. Trotzdem gelang es der Division, durch Angriffe auf einer Linie von 30 km den Gegner aufzufangen, den beabsichtigten Panzerdurchbruch von zwei vollkommen frischen Elite-Panzerdivisionen und mindestens einer Infanteriedivision zu verhindern, seine Rückzugslinien zu durchschneiden und ihm sehr hohe Verluste, vornehmlich an Panzern, zuzufügen." Die Kampfgruppe Olboeter (HJ-Division) und das Heeres-Pi.Btl. 600 werden der 9. SS-Panzerdivision zum Aufbau der Abwehr im Raum Chenedolle unterstellt, wo bereits das SS-Pz.Pi.Btl. 9 in weitgespannter Abwehr steht. Und unter g) (Absicht) heißt es in der Tagesmeldung: „Schließung der Frontlücke durch Aufbau einer neuen Front in der allgemeinen Linie Höhe 175—Beaulieu—la Graverie und Vernichtung der südlich dieser Linie stehenden Feindkräfte. — h) einsatzbereit: 18 Panzer V; 7 Panzer IV; 9 Sturmgeschütze (ausschließlich unterstellter Einheiten). — Erfolgmeldung: 39 Panzer, 1 Sfl-Batterie; 2 SPW vernichtet. 1 Panzer; 1 SPW; 1 Zugmaschine; 2 Lkw erbeutet."

General Bittrich will nun mit dem rechten Flügel der 9. SS-Panzerdivision weiterhin versuchen, durch Angriffe von Westen und Osten die Frontlücke bei Beaulieu zu schließen und die dann eingeschlossenen britischen Panzerkräfte im Raum Chenedolle zu zerschlagen. Hierzu soll neben der Kampfgruppe Olboeter auch die 10. SS-Panzerdivision herangezogen werden. Ob allerdings die höheren deutschen Stäbe, die über die Großlage besser orientiert sind, an eine echte Schließung der Frontlücke beim II. SS-Panzerkorps glauben, mag dahingestellt bleiben, denn allzusehr zeichnet sich schon die Einschließung der 7. Armee durch den Durchbruch der Amerikaner bei Avranches ab. Die Fronttruppe weiß jedoch nichts oder nur wenig über die Großlage und versucht ihren Kampfaufträgen gerecht zu werden.

Das Absetzen des SS-Pz.Gr.Rgt. „Hohenstaufen“ in der Nacht 3./4. 8. auf die neue HKL vollzieht sich ohne Zwischenfälle. Unter Belassung starker Nachhuten werden diese erst in den Mittagsstunden des 4. 8. vom nachstoßenden Gegner bedrängt und gehen auf die neue HKL zurück.

Am 4. August setzt die 9. SS-Panzerdivision ihre Teilangriffe zur Zerschlagung der britischen Panzerkräfte im Raum Chenedolle fort. Die Engländer setzen heftigen Widerstand entgegen, ihre Versuche, während der Nacht nach Norden auszubrechen, wurden vereitelt. Britische Panzer und Infanteristen haben sich in Chenedolle und Burcy und in den umliegenden Gehöften verschanzt. Durch zusammengefaßtes Feuer des SS-Art.Rgt. 9 und des schweren Werfer-Rgt. 2 werden sie zur Aufgabe des Ortes Chenedolle und des wieder von ihnen in Besitz genommenen Ortes Presles gezwungen. Panzer und Panzergrenadiere säubern die Orte und das Gelände vom Gegner. Hierbei sind wieder alle verfügbaren Kompanien im Einsatz. Am Nachmittag in Montchamp eingedrungener Feind wird im Gegenangriff wieder geworfen. Den ganzen Tag über toben heftige Kämpfe, die in zahlreiche Einzelgefechte zerfallen. Um die Frontausbuchtung bei Chenedolle hat Sturmbannführer Monich mit seinen drei Kompanien des SS-Pi.Btl. 9 einen festen Abwehrring gezogen, der im Osten durch das unterstellte Heeres-Pionier-Bataillon 600 verlängert wird. Durch 9. SS-Panzerdivision und unterstellte Einheiten werden 36 feindliche Panzer, 41 Lkw und 2 Pak vernichtet. Die Front des II. SS-Panzerkorps verläuft von Ondefontaine bis Nordrand Montchamp, hier stehen Teile der 326. Inf.Div. und der 21. Pz.-Division. Die Front der 9. SS-Pz.-Division verläuft von Montchamp über Sieurnoux bis nach la Barbière. Von dort besteht lose Verbindung mit dem rechten Flügel der Kampfgruppe Weiß bei la Bistière. Der linke Flügel der Kampfgruppe Weiß hat bei la Graverie Anschluß an die 3. Fallschirmjägerdivision. Südlich dieser Linie sind im Raum Burcy—Chenedolle drei britische Divisionen eingeschlossen. Ihre Kampfkraft ist jedoch hoch, ihre Lage nicht aussichtslos, da sie von weitreichender eigner Artillerie und besonders ihrer Luftwaffe außerordentlich unterstützt werden.

Die schwere SS-Panzerabteilung 102 und die SS-Pz.AA 9, zusammengefaßt zur Kampfgruppe Weiß, verteidigen auch am 4. August die Linie la Bistière—la Graverie. Schwerpunkt ist die beherrschende Höhe 119 nördlich von la Bistière, die wiederholt von schwerer englischer Artillerie beschossen wird. Um 14.00 und 16.00 Uhr vorgetragene Feindangriffe mit Infanterie und Panzern werden von den „Tigern“ und Männern der SS-Pz.AA 9 abgewiesen. Gegen Abend wird die Lage im Raum la Bistière kritisch. Von allen Seiten schieben sich — durch das unübersichtliche Gelände begünstigt — englische Infanterie- und Panzerkräfte heran. Beim Freikämpfen der Straße südlich la Bistière schießt Unterscharführer Rodingers „Tiger“ zwei und Unterscharführer Münsters einen englischen Panzer ab. Gegen 20.30 Uhr drücken die Engländer erneut mit starken Infanteriekräften. Dieses Mal gelingt es ihnen, die Männer der 3./SS-Pz.AA 9 von der Höhe 119 zu werfen. Die Kompanie geht entlang der Straße bis am Nordrand von la Bistière zurück und stoppt hier mit Unterstützung von „Tigern“ das weitere Vordringen des Feindes. Um 22.30 Uhr setzen sich die „Tiger“ und die SS-Pz.AA 9 befehlsgemäß nach Süden ab und stehen gegen 23.30 Uhr in einer neuen Sicherungslinie hart nördlich Vire.

In der Nacht 4./5. August wird der linke Flügel des II. SS-Panzerkorps (KGr. Weiß) im Zuge des Zurückschwenkens der 7. Armee bis an den Nordrand von Vire zurückgenommen. Im Zuge dieser Absetzbewegung erhalten die im Raume Burcy—Presles—Sourdevalle stehenden britischen Infanterie- und Panzerkräfte wieder Verbindung nach rückwärts. Der bisherige Krisenraum der Briten wird zum Krisenraum der Deutschen. Deutscherseits laufen Maßnahmen an, um den auch im Verlauf der neuen HKL liegenden Einbruchsraum nordwestlich von Chenedolle zu schließen und eine glatte HKL über die Orte Burcy—Presles—Estry aufzubauen. In der Linie Burcy—Viessoix soll auch die neue Grenze zwischen der 7. Armee und der 5. Panzerarmee liegen.

Zur Bereinigung der Lage bei Chenedolle ist die stark angeschlagene 9. SS-Panzerdivision nicht mehr in der Lage. Die zum SS-Pz.Gr.Rgt. „Hohenstaufen“ zusammengefaßten kampfkräftigen drei Bataillone (Rgt. 19 und 20) sind in der Front bei Estry gebunden. Hierbei bildet die stets unvollkommene Verbindung zum rechten Nachbarn, der 21. Pz.Div., einen weiteren Unsicherheitsfaktor. Was noch bleibt, sind Obersturmbannführer Meyers Kampfwagen vom SS-Pz.Rgt. 9 (am 4. 8. einsatzbereit: 18 Panzer V; 7 Panzer IV; 9 Sturmgeschütze), Sturmbannführer Grubers SPW-Btl., Hauptsturmführer Gräbners SS-Pz.AA 9 (die mit Zurücknahme der Front auf Vire wieder zur Division tritt), Sturmbannführer Monichs SS-Pz.Pi.Btl. 9 sowie die unterstellten Verbände Olboeter und Pi.Btl. 600.

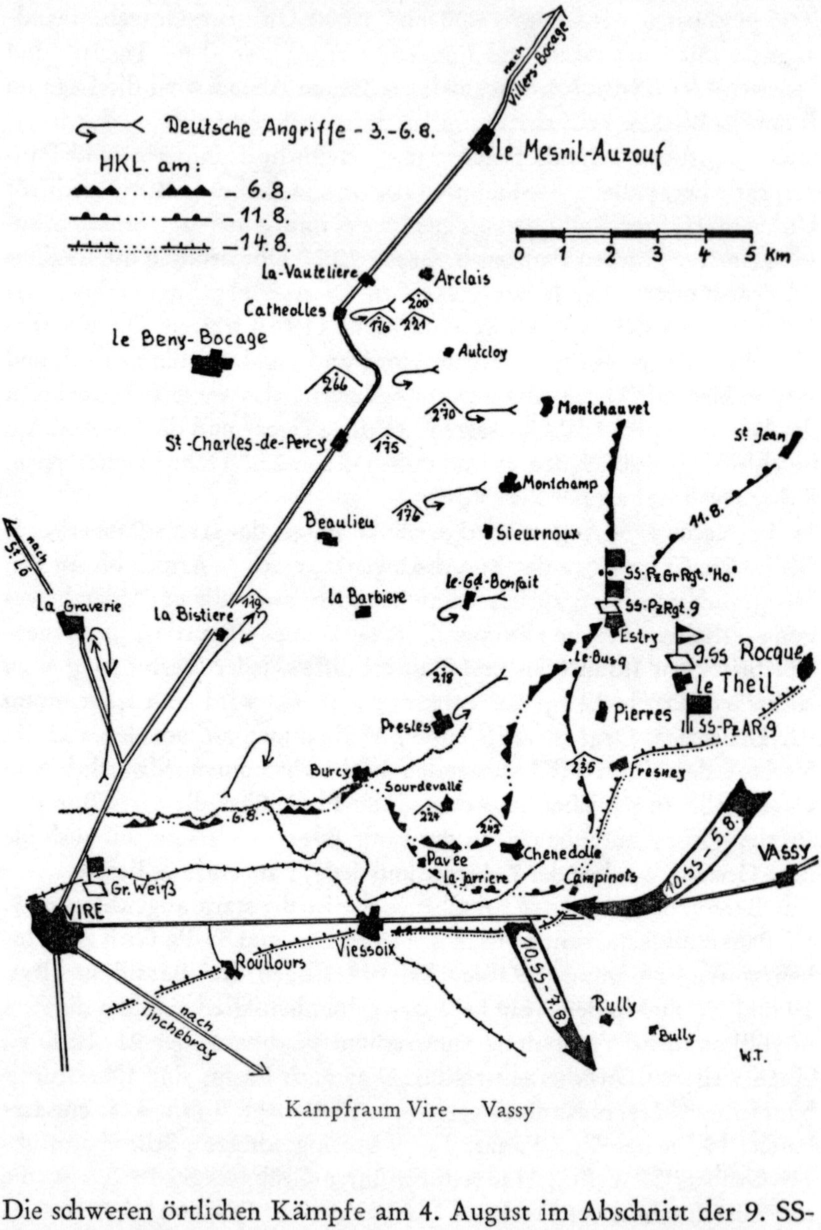

Kampfraum Vire — Vassy

Die schweren örtlichen Kämpfe am 4. August im Abschnitt der 9. SS-Panzerdivision spiegeln sich in den Abschußzahlen feindlicher Panzer wider. Es wurden vernichtet: 36 Panzer, 41 Lkw und 2 Pak.

Zur Bereinigung der neuen Krise bei Chenedolle wird auch die 10. SS-Panzerdivision herangezogen, die sich in der Nacht vom 4./5. 8. im Einsatzraum la Bigne—Aunay vom Feinde löst und in den Raum Vassy marschiert.
Am 5. August, gegen 04.30 Uhr, erreicht die 2./schw.SS-Pz.Abt. 102 — von Vire kommend — trotz dichten Nebels befehlsgemäß den Ort Pierres. Dort Einweisung durch Hauptsturmführer Gräbner, der mit seiner SS-Pz.AA 9 bereits den neuen U-Raum erreicht hat. In der Front bei Chenedolle steht das Heeres-Pi.Btl. 600. Zur Abwehr befürchteter neuer englischer Panzerangriffe wird die 2./schw. SS-Pz.Abt. 102 gegen 06.15 Uhr an den Nordrand von Chenedolle vorgezogen. Die Kompanie nimmt Verbindung mit der Abteilung auf, da eine Versorgung dringend notwendig wird und die meisten Kampfwagen durch Beschuß- und Laufwerkschäden nicht mehr einsatzbereit sind. Drei einsatzbereite Wagen der 2. Kompanie werden der hier ebenfalls sichernden 1. Kompanie unterstellt. Die anderen ziehen zum technischen Dienst an der Straße Vire—Tinchebray unter.
Die 9. SS-Panzerdivision muß sich am 5. August im wesentlichen auf eine Verteidigung beschränken. An diesem Tage stehen der Division — außer den unterstellten Einheiten — an eigenen Panzern nur 11 Panzer V, 8 Panzer IV und 8 Sturmgeschütze zur Verfügung. Das rechts stehende SS-Pz.Gr.Rgt. „Hohenstaufen" hat alle Mühe, die ständige Bedrohung seiner rechten Flanke abzuwehren. Die eigenen Panzer bemühen sich, die sich ständig verstärkenden englischen Infanterie- und Panzerkräfte in Schach zu halten. Burcy, Presles, Sourdevalle und die beherrschenden Höhen 224 und 242 werden von ihnen wieder fest in Besitz genommen. Am Abend hat sich die englische Einbruchsbeule rund um Sourdevalle bis an die Orte Viessoix und Chenedolle ausgeweitet. Ein um 17.30 Uhr angesetzter Gegenangriff der SS-Pz.AA 9 aus dem Raum Chenedolle nach Westen und des SS-Pz.Pi.Btl. 9 aus dem Raum nördlich Viessoix auf Pavée, mit Unterstützung eigener Panzer, muß infolge heftigen Artillerie- und Panzerbeschusses bald eingestellt werden. Nunmehr soll die aufschließende 10. SS-Panzerdivision am 6. August angreifen.
Am Morgen des 6. 8. tritt die 10. Panzerdivision mit zwei gemischten Stoßgruppen zum Angriff gegen den bis nahe an Chenedolle vorgedrungenen Feind an, der nach Norden ausweicht, aber nach Aufgabe der Höhe 242 (hart nördlich Chenedolle) sich auf der Höhe 224 erneut zum

Kampf stellt. Nach heftigen Kämpfen erobern die von drei Seiten vordringenden Stoßgruppen der 10. SS-Panzerdivision auch die Höhe 224 und Sourdevalle. Dann ist ihre Angriffskraft erschöpft. Heftige Artilleriefeuerüberfälle und Schlachtflieger nageln die Stoßgruppen der „Frundsberg" fest. Zur völligen Schließung der Frontlücke Burcy—Presles fehlen Kräfte. Die Eiterbeule in der deutschen Front bleibt bestehen. Die Führung dieses Angriffsunternehmens wird zunehmend erschwert durch sich teilweise widersprechende Meldungen der angreifenden Teile. Zeitweise ist die Lage unübersichtlich. Divisionskommandeur Oberführer Harmel und General Bittrich sind am Abend von der Aussichtslosigkeit des weiteren Angriffs überzeugt, obwohl die Armee einen Erfolg erwartet und die Wiederaufnahme des Angriffs am folgenden Tag befiehlt.

Über die 9. SS-Panzerdivision berichtet die Tagesmeldung vom 6. 8. an das Korps folgendes: „Ein im Abschnitt le Coundray—le Busq um 11.00 Uhr geführter Feindangriff mit Unterstützung von Panzern wurde unter Abschuß eines Panzers abgewiesen. Durch offene rechte Flanke versucht der Gegner ständig, in die tiefe Flanke des SS-Pz.Gr.Rgt. ‚Hohenstaufen' vorzustoßen. Division muß letzte Reserven einsetzen, um Bedrohung von Osten (zum rechten Nachbarn) auszuschalten. Erfolgsmeldung: 3 Panzer abgeschossen, 3 SPW durch ‚Ofenrohr' vernichtet, 1 SPW fahrbereit erbeutet."

Mit Erschöpfen der deutschen Angriffskraft und Erstarken des Feindes im Raum Burcy—Presles—Sourdevalle wendet sich das Blatt wieder zugunsten der Engländer. Die Deutschen werden in die hinhaltende Verteidigung gedrängt. Die Artillerie wird wieder zum tragenden Pfeiler des Kampfes. Aus den Feuerstellungen zwischen le Theil und Vassy schießen die Batterien der Obersturmbannführer Spindler und Sonnenstuhl aus den SS-Pz.-Artillerie-Regimentern 9 und 10 sowie die Nebelwerfer der SS-Werfer-Abteilung 102 unter Führung von Sturmbannführer des Coudres alle Feindangriffe schon im Ansatz zusammen. Hierbei spielt das Munitionssparen eine wesentliche Rolle, es führt zur Perfektion des Einsatzes ganzer Abteilungen und Regimenter mit geschlossenen Feuerschlägen. Allen Batterieführern ist aufgetragen, eine möglichst genaue Beobachtung von den B-Stellen und durch vorgeschobene Beobachter (VB) zu gewährleisten, um sichere Werte zu ermitteln, aufgrund deren dann der Einsatz geschlossener Artillerieverbände erfolgen kann. Sinn: mit wenig Munition nicht kleckern sondern klotzen.

Hier im Raum Vire macht sich besonders die erdrückende alliierte Luftüberlegenheit bemerkbar. Von neubelegten Feldflugplätzen in der Normandie starten die feindlichen Maschinen und bereiten den deutschen Nachschub- und Versorgungseinheiten die Hölle auf Erden. Es fehlt bald an allen zum Leben und Kampf benötigten Dingen; das schildert der Kommandeur des Wi.Btl. 9, Thöle:

„Der große Mangel an allem lebensnotwendigen Gerät, an den Kleinigkeiten, die große Wirkungen haben, ist nachträglich unvorstellbar. Das Hufeisen für pferdebespannte Einheiten ist so bedeutend wie der Federstahl oder die Gummilösung für motorisierte Verbände. Von der Reifenanforderung des Divisions-Ingenieurs Musch für die 9. SS-Panzerdivision über 1400 Autoreifen wurden 60 in der ‚Zuteilung' vom Heereskraftfahrpark geliefert. Dort war wenig und kam auch nichts. Von Caen bis Metz war die Bahn gelähmt. Gummilösung zum Flicken der Reifen fehlte ebenso, und deshalb standen wertvolle Kolonnen nur zur Hälfte im Einsatz. Es war schon wirksam, was französische Widerständler nächtlich auf die Straßen warfen, ob Nägel oder Kleinstminen. Vor allem aber die Schwärme der tieffliegenden Jäger vom Typ ‚Mustang', ‚Thunderbolt', ‚Spitfire' und ‚Lightning' dezimierten den Kolonnenraum.
Ein Beifahrer des Wi.Btl. 9 mußte beim Anflug sein Kraftfahrzeug verlassen, das der Fahrer gerade noch in einen Hohlweg rollen ließ, und erhielt beim Absprung einen Bauchschuß. Nach dem Angriff auf den 3-t-Lkw, beladen mit 2000 Broten, legten ihn die Kameraden in einen ‚Tatra'-Kübel, aber bei einem neuen Angriff einer anderen Maschine mußten sie selbst in Deckung gehen. Der Verwundete erhielt nun noch zwei Wadendurchschüsse. Als sie endlich nach 400 Metern einem Château mit Rot-Kreuz-Flagge nähergekommen waren und den langen Batschka-Deutschen in ärztliche Versorgung tragen wollten, verursachte ein dritter Anflug nach einem Sprung in den Straßengraben einen Schlüsselbeinbruch. Der Sturmmann hat in einer halben Stunde drei Verwundungen erhalten, doch er kam durch und überlebte den Krieg.
Ganz wehrlos waren wir nicht. Ein 3,7-cm-Flakzug und die sMG des Wirtschafts-Bataillons holten bei Grimsbosq, Condé und Vire zwei feindliche Jäger und einen zweimotorigen Bomber herunter. Mit dürftiger Tarnung versehene Fahrzeugwracks lockten die Jäger an, und im Tiefflug kamen sie oft in die Garben unserer Leuchtspurmunition."

Hier im Raum Vire geht auch ein Bombenteppich der Alliierten auf die Division „Hohenstaufen“ nieder, den ein Augenzeuge so schildert: „Tiefgestaffelt erscheinen am Horizont Hunderte schwerer viermotoriger Bomber — eine ganze Luftflotte ist im Anflug. Zum Zählen bleibt keine Zeit. Bald mischt sich in den Lärm um uns das Dröhnen unzähliger Propeller. Gebannt und beklommen verfolgen Kanoniere, Fahrer, Grenadiere und Funker die Richtung des heraufziehenden Unheils. Wo werden sie abladen? Sicher wird die flächenvernichtende Wirkung hinter der Front auf Reserven, Stäbe und Versorgungseinrichtungen niedergehen. Die Flak kann nur mit den wenigen 8,8-cm-Batterien da hinauflangen, und ihre Sprengpunkte sind mager im Verhältnis zur Masse der anfliegenden Maschinen. Alles hastet in die kümmerlichen Deckungslöcher, verkriecht sich in Furchen, Rillen und Knicks. Die ungeheuerliche Drohung kommt in Wolken und Wellen verschiedener Höhe sich überdekkend heran, und ihr Lärm schluckt alle anderen Explosionen. Nachdem ihre Geschwader Teile der 1. polnischen und 4. kanadischen Panzerdivisionen getroffen haben, werfen sie nicht mehr in Frontnähe. Fauchend und jaulend fällt aus allen Bombenschächten zugleich 1000fach torkelnd die stanzende Urgewalt herab. Auf einer Breite von mehreren Kilometern, wenige hundert Meter vor uns, steigt eine schwarze Wand zugleich aus dem Grund der Erde, die nicht wieder in sich zusammenfällt, sondern wächst und den Tag zur Nacht macht. In der schwarzen, Hunderte Meter hohen Wand glüht und blitzt es, die Erde flattert und bebt unter unseren Leibern. Keine Möglichkeit, der brüllenden Hölle auf eigenen Füßen oder mit Fahrzeugen zu entrinnen. Man kann nur abwarten, auf Glück und Gnade hoffen! Hier werden die deutschen Landstreitkräfte ausgebrannt, von der Marine und der Luftwaffe kann keine Hilfe mehr kommen in der größten Schlacht aller Zeiten. Viele sind durch den Luftdruck allein getötet. Kleine Rinnsale aus Nase, Mund und Ohren — sonst nichts an erkennbarer Verwundung. Kriegsgerät und Fahrzeuge sind umgestürzt, durchsiebt, verbrennen . . . Mut allein vermag hier nichts auszurichten. Sand in den Haaren, in Mund und Nase, sogar in den Taschen . . . wir haben noch einmal Glück gehabt!“

Unter dem Eindruck der großen alliierten Luftüberlegenheit steht auch der befohlene deutsche Gegenangriff auf Avranches. Am frühen Morgen des 7. August 1944 tritt das XXXXVII. Panzerkorps unter Führung von General Freiherr von Funck mit vier Panzerdivisionen zum entscheidungssuchenden Angriff auf Avranches an, um die aus der Cotentin-Halbinsel ausgebrochene 3. US-Armee von ihren rückwärtigen Verbindungen abzuschneiden und die Alliierten wieder „einzumauern“. Die Entwicklung des letzten deutschen Angriffs in der Normandie — Deckname „Lüttich“ — beeinflußt und bestimmt auch fortan den Verlauf der Kämpfe im Raum Vire—Vassy.

Am Vormittag des 7. August wird Vire von den Engländern eingenommen. Das hat zur Folge, daß auch ostwärts der Stadt, im Raum Chenedolle, an diesem Tage heiße Kämpfe entbrennen. Der Befehl der Armee zur Bereinigung der Lage bei Chenedolle durch Angriffe der 10. SS-Panzerdivision wird bald rückgängig gemacht. In den Vormittagsstunden ergeht Armeebefehl, die Kampfgruppen der 10. SS-Panzerdivision bei Chenedolle herauszulösen. Die Division soll schnellstens nach Süden in den Raum St. Clement—Ger marschieren und sich dort zur Verfügung der 7. Armee bereithalten. Die 10. SS-Panzerdivision „Frundsberg“ muß damit rechnen, beim Angriff auf Avranches zum Einsatz zu kommen. Durch den Fall von Vire soll die Front bei Chenedolle verkürzt werden und eine neue HKL in der Linie Roullours—Viessoix—Chenedolle entstehen.

Dieses Hin und Her der eigenen Angriffs- und Abwehrplanung schlägt sich ganz besonders auf die eingesetzten Einheiten der 9. und 10. SS-Panzerdivision nieder. So wird der 7. August zu einem der turbulentesten Tage bei Chenedolle und Vire.

Die Frontbeule um Chenedolle umklammern das SS-Pz.Pi.Btl. 9, die Kampfgruppe Olboeter, das Heeres-Pi.Btl. 600 und die SS-Pz.AA 9. Mit Schwerpunkt Chenedolle wird die deutsche Abwehr durch die 1. Kompanie der schweren SS-Panzerabteilung 102 verstärkt. In den Kämpfen um Chenedolle bewährt sich besonders die 1. Kompanie des Pi.Btl. 600 unter Führung von Oberleutnant Graul, die auch am Morgen des 7. 8. in und nördlich Chenedolle steht und mit „Tigern“ nach Westen angreifen soll; aber der Angriff wird abgesagt, da bereits die Verlegung der HKL nach rückwärts akut wird.

Nördlich von Chenedolle steht am Morgen des 7. August der „Tiger“ Nr. 134. Kommandant ist Unterscharführer Fey, Richtschütze Unterscharführer Laumbacher, Funker Sturmmann Trautmann, Fahrer Sturmmann Schmidt und Ladeschütze Sturmmann Paul. Diese Panzerbesatzung hat einen Glückstag und schießt eine ganze englische Panzerkompanie zusammen. Hören wir hierzu den Bericht von Unterscharführer Fey:

„Wir stehen mit unserem ‚Tiger' in Lauerstellung. Die Heerespioniere, die mit uns angreifen sollten, deren Angriff aber abgeblasen wurde, geben plötzlich Panzeralarm. Der Vormittag ist hell und klar. Über eine Anhöhe herab kommen aus einem Wäldchen 15 Feindpanzer angerollt, dazwischen Spähwagen, SPW mit aufgesessener Infanterie, Karetten und MTW; der ganze Hang ist lebendig geworden. Entfernung ca. 1200 Meter. Noch fällt kein Schuß. Die Pioniere schauen auf uns, was werden wir tun? Der Kompanieführer der Heerespioniere drängt uns, das Feuer zu eröffnen, aber das muß er uns schon überlassen. Unser Funker setzt den Spruch an alle ab: ‚15 Panzer greifen mit Infanterie aus der linken Flanke an. Wir eröffnen bei 600 Meter das Feuer!' Sofort kommt Funkbefehl vom Abteilungskommandeur, Sturmbannführer Weiß: ‚Ruderboot an Ofenrohr 3 (das ist im Funkverkehr der Tarnname für unseren ‚Tiger') — sofort absetzen!' Ich gebe dem Funker den Befehl, nicht zu quittieren und den Empfänger abzuschalten; wir werden nur noch senden.

Die englischen Panzer haben sich formiert und rollen im Breitkeil auf uns zu. Die Entfernung beträgt noch 800 Meter. Längst hat der Ladeschütze die Kanone gefechtsklar. Dann ist es soweit: 600 Meter.

Unser ‚Tiger'-Motor brüllt auf. Der Fahrer bringt den Wagen schnell in die vorher abgesprochene Position; ein Anrucken der einen Kette, ein Bremsen der anderen Kette, und unser ‚Tiger' steht mit Stirnseite den anrollenden Feindpanzern gegenüber.

‚Panzergranate — 600 — Feuer frei!' Der erste Schuß geht über das Ziel. ‚Visier 400 — Feuer frei!' Der zweite Schuß sitzt und trifft den in der Mitte des Panzerpulks fahrenden Führungspanzer. Dann kommen die links und rechts davon fahrenden Panzer dran, und in ganz kurzer Zeit stehen 4 ‚Shermans' in Flammen.

Der Gegner hat die erste Verwirrung überstanden und eröffnet auf uns das Feuer. Wir erhalten Treffer am Turm, am Bug, an der Walzenblende; Schrauben und Nieten wirbeln im Kampfraum umher.

Der Funker sendet ununterbrochen den Gefechtsverlauf; dazwischen schießt er mit dem MG. Der Kommandeur funkt wieder: ‚Nach rückwärts absetzen auf eigene Linie!' Wir zählen jetzt schon 6 brennende und qualmende ‚Shermans'. Drüben muß eine heillose Verwirrung herrschen; ihre Infanteristen sind abgesprungen und suchen Deckung; beim

Versuch zu wenden, verkeilen sich Fahrzeuge ineinander. So wird auch der 7. und 8. Panzer erledigt. Während sie beim Manövrieren ineinanderfahren, hält unsere 8,8 dazwischen.
Sind Minuten vergangen — oder Stunden? Unser Ladeschütze, der bärenstarke Wolgadeutsche, sinkt in die Knie. Am Verschluß arbeitend, hat er zu viel Pulvergase geschluckt und ist ohnmächtig geworden. Das bringt bei uns vorübergehend eine Krise, zumal sich nun alle Feindpanzer auf uns eingeschossen haben. Ich rufe: ‚Fahrer rückwärts marsch! — Halt!' Da knallt es auch schon wieder bei uns; der ‚Tiger' ruckt zurück. Das war Pak; der Treffer kam von links. Jetzt heißt es handeln; denn schon landet der zweite Treffer zwischen Fahrer- und Funkerblende und macht unser Funker-MG unbrauchbar. Ein weiterer Treffer reißt unsere linke Kette ab, und unser ‚Tiger' ist bewegungsunfähig.
Dann haben wir die Pak am Mündungsfeuer erkannt. Unser Turm wird auf 9.00 Uhr gedreht, der Richtschütze genau eingewiesen, Sprenggranaten ins Rohr und dann: ‚Feuer frei!' Drei Granaten genügen. Hochwirbelnde Eisenteile zeugen vom Ende dieser gut in Stellung gebrachten Pak.
Das Panzergefecht geht weiter. Rücken wir ‚Shermans' ins Fadenkreuz, bekommen wir Zunder von feindlicher Pak. Es ist eine Plage, sich mit zwei verschiedenen Gegnern herumzuschlagen, aber 12 brennende Feindpanzer zeugen von unserem erfolgreichen Kampf.
Nun funkt der Kommandeur nach der Bewegungsunfähigkeitsmeldung: ‚Panzer sprengen, mit Besatzung durchschlagen!' Aber so leicht geben wir unseren Panzer nicht auf. Solange wir noch eine Granate haben, kämpfen wir. Wieder hüllen wir uns in Schweigen und ‚vergessen' diesen Spruch zu quittieren.
Inzwischen haben 14 ‚Shermans' das Zeitliche gesegnet. 30 Minuten dauerte das heiße Gefecht in der Mittagsstunde des 7. August nördlich von Chenedolle. Von 15 Angreifern 14 Abschüsse. Aber wo ist der 15. Panzer? Pirscht er sich hinter Hecken, in der Mulde vor uns heran? Wir sind auf der Hut!
Jetzt bedecken ganze Salven der feindlichen Artillerie unser Gelände. Ganz links stehen weitere ‚Tiger' von uns. Von dort hole ich eine Panzergranate, da wir selbst nur noch eine haben. Wir lauern weiter. Aus einem der letzten Funksprüche entnehme ich, daß unser ‚Tiger' bei Einbruch der Dunkelheit durch den Zug Schwab mit 3 ‚Tigern' herausgeschleppt werden soll. Aber bis zur Dunkelheit ist noch eine lange Zeit.

Durch Beschuß fällt unser Funkgerät aus. Jabos und Artillerie machen uns das Leben zur Hölle. Einmal liegen Jabobomben dicht neben unserem bewegungsunfähigen Panzer, und als die nächste Kette anfliegt, täuschen wir mit unseren Nebelkerzen den Abschuß vor. So einige Male.

Plötzlich werden wir hellwach. Panzerketten klirren. Soll das der 15. sein? Wir starren nach halbrechts, wo die Mulde in Busch- und Baumgruppen ausläuft. Ganz langsam schwenkt unsere Kanone dorthin. Ist es ein Panzer oder sind es zwei? 100 Meter liegen zwischen uns und der Mulde. Wir haben noch zwei Panzergranaten, wenn die fehlgehen, heißt es ausbooten. Unsere anderen ,Tiger' sind zurückgezogen worden, wir sind allein. Unsere Nerven sind zum Zerreißen gespannt.

Vor uns teilt sich das Gebüsch; das glatte, lange Rohr ohne Mündungsbremse, zweifellos ein ,Sherman', wird sichtbar. Dann kommen die Rundungen der Wanne und der Turm hoch. ,Schuß!' Unsere erste Granate steigt steil zum Himmel. ,Tiefer halten — Schuß!' und wir brüllen laut auf, denn der Leuchtsatz unserer Panzergranate verschwindet genau unter dem Rohr. Wie von einer Faust gepackt, bleibt der Feindpanzer stehen, und bald darauf steigt eine feine Rauchsäule zum Himmel: der 15. Feindpanzer dieses Tages. Mit dem Panzer vom Vorabend im gleichen Einsatzraum sind es 16, also eine ganze Panzerkompanie; nicht zu reden von den MTW, SPW und Karetten.

Nach genau festgelegtem Plan schießen unsere Nebelwerfer in die Mulde und auf den dahinterliegenden Hang. Kaum sind die letzten Salven verrauscht, ist der Zug Schwab da. Zwei ,Tiger' nehmen uns in Schlepp, der dritte sichert. So rollen wir, unsere Ketten nachziehend, in die anbrechende Nacht und erreichen die Werkstattkompanie im Raum Vassy."

Südwestlich von Chenedolle steht an diesem Tage Sturmbannführer Monichs SS-Pz.Pi.Btl. 9 in ähnlicher Abwehrsituation. Auch hier rollen englische Panzer auf die Stellungen der Pioniere zu, aber hier stehen keine „Tiger". Rechts, bei la Jarrière, steht Obersturmführer Möllers 2. Kompanie, links daneben bei Pavée Obersturmführer Schefflers 1. Kompanie. An den Flügeln und mit Teilen in Reserve die 3. Kompanie, die nach dem Tod von Hauptsturmführer von Cölln von Obersturmführer Engel geführt wird.

Immer war die Divisionsführung bemüht, das Pionier-Bataillon nicht im Infanterieeinsatz zu verschleißen und es nur für Pionieraufgaben ein-

zusetzen, aber aus Kräftemangel wurde die Division gezwungen, das Bataillon an der Frontbeule bei Chenedolle einzusetzen. Alle bisherigen Pionieraufgaben hatten die Kompanien glänzend gelöst. Man denke an den Brückenschlag bei Horodyszcze, an Stoßtruppaufgaben bei Grainville, an die Minenverlegungen, an die Pionieraufgaben an der Orne. Das Bataillon stützt sich hierbei auf so alte Haudegen wie den Oberscharführer Schwackhausen, genannt Schwacki, der bei Horodyszcze draufgängerisch seinen Stoßtrupp führte, der bei Grainville einen gewaltsamen Vorstoß zur Einbringung von Gefangenen erfolgreich beendete und selbst einen verwundeten Engländer zurücktrug. Aber Schwacki, im ganzen Bataillon bekannt, hat auch eine Marotte; vor jedem Einsatz legt er sich Karten, und wenn die Farben nicht günstig stehen, ersäuft er seinen inneren Schweinehund im Calvados, der die Kartenlegung vergessen macht. So wie Schwacki gibt es noch viele alte, erfahrene Haudegen im SS-Pz.Pi.Btl. 9, die Vorbild sind und ihre Männer zu höchsten Waffentaten anspornen.
Südwestlich von Chenedolle liefert das SS-Pz.Pi.Btl. 9 am 7. 8. den angreifenden Engländern einen ganz großen Kampf. Bei der 1. Kompanie ist es ein Deutsch-Brasilianer, der sich durch persönliche Tapferkeit auszeichnet und englische Panzer angeht. Bei der 2. Kompanie ist es der Unterscharführer Hans Leykauf, der allein vier Feindpanzer mit Nahkampfmitteln zur Strecke bringt. Mit solchen verwegenen Kämpfern hält das SS-Pz.Pi.Btl. 9 am 7. August seine Stellung zwischen Chenedolle und Pavée.
Chenedolle ist von den vergangenen Kämpfen gezeichnet. Die Häuser sind zerschossen, überall liegen englische und auch deutsche Panzer- und Fahrzeugwracks herum. Ein Abbild der Schlacht!
Nördlich Chenedolle steht Hauptsturmführer Gräbners SS-Pz.AA 9 mit großen Teilen im Einsatz. Auch sie kämpft über alles Lob erhaben.

Im Abschnitt Estry—Pierres hält das SS-Pz.Gr.Rgt. „Hohenstaufen“ die Stellungen. Die Tagesmeldung hierzu ist nüchtern und lautet: „Wiederholte örtliche Angriffsunternehmen der Engländer mit Infanterie und Panzern mit Schwerpunkten Estry und le Busq wurden erfolgreich abgewehrt. Starke Aufklärungstätigkeit vornehmlich vor Abschnitt SS-Pz.Gr.Rgt. ‚H‘. Erkannte Bereitstellungen werden laufend durch das Feuer schwerer Waffen zerschlagen. Nach Wetterbesserung in den Nachmittagsstunden wieder rege feindliche Lufttätigkeit.“

Am 7. August 1944, um 23.45 Uhr, gibt die 9. SS-Panzerdivision die abschließende Erfolgsmeldung per Fernschreiben an das II. SS-Panzerkorps, das dort um 01.05 Uhr aufgenommen wird. Darin heißt es:
„Bei den gestrigen Angriffskämpfen und den Gefechten des heutigen Tages wurden vernichtet durch: SS-Pz.Rgt. 9: 7 Panzer und 3 Spähwagen; schw. SS-Pz.Abt. 102: 20 Panzer und 2 Munischlepper, davon 11 Panzer allein durch einen Wagen (in dieser Meldung sind die letzten 4 Abschüsse von ‚Tiger' Fey nicht enthalten);2./SS-Pz.Pi.Btl. 9: 8 Panzer im Nahkampf. Davon durch SS-Unterscharführer Hans Leykauf allein 4 Panzer (um Nennung im Ehrenblatt bzw. Erwähnung im Rundfunk beim militärischen Kommentar wird gebeten); KGr. Olboeter: 6 Panzer; SS-Pz.AA 9: 2 Panzer im Nahkampf; Pi.Btl. 600: 1 Panzer im Nahkampf."
Damit haben die Engländer im Kampfgebiet Chenedolle in zwei Tagen 48 Panzer und 3 Spähwagen verloren. Das SS-Pz.Rgt. 9 hatte 23 Panzer und Sturmgeschütze, die KGr. Olboeter 7 und die schwere SS-Pz. Abt. 102 10 Panzer im Einsatz. Das sind insgesamt 40 Kampfwagen verschiedener Typen.
Von einem besonderen Erlebnis am Rande der Schlacht berichtet Ewald Kraßmann:
„Unser Funktrupp liegt irgendwo an der Straße Vire—Vassy in einem kleinem französischen Dorf. Unweit davon toben die Kämpfe um Chenedolle. Die Engländer wollen durch! Jetzt beschießt auch die englische Artillerie unser Dorf. Die Dorfkirche hat schon einige Treffer abbekommen. Das Dach ist zum Teil zerstört, und die buntverglasten Kirchenfenster hängen nach innen und außen in ihrer Bleifassung. Ungewohnte Töne dringen in unsere Ohren, die gar nicht zum Granatengebrüll passen — wir hören in einer Feuerpause Orgelmusik aus der Kirche, die langsam stärker anschwillt. Eine Schwimmwagenbesatzung und ein Kradmelder, die vor neueinsetzendem Artilleriefeuer anhalten und Deckung suchen, werden ebenso wie ich von der Orgelmusik angelockt. Staubig und zerrissen sind ihre Uniformen, ihre Gesichter sind verdreckt, hager und bärtig — Ausdruck des Erlebens der Schlacht. Der neue Artilleriefeuerschlag geht am anderen Ende des Dorfes nieder. Kradmelder, Schwimmwagenmänner und ich gehen in die Kirche hinein. An der Orgel sitzt ein Obersturmführer, der mit diesem Instrument verwachsen scheint und ihm herrliche Akkorde entlockt. Von wem die Musik geschrieben wurde, mag nur der Obersturmführer wissen; die

Eintretenden wissen es nicht, aber sie sind ergriffen, nehmen ihre Stahlhelme ab, legen die Waffen ins Kirchengestühl und lauschen still und andächtig der Orgelmusik. Diese Minuten machen den Krieg vergessen; erst als das Orgelspiel schon längst zu Ende ist, finden sie in die Gegenwart zurück. ‚Fertigmachen, wir müssen weiter!' sagt der Führer der Gruppe. Sie nehmen Stahlhelme und Waffen auf, verlassen die Kirche und fahren ungeachtet des erneut einsetzenden Artilleriefeuers durch das Dorf in Richtung Front."

In der Nacht vom 7. zum 8. August wird die Frontausbuchtung bei Chenedolle zurückgenommen. Im Zuge der Frontverkürzung werden die letzten Teile der „Frundsberg", die Kampfgruppe Olboeter und das schwere Werfer-Regiment 2 herauslöst und wieder ihren Divisionen zugeführt. Das Heeres-Pi.-Btl. 600 zieht als Reserve in den Raum südlich Vassy unter, mit Btl.Gef.-Stand in la Coladière. Der Ausbau einer 3. und 4. Stellung wird forciert. Linker Nachbar der 9. SS-Panzerdivision ist nun die 3. Fallschirmjägerdivision des Generalleutnants Schimpf. Die Grenze zwischen beiden Divisionen liegt bei la Jarrière, 2 km westsüdwestlich von Chenedolle. Während der allgemeine Frontverlauf der 3. Fallschirmjägerdivision bis Vire etwa mit der Straße Vassy—Vire identisch ist, springt die HKL der „Hohenstaufen" in einem großen Bogen nach Norden bis Estry und von dort wieder nach Osten.

Am 8. August ist es zunächst ruhig. Um 11.30 Uhr belegen englische Batterien den Raum Estry und südlich davon mit schwerem Feuer, das eine Stunde anhält. Um 12.35 Uhr erfolgt ein von Panzern unterstützter Infanterieangriff auf Estry und südlich. Das einsetzende Sperrfeuer der eigenen schweren Waffen zerschlägt den Angriff, einzelne in die deutsche HKL eingebrochene Feindgruppen werden von Reserven des SS-Pz.Gr.Rgt. „Hohenstaufen" im Gegenstoß geworfen. Weitere Bereitstellungen westlich le Busq werden durch Artillerie zerschlagen. Die 9. SS-Panzerdivision hat am 8. August 27 Panzer und Sturmgeschütze einsatzbereit.

Am 9. August, 14.30 Uhr, wird ein von Panzern unterstützter Infanterieangriff im Raum Estry wie am Vortag von der 9. SS-Panzerdivision abgewehrt. Der Divisionsgefechtsstand verlegt von le Bois de Monay (3 km südwestlich Vassy) nach la Morlandière (1 km südwestlich Calligny). Das Unterstellungsverhältnis der schw. SS-Pz.Abt. 102 wird aufgehoben; die „Tiger"-Abteilung wird in den Raum nördlich Falaise geworfen, um hier einen neuen britischen Großangriff auffangen zu

helfen. Die Verminung des Vorgeländes und der Ausbau der Auffangstellungen wird fortgesetzt.
Für den 10. August meldet die 9. SS-Panzerdivision an das Korps: „Im allgemeinen verlief der Tag ruhig. Gegner schießt in unbestimmten Zeitabständen heftige, zusammengefaßte Feuerüberfälle. Rege feindliche Fliegertätigkeit."
Die Frontruhe am 10. August kann die Führungsstäbe der Division „Hohenstaufen" nicht darüber hinwegtäuschen, daß ein neuer Schlag der Briten auch im Abschnitt Vire—Vassy bevorsteht. Der Stellungsbau wird weiter betrieben, das Fernsprechnetz ausgebaut.
Besonders in einer Abwehrstellung gibt es für die 1. Kompanie der Nachrichten-Abteilung der Division viel zu tun. Die Fernsprechkompanie legt die Drahtverbindungen, nimmt den Fernsprechverkehr auf und hält ihn aufrecht. Die Kompanie untergliedert sich in Bautrupps, Vermittlungstrupps und Störtrupps. Die Bautrupps legen die Drahtverbindungen. Die Störtrupps flicken die Leitungen, die durch Feindeinwirkung (Artilleriebeschuß) oder durch Überfahren von eigenen Panzern und Fahrzeugen ausgefallen sind. Die Vermittlungstrupps verbinden Anrufer und Empfänger. Das Herz des Fernsprechnetzes ist die Hauptvermittlung beim Div.Gef.-Stand mit einem großen Klappenschrank von 120 Anschlüssen. Bei den Regimentern sowie den einzelnen Abteilungen des Div.-Stabes (Ib, Ic usw.) arbeiten Vermittlungstrupps mit Zehner-Klappenschränken. Reicht einer nicht aus, werden zwei oder drei installiert. Dank guter Ausbildung erfüllen die Männer der Fernsprechkompanie alle gestellten Aufgaben und sind ein nicht wegzudenkendes Bindeglied zwischen Führung und Truppe. Die 1./SS-Pz.NA 9, die von den Hauptsturmführern Thom und Klemm ausgebildet wurde, unter Obersturmführer Allemeyer bei Tarnopol im Einsatz stand und in der Normandie von Obersturmführer Götte geführt wird, hat sich hervorragend bewährt.
Mit der Aufgabe der Stadt Vire steht der linke Nachbar der 9. SS-Panzerdivision — die 3. Fs.Div. — in der Linie Roulours—Viessoix und hat etwa 2 km ostwärts Viessoix Anschluß an das SS-Pz.Pi.Btl. 9. Mit dem Abzug eigener Kräfte und der Verlegung der HKL nach rückwärts ist ein erneuter, geschlossener Einsatz von Sturmbannführer Monichs Pi. 9 notwendig geworden. Die Kompanien sind etwa im Verlauf der napoleonischen Heerstraße, der Straße Vire—Vassy, in der Nacht und im Morgengrauen des 11. August in Stellung gegangen. Links die 1. Kom-

panie, rechts die 2. Kompanie und Teile der 3. Kompanie; der Rest der 3. Kompanie bildet die Reserve. Obersturmführer Scheffleres 1. Kompanie hat noch eine Kampfstärke von 67 Mann und neben lMG auch 4 schwere MG und ein Dutzend Panzerfäuste. Ähnliche Stärken auch bei den anderen Kompanien. Dichte der HKL-Besetzung: alle 30 Meter ein Mann!
Gegen 09.00 Uhr erfolgt der erste Feuerüberfall auf das Bataillon. Feindliche Aufklärer hängen am Himmel. Kurzschüsse eigener Artillerie lösen reihenweise weiße Leuchtkugeln aus: „Hier eigene Linie!" Das feindliche Artilleriefeuer nimmt an Stärke zu und erfaßt den gesamten Abschnitt der 9. SS-Panzerdivision.
Gegen Mittag treten englische Infanterie- und Panzerverbände zum Angriff an. Schwerpunkte sind der Abschnitt des SS-Pz.Pi.Btl. 9 und der Abschnitt Estry—Pierres, den das SS-Pz.Gr.Rgt. „Hohenstaufen" verteidigt. Letzteres wehrt alle Angriffe an diesem Tage ab und bereinigt kleinere Einbrüche. Obersturmbannführer Zollhöfers Panzergrenadiere stehen wie ein Fels.
Die Beobachtungsmeldungen der Pioniere und der VB der Artillerie sprechen von neuen feindlichen Truppenmassierungen im Raum Chenedolle in Richtung Süden. Kein Zweifel mehr: Monichs Pionier-Bataillon wird in den Brennpunkt des Tages geraten.
In den ersten Nachmittagsstunden des 11. August 1944 steht Obersturmführer Schefflers 1. Kompanie im erbitterten Abwehrkampf. Nach links und rechts reißt die Verbindung, feindliche Angriffsgruppen bedrohen beide Flanken. Aus einem Hohlweg heraus wehrt die Kompanie einen Einbruch zwischen der 1. und 2. Kompanie ab. An der linken Flanke kommen den Pionieren Fallschirmjäger zu Hilfe. Die Lage wird noch einmal gemeistert. Dann brausen feindliche Jabos gleich Mückenschwärmen heran und stoßen wie Geier auf alles nieder, was sich bewegt oder schießt. Englische Artillerie macht das Inferno voll.
Längst hat Sturmbannführer Monich seinen Gefechtsstand in la Barberie verlassen und ist vorn. Laut Absetzplan, der ihm bekannt ist, soll sein Bataillon drei Tage diese Stellung halten. Dann soll die HKL auf die nächste Auffanglinie zurückgenommen werden.
Am Spätnachmittag greifen die Engländer erneut an. Dieses Mal steht Obersturmführer Möllers 2. Kompanie im Schwerpunkt. Wieder droht die Front zu zerreißen. Die 2. Kompanie liegt auf einem sanften Höhenzug; die Engländer müssen durch ein kleines Bachtal und dann hügelan.

Trotzdem erringen sie örtliche Bodengewinne, aber mit Einbruch der Nacht ist die Front der Pioniere gefestigt.
Der Sturmmann Cihotzki von der 2./SS-Pz.Pi.Btl. 9, dem der Verfasser viele Berichte zu verdanken hat, schildert den Einsatz des SS-Pz.Pi. Blt. „Hohenstaufen“ so: „Krisenstellen in der HKL des Bataillons werden in der Nacht vom 11. zum 12. August bereinigt, aber wir alle wissen, daß die Tommys am nächsten Tag, dem 12. August, wieder angreifen werden. Die ganze Nacht rumoren drüben Panzerfahrzeuge, marschieren Reserven heran. Bei Anbruch des Tages decken schwere Feindwaffen unsere Linie mit Granaten ein. Bodennebel braut über dem Gelände und macht uns blind. Angespannt warten wir — wann kommen sie? — Und dann sind sie da, mit Panzern und Infanterie. Ihre Artillerie springt nach rückwärts und verunsichert die Straßen und die Stäbe in den kleinen Gehöftgruppen. Unsere Kompanie wird in die nächste Auffangstellung zurückgedrückt. Nachdem der Bodennebel gewichen ist, flammen überall heftige Kämpfe auf. Um jede Bodenerhebung, um jede Ferme (Bauernanwesen) wird gerungen. Ein tiefer Einbruch wird unter Führung von Sturmbannführer Monich mit der Reserve, je einem Zug der 2. und 3. Kompanie, abgefangen und ausgebügelt. Die Ausfälle des Bataillons sind hoch, die Lage bleibt ernst. Die Sanitätskraftwagen kommen nicht mehr durch, und die Verwundeten werden im Schafstall einer Ferme gesammelt und notdürftig versorgt. Bataillonsarzt Obersturmführer Dr. Schärpel und seine Sanitäter sind die guten Geister der Schlacht. Viele Ausfälle entstehen durch Bordwaffen- und Raketenbeschuß der Jabos. Mit Einbruch der Dunkelheit klingen die in zahlreiche Einzelkämpfe zerfallenen Angriffs- und Abwehrkämpfe aus. Eine kurze Zeit hält der Krieg den Atem an. Die Verwundeten werden endlich zurückgeschafft.“
Am 11. und 12. August meldet die 9. SS-Panzerdivision den Abschuß von 22 Feindpanzern durch eigene Panzer, Pak und Nahkampfmittel. Vor der Front verlegt das Pi.Btl. neueingetroffene Kastenminen.
Im Hinblick auf die Gesamtlage und den sichtbar werdenden Fehlschlag des deutschen Angriffs auf Avranches wird ein langsames Zurückgehen des II. SS-Panzerkorps auf die Orne unvermeidbar. Im Laufe des 12. August verlegen bereits die Gefechtsstände nach rückwärts: SS-Pz. Rgt. 9 nach la Houliere; SS-Pz.Gr.Rgt. „Hohenstaufen“ nach le Bois de Money (in den alten Div.Gef.-Stand); SS-Pz.Art.Rgt. 9 nach la Tournerie; SPW-Btl. Gruber einschließlich 4./SS-Flak-Abt. 9 in den Raum

Clas de la Haie. Aus der Auffrischung in Zuführung zur Division das III./SS-Pz.Gr.Rgt. 19.
Am Abend des 12. August ergehen die Absetzbefehle für eine Zurücknahme des Frontabschnittes Estry—le Busq—Höhe 235. Während das im linken Abschnitt der 9. SS-Panzerdivision stehende SS-Pz.Pi.Btl. 9 die Stellungen noch halten soll, soll Obersturmbannführer Zollhöfers SS-Pz.Gr.Rgt. „Hohenstaufen" den Raum um Estry aufgeben, der nach Beobachtungsmeldungen und Bereitstellungen das Ziel neuer britischer Angriffe sein wird.
Während sich die Panzergrenadiere zum Absetzen bereitmachen, rumoren Kettenfahrzeuge der Briten vor Estry herum. Erst gegen 23.00 Uhr hören die Kettengeräusche auf. Das sind Anzeichen eines neuen Angriffs auf Estry. Und die Panzergrenadiere lachen sich ins Fäustchen, denn bald werden sie abziehen und die Stellungen bei Estry und le Busq aufgeben, und der englische Angriff wird ins Leere stoßen. Um 01.00 Uhr (13. 8.) geht ein Flüstern durch die Stellungen. Schatten erheben sich, Züge und Kompanien sammeln und ziehen gen Osten. Während die Panzergrenadiere des SS-Pz.Gr.Rgt. „Hohenstaufen" durch die Sommernacht marschieren, bleiben Nachtruppen noch zwei weitere Stunden in den alten Stellungen. Erst nach ihrem Abzug werden diese vom Artilleriefeuer der Engländer heimgesucht — ein Zeichen, daß das Absetzen unerkannt erfolgt ist.
Am Morgen des 13. August steht der rechte Flügel der 9. SS-Panzerdivision nordwestlich von Vassy. Rechts ist das SS-Pz.Gr.Rgt. „Hohenstaufen", links das SPW-Btl. Gruber einschließlich der 4. Bttr. der SS-Flak-Abt. 9 eingesetzt. Am linken Flügel steht nach wie vor das SS-Pz. Pi.Btl. 9 in der alten Linie.
Während das SS-Pz.Gr.Rgt. „Hohenstaufen" von weiteren Infanterie- und Panzerangriffen verschont bleibt, gerät das SS-Pz.Pi.Btl. im Abschnitt beiderseits l'Aunay in den Brennpunkt der Kämpfe, die auch die 3. Fallschirmjägerdivision erfassen. Der Sturmmann Cihotzki berichtet hierüber:
„Die ganze Nacht über belegt der Tommy unseren Bataillonsabschnitt mit schwerem Artilleriefeuer. Am Morgen des 13. August rollen englische Panzer und Infanterie erneut auf unsere Stellungen zu. Dieser Tag wird einer der schlimmsten unseres Bataillons. Zwei Sturmgeschütze unterstützen den Abwehrkampf unserer Kompanie, aber schon bald fallen sie durch Beschuß aus. Einer der Geschützführer, ein Untersturm-

führer, wird schwer verwundet. Die in der Nacht unter schwierigsten Umständen im Vorfeld verlegten Minenriegel bringen den Angreifern Panzerverluste. Der Angriff stockt. Mit Panzerfäusten und Ofenrohren werden weitere Feindpanzer bewegungsunfähig geschossen. Den ganzen Tag wogt der Kampf hin und her, aber das Bataillon behauptet im wesentlichen seine Stellungen. Noch einen solchen Ansturm wird das Bataillon nicht überstehen, das wird allen klar. In der folgenden Nacht werden wir von einer Infanteriedivision abgelöst."

Der Kampfbericht aus dem Raum Vire—Chenedolle—Montchamp wäre ohne Erwähnung der SS-Werfer-Abteilung 102 unvollständig. Die Abteilung — dem SS-Pz.Art.Rgt. 9 unterstellt — unterstützte alle Angriffs- und Abwehrkämpfe der 9. SS-Panzerdivision und hat großen Anteil am Gesamtverlauf der Schlacht. Ab 3. August unterstützte die Abteilung die Kämpfe der „Hohenstaufen" bei Montchamp, Estry und Chenedolle, am 5. 8. zerschlug sie mit schweren Abteilungssalven feindliche Infanterie- und Panzerbereitstellungen bei Sourdevalle und Montchamp. Vom 8. bis 13. 8. zumeist batterieweiser Einsatz unter gleichzeitigem, ständigen Stellungswechsel nach rückwärts bis in den Kessel von Falaise. Bei diesen Kämpfen hat die SS-Werfer-Abteilung 102 zahlreiche Ausfälle an Menschen und Material.
Am Abend des 13. August kommt der Befehl zum Herauslösen der 9. SS-Panzerdivision und ihre Ablösung durch eine Infanteriedivision. Das SS-Pz.Pi.Btl. 9 wird in der Nacht vom 13./14. 8. abgelöst. Das SS-Pz.Gr.Rgt. „Hohenstaufen" verbleibt noch am 14. 8. in den Stellungen zwischen Fresney und Rocque, da die ablösenden Teile nicht rechtzeitig herankommen.
Inzwischen ist der Angriff deutscher Panzerverbände aus den Raum Mortain auf Avranches verpufft, das Abschneiden der 3. US-Armee von ihren rückwärtigen Verbindungen mißlungen. Die 3. US-Armee Pattons fächert nach allen Seiten in den freien Raum aus und treibt einen Umfassungsarm über Alencon auf Argentan vor. Und die britische Nordzange drückt ostwärts der Orne gegen Falaise. Die Einschließung der deutschen 7. Armee und großer Teile der 5. Panzerarmee zeichnet sich ab. Das erfordert einen ganzen Entschluß! Langsam wird die deutsche Front auf die Orne zurückgenommen, zu langsam — die Alliierten sind schneller. Während die deutschen Verbände Nachschubschwierigkeiten haben, Treibstoff ist immer knapp, „schwimmen" die alliierten Ver-

bände im Materialüberfluß — gedeckt durch eine starke Luftmacht, die ein Verschieben ihrer Verbände auch bei Tage risikolos ermöglicht.
Auf Grund der Gesamtlage soll das II. SS-Panzerkorps westlich der Orne abgezogen werden und die 3. US-Armee im Raum Alençon angreifen und zurückschlagen, um der 7. Armee den Rückzug aus der bereits angesetzten Zange zu ermöglichen. Die 9. SS-Pz.Div. erhält den Befehl, nach erneuter geringfügiger Frontverkürzung und Ablösung im Nachtmarsch über Vassy—Conde den Raum Putanges zu erreichen.

Die am 14. August anlaufende Ablösung der 9. SS-Panzerdivision verzögert sich wegen Benzinmangels und führt zur Stockung der Absetzbewegung der am weitesten westwärts stehenden Teile. Im Zuge einer erneuten Frontverkürzung werden die Stellungsbataillone der 9. SS-Panzerdivision in der Nacht vom 14./15. August frei. Durch die Verzögerung des Abmarsches kommt die Masse der Division nicht mehr weit und muß bei Anbruch des Tages (15. 8.) westlich der Orne fliegergedeckt unterziehen. Zurückhängende Teile schließen sprungweise in den Unterziehraum der Division auf. Dadurch gehen wertvolle Stunden verloren, die 9. SS-Panzerdivision muß den ganzen Tag über in den Waldstücken südostwärts von Conde warten, bis sie endlich bei Anbruch der Dunkelheit über die Brücke bei Putanges den Uferwechsel vollziehen kann. Neuer Versammlungsraum der Division ist Forst du Gouffern, nördlich von Argentan. Für die ca. 70 km von Vassy bis Forst du Gouffern benötigt die Division zwei volle Nächte. Infolge der ständig verstopften Brücke geht dann noch einmal wertvolle Zeit verloren.

VON AVRANCHES BIS FALAISE

Die SS-Pz.AA 10 schützt den Aufmarsch der Division — Die „Frundsberg" deckt die Südflanke des Angriffs auf Avranches — Der Kampf der „Tiger"-Abteilung Weiß nördlich von Falaise — „Rette sich wer kann!" — Das Chaos auf den Rückzugsstraßen — Bei Domfront und Briouze — Kampf um Falaise — „Schlüsselloch" Trun — Die Kirche von St. Lambert — Der Ausbruch

Durch schwere Kämpfe in der Normandie sind die Verbände der deutschen 7. Armee stark angeschlagen worden; sie verfügen nur noch höchstens über die Hälfte ihrer einstigen Kampfkraft. Die wenigen noch beweglichen Divisionen der 5. Panzerarmee werden von einer brennenden Frontstelle an die andere geworfen und verbluten. Ende Juli ist der amerikanische Westflügel bis Avranches vorgekommen. Die dort fechtende deutsche 77. Inf.Div. wird zerschlagen. Das Loch ist offen! Über die Sélune-Brücke von Pontaubault peitscht General Patton seine 3. US-Armee hinweg in den freien Raum Frankreichs.

Er ist schon ein ungewöhnlicher Heerführer, dieser General George S. Patton, ein Panzerführer vom Schlage Guderians, der einmal gesagt hat: „Das Ziel ist vorn! Der Schutz der Flanken ist Aufgabe der nachfolgenden Infanterie!" Und danach handelt Patton; in 72 Stunden jagt er über 100 000 Mann und 15 000 Fahrzeuge durch den Flaschenhals Avranches—Pontaubault. Die 3. US-Armee fächert nach drei Seiten aus, und das XV. Korps, das nach Osten ausschert, bildet den südlichen Zangenarm zur Einkesselung der deutschen 7. Armee im Raum Falaise—Argentan.

Während Pattons 3. Armee durch die Bretagne jagt, setzt General Bradley mit der 1. US-Armee den Angriff fort, um den Korridor von Avranches zu erweitern. Das VII. Korps erobert Mortain mit den beherrschenden Höhen und schafft die Voraussetzungen zur großen Frontschwenkung auf Paris.

Die deutschen Stäbe sehen, was auf sie zukommt! Anfang August charakterisiert General von Choltitz, Kommandierender General des LXXXIV. Armeekorps, anläßlich einer Besprechung mit dem OB der 7. Armee, General der Waffen-SS Hausser, die Lage so: „Wenn die Tür von Avranches nicht zugedrückt wird, bricht die deutsche Front in Frankreich zusammen." Und was von Choltitz für alle deutschen Stäbe in der Normandie ausspricht, wird auch im Führerhauptquartier als unumgängliche Notwendigkeit angesehen. Am Morgen des 3. August geht ein Fernschreiben vom Führerhauptquartier beim Stab OB West in Paris-St. Germain und auf Feldmarschall von Kluges Gefechtsstand in La Roche-Guyon ein, das von weitreichender Bedeutung ist. Durch Gegenangriff aus dem Raum ostwärts Avranches soll der Anschluß an die Küste wiederhergestellt und damit der Riegel am Fuße der Normandie wieder geschlossen werden. Der OB West, von Kluge, wird mit der Durchführung des Angriffs beauftragt.

Vom ersten Augenblick der Planung des Angriffs auf Avranches, der unter dem Decknamen „Lüttich" steht, sind sich jedoch von Kluge und alle anderen beteiligten Armee- und Truppenführer darüber im klaren, daß die Abriegelung — wenn sie gelingt — angesichts der ungeheuren Materialüberlegenheit der Amerikaner nur von kurzer Dauer sein kann. Alle Truppenführer hoffen auf einen kurzfristigen Erfolg des Angriffs, um dann einen geordneten Rückzug der deutschen Kräfte aus Frankreich einleiten zu können. Höchste Eile ist geboten, um wenigstens die drohende Katastrophe für die 7. Armee abzuwenden.

Mit der Durchführung des Angriffsunternehmens „Lüttich" wird das Generalkommando XXXXVII. Panzerkorps unter Führung von General Freiherr von Funck beauftragt. Vier Panzerdivisionen — die 2. unter General von Lüttwitz, die 116. unter General Graf von Schwerin, Teile der 1. SS-Panzerdivision unter Generalmajor der Waffen-SS Wisch, die 2. SS-Panzerdivision unter Generalmajor der Waffen-SS Lammerding sowie Reste der 17. SS-Panzergrenadierdivision und der Panzerlehrdivision bilden die Offensivgruppe. Als Reserve ist die 10. SS-Panzerdivision vorgesehen, die am 6./7. 8. aus der Front bei Chenedolle herausgelöst wird und ab 8. 8. mit vordersten Teilen im Versammlungsraum St. Clément—Ger eintrifft.

General von Funcks Offensivgruppe stellt sich 10 km südlich Vire im Raum Sourdeval—St. Clément—Barenton zum Angriff bereit. In der Nacht vom 6./7. August soll der Angriff beginnen, in zwei Tagen soll die Küste bei Avranches erreicht werden.

Während die Stabsoffiziere auf dem Divisionsgefechtsstand der „Frundsberg" in le Coudray, 8 km südlich Chenedolle, die Marschbewegungen der 10. SS-Panzerdivision überwachen, nimmt der Divisionskommandeur schon am 7. 8. die Verbindung mit der 2. SS-Panzerdivision auf, die aus dem Raum Ger zum Angriff angetreten ist und Mortain genommen hat, nun aber vor den Höhen westlich Mortain festliegt. Der Kampfauftrag lautet inzwischen für die 10. SS-Panzerdivision: Bereitstellung südostwärts Mortain und Angriff im Anschluß an die 2. SS-Panzerdivision unter Abschirmung nach Süden. Bei einer Aussprache mit dem Kommandeur der 2. SS-Panzerdivision, Lammerding, erfährt Harmel von den großen Schwierigkeiten des Unternehmens „Lüttich". Lammerdings Skepsis ist nicht zu übergehen, er unterrichtet auch Harmel von den letzten Meldungen, wonach amerikanische Infanterie- und Panzerkräfte gegen die Südflanke der deutschen Offensivbeule bei Mortain vorgehen, wo die 266., und weiter in Richtung Domfront, die 275. Infanteriedivision in weitgespannter Sicherung stehen.

Vorsicht ist also geboten, und Harmel faßt einen selbständigen Entschluß. Er sucht den Kommandeur der SS-Pz.AA 10 auf und eröffnet ihm:

„Brinkmann, Ihre Abteilung ist als erste der Division verfügbar! Die Lage südlich der Linie Mortain—Domfront ist unklar. Es soll zwar die 275. Infanteriedivision dort sichern, aber es können nach den Meldungen der 2. SS-Panzerdivision ebenso schon amerikanische Kräfte dort stehen. Setzen Sie Aufklärung über diese Linie an, und wenn möglich, sichern Sie bereits wichtige Geländepunkte und Straßen."

Mit Beginn der Dunkelheit fahren mehrere Spähtrupps der SS-Pz.AA 10 nach Süden. Die in der Nacht zum 8. 8. bei der Division einlaufenden Meldungen ergeben, daß die Amerikaner am Abend des 7. 8. Barenton besetzt haben und weitere Kräfte entlang der Straße nach Domfront vorgehen.

In der gleichen Nacht erhält die 10. SS-Panzerdivision den Befehl, die bei Barenton eingesetzten Teile der 275. Infanteriedivision abzulösen, sich jedoch mit Masse — unter Berücksichtigung der geplanten Verwendung in Richtung Avranches — im Versammlungsraum Ger zur Verfügung zu halten. Mit dem Sicherungsauftrag tritt die „Frundsberg" unter den Befehl des hier führenden LVIII. Panzerkorps. Die SS-Pz.AA 10 sowie das I.(gep.)/SS-Pz.Gr.Rgt. 21 übernehmen die Sicherung auf den Höhen nördlich von Barenton und die Sperrung der nach Norden führenden Wege und Straßen.

Am 8. 8. ziehen bereits stärkere amerikanische gepanzerte Verbände südlich der Sicherungslinie der 10. SS-Panzerdivision nach Osten. Gleichzeitig fühlen Spähtrupps nach Norden vor; amerikanische Panzerspähwagen gelangen durch die weit auseinanderstehenden eigenen Sicherungen und tauchen südlich von Ger auf. Die „Frundsberg" erbittet Handlungsfreiheit für ihre auf sich allein gestellten Sicherungen. Vom LVIII. Panzerkorps kommt als Antwort: „10. SS-Panzerdivision setzt sich in Besitz von Barenton und sperrt dort die Straße Mortain—Domfront. Sie verhindert das Überschreiten feindlicher Kräfte über das Höhengelände nördlich Barenton—St. Georges."

Wenn man sich vergegenwärtigt, daß zu dieser Zeit der Angriff des XXXXVII. Panzerkorps auf Avranches läuft, also nach Westen, und gleichzeitig starke amerikanische Panzerkräfte an der deutschen Südflanke nach Osten streben, so müssen für den Schwächeren Krisen entstehen, die mit einer Einkesselung enden.

Am 9. August formiert sich die 10. SS-Panzerdivision zum Angriff auf Barenton. In die Vorbereitungen stößt ein amerikanisches Regiment hinein und bedrängt die Sicherung der SS-Pz.AA 10 auf Höhe 266, 3 km nördlich von Barenton. Wenig später hat ein feindliches Bataillon auch die kleinere Höhe hart südwestlich von Bousentier besetzt, und ein weiteres Bataillon geht gegen die Höhe 161 vor. Einer Truppe kann nichts Schlimmmeres passieren, als daß der Feind in die eigene Bereitstellung hineinstößt. Die bei Rancoudray und ostwärts vorziehenden Kompanien des SS-Pz.Gr.Rgt. 22 und des SS-Pz.Pi.Btl. 10 sichern sich örtlich. Um Barenton werden etwa 60 feindliche Panzer festgestellt. Die „Frundsberg" verfügt noch über 12 einsatzbereite Panzer und Sturmgeschütze. Ob es bei diesem Kräfteverhältnis der 10. SS-Panzerdivision gelingen wird, bis Barenton vorzustoßen, erscheint fraglich.

Am Morgen des 10. August greift die „Frundsberg" an. Aus dem Raum Rancoudray stürmt Obersturmbannführer Schultzes Rgt. 22 in drei Angriffsgruppen nach Süden. Ziele sind die Höhen 161 und 266. Der Angriff stößt in das gerade beginnende Vorgehen der Amerikaner. Um die Höhe 266 wird erbittert gekämpft. Die den eigenen Angriff unterstützenden Kampfwagen der II./SS-Pz.Rgt. 10 helfen den Panzergrenadieren und schießen aufgefahrene amerikanische Sfl.-Artillerie zusammen. Langsam setzt sich das Rgt. 22 durch. Feindliche Schlachtflieger greifen in die Erdkämpfe ein und Artillerie schießt Sperrfeuer.

Sturmbannführer Tröbingers SS-Pz.Pi.Btl. 10 schließt sich dem Angriff an und geht entlang der Straße Bousentier—Barenton und von Höhe 263 vor und nimmt Bousentier in Besitz.

Feindliche Artillerie und Schlachtflieger verursachen beträchtliche Ausfälle und versagen der 10. SS-Panzerdivision den vollen Erfolg. Die erschöpften Kompanien gehen in der Linie Höhe 161—Bousentier zur

Verteidigung über. Knapp 3 km vor ihnen liegt Barenton und die große Straße.
Während das Rgt. 22 und die Pioniere im Angriff sind, stößt eine andere Feindgruppe mit Panzern und Unterstützung durch Artillerie und Schlachtflieger von St. Georges nach Norden vor. Nach 2,5 km trifft sie am Bachgrund auf die dort stehenden Sicherungen des SS-Pz.Gr.Rgt. 21. Regimentskommandeur Standartenführer Deisenhofer schickt Verstärkungen, mit deren Hilfe den Amerikanern jedes Weiterkommen über den Bachgrund nach Norden verwehrt wird. Die Angriffs- und Abwehrkämpfe werden schwerpunktmäßig vom SS-Pz.Art.Rgt. 10 unterstützt, das jedoch unter Munitionsmangel leidet.
Auch am 11. August hält die „Frundsberg" gegen wiederholte Feindangriffe ihre stützpunktartige Abwehrlinie. Die Divisionsführung gewinnt jedoch den Eindruck, daß die Angriffe nicht einen feindlichen Vormarsch nach Norden einleiten sollen, sondern die Deckung der Nordflanke des mit Masse nach Osten strebenden amerikanischen XV. Korps und die Bindung der ihnen gegenüberstehenden deutschen Kräfte bezwecken. Oberführer Harmel und sein Ia, Obersturmbannführer Lingner, rechnen jedoch mit einem Vorstoß feindlicher Kräfte im Egrenne-Tal nach Norden, in die Flanke der Division. Auf Grund dieser Überlegung wird in der kommenden Nacht eine zusammengewürfelte Kampfgruppe (1 Pi.Kp., Teile der AA und des Trosses) in den Raum Lonlay verlegt, die eine lose Verbindung mit der bei Domfront stehenden 708. Infanteriedivision herstellt. Die Divisionsartillerie bereitet sich darauf vor, mit starkem Feuer in das Egrenne-Tal zu wirken, wenn es erforderlich werden sollte.
Das LVIII. Panzerkorps mißt der Sicherung der Südflanke besondere Bedeutung zu und befiehlt der 10. SS-Panzerdivision, die Stellungen unbedingt zu halten; dies in Anbetracht des Unternehmens „Lüttich", das nach Anfangserfolgen zum Stehen gekommen ist.
Genau genommen ist das Angriffsunternehmen auf Avranches bereits nach 48 Stunden unter den Bombenschlägen der feindlichen Luftwaffe und am zähen Widerstand der 1. US-Armee zusammengebrochen. Die deutschen Angriffsdivisionen gehen auf ihre Ausgangsstellungen zurück. Am 9. August herrscht Ratlosigkeit bei den deutschen Stäben angesichts der wiederholten Forderungen Hitlers, den Angriff erneut mit aller Kraft aufzunehmen. Die deutsche Angriffskraft ist erschöpft, die Verbände sind abermals stark dezimiert. Reserven sind keine mehr da.

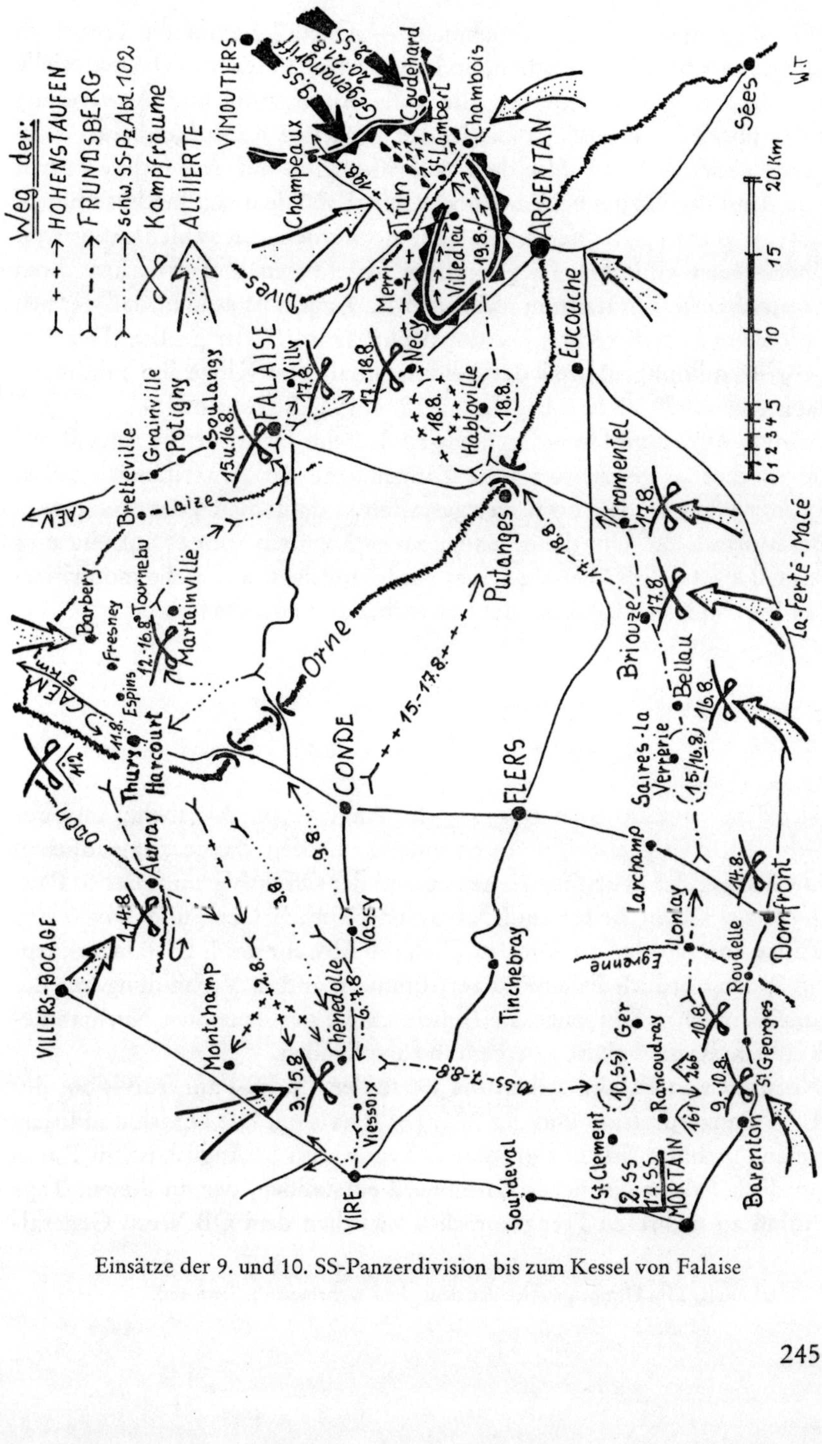

Einsätze der 9. und 10. SS-Panzerdivision bis zum Kessel von Falaise

Wo sollte man sie auch hernehmen? — Überall brennt die Front: im amerikanischen, im britischen, im kanadischen Abschnitt! Die materielle Überlegenheit der Alliierten, die volle Ausnutzung und Anwendung einer überlegenen Technik bis in das vorderste Kampfgeschehen werden ausschlaggebend. Mit dem Angriffsbeginn auf Avranches starten von den Flugplätzen bei Paris noch einmal 300 deutsche Jagdmaschinen, alles, was man aufbieten kann, aber sie werden von zahlenmäßig weit überlegenen alliierten Fliegerkräften abgefangen und erreichen ihren vorgesehenen Einsatzraum nicht. Am 12. August ist es klar, daß der neu befohlene Angriff nicht mehr durchführbar ist. Hitler grollt: „Der Angriff ist mißlungen, weil der Feldmarschall von Kluge ihn mißlingen lassen *wollte!**" Kluge begeht am 18. 8. 1944 Selbstmord.
Am 12. August gibt es nichts mehr zu deuteln: Der deutsche Angriff auf Avranches ist gescheitert! Die Zangenarme der Amerikaner greifen immer mehr in den noch weitgestaffelten deutschen Frontvorsprung bei Mortain ein. Um dieser Zange zu entkommen, gibt es nur eines: so schnell als möglich über die Dives zurückzugehen, wobei die motorisierten Verbände den Rückzug der Fußverbände zu decken haben.

*

Mit dem unglücklichen Ausgang des Angriffs auf Avranches und der sich gleichzeitig abzeichnenden amerikanischen Zange zur südlichen Umfassung der deutschen 7. Armee und der Offensivgruppe der 5. Panzerarmee setzen Briten und Kanadier zwischen Orne und Dives eine Zange von Norden an, mit dem Ziel, die Abwehr des I. SS-Panzerkorps im Raum nördlich Falaise zu zertrümmern und in Verbindung mit der amerikanischen Südzange die Einschließung der deutschen Normandiekräfte im Raum Falaise—Argentan zu vollenden.
Nördlich von Falaise stehen die Reste der 12. SS-Panzerdivision, der 1. SS-Panzerdivision und der 271. Inf.-Division. Die Division „Hitlerjugend" schlägt sich mit größter Bravour. Am 8. August ist im Raum nördlich Falaise ein neuer Krisenherd entstanden, der an diesem Tage Anlaß zu mehreren Ferngesprächen zwischen dem OB West, General-

* Warlimont: „Im Hauptquartier der deutschen Wehrmacht", Seite 480.

feldmarschall von Kluge, und dem OB der 5. Panzerarmee, General Eberbach, ist. Kluge verspricht, die im Raum Argentan zu einem Gegenangriff gegen die Amerikaner versammelten Panzer der 9. Panzerdivision nach Falaise in Marsch zu setzen. Als bekannt wird, daß das nur ein Dutzend Panzer sind, wird das bei Chenedolle eingesetzte II. SS-Panzerkorps angewiesen, auch noch Panzer frei zu machen und in Richtung Falaise in Marsch zu setzen. Um 23.50 Uhr meldet der Generalstabschef des II. SS-Panzerkorps, Standartenführer Pipkorn, an das Pz.AOK 5, daß die zur Abgabe vorgesehenen Panzer der 9. SS-Panzerdivision (nur noch wenige) in der HKL bei Chenedolle stehen und er deshalb die schwere SS-Panzer-Abteilung 102 mit zur Zeit 13 einsatzbereiten „Tigern" schicken werden*.

Am 9. August, um 07.00 Uhr, marschiert die schw.SS-Pz.Abt. 102 aus dem Kampfraum Chenedolle nach Falaise ab und erreicht über Conde gegen Mittag den Versorgungsstützpunkt am Stadtrand von Falaise. Nach Versorgung werden die „Tiger" zur Front in Marsch gesetzt.

Am 10. und 11. August wehrt die 2./SS-Pz.Abt. 102 im Abschnitt der 271. Inf.Div. mehrere an der Straße von Caen vorgetragene feindliche Panzervorstöße nördlich von Thury-Harcourt ab, wobei Untersturmführer Loritz mit seinem „Tiger" Nr. 231 vier britische Panzer abschießt und die anderen des Rudels zur Umkehr zwingt. An der Straße Caen—Falaise stehen die letzten „Tiger" der 1. und 3. Kompanie. Hier bei Grainville und bei Höhe 140 haben die letzten Kampfwagen und Panzergrenadiere der 12. SS-Panzerdivision „Hitlerjugend" am 8. und 9. August einen großartigen Abwehrerfolg errungen und eine angreifende kanadische Panzerbrigade zusammengeschossen. Die „Hitlerjugend" mußte jedoch infolge hoher Verluste herausgezogen und nach Falaise in Ruhe gelegt werden. Die HKL übernahm die herangekommene 85. Inf.-Division.

Am 12. August durchbrechen 26 feindliche Panzer die deutsche HKL ostwärts von Barbery. Die 2./schw.SS-Pz.Abt. 102 wird darauf angesetzt, ein „Tiger" sichert an der Straße nach Espins, ein anderer an der Straße nach Fresnay. Sechs „Tiger" rollen entlang der Straße nach Barbery vor, gewinnen die Höhe am Nordrand von Zingal und drehen zum Angriff nach Osten ein. In einem kurzen, heißen Panzergefecht schießen

* KTB OB West und Tagesmeldung 9. SS-Panzerdivision (Bundesarchiv-Militärarchiv Freiburg).

Untersturmführer Loritz mit seinem „Tiger“ fünf feindliche Panzer und einen Panzerspähwagen, die Unterscharführer Rodinger und Münster mit ihren „Tigern“ je einen weiteren Feindpanzer ab. „Tiger“ Nr. 232 erhält zwei Pakvolltreffer und brennt aus, Unterscharführer Moldenhauer fällt mit seiner Besatzung. Noch einmal wird die Lage gerettet und die alte HKL wieder besetzt.
Am Nachmittag trommeln die Kanadier wieder auf die alte Einbruchsstelle, gegen 14.15 Uhr dann mit Nebelgranaten. Fünfzehn Minuten später erfolgt ein feindlicher Panzerangriff, von den fünf Wagen der Spitze schießt der nach Norden sichernde „Tiger“ Nr. 211 des Unterscharführers Günther drei ab, die anderen fahren zurück. Wenig später fällt Wagen Nr. 211 durch Getriebeschaden aus und muß abgeschleppt werden. Inzwischen wurde die deutsche Infanterie wieder geworfen. Die „Tiger“ erhalten Befehl, sich auf eine neue Linie zurückzuziehen. Um 19.00 Uhr ist die 2./schw.SS-Pz.Abt. 102 in Chateaux la Motte. Die Tagesbilanz lautet: elf feindliche Panzer und ein Lkw abgeschossen. Die Kompanie hat noch vier einsatzbereite „Tiger“.
Am 12. und 13. 8. steht die 2. Kompanie im Raum Tournbu. Über den 14. 8. lesen wir im KTB der 2./schw.SS-Pz.Abt. 102:
„Gegen 06.00 Uhr liegt starker Nebel, durch künstlichen verstärkt, auf dem gesamten Abschnitt. Die Infanterie ist, da beiderseits nicht angelehnt, umgangen worden, und plötzlich steht feindliche Infanterie vor eigenen Panzern. Der Feind wird jedoch aufgehalten, fährt aber Pak und Panzer heran. Unterscharführer Münster (Nr. 212) wird mit Nahkampfmitteln angegriffen und erhält etwas später Paktreffer im Turm, durch den Besatzung Ausfälle hat. Kurze Zeit später werden die beiden anderen Panzer angegriffen, und Untersturmführer Loritz und Untersturmführer Schroif schießen aus nächster Entfernung je einen Panzer ab. Wenig später wird Untersturmführer Loritz (Nr. 231) abgeschossen, wobei die ganze Besatzung fällt. Im Gegenangriff dringen schwache Infanterieteile bis zu den Panzern vor und übernehmen die Nahsicherung der ‚Tiger‘. Gegen 14.00 Uhr trifft dann auch noch Oberscharführer Oberhuber mit seinem reparierten ‚Tiger‘ Nr. 222 ein. Fünf Panther, die rechts der Straße gehalten haben, werden kurze Zeit später abgezogen. Zu diesem Zeitpunkt beginnt der Feind mit starken, schweren Bomberverbänden, von Osten kommend, den Raum Potigny zu bombardieren. Kompanie setzt sich mit Grenadier-Kompanie (10 Mann) ab und erhält später durch Obersturmführer Kalls den neuen Auftrag des

Kommandeurs, die Höhe 183 nördlich von Potigny zu besetzen und zu halten. Kompanie tritt gegen 18.30 Uhr an und erreicht über St. Pierres, von da nach Norden abbiegend, Waldstück 1 km ostwärts Soulangy. Hier kommt eigene Infanterie zurückgelaufen, dicht gefolgt von zwölf feindlichen Panzern. Im Dämmerlicht schießt Untersturmführer Schroif drei davon ab, dann ist Ruhe."

Die Bilanz vom 14. 8. lautet: Vierzehn feindliche Panzer abgeschossen. Aber auch die eigenen Verluste wiegen schwer. Unter anderen ist der erfolgreiche Kompanieführer, Untersturmführer Loritz, mit seiner tapferen Besatzung bei einem Panzerduell gefallen. Die 2. Kompanie verfügt noch über drei einsatzbereite „Tiger".

Und nördlich von Falaise ist bereits die „Tiger"-Kompanie des Obersturmführers Kalls, die Erste, und die 3. Kompanie des Untersturmführer Seretz auf wenige Wagen zusammengeschmolzen. Zwar bemühen sich die Instandsetzungsgruppen, ausgefallene „Tiger" wieder zu reparieren, aber der nun wieder stark einsetzende Druck der Briten und Kanadier auf Falaise erschwert diese Arbeiten ungemein. Ständig muß damit gerechnet werden, daß der Feind in die Arbeitsbereiche der WK eindringen kann. Die Ersatzteilbeschaffung wird zum Problem, da die Ersatzteilgruppen und -fahrzeuge durch ständige Verlegungen kaum noch zu finden sind.

Am 15. August liegt der Schwerpunkt des Kampfes an der Straße Caen—Falaise bei Potigny. Von Potigny bis Falaise sind es noch sechs Kilometer. Gegen Mittag stehen die Reste der schw. SS-Pz.Abt. 102 im schwersten Abwehrkampf. Langsam boxen sich feindliche Panzer heran. Unterscharführer Oberhuber schießt einen Panzer ab. Gegen 14.30 Uhr schießt der Feind Nebel und bricht dann rechts von den an der Hauptstraße stehenden letzten „Tigern" durch. Die „Tiger" bekämpfen den vorgehenden Feind, soweit es die Sicht erlaubt. Unaufhaltsam dringen die Kanadier nach Süden, auf Falaise vor. Die Nordzange des Kessels um die Reste der 7. Armee und der 5. Panzerarmee drückt die deutschen Kräfte immer mehr nach Süden. Gegen 19.00 Uhr fällt Oberhubers „Tiger" Nr. 222 aus. Bei Dunkelheit ziehen sich die deutschen Kräfte bis an den Nordrand von Falaise zurück.

An der Südflanke des sich bildenden Kessels steht indessen die 10. SS-Panzerdivision „Frundsberg" und wehrt sich gegen amerikanische Verbände. Ziel der Amerikaner ist die Stadt Argentan. Von dort soll die

große Einschwenkung nach Norden erfolgen; im Raum Trun wollen sich dann die Amerikaner mit den Kanadiern und Briten treffen.
Am 11. August steht die 10. SS-Panzerdivision in der Abwehr im Abschnitt Mortain—Domfront.
Am 12. August, um 07.30 Uhr, beginnt unerwartet ein breiter, einheitlich geführter Angriff der Amerikaner aus dem Raum Barenton—St. Georges gegen die Stellungen der „Frundsberg". Der feindliche Artillerieeinsatz ist enorm. Unter schweren Kämpfen und bei Einsatz aller Reserven behauptet die 10. SS-Panzerdivision die Stellungen. Die Verluste sind hoch. Am Abend hat das SS-Pz.Rgt. 10 noch acht einsatzbereite Panzer. Die Kampfstärke des SS-Pz.Gr.Rgt. 21 beträgt 500 Mann. Das SS-Pz.Gr.Rgt. 22 hat noch ca. 250 Mann. Die Kampfstärke des SS-Pi. Btl. 10 liegt bei 150, die der SS-Pz.AA 10 bei 350 Mann. Das SS-Pz.Art. Rgt. 10 verfügt noch über 25 einsatzbereite Rohre (davon acht Geschütze Sfl.), und die SS-Pz.-Flak-Abt. 10 über neun 8,8-cm- und einige 3,7-cm- und 2-cm-Geschütze. Das ist zusammen nicht einmal die Kampfstärke eines Regimentes.
Am Nachmittag des 12. August erhält die „Frundsberg" den Befehl, nach Einbruch der Dunkelheit nach Norden zurückzugehen und in der Linie Placite—le Buissonnière—Lonlay erneut zu sichern. Die Artillerie macht Stellungswechsel in den Raum südlich Larchamp. Ein Bataillon des Rgt. 21 bezieht südlich Lonlay Stellung, mit Hauptaugenmerk auf das Egrenne-Tal. Bei Placite erhält der rechte Flügel der Division losen Anschluß an die 17. SS-Pz.Gr.-Division.
In der neuen Stellung verläuft der 13. August wider Erwarten ruhig. Eigene Artillerie bekämpft feindliche Bewegungen und Bereitstellungen im Raum St. Georges—Rouelles. In der Nacht zum 14. August geht die Division „Frundsberg" befehlsgemäß hinter den Egrenne-Abschnitt beiderseits Lonlay zurück.
Am 14. August haben Kanadier und Briten ihren Angriff bis an Falaise vorangetrieben. Nun nehmen auch die Flankenstöße der Amerikaner am Südrand des langsam nach Osten wandernden deutschen Frontsackes zu. Das bekommt in zunehmendem Maße die 10. SS-Panzerdivision zu spüren. Am 14. 8. wird Domfront von den Amerikanern besetzt. Gegen Mittag rollen 30 US-Panzer mit Infanterie gegen die Höhen nördlich und nordwestlich von Domfront vor. Das bedeutet höchste Gefahr für den Südflügel der Division!
Die acht einsatzbereiten Panzer des SS-Pz.Rgt. 10 und aus anderen

Abschnitten schnell herbeigeholte Panzergrenadierzüge verstärken die Abwehr auf den Höhen nördlich von Domfront. Um der Gefahr aus der Flanke zu begegnen, entschließt sich Oberführer Harmel zu einem begrenzten Gegenangriff, um die amerikanischen Kräfte, die bereits Einsicht und Wirkungsmöglichkeiten in die eigene Egrenne-Abwehr haben, zurückzuwerfen. Obersturmbannführer Sonnenstuhls Batterien, deren Einsatz wegen knapper Munitionslage begrenzt ist, haben die Doppelaufgabe, Abwehr und Gegenangriff zu unterstützen und durch Feuer die außerordentliche Schwäche des linken Divisionsflügels zu verschleiern. Die 17. und 2. SS-Division helfen mit Artilleriemunition aus.
Um 14.00 Uhr leitet das SS-Pz.Art. Rgt. 10 mit einem für den Feind überraschend hohen Munitionseinsatz den begrenzten Gegenangriff ein. Die letzten Panzer der „Frundsberg" rasseln mit aufgesessenen Panzergrenadieren gegen die Amerikaner vor und werfen sie zurück; sie wähnten sich sicher in Anbetracht ihrer materiellen und personellen Überlegenheit und glaubten, daß nun die Zeit gekommen sei, die Deutschen in den Kessel zu treiben wie bei einer Hasenjagd. Aber was zählt schon ein kleiner Gegenangriff angesichts der Initiative, die die Alliierten überall an sich gerissen haben?
Voller Sorge blicken die auf den Höhen liegenden Männer der „Frundsberg" nach Domfront hinunter und überdenken die Gefahr, die von dort droht.
Auf dem Divisionsgefechtsstand spricht es Oberführer Harmel für alle aus: „Diese verdammte ungedeckte Flanke. — Wenn ich drüben führen würde, gäb's nur eines: Dem Feind in die Flanke rammen, ihn abschneiden!"
Der Ia, Obersturmbannführer Lingner, stimmt ihm wie abwesend zu und sagt dann bestimmt: „Gerade darauf müssen wir uns einstellen!"

Diese Befürchtung soll schon am nächsten Tag bittere Wahrheit werden. In der Nacht zum 15. August setzt sich die Division befehlsgemäß in eine neue Linie beiderseits St. Bomer-les-Forges ab. Schwache Nachtruppen bleiben bis zum Morgen des 15. 8. im Egrenne-Abschnitt.
In die Rückzugsbewegung stößt in den Vormittagsstunden des 15. 8. eine gepanzerte US-Kampfgruppe — von Domfront kommend — hinein. Harte Kämpfe entbrennen im unübersichtlichen Gelände, teilweise aus nächster Entfernung, und die Gefechtsführung wird erheblich erschwert. Dies trifft auch für den Feind zu; so beschießt längere Zeit ame-

rikanische Artillerie eine eigene Panzergruppe. Pak und Panzer der 10. SS-Panzerdivision sowie Teile einer Heeres-Panzerjäger-Abteilung schießen mehrere US-Panzer ab. Damit wird eine ernste Gefahr abgewendet.
Im Laufe des Tages erhält die 10. SS-Panzerdivision vom Korps den Befehl, sich nach Ablösung durch Teile einer Infanterie-Division im Raum Saires la Verrerie zu versammeln. Es ist beabsichtigt, die 10. SS-Panzerdivision einer im Raum nördlich Argentan sammelnden Panzergruppe der 5. Panzerarmee zuzuführen, die in beweglicher Kampfführung den von Süden hochstoßenden amerikanischen Panzerkeil aufhalten soll, bis alle deutschen Verbände die Dives nach Osten überschritten haben. Die Einkesselung der deutschen 7. Armee und der 5. Panzerarmee im Raume Putanges zeichnet sich immer mehr ab.
Die in der Nacht zum 16. August anlaufende Ablösung der Einheiten der „Frundsberg“ zieht sich wegen verschiedenartiger Schwierigkeiten in die Länge. Erst in den Morgenstunden ist die Ablösung beendet. Die Einheiten der 10. SS-Panzerdivision treffen tropfenweise im neuen Versammlungsraum Saires la Verrerie ein.
Während der nächtlichen Absetzbewegung wird Briouze von amerikanischen Kräften besetzt. Divisionskommandeur Harmel, in Begleitung seines I. Ordonnanzoffiziers, Hauptsturmführer Klapdor, erfährt im letzten Moment von der Feindbesetzung Briouzes, umfährt den Ort und entgeht so der möglichen Gefangennahme. Im Raum Briouze ist u. a. auch die Aufkl.-Abteilung der 9. Panzerdivision eingesetzt.
In den Vormittagsstunden des 16. August entsteht durch die Einnahme von Bellau en Houlme und Briouze ein erhebliches Durcheinander.
Durch den amerikanischen Vorstoß nach Norden sind die Rückzugslinien der 10. SS-Panzerdivision ernstlich gefährdet, und es bleibt keine andere Wahl als angreifen und durchboxen.
Das SS-Pz.Pi.Btl. 10 wird nördlich ausholend auf Bellau angesetzt. Die Kompanien der Panzergrenadier-Regimenter 21 und 22 treten gleich aus der Bewegung zum Angriff an. Das SS-Pz.Art.Rgt. 10 — durch personelle und materielle Ausfälle (besonders Zugmittel) erheblich geschwächt — unterstützt batterieweise das Vorgehen der Kompanien im unübersichtlichen, mit mannshohem Gestrüpp bestandenen Gelände. Bellau wird genommen, die Amerikaner werden nach Süden zurückgeworfen. Auch le Ferminière, unmittelbar südlich von Bellau, wird freigekämpft. Die 10. SS-Panzerdivision geht mit Front nach Süden in stützpunkt-

artige Verteidigung über. Der Divisionsgefechtsstand befindet sich in Fromentel, fast in vorderster Linie.
Am gleichen Tage wird der Befehl zur Versammlung der 10. SS-Panzerdivision „Frundsberg“ im Raum nördlich von Argentan widerrufen. Die 9. SS-Panzerdivision „Hohenstaufen“, die ebenfalls für diesen Angriff vorgesehen ist, hat zur Sicherung ihres Versammlungsraumes die SS-Pz.AA 9 an die Orne vorgeschoben, die in loser Sicherung in der Linie südostwärts Putanges—Ecouché—Argentan steht.
Der sich überstürzende Rückzug der Reste der 7. Armee und der 5. Panzerarmee bringt alle Planungen durcheinander. Ehe neue Entschlüsse gefaßt werden und anlaufen können, sind sie von den dramatischen Ereignissen überrollt. Nicht nur an der Südflanke des wandernden Halbkessels, auch an der Nordflanke drohen die tödlichen Zangenarme sich hinter den deutschen Kräften zu schließen.

*

Kanadische Verbände der 2. Division und der 6. Brigade rennen gegen den Nordpfeiler des Halbkessels, gegen Falaise, an. Mit größter Tapferkeit verteidigen Reste der 12. SS-Panzerdivision „Hitlerjugend“ drei Tage lang die Stadt. Beiderseits von Falaise stoßen stärkere Feindkräfte vorbei und gewinnen das Ostufer des Dives.
Im Hexenkessel Falaise kämpfen auch die Reste der schw. SS-Pz.Abt. 102 unter Sturmbannführer Weiß. Am 16. August stehen die letzten „Tiger“ 500 m nördlich von Falaise und stemmen sich gegen die anbrandende Sturmflut. Die 2. Kompanie hat noch zwei „Tiger“ im Einsatz, bei der 1. und 3. Kompanie sieht es nicht besser aus.
Die Kanadier finden eine weiche Stelle und ziehen in einem Tal rechts an den in Lauerstellung stehenden „Tigern“ vorbei und dringen in Falaise ein. Die ausgebluteten Reste der SS-Panzerdivision „Hitlerjugend“ liefern den Kanadiern einen heißen Empfang. Um jedes Haus wird gekämpft. Am Nachmittag erhalten die letzten „Tiger“ der schw. SS-Pz. Abt. 102 den Befehl, nach Falaise hineinzurollen und die dort kämpfenden eigenen Kräfte zu unterstützen. Die „Tiger“ kämpfen im Gebiet der Kathedrale und setzen sich bei einbrechender Dunkelheit auf den Südwestrand von Falaise ab. In der Stadt verbleiben todesmutige Panzergrenadiere der Division „Hitlerjugend“ und liefern den Kanadiern

noch weitere 48 Stunden einen heißen Kampf; sie verzögern dadurch die Schließung des Kessels und ermöglichen noch großen eigenen Kräften das Abfließen nach Osten.
Am 16. August wird offensichtlich, daß große Teile der 7. Armee und der 5. Panzerarmee nicht mehr aus dem sich schließenden Kessel herauskommen werden. Alle nach Osten führenden Straßen sind übervoll, und die alliierte Luftwaffe hält reiche Ernte. Die Kesselkrankheit breitet sich aus! Angesichts dieser sich schnell verschlechternden Lage soll das II. SS-Panzerkorps mit der 9. und 2. SS-Panzerdivision — das aus dem Kessel strebt — im Raum Vimoutiers sammeln, um gegen die tiefe kanadische Flanke, die sich ostwärts des Dives zunehmend verstärkt, angesetzt zu werden. Die Verschiebung des II. SS-Panzerkorps ist beispielhaft dafür, wie schnell die Planungen der obersten deutschen Führung durch die Ereignisse überrollt werden. Die 9. SS-Panzerdivision muß sich ihre Verschiebung nach Vimoutiers erkämpfen, ehe sie zum Gegenangriff antreten kann.
Am 16. August trifft ein Befehl folgenden Inhalts bei der 9. SS-Panzerdivision ein:

> „Unter Führung des II. SS-Panzerkorps werden ab sofort 2. und 9. SS-Panzerdivision Heeresgruppenreserve und erreichen den Raum um Vimoutiers auf zwei Marschstraßen."

Durch die immer mehr fortschreitende Einengung des Halbkessels von Norden und Süden stehen nur noch zwei Rückzugsstraßen zur Verfügung, die von den Resten zweier Armeen benutzt werden müssen. Unter diesem Raum- und Zeitdruck wird vom II. SS-Panzerkorps der Befehl erteilt, den Raum Vimoutiers im Tagesmarsch zu erreichen.
Gleichzeitig mit dem Marschbefehl für die „Hohenstaufen" trifft eine neue Alarmmeldung ein: „Feindliche gepanzerte Kräfte im Raum südlich Falaise."
Während die Marschgruppen der 9. SS-Panzerdivision bei Tage über Necy—Merri auf Trun marschieren, wird die linke Marschgruppe bei Bierre, hart südwestlich Merri, von feindlichen Panzern aus Richtung Norden angegriffen.
Der OB der 7. Armee, General der Waffen-SS Hausser, sowie das II. SS-Panzerkorps befehlen den Angriff gegen den aufgetretenen Feind, mit Auftrag, diesen in Richtung Morteaux (ostwärts Falaise) zurückzuwerfen.

Der Auftrag kann nur teilweise erfüllt werden. Jeder Soldat weiß, wie schwer es ist, eine auf dem Marsch befindliche Division — bei einem chaotischen Zurückfluten aller möglichen Verbände, in die unablässig feindliche Flugzeuge hineinstoßen — in die Hand zu bekommen, zumal auch die Nachrichtenübermittlung fast gänzlich ausfällt. Durch ständige Luftangriffe sind die Führungsstäbe auseinandergerissen, meistens fehlen die zugeteilten Funkwagen. Dadurch wird es nicht möglich, die rechts marschierende gepanzerte Gruppe der Division — die gleichzeitig den Schutz nach Süden, gegen die Amerikaner, zu übernehmen hat — an den plötzlich auftretenden Krisenraum Merri heranzuziehen.

Gegen den bei Merri auftretenden Feind wird das SS-Pz.Gr.Rgt. „Hohenstaufen" angesetzt. Der tatkräftige Kommandeur des I./19, Sturmbannführer Hagenlocher, unterstellt sich außerdem Teilen von Luftwaffenflak und einzeln ankommenden Panzern anderer Divisionen. Nordwestlich von Merri bauen diese Kräfte einen Sperriegel auf, der so lange hält, bis die eigenen Kolonnen nach Trun abgezogen sind.
In die deutschen Rückzugskolonnen stoßen alliierte Jagdbomber hinein und halten reiche Ernte; an allen Straßen und Wegen, die nach Osten verlaufen, zeugen ausgebrannte Fahrzeugwracks, erfaßte Gespannkolonnen mit toten Pferden vom Einsatz der alliierten Luftmacht.
In einer Rückzugskolonne bei Trun fahren zwei Sfl.-Geschütze der 4. Bttr. der SS-Flak-Abteilung 9. Plötzlich erschallt der Schreckensruf: „Tiefflieger!" Alles versucht, beiderseits der Straße in Deckung zu gehen, einer Bespannkolonne droht der Untergang. Während alles Deckung sucht, springt Sturmmann Sievert auf den K.1-Sitz der Sfl., und Sturmmann Borbe nimmt den Platz des Ladeschützen ein. Die 3,7 solo feuert, die erste „Lightning" dreht ab, die zweite „Lightning" fliegt die verstopfte Straße an. Der Sturmmann Sievert wechselt das Ziel, zieht am Abzug, die Flak hämmert los, und die zweite „Lightning" fliegt genau in den Feuerstrahl des Geschützes hinein. „Sie brennt, sie brennt!" rufen Sievert und Borbe gleichzeitig aus. Ein Flieger springt aus der brennenden Maschine, die im nahen Feld am Boden zerschellt und den Piloten mit in den Tod nimmt. Die blitzschnelle Reaktion, die Nervenstärke zweier Flak-Kanoniere, hat ein Blutbad auf der verstopften Straße verhindert.
Um die gleiche Zeit sind andere Teile der 4./SS-Flak-Abt. 9 bereits in Trun. In Trun wird der VW des Gefechtsschreibers Böker von einem

Hauptmann der Feldgendarmerie angehalten, der ihm erklärt, daß die Straße Trun—Vimoutiers bereits von polnischen und kanadischen Panzern gesperrt ist. Böker erwidert, daß sein Befehl laute, nach Vimoutiers zu fahren und dort zu sammeln. Er fährt weiter und kommt durch. Wenig später machen bereits polnische und kanadische Panzer die Straße unsicher.
Die 9. SS-Panzerdivision hat allen ihren Marschgruppen Vimoutiers als Marschziel angegeben, das sie auch unter Umständen auf eigene Faust erreichen sollen. Die unbeschreibliche Verstopfung der wenigen nach Osten führenden Straßen führt zum Auseinanderreißen der Division.

Am 17. August kämpfen die letzten „Tiger“ der schw. SS-Pz.Abt. 102 bei Villy, ostwärts von Falaise. Ein schwächerer Aufklärungsvorstoß wird abgewiesen, dann greifen gegen 16.30 Uhr 35 Feindpanzer aus dem Raum nördlich Dainblainville an. Die „Tiger“ feuern, die Feindpanzer drehen nach Osten ab und erreichen den Raum Merri, wo sie von der Gruppe Hagenlocher der 9. SS-Panzerdivision gestoppt werden. Gegen 18.00 Uhr schießen die bei Villy stehenden „Tiger“ eine feindliche Nachschubkolonne zusammen. Auf das Konto des „Tiger“ Nr. 241 des Untersturmführers Schroif kommen ein Panzerspähwagen und drei Tankwagen, drei vorausfahrende Sicherungspanzer werden zur Umkehr gezwungen.
Indessen quälen sich schwere Zugmaschinen und Schadpanzer der Abteilung, manche „Tiger“ mit einem weiteren im Schlepp, aus dem Raum Falaise über Trun nach Vimoutiers. Unter ihnen der Schadpanzer Nr. 234 des Hauptscharführers Streng. Über die Situation im Raum Trun gibt Streng in seinem Erinnerungsbuch ein treffendes Bild:
„Über Trun ertönt plötzlich helles Motorensummen, wird rasch zum brüllenden Ton. Alles stürzt sich vor der in niedriger Höhe anfliegenden Masse blaugrauer Jagdflugzeuge in die angrenzenden Hecken. Und dann, mitten im Rennen und Deckungsuchen, erheben sich befreit auflachende Gesichter — über 30 deutsche Messerschmidt-Jäger fegen über die Dächer der Stadt und über die Baumwipfel, huschen nach 10 Minuten auf ihrem Rückflug über das Land hinweg nach Osten. Ach hätten wir doch öfters eine Luftwaffenunterstützung bekommen!
Noch am Anfang der Stadt sind wir mit anderen Kampfwagen der 1. und 3. Kompanie in den von vielen Kraftwagen verkorkten Straßen festgekeilt. Mehrere SS-Offiziere weisen rücksichtslos Zugmaschinen,

Aufgesessene Grenadiere rollen zum Angriff.

Der Kommandeur der schweren SS-Panzerabteilung 502 (Tiger), Sturmbannführer Weiß, und Obersturmführer Kalls, Chef der 1. Komp.

SS-Obergruppenführer Hausser als Oberbefehlshaber der 7. Armee und General der Fallschirmjäger Meindl (links).

Normandie 1944. Führer der SS-Panzeraufklärungsabteilung 10. Von links nach rechts: Ziebrecht, Harmstorf, Hinze, Brinkmann (Kommandeur), Finger, Pauli und Frank.

Der Kommandeur des SS-Panzerartillerieregiments 10, SS-Standartenführer Sander, auf seinem Gefechtsstand bei Bully.

Gefechtsstand unter einem abgeschossenen Sherman.

SS-Sturmbannführer Bünning verteidigte lange Zeit mit seinem III./SS-Pz.Gr.Rgt. 22 am „Wäldchen der halben Bäume“. Bünning ist bei Falaise gefallen.

as Wäldchen der halben Bäume" auf der Höhe 112 im Jahre 1974. Von
Heckenreihe aufgenommen, die immer die letzte Widerstandslinie der
rteidiger war. Über diese Fläche bis zum Wäldchen kam kein Gegner.

„Tiger"-
mmandanten der
.SS-Pz.Abt. 502.
Von links:
, Esser, Glagow.

Mit Panzerfäusten schnell nach vorn.

Zum sofortigen Einsatz.

Die Fährstelle bei Duclair. Hier ging die 9. SS-Panzerdivision über die Seine.

Kommandeurs-Funk-SPW der 9. SS-Panzerdivision.

Geschütze, Funkwagen, Sankas und die vielen Troßfahrzeuge in Ausweichstraßen und Gehsteige, um eine Durchfahrt für ihre gepanzerte Kampfgruppe freizubekommen, die so schnell als möglich den vorne wieder durchgebrochenen Gegner aufhalten soll. Dann klirren leichte Panzer, Panzergrenadier-SPW, Pkw, Pak und Flak durch die Stadt, der grollenden Front im Nordosten entgegen."

Strengs Bericht stammt vom 17. August. Britisch-kanadische Panzerverbände stehen vor Trun. Teile der 9. SS-Panzerdivision „Hohenstaufen" und der 116. Panzerdivision halten den Gegner am Stadtrand von Trun auf.

Streng schreibt dann weiter: „Zur Stadtmitte, wo sich die Straße trichterförmig verengt, neue Fahrzeugpulks, die ein Weiterkommen fast unmöglich erscheinen lassen.

Trun brennt an vielen Stellen. Benzin- und Munitionsfahrzeuge fliegen in die Luft.

Endlich, nach links ausscherend, kommen wir aus Trun heraus und erreichen die langsam ansteigende Straße nach Vimoutiers. Zwei- und dreifach drängelt sich nebeneinander das Fahrzeugband — Kraftfahrzeuge, Pferdeleiber, Menschenhaufen — vom Stadtrand weg, den umschließenden Höhen zu. Mir wird leichter zumute, seit ich die Stadt um einige Kilometer in meinem Rücken weiß."

Außer Trun sind am 17. August noch die Dives-Übergänge bei St. Lambert, Moissy und Chambois offen, über die die Troßfahrzeuge von fünfzehn zerschlagenen deutschen Divisionen zurückfluten, ständig gejagt von alliierten Flugzeugen.

Während Teile der 9. SS- und der 116. Panzerdivision den Gegner bei Trun in Schach halten, stößt das SS-Pz.Pi.Btl. 9, bei dem sich Teile des SS-Pz.Rgt. 9 befinden, auf der Straße Trun—Vimoutiers vor. Sturmbannführer Monich, der Kommandeur des SS-Pz.Pi.Btl. 9, hat den Auftrag, die Straße freizukämpfen, wenn sie schon von polnischen Panzerkräften gesperrt sein sollte. Die „Hohenstaufen" muß sich den Weg aus dem Kessel freikämpfen, um dann im Raum Vimoutiers zu sammeln und im Gegenangriff nach Westen den Kessel zu öffnen. Den Marsch und Kampf des SS-Pz.Pi.Btl. 9 schildert der Sturmmann Cihotzki:

„In den Nachmittagsstunden des 17. August durchfahren wir Trun. Gleich hinter Trun steigt die gerade Straße einige Kilometer an. Links und rechts stehen eigene Fla-Geschütze, die durch Jabos zerstört worden sind, einige Kanoniere liegen tot daneben. Dann macht die Straße

eine Linkskurve und erreicht eine Höhe. Rechts auf der Höhe ist ein Waldstück, links unten zieht sich ein Wiesental vorbei. An dieser Anhöhe wurde eine deutsche Sanitätskolonne von feindlichen Jagdbombern zusammengeschossen. Es ist der grausigste Anblick meiner ganzen Kriegszeit. Die Sankas sind ausgebrannt, in den ausgeglühten Stahlskeletten sind Überreste von Menschen, durch die Glut so groß wie Kinderpuppen zusammengeschrumpft, zu erkennen. Andere Tote liegen wie gesät neben den Fahrzeugwracks, und an den Verbänden, durchblutet und verkrustet, kann man unschwer erraten, daß es hilflose Verwundete sind. Diese zusammengeschossene deutsche Sanka-Kolonne wird auch von Hauptscharführer Streng beschrieben.
Zwei eigene Panzer und ein Sturmgeschütz fahren Spitze. Dahinter folgen die 1. und 2. Kompanie. Die 3. Kompanie fährt mit ihren SPW Seitensicherung. Immer wieder muß Sturmbannführer Monichs Kampfgruppe anhalten, um die Straße frei zu machen. Mit ‚Hauruck' werden Fahrzeuge und Wracks in den Straßengraben gekippt.
Hordouseaux wird durchfahren, aber gleich hinter der kleinen Ortschaft bekommt die Spitze Feuer. Sturmbannführer Monichs Kampfgruppe greift die Spitze der 1. polnischen Panzerdivision, die die Straße sperrt, aus der Bewegung heraus an. Nach fast zweistündigem Gefecht sind die polnischen Panzereinheiten zurückgeschlagen und die Straße wieder frei. Eigene Sicherungen bleiben zurück, während die Masse des SS-Pz.Pi.Btl. 9 noch in der Nacht 17./18. 8. den Raum Vimoutiers erreicht.
Sturmbannführer Monich fährt noch einmal in Richtung Trun zurück, um die nachfolgenden Teile der 9. SS-Panzerdivision zu unterrichten und einzuweisen. Es wird seine letzte Fahrt. Seitdem wird Sturmbannführer Paul Monich vermißt. Das SS-Pz.Pi.Btl. 9 hat seinen Begründer und Lehrmeister verloren. Alle Männer des Pionierbataillons trifft die Nachricht zutiefst; Paul Monich war ihnen nicht nur ein ausgezeichneter Führer, er war ihnen ein Vater zugleich."
Die Masse der 9. SS-Panzerdivision „Hohenstaufen" erreicht bis zum 18. August den Raum Vimoutiers. Aber was heißt Masse? — Es sind nur noch Reste, etwa 30 Prozent der Sollstärke. Am 18. August kämpfen noch Teile des Bataillons Hagenlocher im brennenden, von Flugzeugen zerbombten Trun. Die Rückzugsstraße über Trun ist nicht mehr benutzbar. Bleiben nur noch die Übergänge St. Lambert, Moissy und Chambois für den Schreckensmarsch aus dem Kessel.

Von den Straßen des Todes, die aus dem Kessel führen, wissen die Männer der 10. SS-Panzerdivision „Frundsberg“ noch nichts. Während sich die 9. SS-Panzerdivision an der Nordwand des Kessels nach Osten herausboxt, hält die 10. SS-Panzerdivision an der Südwand die Amerikaner auf. Die Division hatte im Raum Saires la Verrière ernste Krisen gemeistert. In der Nacht 16./17. 8. setzt sich die 10. SS-Panzerdivision unter Ausscheiden von Sicherungen nach Süden in den Raum Putanges ab. Die Division wird vorübergehend dem LXXXIV. Armeekorps des Generals Elfeld unterstellt, das zur Regelung der Bewegungen über die Orne eingesetzt ist. Die Division unterstellt sich die in diesem Raum sichernde und beim Abmarsch ihrer Division zurückgebliebene SS-Pz. AA 9. Die bei Fromentel stehenden Sicherungen des SS-Pz.Pi.Btl. 10 weisen mit Unterstützung der letzten acht Panzer der „Frundsberg“ von Süden vorgetragene amerikanische Vorstöße unter Abschuß einiger Panzer ab.

Am 17. 8., um 17.00 Uhr, nimmt der Funktrupp Schröter der 2./SS-Pz. Nachr.Abt. 10 einen Funkspruch des LXXXIV. AK auf, der lautet:

> „Neuer Auftrag für 18. 8. für 10. SS-Pz.-Division: Verteidigen bis nachts 18./19. — Anschluß rechts Straßenwegekreuz Chenot (1,3 km nordwestl. Kirche La Fresnay), links Kirche St. Malo, und versammeln für Verteidigung nicht benötigter Teile im Raum Habloville—Courteilles—Sentilly. Völlige Herauslösung mit Rücknahme HKL auf Orne Nacht 18./19. vorgesehen. Übergang Brücke Menil—Jean.“

Die SS-Pz.AA 10 bildet vorsorglich einen engen Brückenkopf und sichert den Uferwechsel der Division. Die 10. SS-Panzerdivision löst sich in der Nacht 17./18. 8. vom Feind und geht über die Orne.

Obwohl noch andere Verbände über die Brücke gehen, vollzieht sich der Uferwechsel — bei zeitweiligem Störungsfeuer feindlicher Artillerie — flüssig. Am 18. August, gegen 05.00 Uhr morgens, stehen alle Teile der 10. SS-Panzerdivision auf dem Ostufer der Orne. Während die SS-Pz.AA 10 an der Orne sichert, erreicht die Division schubweise den befohlenen Unterziehraum Habloville, jedoch mehrmals behindert durch Schlachtfliegerangriffe. Die letzten Panzer der Division werden an den Nordrand des Kessels geworfen, um bei Necy an der Straße von Falaise vordringende britische Panzerkräfte aufzuhalten. Dieses Gebiet haben vor 24 Stunden die letzten Kräfte der 9. SS-Panzerdivi-

sion verlassen. Alle nicht mehr benötigten Trosse und Versorgungseinheiten der „Frundsberg“ werden aus dem Kessel abgeschoben.
Am Nachmittag des 18. August erhält die 10. SS-Panzerdivision vom LXXXIV. Armeekorps den Befehl, den Marsch nach Osten fortzusetzen und den Raum Villedieu les Bailleul zu erreichen. Zum Schutz der Marschbewegung über die zu überquerende Straße Falaise—Argentan wird Sturmbannführer Schrembs SS-Pz.-Flak-Abt. 10 eingesetzt. Obersturmführer Pühringer, Chef der 2./SS-Pz.-Flak-Abt. 10, setzt seine letzten Achtacht und die der 1. und 3. Batterie zwischen Commeaux und Pommainville ein. Die letzten leichten Flak von Obersturmführer Ellwanger bilden den Nahschutz. Die Flakkräfte beschießen wiederholt anfliegende Jabos und decken das Abfließen der Division.
Der Marsch der 10. SS-Panzerdivision in den neu befohlenen U-Raum vollzieht sich sehr schleppend. Verstopfte Wege, ein immer mehr um sich greifendes Chaos, dazu laufende Fliegerangriffe und Artilleriefeuer auf die Reste von 15 deutschen Divisionen, kennzeichnen den Untergang der 7. Armee und großer Teile der 5. Panzerarmee. Die Bewegungen der 10. SS-Panzerdivision in den U-Raum Villedieu les Bailleul werden erst gegen Mittag des 19. August abgeschlossen.
Indessen wird der Druck der Engländer im Norden immer stärker. Im Raum südlich Falaise stemmen sich die Reste der 12. SS-Panzerdivision, die letzten „Tiger“ der schw. SS-Pz.Abt. 102 und andere Resttruppenteile gegen britische Infanterie- und Panzerkräfte. Die Einengung des Kessels wird immer drückender. Über den letzten Kampf der schw. SS-Pz.Abt. 102 berichtet Hauptscharführer Streng:
„In der Frühe des 18. August tritt Untersturmführer Schroif nach mündlicher Anweisung durch den Abt.-Adjutanten, Untersturmführer Rathsack, in der allgemeinen Absetzbewegung von Villy nach Chateaux (2 km südlich Fresnay) an, das bis um 03.00 Uhr morgens erreicht wird. Hier Sicherung im Zusammenwirken mit rechts stehenden eigenen Sturmgeschützen und der links stehenden 1. Kompanie. Gegen Mittag dringen die Engländer mit starken Panzer- und Infanteriekräften in La Hoguette ein. Von der Abteilung kommt ein neuer Absetzbefehl.
Untersturmführer Schroif tritt sofort an und erreicht den Raum westlich Abbaye. Schroif schleppt den am Straßen-Eisenbahnkreuzungspunkt stehenden ‚Tiger‘ Nr. 124 der 1. Kompanie bis an den Südrand von Abbaye und fährt an den Nordwestausgang des Ortes zurück. Hier sperrt Schroif mit zwei deutschen Sturmgeschützen die Straße. Gegen

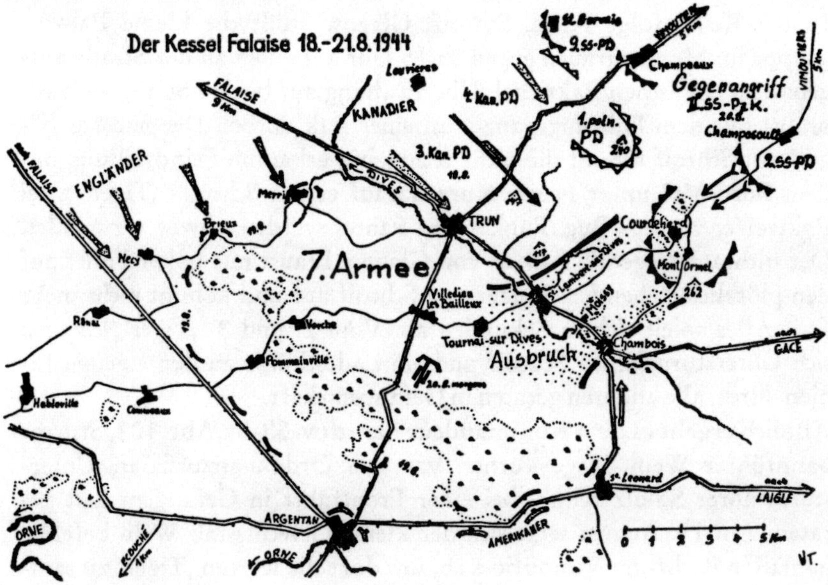

17.00 Uhr fahren englische Panzer an, die vom ‚Tiger' und von den Sturmgeschützen zur Umkehr gezwungen werden.

Indessen schlägt sich die 1./schw. SS-Pz.Abt. 102 an der Straße Falaise—Argentan mit feindlichen Panzerspitzen herum. Der große Ort Necy wird zum neuragilschen Punkt. In diesen Raum werden auch die letzten Panzer der 10. SS-Panzerdivision herangezogen.

Nach Eintritt der Dämmerung erhält Untersturmführer Schroif über Funk den Befehl, sich nach Vignats abzusetzen und sich auf dem Abt. Gef.Stand zu melden. Der Schadpanzer der 1. Kp. wird gesprengt.

Um 0.30 Uhr (19. 8.) erhält Schroif auf dem Abt.Gef.-Stand den Befehl, nach Westen zu fahren und die bei den Höhen 236 und 250 (nördlich Necy) stehenden ‚Tiger' der 1. Kompanie mit Benzin zu versorgen und dann mit diesen bis an den Nordrand von Necy zurückzufahren.

Um 02.30 Uhr tritt Schroif mit zwei aufgeladenen Benzinfässern die gefährliche Nachtfahrt an. Das Gelände ist bereits vom Feind durchsetzt. In schneller Fahrt gelangt Untersturmführer Schroif mit seinem ‚Tiger' nach einer Stunde zu Obersturmführer Kalls. Nach dem Auftanken treten die drei letzten ‚Tiger' befehlsgemäß den Rückzug auf Necy an.

In der Reihenfolge Kalls, Schroif, Glagow stößt die kleine Panzergruppe im Morgengrauen gegen 05.15 Uhr auf einen an der Straße aufgebauten englischen Pakriegel. Überraschung auf beiden Seiten — Kalls braust mit dem Führungspanzer an einer Pak vorbei. Der nächste ‚Tiger' mit Schroif nimmt die nicht rechtzeitig erkannte Feindstellung mit dem Bord-MG unter Feuer. Kurz darauf erhält Schroifs ‚Tiger' zwei Paktreffer vor den Bug. Funker und Fahrer werden schwer verwundet. Der dichtauf folgende Panzer von Glagow braust mit hoher Fahrt auf den plötzlich stehenden Panzer von Schroif auf und kommt nicht mehr frei. Alles spielt sich in Sekunden ab. Vom 2. und 3. ‚Tiger' schlagen sich Untersturmführer Schroif und ein Ladeschütze zu den eigenen Linien durch, alle anderen geraten in Gefangenschaft.
Ähnlich ergeht es dem Kommandeur der schw. SS-Pz.Abt. 102, Sturmbannführer Weiß. Tage vorher war sein Ordonnanzoffizier, Untersturmführer Scholz-Klink, bei einer Frontfahrt in Gefangenschaft geraten. Am 19. August setzt sich der kleine Gefechtsstab Weiß befehlsgemäß in Richtung Vimoutiers ab, um dort die letzten ‚Tiger' zu sammeln und sie im Rahmen des Gegenangriffes des II. SS-Pz.-Korps zu führen. Bei Trun wird Weiß verwundet, aus einer Kopfwunde blutet er stark. Der Abteilungsarzt, Dr. Grünwalder, gibt ihm eine Spritze und will ihn im Sanitäts-SPW zum Verbandplatz bringen, aber ehe die Fahrt beginnt, geht ein neuer Artilleriefeuerschlag nieder, Dr. Grünwalder wird der rechte Arm abgerissen und die Bauchdecke aufgerissen. Der SPW-Fahrer versorgt den Schwerverwundeten notdürftig und fährt los. Unterwegs stirbt Dr. Grünwalder, er wird auf einem Verbandplatz abgegeben. Fahrer und Kommandeur und weitere Soldaten, die sich angeschlossen haben, unternehmen einen Durchbruchsversuch. Hierbei erhält Sturmbannführer Weiß noch einen Lungendurchschuß und einen Beckensteckschuß; bewegungsunfähig gerät er in englische Gefangenschaft."
Während in den ersten Morgenstunden des 19. 8. die letzten einsatzbereiten „Tiger" der schw. SS-Pz.Abt. 102 bei Necy ihr Ende finden, versammeln sich die Reste der 10. SS-Panzerdivision im Raum Villedieu les Bailleul. Um 14.30 Uhr wird Oberführer Harmel vom OB der 7. Armee, General der Waffen-SS Hausser, am Ostrand des kleinen Ortes in die Lage und Absicht eingewiesen. Erstmalig bekommt Harmel einen offiziellen Gesamtüberblick. Der Ausbruch aus dem Kessel soll in der Nacht 19./20. August an der offensichtlich schwächsten Stelle

zwischen St. Lambert und Chambois erfolgen. Nähere Befehle soll die Division vom LXXXIV. Armeekorps erhalten, das im Walde von Bailleul seinen Gefechtsstand hat.

Oberführer Harmel macht sich auf den Weg zum LXXXIV. Armeekorps. Der Kommandierende General, General Elfeldt, formuliert den Befehl knapp:

> „Selbständiger Ausbruch der einzelnen Kampfgruppen aus dem Kessel. Führungsstab LXXXIV. Korps deckt diese Unternehmungen mit Splittergruppen der Nordfront und folgt als Nachhut dem II. Fallschirmjägerkorps."

Ein weitherziger Befehl, der den einzelnen Divisionsgruppen großen Spielraum einräumt.

Oberführer Harmel findet Führungskräfte der 1. und 12. SS-Panzerdivision und legt mit diesen den Ausbruchsplan fest, der an alle erreichbaren Einheiten der 10. SS-Panzerdivision geht und etwa folgenden Inhalt hat:

1. Stärkere feindliche Panzerkräfte haben deutsche Truppen im Raum südlich Trun eingeschlossen. Es ist damit zu rechnen, daß der Einschließungsring in der Nacht zum 20. August besonders in Gegend südostwärts Trun verstärkt wird.
2. 10. SS-Panzerdivision greift, am 20. 8. um 04.00 Uhr antretend, aus dem Raum Villedieu—Tournai unter Deckung nach Norden und Süden den Feind beiderseits und ostwärts St. Lambert an und bricht auf Coudehard—Mont Ormel durch. Es werden dazu zwei Kampfgruppen gebildet, KGr. 21 (Rgt. 21 und Pi.Btl.) und KGr. 22 (Rgt. 22 und Reste der Division).
3. SS-Pz.AA 10 klärt Feindlage an und jenseits der Straße Chambois—Trun und erkundet benutzbare Brücken für Panzer und Kraftfahrzeuge und sonstige Übergangsmöglichkeiten über die Dives. Sie gewinnt, um 03.00 Uhr antretend, verstärkt durch Teile des I./21 (SPW) Brückenköpfe bei Chambois und St. Lambert und sichert dort den Flußübergang der Division.
4. Div.Stab bei KGr. 21; nächster Div.Gef.-Stand bei St. Lambert, später Coudehard.

Artillerie- und Flakunterstützung kann nicht festgelegt werden. Es erscheint überhaupt fraglich, ob sich alle Truppenteile der Division zu kampffähigen Gruppen werden ordnen können.

Am 20. August, um 03.00 Uhr, tritt Sturmbannführer Brinkmanns SS-Pz.AA 10 befehlsgemäß an und gewinnt die Dives-Übergänge bei Chambois und St. Lambert. Unverständlicherweise schalten sich höhere Offiziere anderer im Aufbruch begriffenen Kommandostellen ein und unterstellen sich Teile der SS-Pz.AA 10. Die Reste von zwei Armeen fluten in größeren und kleineren Gruppen bereits über die Dives. Der gesamte Durchbruchsraum liegt unter dem Feuer schwerer Artillerie, und seit Morgengrauen vervollständigen ununterbrochene Schlachtfliegerangriffe das Chaos.

Die im Aufbruch begriffenen Kampfgruppen der „Frundsberg" werden von einem bis an den Waldrand 2 km südlich von Villedieu vorgedrungenen Feind unter heftiges Feuer genommen; amerikanische Sfl-Batterien schießen die letzten Geschütze des SS-Pz.Art.Rgt. 10 aus nächster Entfernung zusammen; zwar erwidern die letzten Achtacht der SS-Flak-Abt. 10 das Feuer und bringen einige amerikanische Geschütze zum Schweigen, aber diese böse Überraschung macht alle Ausbruchspläne zunichte. Erst gegen 09.00 Uhr treten die Kampfgruppen der 10. SS-Panzerdivision — wenn man von solchen noch sprechen kann — zum Ausbruch an.

Der Übergang bei Chambois ist bereits zerstört. Fahrzeugmassierungen und Chaos auch in der Brückenenge von St. Lambert. Von den nördlich liegenden Höhen — besonders Höhe 117 — fetzen Artillerie- und Panzergranaten des Feindes auf die Brückenstelle von St. Lambert. Hier tun sich noch einmal die tiefsten Tiefen der Hölle des Krieges auf. Als Oberführer Harmel mit seinem Gefechtsstab kurz vor der Brückenstelle steht, scheint es nicht mehr weiterzugehen. Ein zusammengeschossenes Bespannfahrzeug blockiert die Brücke. Ein Pferd — es muß sich beim Einschlag der tödlichen Granate noch einmal steil in den Sielen aufgebäumt haben — hängt über dem Brückengeländer. Und immer wieder schlagen Granaten ein. Gibt es hier noch ein Durchkommen?

Der vor der Brückenstelle in Deckung liegende Oberführer Harmel beobachtet angespannt die Feindseite und weiß bald, wo die feindlichen Panzer- und Infanteriegruppen stehen, welche Randhöhen der Dives von ihnen besetzt sind. Harmel ist gewillt, die Restteile seiner Division „Frundsberg" sicher aus der Falle herauszuführen. Zunächst muß aber die Brücke frei gemacht werden.

Harmel winkt Männer heran. Sie machen im feindlichen Feuer die Brücke frei, kippen Wagen und tote Pferde in die Dives.

Hier über St. Lambert ergoß sich seit den frühen Morgenstunden, noch in der Dunkelheit, ein nicht enden wollender Ausbruchsstrom nach Osten. Zwischen St. Lambert und Moissy stellten Major Bochnik von der 116. Panzerdivision und Sturmbannführer Brinkmann von der 10. SS- Panzerdivision eine neue Kampfgruppe zusammen. Ihr Unternehmen hieß „Ausbruchsstelle Armeechef", und die Kampfgruppe hatte den Auftrag, dem OB der 7. Armee, General der Waffen-SS Hausser, den Weg aus dem Kessel zu bahnen. Ostwärts von St. Lambert schlug sich eine Ausbruchsgruppe der 1. SS-Panzerdivision mit dem Chef des Stabes der 7. Armee, Generalmajor Freiherr von Gersdorf, durch und überrannte feindliche Stellungen.

Aber nun, wo die 10. SS-Panzerdivision ausbrechen will, haben feindliche Kräfte den Einschließungsring wieder fester gezogen.

Am frühen Nachmittag des 20. August sind erste Teile der „Frundsberg" in St. Lambert, das sich auf dem Ostufer des Dives befindet. Dort stellt gerade der Kommandeur der 2. Panzerdivision, General von Lüttwitz, eine neue Kampfgruppe zusammen und unterstellt sich auch gepanzerte Teile der „Frundsberg", die mit Lüttwitz ausbrechen.

Indessen überwacht Harmel den Ablauf der Fahrzeuge über die Dives-Brücke bei St. Lambert. Zwischen 15.00 und 16.00 Uhr rollen noch einzelne Fahrzeuge, Panzer und Flak-Sfl. über die Brücke. Dann zieht Harmel mit seinem kleinen Gefechtsstab nach, um — wie im Ausbruchsbefehl festgelegt — in St. Lambert die Reste der Division zum Durchbruch zu ordnen. Mit dem Dives-Übergang ist die erste Phase beendet. Die zweite Phase muß dann der Durchbruch nach Osten und das Erreichen eigener Linien sein.

Übrigens bleibt nicht nur die Kirche von St. Lambert unzerstört, sondern auch einige umliegende Gehöfte, in denen die ‚Frundsberger' sammeln und sich zum Durchstoß bereitmachen. In einem Gehöft versorgt der Divisionsarzt, Dr. Günther, noch zahlreiche Verwundete.

Um 17.00 Uhr rollen unter dem Schutz von Sicherungspanzern noch fahrbereite Flak- und Nachrichtenfahrzeuge und andere Fahrzeuge über die Dives-Brücke. Viele Männer durchschreiten die mannstiefe Dives.

Am Abend des 20. August haben sich die Reste der 10. SS-Panzerdivision zum Ausbruch neu formiert. Eine Kampfgruppe greift die Höhe 117 an und drückt den Feind zurück. Danach beginnt der Durchbruch der „Frundsberg" nach Osten, den das Erinnerungsbuch so beschreibt:

„Der 21. August beginnt bereits zu dämmern, als der entscheidende Stoß erfolgt, der von Erfolg gekrönt ist. Zielsicher setzt sich die sichernde Gruppe ‚Paetsch' Meter für Meter im hinhaltenden Kampf taktisch klug sichernd ab und erreicht mit dem Gros der Division die vordersten Linien des II. SS-Panzerkorps. Der letzte, der sich vom Feind löst, ist der Kommandeur.
Es gäbe vieles zu berichten, was in diesen zweimal 24 Stunden an Mut, Tapferkeit und Zähigkeit mit letzter Energie von Führern und Männern vollbracht wird. Noch eines sei festgehalten: Eine kleine Divisions-Kampfgruppe unter Führung von Hauptsturmführer Krug trifft in der entscheidenden Phase des Durchbruches auf eine Panzergruppe, die den schwerverwundeten SS-Oberstgruppenführer Hausser mit sich führt, der mit Waffen und Herzen aus dem Kessel gebracht wird, als kleiner Dank dafür, daß er sein Leben, sein ganzes Sein in den Dienst der Waffen-SS, ihren Aufbau und ihren Kampf gestellt hat."

Durch die Enge des Todes gehen am 20. und 21. August 1944 auch der Kommandierende General des II. Fallschirmkorps, General Meindl, der Kommandierende General des LXXXIV. Armeekorps, General Elfeldt, und sein Chef des Stabes, Oberst von Criegern, der Chef des Stabes der 7. Armee, Generalmajor Freiherr von Gersdorf, die Divisionskommandeure Meyer (12. SS-Pz.Div.), Mahlmann (353. Inf.Div.), Schimpf (3. Fs.Div.) und viele andere; aber nicht alle erreichen die deutschen Auffanglinien.

Daß trotz allem Unglück doch noch so viele deutsche Soldaten aus dem Kessel Falaise—Argentan herauskommen konnten, liegt wohl in der erst viel später bekanntgewordenen Tatsache begründet: Die Armeegrenze zwischen den im Norden stehenden Briten und Kanadiern und den von Süden kommenden Amerikanern lag genau in der Ausbruchslinie, also bei St. Lambert—Coudehart. Und wie allgemein üblich, scheint sich auch hier die Erfahrung bewahrheitet zu haben, daß die Abschnittsgrenze aus Nachlässigkeit oder Vorsicht nicht mehr die volle Aufmerksamkeit gefunden hat. Keiner wollte in Anbetracht der immer noch gefürchteten deutschen Einheiten ein Risiko eingehen und möglicherweise noch größere Verluste in Kauf nehmen. Der ehemalige Ia der 12. SS-Panzerdivision, Hubert Meyer, erklärt diesen Umstand in einer Abhandlung über die Kämpfe in der Normandie so: „Zwischen der Stellung einer Kampfgruppe der 1. polnischen Panzerdivision auf einer beherrschenden Höhe bei Coudehard und den vordersten Stellungen der 2. französischen Panzerdivision nordostwärts Chambois gab es weder eine feste Stellung noch eine dichte Sperrlinie. Das dazwischenliegende Gelände wurde mehr oder weniger wirksam von polnischen, kanadischen und französischen Panzern überwacht, die ihre Stellungen öfter wechselten. Es ist bemerkenswert, daß die vorderste französische Kampfgruppe, die der amerikanischen 90. Infanteriedivision unterstellt war, von dieser die Weisung erhielt, ihren Angriff nicht über die bereits erreichte Linie Frénée—Chambois hinaus fortzusetzen, um schnell für den Marsch auf Paris herausgezogen werden zu können."

*

Und nun zum Gegenangriff des II. SS-Panzerkorps mit den SS-Panzerdivisionen „Das Reich" und „Hohenstaufen":
Die inzwischen im Raum Vimoutiers eingetroffenen Teile der beiden Divisionen werden zu einigermaßen einsatzfähigen Verbänden zusammengefaßt.
Am 19. August — zu jener Zeit, als die Reste der 7. Armee südwestlich von Trun bereits auf engem Raum zusammengedrängt sind und den Ausbruch vorbereiten — ergeht etwa folgender Befehl des II. SS-Panzerkorps an die 2. und 9. SS-Panzerdivision:

„II. SS-Panzerkorps tritt aus dem Raum Vimoutiers zum Angriff nach Westen an und öffnet den Kessel zwischen Trun und Chambois zum Abfließen der 7. Armee nach Osten. Hierzu werden eingesetzt:
rechts: 9. SS-Panzerdivision in zwei Angriffsgruppen uber St. Gervais auf Louvieres,
und mit Masse (links) über Champeaux auf Trun;
links: 2. SS-Panzerdivision über Champosoult auf St. Lambert und Chambois."

Wegen Betriebsstoffmangels und Neugliederung der Verbände (einige treffen erst gegen Abend über Trun kommend bei der Division ein) kann der für den 19. 8. befohlene Angriff nicht anlaufen. In der Nacht vom 19./20. erfolgt die Bereitstellung.
Am 20. August, um 04.00 Uhr morgens, läuft der Gegenangriff des II. SS-Panzerkorps an. Die 9. SS-Panzerdivision setzt zum Schutz ihrer

Nordflanke die SS-Pz.AA 9 ein. Die Hauptgruppe geht über Champeaux vor und stößt in Höhe von St. Gervais—Champeaux auf die 1. polnische Panzerdivision, die ihr jegliches Weiterkommen versagt. Die wenigen Panzer und Sturmgeschütze der „Hohenstaufen" vermögen nicht den Panzergegner zu werfen, und die gerade dem Kessel entronnenen Pz.Gr.-Kompanien sind nicht mehr in der Lage, entscheidend einzugreifen. Die 9. SS-Panzerdivision schirmt die Nordflanke des Angriffskeils ab, wo der Feind stärker ist.
Die 2. SS-Panzerdivision dringt mit Spitzen bis Coudehard—Mont Ormel vor, baut hier eine halbkreisförmige Aufnahmestellung auf und nimmt die aus dem Kessel strömenden Gruppen auf. Der Angriff der 2. SS-Panzerdivision wird von den Resten der SS-Werfer-Abteilung 102 unterstützt. Die einsatzbereiten Teile wurden zu zwei Kampfbatterien zusammengefaßt, die von Hauptsturmführer Nickmann geführt werden. Den ganzen Tag über liegt das Ausbruchsgebiet unter schwerem feindlichem Artilleriefeuer und unter Luftangriffen.
Auch am 21. August fließen noch Ausbruchsgruppen in die Aufnahmestellung des II. SS-Pz.-Korps ein, doch ab Mittag hört der Zustrom schlagartig auf. Bei der „Hohenstaufen" wird der Feinddruck zu stark. Die Aufnahmeverbände gehen hinhaltend kämpfend auf die vom I. SS-Panzerkorps gebildete neue Auffanglinie beiderseits Vimoutiers zurück. Hierbei gehen die letzten beiden „Königstiger" eines unter Führung eines Untersturmführers stehenden Panzererprobungszuges verloren, der von Paderborn kommend, gerade noch in die Kämpfe bei Falaise eingreifen konnte und Erfolge erzielte. Die „Königstiger" waren am Entsatzangriff beteiligt und dem SS-Pz.Rgt. 9 unterstellt, sie standen in der Fronterprobung und sollten der schweren SS-Pz.Abt. 102 zugeführt werden. Diese Angaben macht der Sturmmann Zitzmann, der kurz vor Angriffsbeginn von der „Hohenstaufen" als Richtschütze auf einem „Königstiger" einspringen mußte, da der bisherige durch Verwundung ausgefallen war.
Für die Führung der 9. SS-Panzerdivision, besonders beim Gegenangriff, wird der Divisionsführer, Oberführer Bock, mit dem Eichenlaub zum Ritterkreuz ausgezeichnet.
Falaise—Argentan, das normannische Stalingrad ist zu Ende. Der Anfang vom Ende des Großdeutschen Reiches! Weiter im Süden strebt General Pattons 3. US-Armee der Seine zu. Paris ist das Ziel — wer die Hauptstadt hat, hat das ganze Land!

Über die deutschen Verluste und Materialeinbußen bei Falaise erscheinen in verschiedenen Kriegsbüchern die unterschiedlichsten Zahlen. Paul Carell beziffert sie in seinem Buch „Sie kommen" mit 10 000 Gefallenen, 40 000 Gefangenen und 50 000, die aus dem Kessel ausgebrochen sind. Mit ähnlichen Zahlen warten andere Kriegsbücher auf. Das erst im Jahre 1972 erschienene Buch von Hermann Jung: „Die Ardennen-Offensive 1944/45", mit einem Rückblick auf die Invasion, wartet mit bisher unveröffentlichten Zahlen des Heeres-Arztes im OKH auf und dürfte daher den Tatsachen am nächsten kommen. Jung schreibt (Seite 29 ff.):

„Der Kampf an der Invasionsfront wurde Ende Juli 1944 mit dem Durchbruch der 3. US-Armee bei Avranches entschieden ... Statt rechtzeitig den Rückzug über die Seine zu genehmigen, befahl Hitler einen Gegenangriff bei Mortain ... Es folgte die Kesselschlacht von Falaise, in der große Teile der 7. Armee und der 5. Panzerarmee aufgerieben wurden. Von etwa 80 000 Mann gelang nur 20 000 der Ausbruch aus dem Kessel, während 50 000 in Gefangenschaft gerieten und über 10 000 tot auf dem Gefechtsfeld blieben. Sehr schwer waren auch die Materialverluste. Die Amerikaner zählten 220 zerstörte Panzer, 160 Selbstfahrlafetten, 130 Flak, 700 Geschütze und 5000 Kraftfahrzeuge. Nur 62 Panzern gelang der Ausbruch (nach amerikanischen Quellen)." Hierin sind wahrscheinlich die Zahlen der britisch-kanadischen Heeresgruppe nicht enthalten.

Am 17. August übernimmt Generalfeldmarschall Model den Oberbefehl im Westen. Model, dem der Ruf eines harten Mannes vorauseilt, der schon manche Krise im Osten gemeistert hat, wird im Westen das Blatt auch nicht mehr wenden können.

Anläßlich einer Besprechung im Führerhauptquartier in der „Wolfsschanze" in Ostpreußen am 31. August sagt Hitler zu den Generalen Krebs und Westphal in Anspielung auf den Zusammenbruch der Front in der Normandie: „Eine größere Krise als die, die wir in diesem Jahre im Osten erlebten (Zusammenbruch der Heeresgruppe Mitte), kann man sich nicht vorstellen. Als Model kam, war tatsächlich die HG Mitte nur ein Loch. Model schaffte wieder eine Front. Nach dem Zusammenbruch in der Normandie sagt man nun, daß die Divisionen im Westen völlig unbeweglich waren, daß sie kein deutsches Material hatten, daß sie mit Gott weiß was für Gewehren ausgerüstet waren, daß wir alle fertigen Divisionen nach dem Osten gegeben haben, daß wir im Westen nur

Ausbildungsdivisionen stehen hatten, daß wir die Panzerdivisionen im Westen nur immer zum Auffüllen hatten und, wenn sie fertig waren, nach dem Osten abtransportiert haben. Hätte ich die 9. und 10. SS-Pandivision im Westen gehabt, wäre die Invasion überhaupt nicht passiert ...“

(Quelle: Warlimont, „Im Hauptquartier der Wehrmacht“, aus Stenogrammen.)

In Hitlers Sätzen stecken Wahrheiten — aber auch Unwahrheiten. Er erwähnt nicht, daß auf seine Veranlassung die 9. und 10. SS-Panzerdivision vom Westen nach Tarnopol verlegen mußten, weshalb sie dann bei Beginn der Invasion in Frankreich fehlten.

Die personell und materiell weit überlegenen Alliierten, vor allem ihre Luftmacht, haben den Zusammenbruch der deutschen Abwehr erzwungen. Wenn auch Model mehrfach unmöglich Erscheinendes möglich machte, so wird er gegen diese Menschen- und Materialüberlegenheit nichts mehr ausrichten können. Der Krieg ist verloren! Aber wer will das zu dieser Zeit schon einsehen oder eingestehen? — Die Hoffnung auf neue Wunderwaffen, die Hoffnung auf ein annehmbares Ende läßt das deutsche Feldheer weiterkämpfen.

DER RETTENDEN SEINE ZU

Sperrgruppen halten den Gegner auf — An den Seinebrücken bei Oissel und Duclair — Die Werfer von Hauptsturmführer Nickmann halten die Engländer auf Distanz — An der Mähne eines Pferdes über den Strom

Nach dem Ausbruch der Reste der 7. Armee und der 5. Panzerarmee aus dem Kessel und dem Einfließen in die Aufnahmestellung setzen sich die Truppenteile auf eine neue Abwehrfront an der Vie, beiderseits Vimoutiers, ab. Die Befehlsführung an der Vie hat das I. SS-Panzerkorps. Die deutsche Führung beabsichtigt, die Reste der beiden deutschen Armeen etappenweise im Raum Rouen—Elbeuf über die Seine zu führen. An mehreren Rückhaltestellungen soll vorübergehend verteidigt werden, um Zeit für den Uferwechsel zu gewinnen. Das geschieht unter ständigem Nachdrängen alliierter Kräfte und unter fortwährender Bedrohung durch Luftangriffe. Die größte Gefahr droht von den

Hauptkräften der 3. US-Armee, die bereits vor Paris steht und mit Teilkräften nach Norden eingedreht ist, um die zur Seine strebenden Restverbände der 7. Armee und der 5. Panzerarmee noch vor Erreichen des Stromes im Rücken zu fassen. Nach den letzten Meldungen, die am 21. 8. das II. SS-Panzerkorps erreichen, haben die Spitzen der 3. US-Armee Mantes und Vernon an der Seine erreicht. Das ist 100 km südostwärts von Rouen. Unter Raum- und Zeitdruck setzen die deutschen Truppen ihren Rückzug zur Seine fort.

Die 10. SS-Panzerdivision nimmt ihre versprengten Kampfgruppen, soweit ihre Standorte bekannt sind, wieder unter feste Führung. Zahlreiche Versprengte des Heeres, der Fallschirmtruppen und der Waffen-SS, die sich den Ausbruchsgruppen der 10. SS-Division angeschlossen haben, werden vorübergehend in die Division eingegliedert. Da fast alle Gefechtsfahrzeuge im Kessel geblieben sind, ist die Beweglichkeit gering; erst allmählich bessert sich das durch Inbetriebnahme zahlreicher, mit kleineren Schäden stehengelassener Fahrzeuge. Ein erheblicher Teil der Fahrzeuge der rückwärtigen Dienste der Division konnte noch rechtzeitig abgeschoben und der Vernichtung im Kessel entzogen werden. Am 17. 8., noch westlich der Orne, wurde befohlen, alle entbehrlichen Fahrzeuge (keine MTW und Gefechtsfahrzeuge) nach Osten außerhalb des sich abzeichnenden Kessels abzuschieben. Große Einbußen hat auch die II./SS-Pz.Rgt. 10, sie verfügt nach Aussage des Rgt.-Adjutanten, Obersturmführer Kulp, am 21. 8. lediglich über sieben Reparaturpanzer und einen SPW, die sich gegenseitig zurückschleppen. Der Mannschaftsbestand der Abteilung beträgt noch etwa 15 Prozent.

Auch die 9. SS-Panzerdivision füllt sich mit Versprengten auf, die beim Rückzug allmählich ausgetauscht werden und zu ihren Stammeinheiten zurückfinden. So kommen 9. und 10. SS-Panzerdivision wieder auf eine Stärke von ca. 6000 Mann. Geräte- und Waffenausfälle sind nicht aufzufüllen. Die Division verfügt noch über neun Panzer, größtenteils reparaturbedürftig, die zurückgeschickt werden.

Die Einheiten der 9. und 10. SS-Panzerdivision sind diszipliniert und voll in der Hand ihrer Führer. Auflösungserscheinungen bei Versprengten von anderen Divisionen werden durch vorübergehende Eingliederung in energisch geführte eigene Einheiten unterbunden.

Laut einer allgemeinen Anordnung sollen alle instandsetzungsbedürftigen Fahrzeuge sowie alle entbehrlichen Trosse und Nachschubdienste den Raum Elbeuf erreichen. Dort sollen schnellstens die Reparaturen erfolgen. Alle Nachschubdienste und Truppenteile, die bereits den Seineübergang vollzogen haben, erhalten den Befehl, um Bauvais (100 km nördlich Paris) zu sammeln und sich dort beim Generalkommando LVIII. Panzerkorps zu melden. Man befürchtet nach dem unmittelbar bevorstehenden Fall von Paris ein Hochstoßen amerikanischer Kräfte nach Nordwesten und damit ein Abschneiden der bei Rouen übergehenden Reste der 7. Armee und der 5. Panzerarmee. Ein Hochstoßen amerikanischer Kräfte westlich der Seine wurde bisher in hinhaltender Kampfführung durch neuaufgefrischte Divisionsteile, insbesondere die Kampfgruppe des Sturmbannführers Bremer von der 12. SS-Panzerdivision, die in Zuführung zur Division stand, aufgehalten. Die Kampfgruppe Bremer verteidigte mit anderen Kampfgruppen wirksam die Linie l'Aigle—Verneuil—Dreux. In dieser Abwehr waren auch die schweren Batterien der SS-Flak-Abt. „Hohenstaufen“ eingesetzt. Allmählich kämpfen sich diese Sperrverbände an die Brückenstellen bei Elbeuf und Rouen heran.

Die schwachen deutschen Kräfte unter Führung des AOK 15 sind nicht in der Lage, den Seine-Abschnitt beiderseits von Paris zu verteidigen. Das weiß auch der neue OB West, Generalfeldmarschall Model. Eine auf längere Zeit verteidigte Seine-Linie wird es kaum geben. Der Zusammenbruch in der Normandie wird auch die anderen in Frankreich stehenden Armeen erfassen. Trotz aller Befehle Hitlers, Paris zu verteidigen, kapituliert der Stadtkommandant, General von Choltitz, mit 10 000 Mann. Paris mit seinen unwiederbringlichen Kulturdenkmälern brennt nicht!

Am 23. August wird den Trossen der 9. und 10. SS-Panzerdivision vom II. SS-Panzerkorps der Seine-Übergang bei Poses, 10 km ostwärts Elbeuf, zugewiesen, aber die von Südwesten hochstoßende amerikanische Panzergruppe zwingt schon bald zur Widerrufung dieser Anordnung; der 9. SS-Panzerdivision wird der Übergang Duclair, der 10. SS-Panzerdivision der Übergang Elbeuf zugewiesen.

Hier muß eingeflochten werden, daß ein Seine-Übergang von höchsten Stellen nicht eingeplant, geschweige denn Vorsorge oder Organisation für den Eventualfall getroffen war. So wälzen sich ziemlich ungeordnet Trosse und Nachschubdienste den Seine-Übergängen zu. Einige Divisionen haben von sich aus schon Nachschubdienste über die Seine abgeschoben. Die 9. und 10. SS-Panzerdivision mußten schon im Juli ihre Brückenkolonnen an die 5. Panzerarmee abgeben, die ihnen jetzt fehlen.

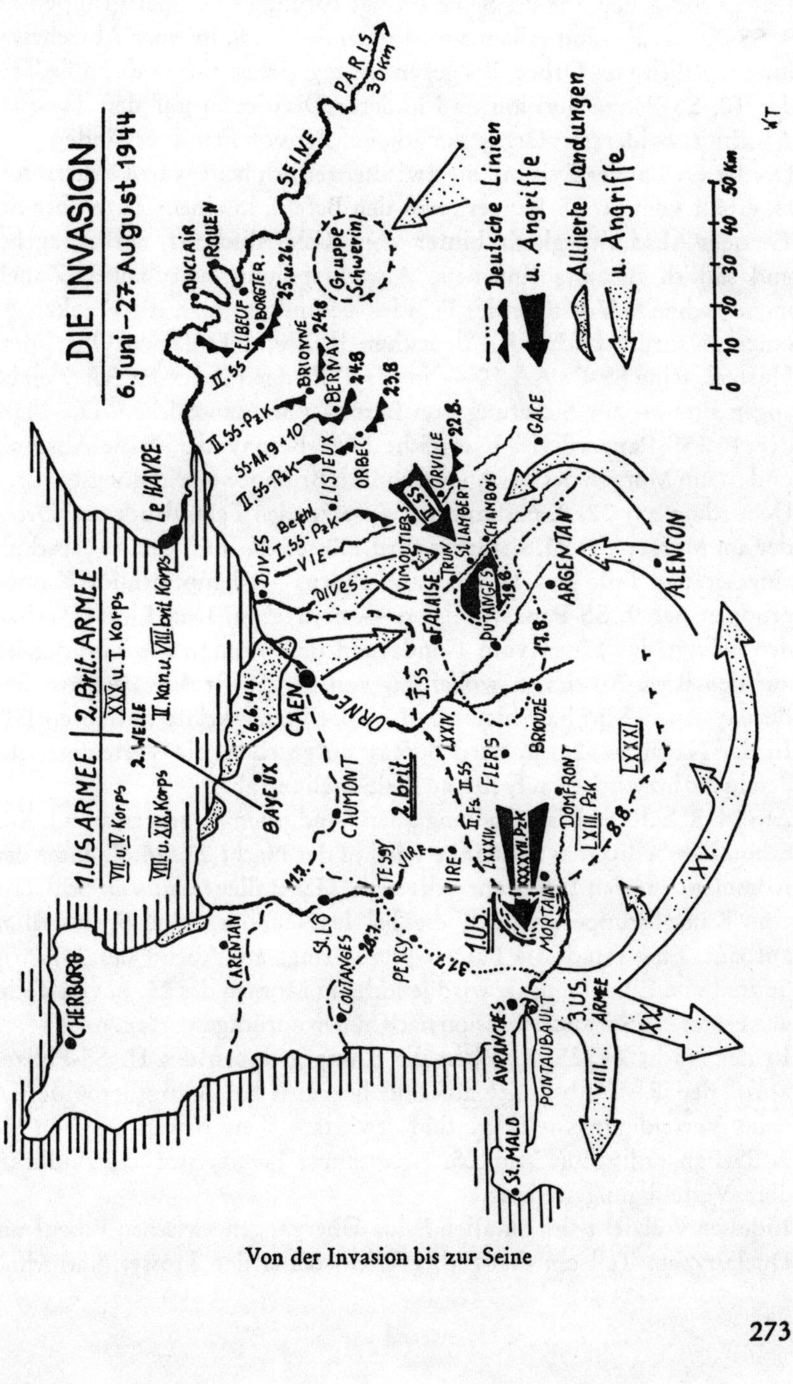

Von der Invasion bis zur Seine

Das Zurückgehen auf die Seine erfolgt sprungweise. Sperrgruppen der 9. SS-Panzerdivision stehen am Morgen des 22. 8. in einer Abwehrstellung nördlich von Orbec. Bis gegen Mittag ziehen sich noch große Teile der 10. SS-Panzerdivision und anderer Divisionen auf den Touques-Abschnitt beiderseits Orbec zurück, gefolgt von Feindverbänden.
Die 10. SS-Panzerdivision, die zwischenzeitlich bei Livarot sichern sollte, erhält vom II. SS-Panzerkorps den Befehl, in einem Zuge über den Touques-Abschnitt gleich hinter den Risle-Abschnitt zurückzugehen und südlich Brionne eine neue Abwehrstellung aufzubauen. Zunehmende schnelle Vorstöße des Feindes, besonders gegen die Flanken der langsam zurückweichenden deutschen Kräfte, veranlassen Oberführer Harmel, seine SS-Pz.AA 10 — in die Teile der Heeres-Pz.AA 9 einbezogen sind — zur Sicherung von Bernay vorauszuschicken. Die Masse der 10. SS-Panzerdivision erreicht über Bernay den Risle-Abschnitt und ist am Morgen des 24. August südlich Brionne verteidigungsbereit.
Dem schon am 22. 8. nachmittags einsetzenden Feinddruck auf Orbec, der am Morgen des 23. 8. stärker wird, müssen die am Touques-Abschnitt eingesetzten Teile des II. SS-Panzerkorps — hauptsächlich Kampfgruppen der 9. SS-Panzerdivision — nachgeben. Den Einsatzverbänden gelingt das Lösen vom Feinde und das sprungweise Zurückgehen auf den Risle-Abschnitt, wobei das von der SS-Pz.AA 10 verteidigte Bernay einen Rückhalt bietet und starke Panzerkräfte auflaufen läßt. In der Nacht 23./24. 8. wird Bernay aufgegeben, die Verteidiger fließen in die inzwischen aufgebaute Risle-Stellung ab.
Am 24. 8. hält die Risle-Stellung allen feindlichen Angriffen stand. Zum Schutz der bedrohten Südflanke wird in der Nacht 23./24. 8. unter dem Kommandeur der 116. Panzerdivision, Generalleutnant von Schwerin, eine Kampfgruppe gebildet, die bei le Neubourg eine Sperrstellung aufbaut. Eine feindliche Panzerspitze dringt am Abend des 24. 8. im Südteil von Elbeuf ein, sie wird jedoch am Morgen des 25. 8. von Teilen der 1. und 2. SS-Panzerdivision nach Süden zurückgeworfen.
In der Nacht 24./25. 8. geben die Kampfgruppen des II. SS-Panzerkorps den Risle-Abschnitt auf und beziehen bei Bourgtheroulde eine neue Verteidigungsstellung. Südostwärts stehen Kampfgruppen der 9. SS-Panzerdivision. Am 25. 8. berennen bereits starke Feindkräfte diese Verteidigungsstellung.
Indessen vollzieht sich an allen Seine-Übergängen zwischen Elbeuf und Duclair zum Teil ein chaotischer Uferwechsel der Trosse, Nachschub-

dienste und schweren Einheiten. Alle Brücken- und Fährstellen werden laufend von alliierten Fliegerverbänden angegriffen. Am 24. 8. wird die Brücke bei Elbeuf durch Bomben zerstört. Wie es an jenen Tagen im Raum Elbeuf aussieht, schildert Hauptscharführer Streng in einem anschaulichen Bericht. Tagelang hatte er mit einem Abschleppkommando versucht, seinen defekten „Tiger“ bis hinter die Seine zu bringen, aber es gelang nicht, sein „Tiger“ — wie fast alle letzten der schweren SS-Pz.Abt. 102 — mußte vor dem herankommenden Feind gesprengt werden. Zu Fuß, auf Fahrzeugen und wieder zu Fuß gelangt schließlich Hauptscharführer Streng mit anderen Kameraden nach Elbeuf:

„Im grauenden Morgen des 25. August, der wie aus einer Waschküche aus milchigen Nebelschwaden der Seine heraufsteigt, erreichen wir zu Fuß Elbeuf.

Wie gerüchteweise bekannt, ist tatsächlich am Tage vorher die Brücke in Elbeuf durch Bomben zerstört worden. Ratlos, niedergeschlagen, hungrig und müde sitzen wir im Vorgarten eines am Weg liegenden Hauses. Da dröhnt von Süden herauf ein langanhaltender, donnernder Abschuß. Unwillkürlich zucken wir zusammen und fahren auf. Ein Fauchen erfüllt die Luft, und gleich darauf krepiert eine schwere Granate drüben am Fluß. Wenige Minuten später folgt der nächste Einschlag, diesmal näher am Stadteingang. Jetzt kommt Bewegung in die Wälder und verdeckten Hintergärten. Beim dritten und vierten Einschlag sieht man galoppierende Gespanne auf der Straße nach Norden abziehen. Das dumpfe Rollen der Abschüsse nimmt zu. Bald ist es nicht mehr ein einzelnes Geschütz, jetzt hat eine ganze Batterie das Störungsfeuer auf Elbeuf aufgenommen. Nun wird es auch Zeit für uns, daß wir den Gefahrenbereich hinter uns bringen.

Wir wollen so schnell als möglich die nächste Übergangsstelle erreichen. Der Fahrer eines SPW hält an und fragt uns, ob wir mitfahren wollen, da er allein ist. Uns kann das nur recht sein. Wir fahren entlang der Seine nach Norden.

Die Straße nach Oissel ist aufgeweicht und von vielen Rädern zerfahren. Mehrmals ziehen wir vom Wege abgekommene Fahrzeuge wieder auf die Straße.

Oissel liegt im Seine-Tal und ist von Hügeln umgeben. Der Forst du Rouvray reicht bis auf einen Kilometer an die Ortschaft heran. Alle Zufahrten nach Oissel sind heillos verstopft, in Doppel- und Dreierreihen sind die Kolonnen aufgefahren, Kühler an Kühler, Rad an Rad, Bord-

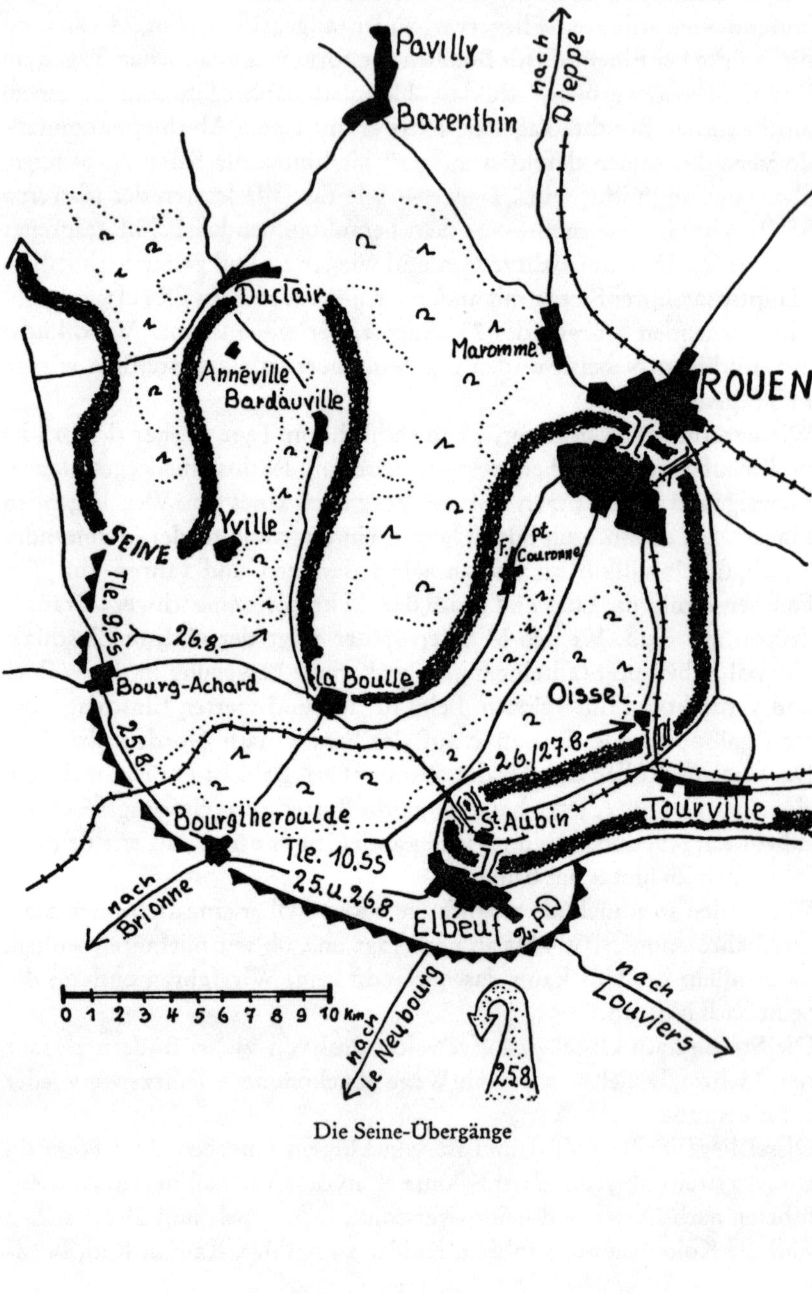

Die Seine-Übergänge

wand neben Bordwand. Wir schätzen 5000 bis 7000 Fahrzeuge. Heute herrscht Regenwetter, und das hält die feindlichen Flugzeuge fern.
Neben den Wegen, in den Wäldern und Feldern flackern kleine Brände auf, werden Koffer, Akten, Gerät und Gerümpel verbrannt. Was vor Stunden noch wertvoll schien, wird nun verbrannt.
Tiefhängende Wolken und Regenschleier treiben über das Tal stromab, und aus den Wäldern quillt Nebel und Dunst die Berghänge abwärts. Klatschnaß und frierend sitzen wir im Schützenpanzerwagen und warten, daß es weitergehen soll. Doch statt weniger werden es immer mehr. Aus den Wäldern kommt es herunter, einzeln und in Gruppen. Wir können uns ausrechnen, daß wir in den nächsten zwei Tagen keine Möglichkeit haben, mit dem SPW überzusetzen. Also weiter auf eigene Faust!
Wind treibt jetzt Nebel- und Dunstmassen ins Tal und hüllt das Flußbett in milchige Schleier ein. Welch entsetzliches Chaos würden jetzt bei klarem Wetter die feindlichen Luftangriffe auslösen.
In der Ortsmitte von Oissel regeln Offiziere der Waffen-SS und des Heeres den Verkehr mit der Pistole in der Hand und lassen die Fahrzeuge von den Ablaufpunkten zur Brücke anfahren. Ehe ein Fahrzeug die Brücke passiert hat, sind jeweils fünf Minuten vergangen. Ein auf der Brücke eingesetztes Räumkommando von acht Mann hat die Aufgabe, alle festliegenden oder mit einem Rad freihängenden Fahrzeuge rücksichtslos in den Strom zu kippen. Neben der beschädigten Eisenbahnbrücke ist eine kleine Holzbrücke errichtet, die sich an die Pfeiler der Eisenbahnbrücke anlehnt. Über diese Brücke gelangen auch wir auf das jenseitige Ufer."
Oissel ist die Übergangsstelle der 10. SS-Panzerdivision. Rechtzeitig hatte die Division die SS-Pz.AA 10 zur Erkundung der Brücken und anderer Übergangsstellen vorausgeschickt. Unter Belassung starker Nachtruppen setzen sich die schweren Fahrzeuge der Division in der Nacht 25./26. August zur Seine ab und beginnen den Uferwechsel über die beschädigte Eisenbahnbrücke bei Oissel und den stromab liegenden Notübergang. Die von der SS-Pz.AA 10 entdeckte und wieder instand gesetzte Notbrücke wird von der Division gegen Versuche anderer Einheiten, sich hier einzuschieben, behauptet. Die SS-Flak-Abt. 10 hat den Luftschutz übernommen. Während Sperrgruppen der 10. SS-Panzerdivision mit Sperrgruppen des I. SS-Panzerkorps die Seine-Schleife nördlich Elbeuf sperren, geht die Masse der 10. SS-Panzerdivision bis

zum Abend des 27. August über den Fluß. Auch die schwere Art.Abt. erreicht mit den ihr verbliebenen schweren Fahrzeugen und Geschützen das andere Seine-Ufer.
Indessen strömen die Verbände und Kolonnen der 9. SS-Panzerdivision in die Orneschleife von Duclair ein. Die Division setzt als Verantwortlichen an der Übergangsstelle den Kommandeur des SS-Pz.Rgt. 9, Obersturmbannführer Meyer, ein. Der Division steht eine Dampffähre von ca. 100 t Tragkraft zur Verfügung, die von der Marine betrieben wird und mehrere 2-cm-Flak als Luftschutz hat. Der Betrieb dieser Fähre wird durch die bis hier auftretenden Meeresgezeiten störend beeinflußt. So tritt immer bei Ebbe eine Zwangspause von fünf Stunden ein. Daneben betreiben die 1. und 2. Kompanie des SS-Pz.Pi.Btl. 9 mit Behelfsfähren, Floßsäcken und Sturmbooten den Uferwechsel der Fußtruppen und kleineren Fahrzeuge, auch bei Ebbe. Teile der 3. Kompanie sind in den Raum Rouen verschlagen worden und betreiben hier im Rahmen anderer Verbände den behelfsmäßigen Uferwechsel. Schwere Panzer und Fahrzeuge sind auf die schwerfällige Dampffähre angewiesen, die bei rechtzeitiger Luftwarnung jeweils das Ufer erreicht; entstandene Schäden werden schnellstens behoben. Am 24. August ist noch Fliegerwetter. An diesem Tage werden fast alle Brücken und Seine-Übergänge von der alliierten Luftwaffe bombardiert, die Brücke Elbeuf wird zerstört, die Brücken Oissel und Rouen stark beschädigt. Am Spätnachmittag des 24. August greift ein Verband „Thunderbolt“ die Fährstelle Duclair an. Im Bombenteppich fällt Obersturmbannführer Meyer, wird seinem Adjutanten, Hauptsturmführer Fröhlich, der rechte Arm abgerissen. Vom SS-Pz.Pi.Btl. 9 fällt der Adjutant, Obersturmführer Suhrkämper. Meyer wird in einem Sarg mehrere Tage mitgenommen und in Albert an der Somme begraben. Am 25. 8. macht Regenwetter den Einsatz der alliierten Luftwaffe unmöglich. Mit Nachdruck wird der Uferwechsel betrieben.
Unter dem Schutz von starken Nachhuten, die in mehreren Stellungen das Vordringen der Alliierten verzögern, gelangen zunächst die schweren Teile der 9. und 10. SS-Panzerdivision vom 24. bis 29. August über die Seine. Die übergesetzten Teile werden zu Marsch- und Kampfgruppen zusammengefaßt und marschieren Zug um Zug weiter nach Nordosten.
Am 26. 8. hat das SS-Pz.Gr.Rgt. „Hohenstaufen“ eine Sehnenstellung vor der Seineschleife bei Duclair bezogen. Die 2., 3. und 4. Batterie der

SS-Werfer-Abteilung 102 beziehen bei Yville neue Feuerstellungen. Am linken Flügel, bei Caumont, stehen Teile der 331. Inf.Div. Diese Linie muß halten, bis alle schweren Fahrzeuge den Uferwechsel bei Duclair vollzogen haben. Beim Rückzug und auch jetzt beim Sperrauftrag zeichnet sich die Stabskompanie, die 17. des Regiments „Hohenstaufen", durch besondere Einsatzfreudigkeit aus. Die Kompanie, die bei der Zusammenlegung der SS-Pz.Gr.-Regimenter 19 und 20 aus Kradschützen und VW-Zügen entstanden ist, bildet eine Art eigene Aufkl.Abt. des Rgt. „Hohenstaufen".

Am 27. 8. tastet sich der Feind an diese Verteidigungslinie heran. Die SS-Werfer-Abteilung 102 schießt mehrere Salven auf Coumont, in das der Feind mit Infanterie und Panzern eingedrungen ist.

Am 28. 8. sickern britische Kräfte in La Halbotrie und Barneville ein. Die letzte Verteidigungslinie kommt ins Schwimmen. Wieder greift die SS-Werfer-Abt. ein und hindert den Feind am weiteren Vordringen.

Am 29. August ist die Masse der 9. SS-Panzerdivision übergesetzt, ebenso der Stab und eine Batterie der SS-Werfer-Abt. 102. Die 3. und 4. Batterie sowie das SS-Pz.Gr.Rgt. „Hohenstaufen" halten nun noch einen engen Brückenkopf vor Duclair. Die unter Führung von Hauptsturmführer Nickmann stehenden Werfer halten mit ihren Salven den Feind auf Distanz. Noch immer pendelt die Dampffähre bei Duclair hin und her, bringen Sturmboote und Behelfsfähren des SS-Pz.Pi.Btl. 9 leichte Fahrzeuge und vor allem Mannschaften über die Seine, und noch immer kommen auf allen Wegen und Straßen Fahrzeuge an, die hinüber müssen. Gegen Mittag steht die 17. Kp. des SS-Pz.Gr.Rgt. „Hohenstaufen" als letzte Nachhut bei Anneville. Am Nachmittag laufen starke Feindkräfte auf, werden von der Kompanie unter Feuer genommen und streben daraufhin seitlich an Anneville vorbei, auf die Fährstellen von Duclair zu. Damit ist der Kompanie der Rückweg abgeschnitten. Bei der Kompanie befindet sich auch der Regimentskommandeur, Obersturmbannführer Zollhöfer. Aus Benzinfässern, Balken und Brettern werden Behelfsfähren gebaut, auf denen die letzten Kräder und VW-Kübel den Uferwechsel bei Anneville vollziehen. Die zwei letzten VW-Schwimmwagen wassern und bewegen sich mit eigener Kraft ans andere Ufer und mit ihnen Obersturmbannführer Zollhöfer und seine Stabsoffiziere.

Im Schutze eines engen Brückenkopfes geht indessen noch der Fährbetrieb weiter. In den Morgenstunden des 30. August setzen die 3. und

4. Batterie der SS-Werfer-Abt. 102 bei Duclair über. Nach dem Übersetzen des letzten Werfers der 4. Batterie wird die Dampffähre, kurz vor dem Eintreffen der Engländer an der Fährstelle, gesprengt. Die Werfergruppe Nickmann erreicht am 31. August den Raum Amiens, muß aber die Stadt nördlich umgehen, da dort bereits feindliche Panzerkräfte eingedrungen sind. Bei Cambrai trifft sie auf die anderen Teile der SS-Werfer-Abteilung 102.

In der Seine-Schleife bei Rouen spielen sich ähnliche Szenen ab. Alle Brücken der Stadt wurden durch Bombenangriffe zerstört. Am 25. 8. wird bei dem herrschenden Regenwetter durch Einfahren eines Pontonstückes eine Brücke wieder benutzbar. Vor der Seine stauen sich die ankommenden Einheiten, die dann den Uferwechsel auf Fähren, Booten, Prähmen und über die Brücke vollziehen. Nach Rouen verschlägt es die letzten „Tiger" der schweren SS-Pz.Abt. 102 und große Teile der 1. SS-Panzerdivision. Die Seineschleife im Süden wird vom Sperrverband Mohnke gesperrt.

Bei pt. Couronne hält die 3./SS-Pz.Pi.Btl. 9 mit einer ortsgebundenen Fähre und mit Behelfsfähren einen Fährbetrieb aufrecht. Hier wird neben anderen Einheiten das SPW-Btl. der „Frundsberg" (I./21) übergesetzt. Das Btl. sammelt in Maromme und stößt dann zur Division.

Mit dem Strandgut der Schlacht von Falaise wird auch der Sturmmann Borbe von der 4. Bttr. der SS-Flak-Abt. 9 über die Brücke von Rouen getrieben. Er hat seine Einheit verloren und bemüht sich, wieder den Anschluß zu finden, aber am anderen Ende der Brücke steht Feldgendarmerie, die die Versprengten auffängt und sammelt. Bald sind etwa 60 Versprengte zusammen. Ein scheinbar ortskundiger Unteroffizier wird als Führer des bunt zusammengewürfelten Haufens eingeteilt, und er erklärt: „Alles mal herhören! Wir müssen noch einmal zurück. Drüben befindet sich noch ein Verbandplatz, der geräumt werden muß. Wir holen die Verwundeten. Wie ihr gemerkt habt, liegt die Brückenstelle schon unter feindlichem Artilleriefeuer. Wir überwinden die Brücke im Laufschritt und in kleineren Gruppen!"

Der Führer läuft los, Feldgendarmen lassen die anderen schubweise ablaufen. Mit fliegendem Atem kommen die Männer drüben an, und während sie ausschnaufen, gibt es Fliegeralarm. Alles sucht Deckung.

Am Nachmittag des 28. August versinken Uferbezirke und Brücke in einem Bombenregen in Schutt und Asche. Das Bergekommando wird in alle Winde zerstreut — tot, verwundet oder davongekommen. Der

Sturmmann Borbe kommt noch einmal davon und gelangt westlich von Rouen an das Seine-Ufer.
Der Wille zum Überleben, der Gefangenschaft zu entgehen, seine Einheit wiederzufinden, treibt ihn ruhelos an dem Ufer entlang. Die Brükken sind zerstört, er sucht nach einem Kahn, doch alles vergebens — der Nichtschwimmer Borbe ist der Verzweiflung nahe.
Er irrt weiter. In einer Wiesenaue, mit Baumgruppen und Buschwerk durchsetzt, lagern die Reste einer pferdebespannten Artillerieeinheit. Die Pferde sind ausgespannt und grasen, unter den Büschen und Bäumen liegen die Kanoniere und Protzenfahrer — völlig apathisch. Borbe erkennt, diese Einheit wartet auf die Gefangennahme. Aber er will nicht, in ihm ist der Wille zum Durchkommen zu stark, und er greift sich ein ihm gutmütig scheinendes Artilleriepferd.
Nach vielem Zureden geht das Pferd ins Wasser und schwimmt. Borbe hält sich an seiner Mähne fest. Die Angst wird besiegt, der Wille zum Leben ist stärker. Als die Mitte des breiten Stromes hinter ihnen liegt, spürt Borbe, daß die Kräfte des Pferdes nachlassen, daß sie weit abgetrieben werden, aber sie schaffen es.
Borbe ist glücklich wie nie in seinem Leben und führt das Pferd in eine deckende Uferschlucht. Sie ruhen sich aus, und als die anderen hier lagernden deutschen Soldaten zum Weitermarsch aufbrechen, reitet auch der Sturmmann Borbe weiter.
Rouen bleibt vielen deutschen Soldaten in unfreundlicher Erinnerung. Unterscharführer Fey von der 1. Kp. der schweren SS-Pz.Abt. 102 schreibt in seinem Buch „Panzer im Brennpunkt der Schlachten", Seite 131: „Der Abteilungsführer Kalls gibt dem Untersturmführer Baral und dem Unterscharführer Fey den Befehl, nochmals in Rouen über die Seine zu setzen, um die stehengebliebenen und von einigen Besatzungen verlassenen ‚Tiger' zu sprengen.
Während die Reste der Abteilung aus dem Raum Fleurs abrücken, bringt uns ein VW-Kübelwagen in die Stadt zurück. Ein Pionierboot setzt uns im Morgengrauen des 29. August über die Seine, nachdem vorher mit dem Fahrer des VW und dem Bootsführer ein Treffpunkt vereinbart wurde.
An der Übergangsstelle empfängt uns ein wüstes Durcheinander, das von dem Bombenangriff am Vortage herrührt. Überall schwelen noch Fahrzeugwracks und dazwischen tote und verwundete Soldaten, die ohne Hilfe sich selbst überlassen sind.

Die ersten drei ‚Tiger‘ stehen ganz in der Nähe der Brücke, sie werden gesprengt. Versprengte berichten uns, daß ein paar Straßen weiter auch noch deutsche Panzer stehen. Wir streifen durch Straßen und Gassen und finden zwei ‚Panther‘, die bereits mit blau-weiß-roten Rosetten bemalt sind. Französische Widerstandskämpfer haben sie in Besitz genommen und machen mit der Kanone Richt- und Kurbelübungen. Wir wollen die ‚Panther‘ zerstören und nehmen uns ein paar deutsche Panzerfäuste, die in einem Hauseingang liegen.
Wir arbeiten uns über Mauern und Höfe in eine sichere Schußposition vor. Dann das vereinbarte Zeichen — Baral zwingt mit MPi-Garben die Besatzung in Deckung und fegt die Straße leer — Panzerfäuste zischen auf und vernichten mit grellen Blitzen die ‚Panther‘.
Dann aber zurück! Wir werfen einige Handgranaten und halten damit unsere Verfolger auf Distanz. Am Flußufer finden wir kein Boot mehr. Wie Ratten kommen die Maquis aus ihren Schlupfwinkeln, und so mancher deutsche Soldat wird von ihnen erschossen. Wir schleichen uns entlang der Seine davon und finden außerhalb von Rouen einen Kahn, mit dem wir ans andere Ufer fahren.“
Am Abend des 29. August hat die Masse der 9. und 10. SS-Panzerdivision die Seine überwunden. Die 9. SS-Panzerdivision sammelt im Raum Pavilly—Barenthin, die 10. SS-Panzerdivision in den Waldgebieten ostwärts von Rouen. Nach kurzer Versammlung marschieren schubweise die Marschgruppen weiter. Im Süden haben amerikanische Verbände die Seine überschritten. Paris wurde am 25. August von amerikanischen und französischen Truppen besetzt.
Unter dem Schutz der Kampfgruppe Mohnke hat auch das I. SS-Pz.-Korps mit der 1. und 12. SS-Pz.-Division in der Seine-Schleife bei Rouen den Uferwechsel vollzogen. Am Nachmittag des 29. 8., um die gleiche Zeit, als Baral und Fey von der schweren SS-Pz.Abt. 102 über die Seine gehen, geben Mohnkes Nachhuten den Südteil der Stadt auf. Am nächsten Tag wird Rouen von amerikanischen Verbänden besetzt, die ostwärts der Seine hochgestoßen sind.
Der deutsche Historiker Jung hat die deutschen Verluste während der Invasion nach neuesten Quellen errechnet und kommt zu folgenden Zahlen (Jung: „Die Ardennenoffensive“, Anhang).
Die Einbußen an Menschen von Invasionsbeginn am 6. Juni bis 31. August beliefen sich beim Westheer auf 23 019 Tote, 198 616 Vermißte (Gefangene), und 67 240 Verwundete (OKH/Heeresarzt). Model mel-

dete am 29. August dem Wehrmachtsführungsstab, er verfüge noch über 11 Inf.-Divisionen, aus deren Resten noch 4 volle Inf.-Divisionen gebildet werden können. Seine 11 Panzer- und Pz.Gr.-Divisionen besäßen im Durchschnitt noch 5 bis 10 Panzer, aus ihnen könne je eine verstärkte Regimentskampfgruppe gebildet werden. Mit diesen Kräften könne weder die Seine- noch die Somme-Linie gehalten werden. Der Rückzug bis zum Westwall wird unumgänglich.
Die ausgebluteten und erschöpften deutschen Verbände kommen auch ostwärts der Seine nicht zur Ruhe. Am 30. August beginnt die großangelegte Offensive der Amerikaner aus dem Raum Paris, der sich bald Engländer und Kanadier anschließen.

RÜCKZUG DURCH NORDFRANKREICH UND BELGIEN

Auch an der Somme gibt es kein Halten — Untergang der Kampfgruppe Schultze in Albert — Ein Panzer-Flakgefecht bei Cambrai — An Brüssel vorbei — Sammeln in Holland

Am 27. August erhält die 9. SS-Panzerdivision „Hohenstaufen" vom II. SS-Panzerkorps den Befehl, kampfgruppenweise und in großen Sprüngen über Forges les Eawy—Neufchâtel—Poix—Amiens hinter die Somme zurückzugehen. Da die Division im Jahre 1943/44 neun Monate im Raum Amiens als Heeresgruppenreserve gelegen hat, ist ihr das Gebiet bekannt, und der Rückzug läuft flüssig ab. Die letzten Nachtruppen haben aber bereits am 30. August westlich von Amiens Feindberührung mit nachdrängenden feindlichen Panzerspitzen.
Die 10. SS-Panzerdivision „Frundsberg" erhält am 27. August den Befehl, im Raum Beauvais zur Verfügung des LVIII. Pz.-Korps (Krüger) zu sammeln. Als am 29. August feindliche Panzerkräfte aus ihrem Brückenkopf südlich von Elbeuf nach Norden auf Rouen vorstoßen, sind schon alle Teile der „Frundsberg" ostwärts dieser Stoßlinie. Die Division erreicht ohne fühlbaren Feinddruck den neuen Versammlungsraum. Einige Truppenteile haben ihre Fahrzeugstaffeln aus zurückgelassenen, leicht beschädigten Fahrzeugen anderer Truppen am Seine-Ufer aufgefüllt. Mit Erreichen des Raumes Beauvais tritt die „Frundsberg" unter den Befehl des LXXXI. Armeekorps (Straube), das ihr den

Befehl erteilt, die kampfkräftigen Teile zu einer Divisionskampfgruppe zusammenzufassen, die abschnittsweise über Montdidier zurückgehen soll und dann den Somme-Abschnitt Cerbis—Peronne zu besetzen hat. Nicht benötigte Trosse und Nachschubdienste sollen soweit als möglich abgeschoben werden. Für diese Rückführung hinter der kämpfenden Truppe wird von der Armee der Stab Klosterkemper eingesetzt, der die abfließenden Teile über Meldeköpfe weiterleitet. Der letzte Meldekopf der Division „Frundsberg“ ist in Chastre, 12 km südlich Wavre. Der Gedanke einer späteren Auffrischung der Division in den Niederlanden wird dabei erstmals laut.
Die Kampfgruppe 10. SS-Panzerdivision hat etwa eine Gesamtstärke von 3000 Mann. Sie untergliedert sich in den Kampfverband Schultze mit den Resten der SS-Pz.Gr.-Regimenter 21 und 22, einer leichten Artillerie-Abteilung und Teilen der SS-Pz.AA 10, und dem Kampfverband Paetsch (Kommandeur SS-Pz.Rgt. 10) mit den Resten des SS-Pz.-Regiments 10, sowie Teilen der Aufkl.Abt., der Flak-Abt. und des Pionier-Bataillons. Beide Kampfverbände werden von einem kleinen Divisionsstab geführt, zu dem auch die Divisions-Begleitkompanie, ein Gendarmeriezug und Teile der Nachr.Abt. gehören. Die Kampfgruppe „Frundsberg“ erreicht bis zum 30. August den Raum Montdidier—Fescamps. In Montdidier stößt der neue Ia der Division, Hauptsturmführer Büthe, zur Div.-Führungsstaffel; der bisherige Ia, Obersturmbannführer Lingner, wurde beim Ausbruch bei Falaise verwundet.

Die von Obersturmbannführer Harzer gebildete Kampfgruppe „Hohenstaufen“ hat etwa eine Stärke von 3500 Mann und setzt sich aus einer kleinen Führungs- und Versorgungsstaffel, der Div.-Begleitkompanie, den Resten der SS-Pz.Gr.-Regimenter 19 und 20, der SS-Pz.AA 9 (noch etwa 50 Prozent Kampfstärke), einer Abt. des SS-Pz.Art.Rgt. 9 (mot. Zug), einer Kompanie SS-Pz.Pi.Btl. 9, der vom AOK 15 zurückgekehrten SS-Pz.-Flak-Abt. 9, Teilen der Nachr.Abt., einem Kampfzug aus Bäckerei- und Schlächterei-Kompanie sowie einem kleinen Nachschub- und Instandsetzungsdienst zusammen. Die anderen Teile der „Hohenstaufen“ einschließlich der gepanzerten Reste des SS-Pz.Rgt. 9 werden von Oberführer Bock geführt und verlegen auf Befehl des II. SS-Panzerkorps nach Südholland.
Eine deutsche Verteidigung an Somme, Aisne und Oise kommt nicht zustande. Während die 5. Panzerarmee hauptsächlich von englisch-kana-

dischen Kräften bedrängt wird, stoßen starke Kräfte der 1. US-Armee (Bradlay) über Paris—Soissons—Laon der 5. Panzerarmee in die Südflanke, und abermals droht ihr aus einer überholenden Verfolgung die Einkesselung. In Amiens wird der Oberbefehlshaber der 5. Panzerarmee, General Eberbach, und sein Stab gefangengenommen. Mit der Rückführung der Reste der 5. Panzerarmee wird Generaloberst der Waffen-SS Sepp Dietrich beauftragt.

Am Nachmittag des 30. August hetzt die Kampfgruppe „Hohenstaufen" aus dem Raum ostwärts Amiens an den Oise-Abschnitt, um ihn bei Laon zu sperren. Linker Nachbar ist die Kampfgruppe der 2. Panzerdivision des Generals von Lüttwitz.

Um die gleiche Zeit tastet sich die Kampfgruppe „Frundsberg" von Beauvais in den Raum Montdidier zurück. Eine Verbindung mit dem LXXXI. Armeekorps kommt nicht zustande. Auf sich allein gestellt, gesichert durch Spähtrupps der SS-Pz.AA 10, erreichen erste Teile der Kampfgruppe „Frundsberg" am 30. August den Raum Montdidier. Am Nachmittag ergibt sich durch eine zufällige Begegnung des Div.-Führungsstabes mit dem Kommandierenden General des I. SS-Panzerkorps die lang gesuchte Verbindung mit einer Kommandostelle. Bei der eingehenden Lageeinweisung, wie sie sich im Raum südwestlich der Somme und an der Oise ergibt, erfährt Oberführer Harmel erstmals von der Gefahr des Flankenstoßes der 1. US-Armee, der das Ziel einer erneuten Einkesselung der Reste der 7. Armee und der 5. Panzerarmee etwa im Raum Arras—Cambrai verfolgt. Das I. SS-Panzerkorps unterstellt sich die Kampfgruppe „Frundsberg" und befiehlt ihr, zunächst hinter der Somme den Flußabschnitt Corbie—Bray—Peronne zu sperren.

Am 31. August, abends, stehen der Kampfverband Paetsch bei Peronne, der Kampfverband Schultze bei Bray abwehrbereit. Der Div.-Führungsstab war bis zuletzt in Montdidier geblieben; erst als die äußerst geschickt operierenden und stets in Feindfühlung bleibenden Spähtrupps der SS-Pz.AA 10 — hier seien besonders die Spähtrupps Oberscharführer Resch und Hauptscharführer Küffner erwähnt — stärkeren Feind im Vorgehen auf Montdidier und Amiens melden, zieht die Führungsstaffel hinter dem Kampfverband Schultze her, geht bei Peronne über die Somme und errichtet in Bertincourt einen neuen Gefechtsstand.

Der Kampfverband Schultze verteidigt bei Bray; da Spähtrupps der SS-Pz.AA 10 von Amiens zurückkommend melden, daß in Amiens feindliche Panzer stehen und in der Stadt gekämpft wird, schiebt Ober-

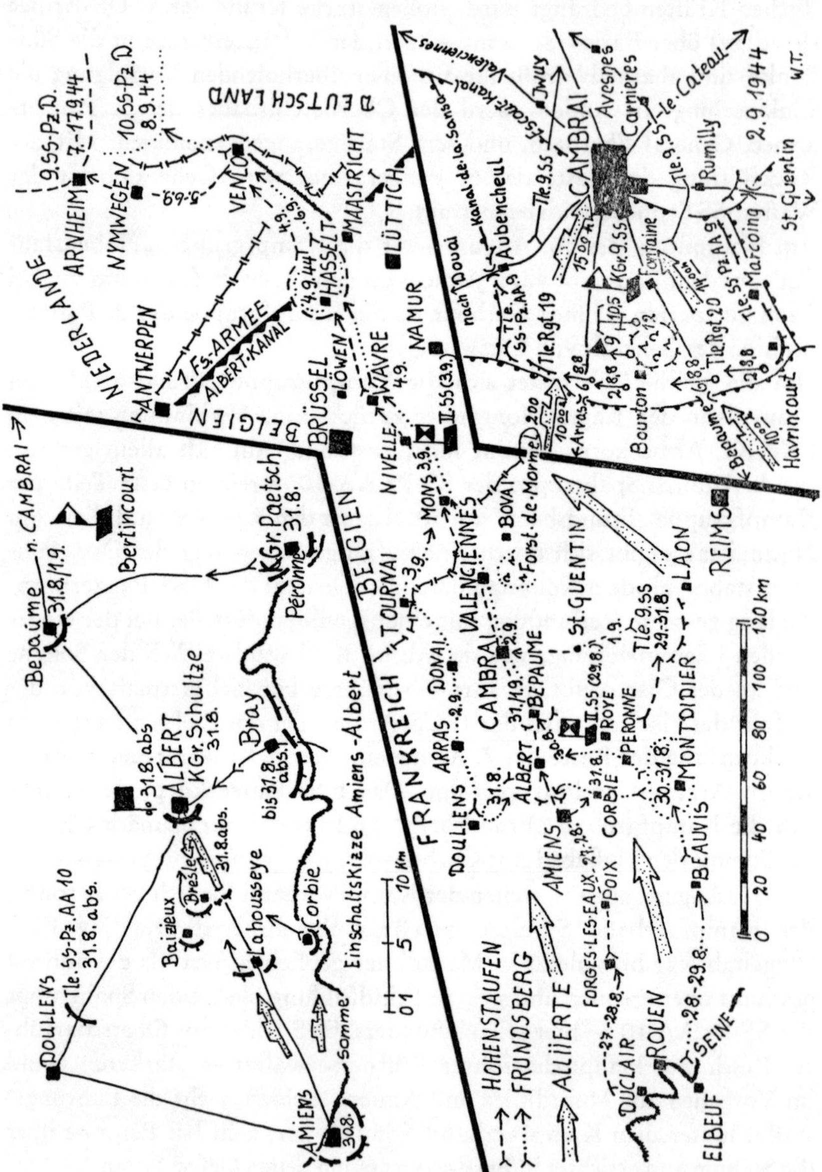

Rückzug des II. SS-Panzerkorps durch Frankreich und Belgien

sturmbannführer Schultze Sicherungskräfte bis an die Straße Amiens—Albert heraus.
In den Abendstunden des 31. August treffen bei der Führungsstaffel alarmierende Meldungen vom Kampfverband Schultze ein: Feindliche Panzerkräfte haben Amiens genommen. Während noch bei Amiens gekämpft wird, stoßen Feindkräfte auf Albert vor, wo Obersturmbannführer Schultze die Masse seines Kampfverbandes nun stehen hat. Bei Lahoussoye, Corbie, Baizieux und Bresle kommt es zu kurzen Gefechten von beweglichen Kräften des Kampfverbandes Schultze mit feindlichen Panzerspitzen. Obersturmbannführer Schultze hat inzwischen seinen Gefechtsstand nach Albert verlegt, weil hier der neuralgische Punkt ist und sein Kampfverband nun die Aufgabe hat, den Vormarsch der Feindkräfte auf der Straße Amiens—Cambrai zu verzögern. Die Verteidigung von Albert wird durch Gruppen deutscher Soldaten, die der Einschließung Amiens entgangen sind, verstärkt. Hierbei befindet sich auch ein schwerer Zug Inf.-Geschütze des SS-Pz.Gr.Rgt. 21, der seit dem Seine-Übergang vermißt wurde. Der IG-Zug schießt mit seinen 15-cm-Geschützen einen gegen den Westrand von Albert anfahrenden Panzer einer englischen Panzerspitze zusammen und zwingt die anderen Panzer zur Umkehr.
Die von Albert nach Nordwesten angesetzten Spähtrupps der SS-Pz.AA 10 erhalten südostwärts Doullens Gefechtsberührung mit englischen Panzern. Die Männer des Spähtrupps bringen die Nachricht mit, daß in Doullens ein gerade aus der Heimat eingetroffener Eisenbahnzug mit 500 Mann Ersatz für die „Frundsberg“ ins feindliche Feuer gefahren ist und zerstört und aufgerieben wurde. Teile der Ersatzeinheit schlagen sich über Arras, Dounai, Tornay nach Osten durch.
Vom Kampfverband Paetsch kommt die Meldung, daß feindliche Panzer nachgerückt sind und bei Anbruch der Dunkelheit an der Somme bei Peronne stehen.
Der Div.-Führungsstab „Frundsberg“ gibt die Alarmmeldung unverzüglich an das I. SS-Panzerkorps weiter und erhält von diesem den Befehl, Albert nicht auf besonderen Befehl aufzugeben. Der Kampfverband Paetsch soll möglichst lange den Somme-Abschnitt bei Peronne halten und dann auf Cambrai zurückgehen.
Dieser Befehl bedeutet das Todesurteil für den Kampfverband Schultze. Es bleibt aber keine andere Wahl: Auf allen Straßen und Wegen in Richtung Cambrai ziehen sich deutsche Restverbände zurück, und die Masse

zu retten, ist die Aufgabe des Kampfverbandes Schultze durch Verteidigung Alberts bis zum äußersten. Das französische Städtchen Albert wird zum Rammbock der nachdrängenden englischen Panzer- und mot. Infanterieverbände. Im Laufe der Nacht 1./2. September vollzieht sich die Einschließung des Kampfverbandes Schultze in Albert. Bei erbitterten Straßenkämpfen fallen Obersturmbannführer Schultze und ein Teil seiner Stabsoffiziere und Männer. Der Kampfverband Schultze besteht nicht mehr, nur Reste schlagen sich bis zum Morgen des 2. September nach Osten zu eigenen Truppen durch.

Der Kampfverband Paetsch verteidigt am 1. September den Somme-Abschnitt bei Peronne und zieht sich in der Nacht 1./2. September auf Cambrai zurück.

Indessen sichert weiter südostwärts die Kampfgruppe „Hohenstaufen". Im Zuge der sich anbahnenden Überflügelung durch amerikanische Panzerverbände wird die Kampfgruppe über den Oise—Serre-Abschnitt (31. 8.) in der Nacht 1./2. September über St. Quentin auf Cambrai zurückgenommen.

Den kräftemäßig weit überlegenen alliierten Panzer- und Motverbänden ist es damit gelungen, aus den Seine-Brückenköpfen im rücksichtslosen Nachstoßen nun auch die Somme in breitester Front zu erreichen und zu überschreiten. Angesichts dieser Entwicklung und der beschränkten Beweglichkeit der deutschen Verbände befiehlt der Oberbefehlshaber West, Generalfeldmarschall Model, das Zurückgehen, unter Vermeidung von Einkesselungen, bis in die Linie Scheldemündung—Antwerpen—Albert-Kanal—Westrand der Argonnen.

Rückzug ist ein bitteres Wort! Wie viele Gruppen- und Einzelschicksale es in sich birgt, mag niemand ermessen. Schon das Deprimierende, geschlagen, verfolgt zu werden, lastet stark auf Führung und Truppe. Die Rückzugsstraßen sind übersät mit Malen des Unterganges. Überall ausgebrannte Fahrzeuge, tote Pferde, gesprengte Panzer. Erschreckende Bilder! Alle Höhen und Tiefen der menschlichen Seele werden hier offenbar: Mut und Feigheit, panische Angst und Aufopferung für die Gesamtheit. So ziehen und fahren sie dahin, aufgelöst und in Gruppen und Grüppchen. Zu Fuß und auf mot. Fahrzeugen zusammengepfercht. In Disziplin und Ordnung. In ungeordneter Flucht. Bilder des Jammers, aber auch der Kameradschaft und Hoffnung, die die geordneten Kampfverbände der Divisionen ausstrahlen, die sich immer wieder dem Feind in den Weg stellen. Im Erinnerungsbuch der 10. SS-Panzerdivision

„Frundsberg" lebt auch die feste, verschworene Kampfgemeinschaft wieder auf, die nicht nur in guten Tagen ihre Bewährung bestanden hat. Wir lesen darin:
„Weiter führt der Weg nach Osten. Aber vorher, kurz nach dem Seine-Übergang hat es eine erfreuliche Überraschung gegeben, in Form einer ‚Sonderzuteilung'. Die ‚Wirtschaftler' der Division ‚Frundsberg' haben sich als tüchtig und verständnisvoll erwiesen.
Sturmbannführer Schill und Obersturmführer Peter, der Führer des Verpflegungsamtes, haben eine glückhafte Idee in die Wirklichkeit umgewandelt. ‚Frundsberger halt!' ruft ein großes Schild an der Straße den von der Seine Kommenden zu. Herrlichkeiten sind da zu haben: Bohnenkaffee, Schokolade, schmackhafte Notverpflegung, die sich ein Herz nach harten Kesseltagen nur wünschen kann. Fast vier Tage stehen dort in dem noch allen wohlbekannten Wäldchen Führer und Männer des Wirtschafts-Bataillons und verpflegen die vom Kampf gezeichneten Männer. Doch weiter drückt der Feind. Jetzt kommt es zu Einsätzen von Kampfverbänden, zum Beispiel bei Albert, die von der Division wieder viel verlangen und noch manches Opfer kosten. Wieder muß die Chronik schweigen von den vielen kleinen Taten, die jetzt vollbracht werden. Den Namen eines Mannes der SS-Pz.Aufkl.-Abteilung 10, der für seinen Wagemut das Ritterkreuz erhielt, muß sie verzeichnen: SS-Oberscharführer Erich Rech, einst Landarbeiter in einem kleinen pommerschen Dorf, hat über die ihm erteilten Befehle hinaus kühne Erkundungsvorstöße geführt, die wichtiges Material über die feindlichen Absichten und Pläne ergeben. Er blieb dabei nicht ‚dicht beim Tommy', er ging meist hinter ihm. Eine dieser Rechschen Extratouren führte 8 Kilometer tief in die feindliche Etappe und war wahrhaftig eine echte ‚Frundsberg-Tat'. Erich Rech wird mit dem Ritterkreuz ausgezeichnet."

Ähnliche Bilder kennzeichnen auch den Rückzug der 9. SS-Panzerdivision „Hohenstaufen". Ewald Kraßmann schreibt in der Chronik der 2./SS-Pz.Nachr.Abt. 9:
„Bei der Funk-Führungsstaffel befinden sich noch wenige intakte Fahrzeuge. Der Funktrupp Asche muß sich vom Funktrupp Barth schleppen lassen, da die Benzinpumpe des Funkwagens defekt ist. Bei Trupp Barth ist das Funkgerät kaputt, und so muß unser geschleppter Funkwagen die Funkverbindung aufrechterhalten. Der Befehlspanzer des Divisionskommandeurs mit Unterscharführer Haidinger wird von einem

Wagen der Werkstattkompanie geschleppt. Ein Lager mit Fliegerbenzin behebt den permanenten Benzinmangel, aber bald werden besonders die luftgekühlten Motoren zu heiß, und es müssen oft Pausen eingelegt werden.
Wir haben nur noch Funkverbindung mit der Kampfgruppe ‚Hohenstaufen'. Wo unsere anderen Funktrupps stecken, die zu den einzelnen Einheiten abgestellt sind, wissen wir nicht. Es geht immer weiter nach Osten. Untersturmführer Steinert führt die Fu.Fü.-Staffel. Allmählich werden immer mehr versprengte Funktrupps und Fahrzeuge unserer Kompanie aufgesammelt, so daß sich am Schluß der Fu.Fü.-Staffel eine Schrott-Kolonne gebildet hat, in der ein Fahrzeug das andere schleppt.
Alle Versorgungsmeldungen gehen über die Hauptfunkstelle des Trupps Asche. Auch die Verbindungen zwischen der Divisions-Führungsstaffel unter Oberführer Bock und der von Obersturmbannführer Harzer geführten Kampfgruppe ‚Hohenstaufen'. Irgendwo auf der Straße nehmen wir eine komplette 100-Watt-Funkstelle aus einem verlassenen Funkwagen der Luftwaffe mit, um Ersatz zu haben, wenn unsere letzte Funkstelle ausfallen sollte. In Cambrai stößt der Funktrupp des Unterscharführers Jakob Müller zur Funk-Führungs-Staffel. Da Müllers Fahrzeug und Funkstelle voll einsatzbereit sind, übernimmt dieser Trupp die Hauptfunkstelle, und wir verlassen Cambrai in Richtung Mons; alle schweren Lkw der Werkstattkompanie schleppen ein oder zwei defekte Funkwagen.
In Cambrai wird eine kleine Funkstaffel — bestehend aus zwei Funkstellen — zusammengestellt, die zur Kampfgruppe ‚Hohenstaufen' stoßen soll. Als Gehilfen für Untersturmführer Steinert gehen Oberscharführer Burde und Förstermann mit. Diese kleine Funkstaffel soll auf dem Weg nach St. Quentin in einen feindlichen Hinterhalt gefahren sein. Von den zwei Funktrupps hören wir nichts mehr."
Und wie steht es mit den Resten der schweren SS-Panzerabteilung 102, die schon um den 25. August über die Seine kam, nachdem alle „Tiger" auf dem Westufer der Seine, auf einem beschwerlichen Rückzug, nacheinander mit Defekten ausgefallen waren? Der Hauptscharführer Streng von der 2. Kompanie zeichnet ein treffendes Bild:
„Kurz nach 21.00 Uhr verläßt unser Haufen Müder und Hungriger Fleury. Zu Fuß geht es drei Stunden bergan. Geredet wird wenig, die Müdigkeit verschließt uns den Mund. Oben auf der Höhe hallt das schwere Dröhnen der Artillerie herüber, und wir sehen Feuerschein am

südlichen Horizont. Dort, in Richtung Paris muß bereits um den Seine-Übergang gekämpft werden. Ein Nahaufklärer zieht über uns dahin und wirft voraus in der Ebene Leuchtbomben.
Untersturmführer Schroif läßt halten, da ein Teil unserer Männer abgehängt ist. Müde sinken die Wartenden auf die Erde. Morgens um 02.00 Uhr erreichen wir unser zugewiesenes Dorf. In einem Gasthaus am anderen Dorfende brennt noch Licht; hier gibt es Quartier für den Rest der Nacht. Im Saal ist ein Strohlager für uns bereitet, und wir schlafen lange bis in den 26. August hinein.
Zum Frühstück gibt es für jeden einen halben Laib Weißbrot und im Anschluß daran 25 km Marsch in Richtung Osten zum Sammelraum der Panzerabteilung.
Wir marschieren ahnungslos hintereinander auf einem erhöhten Weg durch das erste Dorf, da stoßen plötzlich aus heiterem Himmel feindliche Jagdmaschinen auf uns herab, und schon prasseln ihre Bordwaffen über die Dächer hinweg auf die Straße. Blitzschnell gelingt es allen, Dekkung zu nehmen, dann marschieren wir im Abstand von 70 Metern von Mann zu Mann weiter.
Im Westen versinkt bereits die Sonne hinter den Bergen, und wir marschieren immer noch. Und mit der anbrechenden Dunkelheit quillt es wieder aus den Wäldern und Scheunen heraus: Kraftwagen, Pferdegespanne; Rad hinter Rad, Räderknarren, Hufegetrappel, gleich einer rauschenden Woge auf den Straßen dahin. Die Reste deutscher Divisionen marschieren wie allnächtlich nach Osten.
Wie es gerade in dieser Zeit um unser Vaterland steht, wird wenigen bewußt! Die Tage und Wochen vorher waren für mich und alle anderen im Trubel der Kriegswirren untergegangen. Wir hatten nicht nach dem Warum gefragt, nicht nach der Zukunft! Wir hatten keine Zeit zum Nachdenken. Wir hatten von den Feinden vor uns und von den Kameraden neben uns gewußt und unsere Pflicht getan. Und nun drückt uns alle das lähmende Bewußtsein der Niederlage, des Rückzuges aus Frankreich! Nur die Hoffnung, das Blatt zu wenden durch die vielbesprochene deutsche Geheimwaffe, von der keiner weiß wie sie aussieht, läßt uns den Kopf noch etwas hoch tragen.
Über uns flimmern schon die Sterne am wolkenlosen, ruhigen Himmel. Dann stehen wir endlich im Sammelraum der Abteilung bei Flers. Ein Vorkommando hat in einer Scheune für uns aus Stroh Nachtlager bereitet. Dann trifft auch zu unserer Freude unsere Feldküche ein und we-

nig später noch der Waffen- und Gerätewagen, eine Zugmaschine und der kleine Kranwagen, die uns zurückbringen sollen. Damit ist unsere auf 36 Mann angewachsene Kompanie wieder motorisiert.
In der Nacht vom 27./28. August geht es weiter. Bei Untersturmführer Schroif machen sich die Folgen seiner letzten Verwundung bemerkbar, und er muß ins Lazarett eingewiesen werden. Untersturmführer Schwab führt nun den Rest der Kompanie.
Ein Vorstoß der Amerikaner aus dem Raum Paris nach Nordwesten gefährdet unseren Sammelraum hinter der Somme. Überstürzt brechen wir aus dem Raum Corbie auf und reihen uns wieder in das Marschband ein, das über Bapaume—Cambrai—Mons in Richtung Brüssel strömt. Vom Sammelraum Limburg verlegen später die Reste der schweren SS-Pz.Abt. 102 in den Raum Soest zur Neuaufstellung."
Das sind Berichte von Einheiten, die ihren Zusammenhang beim Rückzug bewahrt haben. Aber wie steht es mit jenen Soldaten, die ihre Einheit verloren haben, die als Versprengte nach Osten ziehen, in der Hoffnung, irgendwo wieder auf bekannte Gesichter zu treffen? Sie werden vorwärts getrieben von der Angst der Gefangennahme, von dem Pflichtbewußtsein, die eigene Truppe wiederzufinden. Und hierbei werden sie zu Meistern der Improvisation und der Findigkeit.
Einer im Heer der Versprengten ist der Sturmmann Borbe von der 4. Bttr. der SS-Flak-Abt. „Hohenstaufen". Er trabt nun im Heer der Versprengten als einer der letzten Nachzügler hinter seiner Division her. Die Einheitszeichen weisen ihm den Weg. Kaum jemand nimmt Notiz von dem Reiter, die vorbeifahrenden Kraftfahrzeuge sind überbesetzt. Borbes Hintern ist vom vielen Reiten bereits wundgescheuert und lange geht das nicht mehr so. In einem kleinen französischen Dorf weiß er die neugierigen Blicke eines wie es ihm scheint gutmütigen Bauern richtig zu deuten, und er handelt sein Pferd gegen ein altes Fahrrad ein. In dem Bewußtsein einen guten Tausch gemacht zu haben und sein treues Pferd in besten Händen zu wissen, radelt nun der Sturmmann Borbe wesentlich schneller hinter der Division her. In den Nächten und bei den Rasten sucht er die Nähe deutscher Soldaten, die mit ihm das Schicksal der Versprengten teilen, der letzten, die bekanntlich die Hunde beißen, aber irgendwie fehlt doch der innerste menschliche Zusammenhalt, die Geborgenheit im Zug, in der Batterie, die ihm die soldatische Heimat bedeutet. Und so geht es allen Versprengten. Sie brechen immer wieder ruhelos auf, allein oder zu zweien oder in kleinen Gruppen, um

den Anschluß an den eigenen Haufen zu finden. In Cambrai findet Sturmmann Borbe seine Batterie wieder, und die Freude ist groß!
In der Nacht 1./2. September 1944, als der Kampfverband Schultze in Albert eingeschlossen wird und seinen letzten Kampf kämpft, stoßen andere britische Panzerkräfte beiderseits des Städtchens vorbei und stehen gegen Mitternacht vor dem nur schwach gesicherten Bapaume, 25 km westlich Cambrai. Und was sind 25 km für mot. Verbände? Die 10. SS-Panzerdivision wirft schwache Kräfte nach Bapaume, um einmal die Rückzugsstraße für den Kampfverband Schultze offenzuhalten (der in Albert bereits untergeht) und zum anderen die Straße nach Cambrai zu sperren, um der Kampfgruppe „Hohenstaufen" und dem Kampfverband Paetsch das Zurückgehen auf Cambrai zu ermöglichen. Nach aussichtlosen Kämpfen muß Bapaume nach Mitternacht aufgegeben werden. Die 10. SS-Panzerdivision erhält Befehl, in einem Zuge über Cambrai bis in den Raum Hasselt bei Maastricht zurückzugehen. Aber bis dahin sind noch viele Krisen zu überstehen.
Der Führer der Kampfgruppe „Hohenstaufen", Obersturmbannführer Harzer, fährt seiner Kampfgruppe voraus und sucht in Cambrai den Führungsstab des LXXXI. Armeekorps vergeblich. Harzer ist jedoch gewillt, seinen mitgegebenen Auftrag zu erfüllen und Cambrai als Wellenbrecher auf begrenzte Zeit zu halten und damit das Abfließen der zahlreichen Kolonnen auf der Straße Cambrai—Mons zu decken. Die am 2. September bei Hellwerden eintreffende Kampfgruppe „Hohenstaufen" besetzt die Einfallstraßen an den rund um Cambrai verlaufenden Kanälen. Als willkommene Verstärkung treffen die schweren Batterien der SS-Flak-Abteilung 9, die im Rahmen der 15. Armee eingesetzt waren und etwa den gleichen Weg wie die „Frundsberg" nahm, in Cambrai wieder auf die „Hohenstaufen". Die Stabsbatterie und die nicht eingesetzten Teile der 4. Bttr. erhalten den Auftrag, die im Stadtgebiet von Cambrai mobil werdenden Widerstandskämpfer in Schach zu halten.
An den wichtigen Einfallstraßen von Arras und Amiens gehen die schweren Batterien der SS-Flak-Abteilung 9 in Stellung. Die Straße nach St. Quentin und nach Douai sichern Teile der SS-Pz.AA 9. Zum Schutz der schweren Flak-Batterien werden nördlich und südlich der Straße von Amiens je ein Bataillon Panzergrenadiere eingesetzt. An der Südwestflanke der Stadt gehen später noch die letzten 3,7cm-Flak der 4. Batterie in Stellung.

Fieberhaft arbeiten die Kanoniere der Flak-Abteilung daran, ihre Geschütze durch Eingraben oder Schaffung von anderen Deckungen zu schützen, denn es ist abzusehen, daß die schweren Flak-Batterien den Kampf gegen die feindlichen Panzer zu führen haben. Die Achtacht hat sich auch in der Panzerabwehr als bestes Geschütz erwiesen, und 18 solcher Geschütze werden den Kampf gegen die gemeldeten 200 Panzer der Briten und Amerikaner aufnehmen. Pioniere zerstören die wenigen Kanalbrücken. Gegen 09.00 Uhr vormittags hat die Kampfgruppe „Hohenstaufen" ihre volle Gefechtsbereitschaft hergestellt.

Obersturmbannführer Harzer hat seinen kleinen Gefechtsstand im Schloß unmittelbar hinter dem Wäldchen von Bourton bezogen; am Waldrand sind 12 lFH der Kampfgruppe in Stellung gegangen. Gegen Mittag treffen die ersten Meldungen ein: „Feindliche Panzer im Anmarsch aus Richtung Arras und Bapaume. Dabei starke Begleitinfanterie!" Von der bis Aubencheul nach Norden vorgeschobenen Sicherung der SS-Pz.AA 9 kommt die Meldung: „Schwacher Feind im Vorgehen von Douai auf Nordrand Cambrai!"

Das Fieber der aufkommenden Schlacht erfaßt Panzergrenadiere und Flakkanoniere. Es geht los! Sie überdenken auch alle Möglichkeiten des Rückzuges, denn — das wissen sie — Cambrai soll nur auf begrenzte Zeit Rammbock sein. Was folgt, weiß niemand vorauszusagen.

Endlich kommen die erlösenden Feuerkommandos. Die Achtacht nehmen aus einer Entfernung von drei Kilometern den Kampf mit den britischen Panzern auf. Trocken bellen die Geschütze, heulen in rasanter Flugbahn ihre Granaten den Zielen entgegen. Die lFH-Abteilung fällt mit ganzen Gruppen in den Kampf ein. Das einsetzende Feuer deutscher Geschütze zwingt die feindliche Division zu einer Bereitstellung und einem gefechtsmäßigen Aufmarsch. Das bedeutet für die Verteidiger Zeitgewinn.

Am frühen Nachmittag des 2. September 1944 tobt westlich von Cambrai ein schweres Panzer-Flakgefecht. Einmal mehr bewährt sich die deutsche Flak vom Kaliber 8,8 cm; die Panzergranaten dieses hervorragenden Vielzweckgeschützes durchbohren bei günstigem Auftreffwinkel selbst stärkste Panzerungen. Kein derzeitiger Panzer der Alliierten ist vor ihnen sicher. Fieberhaft bedienen die Flakkanoniere ihre Geschütze. Granate auf Granate verläßt die Rohre. Ein feindlicher Panzer nach dem anderen wird in Brand oder bewegungsunfähig geschossen, aber auch manches deutsche Flak-Geschütz erhält Volltreffer oder

wird durch andere Schäden kampfunfähig. Die Masse der feindlichen Panzer muß auf die Dauer doch die Entscheidung erzwingen.
Bis 15.00 Uhr werden 40 Feindpanzer vernichtet oder außer Gefecht gesetzt, aber dann beginnt sich die materielle Überlegenheit der Briten auszuwirken, dem aus Richtung Arras vordringenden Panzerkeil gelingt es, die deutsche Flakabwehr auszuschalten und von Nordwesten bis Neuilly, am Nordrand von Cambrai, vorzustoßen. Der Escaut-Kanal setzt dem Vorstoß zunächst ein Ende. Alle Versuche des Feindes, mit Brückenlegepanzern Übergänge zu schaffen, werden von den Panzergrenadieren mit Panzerschreck — die in einem Munitionslager herumliegen — immer wieder vereitelt. Dieser Vorstoß zwingt aber zum Abbruch des Gefechtes, zumal es auch Abend wird und der Auftrag der Kampfgruppe „Hohenstaufen" damit erfüllt ist.
Obersturmbannführer Harzer befiehlt das Absetzen. Obwohl der Rückzugsfahrplan vorher festgelegt worden war, gerät er nun infolge der sich ergebenden Lage durcheinander. Zuerst gehen die an der Straße nach Norden stehenden Sicherungskräfte zurück. Schwierig wird das Absetzen der Kräfte, die an den Einfallstraßen von Arras und Amiens unter starkem Feinddruck stehen. Diese Hauptgruppe der Kampfgruppe „Hohenstaufen" geht überschlagend zurück, stößt mit Masse südlich an Cambrai vorbei und erreicht befehlsgemäß über Carnières, Avesnes den Forst de Mormal, wo auch die anderen Gruppen der Kampfgruppe sammeln. Die erste Bestandsaufnahme ist erschreckend. Nur wenige 8,8-Flak konnten zurückgebracht werden, aber fast alle Zugmaschinen mit den Bedienungen sind da. Nur die Führungsstaffel der Kampfgruppe „Hohenstaufen" mit einem Teil der Feldgendarmerie- und der Nachrichtenkompanie fehlt; als diese auch nach langem Warten nicht eintreffen, ziehen die Gesammelten der Kampfgruppe „Hohenstaufen" über Bavai nach Mons, wo sie am 3. September auf die von Oberführer Bock geführte Restdivision stoßen.
Obersturmführer Haylers 4./SS-Flak-Abt. 9 hatte indessen in Cambrai die Rückzugswege gegen eventuelle Aktionen der französischen Widerstandskämpfer gesichert. Die letzten 3,7-cm-Flak wurden dann noch in der südlichen Abwehrfront eingesetzt und gingen dort verloren; von der Gefechtsstaffel kommen mit den Zugmaschinen 16 Mann in die Stadtmitte von Cambrai zurück.
Die Reste der 4./SS-Flak-Abt. 9 und Teile der SS-Pz.AA 9 — die im Norden von Cambrai sicherten — fahren auf der Straße Cambrai—

Mons zurück; diese Straße ist noch überbelegt mit zurückflutenden Fahrzeugen. Am Ende des Fahrzeugstromes fahren die letzten zwei Zugmaschinen der Gefechtsstaffel der 4. Bttr. mit den 16 Überlebenden und unter ihnen mehrere Schwerverwundete. Kurz vor Valenciennes geht eine Zugmaschine kaputt, und auch die Schwerverwundeten sind nicht mehr den Strapazen des hastigen Rückzuges gewachsen. Der tapfere Kompaniesanitäter Gottschalk bleibt mit den nicht mehr transportfähigen Schwerverwundeten zurück und geht mit ihnen in Gefangenschaft. Der schwerverwundete Sturmmann Dederichs, der nicht zurückbleiben will, wird auf den letzten ZKW umgeladen, und die wilde Fahrt geht weiter. Aber bald geht es auch mit Dederichs nicht mehr, er wird in einem französischen Nonnenkloster abgegeben, und er überlebt.

Und nun zum Führungsstab der Kampfgruppe „Hohenstaufen", der seit Cambrai bei der Division als vermißt gilt: Während des Panzerangriffs befindet sich der Stab Harzer mit Teilen der Feldgendarmerie und der Nachrichtenabteilung im Wäldchen bei Bourton, 5 km westlich Stadtmitte Cambrai. Die 15 Kfz sind fliegergedeckt untergezogen. Diese Gruppe verpaßt den Anschluß an das allgemeine Absetzen und igelt sich im Wäldchen ein. In 300 Meter Entfernung zieht die Masse der feindlichen Panzerdivision vorbei und erreicht die Stadt Cambrai. Die Führungsstaffel muß bis zum Einbruch der Nacht warten, ehe sie etwas unternehmen kann. Es soll versucht werden, auf „Schleichwegen" wieder Anschluß an eigene Truppen zu erhalten.

Bei Einbruch der Dunkelheit beginnt die Irrfahrt. Deutschfreundliche Einwohner schleusen die kleine deutsche Fahrzeuggruppe auf Nebenwegen aus dem unmittelbaren Gefahrenbereich um Cambrai heraus. Dann geht es in Richtung Nordwesten. Bei Tage wird in Wäldern untergezogen, nachts geht es weiter. Der Stab Harzer bewegt sich dabei zwischen zwei Hauptstoßrichtungen des Feindes, der Vormarschstraße der 1. US-Armee von Paris über St. Quentin—Maubeuge—Namur—Lüttich und der britischen Vormarschstraße Rouen—Amiens—Brüssel.

Mehrmals fährt die kleine deutsche Kolonne zwischen feindlichen Kolonnen. Einmal, als die Vormarschstraße der Amerikaner gekreuzt werden muß, stoppen die Feldgendarmen durch Lichtzeichen eine feindliche Kolonne und geben die Weiterfahrt erst frei, als alle 15 deutsche Kfz durch sind. Das sind aufregende Minuten, aber Kaltblütigkeit und Frechheit siegen!

In der Nacht vom 3./4. September muß der Stab Harzer durch ein vom Feind bereits besetztes Dorf. Auf den Motorhauben der Kfz werden amerikanische und britische Fahnen zur Tarnung ausgebreitet. Trotz später Nachtstunde ist ein Lokal hell erleuchtet. Die Einwohner feiern mit ihren Befreiern Verbrüderung. Das ist günstig — durch! Und nicht nur das — von den abgestellten Jeeps verschwinden Ausrüstungsgegenstände und Waffen, die die Feuerkraft des Stabes Harzer stärken, denn keiner der tollkühnen Männer weiß, ob und wann sie jemals wieder deutsche Linien erreichen werden. Bei dieser Fahrt des Stabes Harzer zeichnen sich der Truppenarzt Dr. Schenk und der Heeresdolmetscher, Sonderführer Buhr, besonders aus.
Am Morgen des 5. September kreuzt die kleine Kolonne bei Nivelles die Vormarschstraße der Briten, die nach Brüssel fahren, und fährt dann längere Zeit auf Sichtabstand in dieser Kolonne mit. Hierbei werden noch versprengte deutsche Soldaten mitgenommen. Vor Brüssel biegt die kleine deutsche Kolonne auf Waterloo ab, trifft bei Tervueren mit Teilen der aus Brüssel ausgebrochenen Besatzung zusammen und nimmt den Kampfkommandanten von Brüssel — einen deutschen General — bis Loewen mit. Von Loewen wird die Führungsstaffel der Kampfgruppe „Hohenstaufen" in den nun bekannten Versammlungsraum der Division nach Hasselt weitergeleitet. Eine zwei Tage und drei Nächte dauernde Odyssee einer kleinen verwegenen Gruppe ist ohne Verluste an Menschen und Kraftfahrzeugen beendet. Sie konnten sogar noch 20 Verwundete, die letzten aus einem Feldlazarett, mit zurückbringen.
Am 2. und 3. September wird Brüssel geräumt. Versprengte und Gruppen berühren die belgische Hauptstadt, während die Masse des II. SS-Panzerkorps südlich an Brüssel vorbeizieht. Die zahlreichen Wehrmachtslager in Brüsssel und Umgebung werden freigegeben. Deutsche Soldaten nehmen sich, was sie wegschaffen können, Kommandos fahren ganze Lkw-Ladungen für ihre Kompanien ab. Der Heereskraftfahrpark in einem Walde bei Brüssel ist bald leer. Durchziehende Einheiten haben hier ihre Fahrzeugverluste ausgeglichen. Nur Fahrzeuge, die nicht in Gang gebracht werden können, bleiben zurück. In letzter Minute kommt auch hier der Sturmmann Bartel von der 4./SS-Pz.-Flak-Abt. 9 an, um Ersatzräder für seinen VW zu bekommen. Bartel war mit seinem Kübelwagen noch aus Cambrai herausgekommen. Bei ihm ist der WuG. der Abteilung und ein Untersturmführer vom Stab. Zu oft mußte Bartel Schläuche flicken und Luft nachpumpen, weil französische

und belgische Widerständler Nägel und Glasscherben auf die Straßen gestreut hatten. Bartel hofft im HKP Brüssel Ersatzräder für seinen VW zu finden, aber soviel er auch sucht, für seinen Wagen findet er keine. Was nun? Ein Reifen ist platt und unbrauchbar geworden. Er sucht und probiert — und dann hat er's: Ein komplettes Rad, das zwar etwas höher ist als der Radstand seines VW, paßt ungefähr in den Löchern. Mit einem Dorn werden die Felgenlöcher aufgeschlagen, probiert — paßt —, Radmuttern angeschraubt, und bald darauf braust der VW, wenn auch mit ungleich hohen „Beinen" davon.
Und so wie der Sturmmann Bartel suchen noch viele Kraftfahrer im HKP Brüssel nach Fahrzeugen oder Ersatzteilen. Ein VW kommt auf drei Rädern an, auf zwei Vorderrädern und einem Hinterrad. Durch Gewichtsverlagerung der Besatzung hat der Fahrer den Wagen bis zum HKP gebracht und findet auch hier eine Lösung.
Die Masse des II. SS-Panzerkorps zieht indessen südlich an Brüssel vorbei. Der deutsche Rückzug vollzieht sich auf allen nach Osten führenden Straßen und Wegen. Die immer wieder frontmachenden deutschen Sperrgruppen werden fortwährend von nachdrängenden feindlichen mot. und Panzerverbänden bedrängt.
Während die Kampfgruppe „Hohenstaufen" am 2. September bei Cambrai hält, erreicht die Kampfgruppe der 10. SS-Panzerdivision „Frundsberg" am Abend Valenciennes. Die Straße Valenciennes—Mons ist voll von deutschen Kolonnen, die immer wieder von alliierten Fliegerstaffeln angegriffen werden. Als gegen Einbruch der Dunkelheit feindliche Panzerspitzen auf Valenciennes vorfühlen, entschließt sich der Kommandeur der 10. SS-Panzerdivision, von der allgemeinen Rückzugstraße abzudrehen und nördlich davon den Anschluß an deutsche Kräfte zu gewinnen. Und wieder einmal bewahrheitet sich, daß der „Alte Frundsberger" den richtigen „Riecher" hat. Die Kampfgruppe „Frundsberg" fährt nach Norden. In Tournai nimmt sie eigene Kräfte, die bei Doullens abgedrängt worden sind, auf und erreicht dann wieder, nach Südosten eindrehend, die Stadt Mons. Dadurch entgeht die Kampfgruppe „Frundsberg" einer erneuten Einkesselung, denn es gelingt den Alliierten, durch ihre über Cambrai—Valenciennes und über Avesnes—Maubeuge etwa gleichzeitig Mons erreichenden Verfolgungskolonnen, sich dem Rückzug der deutschen Kräfte in der Nacht zum 3. 9. vorzulegen und große deutsche Kolonnenteile zu vernichten.
Am 3. September wird Mons von deutschen Sperrverbänden gehalten,

darunter auch Reste der 9. SS-Panzerdivision. Gegen Mittag berührt die von Norden kommende Führungsstaffel der 10. SS-Panzerdivision Mons. Sie errichtet dort einen Meldekopf, der noch versprengte Gruppen der Division weiterleitet. Zur eigenen Beweglichmachung und zur Aufbesserung der Kampfkraft werden von anderen Truppenteilen verlassene Fahrzeuge und Waffen geborgen; von einem Güterzug, der auf offener Strecke durch Bombenangriffe zum Halten gezwungen wurde, bergen Kanoniere des SS-Pz.Art.Rgt. 10 zwölf fabrikneue leichte Feldhaubitzen und führen sie an ihren Fahrzeugen mit. Gegen Abend des 3. September fließen die letzten Teile der 9. und 10. SS-Panzerdivision über Nivelles nach Wavre ab.
Bei den Abwehrkämpfen bei Mons wird erstmalig die in Kilau in Ostpreußen neuaufgestellte SS-Panzerjäger-Abteilung 9 eingesetzt, die in den ersten Septembertagen den Raum Mons erreicht. Hauptsturmführer von Allwördens Panzerjägerkompanien werden jedoch schon beim Antransport und bei der Eisenbahnausladung von der feindlichen Luftwaffe bombardiert und büßen zwei Drittel der Kampfkraft ein, bevor die Abteilung an den Feind kommt. Dieses Beispiel macht die lückenlose Überwachung der deutschen Bewegungen und die systematische Zerschlagung erkannter Reserven durch alliierte Luftstreitkräfte besonders deutlich; auch bei den notwendigen Verlegungen der alliierten Frontflugplätze bleibt die feindliche Luftüberlegenheit bestehen. Die perfektionierte überlegene Technik, die unumschränkte Luftherrschaft und der Menschen- und Materialfluß der Alliierten aus schier unerschöpflichen Quellen sind entscheidend.
In den Morgenstunden des 4. September trifft die Führungsstaffel der 10. SS-Panzerdivision in Wavre unerwartet auf den Stab des II. SS-Panzerkorps. General Bittrich unterstellt sich die Kampfgruppe „Frundsberg“ und befiehlt Oberführer Harmel, unverzüglich auf Maastricht zu marschieren und dort auf dem Westufer der Maas und des Albert-Kanals einen Brückenkopf zu besetzen und zu halten. Starke Fahrzeugansammlungen zwischen Wavre und Tirlemont, die laufend von feindlichen Flugzeugen angegriffen werden, zwingen die Kampfgruppe „Frundsberg“ zum Ausbiegen über Löwen. Im dortigen Industriegebiet beschießen belgische Freischärler die Fahrzeugkolonne, doch sie passiert verlustlos das Gebiet. Am Abend des 4. September bezieht die Kampfgruppe „Frundsberg“ eine Brückenkopfstellung hart westlich von Maastricht.

In der Nacht und am 5. 9. rücken weitere Teile der 10. SS-Panzerdivision in den Brückenkopf Maastricht ein. Trotzdem reichen die Kräfte nicht aus, um den ca. 8 km breiten Abschnitt ausreichend zu besetzen. Versprengte anderer Divisionen, die die Brücke passieren, werden in die Brückenkopfverteidigung eingereiht. Mehr Beweglichkeit und Feuerkraft wird durch Nutzbarmachung herrenloser Fahrzeuge und Waffen erreicht. In der Nacht 5./6. September erhält die Kampfgruppe 10. SS-Panzerdivision vom II. SS-Panzerkorps den Befehl, zur Auffrischung in den Raum ostwärts von Arnheim zu verlegen. In den Morgenstunden des 6. September löst sich die Kampfgruppe „Frundsberg" ohne Feinddruck aus dem Brückenkopf Maastricht und erreicht — westlich der Maas marschierend — am 7. 9. den neuen Unterkunftsraum westlich von Arnheim. Der Divisionsstab wird in Ruurlo einquartiert.
Die Reste der 9. SS-Panzerdivision „Hohenstaufen" sammeln am 4. und 5. September im Raum Sittard, nördlich von Maastricht. Am 7. 9. wird auf Befehl des II. SS-Panzerkorps eine Kampfgruppe der „Hohenstaufen" — das Btl. Hauptsturmführer Dr. Segler, verstärkt durch eine Batterie des SS-Pz.Art.Rgt. 9 — zur Verfügung des AOK 7 in den Raum Valkenburg und am 10.9. in den Raum Bree als Heeresgruppenreserve verlegt. Dieser Kampfverband wird später kurzzeitig der Kampfgruppe Walther unterstellt und tritt dann endgültig zur 10. SS-Panzerdivision.

Ab 7. September marschieren die Reste der 9. SS-Panzerdivision „Hohenstaufen" — unter ihnen die letzten der SS-Flak-Abteilung 9, die im Raum „Rote Erde" bei Aachen gesammelt hatten — über Venlo—Nymwegen in den neuen Unterkunftsraum nördlich von Arnheim.
Der lange Marsch der SS-Panzerdivision „Hohenstaufen" und „Frundsberg" von der Normandie bis hinter den Maas-Schelde-Kanal ist beendet.
Als am 4. September 1944 Feldmarschall Montgomerys Spitzen der 21. Heeresgruppe vor Antwerpen stehen, wird dem deutschen OKW klar, daß mit den geschlagenen Resten der 7. Armee und der 5. Panzerarmee die geplante neue Front zwischen Maastricht und der Scheldemündung nicht aufgebaut werden kann. Am Nachmittag des 4. September erteilt Generaloberst Jodl dem in Berlin mit Neuaufstellungen der Fallschirmtruppe beschäftigten Generaloberst Student fernmündlich folgenden Befehl:

„Raffen Sie sofort alle vorhandenen Kräfte zusammen und bauen Sie damit eine neue Abwehrfront im Zuge des Albert-Kanals auf. Die neue Front ist nachhaltig zu verteidigen!"

Student gelingt es, mit Ersatzeinheiten der Fallschirmtruppe und verfügbaren Feldregimentern sowie mit der 176. und 719. Inf.-Division, die 120 km lange Front von Maastricht bis zur Scheldemündung mit insgesamt 32 Bataillonen zu besetzen. Diese Improvisation wird mit dem Namen: „1. Fallschirm-Armee" benannt und der Heeresgruppe B des Generalfeldmarschalls Model unterstellt. Die neue Linie hält die ersten Belastungen aus; Montgomerys Divisionen sind ausgepumpt und brauchen auch eine Verschnaufpause, und dieser Umstand rettet den Westflügel der deutschen Westfront vor dem Zusammenbruch. Damit verpaßt Monty die große Chance: nämlich, unverzüglich durch die Niederlande weiterzustoßen und dann in den norddeutschen Raum oder das Ruhrgebiet einzuschwenken. Mit einiger Energie hätte man die anfangs mehr als schwache deutsche Maas-Schelde-Verteidigung überrennen können. Um den 10. 9. hat sich diese deutsche Verteidigung gefestigt.

Montgomery beabsichtigt, zunächst den Hafen Antwerpen für den Nachschub nutzbar zu machen, und ehe es weitergehen soll, seine Verbände mit Material und Ersatz aufzufüllen. Über die Weiterführung des Kampfes und den Angriff auf das deutsche Reichsgebiet bestehen bei den Alliierten unterschiedliche Auffassungen.

AUFFRISCHUNG IM RAUM ARNHEIM

Die 9. SS-Panzerdivision gibt Fahrzeuge, Waffen und Bataillone an die 10. SS-Panzerdivision ab — Planung und Neuaufstellung

Die SS-Panzerdivisionen „Hohenstaufen" und „Frundsberg" standen seit ihrem Eingreifen in die Schlacht bei Caen mehr als zwei Monate im pausenlosen, harten und verlustreichen Einsatz, ohne nennenswerte Personal- und Materialersatzzuführung. Mit dem Eintreffen beider Divisionen hinter der neuen deutschen Maas-Schelde-Front beträgt die Kopfstärke jeder Division noch ca. 6000 bis 7000 Mann. Zu viele Soldaten sind auf den Schlachtfeldern der Normandie, im Kessel von Falaise und beim mörderischen Rückzug durch Nordfrankreich und Belgien auf der Strecke geblieben: Tot, verwundet, gefangengenommen. Besonders der Ausfall an Führern und Unterführern wiegt schwer. Alle entbehrlichen Trosse und Nachschubeinheiten und das defekte Gerät waren schon ab Ende August — gemäß einer allgemeinen Anweisung der Armeen — in den voraussichtlichen Auffrischungsraum abgeschoben worden. Die kampfkräftigen Teile beider Divisionen wurden zu Kampfgruppen zusammengefaßt, die den Rückzug decken halfen.

Mit Erreichen des südholländischen Raumes und dem vorübergehenden Einsatz der Kampfgruppe „Frundsberg" im Brückenkopf Maastricht erhalten beide Divisionen vom Generalkommando II. SS-Panzerkorps den Befehl, in den Raum Arnheim zur Auffrischung zu verlegen. Am 8. September treffen die letzten Teile der 9. SS-Panzerdivision im U-Raum ostwärts Arnheim ein; die 10. SS-Panzerdivision erreicht den zugewiesenen Unterkunftsraum westlich von Arnheim — Div.-Stab in Ruurlo — der sich bis zur Reichsgrenze hinzieht. Grenze beider U-Räume ist die Ijssel.

Das II. SS-Panzerkorps untersteht mit beiden Divisionen nun der Heeresgruppe B des Generalfeldmarschalls Model. Models Absicht ist es, in aller Eile, aber möglichst ungestört, die personelle und materielle Auffrischung der 9. und 10. SS-Panzerdivision durch Nachschub aus dem Reich durchzuführen; aber der allgemeine Truppenmangel durchkreuzt diese Absicht. Am 10. September verfügt das OKW, daß eine Division in Frontnähe, die andere im Heimatgebiet aufgefrischt werden soll. Da mit dem Eintreffen der I. Abteilung des SS-Pz.-Regiments 10 und der SS-Pz.-Jäger-Abteilung 10 (Neuaufstellungen) gerechnet wird, entschließt sich General Bittrich, die 10. SS-Panzerdivision im Raum ostwärts Arnheim aufzufrischen und die 9. SS-Panzerdivision zur Auffrischung in die Heimat abzugeben. Das Generalkommando verfügt ferner, daß die 9. SS-Panzerdivision alle noch brauchbaren Waffen und Fahrzeuge sowie ein weiteres SS-Panzergrenadier-Bataillon — das Btl. Dr. Segler war schon am 7. 9. unter Kommando 10. SS-Panzerdivision getreten — und eine Artillerie-Abteilung an die 10. SS-Panzerdivision abgibt. Da zur Zeit viele Fahrzeuge und Waffen, die die Invasionskämpfe und den Rückzug überstanden haben, in Heeres-Kraftfahr-Parks der Heimat überholt werden müssen, gelangen nur wenige Waffen und Fahrzeuge zur Übergabe an die 10. SS-Panzerdivision.

Ein Teil der Schadpanzer und Fahrzeuge verbleibt noch bei der 9. SS-Panzerdivision, da die Heimat-HKPs nicht gleich alle aufnehmen können. Die Übergabe von Fahrzeugen und Waffen an die 10. SS-Panzerdivision wird von der Truppe unter stillschweigender Duldung der Divisionsführung 9. SS-Panzerdivision nur teilweise vollzogen; hochwertige Panzer und SPW werden durch Abnehmen von Ketten usw. als reparaturbedürftig gemeldet und nicht abgegeben.
Mit der neuen Umgliederung verfügt die 10. SS-Panzerdivision über zwei Panzergrenadierregimenter mit insgesamt vier Bataillonen zu je zwei Schützen- und einer schweren Kompanie (teil-mot.); einem Panzerregimentsstab und einer Panzerabteilung mit ca. acht Panzern (die Zuführung der I. Abteilung wird gefordert); einem Pz.Art.Rgt.-Stab mit zwei Artillerie-Abteilungen (teil-mot.); einer Pz.AA (teils mot., teils auf Fahrrädern); einer Flak-Abteilung (teil-mot); einem Pz.Pi.Btl. (teil-mot.); und einer Pz.Nachr.Abt. (teil-mot.). Alle Truppenteile sind personell und materiell sehr schwach.
Auf Grund der sich anbahnenden Krise im Raum Aachen erhält das II. SS-Panzerkorps von der Heeresgruppe B die Anweisung, trotz der anlaufenden Umsetzungen und Auffrischungen aus den kampfkräftigen Teilen beider Divisionen — zumindest auf dem Papier — die Zusammenstellung von Kampfgruppen vorzunehmen, die bei Krisen in kurzer Zeit einsatzbereit sind und an die betreffenden Frontstellen zum Einsatz gebracht werden können. In der Nacht zum 10. September muß die 10. SS-Panzerdivision bereits die erste Kampfgruppe abgeben; sie besteht aus einem Bataillon SS-Pz.Gr.Rgt. 21, einer Kompanie SS-Pz. AA 10, einer Kompanie SS-Pz.Pi.Btl. 10 und einer Batterie SS-Pz.Art. Rgt. 10. Die von Sturmbannführer Heinke geführte Kampfgruppe marschiert in den Raum nordwestlich von Roermond (Weert); sie steht zur Verfügung der 1. Fallschirmarmee und tritt später zur Divisionskampfgruppe Walther in den Raum Neerpelt.
Nach Abgabe von zwei Panzergrenadier-Bataillonen und einer Art.-Abteilung an die 10. SS-Panzerdivision verfügt die 9. SS-Panzerdivision nur noch über Stämme für die Neuaufstellung. Aus diesen müssen ebenfalls — zumindest papiermäßig — noch Kampfgruppen für Eventualfälle zusammengestellt werden. Ab 13. September beginnt der Abtransport der Stämme mit der Eisenbahn in den Raum Siegen. Auf Anordnung des II. SS-Panzerkorps werden zuerst die Spezialisten, die Masse des Divisionsstabes und alle technischen Führer des Waffen- und

Kraftfahrwesens sowie der Versorgungs- und Nachschubeinrichtungen in die Heimat verlegt. Ein kleiner Führungsstab der Division und die geschlossenen kampfkräftigen Einheiten sollen am Schluß verladen werden.

Nach der neuen Unruhe, die in die Auffrischungen gebracht wurde, rechnet die 10. SS-Panzerdivision nun nicht mehr mit einem planmäßigen Ablauf ihrer Auffrischung. Die Divisionsführung beschreitet alle Wege der Improvisation, um ihre Einsatzbereitschaft schnell wieder zu erlangen, und fordert auch immer wieder die Zuführung ihrer in St. Wendel und Winterbach im Schwarzwald liegenden I. Abteilung des SS-Pz.Rgt. 10. Diese Abteilung verfügt nur über einige Ausbildungspanzer und wartet schon drei Monate vergebens auf die Ausstattung mit Panzer V („Panther"). Die angespannte Rüstungslage und die Kämpfe in der Normandie erforderten immer wieder die Zurückstellung der Panzerausstattung für die I./SS-Pz.Rgt. 10. Nun soll die Abteilung Mitte September auf den Truppenübungsplatz Grafenwöhr verlegt werden und dort ihre Panzer erhalten. Lediglich die Panzerjäger-Abteilung des Sturmbannführers Roestel, ausgestattet mit 27 „Jagdpanthern" und einer Kompanie schwerer Pak, wird vom Aufstellungsraum Kilau in Ostpreußen in Marsch gesetzt und nach Eintreffen im Rheingebiet der Kampfgruppe Walther bei Neerpelt zugeführt.

Ab 16. September ist die 10. SS-Panzerdivision „Frundsberg" mit den von der 9. SS-Panzerdivision übernommenen Truppenteilen auf folgende Unterkünfte verteilt:

Ruurlo: Div.-Stab, Div.-Begleitkompanie,, Feldgendarmeriezug und Teile der SS-Pz.Nachr.Abt. 10;

Borcule/Eibergen: SS-Pz.AA 10;

Vorden: Stab SS-Pz.Rgt. 10 und II. Abteilung;

Deventer/Diepensen: SS-Pz.Gr.Rgt. 21;

Dieren: 1 Batterie SS-Pz.Art.Rgt. 10 (von SS-Pz.Art.Rgt. 9);

Rheden: Bataillon Euling (von 9. SS-Pz.Div., später I./22).

Auf Anweisung des II. SS-Panzerkorps tritt Oberführer Harmel eine Dienstreise nach Bad Saarow an, wo er am 16. 9. abends eintrifft. Dort bespricht Harmel mit SS-Obergruppenführer Jüttner und dem Führungshauptamt die Auffrischung der 10. SS-Panzerdivision „Frundsberg" und die beschleunigte Zuführung von personellem und materiellem Ersatz. Das FHA sagt weitgehende Unterstützung zu und ordnet unverzüglich die Inmarschsetzung von 1500 Mann aus Ersatztruppen-

teilen der Waffen-SS zur 10. SS-Panzerdivision an. Über die geforderte Zuführung und Ausstattung der I./SS-Pz.Rgt. 10 kann das FHA keine bindende Zusage geben.
Auf Grund einer Orientierung durch das OKW läßt das FHA auch die Zuführung von Ersatz für die 9. SS-Panzerdivision „Hohenstaufen“ in den Raum Siegen anlaufen. In die eingeleitete Auffrischung der 9. und 10. Panzerdivision platzt die Nachricht von der Landung alliierter Luftlandeverbände bei Arnheim und Nymwegen bei den Stäben wie eine Bombe hinein.

KAMPFGRUPPENEINSÄTZE IN BELGIEN UND HOLLAND

Ein englischer Brückenkopf bei Neerpelt — Die Kampfgruppen Heinke und Roestel bringen den „Fahrplan“ von „Market Garden“ durcheinander — Kaum erwähnt, und doch entscheidend für den Ausgang des Luftlandeunternehmens bei Nymwegen und Arnheim

Nach dem Rückzug aus Frankreich müssen zum Aufbau und zur Festigung einer neuen Front an der Reichsgrenze und im Maas-Schelde-Gebiet auch Ersatztruppenteile und noch kampfkräftige, vielfach zusammengelegte Bataillonsverbände des II. SS-Panzerkorps herangezogen werden.
Am 7. September setzt die 9. SS-Panzerdivision ein zusammengelegtes Bataillon des SS-Pz.Gr. Regiments 19 unter Führung von Hauptsturmführer Dr. Segler, verstärkt durch die 10-cm-Kanonenbatterie (Untersturmführer König) des SS-Pz.Art.Rgt. 9, zur Verfügung des AOK 7 in den Raum Valkenburg in Marsch. Dieser Verband wird am 10. 9. durch zwei weitere Batterien des SS-Pz.Art.Rgt. 9 verstärkt und als Heeresgruppenreserve in den Raum Bree verlegt.
Am 8. September marschiert eine ähnliche Kampfgruppe der 10. SS-Panzerdivision unter Führung des Kommandeurs des SS-FEB 10, Sturmbannführer Heinke, verstärkt durch eine Kompanie der SS-Pz. AA 10 auf Fahrrädern sowie Panzerjäger des Verbandes Roestel, in den Raum Weert zur Verfügung der 1. Fallschirmjägerarmee des Generalobersten Student.

Beide Kampfgruppen werden bald darauf zur Kampfgruppe Heinke zusammengefaßt und verlegen in den Raum Neerpelt. Bei Neerpelt hat die britische 2. Armee einen Brückenkopf über den Maas-Schelde-Kanal, aus dem die deutsche Führung Großangriffe erwartet. Die Kampfgruppe Heinke besteht aus zwei Panzergrenadier-Bataillonen, der Artilleriegruppe Krause, der Panzerjägergruppe Roestel und Aufklärungsteilen. Die am 17. September 1944 beginnende alliierte Land- und Luftlandeoperation „Market Garden" macht den Einsatz der Kampfgruppe Heinke bei Neerpelt und Eindhoven vom ersten Tag an notwendig.
Die in den folgenden Tagen im Divisionsverband Walther kämpfende Kampfgruppe Heinke erschwert maßgeblich das Vorrücken der britischen 2. Armee auf Eindhoven und Nymwegen und hat damit Anteil am Mißlingen der alliierten Operation. Die Verbände der Kampfgruppe Heinke kämpfen vielfach auf sich allein gestellt und zersplittert. Ihren Einsatz schildert das Erinnerungsbuch der 10. SS-Panzerdivision „Frundsberg" so:
„Die Division ‚Frundsberg' hatte sich bis zum belgisch-niederländischen Raum zurückgekämpft. Auch hier gibt es noch kein ‚Herausziehen', von dem viel geflüstert und geträumt wurde. Haben in den kommenden Wochen Teile der Frundsberger Ruhe, nicht wenige müssen sich gleich im Anschluß an die Absetzbewegung von den Niederlanden her dem Feind wieder entgegenwerfen. Die Kämpfe in diesem Raum vom Maas-Schelde-Kanal bis nach Mittelholland hinein haben ihre besondere Bedeutung für die Verteidigung des Reiches.
Der Sperrverband Heinke hat im Rahmen von Fallschirmjägerdivisionen wichtige Aufgaben erfüllt. Als sein Einsatz notwendig wurde, kam es in erster Linie darauf an, sofort dem feindlichen Anrennen einen Riegel vorzuschieben. Es konnte und durfte deshalb nicht gewartet werden auf das Eintreffen von Ersatz, von neuen Männern und neuen Fahrzeugen, schnell galt es zu handeln, und wenn dabei auch eine Kompanie der Aufklärungs-Abteilung mit Hilfe requirierter Fahrräder nur ‚fußmotorisiert' aufzustellen war.
Namen wie Neerpelt, Achel, Hamont, Schaft, Valkenswaard und Gemert umreißen die Räume, die für diesen Sperrverband ruhmreiche Kämpfe gegen oft weit überlegenen Feind bedeuten. Dabei bleibt es nicht bei sichernder und sich langsam absetzender Verteidigung, vielmehr hieß eine der wichtigsten Aufgaben, die Operationen des Gegners auch durch eigene Angriffe immer wieder zu stören und zu hindern. Die-

se Flankenstöße haben den Feind längere Zeit von dem für ihn zunächst einmal dringend wichtigen weiteren Ausbau seines ‚Fingers' über Nymwegen in Richtung Arnheim abgelenkt und ihn zu größeren, sichernden Operationen nach Osten gezwungen, womit das Ziel des Hinhaltens und Hemmens erreicht war."
Diese Einsätze sind im Zusammenhang mit dem nächsten Kapitel des Buches zu sehen.

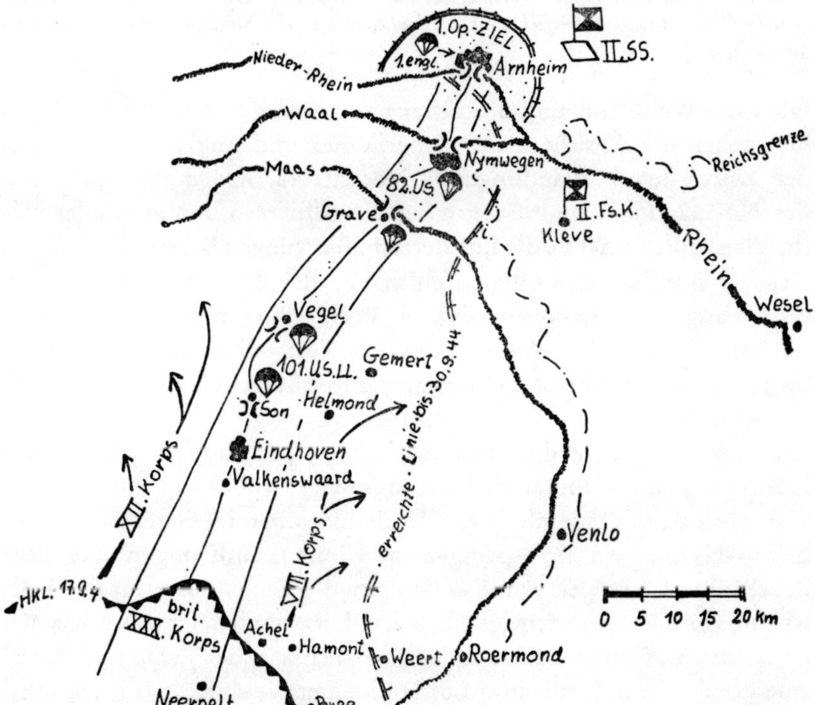

„Market Garden", mit Einsatzorten der Kampfgruppe II. SS-Panzerkorps

ALLIIERTE LUFTLANDUNGEN BEI ARNHEIM UND NYMWEGEN

Die 1. Airborne-Division springt bei Arnheim — Harzers Alarmverbände rücken aus — „Front ist da, wo es schießt!" — Die Gruppe Buttlar hält ein englisches Bataillon auf — Das Bataillon Frost erreicht die Nordauffahrt der Straßenbrücke von Arnheim — Hauptsturmführer Gräbner jagt mit seiner Aufklärungs-Abteilung nach Nymwegen — Das Bataillon Krafft — Harmel befehligt den Abschnitt Nymwegen — „Gespenster-Bataillon" Euling — Die SS-Unterführerschule Arnheim unter Führung von Standartenführer Lippert — Der Kessel von Oosterbeek wird ausgeräumt — Das Ende von „Market Garden" — Hauptsturmführer Dr. Skalka rettet die Schwerverwundeten beider Seiten

Über die Weiterführung der Offensive gegen das deutsche Reichsgebiet gehen die Ansichten der Amerikaner und Engländer auseinander. Durch ihre Luftlandungen in Nordafrika, Sizilien, in Italien und der Normandie ermuntert, greifen die Alliierten immer wieder solche Pläne auf, zumal sie die Luftherrschaft errungen haben.

General Bradlay, der Oberbefehlshaber der 12. US-Heeresgruppe, beabsichtigt eine Landoffensive in Verbindung mit Luftlandungen im Raum Maastricht—Aachen, um den Westwall zu überwinden und bis an das Ruhrgebiet vorzukommen, und läßt dazu bereits Nachschub bevorraten.

Am 4. 9. 1944, nach dem Fall von Antwerpen, treffen sich General Eisenhower und Feldmarschall Montgomery, wobei Montgomery den Plan vorlegt, mit eineinhalb Luftlandedivisionen im Gebiet von Arnheim—Nymwegen abzuspringen und mit Landtruppen aus dem Brückenkopf Neerpelt vorzustoßen, um die Verbindung mit den Fallschirmjägern an den wichtigen Brücken herzustellen. Der Plan hat den Decknamen „Comet". Eine andere Möglichkeit, bei Venlo und Wesel eine kombinierte Land- und Luftlandeoffensive durchzuführen, wird fallengelassen, da das in der Nähe befindliche Ruhrgebiet einen zu starken Flak- und Jagdschutz hat.

Immer hatte der ehrgeizige Montgomery im Schatten Eisenhowers gestanden. Nun will er mit diesem neuen Plan seinen Ruhm und seinen Anteil am Endsieg mehren. Obwohl die Amerikaner von diesem Plan nicht sehr angetan sind, stimmt ihm Eisenhower doch zu. Die zwischen Eisenhower und Montgomery bestehenden Meinungsverschiedenheiten verstummen auch nach dem Kriege nicht, und Ryan betont mehrmals in seinem letzten Buch*, daß Eisenhower und Montgomery über die richtige Strategie Auseinandersetzungen hatten und Montgomery den Oberkommandierenden der Alliierten, Eisenhower, für unentschlossen und ohne Kriegserfahrungen hielt. Eisenhower nannte dagegen den englischen Feldmarschall einen „Egozentriker, der nie einen Fehler gemacht hat".

Im Verlauf der Diskussionen um Montgomerys neuen Plan gewinnt auch General Eisenhower Sympathie für eine Luftlandung bei Arnheim und Nymwegen in Verbindung mit einer Landoffensive; vor allem, weil die Front in den Niederlanden keinen Westwall aufweist. Eisenhower verfügt, daß Bradlays Aachen-Plan zurückgestellt wird. Die 1. US-Armee soll lediglich durch kleinere Angriffe die Operation bei Arnheim und Nymwegen verschleiern und abdecken. Montgomerys Heeresgruppe wird bevorzugt bevorratet.

Bei einer Besprechung am 10. September zwischen Montgomery und dem Oberbefehlshaber der 2. britischen Armee, General Dempsey, wird die Luft- und Landoperation gründlich durchgesprochen. Auch Dempsey, der für eine solche bei Wesel plädierte, stimmt nun dem Plan Arnheim—Nymwegen zu. Bei dieser Besprechung unterrichtet Montgomery Dempsey und seinen Stab von den ersten Beschießungen Londons am 8. 9. durch deutsche V-2-Waffen. Da die Abschußstellen in den Niederlanden sind, hofft man durch die Besetzung der Niederlande — wobei Nymwegen—Arnheim nur der Auftakt sein soll —, die V-2-Basen auszuschalten. Alle stimmen darin überein, die Offensive in Richtung Niederlande mit allen Mitteln voranzutreiben und Deutschland noch im Jahre 1944 niederzuringen, um dem englischen Volk, und besonders den Londonern, einen weiteren Kriegswinter und die Beschießung mit V-2-Waffen zu ersparen.

Am Nachmittag ist Montgomery mit Eisenhower in Brüssel zusammen, wobei Montgomery ebenfalls die rasche Beendigung des Krieges unterstreicht. Beide Heerführer kommen überein, nunmehr die kombinierte Land- und Luftlandeoperation Arnheim—Nymwegen besser vorzubereiten und sie auf drei Luftlandedivisionen zu erweitern. Um keine Zeit zu verlieren, verfügt Eisenhower das Heranfliegen von Nachschub. Die Beratung ergibt folgende Großplanung:

* Cornelius Ryan, Die Brücke von Arnheim, S. Fischer Verlag Frankfurt (Main), 1975, S. 64 und 2. Bildseite.

Einschließung des Ruhrgebietes. Der nördliche Zangenarm soll über Nymwegen—Arnheim—Ijsselmeer, dann bei Einschwenken nach Osten den Raum Münster—Hamm erreichen.
Der südliche Zangenarm (Heeresgruppe Bradley) soll über Aachen—Köln, am Südostrand des Ruhrgebietes vorbei, bis in den Raum Hamm vorgetrieben werden; hier soll die Vereinigung der britischen und amerikanischen Heeresgruppe erfolgen. Damit wäre das Ruhrgebiet, die Waffenschmiede Deutschlands, ausgeschaltet und das deutsche Feldheer müßte den Kampf einstellen.
Gleich nach der Rückkehr der beiden angelsächsischen Heerführer gehen ihre Stäbe an die Ausarbeitung des neuen größeren Planes. Anstelle von „Comet“ tritt der Plan „Market Garden“. Aus Geheimhaltungsgründen wird der Einsatz der 2. britischen Armee (Landstreitkräfte) unter dem Decknamen „Garden“, der des 1. alliierten Luftlandekorps unter dem Decknamen „Market“ vorbereitet.
Der Plan „Market Garden“ wird in allen Einzelheiten ausgearbeitet. Danach sollen die Kanalbrücken Son und Veghel durch Fallschirmjägereinsatz der 101. US-Luftlandedivision, die Maas- und Waal-Brükken bei Grave und Nymwegen durch die 82. US-Luftlandedivision, und die Niederrhein-Brücken bei Arnheim durch die 1. englische Luftlandedivision (Airborne-Division) überraschend besetzt werden.
Der Brückenkopf Arnheim ist das erste operative Ziel der Alliierten. Um den Absprung bei Arnheim, das am weitesten vorn liegende Ziel, gibt es zwischen Engländern und Amerikanern Auseinandersetzungen. Keiner will ganz vorn abspringen. Da es im Grunde ein englischer Plan ist, setzen die Amerikaner durch, daß die Engländer bei Arnheim springen. Von diesem Disput um den Absprung erfährt später in der Gefangenschaft der Ia der 9. SS-Panzerdivision, Obersturmbannführer Harzer, von einem amerikanischen Offizier.
Gleichzeitig mit dem Absetzen von Luftlandetruppen an den erwähnten Brücken soll General Horrocks mit dem britischen XXX. Armeekorps aus dem Brückenkopf Neerpelt auf dem Landwege nachstoßen und die Brückenköpfe der Luftlandeverbände zu einem Schlauch auf Arnheim erweitern; dann sollen rechts das VIII. (O’Connor) und links das XII. (Ritchie) Korps unmittelbar hinter dem XXX. Korps folgen. Der Plan legt — unter Berücksichtigung der Fluß- und Geländeverhältnisse — die Absprunghöhe der Fallschirmjäger und die Landestellen der Lastensegler in allen Einzelheiten fest. Das An-

laufen von „Market Garden" wird auf Sonntag, den 17. September 1944, festgelegt.
Am Abend des 14. September findet im Stabsquartier des II. SS-Panzerkorps in Doetinchem eine Besprechung statt, an der neben den Divisionskommandeuren* und dem Kommandierenden General der Oberbefehlshaber der Heeresgruppe B, Generalfeldmarschall Model, teilnimmt. Hierbei geht es um die schnelle Auffrischung der 9. und 10. SS-Panzerdivision. In einer allgemeinen Lageerklärung weist Model auf die Stabilisierung der Westfront in der ersten Septemberhälfte hin. Er läßt jedoch keinen Zweifel daran, daß die neue Front bei einem wuchtigen Angriff kaum gehalten werden kann, da alle deutschen Verbände äußerst schwach sind. Alle Möglichkeiten der Abwehr werden durchgesprochen, so auch mögliche Luftlandungen in Richtung Ruhrgebiet. Von einer Luftlandung bei Arnheim und Nymwegen fällt kein Wort, da man eine solche nicht in Betracht zieht. Später behaupten die Alliierten das Gegenteil, um damit das Scheitern bei Arnheim zu erklären. Es steht fest, daß den deutschen Stäben der Plan „Market Garden" nicht bekannt war. Das wird auch dadurch untermauert, daß der Kommandeur der 10. SS-Panzerdivision bei dieser Besprechung den Auftrag erhält, nach Berlin zu fahren, um mit dem SS-Führungshauptamt, das für den materiellen und personellen Ersatz der Waffen-SS zuständig ist, die schnelle Auffüllung der 10. SS-Panzerdivision zu besprechen. Und man schickt einen Divisionskommandeur nicht auf Dienstreise, wenn man weiß, daß eine feindliche Luftlandung bevorsteht.
Am 16. September 1944, gegen 11.00 Uhr, hat General Horrocks, Kommandierender General des britischen XXX. Armeekorps, seine Divisions- und Regimentskommandeure in seinem Gefechtsstand in der belgischen Kleinstadt Leopoldsburg versammelt. Die Kontrolle am Eingang des Gebäudes ist streng. „Market Garden" soll für die Deutschen eine Überraschung werden. Die Agentenmeldungen aus den vorgesehenen Landeräumen sind günstig, die Räume sind truppenleer. Den Agenten ist die Verlegung des II. SS-Panzerkorps in den

* Ryan a.a.O., S. 144: Hier konstruiert Ryan eine Rivalität zwischen Harzer und Harmel, die nicht vorhanden war. In Wahrheit bestand eine gute Zusammenarbeit und Abstimmung zwischen beiden Kommandeuren. Die 9. SS-Panzerdivision gab an die 10. SS-Panzerdivision zwei Panzergrenadierbataillone und eine Artillerieabteilung ab. Es wurden lediglich ca. 40 Panzerspähwagen und SPW, die die SS-Pz.AA 9 bis Arnheim gerettet hatte, zurückgehalten.

Raum nördlich von Arnheim entgangen. Horrocks gibt die Befehle für „Garden" aus, die Befehle für die Landstreitkräfte.
An einer großen Karte, die das Gebiet von der belgisch-niederländischen Grenze bis zum Ijsselmeer umfaßt, erklärt General Horrocks die einzelnen Operationsphasen und wirft mehrmals den amüsanten Satz ein: „Und hier kommt ein Halt, um mit Kleinkindern zu plaudern!" Die Offiziere lachen, doch das soll ihnen bald vergehen, denn „Market Garden" wird kein Spaziergang.
Auf der großen Karte, an der Horrocks die einzelnen Angriffsphasen erklärt, zeigt ein dicker roter Pfeil über Neerpelt, Eindhoven, Nymwegen auf Arnheim: die erste Operationsphase. Ein zweiter dicker Angriffspfeil beginnt bei Arnheim und zielt über Apeldoorn auf Nunspeet am Ijsselmeer. Vierundzwanzig Stunden vor Beginn von „Market Garden" gehen Horrocks' Truppenführer in Leopoldsburg hoffnungsvoll auseinander.
Nicht so vorsichtig ist Generalleutnant Brereton, Oberbefehlshaber der 1. alliierten Luftlandearmee, bei der letzten Besprechung von „Market". Da seine Armee im Südosten Englands liegt, ist die Gefahr eines vorzeitigen Bekanntwerdens von „Market Garden" über Agenten nicht so groß wie bei Horrocks' Erdtruppen, die zudem der unmittelbaren Beobachtung durch deutsche Stellungsverbände ausgesetzt sind. Die Fallschirmjägereinsätze leitet General Browning, ein Engländer.
Am Vormittag des 17. September 1944 herrscht auf allen Flugplätzen Südost-Englands rege Geschäftigkeit. Britische und amerikanische Fallschirmjäger besteigen die Maschinen. Fahrplanmäßig starten die einzelnen Gruppen. Die Luftbasen March und Hatfield sind Sammelpunkte, hier werden die einzelnen Fluggruppen „eingefädelt" und über die Basen Aldeburgh und Foreland weitergeleitet. Über Aldeburgh geht die Nordroute, die die Brigaden für Arnheim und Nymwegen heranleitet, über Foreland—Antwerpen—Gheel die Südroute, die für den Sektor Eindhoven bestimmt ist.
Indessen gehen die Abtransporte der 9. SS-Panzerdivision „Hohenstaufen" nach Deutschland in den Raum Altenkirchen weiter. Jedoch werden bis zuletzt auf Anordnung des II. SS-Panzerkorps kampfkräftige Alarmeinheiten zurückgehalten. Die noch in den Niederlanden verbleibenden Einheiten werden vom Ia, Obersturmbannführer Harzer, geführt. Es sind am Morgen des 17. September 1944:

Rest-Div.-Stab, Div.-Begleitkompanie, Feldgendarmeriezug und eine gemischte Nachrichten-Kompanie im Raum Beekbergen. Gesamtstärke etwa 280 Mann.

2 Alarmkompanien SS-Pz.Rgt. 9 (ohne Panzer) im Raum nördlich Arnheim.

2 Alarmkompanien Rgt. 19 (ohne schw. Waffen) in Zutphen.

2 Alarmkompanien Rgt. 20 (ohne schw. Waffen) in Rheden.

2 Alarmkompanien SS-Pz.Art.Rgt. 9 (ohne Geschütze) in Dieren.

1 Alarmkompanie SS-Pz.-Flak-Abt. 9 mit vier 2-cm-Geschützen, Rest infanteristisch, in Dieren. Reste der 4./SS-Pz.-Flak-Abt. 9 sind nach Wesel abmarschiert und werden in Dinslaken verladen.

1 Alarmkompanie SS-Pz.Pi.Btl. 9 (60 Mann) in Brummen.

2 Kompanien SS-Sanitäts-Abt. 9 in Velp.

Je eine Kompanie Nachschub- und Wirtschafts-Btl. 9 in Apeldoorn.

1 Alarmkompanie SS-Pz.Jg.Abt. 9 (120 Mann ohne Geschütze) südwestlich von Apeldoorn.

3 Kompanien SS-Pz.AA 9 (zusammen 400 Mann) mit 30 SPW und Panzerspähwagen im Raum Hoenderlo.

SS-Ausb.Btl. Krafft (SS-Pz.Gr.Ers.Btl. 16) im Raum nördlich von Arnheim.

Diese Kräfte haben eine Gesamtstärke von etwa 3000 Mann.

Die im Raum ostwärts von Arnheim bis zur Reichsgrenze stehende 10. SS-Panzerdivision „Frundsberg“ beginnt mit der Auffrischung. Der Divisionsgefechtsstand befindet sich in Ruurlo. Die Division hat von der 9. SS-Panzerdivision die Bataillone Euling und Dr. Segler sowie die Artillerie-Abteilung Krause mit zwei lFH-Batterien, mot. Zug und der Kanonenbatterie König bekommen. Die 10. SS-Panzerdivision „Frundsberg“ mußte aber schon am 7. September die verstärkte Kampfgruppe Heinke, die einen beträchtlichen Teil der Kampfkraft der Division ausmacht, an die 1. Fallschirmjäger-Armee zur Stützung der Front bei Neerpelt abgeben.

Die Operation „Market Garden“ wird in der Nacht zum 17. September 1944 durch 282 Bomber der britischen Luftwaffe eingeleitet. In den Bomberpulks fliegen britische und amerikanische Funkstörflugzeuge mit, um die deutschen Radarstationen im niederländisch-friesischen Raum zu stören. Der Angriff gilt den deutschen Flugplätzen Leeuwarden, Steenwijk-Havelte, Rheine-Hopsten und Rheine-Bent-

lage. Am Morgen des 17. September greifen 100 RAF-Bomber und 53 Begleitjäger die deutschen Küstenbatterien bei Walcheren und auf der Insel Schouwen an. Danach starten 852 Bomber und 153 Begleitjäger der 8. US-Luftflotte zur Bombardierung von 112 Flakstellungen in den Anflugschneisen zu „Market Garden" und zum Ausschalten militärischer Objekte in Arnheim und Nymwegen. In Arnheim und Nymwegen gehen dabei ganze Häuserzeilen in Flammen auf. Auch die Zivilbevölkerung hat erhebliche Verluste.
In den Vormittagsstunden des 17. September startet dann das I. alliierte Luftlandekorps (Browning) von acht britischen und vierzehn amerikanischen Flugplätzen in Südost-England. An diesem Tage fliegen die Transportverbände insgesamt 1550 Einsätze. Hinzu kommt ungefähr die gleiche Einsatzzahl mit Lastenseglern, den sogenannten Gleitern (Glidern), die leichte Geschütze, Jeeps, schwere Waffen und Geräte heranfliegen. 1500 Jäger und Jagdbomber decken den Luftanmarsch der insgesamt mehr als 4000 Maschinen, der größten Luftarmada, die es je gab.

Der 17. September 1944 ist ein Sonntag und ein schöner Sommertag, doch in Arnheim und Nymwegen verdecken Rauchschwaden von Bombenangriffen mitunter den blauen Himmel.
Gegen Mittag führt man auf dem Luftwaffen-Gefechtsstand „Parsival" der 3. deutschen Jagddivision in Deelen-Schaarsbergen bei Arnheim auf den Einflugkarten einen feindlichen Aufklärer zwischen Zuidersee—Utrecht und Arnheim. Der Divisionskommandeur, Generalmajor Grabmann, kommentiert diesen Flug gegenüber seinem Ia, Major i. G. Sandmann, humorvoll: „Das ist der General, der seinen neuen Einsatzraum inspiziert!" In der Jägerleitstellung „Teerose I" an der Straße Arnheim—Apeldoorn hat der Kommandeur der IV./Luftnachrichten-Rgt. 213, Hauptmann Willi Weber, seine Kompaniechefs zu einer Besprechung versammelt, als gegen 13.30 Uhr die Luftlandungen bei Arnheim beginnen. Hauptmann Weber tritt sofort mit allen Chefs und etwa 90 Mann der Stellung „Teerose II" (bei Velp) gegen den gelandeten Feind bei Reijers Kamp im Nordwesten von Arnheim an. Zur Nacht zieht sich die Kampfgruppe nach „Teerose II" zurück und bezieht dort eine Verteidigungsstellung. Am nächsten Tag stellt sich Hauptmann Weber mit einer Jägerleit-Kompanie der 9. SS-Panzerdivision „Hohenstaufen" zur Verfügung.

13.25 Uhr: In Beekbergen, im Quartier des Reststabes der 9. SS-Panzerdivision, sind Männer und Führer beim Mittagessen. Nachzügler bringen die ersten Wahrnehmungen mit: „Im Raum Arnheim muß was los sein, dort sieht man viele Flugzeuge!"
Das Generalkommando II. SS-Panzerkorps liegt in Doetinchem. Dort liegt auch das Klein-Fluko mit dem Vermittlungs- und Verteilerzug der mittleren Flugmelde-Leitkompanie 19./Luftnachr.-Rgt. 211, das mit dem Generalkommando II. SS-Panzerkorps unmittelbare Verbindung hat.
Um 13.30 Uhr erhält General der Waffen-SS Bittrich über das Klein-Fluko Doetinchem bereits die erste Meldung über die Feindaktion durch die in Deelen von der Flugmeldezentrale der 3. Jagd-Division, dem Sender „Primadonna", ausgestrahlten Luftlandemeldungen. Bittrich läßt ohne Verzögerung fernmündlich die 9. und 10. SS-Panzerdivision in Alarmzustand setzen. Eine bald darauf folgende zweite Orientierung läßt den Schwerpunkt der Luftlandungen westlich Arnheim und bei Nymwegen erkennen. Ohne eine weitere Klärung der Lage abzuwarten, erteilt Bittrich fernmündlich folgende Befehle:

> „An den Führer der 9. SS-Panzerdivision: Division aufklärt über Arnheim nach Westen mit Schwerpunkt gegen Nymwegen. Die Brücken über den Waal bei Nymwegen sind zu besetzen und offenzuhalten.
> Division gewinnt, mit den Alarmeinheiten sofort antretend, Raum Arnheim und zerschlägt die feindlichen Luftlandungen westlich Arnheim."

Wenig später ist Bittrich mit dem Gefechtsstand der 10. SS-Panzerdivision „Frundsberg" verbunden und erteilt dem Divisionsführer, Obersturmbannführer Paetsch, folgenden Befehl:

> „An 10. SS-Panzerdivision: Division, sofort antretend, erreicht, über Arnheim vorgehend, Nymwegen. Sie besetzt die Eisenbahn- und Straßenbrücke über den Waal, gewinnt und hält Brükkenkopf südlich der Stadt. Alle im Raum Nymwegen angetroffenen deutschen Kräfte werden unterstellt.
> Verkehrsregelung im Raum Arnheim durch Feldgendarmerie-Kompanie II. SS-Panzerkorps."

Um 13.45 Uhr jagt der Befehl des II. SS-Panzerkorps die Stabsoffiziere und Männer des Reststabes der 9. SS-Panzerdivision von der Mittags-

tafel hoch. Sofort wird der Alarmfall ausgelöst. Die Einheiten stellen die Marschbereitschaft her und warten auf nähere Befehle.
Der Divisionsführer der „Hohenstaufen“, Obersturmbannführer Harzer, befindet sich zur Zeit der Alarmierung bei der SS-Pz.AA 9 in Hoenderloo, um dem Kommandeur, Hauptsturmführer Gräbner, das Ritterkreuz, das er sich für den Einsatz bei Noyers verdient hat, zu überbringen. Hier erreicht den Divisionsführer der Einsatzbefehl des II. SS-Panzerkorps. Sofort beginnt die Abteilung mit der Wiederherstellung der Einsatzbereitschaft ihrer SPW, die sie — wie bekannt — eigentlich hätte abgeben müssen. Aber das braucht Zeit. Im Sinne des Korpsbefehls soll die SS-Pz.AA 9 über die Brücke von Arnheim auf Nymwegen vorstoßen und beide Brücken für den Anmarsch der 10. SS-Panzerdivision offenhalten.
Im Stabsquartier der 10. SS-Panzerdivision, in Ruurlo, reagiert man ähnlich. Hier hat Obersturmbannführer Paetsch die Führung für den in Berlin weilenden Divisionskommandeur übernommen.
In Arnheim breitet sich indessen Kopflosigkeit aus. Die sonntägliche Ruhe ist plötzlich vom Dröhnen von Hunderten von Flugzeugen verscheucht. Westlich von Arnheim entfalten sich unzählige Fallschirme und schweben wie Wattebäusche zur Erde. Die 1. britische Fallschirmjägerbrigade unter Brigadier G. W. Lathbury — mit 157 „Dacota“-Maschinen herangeflogen — springt und landet mit allen schweren Infanteriewaffen bei Heelsum, nördlich des Dorfes Renkum. Zwei Bataillone gehen unverzüglich gegen die große Rheinbrücke Arnheim vor.
Zur gleichen Zeit landen 359 Segler der 1. britischen Gliderbrigade — herangeschleppt von zweimotorigen Kampfflugzeugen — mit schweren Waffen und Geräten und dem 181. Feldlazarett im Norden und Nordwesten von Wolfsheeze. Mit der 1. Gliderbrigade des Brigadiers Hicks werden Feldgendarmen, Pioniere, Luftlandejäger und 15 leichte Feldhaubitzen mit Bedienungen herangeflogen, die nach der Sammlung mit den Batterien Walker und Mumford artilleristisch das auf die Brücken vorgehende Bataillon Frost unterstützen und mit anderen Teilen den Landeraum für nachkommende Wellen sichern.
Mit der britischen 1. Fallschirmjägerbrigade springen der Kommandeur der britischen 1. Airborne-Division, Generalmajor Urquhart, und sein Stab ab. Urquhart hat sich als Truppenführer bei Fallschirmjägereinsätzen in Afrika, auf Sizilien und in Italien bewährt und die

Division im Januar 1944 übernommen. Bei Beginn der Invasion war seine Division Reserve in England und kam nicht mehr zum Einsatz. Nun ist für den 42jährigen die große Stunde gekommen. In Abstimmung mit dem Gesamtplan soll der Einsatz der britischen 1. Airborne-Division wie folgt ablaufen:

1. Am 17. 9. Landung der britischen 1. Fallschirmbrigade und der 1. Gleiterbrigade im Raum westlich Arnheim.
   Eroberung der Rheinbrücken durch die 1. Fs.-Brigade.
   Sicherung der Landeräume durch Teile der 1. Gleiterbrigade und Unterstützung sowie Sicherstellung des Nachschubs für die kämpfenden Teile.
2. Am 18. 9. Landung der 4. Fs.-Brigade sowie weitere Zuführungen von schweren Waffen und Geräten und Versorgung.
3. Am 19. 9. Landung der polnischen 1. Fs.-Brigade.

Nach dem Gesamtplan soll Horrocks' XXX. Armeekorps am dritten Tag auf dem Landweg über Eindhoven—Nymwegen Arnheim erreicht haben und die 1. Airborne-Division im inzwischen gebildeten Brückenkopf Arnheim entsetzen. Damit wäre der Weg nach Deutschland frei. In ein bis zwei weiteren Tagen soll das Ijsselmeer erreicht werden.
Die gelandeten Engländer finden zunächst keinen ernsthaften Widerstand. Der Stadtkommandant von Arnheim, Generalmajor Kusin, alarmiert gleich nach Eintreffen der ersten Landemeldungen das im Nordwesten von Arnheim in Biwak liegende SS-Ausbildungs-Bataillon Krafft. Das ist die einzige Streitmacht, die anfangs zur Verfügung steht. Generalmajor Kusin fällt auf seiner ersten Erkundungsfahrt in Arnheim.
Die 3 km westlich von Oosterbeek in der Rheinniederung gelandete britische 1. Fs.-Brigade geht mit dem II. und III. Bataillon zügig auf Oosterbeek vor. Das I. Btl. deckt die linke Flanke. Die 1. Gleiterbrigade geht mit Teilen gegen den Flugplatz Deelen vor.
Zunächst läuft bei den Engländern alles wunschgemäß. Überraschte Deutsche werden gefangengenommen. Zusammenhangloser Widerstand wird schnell gebrochen. Die Engländer nähern sich der Stadt Arnheim. Ihre Stoßtrupps dringen in die Villenkolonien ein.
Gegen 15.00 Uhr trifft der OB der HG B, Feldmarschall Model, mit seinem Chef des Stabes, General Krebs, auf dem Befehlsstand des II.

SS-Panzerkorps in Doetinchem ein. Er schildert kurz seine persönlichen Eindrücke von den zum Teil in unmittelbarer Nähe seines Hauptquartiers in Oosterbeek erfolgten Luftlandungen und nimmt den Vortrag Bittrichs über die eingeleiteten Sofortmaßnahmen entgegen. Er billigt sie und ernennt das II. SS-Panzerkorps unter unmittelbarer Unterstellung unter das Heeresgruppenkommando B als befehlsführend für die gesamte Operation im Raume Arnheim—Nymwegen.
Inzwischen läuft der Aufmarsch und Einsatz der deutschen Alarmeinheiten an. Die SS-Pz. AA 9 rollt auf Arnheim zu. Die Reste der 2. Batterie SS-Pz.-Flak-Abt. 9, die gerade Obersturmführer Gropp übernommen hatte, sind bei einer Verladeübung, als sie der Alarmbefehl erreicht. Es sind 87 Männer, eine Achtacht und eine Zwozentimeter, jedoch ohne Zugmaschinen. Die beiden letzten Flak der Batterie werden an Lkw angehängt, und ab geht es in Richtung Arnheim. Und so wie diese „Einheiten" jagen auch die anderen Alarmkompanien in Richtung Arnheim. Inzwischen haben die Kampfgruppen Spindler, von Allwörden und Harder von Obersturmbannführer Harzer ihre Kampfaufträge erhalten. Über die ersten Maßnahmen zu einem geordneten Vorgehen berichtet Obersturmführer Steinbach:
„Ich bin zu diesem Zeitpunkt als Regimentsadjutant des SS-Pz.Art.-Regiments 9 tätig und habe die undankbare Aufgabe, einzelne kleine, kämpfende Gruppen zusammenzusuchen und Verbindungen herzustellen. Aus meiner Sicht ist schon in den ersten Stunden dadurch Ungewöhnliches geleistet worden, daß Unterscharführer, Rottenführer und Sturmmänner mit ihren zum Teil kleinen Gruppen in die landenden Feindverbände hineingefunkt haben und die konzentrierte Entfaltung des Gegners verzögerten.
In den Straßen der Stadt Arnheim herrscht ein wüstes Durcheinander. Bei meiner Suche nach dem Kommandeur der SS-Pz.AA 9, Hauptsturmführer Gräbner, lasse ich meinen Pkw an einem größeren Gebäude mit Drehtüren halten. Mein Begleiter, Unterscharführer Mayer, springt ab, um nachzusehen, was im Gebäude los ist. Mayer durch die Drehtür rein und auch im selben Augenblick wieder raus. ‚Der untere Flur ist voll mit Engländern!' schreit er, springt auf den Schwimmwagen, mein Fahrer Oelschläger gibt Gas und wir brausen davon.
Wir stoßen auch auf das zusammengeschossene Fahrzeug des Generals Kusin, des Stadtkommandanten von Arnheim, und untersuchen es

neugierig. Unterscharführer Meyer imponiert der prächtige Säbel. Die Situation ist unheimlich, obwohl wir kein Feuer bekommen. Nach unseren Beobachtungen sind die Engländer bis hierher noch nicht vorgedrungen, und wir vermuten, daß General Kusin im Feuer niederländischer Widerständler gefallen ist."

Von einer wilden Schießerei in der Stadt mit niederländischen Widerständlern berichtet auch der Chef der 2./SS-Pz.-Flak-Abt. 9, der sich mit seiner Restbatterie entlang der Bahnlinie Arnheim—Utrecht in Richtung Oosterbeek vorkämpft und am Abend durch die Reste des SS-Pz.Pi.Btl. 9 verstärkt wird.

Und so wird das siegesgewisse Vorgehen der Engländer bald gestoppt: Teile des SS-Ausb.- und Ers.-Bataillons 16 (Krafft) werfen sich bei Schaarsbergen der auf den Flugplatz Deelen vorgehenden britischen 1. Gleiterbrigade entgegen. Andere Teile des Bataillons — eine Sicherung des Stabsquartiers der HG B — nehmen von einem Rheinhügel bei Heveadorp die auf Oosterbeek vorgehende 1. Fs.-Brigade unter Feuer. Trotz Verluste setzt die Brigade Lathbury nach kurzer Pause den Vormarsch auf die Rheinbrücken fort. Ihre Stoßtrupps dringen in Oosterbeek ein. Wichtige Objekte werden besetzt, aufkommender Widerstand gebrochen. Die Zahl der deutschen Gefangenen steigt. Vom Südostausgang von Oosterbeek erkennen die Engländer ganz deutlich die Eisenbahnbrücke, die über den Rhein führt. Das erste Zwischenziel liegt vor ihnen.

Vier englische Fallschirmjäger gehen gegen die Bahnstation Oosterbeek/Laag vor, um die Lage zu erkunden. Von Deutschen ist nichts zu sehen. Sie sind sich ihrer Sache sicher. Auf einem kleinen Hügel nahe der Eisenbahnstation trifft der englische Spähtrupp auf schaulustige Zivilisten. Sie feiern Verbrüderung!

Im gleichen Augenblick sind vier Männer von der Division „Frundsberg" am Bahndamm vorgeschlichen und beobachten aus 50 Meter Entfernung die Begrüßung zwischen den Engländern und den Niederländern. Die vier Deutschen gehören zu einer Gruppe von 13 Versprengten des SS-Pz.Gr.Rgt. 21 und der SS-Pz.-Flak-Abt. 10, die nach abenteuerlichem Rückzug durch Nordfrankreich Arnheim erreicht haben. Beim Mittagessen wurden sie von den Luftlandungen aufgeschreckt, stellten ihre Rückkehr zum alten „Haufen" zurück und reihten sich in die anlaufenden deutschen Abwehrmaßnahmen ein. Nachdem sie in einer Ausgabestelle Waffen erhalten hatten, rasten sie auf-

tragsgemäß mit einem Kleinbus los, um die Briten bei Oosterbeek aufzuhalten. Auf dem Wege dorthin erfuhren sie von zurückgehenden Besatzungssoldaten, daß Oosterbeek bereits besetzt ist.
Die dreizehn Frundsberger halten Kriegsrat und beschließen, unter Führung von Sturmmann Helmut Buttlar Krieg auf eigene Faust zu führen. Der große Auftrag ist bekannt: Das Vordringen der Engländer auf Arnheim und die Rheinbrücken zu verhindern. Was gibt es da noch zu fragen! Die Gruppe beschließt, die Eisenbahnbrücke zu verteidigen.
Los geht's! Neun Mann bleiben in der Nähe des Bahndammes bei Oosterbeek als Sicherung zurück. Buttlar arbeitet sich mit drei Männern weiter am Bahndamm vor und sieht die Begrüßung zwischen den Briten und Niederländern.
Die Deutschen zögern mit der Feuereröffnung, denn sie wollen nicht, daß Zivilisten zu Schaden kommen. Plötzlich erkennen Niederländer die deutschen Soldaten und laufen mit dem Ruf: „Die Moffen kommen!" auseinander. Deutsche und Briten gehen vorsichtig aufeinander zu und fordern einander auf, sich zu ergeben: doch dann sprechen blitzschnell aus nächster Entfernung die Waffen. Zwei Engländer fallen. Feuerstöße britischer MPis fegen haarscharf über die in einer flachen Mulde liegenden vier Deutschen hinweg. Buttlar wirft zwei Handgranaten und hastet hinter einen Schwellenstapel. Noch einmal fordert er die Engländer auf: „Hands up!" Und die Antwort ist rasendes MPi-Feuer, das den deutschen MG-Schützen niederstreckt. Niemand ergibt sich. Die beiden Engländer fallen.
Buttlar hat erkannt, um was es geht. Die Deutschen stürmen entlang dem Bahndamm auf die Station Oosterbeek/Laag zu, besetzen sie und beherrschen damit auch die Annäherungswege zur Eisenbahnbrücke. Als die Spitzen des britischen Fs.Jg.Btl. Frost herankommen, werden sie durch das Feuer der Gruppe Buttlar abgewiesen. Da stärkere deutsche Kräfte vermutet werden, greifen die Engländer auf einer Breite von 400 Metern an. Eine kleine Gruppe tapferer Frundsberger hält ein britisches Bataillon auf, das damit kostbare Zeit verliert*.

* Den Einsatz der Gruppe Buttlar erwähnt Ryan in seinem Buch überhaupt nicht. Dieser, und Steinbachs Aussage, daß schon in den ersten Stunden von kleinen, zusammenhanglos kämpfenden deutschen Gruppen Ungewöhnliches in der Bekämpfung der gelandeten Engländer geleistet wurde, ist die Erklärung dafür, daß der Vormarsch der Briten zu den Arnheimer Brücken entscheidend verzögert wurde.

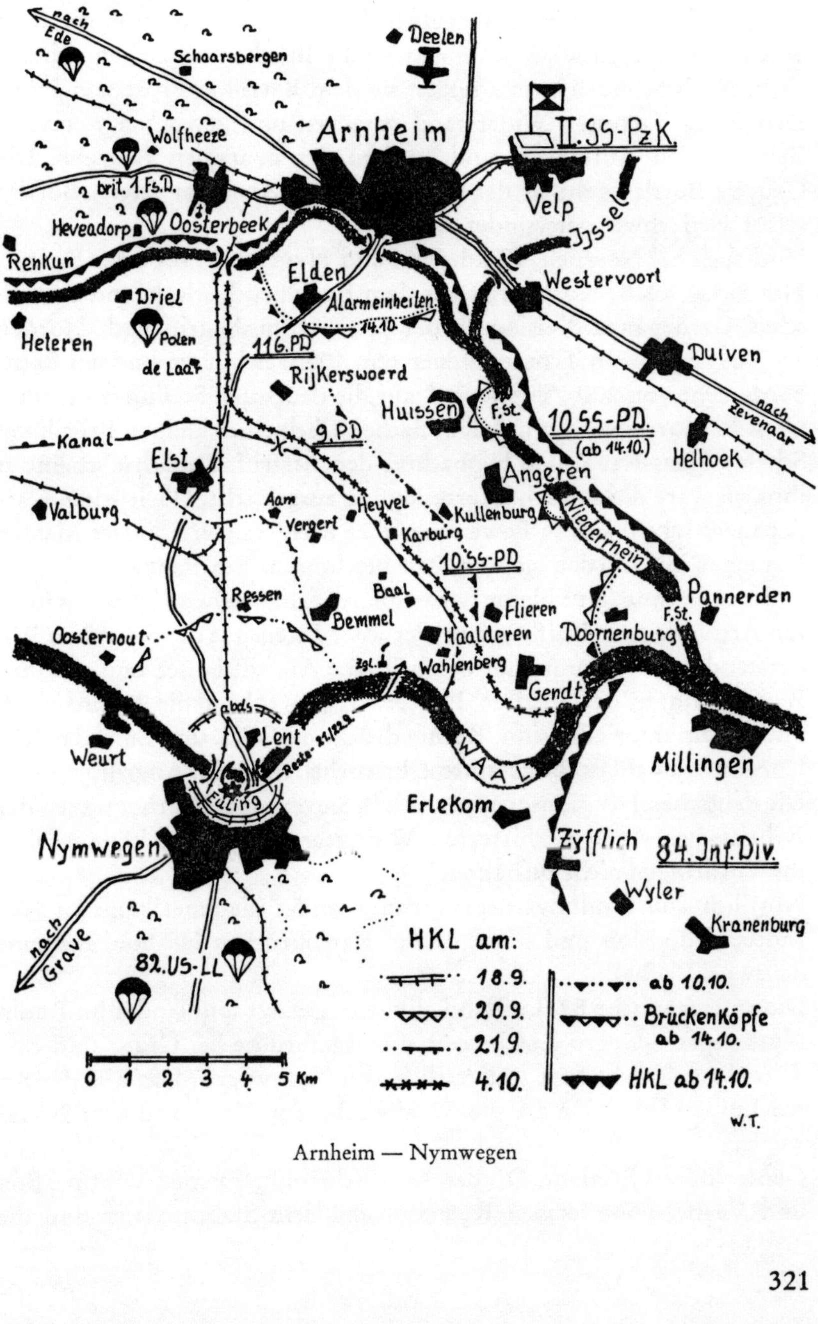

Arnheim — Nymwegen

Indessen wird der Gruppe Buttlar eine Pionier-Kompanie nachgeschoben. Die SS-Pioniere bereiten die Sprengung der Eisenbahnbrücke vor. Als mit dem Ausgehen der Infanteriemunition die Lage wieder bedenklich wird, sprengen sie die Brücke und ziehen sich zurück. Noch Stunden später setzen sie dem Bataillon Frost von Höhe Den Brink härtesten Widerstand entgegen und gewinnen wertvolle Zeit für den Aufmarsch und Ausbau der deutschen Abwehr. Die Gruppe Buttlar geht in den Kämpfen von Arnheim unter, Buttlar selbst wird schwer verwundet.
Und auch bei Neerpelt, Eindhoven und Nymwegen tobt der Kampf. Horrocks' XXX. Korps tritt aus dem Kanalbrückenkopf mit der irischen Gardepanzerdivision an der Spitze zum Angriff nach Norden an. Zuvor ging ein Trommelfeuer von 400 Geschützen und ein Bombardement von 200 „Typhoons" auf die deutschen Stellungen nieder. General Horrocks liegt auf dem flachen Dach einer kleinen Fabrik am Schelde-Maas-Kanal und beobachtet den Angriff. Zunächst scheint es ihm, als wäre die deutsche Verteidigung ausgelöscht. Die irischen Gardepanzer setzen sich in Bewegung, aber nach einigen hundert Metern Raumgewinn werden sie von Pak beschossen. Ein Panzer nach dem anderen brennt oder bleibt bewegungsunfähig stehen. Nun bekämpfen Artillerie und Tiefflieger mit größter Intensität die deutschen Widerstandsnester. Dann läuft der britische Angriff besser und gewinnt Raum. Hinter der irischen Panzerdivision folgen die britische 43. und 50. Infanteriedivision. Rechts drückt das VIII. und links das XII. Korps nach. Bald ist die gesamte 2. britische Armee im Angriff.
Die deutschen Divisionsgruppen Schill, Sievers und Walther setzen der 2. britischen Armee erbitterten Widerstand entgegen, können aber ihr Vordringen nicht aufhalten.
Nördlich von Eindhoven springt und landet die amerikanische 101. Luftlandedivision und besetzt zwei Kanalbrücken bei Son und eine dritte bei Veghel.
Die amerikanische 82. Luftlandedivision springt und landet im Raum Nymwegen—Grave und besetzt die Maasbrücke bei Grave und eine Seitenkanalbrücke hart südwestlich von Nymwegen. Das Ziel der 82. US-Luftlandedivision ist die Waalbrücke am Nordrand von Nymwegen.
Generaloberst Student, OB der 1. Fallschirmjägerarmee, setzt bei Son und Veghel seine letzten Reserven ein. Sein Stabsquartier und die

Reserven befinden sich in Vught bei Hertogenbosch, 15 km von den Landeplätzen der 101. US-LL-Division entfernt. Die Front der 1. Fallschirmjägerarmee ist aufgerissen und alle Bemühungen, sie zu schließen, bleiben ohne Erfolg. Im Raum Son—Veghel liefern sich deutsche und britische Fallschirmjäger einen erbitterten Kampf, bis das Eingreifen des XXX. britischen Armeekorps die Entscheidung erzwingt. Hier kämpft unter anderen das I. Bataillon des Fallschirmjägerregiments 2 unter Major Finzel einen großen Kampf und hält Horrocks' XXX. Korps sechsunddreißig Stunden auf. Bei diesen Kämpfen wird Major Finzel schwer verwundet.
In Nymwegen organisiert Oberst Henke vom Fallschirmjäger-Lehrstab 1 die Verteidigung gegen die von Süden vorgehenden Gruppen der 82. US-Luftlandedivision. Es sind insgesamt 750 Mann, die sich aus Stammpersonal, Landesschützen, Bahnhofswachen, Versprengten und einigen Flak-Batterien zusammensetzen.
Inzwischen ist die britische 1. Airborne-Division in die westlichen Stadtteile von Arnheim eingedrungen. Der Schwerpunkt ist Oosterbeek, wo Generalmajor Urquhart im Hotel Hartenstein seinen Divisionsgefechtsstand am 18. 9. errichtet.
Deutscherseits ist man auch nicht untätig geblieben. Sturmbannführer Krafft hat mit seinem Bataillon am Wolfsheezer-Weg die Engländer aufgehalten und eine Verteidigung aufgebaut, die den Landeraum nach Norden abschließt. In Arnheim treffen weitere Alarmeinheiten ein. Sie kommen zu Fuß, auf Fahrrädern, mit Pferdegespannen und mit klapprigen Autos. Zwanzig Lkw der 9. SS-Panzerdivision bringen im Pendelverkehr weitere Alarmeinheiten heran. Voraus die Einheitsführer und Einweiser auf Krädern und Pkw. „Jeder schlägt sich nach Arnheim zur Front durch — Front ist da, wo es schießt!" heißt die Parole, die eine Massenbewegung ausgelöst hat.
Gegen 16.00 Uhr befindet sich der vorgeschobene Gefechtsstand der Kampfgruppe 9. SS-Panzerdivision in Velp. Hier trifft auch der schriftliche Korpsbefehl ein, der sinngemäß mit dem telefonisch durchgegebenen Befehl Bittrichs übereinstimmt, aber noch ausdrücklich die Straßenbrücke von Arnheim der 10. SS-Panzerdivision zuweist. Hierbei ging Bittrich von der Überlegung aus, daß die 9. SS-Panzerdivision voll und ganz mit der Niederkämpfung der gelandeten Briten westlich von Arnheim zu tun haben würde und die 10. SS-Panzerdivision bei ihrem Anmarsch auf Nymwegen sich notfalls die Straßenbrücke von

Arnheim selbst freikämpfen solle. Lediglich die bald verfügbare SS-Pz.AA 9 soll schnellstens nach Nymwegen vorstoßen, um die dortigen Waalbrücken bis zum Herankommen der 10. SS-Panzerdivision zu sichern*.

Obersturmbannführer Harzer erhält nun auch vom Ic der Division konkrete Angaben über das Ausmaß und die wahrscheinlichen Absichten der britischen Luftlandung. Wie General Bittrich ist auch er der Ansicht, daß es sich um eine große Offensive handelt, die ins Reichsgebiet zielt, bei der den Rhein- und Waalbrücken von Nymwegen und Arnheim besondere Bedeutung zukommt. Gegen 17.00 Uhr trifft auch die SS-Pz.AA 9 in Velp ein, die in Schwerstarbeit und Rekordtempo die Ketten auf die SPW montiert hat. Hauptsturmführer Gräbner erhält im Sinne des Korpsbefehls den Auftrag, mit seiner Abteilung über Arnheim auf Nymwegen vorzustoßen und die Waalbrücken zu sichern.

Gegen 18.00 Uhr fahren ca. dreißig SPW und Panzerspähwagen der SS-Pz.AA 9 über die Rheinbrücke von Arnheim und melden wenig später den Ort Elst feindfrei. Dann fahren sie nach Nymwegen. An den dortigen Waalbrücken steht die Kampfgruppe Henke. Gräbner funkt das an das II. SS-Pz.-Korps, läßt weisungsgemäß einige Kanonenwagen (SPW mit KwK 7,5 kurz) bei Nymwegen zurück und jagt mit den anderen Fahrzeugen nach Elst zurück. Von Elst kann seine Streitmacht bei Arnheim und auch bei Nymwegen schnell eingreifen.

Gegen 18.30 Uhr sind die vordersten Teile des Bataillons Frost bis an die Straßenbrücke von Arnheim vorgedrungen und besetzen die Häuser an der nördlichen Brückenauffahrt. Die aus 25 Landesschützen bestehende Brückenwache hat ihre Posten an der Brückenauffahrt verlassen. Gräbner und Frost verfehlten sich um weniger als eine Stunde**.

Indessen läuft der Aufmarsch der Alarmeinheiten in Arnheim weiter.

* Ryan a.a.O., S. 213, Absatz 2: Hier ist Ryan völlig falsch informiert. Mit dem Freikämpfen der Arnheimer Straßenbrücke war die 10. SS-Panzerdivision (zunächst mit der SS-Pz.AA 10) beauftragt; Harzer mit dem Rest der 9. SS-Panzerdivision hatte den Auftrag, die gelandeten Engländer westlich von Arnheim zu bekämpfen.

**Ryan a.a.O., S. 202: Die Behauptung Ryans, „Bittrich schäumte vor Wut, weil Harzer die Straßenbrücke nicht genügend gesichert hatte", trifft nicht zu. Die Brücke fiel in den Befehlsbereich der 10. SS-Panzerdivision, die noch nicht heran war. Außerdem war die Straßenbrücke von Sicherungskräften und einigen 2-cm-Flak gesichert, wie Bittrich und Harzer vom Ia des Generalmajors Kusin erfahren hatten.

Obersturmbannführer Harzer begibt sich auf den Gefechtsstand des Feldkommandanten von Arnheim am Nordausgang der Stadt. Dort wissen die Stabsoffiziere noch nicht, daß Generalmajor Kusin gefallen ist. Da die Stabsoffiziere gute Ortskenntnisse von Arnheim haben, verlegt Harzer seinen Gefechtsstand in den der Feldkommandantur und übernimmt deren Führungsstaffel in seinen Stab. Im alten Gefechtsstand der 9. SS-Panzerdivision errichtet General der Waffen-SS Bittrich einen vorgeschobenen Korpsgefechtsstand.
Am Abend des 17. September beginnen in Arnheim die planmäßigen Gegenangriffe der Alarmeinheiten. Einige halten seit dem Nachmittag wichtige Objekte besetzt. Andere verwehren den Bataillonen der britischen 1. Luftlande-Brigade den Durchbruch durch Arnheim und zu der Rheinbrücke; nur das Bataillon Frost kommt entlang des Rheinufers durch. Unter Führung des Kommandeurs des SS-Pz.Art.Rgt. 9, Sturmbannführer Spindler, durchkämmen die Einheiten die Straßenzüge Arnheims von Osten nach Westen und schlagen sich dabei mit englischen Kräften herum. Gegen Mitternacht zum 18. 9. hat die Kampfgruppe Spindler den Nordwestrand von Arnheim erreicht und mit dem Bataillon Krafft eine lose Verbindung hergestellt. Im Stadtkern halten sich noch einige englische Gruppen, die aus mangelnder Übersicht in der Nacht nicht gefaßt werden können; sie schießen einzelne Melder ab und beunruhigen das Hinterland.
Indessen sickern weitere Feindgruppen zum Bataillon Frost an der Brücke durch, doch die Besetzung der Südauffahrt gelingt nicht. Beim nochmaligen Versuch, die Südauffahrt zu gewinnen, werden die dort in Stellung stehenden 2-cm-Flak und ihre Bedienungen durch das Feuer des Bataillons Frost gezwungen, die Brückenauffahrt zu räumen und weiter südlich an den Häusern in Stellung zu gehen. Die lange Brücke bleibt unbesetzt.
In der Gesamtplanung nimmt die Straßenbrücke von Arnheim einen wichtigen Platz ein. Die 10. SS-Panzerdivision soll über diese Brücke nach Nymwegen marschieren. Sturmbannführer Brinkmann erhält den Auftrag, mit seiner SS-Pz.AA 10 und zugeteilten Alarmeinheiten die inzwischen besetzte Brücke freizukämpfen. Die Abteilung erreicht in den Nachtstunden vom 17./18. 9. die nördliche Brückenauffahrt und greift nach kurzer Bereitstellung an, aber der Nachtangriff wird vom Bataillon Frost abgeschlagen. Jetzt zeigt sich, daß die englischen Kräfte stärker sind, als man angenommen hatte; die deutschen Kräfte

müssen verstärkt werden. Das zwingt die 10. SS-Panzerdivision zur Umdisponierung ihres Aufmarsches auf Nymwegen. Nur die Kampfgruppe Euling schließt noch hinter der Kampfgruppe Brinkmann an die Brücke auf. Die dahinter folgende Kampfgruppe Reinhold wird von Arnheim nach Süden abgedreht und erhält den Befehl, im Raum nördlich von Millingen mit Flößen und Fähren über den Niederrhein zu setzen und nördlich des Waal auf die gefährdeten Brücken von Nymwegen vorzugehen.
Der Divisionskommandeur der 10. SS-Panzerdivision, der sich bei Beginn der Luftlandungen im SS-Führungshauptamt in Bad Saarow bei Berlin aufhält, wird telegrafisch zur Division zurückgerufen. Er trifft in der Nacht zum 18. 9. in Velp ein. Bis dahin führt vertretungsweise Obersturmbannführer Paetsch die Division.
Auf dem Gefechtsstand der „Hohenstaufen" im Norden von Arnheim treffen laufend Meldungen der gegen die Briten vorgehenden Alarmverbände ein. Hier erhält auch Obersturmbannführer Harzer einen Überblick über die anmarschierenden divisionsfremden Verstärkungen. Von Bocholt ist ein Pz.Gr.-Ausbildungs- und Ersatzbataillion unterwegs, vom Westen kommen Kampfgruppen, die der Wehrmachtsbefehlshaber Niederlande, General Christiansen, und der Höhere SS- und Polizeiführer Niederlande, Rauter, frei gemacht haben. Unter diesen befindet sich auch die von Standartenführer Lippert geführte SS-Unterführerschule Arnheim mit drei Bataillonsgruppen, die nach der Bombardierung der Willems-Kaserne verlegt wurde. Die von Westen herankommenden Kräfte sind unter Führung des Generals von Tettau zusammengefaßt.
In der Nacht zum 18. 9. wird das überwiegend aus Rekruten bestehende Bataillon Krafft am Wolfsheezer-Weg vom III. Bataillon (Fitch) der 1. britischen Luftlande-Brigade in Richtung Flugplatz Deelen zurückgedrückt. Das SS-Bataillon Krafft setzt sich beiderseits von Schaarsbergen erneut fest und hält die Verbindung mit der Kampfgruppe Spindler aufrecht. Die anfangs schlechte Verbindung mit der Führung der 9. SS-Panzerdivision bessert sich.
Im Kampfraum Arnheim ist zwar die Lage noch verworren, doch läßt sie erkennen, daß die Deutschen allmählich die Initiative an sich reißen. Nicht so im Kampfraum Nymwegen: Hier wirft Generalmajor Gavins 82. US-Luftlandedivision die Kampfgruppe Henke nach Norden zurück. Die Amerikaner dringen mit ersten Stoßtrupps in die

südlichen Vororte von Nymwegen ein; sie müssen dann aber infolge des zunehmenden Druckes auf die Flanken des Schlauches in Richtung Nymwegen nach Süden zurück. Die 10 km südostwärts von Nymwegen stehende 406. deutsche Infanteriedivision vermochte die Landungen südlich von Nymwegen nicht zu stören, und zu Flankenstößen fehlt ihr die Kraft. Erst am 18. 9. einsetzende deutsche Gegenangriffe von Teilen des herangeführten II. Fallschirmjägerkorps bremst das Vorgehen der 82. US-LL-Division und schafft der Kampfgruppe Henke in Nymwegen etwas Luft und eine Atempause.
Die Kampfgruppe Henke konzentriert jedoch ihren Schwerpunkt auf die Verteidigung der Waal-Brücken in Nymwegen. Sie besteht aus zusammengewürfelten Kräften. Neben guten Fallschirmjägerstämmen ist der Kampfwert der anderen Einheiten gering.
General Bittrich hat klar erkannt, daß der Besitz der Waal-Brücken von Nymwegen operationsentscheidend ist. Die Vereinigung des britischen Korps Horrocks mit der in Arnheim gelandeten Feindgruppe muß verhindert werden. Bittrich beschwört Model, die Waal-Brücken zur Sprengung vorbereiten zu lassen, um sie schlimmstenfalls zu sprengen, aber Model lehnt dies wiederholt ab, er glaubt, daß die deutschen Kräfte den sich bildenden englischen Schlauch in Richtung Arnheim abschneiden werden, und holt dazu von überall Verstärkungen heran. Und tatsächlich kommt es an beiden Seiten des langen Schlauches von Neerpelt bis Nymwegen zu immer härteren Kämpfen, an denen auch die Kampfgruppen Heinke und Roestel hervorragend beteiligt sind. Für die 100 km von Neerpelt bis Nymwegen brauchen die Engländer drei Tage. Und schon am zweiten Tag sollten sie in Arnheim sein!
Der Vormarsch der SS-Pz.AA 10 als Bahnbrecher der Kampfgruppe 10. SS-Panzerdivision über die Arnheimer Brücke scheitert am Bataillon Frost. Die aus der II./SS-Pz.Rgt. 10 (infanteristisch) und anderen Divisionsteilen gebildete Kampfgruppe Reinhold marschiert über Westervoort—Duiven nach Pannerden, wo das SS-Pz.Pi.Btl. 10 den Flußübergang vorbereitet hat. Am 18. September, frühmorgens, setzt die 1./SS-Pz.Pi.Btl. 10 die Vorausgruppe der Kampfgruppe Reinhold bei Pannerden mit Fähren über den Niederrhein. Teile der SS-Pz.-Flak-Abt. 10 übernehmen den Luftschutz. Zu dieser Zeit steht die Masse der Kampfgruppe Reinhold im Raum Duiven. Der Uferwechsel geht auf ungenügenden, behelfsmäßigen Flößen und anderen Über-

setzmitteln und bei laufenden Störungen durch die feindliche Luftwaffe schleppend vor sich.
In den ersten Morgenstunden des 18. 9. trifft das Ausbildungs- und Ersatzbataillon aus Bocholt in Arnheim ein und löst das Bataillon Euling an der belagerten nördlichen Brückenauffahrt ab. Euling marschiert ebenfalls nach Pannerden.
Das Ausbildungs- und Ersatzbataillon Bocholt (Heer) wird von dem ausgezeichneten und schwerversehrten, oberschenkelamputierten Major Knaust geführt und besteht zum größten Teil aus altbewährten Soldaten (Genesungskompanie und andere), die sich freiwillig für diesen Einsatz gemeldet haben. Sie bringen gleich ein paar alte Panzer und SPW mit, die nur noch für die Ausbildung verwendet wurden. Das Bataillon Knaust schlägt sich in den folgenden Kämpfen mit größter Bravour und wird zur verläßlichen Stütze der Deutschen bei Arnheim.
Unklar ist, was Hauptsturmführer Gräbner bewogen hat, mit einem Teil seiner SS-Pz.AA 9 am Vormittag des 18. September von Elst nach Arnheim zurückzufahren. Ein Befehl lag allem Anschein nach nicht vor (in den Ausarbeitungen von Bittrich, Harzer und Harmel findet sich nichts hierzu). Wollte er sich, in Unkenntnis der wirklichen Stärke des Bataillons Frost, bei der Division über die Lage orientieren? Glaubte er, er werde mit seiner Abteilung in Arnheim dringender gebraucht?
Nach einer kurzen Einweisung und Einnahme einer gewissen Gefechtsgliederung rollt gegen 9.30 Uhr der erste Panzerspähwagen der SS-Pz.AA 9, aus allen Rohren feuernd, mit Höchstgeschwindigkeit von Süden her über die Arnheimer Straßenbrücke. Der Fahrer umfährt geschickt die Fahrzeugwracks und die von den Engländern ausgelegte Minensperre. Ehe die verblüfften Engländer an der nördlichen Brückenauffahrt zur Besinnung kommen, ist der erste Panzerspähwagen drüben. Und so noch drei weitere. Als dann die SPW kommen, sind Frosts Fallschirmjäger voll in Abwehraktionen. Die deutschen Fahrzeuge werden zusammengeschossen und die Brücke blockiert. Gefallene und Verwundete bleiben liegen und Unverwundete hasten zurück. Hauptsturmführer Viktor Gräbner fällt; er hat nicht einmal 24 Stunden sein bei Noyers verdientes Ritterkreuz getragen. Nach englischen Darstellungen wurden zwölf Fahrzeuge der SS-Pz.AA 9 an der nördlichen Brückenauffahrt zerstört. Die anderen

zogen sich nach Süden zurück und gingen an der südlichen Auffahrt in Stellung.

Wenig später ist Generalmajor der Waffen-SS Harmel an der Brücke von Arnheim; er setzt sogleich eine ankommende Radfahrkompanie ein und veranlaßt das Vorziehen einer lFH-Batterie, die wenig später die von den Engländern besetzten Häuserblocks beschießt. Der ebenfalls eintreffende Kommandierende General Bittrich beauftragt Harmel mit der energischen und schnellen Niederkämpfung des Bataillons Frost, weil er immer noch beabsichtigt, große für Nymwegen bestimmte Kampfteile und „Tiger"-Panzer über die Arnheimer Brücke zu schleusen. Eine eintreffende Kompanie der schweren Heeres-Panzerabteilung 502 (zunächst mit drei „Königstigern") wird der Kampfgruppe Brinkmann unterstellt.

Ungeachtet der Lage an der Brücke von Arnheim konzentriert sich die Kampfgruppe 10. SS-Panzerdivision auf die Verstärkung der Besatzung von Nymwegen. Der vorgeschobene Divisionsgefechtsstand verlegt am 18. 9. von Didam nach Pannerden. Weitere Teile der Division werden über Doetinchem und Zevenaar gleich nach Pannerden geschickt.

Am Vormittag des 18. 9. erreichen Teile der 1./SS-Pz.Pi.Btl. 10 über die Fährstelle Pannerden auf Fahrrädern und Fahrzeugen die Brücke von Nymwegen und verstärken die Kampfgruppe Henke. Entgegen der Anordnung Models bereiten sie die Brücken von Nymwegen zur Sprengung vor. Gegen Mittag treffen auch Sturmbannführer Reinhold und Hauptsturmführer Euling an der Nymwegener Straßenbrücke ein. Ihre Einheiten marschieren über Gendt heran. Hauptsturmführer Euling übernimmt den Befehl im Brückenkopf Nymwegen und richtet seinen Gefechtsstand im Valkhof unweit der Straßenbrücke ein. Der Valkhof ist die Ruine einer festungsartigen Kapelle, die schon Karl dem Großen und Kaiser Barbarossa gedient hatte. Euling läßt um den Hunerpark und an den Brückenauffahrten schwere Flak, Sturmgeschütze und seine Männer in Stellung gehen, aber am 18. 9. bleibt noch der erwartete Angriff auf die Brücken aus. Die 82. US-Luftlandedivision und das XXX. britische Korps müssen sich zunehmender Flankenangriffe erwehren.

Bei Pannerden läuft der Fährbetrieb ununterbrochen weiter; Schlauchboote, Kähne und Behelfsfähren, alles, was man am Rheinufer auftreiben konnte, wird eingesetzt. Auch einige Panzer gelangen über den

Rhein. Trotzdem wird es noch zwei oder drei Tage dauern, bis alle Kampfteile der 10. SS-Panzerdivision drüben sind — und dann ist es vielleicht zu spät.

Am Morgen des 18. 9. erhält der Fallschirmjägergeneral Meindl von Model den Befehl, unverzüglich mit den Resten seines II. Fallschirmkorps, das im Raum Köln zur Neuaufstellung liegt, in den Raum Kleve zu marschieren und im Zusammenwirken mit dem II. SS-Panzerkorps die Amerikaner bei Nymwegen zu schlagen. Bereits am 18. 9. greifen die Kampfgruppen Becker, Greschick und Herrmann aus dem Reichswald bei Kleve die 82. US-Luftlandedivision südlich von Nymwegen an. Das britische XXX. Korps, das schon an diesem Tage Nymwegen erreicht haben sollte, wird bei Veghel von deutschen Kräften — darunter die Kampfgruppen Heinke und Roestel von der 10. SS-Panzerdivision — aufgehalten.

Auch an der Brückenstelle von Arnheim lärmen den ganzen Tag die Waffen. Die Kampfgruppen Brinkmann und Knaust ringen dem Ba taillon Frost in harten Nahkämpfen Haus um Haus ab. Die Briten sind junge, prächtige Soldaten, fair und von großem Kampfgeist beflügelt, eine Elite der englischen Streitkräfte. Die Farbe ihrer Baretts mit den berühmten Gardezeichen bringt ihnen bei den Deutschen den Namen „die roten Teufel" ein.

Indessen bemühen sich das I. und III. Bataillon der 1. britischen Fallschirmjägerbrigade, aus dem Raum Oosterbeek gegen die Straßenbrücke vorzugehen und das Bataillon Frost zu verstärken, aber sie bleiben vor der Abwehr der Kampfgruppe Spindler in den westlichen Vororten von Arnheim liegen.

Durch den Ausfall aller neuen, erstmals eingesetzten und daher kaum erprobten Funkgeräte ist die Führung der britischen Fallschirmjäger sehr erschwert. General Urquhart ist unterwegs, um seine vorgehenden Einheiten einzusetzen und ihnen seine Absichten und Befehle persönlich zu übermitteln. Dabei gerät er zwischen die Fronten und muß sich 39 Stunden auf einem Dachboden verstecken. In seinem Hauptquartier im Hotel Hartenstein in Oosterbeek gilt er als vermißt, und zwei seiner Brigadiere streiten sich um die Führungsnachfolge und vergeuden damit wertvolle Zeit.

Obersturmbannführer Harzer erteilt dem Bataillon Krafft den Befehl, von Schaarsbergen wieder gegen den Nordrand von Oosterbeek vorzugehen. Indessen geht die Kampfgruppe Spindler in schmalen und

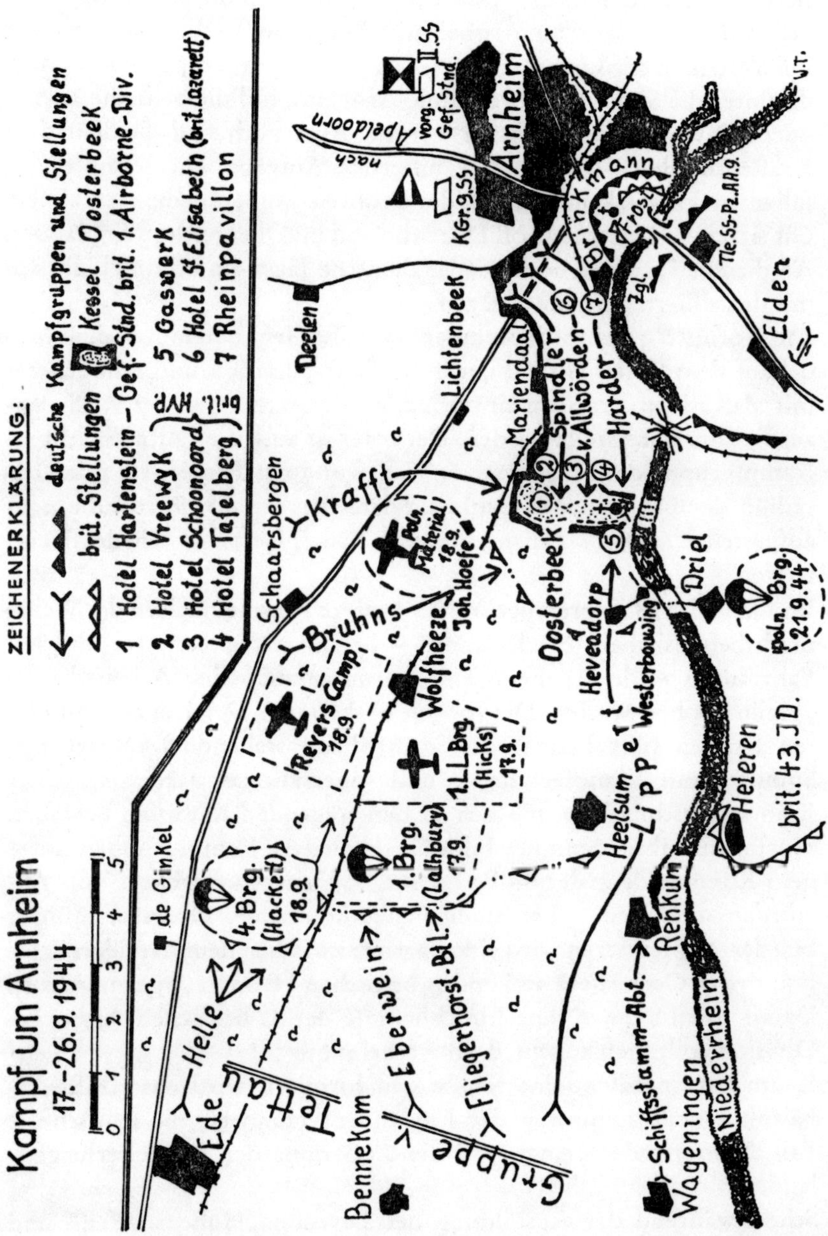

Kampf um Arnheim
17.-26.9.1944
0 1 2 3 4 5
ZEICHENERKLÄRUNG:
deutsche Kampfgruppen und Stellungen
brit. Stellungen
Kessel Oosterbeek
1 Hotel Hartenstein - Gef.-Stnd. brit. 1. Airborne-Div.
2 Hotel Vreewyk
3 Hotel Schoonoord
4 Hotel Tafelberg
brit. HVP
5 Gaswerk
6 Hotel St. Elisabeth (brit. Lazarett)
7 Rheinpavillon
de Ginkel
Ede
Helle
Bennekom
Eberwein
Fliegerhorst-Btl.
Gruppe Tettau
4. Brg. (Hackett) 18.9.
1. Brg. (Lathbury) 17.9.
1. LL Brg. (Hicks) 17.9.
Reyers Camp 18.9.
Bruhns
Wolfheeze
Joh. Hoefe
Poln. Material 18.9.
Schaarsbergen
Krafft
Lichtenbeek
Deelen
nach Apeldoorn
vorg. Gef. Stnd. II. SS
KGr. 9. SS
Arnheim
Brinkmann
Frost
Mariendaal
Spindler
v. Allwörden
Harder
Oosterbeek
Heveadorp
Westerbouwing
Driel
Poln. Brg. 21.9.44
Heelsum
Lippert
Renkum
Heteren
brit. 43. ID.
Schiffsstamm-Abt.
Wageningen
Niederrhein
Zgl.
Tle. SS-Pz.AR. 9
Elden
V.T.

tiefen Angriffskeilen auf Oosterbeek vor und nimmt die letzten westlichen Straßenzüge von Arnheim in Besitz. In Verbindung mit der im Westen, in der Linie Renkum—Ede stehenden Gruppe von Tettau, darunter die SS-Unterführerschule Arnheim, soll die britische 1. Airborne-Division eingeschlossen werden. Aber noch sind die deutschen Kräfte zu schwach für diese raumgroße Aufgabe. Die Kämpfe zerfallen in Einzelaktionen, die die Fronten immer mehr verzahnen. Oft sitzen im Untergeschoß Deutsche und im Obergeschoß Engländer. An diesem Tage sind auch wieder deutsche Jäger am Himmel, die sich mit den alliierten herumschlagen.

Am Vormittag des 18. September erscheint Generalfeldmarschall Model auf dem Gefechtsstand der 9. SS-Panzerdivision und teilt Harzer mit, daß alle in Arnheim eintreffenden Verstärkungen der 9. SS-Panzerdivision unterstellt werden. Darunter ist auch die Luftnachrichten-Kampfgruppe des Hauptmanns Weber und das Panzergrenadier-Bataillon des Hauptmanns Bruhns. Spätestens am 23. 9. soll die neuaufgestellte schwere Panzerabteilung 506 (Heer) aus Ohrdruff eintreffen.

Im Laufe des 18. September treffen weitere Alarmeinheiten des Wehrmachtbefehlshabers Niederlande — befehlsmäßig verlastet und auf Fahrrädern — in Arnheim ein. Darunter auch eine Arbeitsdienstabteilung ohne Waffen. Die Jungen sind 16 und 17 Jahre alt. Mit diesen Kräften füllt Harzer die in Arnheim stehende Kampfgruppe Spindler auf. Kampferfahrene und -unerfahrene werden zu einer Einheit verschmolzen, die sich in den folgenden Kämpfen bewährt. Sturmbannführer Spindler bildet zwei weitere Kampfgruppen unter dem Kommandeur der SS-Pz.Jg.Abt. 9, Hauptsturmführer von Allwörden, und dem Chef einer Panzerkompanie, Obersturmführer Harder. Mit letzteren wird eine Barriere zwischen dem Bataillon Frost und der in Oosterbeek stehenden britischen Hauptgruppe aufgebaut. Damit scheint die völlige Einschließung der 1. britischen Airborne-Division vollzogen zu sein, doch es scheint nur so!

Kaum hat Spindler seine Kräfte neu formiert, wird das Kräfteverhältnis erneut zugunsten der Engländer verändert; die britische 4. Fallschirmbrigade springt und die 2. Gruppe der 1. Gleiterbrigade landet.

Schon während der Ausbildung der Division „Hohenstaufen" und „Frundsberg" legte der damalige Oberbefehlshaber der Panzergruppe

West, General Geyr von Schweppenburg, wie wir wissen, besonderes Gewicht auf die Abwehr von Luftlandungen. Damals an der Normandieküste wurde allen Führern, Unterführern und Männern eingehämmert, daß die beste Zeit für das Absetzen von Fallschirmjägern eine Stunde vor Dunkelwerden ist. Bis zum Eintritt der Dunkelheit können die Springer dann sammeln und in der Nacht die Ausgangsbasen für den weiteren Kampf besetzen. Die Abwehr von Luftlandungen sollte in der Zeit zwischen dem Landen und dem Sammeln erfolgen, wo auch kleine und zusammenhanglos kämpfende Abwehrgruppen einen Erfolg versprechen. Zersplittern und aufreiben, bevor sie sich gesammelt haben, ist das Rezept einer erfolgversprechenden Abwehr, und das strebt auch Obersturmbannführer Harzer auf einer höheren Ebene an.

Abwehrmaßnahmen gegen die in den Abendstunden des 18. September springende britische Fallschirmjäger-Brigade zeigen wenig Erfolg, da die Sprung- und Landeräume im Schutzbereich der britische 1. Airborne-Division westlich von Oosterbeek liegen. Die 4. Fallschirmjägerbrigade wird von Brigadier Hackett geführt und mit 124 Zweimotorigen herangeflogen. Die Brigade besteht aus dem 10. (Oberstleutnant Smyth), 11. (Oberstleutnant Lea) und 156. (Oberstleutnant Voeux) Fallschirmjägerbataillon und den Brigadeeinheiten (Pioniere, Pak und leichte Geschütze). Unmittelbar nach der Sprungwelle werden 120 Lastensegler herangeschleppt, die über dem Einsatzgebiet die Schleppseile ausklinken und auf die Landeplätze bei Wolfsheeze niederschweben. Die Kampfgruppe 9. SS-Panzerdivision verfügt zur Zeit über vier 2 cm und zwei 8,8 cm Flak.

Mit den neuen Verstärkungen leben in der Nacht zum 19. September die Kämpfe wieder auf. Noch einmal versuchen die Engländer, das an der Straßenbrücke von Arnheim kämpfende Bataillon Frost zu entsetzen. Der Schwerpunkt der Kämpfe verlagert sich an den westlichen Stadtrand von Arnheim beiderseits des St. Elisabeth-Hotels. Deutsche und Engländer liegen sich auf nächste Entfernung gegenüber. Um einen übersichtlichen Frontverlauf zu erhalten, werden Teile der Kampfgruppe Spindler etwas zurückgenommen.

Indessen drücken von Westen her die Einheiten der Gruppe von Tettau ihre Stellungen weiter gegen Oosterbeek vor. Die Gruppe von Tettau, einschließlich der SS-Unterführerschule Arnheim, untersteht nicht der 9. SS-Panzerdivision, und alle Aktionen gegen die Briten in

Oosterbeek müssen umständlich über das Generalkommando II. SS-Panzerkorps abgestimmt werden, was allerdings durch ein funktionsfähiges Telefonnetz der niederländischen Post erleichtert wird. Die 9. SS-Panzerdivision verfügt nur über wenige Funkstellen.
Die in der Nacht zum 19. 9. vom Bataillon Krafft eintreffenden Meldungen stimmen die Führung der Kampfgruppe 9. SS-Panzerdivision „Hohenstaufen“ optimistisch. Das Bataillon Krafft konnte gegen Oosterbeek erhebliche Geländegewinne erzielen und dabei eine größere Anzahl Gefangene und Beute machen.
In der Nacht zum 19. September gehen die schweren Kämpfe auch um den britischen Brückenkopf an der Niederrheinbrücke von Arnheim weiter. Das Bataillon Frost schmilzt immer mehr zusammen, Munition und Verpflegung werden knapp; ein Entsatz wird dringend, wenn das Bataillon nicht untergehen soll. Hierzu werden die neugelandeten Bataillone eingesetzt.
In den frühen Morgenstunden des 19. September gehen vier britische Bataillone aus der Linie St. Elisabeth-Hotel—Rheinpavillon (zwischen Eisenbahnlinie und Rhein) gegen die Straßenbrücke vor, rechts auf dem Uferweg das I. Bataillon unter Oberstleunant Dobie, dahinter das III. Bataillon der 1. Fs.-Brigade unter Oberstleunant Fitch, links auf dem Höhenweg neben den Rangiergeleisen das 2. South-Staffords-Bataillon der 1. LL-Brigade unter Oberstleunant McCardie und dahinter das 11. Bataillon der 4. Fs.-Brigade unter Oberstleunant Lea. Die britischen Spitzen geraten bald in das Feuer der neu gebildeten Kampfgruppe Harder, die auch über einige Panzer verfügt. Aus der Ziegelei vom Südufer des Rheins greifen Gruppen der SS-Pz.AA 9 mit Flankenfeuer in die Kämpfe ein. Dann fahren Obersturmführer Harders Panzer an. Das dezimierte Bataillon Dobie wird zusammengeschossen und aufgerieben; im Gefechtsbericht des Bataillons heißt es: „. . . R-Kp. noch 6, S-Kp. noch 15, T-Kp. noch 8 und Btl.Stab noch 10 Männer übriggeblieben . . . 5.30 Uhr T-Kp. abgeschnitten, kann sich nicht freifechten. Feind wirft Handgranaten aus den hohen Häusern am Höhenweg, den wir passieren wollen. Feind nun auch im Rükken, Tanks vor unserem Haus. Viele Bürger bei uns im Keller. Wir können nichts mehr tun. Vier von uns sind verwundet . . . 6.30 Uhr betritt SS unser Haus. Unsere Gruppe gefangengenommen.“ Für Oberstleunant Dobie war das noch nicht das Ende; er erzählt seinen weiteren Weg: „Um 6.30 Uhr werde ich gefangengenommen. Ich

bin am Auge und am Arm verwundet und werde verbunden. Meine Rangabzeichen habe ich vorher abgelegt. Wir sollen in ein Lazarett kommen. Kaum Bewachung. Unterwegs kann ich fliehen und mich verstecken. Ein niederländischer Arzt versorgt mich, und mit Hilfe von Niederländern gelange ich später nach Ede, wo ich untertauche und meine Genesung abwarte."

Nach dem Bataillon Dobie erwischt es auf ähnliche Weise das Bataillon Fitch. Bei Anbruch des Tages wird das Bataillon an der Rheinuferstraße von der Sicherung der SS-Pz.AA 9 aus der Ziegelei am jenseitigen Ufer zusammengeschossen. Fitch gibt Befehl zum Rückzug auf die Ausgangsstellung am Rheinpavillon. Vom Bataillon kommen nur wenige Männer zurück.

Das auf der Höhenstraße neben den Rangiergeleisen vorgehende Bataillon McCardie kommt auch nicht weit. In der Morgendämmerung erhält es plötzlich von drei Seiten Feuer. Die Verwirrung ist groß. Teile des Bataillons besetzen noch das Museum, und damit ist auch dieser Angriff zum Stehen gekommen.

McCardie und der Kommandeur des folgenden Bataillons beraten, wie es weitergehen soll, und kommen überein, etwas nach rechts zum Rheinufer hin zu verschieben und noch einmal anzugreifen.

Sie kommen wieder nicht weit, erreichen aber das Haus, in dem sich General Urquhart versteckt hält. Er übernimmt wieder die Führung der 1. Airborne-Division. Die Verluste steigen. Gegen 08.00 Uhr wird ihnen gewiß, daß sie nicht durchkommen. Die Kampfgruppen Harder und von Allwörden bilden eine eiserne Mauer. 1500 Meter weiter kämpft das Bataillon Frost seinen letzten Kampf. Die englischen Verwundeten werden im St. Elisabeth-Hotel und seinen Nachbargebäuden ärztlich versorgt.

Um 09.00 Uhr ergeht der Divisionsbefehl zum Rückzug der Reste der englischen Bataillone auf die Linie Heyenoord—Diependaal; das ist hinter die Ausgangsstellung. Bis 10.00 Uhr hält noch die A-Kp. des Staffords-Bataillons mit vom Stabsquartier Hartenstein zugeführter Pak in der Gegend des St. Elisabeth-Hotels deutsche Infanterie- und Panzerangriffe auf. Dann geht auch diese Kompanie zurück.

Gleichzeitig mit dem Angriff der vier englischen Bataillone zum Entsatz des Bataillons Frost an der Brücke von Arnheim greifen im Nordosten von Oosterbeek das 156. Bataillon unter Oberstleutnant Voeux und das 10. Bataillon unter Oberstleutnant Lea (beide 4. Fs.-Brigade)

sowie das 7. KOSB-Bataillon der 1. LL-Brigade unter Oberstleutnant Playton-Reid an, um in Verbindung mit dem Angriff zwischen Rheinufer und Eisenbahnlinie einen vergrößerten Brückenkopf einschließlich der Stadt Arnheim zu gewinnen. Auch diese Angriffe scheitern an der Abwehr der Kampfgruppen Krafft, Spindler und von Allwörden, die folgende Gliederung eingenommen haben:
An der Eisenbahnlinie mit Front nach Südwesten Kampfgruppe von Allwörden;
am Dreysenweg mit Front nach Westen Kampfgruppe Spindler;
bei Lichtenbeek mit Front nach Süden Kampfgruppe Krafft;
am Rheinufer mit Front nach Westen Kampfgruppe Harder;
westlich von Oosterbeek stehen Bataillonsgruppen der Kampfgruppe von Tettau, einschließlich der SS-Unterführerschule Arnheim, in einer weitgespannten Front nach Osten.

Andauernde deutsche Angriffe und das Fehlschlagen des eigenen Angriffs bewegen Generalmajor Urquhart zur Zurücknahme seiner Ostfront in eine Linie halbwegs zwischen Arnheim und Oosterbeek. Der Traum vom großen Brückenkopf Arnheim ist ausgeträumt. Die Nordfront muß noch gehalten werden, da in diesem Gebiet die Landeplätze der Gleitergruppe der polnischen Fallschirmbrigade liegen, die ab Mittag das schwere Gerät heranfliegen soll. Die Fallschirmjäger der polnischen Brigade sollen am Mittwoch südlich der Straßenbrücke von Arnheim springen, aber bei der ungünstigen Lageentwicklung erscheint das fraglich. In diesem Gebiet stehen Sicherungen der SS-Pz.AA 9 mit Masse in Elst.

Gegen Mittag des 19. September fliegen zweimotorige „Dakotas" unter starkem Jagdschutz die Gleitergruppe mit dem schweren Gerät für die polnische Brigade heran. Da die alten Landeplätze mit Lastenseglern früherer Wellen vollgestopft sind, landen sie bei Johanneshof dicht vor der Nase des Bataillons Krafft. Ein Viertel des Anfluggutes fällt in deutsche Hand. Die ersten Polen wandern in die Gefangenschaft. Von 44 Lastenseglern geraten 13 auf deutsches Gebiet.

Um die gleiche Stunde trifft aus dem Reichsgebiet der Stab der Flak-Brigade des Oberstleutnants Swoboda in Arnheim ein. Von den fünf nachfolgenden Flak-Abteilungen werden drei der Kampfgruppe „Hohenstaufen" unterstellt. Die Flak-Batterien stammen aus der ortsfesten Verteidigung des Ruhrgebiets und sind mit Schleppern und Holzgasern beweglich gemacht worden. Swoboda werden die schon

im Raum Arnheim stehenden Flakkräfte unterstellt. Die nunmehr einheitliche Führung der Flakverbände verspricht eine wirksame Abwehr weiterer Luftlandungen. Bereits am Nachmittag meldet Oberstleutnant Swoboda der Kampfgruppe 9. SS-Panzerdivision die Einsatzbereitschaft aller Flak-Batterien und eine gute Munitionsausstattung. Alle Batterien sind so in Stellung gegangen, daß sie auch auf die bisherigen Landeräume einwirken können.
Dann meldet sich noch ein Verbindungsoffizier der 3. Jagdfliegerdivision der Luftflotte „Reich". Damit kann Obersturmbannführer Harzer über Funk direkt mit den Fliegerkommodoren in der Luft Verbindung aufnehmen. Die Luftstreitkräfte umfassen 300 Maschinen vom Typ Me 109 F und FW 190. Die Anflugzeit von den Plätzen des Ruhrgebiets beträgt 10 Minuten. Die noch in deutscher Hand befindliche, jedoch völlig eingeschlossene Festung Dünkirchen meldet laufend Anzahl und Kurs anfliegender alliierter Luftverbände an die Heeresgruppe B, und so können die deutschen Abwehrmaßnahmen frühzeitig anlaufen.
Generalfeldmarschall Model erscheint täglich auf dem Gefechtsstand der Kampfgruppe 9. SS-Panzerdivision. Sein Schwung, seine Dynamik reißt alle mit. Er ist frontverbunden und unkompliziert und verlangt für jede Aktion immer gleich zwei, drei Pläne, um beim Scheitern des einen sich auf den anderen umstellen zu können. Beim Gespräch mit Obersturmbannführer Harzer am 19. September genehmigt er, daß die Kampfgruppe 9. SS-Panzerdivision zwecks Versorgung direkt mit der Heeresgruppe B verkehren darf. Dadurch wird zeitraubender Leerlauf erspart, und OKH-Kolonnen fahren fortan Reserven und Versorgung direkt an die Arnheimer Front, die Artilleriemunition gleich in die Batteriestellungen. Fehlende Flammenwerfer werden von den Zeugämtern herangebracht. Model befiehlt auch das Pionier-Lehr-Bataillon aus Glogau heranzufliegen, das am 20. 9. auf dem Flugplatz Deelen eintrifft und beim Straßen- und Häuserkampf zum Einsatz kommt.
Der Ic der 9. SS-Panzerdivision findet bei der Sichtung der erbeuteten Feindakten auch eine Anleitung zum Auslegen von Fliegerzeichen und ihre Bedeutung. Jede Nachschubanforderung hat ein Fliegertuchzeichen. Die Division „Hohenstaufen" macht den Versuch . . . Englische Aufklärer fotografieren und wissen bald, wo was gebraucht wird. In den folgenden Tagen klappt die „Masche", und fortan rau-

chen die Deutschen englische Zigaretten und essen englische Schokolade*.

Am 19. September bleiben die konzentrischen deutschen Angriffe nicht ohne Wirkung. Generalmajor Urquhart nimmt in der Nacht zum 20. 9. seine stark gelichteten Kräfte bis an den Ost- und Nordrand von Oosterbeek zurück. Die Westfront bleibt stehen.

Im Brückenkopf Nymwegen ist das Bild umgekehrt, hier steht am 19. 9. die Kampfgruppe Euling unter massivem Feinddruck. Die Spitzen des britischen XXX. Korps vereinigen sich mit der 82. US-Landedivision. Im Laufe des Tages schließen starke Kräfte auf. Auch Panzer und Artillerie greifen in die Kämpfe um Nymwegen ein. Flankenangriffe der Fallschirmjäger-Kampfgruppen Becker, Greschick und Herrmann schlagen südlich Nymwegens nicht durch, der Maas-Waal-Kanal wird nicht erreicht.

Gegen 15.30 Uhr beginnt der Angriff des Bataillons Vandervoort der 82. US-LL.-Division und des I. Bataillons der Gardegrenadiere der irischen Garde-Panzerdivision unter Führung von Oberst Goulburn. Beide Angriffsgruppen werden von 40 Panzern unterstützt. Im raschen Vorstoß gelangen sie ohne großen Widerstand bis in den Stadtkern von Nymwegen. Dann bilden sie zwei Stoßkeile, einer geht gegen die Eisenbahn-, der andere gegen die Straßenbrücke vor. Jetzt ist die Zeit für Hauptsturmführer Euling und seine Männer gekommen. Aus allen Häusern und Grünanlagen rund um die beiden Waalbrücken schlägt den Angreifern heftiges Feuer entgegen. Bei der Anfahrt auf die Eisenbahnbrücke werden mehrere „Sherman“ von einer deutschen Achtacht abgeschossen. An die Straßenbrücke kommen sie erst gar nicht so weit heran. 2-cm-Flak hämmert die Straßen entlang, zwei Sturmgeschütze greifen aus einer gut getarnten Lauerstellung in den Kampf ein und schießen mehrere Feindpanzer zusammen. Bei Anbruch der Dunkelheit wird noch ein Infanterieangriff abgewehrt, dann wird es ruhiger. 400 Meter vor der Waalbrücke richten sich amerikanische Fallschirmjäger und britische Panzer für die Nacht ein.

* Ryan a.a.O., S. 355, Abs. 2: Leider wird hier vergessen, daß die 9. SS-Panzerdivision schon am 18. 9. in den Besitz einer Anweisung über das Auslegen der Fliegerzeichen und ihre Bedeutung gelangt ist. Die hämischen Bemerkungen, die Harzer hierzu gemacht haben soll, müssen in diesem Zusammenhang doch in einem anderen Licht gesehen werden.

Hauptsturmführer Eulings Gefechtsbericht an die 10. SS-Panzerdivision ist optimistisch, aber er läßt auch keinen Zweifel aufkommen: Sie werden morgen wieder angreifen und wahrscheinlich mit stärkeren Kräften!

Die Engländer hatten an einen schnellen Sieg geglaubt, denn im Gefechtsbericht der Gardegrenadiere heißt es: „Es war angenommen worden, daß der Feind sich allein beim Anblick unserer Panzer zurückziehen würde*."

Am Abend berät sich General Browning, der Kommandierende des I. alliierten Luftlandekorps, mit seinen Kommandeuren, wie es an den Nymwegener Brücken weitergehen soll, und sie kommen überein, mit Booten westlich von Nymwegen über den Fluß zu gehen, um dann von Norden und Süden zugleich die Brücken anzugehen. US-Fallschirmjäger sollen über den Waal gehen, und dazu werden vom Korps Boote angefordert. Die Vorbereitungen laufen an.

An der Arnheimer Straßenbrücke warten indessen Frosts Fallschirmjäger auf das Herankommen der Landtruppen. Sie hören den Gefechtslärm in Nymwegen und schöpfen neue Hoffnung. Ihr Aushalten zwingt die 10. SS-Panzerdivision dazu, alle Verstärkungen für Nymwegen weiterhin bei Pannerden überzusetzen, und da das so langsam vor sich geht, kann am 19. September die deutsche Barriere zwischen Waal und Niederrhein nicht wesentlich verstärkt werden.

Im Mittwoch, dem 20. September 1944, setzen die Einheiten Brinkmann und Knaust ihre Angriffe gegen das Bataillon Frost fort. Flammenwerfer, Pioniersprengmittel und Panzerfäuste kommen zum Einsatz. Die deutschen Kräfte arbeiten sich immer mehr an die Brückenauffahrt heran. Zahlreiche englische Verwundete werden aus den Kellern geborgen und von deutschen Truppenärzten versorgt. Die Briten setzen ihre letzte Hoffnung auf einen schnellen Vorstoß des XXX. Korps bis zur Brücke, und diese Hoffnung läßt sie weiterkämpfen. Am Nachmittag wird Oberstleutnant Frost aufgrund einer Gefangenenaussage zur Übergabe aufgefordert; er lehnt ab. Der Kampf geht weiter. Frost hat noch 150 Kämpfer um sich — 150 von 600. Gegen Abend stehen die Deutschen am Gebäude, in dem das II. Bataillon der 1. britischen Fs.-Brigade seinen Gefechtsstand hat. Im Keller liegen 200 Verwundete. Oberstleutnant Frost bittet um eine Feuer-

* Cornelius Ryan, a.a.O., S. 291.

pause zur Bergung der Verwundeten. Die britischen Verwundeten werden von deutschen Sanitätsdiensten übernommen, und dann geht der Kampf weiter. Ein Gebäude nach dem anderen wird zur Ruine. Im Süden hören Frosts Männer den Kanonendonner des herannahenden XXX. Korps; wird es rechtzeitig herankommen?
Indessen treffen in Arnheim das Pz.Gr.Btl. Bruhns, eine Marine-Art. Abteilung (infanteristisch), die MG-Bataillone 37 und 41 und weitere Alarmeinheiten ein. Die kampfunerfahrenen Einheiten werden in bestehende Kampfgruppen eingegliedert. Das Bataillon Bruhns wird am rechten Flügel des Bataillons Krafft eingesetzt. Damit erhält auch der nördliche Einschließungsring eine wesentliche Verdichtung. Die im Westen abriegelnden Polizei- und Wacheinheiten bleiben in ihren Sicherungsabschnitten stehen. Nur die SS-Unterführerschule Arnheim wird mit ihren Bataillonsgruppen zu Einengungsangriffen angesetzt. Das im Raum Apeldoorn zur Neuaufstellung liegende Art.Rgt. 191 tritt unter den Befehl der Kampfgruppe 9. SS-Panzerdivision. Die Batterien werden schubweise von Schleppern und SPW herangefahren. Die bis Nymwegen vorgekommenen britischen Kräfte beschießen nun auch mit schwerer Artillerie das Stadtgebiet von Arnheim. Dies und zunehmende Bombenangriffe sind Anlaß zur Räumung der Stadt von Zivilisten. Nur Feuerwehr und Ordnungsorgane bleiben in Arnheim.

Um endlich eine einheitliche Führung an der Oosterbeeker Einschließungsfront zu erhalten, werden auch die Kampfgruppen des Generals von Tettau der 9. SS-Panzerdivision unterstellt und erhalten in der Nacht vom 20./21. 9. den Befehl zum Generalangriff am 21. September.
Schon in den Vormittagsstunden des 20. September werden die deutschen Stellungen am Nymwegener Brückenkopf mit schwerem Granatwerfer- und Artilleriefeuer eingedeckt, und auch Jabos greifen an, aber der erwartete Infanterie- und Panzerangriff läßt auf sich warten. Während Hauptsturmführer Eulings Männer den Angriff von Süden erwarten, gehen nach Vernebelung des Geländes amerikanische Fallschirmjäger unter Major Cook gegen 16.00 Uhr westlich von Nymwegen in 26 Booten aus Sperrholz und Segeltuch über den Waal. Der Übergang sollte schon um 13.00 Uhr beginnen, aber die zwei Zentner schweren und vier Meter langen Boote wurden wahrscheinlich erst angefertigt und trafen nicht eher ein.

Gleichzeitig mit dem Flußübergang der US-Fallschirmjäger schießen wie vereinbart 40 Panzer der irischen Garde-Panzerdivision auf die deutschen Brückenkopfstellungen und dazu die weitreichende Artillerie des XXX. Korps, insgesamt ca. 100 Rohre. Das Höllenfeuer zwingt die Deutschen in Deckung und lenkt sie ab, aber dann erkennen die schwachen deutschen Sicherungen (Landesschützen und Alarmeinheiten) am Waaldeich nordwestlich Nymwegens das Übersetzen der Amerikaner und eröffnen das Feuer. Nach amerikanischen Darstellungen entstehen große Menschenverluste, und ca. die Hälfte der eingesetzten Boote wird zerschossen und geht verloren. Die Amerikaner stürmen den Deich und das alte Fort „Hof van Holland". Der amerikanische Corporal Bommer erinnert sich, daß die deutschen Verteidiger 15 bis 60 Jahre alt waren und sich nun ergeben wollten. „Daraus wurde aber nichts, Gefangene wurden so gut wie keine gemacht . . . Eine ganze Menge wurden aus nächster Nähe erschossen*."
Nun greifen auch die englischen Panzer und Gardegrenadiere den Brückenkopf von Süden her verstärkt an, umgehen einzelne deutsche Stellungen, schalten andere im Nahkampf aus und gelangen zuerst an die Auffahrt der Eisenbahnbrücke. Als die Deutschen erkennen, daß die Eisenbahnbrücke nun auch von Norden angegriffen wird, versuchen einige im Laufschritt noch über die Brücke nach Norden zu kommen. Die Eisenbahnbrücke ist gegen 17.00 Uhr in Feindeshand. Man erwägt, Panzer über die Eisenbahnbrücke hinüberzuschicken, verwirft den Plan aber, da man mit einer Sprengung der Brücke durch die Deutschen rechnet.
Der Schwerpunkt des Kampfes liegt jedoch an der Straßenbrücke einen Kilometer oberstrom. Hier kämpft das Bataillon Euling seinen großen Kampf im Hunerpark, am Valkhof und am Verkehrskreisel. Aber die Anglo-Amerikaner gehen methodisch vor, brechen ein Widerstandsnest nach dem anderen aus der Brückenkopfstellung heraus. Von allen Seiten rollen „Shermans" heran. Vier auf der Grünfläche des Verkehrskreisels eingegrabene deutsche Sturmgeschütze sind das letzte starke Rückgrat der Deutschen — aber dann sind auch sie erledigt, und der Weg zur Brücke ist frei.
Auf diesen Moment hat Sergeant Robinson gewartet, und er setzt sich mit seinen vier Panzern in Richtung Brücke in Bewegung.

* Cornelius Ryan, a.a.O., S. 317.

Ein Paktreffer von der Seite läßt das Funkgerät ausfallen, aber der Panzer ist noch manövrierfähig. Robinson steigt in den nächsten Panzer um, und nun rasseln die vier Panzer im Höchsttempo über die Straßenbrücke, jeden Moment die Sprengung erwartend.
Sie erreichen die andere Seite. Am Nordende der Brücke werden sie von einer Achtacht unter Feuer genommen, die vier Granaten herausbringt, dann aber getroffen wird. Aus weiterer Entfernung greift von halbrechts ein deutscher Panzer ein, doch dann verhalten die „Shermans" hinter einer Deckung, denn es geht zum Abend. Und wenig später sind die ersten US-Fallschirmjäger bei ihnen, die nach dem Flußübergang in Booten nun auch den Nordzugang der Straßenbrücke erreicht haben. Es ist 19.15 Uhr, und nach Arnheim sind es nur noch 17 Kilometer.
Während des Kampfes um die Brücken von Nymwegen steht Brigadeführer Harmel auf dem Dach eines Bunkers bei Lent und beobachtet mit dem Fernglas. Genaues kann er nicht erkennen. Überall Einschläge, und Qualm verdeckt die Sicht, aber als Harmel dann doch erkennt, daß die Brücken verloren sind, gibt er den Sprengbefehl an den Pionier, der neben ihm steht. Der betätigt einmal, zweimal die Zündmaschine, aber die Sprengung erfolgt nicht, anscheinend sind die Zündleitungen zerstört. Entgegen Models Befehl und mit Billigung von Bittrich wollte Harmel die Brücken sprengen.

Über den Kampf des I./SS-Pz.Gr.Rgt. 22 an den Brücken von Nymwegen berichtet das Frundsberg-Erinnerungsbuch:

„Das Bataillon Euling scheint verloren zu sein. Nach menschlichem Ermessen ist es den verzweifelt kämpfenden letzten 60 Männern unmöglich, sich zu den eigenen Linien, die sich dank der schnellen Entschlußfähigkeit und des tatkräftigen Zupackens des Sturmbannführers Reinhold wieder gebildet haben, durchzuschlagen. Vor und hinter ihnen der Feind und dazwischen die ewig murmelnden Massen des Stromes.
Das Bataillon Euling weiß, daß es um das Letzte geht. Es wird zu einem Gespensterbataillon.
Hauptsturmführer Euling sieht, wie die deutschen Einheiten über die Brücke zurückgedrückt werden. Er formiert den Widerstand von neuem. Als aber die ersten Schatten der Dämmerung hereinbrechen, sind die letzten Grenadiere in den vordersten Stellungen gefallen, und nur der Bataillons-Gefechtsstand steht wie ein Fels in der Brandung.

In einem Haus des Valkhofes zwischen den Brücken hat der Kommandeur seine Männer zusammengezogen.
Mit 60-Stunden-Kilometern brausen jetzt die ‚Sherman'-Panzer über die Straßenbrücke nach drüben. Gefechtsfahrzeuge folgen. Die Männer um Hauptsturmführer Euling sind eingeschlossen. Es bleibt nicht viel Zeit zum Grübeln. Ein Panzer fährt vor den Gefechtsstand und hält unmittelbar vor der Haustür. Er wird nach seinem ersten Schuß, der durch das ganze Haus fegt, mit einer Panzerfaust erledigt. Nunmehr legt der Gegner schwersten Beschuß auf den Gefechtsstand.
Ein zum Luftschutz ausgebauter Graben führt aus dem Haus ins Freie. Auch vor seinem Ausgang ist ein Panzer vorgefahren, der mit seiner Kanone in den Graben feuert. Der Kompaniechef der Achten baut sich im Vorraum des Hauses, in den der Graben mündet, zur Verteidigung auf. Beim dritten Schuß des Panzers fliegt er mit Tür und Wand durch den ganzen Raum. Der Tod ist wieder einmal vorbeigegangen.
Die Munition wird knapp. Die letzten Patronen für die Maschinenpistolen sind längst verschossen. Es sind nur noch 100 Schuß für das MG und die Gewehre da. Mit gezieltem Einzelfeuer werden 18 Gegner außer Gefecht gesetzt.
Plötzlich hören die Männer Schritte in den oberen Stockwerken des Hauses, die von ihnen nicht besetzt sind. Der Chef der Achten springt die Treppen hinauf. Eine Phosphorgranate fällt ihm vor die Füße, eine Handgranate folgt. Die dritte Handgranate reißt ihm ein paar Schrammen ins Gesicht. Dann zieht sich der Gegner wieder aus dem Haus zurück.
Draußen wird es dunkel, ein Ruf alarmiert die Männer: Das Haus brennt! Die Besonnenheit des Hauptsturmführers bringt Ruhe. Er läßt die Verwundeten hinter das Haus tragen und dann steht der Entschluß fest: Das Bataillon schlägt sich durch!
Um 22.30 Uhr brennt das Haus lichterloh. Der Gegner wähnt die letzten Deutschen im Feuer umgekommen und beobachtet den Gefechtsstand nicht mehr. Der Augenblick des Ausbruchs ist gekommen. In Reihe, der Bataillonskommandeur vorn, gehen die Männer aus dem Haus. Sie legen sich keine Zurückhaltung auf und gebärden sich, um keinen Verdacht zu erwecken, wie Amerikaner, die irgendwo in Stellung gehen. Sie überqueren eine Straße und gehen in einem parallellaufenden Graben zum Flußufer. In Sekundenschnelle springen die

Männer aus dem Graben heraus und gehen in Deckung. Zwei Handgranaten sind dem Vordersten vor die Füße geflogen. Das ging noch einmal gut!
Unten läuft eine weitere Straße, deren linke Seite von einer hohen Steinmauer begrenzt wird. Sie bietet Schutz gegen Beschuß von links. Die Gruppe tastet sich an ihr entlang. Aus einem offenen Bunker, an dem die Männer vorüber müssen, dringt heller Lichtschein. Frech marschieren die Männer vorbei. Im Bunker sitzen rauchende und lesende Engländer, die keinen Argwohn schöpfen.
Ein scharfer Schatten hebt sich gegen den von der Glut der brennenden Häuser blutigrot erleuchteten Himmel ab. Seine Konturen verraten einen feindlichen MG-Schützen. Der Bataillonskommandeur wagt als erster den Sprung, aber mit einem Fluch landet er mitten in einem Flächendrahthindernis. Die ganze Gruppe folgt ihm nach. Es gibt einen wüsten Lärm, alles hängt in den Drähten, die ihnen Uniformen und Haut zerfetzen. Und dazwischen jagt ein feindliches MG seine Garben, doch niemand wird getroffen.
Nach zehn Minuten ist das Hindernis überwunden, aber schon baut sich ein neues auf. Ein hoher Staketenzaun muß überstiegen werden, um endlich zur Uferstraße zu kommen. Die erste Etappe der Flucht liegt hinter ihnen.
Links oder rechts, wohin nun? Der Bataillonskommandeur überlegt, daß die links gelegene Eisenbahnbrücke auch sicher schon vom Gegner besetzt sein muß. Er erwägt darum das Gefährlichere: Am Flußufer nach rechts unter der großen Straßenbrücke, über die ununterbrochen alliierte Verstärkungen nach vorn rollen, hindurchzugehen. Er tappt in der Dunkelheit voran und ist der Meinung, daß ihm seine Männer folgen. Doch diese sehen nur einen einzelnen Mann sich entfernen und halten ihn für einen Amerikaner, der vielleicht Hilfe herbeiholen will. Alles läuft nach links, aber dort stehen an einer Ecke 30 bis 40 Engländer rauchend und grölend. Die Männer machen kehrt und auch die Engländer flüchten erschreckt. Derartige Zwischenspiele können sich summieren. Hauptsturmführer Euling setzt deshalb alles auf eine Karte. Er befiehlt, wie eine feindliche Kolonne freiweg zu marschieren und nicht zu wenig das Wort ‚Stop!‘ zu gebrauchen, das sie als Amerikaner legitimieren soll. Der Hauptsturmführer befand sich schon in mancher verzwickten Lage — doch hier werden seine Nerven auf die äußerste Probe gestellt. Nach menschlichem Ermessen gibt es keine

Möglichkeit, mit weit über 60 Männern lautlos durch die feindlichen Linien zu kommen. Und doch steht kein anderer Weg offen, der tollkühnste, der dreistete: mit grandioser Unverfrorenheit zu marschieren.

Auf der Brücke stehen Posten. Maschinengewehre beherrschen das Gelände, Fahrzeug auf Fahrzeug dröhnt zum anderen Ufer, überholt marschierende Kolonnen. Befehle, Rufe und Lärm lassen die Nacht lebendig werden. Unten aber, auf der Uferstraße, marschiert das Gespensterbataillon Euling pochenden Herzens der Freiheit entgegen. Noch ist es nicht geschafft, ein neues Hindernis taucht auf. Vor ihnen liegt ein Stichkanal, der in den Waal mündet. Ein paar Männer suchen in einem Bootshaus nach einem Kahn, andere nach einem Übergang. Ein neuer Zwischenfall scheint alle Erwägungen gegenstandslos zu machen. Die Engländer sind aufmerksam geworden und haben einen Spähtrupp zum Kanal geschickt. Es kommt zu einem Handgemenge, kein Schuß fällt, die Fäuste sprechen. Verbissen ringen die Männer in der Dunkelheit, stoßen sich in das Wasser. Endlich ist der Feind überwältigt. Zwei Kameraden fehlen ...

Das Weitere verläuft planmäßig. Das II./21 findet einen Übergang über den Stichkanal und setzt später mit Booten über den Waal. Das Gespensterbataillon hat sich durchgeschlagen. Kurze Zeit darauf trägt sein Kommandeur das Ritterkreuz."

Das ist der Einsatzbericht des Bataillons Euling, das in der Gegend von Halderen das Nordufer des Waal erreicht. Ebenso kommt eine Fallschirmjägergruppe mit Major Ahlhorn zurück.

Während sich am Nachmittag des 20. September die Einschließung des Bataillons Euling vollzieht, kann die 1./SS-Pz.Pi.Btl. 10 den Sturm irischer Gardepanzer über die Straßenbrücke von Nymwegen nicht aufhalten. Es gelang nicht, die Brücke zu sprengen. Sturmbannführer Reinhold organisiert nördlich der Straßenbrücke eine neue Verteidigung.

Am Abend setzt aus Bemmel ein Gegenangriff eines gerade eingetroffenen SS-Pz.Gr.-Bataillons vom Rgt. 22 und der II./SS-Pz.Rgt. 10 mit wenigen Panzern gegen den über Lent vorgehenden Infanterie- und Panzerfeind ein. Bei Einbruch der Dunkelheit ziehen sich beide Seiten zurück. In der Nacht zum 21. September baut Brigadeführer Harmel in der Linie Bemmel—Ressen mit allen verfügbaren Einheiten eine neue Abwehrfront auf.

Der 21. September 1944 wird zum Entscheidungstag. Gelingt es dem XXX. britischen Korps bis zur Straßenbrücke von Arnheim durchzustoßen und das Bataillon Frost zu entsetzen, müssen die Deutschen langsam aber sicher ins Hintertreffen kommen. Und gerade das muß die 10. SS-Panzerdivision verhindern. Von dieser Sorge getrieben, verbringt der Kommandierende General des II. SS-Panzerkorps die Nacht zum 21. September bei den Einheiten der 10. SS-Panzerdivision im Raum Bemmel. Der vorgeschobene Divisionsgefechtsstand befindet sich in Doornenburg.

General Bittrich befiehlt der 10. SS-Panzerdivision in Erwartung des feindlichen Vorgehens auf Elst, am frühen Morgen des 21. September ihre von Pannerden heranrückenden Kräfte unverzüglich zum Angriff gegen die Ostflanke des Stoßkeiles des XXX. britischen Korps anzusetzen und den Feind über den Waal zurückzuwerfen.

Der 10. SS-Panzerdivision „Frundsberg" stehen zur Verfügung:
Eineinhalb Bataillone vom SS-Pz.Gr.Rgt. 22;
Kampfgruppe Hartung (Landesschützen);
II./SS-Pz.Rgt. 10 mit 16 Panzern IV und Sturmgeschützen;
1./SS-Pz.Pi.Btl. 10;
II./SS-Pz.Art.Rgt. 10.

Diese Einheiten stehen im Raum Bemmel—Elst und Teile des SS-Pz.Gr.Rgt. 21 im Raum Pannerden zum Übersetzen. Die II./SS-Pz. Art.Rgt. 10 und weitere Teile des Artillerieregiments sind nördlich von Pannerden auf dem rechten Rheinufer in Stellung gegangen, die die eigenen Infanteriekräfte wirksam unterstützen. Sturmbannführer Haas führt diese Artilleriekräfte.

Die oben angeführten Einheiten werden bereits am frühen Morgen — bevor der eigene Angriff beginnt — von englischen Panzer- und Infanteriekräften angegriffen. In wechselnden Angriffs- und Abwehrkämpfen entsteht eine deutsche Front von Bemmel bis Elst. Bei Elst stehen noch Teile der SS-Pz.AA 9, die am Nachmittag vom Bataillon Knaust abgelöst werden. Die starken englischen Panzerangriffe lassen gegen 10.00 Uhr nach.

Währenddessen greifen die Verbände der 9. SS-Panzerdivision die zur Verteidigung übergegangene britische 1. Airborne-Division von Osten und Norden planmäßig an. Der Angriff der SS-Unterführerschule Arnheim und der Schiffsstamm-Abteilung wirkt sich an diesem Tage noch nicht aus.

Am Vormittag greifen die deutschen Kampfgruppen Oosterbeek an. Sie werden durch leichte Flak auf Selbstfahrlafetten gut unterstützt, die den hartnäckigen Widerstand einzelner Verteidigungsnester bricht. Die Briten antworten mit starkem Infanterie- und Geschützfeuer. Die im Raum der Kirche von Oosterbeek stehende leichte Artilleriegruppe des Oberstleutnants Thompson erweist sich als große Stütze der britischen Verteidigung. Bis zum Spätnachmittag gelingt es den mit einigen Panzern und Sturmgeschützen ausgestatteten Kampfgruppen Spindler, von Allwörden und Harder, in die östlichen Teile von Oosterbeek einzudringen. An der Rheinuferstraße kommt es zu einem heftigen Gefecht zwischen gepanzerten Teilen der Gruppe Harder und englischer Feldartillerie. Harder läßt das Gefecht abbrechen. Bei Harder kämpft auch die Luftnachrichten-Kampfgruppe Weber.
Von Norden drücken die Bataillone Krafft und Bruhns. Hier gibt der schwerversehrte Hauptmann Bruhns seinen Soldaten ein Beispiel von Unerschrockenheit und Tapferkeit. Einer seiner Kompanieführer, Oberleutnant Kertz, erhält später das Ritterkreuz. Der Angriff von Norden gewinnt im unübersichtlichen Wald- und Villengelände nur langsam Boden. Teile des britischen 156. Bataillons, Divisionsschwadronen, Brigadekompanien der 1. LL-Brigade, polnische Gleiterpiloten, Wartungs- und Bedienungsmannschaften wehren sich heftig.
An der Nordostecke der britischen Abwehrfront erzielt die Kampfgruppe Spindler einen gefährlichen Einbruch.
Generalmajor Urquhart sieht, was auf ihn zukommt. Er gliedert seine Abwehr neu und stellt die Ostfront unter Befehl des Brigadiers Hakkett und die Westfront unter Befehl des Brigadiers Hicks. Die Verwundetenzahlen steigen bedenklich, die Hotels Vreewyk, Schoonoord und Tafelberg — vor der Kampfgruppe Spindler gelegen — sind bald überfüllt, Rote-Kreuz-Flaggen machen sie als Lazarette kenntlich. Diese Zone ist von den Kämpfen ausgespart und liegt im Niemandsland. Hier hält der Krieg seinen Atem an.

Im nächsten Parkgelände liegt das Hotel Hartenstein, der Sitz des Stabes der 1. britischen Airborne-Division. Hier residiert Generalmajor Urquhart. Hier kommen Funksprüche an und gehen ab. Von hier gehen die Versorgungsanforderungen heraus, die Generalleutnant Browning mit dem Luftmarschall Tedder koordiniert und einfliegen läßt.

Generalleutnant Browning ist der Kommandeur des Luftlande-Korps und seine Hauptaufgabe ist die Abstimmung mit den Erdtruppen, mit Horrocks XXX. Korps.
Laut Plan sollte die polnische Fallschirmjägerbrigade am Mittwoch unmittelbar südlich der Arnheimer Straßenbrücke abspringen. Bis dahin hoffte man, daß ganz Arnheim im Besitz der britischen 1. Fallschirmjägerdivision wäre; im Norden der Stadt sollte die 4. und im Süden die 1. Fs.-Brigade stehen, im Osten sollten die polnischen Fallschirmjäger einrücken und der Raum um Oosterbeek von der 1. Luftlandebrigade gesichert werden. Durch den unverhofft starken deutschen Widerstand und schnell folgende Gegenangriffe gerät der englische Plan völlig durcheinander. Dazu kommt das zu langsame Aufrücken von Horrocks Erdverbänden. Was nun?
Man sucht nach einem neuen Landeplatz für die polnische Brigade und zieht das Grasgelände beim Hotel Hartenstein in Erwägung, verwirft aber diesen Plan wegen der Frontnähe. Man wartet die Entwicklung ab und kommt überein, die polnische Brigade am 21. September bei Driel springen zu lassen, um sie dann über den Rhein in den Raum Oosterbeek herüberzuziehen. Damit hofft man, doch noch einen Brückenkopf nördlich des Rheins halten zu können, bis die Erdtruppen heran sind. Die britische 1. Airborne-Division kämpft auf Zeit!
Gegen die Zeit kämpfen die Deutschen. Obersturmbannführer Harzer will bei Oosterbeek schnellstens die Entscheidung erzwingen. Auch die Reste des Bataillons Frost müssen zur Aufgabe gezwungen werden, damit die Arnheimer Straßenbrücke endlich wieder frei wird und ein wirksamer Schutz gegen das vorrückende XXX. britische Korps aufgebaut werden kann. Solche Gedanken veranlassen Freund und Feind zu besonderen Anstrengungen.
An der Arnheimer Brücke wird um die letzten Gebäude erbittert gekämpft. Schließlich ist Frosts Resthaufen von drei Seiten von brennenden Häusern umgeben; hier müssen die britischen Fallschirmjäger raus, aber wohin? — Ein großer Steinbau bietet sich zur letzten Verteidigung an, aber gegen diesen gehen bereits deutsche Stoßtrupps vor. Den Briten bleibt nur der Angriff: 15 Mann der A-Kompanie unter Captain Frank, 35 Mann der B-Kompanie unter Captain Miller, 30 Pioniere und der Rest der Stabskompanie mit den Offizieren Tate, Panter und Monsell stürmen und besetzen den wie ein Bunker aus-

sehenden Steinbau. Hier kämpfen die Reste des Bataillons Frost den letzten Kampf. Gegen Mittag geht das durch acht „Panther“ und Sturmgeschütze verstärkte Bataillon des Majors Knaust über die Arnheimer Straßenbrücke nach Elst. Die auf der Brücke stehenden Fahrzeugwracks werden von den Panzern beiseite geschoben.
Indessen kämpft die Kampfgruppe Brinkmann die letzten Widerstandsnester des Bataillons Frost am nördlichen Rheinufer nieder. Einzelne Gruppen der Engländer verstecken sich und schlagen sich in der Nacht nach Westen durch. Eine Gruppe hält sich noch bis zum 23. September. Das deutsche Gefangenenlager in Deelen füllt sich mit Engländern. Der Feldgendarmeriezug der 9. SS-Panzerdivision, dem die Bewachung übertragen ist, muß durch Flugplatzpersonal verstärkt werden. Die englischen Verwundeten werden von deutschen Sanitätsdiensten versorgt*.
Am Donnerstag, dem 21. September 1944, fällt die Entscheidung, stellen sich Erfolg oder Mißerfolg von „Market Garden“ ein. Die 10. SS-Panzerdivision verwehrt dem britischen XXX. Korps den Vorstoß zur Arnheimer Straßenbrücke. Die Kampfgruppe Brinkmann bricht den letzten Widerstand des Bataillons Frost. Die Arnheimer Brücke wird wieder für deutsche Verbände passierbar, die im Raum Elst den Abwehrkampf der 10. SS-Panzerdivision verstärken. Die 9. SS-Panzerdivision drückt die britischen Stellungen im Raum Oosterbeek weiter zusammen. Das sind die entscheidenden Erfolge! Und die andere Seite sucht später nach Erklärungen; der amerikanische Militärhistoriker Huston schreibt: „Eine der größten Pleiten bei der Operation ‚Market Garden‘ waren die Verbindungen. Das I. britische Airborne-Korps — wozu Urquharts Division gehörte — wußte 48 Stunden nichts von der ernsten Lage der 1. britischen Airborne-Division im Raum Arnheim.“ Und ein anderer Militärhistoriker, Chester Wilmot, gibt die Erklärung, warum das britische XXX. Korps von dem angestrebten Durchstoß über Elst auf Arnheim abließ und den Schwerpunkt nach Westen verlegte. Wilmot führt aus, daß erst am 21. 9. gegen 08.00 Uhr der erste Funkkontakt zwischen

* Ryan a.a.O., S. 254: Die hier aufgestellten Behauptungen über die Sammlung von britischen Kriegsgefangenen zum Schutze des Gefechtsstandes der 9. SS-Panzerdivision sind falsch. Die Gefangenensammelstelle befand sich in der Nähe des Divisionsgefechtsstandes, das Gefangenenlager beim Flugplatz Deelen. Zu dieser schweren Anschuldigung wird am Schluß des Abschnitts Stellung genommen.

der 1. Airborne-Division und dem XXX. Korps zustande kam. Jetzt erst bekam General Horrocks ein Bild von der wirklichen Lage in Arnheim. Er erfuhr, daß die Arnheimer Brücke, das Tagesziel, nicht mehr in britischer Hand war und daß die 1. Airborne-Division weiter westlich in einem Verzweiflungskampf stand. Wilmot erwähnt jedoch nicht, daß die 10. SS-Panzerdivision dem XXX. Korps den entscheidenden Vorstoß zur Arnheimer Brücke — die bis Mittag noch von den Resten des Bataillons Frost verteidigt wurde — verwehrte.
Während das Bataillon Knaust auf Elst marschiert, die Sperrgruppen der 10. SS-Panzerdivision „Frundsberg" sich mit englischer Infanterie und mit Panzerrudeln herumschlagen und die 9. SS-Panzerdivision „Hohenstaufen" im konzentrischen Angriff auf Oosterbeek steht, fliegen 114 alliierte Transportmaschinen Generalmajor Sosabowskis polnische Fallschirmjägerbrigade heran.
Zwischen 13.00 und 18.00 Uhr springen 750 polnische Fallschirmjäger in der Rheinniederung bei Driel ab. Aber jetzt sind die Jagdmaschinen der deutschen Luftflotte „Reich" da, schlagen sich mit den alliierten Begleitjägern herum, stoßen bis zu den Transportmaschinen durch und bereiten den alliierten Fliegerverbänden einen heißen Empfang. Flakbatterien von Swobodas Flakverband und deutsche Artillerie wirken auf den Sprungraum der Polen ein und bringen ihnen die Hölle. Alle verfügbaren Reserven der Kampfgruppe 9. SS-Panzerdivision — auch das soeben eingetroffene MG-Bataillon 41 — werden über die Arnheimer Brücke auf den neuen Fallschirmfeind angesetzt. Der Kommandeur des Artillerie-Regiments 191, der als Arko Arnheim eingesetzt ist, und Oberstleutnant Swoboda ziehen unverzüglich je eine Artillerie- und Flakabteilung in den Raum Elden vor, von wo sie besonders gut auf den Sprungraum der Polen einwirken können. Das MG-Bataillon 41 und weitere Alarmeinheiten erhalten den Befehl, bis an die Bahnlinie Arnheim—Nymwegen vorzurücken und dort eine Sicherungslinie aufzubauen. Diese Sicherungskräfte werden zum Sperrverband Harzer zusammengefaßt, der an der Eisenbahnbrücke Anschluß an die Kampfgruppe Harder hat.
Britische und niederländische Militärschriftsteller bezeichnen die polnische Landung als einen völligen Mißerfolg. Auch der polnische Brigadegeneral Sosabowski spart nicht mit schweren Vorwürfen. Von 114 Transportmaschinen werden 43 abgeschossen. Die Polen können sich erst bei Einbruch der Dunkelheit sammeln, wobei sich das offene

Wiesengelände nachteilig auswirkt. Schwere Fahrzeuge können nur auf den Deichwegen fahren, ein erschwerender Umstand übrigens auch für die deutschen Abwehrmaßnahmen. Polnische Absprunggruppen und abgeworfenes Material und Versorgungsgut fallen in deutsche Hand. Indessen stößt die Spitze der britischen 43. Wessex-Division westlich ausholend durch die Wiesen von Valburg zum Sprungraum der Polen durch. Gleichzeitig fahren Teile der SS-Pz.AA 10 aus dem Raum Elden gegen Driel vor und stoßen in den Abendstunden mit den Vorauskräften der britischen 43. Division zusammen. Bei einem kurzen Feuergefecht nimmt der Spähtrupp des Oberscharführers Stocké von der 2./SS-Pz.AA 10 einen englischen Funkspähwagen samt der Besatzung gefangen und führt ihn bei Einbruch der Dunkelheit auf die eigene Linie am Bahndamm zurück. Dieser englische Funkspähwagen hört in den folgenden Tagen für die Deutschen den englischen Funkverkehr ab und bleibt — im Niemandsland stehend — auch von alliierten Luftangriffen unberührt. So erfahren die deutschen Stäbe die feindlichen Absichten und richten die eigenen Maßnahmen darauf aus.

Auch in der Linie Bemmel—Elst gehen die schweren Kämpfe gegen das XXX. britische Korps weiter. Die 10. SS-Panzerdivision steht wie ein Fels in der Brandung. Um 16.00 Uhr greift das Bataillon Knaust von Elst nach Süden an und wirft die Engländer an der Bahnlinie zurück. Das Bataillon Knaust wird wegen des ungünstigen Geländes in der Nacht auf den Südrand von Elst zurückgenommen. Neue Grenze zwischen der 9. und 10. SS-Panzerdivision ist Elst. Die südlich des Rheins stehenden Kräfte des Sperrverbandes Harzer übernimmt Oberst Gerhard; es sind das das MG-Bataillon 41, die Marine-Kampfgruppe Köhnen, das Bataillon Schörken, die Luftwaffeneinheit Kauer und das III. Bataillon vom „Landstorm Nederland". Diese Kräfte sichern entlang des Bahndammes von Elst bis zur Eisenbahnbrücke von Arnheim mit Front nach Westen.
Die nunmehr klar erkennbare Absicht der Engländer, die in Oosterbeek kämpfende 1. britische Airborne-Division durch Vortreiben eines Schlauches durch zwei Brigaden der 43. britischen Division über Valburg—Driel zu entsetzen, zu verstärken oder zurückzuführen, veranlaßt das Generalkommando II. SS-Panzerkorps, der 9. SS-Panzerdivision den Befehl zu geben, die um Oosterbeek stehende Feind-

gruppe schnellstens aufzureiben. Der Auftrag für den 22. September lautet:

> „9. SS-Panzerdivision setzt Angriff gegen die Reste der 1. britischen Fallschirmjägerdivision konzentrisch fort und vernichtet sie schnellstens. Sperrverband Harzer (Kommandeur Oberst Gerhard) greift aus der Linie Bahndamm Elst—Arnheim den bei Driel gelandeten Fallschirmfeind an und verhindert vor allem eine Vereinigung dieser Kräfte mit den nördlich des Rheins, bei Oosterbeek, stehenden Kräften der 1. britischen Fallschirmjägerdivision."

Am Morgen des 22. September treten alle Kampfgruppen der 9. SS-Panzerdivision zum konzentrischen Angriff auf Oosterbeek an. Das Angriffsziel ist das Hotel Hartenstein, der Sitz des englischen Generalmajors Urquhart. Die von Osten angreifenden Angriffsgruppen Spindler, von Allwörden und Harder — durch einzelne Panzer, Flak-Selbstfahrlafetten und Gruppen des Pionier-Lehr-Bataillons Glogau verstärkt — drängen in schweren Straßen- und Häuserkämpfen die britischen Fallschirmjäger immer mehr auf den Kern von Oosterbeek zurück. Von Norden drücken die Kampfgruppen Krafft und Bruhns, und im Westen werfen die Einheiten des Standartenführers Lippert die die Landeplätze verteidigenden Kräfte der britischen Gleiterbrigade auf den Westrand von Oosterbeek zurück. Dadurch geht den Briten auch die Fährstelle zwischen Driel und Heveadorp verloren, deren überragende Bedeutung sie zu spät erkennen. Gegen Abend des 22. 9. sind die Engländer in Oosterbeek auf einen Raum von 2 km Länge und 1 km Breite zusammengedrängt; sie verteidigen sich aber weiterhin hartnäckig und beantworten alle Lautsprecheraufforderungen zur Übergabe mit heftigem Feuer.

Am 22. September ist der Abwurfraum für Versorgungsgüter bei Oosterbeek so klein geworden, daß das meiste Abwurfgut in deutsche Hände fällt. Darunter auch Wasser. Seit dem 20. 9. ist die Oosterbeeker Wasserleitung tot. Die Luftversorgung muß eingestellt werden. An diesen Tagen gelingt es den deutschen Angriffsgruppen nicht, den Igel Oosterbeek auszuräumen. Der erbitterte Kampf um jedes Haus geht weiter, dennoch ist es ein fairer, fast sportlicher Kampf, dafür steht folgendes Beispiel, das der Obersturmführer Steinbach vom Stabe Spindler dem Verfasser erzählte: In einer Feuerpause schickt eine zur Aufgabe aufgeforderte Gruppe englischer Fallschirmjäger der ihnen gegenüberliegenden Gruppe des Verbandes Spindler eine Flasche Whisky und lehnt es ab, sich zu ergeben. Man respektiert sich und setzt den Kampf nach der Feuerpause fort.

Während der turbulenten Ereignisse um Oosterbeek, die im Schatten des Kampfes und der Hoffnung auf das XXX. britische Korps stehen, verhindert das tapfere Bataillon Knaust im Raum Elst die Verbindung der britischen Landstreitkräfte mit der 1. Airborne-Division. Horrocks Korps wird zur Umgehung der deutschen Sperrbastion über nasse Wiesen gezwungen und verliert dadurch wertvolle Zeit. Feldmarschall Model versäumt es nicht, persönlich den tapferen Major Knaust mit dem Ritterkreuz auszuzeichnen. In der Linie Bemmel—Elst parieren die Bataillone der 10. SS-Panzerdivision alle weiteren Infanterie- und Panzerangriffe, die in den Nachmittagsstunden abflauen. General Horrocks muß einsehen, daß über Elst kein Durchkommen ist und setzt die 130. Brigade der 43. Wessex-Division über Valburg an, die in den Abendstunden des 22. September den Absprungraum der polnischen Fallschirmjäger bei Driel mit Spitzen erreicht. Diesen Vorstoß deckt die 214. Brigade im Raum Valburg—Elst gegen die Verbände der 10. SS-Panzerdivision ab. Auf Befehl Horrocks soll die 43. Division sofort mit der Herstellung einer Notbrücke, zumindest eines Fährverkehrs im Zuge der Fährstelle zwischen Driel und Heveadorp, beginnen, aber am Nordufer des Rheins sitzt bereits die Kampfgruppe Lippert.

In der Nacht zum 23. September suchen die Briten am Südufer des Rheins eine neue Übersetzstelle. Das Wiesengelände erweist sich als ungeeignet. Mehrere Amphibienfahrzeuge versuchen Munition und Versorgung nach Oosterbeek hinüberzubringen, einige fahren sich fest, und es dauert Stunden, bis sie wieder flottgemacht sind; dann zwingt sie der beginnende Tag zur Umkehr nach Driel.

Am 23. September erzielen die Angriffsgruppen der 9. SS-Panzerdivision gegen den Igel von Oosterbeek nur geringe Geländegewinne. Nach der Niederkämpfung der letzten Widerstandsinsel des Bataillons Frost an der Arnheimer Straßenbrücke wird die dort frei werdende 1./SS-Pz.AA 10 entlang des Rheins bis hart südlich von Oosterbeek vorgezogen und erhält den Auftrag, den Flußabschnitt zwischen Driel und Oosterbeek zu überwachen und jede Bewegung mit Feuer zu ersticken. Dadurch wird es der bei Driel stehenden Feindgruppe

unmöglich, bei Tage eine Verbindung mit dem Igel von Oosterbeek herzustellen. Teilkräfte der polnischen Fallschirmjägerbrigade greifen die deutschen Sicherungen am Bahndamm bei Elden an und werden abgewiesen. Ein Übergang durch Verschiebung der englisch-polnischen Front nach Osten wird auch durch die bei Elden stehenden deutschen Flak- und Artillerie-Batterien unmöglich, die mit ihrem Feuer den Raum um Driel vollkommen beherrschen. Alles scheint sich gegen die Engländer verschworen zu haben. Beide Seiten wagen alles, setzen alles ein; Horrocks befiehlt, große Teile der polnischen Brigade in der Nacht zum 24. September gewaltsam über den Rhein zu werfen, um die britische 1. Airborne-Division in Oosterbeek zu verstärken und Nachschub hinüberzubringen.
Die 10. SS-Panzerdivision wehrt am 23. 9. alle Feindangriffe auf die Linie Bemmel—Elst ab, die nur bindenden Charakter haben. Horrocks sieht in der 10. SS-Panzerdivision eine ernste Gefahr für den schmalen Korridor des XXX. Korps.
In der Nacht zum 24. September werden 200 polnische Fallschirmjäger unter schwerem deutschen Artilleriefeuer nach Oosterbeek übergesetzt. Die das Unternehmen durchführende 204. Pionier-Kompanie der 130. britischen Brigade setzt 16 Sturmboote und 5 Amphibienfahrzeuge ein. Bei Anbruch des neuen Tages bleiben 8 Sturmboote auf dem Nordufer des Rheins zurück; sie werden von deutschen Waffen zerschossen.
Auch die 200 polnischen Fallschirmjäger geben dem Kampf um Oosterbeek am 24. September keine Wendung. Schlechtes Wetter behindert die Luftversorgung; die wenigen Güter, die dennoch abgeworfen werden, landen auf deutschem Gebiet. Der Verlust der englischen Abwurfräume westlich von Oosterbeek macht sich bemerkbar. Die schwere Panzerabteilung 506 trifft aus Ohrdruff ein; eine „Tiger“-Kompanie wird der 9. SS-Panzerdivision unterstellt und zieht bis zum Abend bis in den Raum südostwärts von Oosterbeek vor. Den deutschen Kräften gelingt es nicht, am Rheinufer die Verbindung zwischen den Gruppen Harder und Lippert herzustellen und damit die britischen Kräfte von Oosterbeek auch im Süden einzuschließen.
Die britischen Verbandplätze in Oosterbeek sind überfüllt, ein Abtransport der Verwundeten kann nicht erfolgen. Es fehlt an Wasser und Medikamenten. Bereits in der Nacht zum 21. September hören

deutsche Funkstellen einen britischen Spruch mit, in dem ein Truppenarzt bei seiner vorgesetzten Dienststelle um Hilfe bittet. Am 22. 9. jagt ein neuer Hilferuf durch den Äther. Ein Artillerietreffer auf das Tafelberghotel in Oosterbeek fordert Opfer unter den Verwundeten.

Aufgrund der Kenntnis der Schwierigkeiten der englischen Sanitätsdienste bei der Versorgung ihrer Verwundeten wendet sich der Divisionsführer der 9. SS-Panzerdivision während einer Lagebesprechung am 23. September 1944 an seinen Divisionsarzt mit den Worten: „Skalka, hier habe ich etwas für Sie!" und berichtet über die Funksprüche der 1. englischen Airborne-Division, über die trostlose Lage der Verwundeten im Kessel von Oosterbeek und über den Mangel an Trinkwasser und Medikamenten. Daraufhin bittet Hauptsturmführer Dr. Skalka um die Genehmigung, zu den Engländern in den Kessel zu dürfen. Dr. Skalka berichtet darüber:
„Mit allen Vollmachten ausgestattet, fahre ich am nächsten Tag frühmorgens — es ist der 24. September 1944 — in den Einschließungsraum der 1. britischen Fallschirmjäger-Division. Zur Sicherheit setze ich einen gefangenen Engländer mit einer Rote-Kreuz-Fahne auf die Kühlerhaube meines Autos. So passiere ich nach fünf Minuten Fahrt die Hauptkampflinie, die mit zahlreichen Panzerabwehrgeschützen gesichert ist. Aus den Kellerfenstern starren mich englische Soldaten an. Wir erkennen ein Hilfslazarett, fahren auf die linke Seite und halten. Sofort werde ich von mehreren englischen Offizieren und Soldaten umringt. Ich erkläre ihnen, man möge mich zum britischen Divisionsarzt führen. Dieser trifft dann in dem Lazarett ein, und ich teile ihm unsere Bereitwilligkeit mit, seinen Verwundeten zu helfen und sie aus dem Kessel zu evakuieren.
Colonel Warrack kann jedoch nicht selbst entscheiden und holt sich bei seinem Divisionskommandeur die Genehmigung. Nach geraumer Zeit kommt er zurück und bedankt sich bei mir für unsere Hilfsbereitschaft.
Daß es auch einige deutsche Verwundete im Kessel gegeben hat, wird mir nicht mitgeteilt. Die Hilfeleistung haben wir aus rein humaner Einstellung angeboten.
Colonel Warrack und noch ein Dolmetscher fahren dann mit mir zum Divisionsgefechtsstand der 9. SS-Panzerdivision, wo ich erst einmal vom Divisionsführer einen Anpfiff einstecken muß, weil ich beiden

Offizieren die Augen nicht verbunden habe. Ich persönlich war überzeugt, daß bei meiner schnellen Fahrt durch Arnheim sich niemand orientieren konnte.
Unter anderem fragt mich Warrack, warum ich keine Rote-Kreuz-Binde trage. Ich sage ihm, daß unsere Kranken-Kraftwagen ständig von der gegnerischen Luftwaffe angegriffen werden. Daher verzichte ich auf diese Kennzeichnung.
Ich habe nicht nur während der Schlacht in der Normandie oft Meldungen erhalten, daß Kranken-Kraftwagen — an einer Stelle allein 14 — von der gegnerischen Luftwaffe abgeschossen worden sind.
Im Zuge der Rettungsaktion nehme ich einen kanadischen Stabsarzt, dessen Namen ich leider vergessen habe, mit zum Feldlazarett unserer Division. Dieser Stabsarzt sagt mir, das seien sicherlich polnische Flieger gewesen, die die deutschen Sanitätskolonnen und deutlich gekennzeichneten Feldlazarette angegriffen haben, denn es sei ihm bekannt, daß diese grundsätzlich auf alles schießen.
In den Kessel zurückgekehrt, bedankt sich der Kanadier für die Geste und sagt zu mir: ‚Lieber springe ich noch dreimal mit dem Fallschirm ab, als mit Ihnen noch einmal im Auto mitzufahren, Sie kennen den Jeep nicht, er stürzt leicht um.‘
Es werden Feuerpausen vereinbart, während der insgesamt 2200 britische Verwundete in der Zeit vom 24. bis 26. September 1944 evakuiert und ärztlich versorgt werden.
Mangels eigener Luftaufklärung ist es unvermeidbar, daß auch Verwundetenplätze der Engländer von unserer Artillerie getroffen werden.
Im Zuge der Hilfsaktion sagt mir im St. Elisabeth-Feldlazarett der katholische Priester: ‚Ganz England wird Ihnen für diese Hilfsaktion danken.‘
Der Dank tritt nach Kriegsende auch prompt ein; über zwei Jahre bin ich Gast seiner britischen Majestät in einem englischen Kriegsgefangenenlager.
Die besondere Bedeutung dieser Hilfsaktion liegt in der Tatsache, daß diesen Verwundeten die Endphase der Schlacht um Arnheim erspart blieb und nur dadurch viele von ihnen überlebten.“
Soweit Truppenarzt Dr. Skalka. Beide Seiten handeln im Sinne der Rote-Kreuz-Charta. In bestimmten Abschnitten, zu bestimmten Zeiten herrscht fortan Waffenruhe, bei der die englischen Verwundeten

geborgen werden, um sie dann in die Lazarette von Arnheim zu überführen, unter anderen in das zum Feldlazarett hergerichtete St. Elisabeth-Hotel, in dem englische Ärzte und Sanitäter arbeiten. Die Deutschen verzichten sogar auf eine Bewachung dieses Notlazaretts, über das heimlich auch die verwundeten Brigadiere Hicks und Lathbury gelangen und dann von Niederländern zu den eigenen Truppen weitergeschleust werden.
Vor Anbruch der am 24. September 1944 angesetzten zweistündigen Waffenruhe zur Bergung der Verwundeten erhält Dr. Skalka noch einen offenen Funkspruch von der 2. britischen Armee, in dem angefragt wird, ob auch die Waffenruhe auf den Rheinübergang zwischen Oosterbeek und Driel ausgedehnt werden kann, damit man von britischer Seite noch Medikamente und Verbandszeug herüberschaffen kann. Nach Rücksprache mit dem Divisionsführer läßt Skalka zurückfunken: „Wir benötigen Ihre Hilfe nicht, wünschen aber, daß Ihre Flugzeuge damit aufhören, unsere Sanitätskraftwagen anzugreifen." Und die britische Antwort: „Bedauern Luftangriffe. Es kommt leider vor, daß beide Luftmächte sich irren. Im übrigen haben wir Ihre Entscheidung verstanden." Die Waffenruhe auf den Rheinübergang bei Driel auszudehnen, wäre eine Versuchung gewesen, dort nicht nur Wasser und Medikamente herüberzuschaffen*.

Am 24. September wehrt die 10. SS-Panzerdivision alle Angriffe der britischen 214. Brigade und der irischen Garde-Panzerdivision aus dem Brückenkopf Nymwegen ab. Der Schwerpunkt liegt beim Bataillon Knaust im Raum Elst und bei der nördlich davon stehenden SS-Pz.AA 10. Horrocks und Bittrich sehen im Besitz des Dorfes Elst nach wie vor den entscheidenden Schlüssel zum Erfolg. Zur Verstärkung der eigenen Abwehr verfügt General Bittrich die Zuführung von zwei „Tiger"-Kompanien der schweren Panzerabteilung 506 zum Bataillon Knaust nach Elst.
Am Vormittag des 24. September beobachten der Kommandierende General des XXX. britischen Korps, Horrocks, und der Kommandeur der 43. Infanteriedivision, Thomas, vom Drieler Kirchturm den Kampf um Oosterbeek. Sie nehmen auch die ungünstigen Gelände-

* Ryan a.a.O., S. 387, und Aussage des ehem. 1. Ordonnanzoffiziers der 10. SS-Panzerdivision, Hauptsturmführer Klapdor, der auch von diesen Funksprüchen Kenntnis hatte.

verhältnisse zur Kenntnis. Ein Armeebefehl weist sie jedoch an, die Oosterbeek-Gruppe unter allen Umständen zu verstärken und einen Brückenkopf auf dem Nordufer des Rheins zu halten. Die höhere Führung hat „Market Garden“ noch nicht abgeschrieben. Bei der anschließenden Besprechung, an der auch der polnische Brigadekommandeur Sosabowski teilnimmt, wird Übereinstimmung erzielt, in der Nacht zum 25. September das IV. Bataillon des Dorsethire-Regiments und ein weiteres polnisches Bataillon über den Rhein zu werfen.

Mit Beginn der Dunkelheit zieht das IV. Dorseths Bataillon über Homeot vor. Vier Jeeps mit Einweisungsoffizieren fahren voraus. Es ist eine stockdunkle Nacht, es regnet leicht. Die Wiesen- und Dammwege sind kaum zu erkennen. Schwarze Finsternis überall. Kein Anhaltspunkt. Zwei Jeeps geraten mitsamt den Einweisungsoffizieren in die deutschen Linien bei Elst, die beiden anderen fahren sich im nassen Gelände fest. Wertvolle Zeit geht verloren. Gegen 22.00 Uhr gelangt schließlich das Bataillon an den Sammelpunkt, aber die Lkw mit den Booten zum Übersetzen sind noch nicht da. Endlich, gegen 01.00 Uhr, werden die ersten Boote an den Rhein getragen. Inzwischen hat auch das Übersetzen des polnischen Bataillons mit den in der vergangenen Nacht benutzten Booten begonnen.

Die am nördlichen Rheinufer stehenden deutschen Kräfte sind hellwach, sie bemerken die Einschiffungen. Brennende Häuser beleuchten die feindlichen Bewegungen. Ein Boot der „Dorseths“ wird vom einsetzenden deutschen Artilleriefeuer getroffen und brennt. Die Kampfgruppe SS-Unterführerschule Arnheim und die Schiffsstammabteilung nehmen vom überhöhten Rheinufer bei Westerbouwing, in der Nähe des Oosterbeeker Gaswerkes, den Bootsverkehr unter rasendes MG- und Gewehrfeuer, und von der Südostecke von Oosterbeek sprechen die Waffen der Kampfgruppe Harder und der 1./SS-Pz.AA 10. Boote werden leck geschossen und gehen unter, andere werden vom Strom abgetrieben. Eine Gruppe „Dorseths“ kommt über den Rhein und greift die deutschen Stellungen beim Gaswerk an. Von oben werden Handgranaten geworfen. Die Hälfte der Engländer fällt, die anderen ziehen sich zurück. Von 400 Briten und Polen erreichen nur wenige das nördliche Rheinufer. Gefallen, verwundet, ertrunken — das ist das Ergebnis.

Die Leistungen der SS-Unterführerschule Arnheim bei der Zerschlagung der 1. englischen Airborne-Division werden durch die Nennung

im Ehrenblatt des deutschen Heeres und die Verleihung der Ehrenblattspange an Standartenführer Lippert gewürdigt.
Auch das Herüberschaffen von Munition und Verpflegung mißlingt; drei Amphibienfahrzeuge fahren sich im Sumpf fest, und den zwei anderen gelingt es nicht, den steilen Deich zum Wasser zu überwinden. Hicks, der Befehlsführende der Oosterbeeker Westfront, stellt fest, „daß um 04.45 Uhr ausgeschickte Verbindungsoffiziere keine Munition und Versorgung vorfinden".
Im Schloß St. Oedenrode nördlich von Eindhoven ist der Stab der 2. britischen Armee noch zuversichtlich. Dann treffen die Morgenmeldungen von Oosterbeek ein. Der OB der Armee, General Dempsay, befiehlt, in der Nacht zum 26. September den letzten Versuch zu unternehmen, die Oosterbeekgruppe zu verstärken. Aber kaum sind die diesbezüglichen Befehle heraus, treffen neue Meldungen von der 1. Airborne-Division ein, die von neuen schweren Angriffen der Deutschen berichten. Dempsay befiehlt daraufhin das Zurückgehen der Oosterbeekgruppe auf das Südufer des Rheins in der Nacht zum 26. September. Zur Unterstützung der Rückführung soll das XXX. Korps durch Angriffe bei Bemmel und Elst die Aufnahmebasis erweitern, um vor allem auch bessere Wirkungsmöglichkeiten eigener Artillerie gegen die deutschen Batterien zu bekommen, die die englischen Positionen niederhalten.
Am 25. September drängt Generalfeldmarschall Model nochmals auf eine schnelle Zerschlagung des Kessels von Oosterbeek und billigt, um Blut zu sparen, den massierten Einsatz schwerer deutscher Waffen. 10 schwere Granatwerfer, 10 schwere Do-Werfer, 12 IG, 30 lFH, 4 sFH, 2 leichte Kanonen und 20 schwere Flak kommen zum Einsatz. Noch einmal steigen die Verwundeten- und Überläuferzahlen, aber große Teile der 1. Airborne-Division wehren sich nach wie vor wie die Teufel. Deutscherseits wird noch einmal umgegliedert, weil auch bei ihnen die Verluste der letzten Tage an der Angriffskraft gezehrt haben und sich herausstellt, daß noch einigen kampfungewohnten Alarmeinheiten Mut und Routine für den letzten Stoß in den Kessel von Oosterbeek fehlen.
Als Beispiel für den Einsatz und die Verluste der kampfbewährten Einheiten steht die 2./SS-Pz.-Flak-Abt. 9, die mit 87 Mann in den Kampf ging und am Ende der Kämpfe noch einen Führer (Obersturmführer Gropp) und sieben Männer zählt. Alle Unterführer der Batte-

rie sind gefallen oder verwundet. Ein leuchtendes Beispiel des Kampfgeistes der Batterie gibt der Oberscharführer Bredemann, der am 25. September verwundet wird und erst auf den energischen Befehl seines Batteriechefs ins Lazarett geht.
Am 25. September greifen die Engländer die Front der 10. SS-Panzerdivision heftig an, um ihre Oosterbeekgruppe zu entlasten, aber die HKL Bemmel—Elst hält. Dann konzentrieren die Engländer ihre Angriffe auf Elst.
Im Raum Elst hatte das Bataillon Knaust bisher alle britischen Angriffe abgeschlagen. In der Nacht zum 25. September dringen Teile des XXX. britischen Korps in die ersten Häuser von Elst ein. Der Kampf um das Dorf erreicht um die Mittagszeit den Höhepunkt. Um jedes Haus wird gekämpft. Die alten Frontsoldaten und Genesenden des Bataillons Knaust und der SS-Pz.AA 10 machen den Briten jeden Meter Boden streitig. Auf der Bahnstrecke bei Elst gehen mehrere Güterwagen mit Munition in die Luft. Die Engländer wissen, daß nur mit dem Besitz von Elst die einigermaßen geordnete Rückführung der 1. Airborne-Division gewährleistet wird. Aufgrund des zunehmenden Druckes auf Elst bei bedenklichem Absinken der eigenen Kampfkraft befiehlt General Bittrich die Aufgabe von Elst und das langsame Zurückgehen der Verteidiger auf eine inzwischen vorbereitete Brükkenkopfstellung südlich des Niederrheins beiderseits Elden. Infolge der Verlagerung der deutschen Abwehr in den Raum Elden werden die hier stehenden deutschen Artillerie- und Flak-Batterien zum Stellungswechsel nach Arnheim gezwungen. Damit erreichen die Briten, daß ein Teil der schweren deutschen Waffen nicht mehr unmittelbar auf den Raum Driel einwirken kann.
Indessen flammen nach der deutschen Umgliederung die Angriffskämpfe am Oosterbeek-Kessel wieder auf. Eine Verbindung der deutschen Ost- und Westgruppe entlang des Rheins kommt nicht zustande; die bei der Kirche von Oosterbeek stehende englische Artilleriegruppe verhindert mit ihrem Feuer jeden deutschen Angriff über die kahle und flache Rheinniederung. Am Südende des Kessels wehren sich die polnischen Fallschirmjäger, die erst zwei Tage im Kessel sind und noch über genügend Munition verfügen, wie die Teufel. Doch nördlich von den Polen bahnt sich eine große Krise an, von der der Gefechtsbericht der 1. Airborne-Division berichtet:
„Der 25. September ist ein Sommertag. Ein übermächtiger Feind

dringt zwischen der Artilleriegruppe bei Oosterbeek-Laag (Kirche) und dem Stabsquartier der Division beim Hotel Hartenstein ein, wodurch der Kessel in zwei geteilt wird."

Die zur Rettung der britischen Fallschirmjägerdivision laufenden Erweiterungsangriffe der 43. Infanteriedivision im Raum Elst und die Vorbereitungen zur Rückführung der Oosterbeekgruppe stehen unter dem Decknamen „Berlin". Berlin ist das Traumziel Montgomerys. Nun soll mit der Ausgabe des Stichwortes „Berlin" die Rückführung der eigenen Kräfte auf das Südufer des Rheins ausgelöst werden.

Um Oosterbeek geht der erbitterte Kampf weiter. Nur beherzte Melder kommen noch von einem Kessel zum anderen durch. Um 10.30 Uhr erhält Generalmajor Urquhart durch einen Verbindungsoffizier das Stichwort „Berlin", bis 13.30 Uhr dringt es bis zu allen noch kämpfenden Gruppen durch. „Berlin" heißt: Evakuierung der 1. britischen Airborne-Division auf das Südufer des Rheins. Beginn der Bewegung am 25. 9. um 21.00 Uhr!

Zur Rettung der britischen Fallschirmjägerdivision und zur Niederhaltung der deutschen Artillerie und Flak — zu sehr schockt noch der Übersetzversuch in der vergangenen Nacht, der von deutscher Artillerie zertrommelt wurde — fliegt die alliierte Luftwaffe am 25. 9. zahlreiche Angriffe gegen die deutschen Batteriestellungen; in die Bekämpfung der deutschen Batterien schalten sich auch weitreichende Kanonen ein, die die Engländer in den Nymwegener Brückenkopf vorgezogen haben.

Der Kampf um Arnheim ist von zwei herausragenden Fakten gekennzeichnet: Die unerbittliche Härte und die weitestgehende Fairneß gegenüber dem kampfunfähigen Gegner. Arnheim ist das leuchtende Beispiel eines ritterlichen Kampfes, wie es wohl einmalig in der Geschichte des Zweiten Weltkrieges dasteht. Seit dem 24. September werden in den vereinbarten Feuerpausen die Verwundeten geborgen und abtransportiert, in der Mehrzahl Engländer und Polen. Deutsche Sanitätsfahrzeuge mit deutschen und englischen Sanitätern besetzt, bringen die vielen Verwundeten in das von englischen Ärzten und Sanitätern betreute St. Elisabeth-Hilfslazarett und in die Arnheimer und Apeldoorner Krankenhäuser. Fast täglich besprechen der Divisionsarzt der „Hohenstaufen", Hauptsturmführer Dr. Skalka, und der Divisionsarzt der 1. britischen Airborne-Division, Colonel Dr. Warrack, die Übernahme der Verwundeten und ihre bestmögliche

Versorgung. Die Deutschen helfen mit Sanitätsmaterial und geben alle erdenkliche Hilfe zur Rettung des Lebens der zahlreichen schwerverwundeten Engländer. Durch die Straßen von Arnheim fahren die Geleitzüge der Barmherzigkeit mit den englischen Verwundeten und den Zeichen des Roten Kreuzes.

Am Abend des 25. September beschießt englische Artillerie die deutschen Batteriestellungen. Die Evakuierung der Reste der 1. britischen Airborne-Division beginnt. Eine dunkle Nacht mit leichtem Regen und starkem Wind begünstigt die um 21.00 Uhr anlaufenden Bewegungen. „Market" ist abgeschlossen, „Berlin" tritt an seine Stelle! Die britische 43. Infanteriedivision hat alle verfügbaren Übersetzmittel an das Rheinufer herangezogen.

Die am Niederrhein bei Oosterbeek stehenden deutschen Kampfgruppen melden starken Motorenläum, genaues ist noch nicht festzustellen. Die deutsche Führung rätselt: Rückzug oder Verstärkung? Deutsche Artillerie schießt Sperrfeuer auf die Planräume am Niederrhein. Die englische Artillerie antwortet verstärkt.

Gegen Mitternacht zum 25./26. September meldet die Kampfgruppe Harder erkannte Rückführungen mit Booten aus dem Oosterbeeker Kessel und nimmt den Feuerkampf auf, aber schon bald werden die Sicherungen von polnischen Fallschirmjägerstoßtrupps angegriffen. Von allen Seiten angesetzte deutsche Nachstöße geraten in schweres Infanteriefeuer. Die um Oosterbeek stehenden 200 polnischen Fallschirmjäger decken den Uferwechsel der Reste der britischen Fallschirmjägerdivision, die bis zum Morgen des 26. 9. von der bei Driel stehenden 43. Infanteriedivision aufgenommen und zurückgeleitet werden. Alle schweren Waffen, Jeeps, alles Gerät und Material bleiben in Oosterbeek. Nach englischen Darstellungen kommen 2100 Mann aus dem Kessel von Oosterbeek zurück.

Die letzten Nachhutgruppen der polnischen Fallschirmjäger kämpfen im Süden von Oosterbeek noch bis 09.00 Uhr. Sie kommen nicht mehr über den Rhein und ergeben sich.

Bei Oosterbeek verstummt der Lärm der Waffen. „Market Garden" ist an seiner vordersten Spitze nach neun harten Kampftagen von der Kampfgruppe der 9. SS-Panzerdivision „Hohenstaufen" abgewürgt worden. In fünf Tagen sollte bereits Horrocks XXX. Korps am Ijsselmeer sein und in das Münsterland eindrehen. Montgomerys Plan ist nicht aufgegangen!

Alles mit den Gleitern eingeflogene Material fällt in deutsche Hand: Jeeps, Waffen, Versorgungsgüter. Auf den Landeplätzen bei Wolfsheeze liegen 694 Segelflugzeuge der Gleiterbrigaden; überall in den Bäumen hängen Fallschirme. Kommandos der 9. SS-Panzerdivision „Hohenstaufen" haben tagelang zu tun, bis alles geborgen ist.
Von ca. 10 000 Mann der 1. britischen Airborne-Division fallen 1500. 2200 liegen in deutschen Lazaretten. 2100 Mann werden von der britischen 43. Inf.Div. aufgenommen und zurückgeführt. Der Rest ging in deutsche Gefangenschaft.
Mit dem Ende in Oosterbeek werden auch 75 deutsche Soldaten und weibliches Wehrmachtsgefolge befreit. Die deutschen Verluste betragen 3300 Mann.

Über den Abschluß der Kämpfe berichtet der deutsche Wehrmachtbericht am 27. September 1944:
„... Im Raum Arnheim wurde am 26. September der letzte Widerstand der eingeschlossenen 1. englischen Luftlandedivision gebrochen. In zehntägigen erbitterten Kämpfen gelang es damit den schnell zusammengerafften Kräften aller Wehrmachtsteile unter Führung des Kommandierenden Generals eines SS-Panzerkorps, SS-Obergruppenführer und General der Waffen-SS Bittrich, eine englische Elitedivision trotz zähester Gegenwehr und Verstärkung durch weitere Landung aus der Luft zu vernichten. Alle Versuche des Feindes, von Süden her die eingeschlossene Division zu entsetzen, scheiterten unter hohen Verlusten. Insgesamt wurden 6450 Gefangene eingebracht, Tausende Toter festgestellt, 30 Panzerabwehrgeschütze, weitere Geschütze und zahlreiche Waffen und 250 Kraftfahrzeuge erbeutet. Außerdem wurden 1000 Lastensegler vernichtet oder erbeutet und über 100 Flugzeuge abgeschossen."

Freilich weichen die Zahlenangaben beider Seiten voneinander ab, die Verluste werden vom Verlierer nur selten in voller Höhe zugegeben und die Erfolgszahlen allzugern vom Sieger hochgesetzt. Die genannten Zahlen sind die amtlichen Angaben beider Seiten. Nachdem der Fehlschlag bei Arnheim in der englischen Öffentlichkeit bekanntgeworden ist, beruhigt der Premier Winston Churchill seine Landsleute über Rundfunk damit, daß die deutschen Meldungen nicht stimmen. Daraufhin befiehlt das deutsche Oberkommando eine nochmalige

Überprüfung der Gefangenen- und Beutezahlen, die das gleiche Ergebnis bringt.

Die so hoffnungsvoll begonnene Operation der britischen 1. Airborne-Division bei Arnheim endet mit einer Niederlage. Hingabe, Mut, Improvisationskunst und Zielstrebigkeit aller deutschen Führer und Soldaten haben bei Arnheim den letzten deutschen Sieg errungen.

Die Engländer sehen den Hauptgrund ihrer Niederlage bei Arnheim darin, daß ihre Absprungräume zu weit vom Operationsziel, der Brücke von Arnheim, gelegen haben und die 2. britische Armee auf dem Landwege zu langsam aufrückte.

Die Schlacht um Arnheim wurde vom Geiste echten Soldatentums geprägt. Der unerbittliche Kampf wurde frei von politischen Einflüssen und haßerfüllten Leidenschaften und nur in der Pflichterfüllung für das Vaterland hüben wie drüben geführt. Im Kampf um Arnheim erhielt die Rote-Kreuz-Idee ihre wohl letzte höchste Bestätigung. Der englische Arzt Dr. Warrack sprach mit dem deutschen Truppenarzt Dr. Skalka, und alles drehte sich um die Rettung der vielen englischen Verwundeten. Wann und wo gab es so etwas in den zahlreichen Kriegen danach bis in die Gegenwart? Britische und deutsche Sanitäter und Ärzte fuhren mit britischen Jeeps und Sanitätsfahrzeugen, die ihnen die Deutschen zurückgegeben hatten, die englischen und polnischen Verwundeten aus dem Kessel von Oosterbeek ab, kehrten zurück und der Kampf ging weiter, bis neue Verwundete ihre Hilfe brauchten. Der deutsche Truppenarzt, Hauptsturmführer Dr. Skalka, fährt mit seinem Bericht fort:

„Nach dem Ende des Kampfes um Arnheim bekomme ich von Colonel Dr. Warrack folgendes Schreiben:

‚2. Oktober 1944 —

Ich möchte hiermit meinen Dank und meine Anerkennung für die äußerst wirksame Art aussprechen, in der die deutschen Sanitätsdienste mehr als 2200 Verwundete der 1. Fallschirmdivision während der Zeit vom 24. bis 26. September 1944 aus dem Raum von Oosterbeek evakuierten. Der deutsche Sanitätsdienst arbeitete Tag und Nacht, zeitweise im Feuer beider Fronten. Er beendete seine Arbeit erst, als die Dunkelheit am 26. September einbrach, an dem alle britischen und deutschen Verwundeten in Sicherheit waren. —

Apeldoorn, Holland gezeichnet: Warrack, Colonel'“

Außerdem schrieb in ähnlicher Form Major Longland, Chefarzt des St. Elisabeth-Feldlazaretts in Arnheim:
‚Ich war während der Operationen britischer Chef-Arzt des St. Elisabeth-Feldlazaretts in Arnheim. Ich hatte nichts mit Oberstleutnant Harzer zu tun, aber Dr. Skalka, den ich als den Chef-Arzt der SS-Division kennenlernte, besuchte uns regelmäßig. Man erlaubte uns, ohne irgendeine Einmischung im Lazarett zu arbeiten, nachdem wir unser Wort gegeben hatten, zu bleiben.
Für einige Zeit, nachdem es besetzt worden war, wurde nicht einmal eine Wache vor das Lazarett gestellt. Britische Verwundete wurden unter anderen von den deutschen Sanitätstruppen ins Lazarett eingeliefert. Die Deutschen brachten uns auch einiges von unserer eigenen Ausstattung und versorgten uns mit Mengen ihrer eigenen Vorräte. Es war mir möglich, einen deutschen Lkw auszuleihen, um Nahrungsmittel aus der Stadt zu holen.
Auf Dr. Skalkas Initiative hin wurde ich in das Kampfgebiet gebracht, um meine persönlichen Anweisungen für den Abtransport britischer Verwundeter in mein Lazarett zu geben. Für den Abtransport wurden deutsche Transportmittel zur Verfügung gestellt. Im allgemeinen möchte ich in Betracht ziehen, daß wir, in der Lage, in der wir uns befanden — das Arbeiten unter der Leitung der Sanitätsabteilung der deutschen Division —, korrekt behandelt wurden, menschlich und mit fachlichem Interesse, und uns allen verständnisvolle Unterstützung gewährt wurde.

C. J. Longland, Major, R.A.M.C.'"

Zu Ryans Buch „Die Brücke von Arnheim" erklärt Dr. Skalka in einem Brief vom 20. März 1975 an den Munin Verlag:

„Anbei übersende ich auch eine Widmung, die Ryan in mein Gästebuch schrieb. Sie lautet in deutscher Übersetzung:
‚Einem sehr ehrenwerten Deutschen, der in der Schlacht von Arnheim Tausende Menschenleben rettete und niemals Publicity suchte — Major Skalka und seiner Familie

Cornelius Ryan'

* Ryan a.a.O., S. 390: Vergleiche das Schreiben Warrack vom 2. 10. 44 an Dr. Skalka. Ryan ist also nicht informiert. Im übrigen ist Warrack nicht um dieses Schreiben gebeten worden.

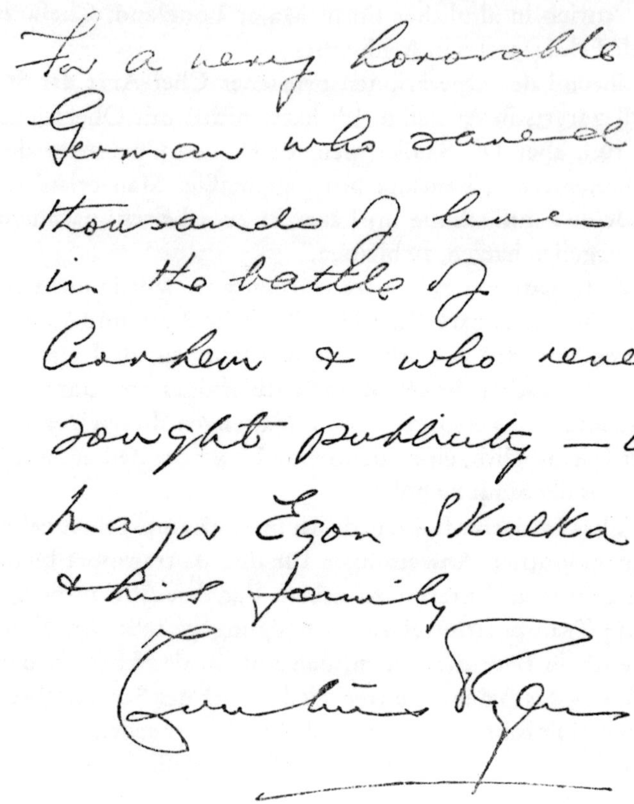
For a very honorable
German who saved
thousands of lives
in the battle of
Arnhem & who never
sought publicity — to
Major Egon Skalka
& his family
Cornelius Ryan

Im Buch ‚Die Brücke von Arnheim' kann man nun aber lesen: Es könne nicht mehr eruiert werden, von wem die Initiative zu dieser Hilfeleistung ausging.
Dies ist vollkommen unrichtig, denn i c h fuhr während der Kämpfe über die Hauptkampflinie zu den Engländern. Außerdem mußte Colonel Warrack erst geholt werden und mit seinem Divisionskommandeur meinen Vorschlag besprechen.
Ryans Darstellung, diese Hilfeleistung wäre aus einer Rückversicherung ‚für alle Fälle' geschehen, ist eine bösartige Unterstellung, die mit seiner Eintragung in meinem Gästebuch anläßlich seiner Arbeit an der ‚Brücke von Arnheim' nicht in Einklang zu bringen ist . . .

Er schreibt, daß ich eine elegante Uniform trug. Nun — die ‚elegante Uniform' war eine alte Tarnjacke*."

Das kurz vor der Fertigstellung dieses Buches erschienene Buch Ryans „Die Brücke von Arnheim" beschreibt den Kampf um Arnheim und Nymwegen insbesondere aus der Sicht der Anglo-Amerikaner. Manche seiner Befragten geben unglaubliche Schilderungen über persönliches Heldentum, und oft erinnern die Darstellungen an Abenteuerromane, die der ehemalige Frontsoldat sicherlich richtig einzustufen vermag. Insgesamt hat sich aber Ryan bemüht, ein objektives Bild zu zeichnen, auch wenn ihm das in einigen Punkten nicht gelungen ist. Er kommt zu dem Schluß, daß „Market Garden" für die Anglo-Amerikaner ein kostspieliges, unnützes Unternehmen war, das mehr Verluste gekostet hat als die Invasion in der Normandie — und das, als der Krieg praktisch entschieden war. Der Ehrgeiz des britischen Feldmarschalls Montgomery und seine Eifersucht auf den amerikanischen General Eisenhower, den Oberkommandierenden der Alliierten, kosteten den Anglo-Amerikanern 17200 Mann Verluste.

Die von Ryan in seinem Buch auf Seite 254 aufgestellten Behauptungen über die Sammlung von britischen Kriegsgefangenen in der Nähe des Gefechtsstandes der 9. SS-Panzerdivision, um damit diesen vor alliierten Luftangriffen zu schützen, sind falsch und weisen in die Richtung vieler Schriftsteller: „Einmal loben, einmal tadeln", um damit allen Lesern, auch den deutschfeindlichen, nach dem Munde zu reden. Jeder Soldat weiß, daß alle Gefangenen über die Bataillonsstäbe zum Divisionsgefechtsstand gebracht worden sind, wo sie vom Ic der Division und den ihm zugeteilten Sonderführer (Dolmetscher) vernommen wurden. Dieser Weg und solche Verhöre waren und sind die Regel in einem Kriege. Die Auswertung der Vernehmungen erbrachte dann nicht selten ein genaues Bild des Gegners und seiner Absichten und veranlaßte die eigene Führung zu dementsprechenden Gegenmaßnahmen. Das Gefangenenlager befand sich beim Flugplatz Deelen, die Gefangenensammelstelle beim Gefechtsstand der 9. SS-Panzerdivision war nur eine Zwischenstation. Hierzu führt der ehemalige Divisionsführer Harzer näher aus:

„Der Anfall britischer Kriegsgefangener war täglich so groß, daß die

* Ryan a.a.O., S. 386.

Heeresgruppe zehn Dolmetscher-Sonderführer zusätzlich abstellen mußte, um zügig die Gefangenenverhöre durchführen zu können.
Da der Ic der Divisions-Führungsabteilung auch in der Schule lag, lagerten zwangsläufig mitunter einige hundert Engländer auf dem Schulhof und einer benachbarten Wiese. Wenn jemand zynisch den Status des Rechts der Kriegsgefangenen mißachtet hat, dann war es die 1. Airborne-Division, weil sie die deutschen Kriegsgefangenen direkt neben dem Hotel Hartenstein (Gefechtsstand der 1. Airborne-Division) auf dem Tennisplatz dem stärksten deutschen Artilleriefeuer aussetzte. Diese konnten sich anfangs nicht einmal eingraben, weil die Engländer kein Schanzzeug abgaben. Im Gegensatz zum Verhalten der 1. Airborne-Division wurde im Schulhof des Gefechtsstandes der 9. SS-Panzerdivision kein britischer Gefangener verletzt oder einem Fliegerangriff ausgesetzt. Die Engländer wußten auch nicht, wo die ‚Hohenstaufen' ihren Gefechtsstand hatte.
Die Unterstellung Ryans, daß ich meine englischen Sprachkenntnisse an den Gefangenen erproben wollte, ist eine unsachliche Darstellung, denn dazu hatte ich überhaupt keine Zeit. Ich unterhielt mich kurz mit einigen hohen gefangenen Offizieren im Range von Obersten, die jünger waren als ich und mir in launiger Art erklärten, daß sie nur ‚temporary-rang' hätten, also nur für die Dauer dieses Einsatzes, ansonsten aber als Berufssoldaten weiterhin als Majore geführt würden. So etwas kannten wir in der deutschen Wehrmacht nicht.
Die Moral der Briten war gut, weil sie nach wenigen Kampftagen in Gefangenschaft geraten sind. Eine körperliche und seelische Belastung, wie sie bei unseren Soldaten durch pausenlose Einsätze bestand, hätte wahrscheinlich bei den Engländern andere Ergebnisse erbracht. Auf ihre verhältnismäßig kurzen Einsätze folgten fast immer monatelange Einsatzpausen.
Beim Abmarsch in das Gefangenenlager bei Deelen marschierten die Engländer und Polen vor mir und ihren britischen Offizieren in tadelloser Haltung vorbei.
Um so mehr waren wir Deutschen stolz, mit einem zusammengewürfelten Haufen von Ersatzeinheiten, Magenkranken-Bataillonen, Marineartilleristen, Bodenpersonal der Luftwaffe und Reichsarbeitsdienst diese Elitedivision der Engländer vom zweiten Gefechtstag an voll im Griff gehabt zu haben."

ABSCHLUSSKÄMPFE BEI ARNHEIM UND NYMWEGEN

Die Beute wird gesammelt — Die Kampfgruppen der 9. SS-Panzerdivision werden herausgezogen — Atempause für die 10. SS-Panzerdivision

Nach Abschluß der Kämpfe um Oosterbeek geht die Kampfgruppe Spindler am Nordufer des Niederrheins in Stellung. Die Masse der 9. SS-Panzerdivision verlegt in den Raum Oosterbeek und in den Nordteil von Arnheim, räumt in den nächsten Tagen das Gefechtsfeld auf und sammelt die Beute.

Am 26. September weist die 10. SS-Panzerdivision mehrere Teilangriffe der Briten in der Linie Bahndamm südlich Arnheim—Elden—Rijkerswoerd—Vergert—Westrand Bemmel—Ziegelei Grönendaal ab.

Am 27. September verstärkt das britische XXX. Korps seine Angriffe, wobei Vergert und Bemmel verlorengehen. Kombinierte Infanterie- und Panzerangriffe dringen über beide Orte bis an den Rand von Baal und Haalderen vor, die jedoch durch eigene Gegenangriffe zurückgedrängt werden. Die britischen Angriffe sind die letzte auslaufende Welle von „Market Garden". Danach läßt der Feinddruck zwischen Arnheim und Nymwegen merklich nach.

Die Atempause nutzt die 10. SS-Panzerdivision „Frundsberg" zur Neuordnung der Verbände unter Beibehaltung ihrer vollen Abwehrkraft. Die in den letzten Tagen zugeführten Alarmeinheiten werden in die Front eingeschoben.

Die 10. SS-Panzerdivision bildet zwei starke Kampfgruppen, deren Kern die erprobten Reste der Regimenter 21 und 22 bilden. In diese Stützverbände werden eingeschoben: Das Personal von drei Fliegerhorsten, zusammengefaßt zur Gruppe des Fliegerobersten Hemsoth; das Bataillon Wesel (Magenkranke); eine RAD-Abteilung (ohne Waffenausbildung); ein Festungs-MG-Bataillon (ausgerüstet mit alten sMG 08/15); Reste der Alarmeinheiten aus Nymwegen; das Bataillon Bruhns, das im Rahmen der Kampfgruppe 9. SS-Panzerdivision bei Oosterbeek gefochten hat. Von diesen Alarmeinheiten muß das kampferprobte Bataillon Bruhns am 29. September an die eintreffende 9. Panzerdivision abgegeben werden.

Wenn auch „Market Garden" nicht das erstrebte Ziel, den Durchbruch in den Niederlanden und die Einschließung des Ruhrgebietes, brachte, so wurde doch die deutsche Front auf die Maas und Waal-Linie zurückgedrängt und zwischen Arnheim und Nymwegen ein gefährlicher Brückenkopf gebildet, der zum Alptraum der deutschen Führung wird. Generalfeldmarschall Model plant, den Brückenkopf zu zerschlagen, um an der breiten Strombarriere des Waal eine neue Front aufzubauen. Er beauftragt das Generalkommando II. SS-Panzerkorps mit der Durchführung des Gegenangriffs zwischen Arnheim und Nymwegen.

Die Alliierten bemühen sich, ihren Brückenkopf über den Waal zu halten und für neue Offensiven auszubauen. Hierbei kommt ihnen die unzerstörte Straßenbrücke von Nymwegen zustatten, über die Nachschub und Verstärkungen rollen.

Als Hitler erfahren hatte, daß bei der Aufgabe von Nymwegen die Eisenbahn- und Straßenbrücke nicht zerstört worden waren, verfügte er die Nachprüfung, warum die Brückensprengungen unterblieben seien. Model hatte sie verboten, um sie für spätere Gegenangriffe intakt zur Verfügung zu haben. Als sich das herausstellt, ist es Models Persönlichkeit, die Hitler von drakonischen Strafen abhält. Fortan kreisen die Gedanken von Freund und Feind um die Nymwegener Brücken. Jetzt soll die deutsche Luftwaffe die Brücken zerstören, doch mehrere Bombenangriffe haben keinen Erfolg, da die Alliierten einen starken Luft- und Flakschirm aufgebaut haben. Am 28. September wird ein neues Waffensystem auf die Brücken angesetzt — Trägerflugzeuge, die unter ihrem Rumpf ein kleines, unbemanntes und mit Sprengstoff gefülltes Flugzeug (mehr ein Gleiter) mitführen. Unter starkem Jagdschutz kommen die Trägerflugzeuge dicht an die Brücken heran und klinken ihre Gleiter aus. Die Eisenbahnbrücke wird beschädigt, die Straßenbrücke aber nicht getroffen. In der Soldatensprache erhält das neue Waffensystem den Spitznamen „Vater und Sohn". Weitere Einsätze der Luftwaffe und von Kampfschwimmern der Marine scheitern.

Ab 31. September wird der Stab der Kampfgruppe 9. SS-Panzerdivision „Hohenstaufen" herausgelöst. Den Befehl über die südlich des Niederrheins stehenden Alarmeinheiten übernimmt die 9. Panzerdivision des Heeres, den Abschnitt Oosterbeek—Arnheim die 363. Volksgrenadierdivision. Die Einheiten der 9. SS-Panzerdivision verlegen ab 1. Oktober 1944 in den Raum Siegen—Altenkirchen zur Neuaufstellung.

ZWISCHEN WAAL UND NIEDERRHEIN

Der alliierte Brückenkopf Nymwegen soll beseitigt werden — Die 9. und 116. Panzerdivision des Heeres greifen zusammen mit der „Frundsberg“ an — Es gelingt nicht, den feindlichen Brückenkopf einzudrücken — Die deutsche Front wird auf den Niederrhein zurückgenommen

Nach Abwehr der alliierten Luftlandungen bleibt der englische Stoßkeil zwischen Waal und Niederrhein ein Gefahrenherd in den deutschen Verteidigungsvorstellungen. Allzugern hätte Generalfeldmarschall Model auch Nymwegen als Eckpfeiler in die angestrebte neue Verteidigungslinie einbezogen. Die Vorbereitungen zu einem deutschen Angriff zwischen Waal und Niederrhein und auf Nymwegen werden eilig vorangetrieben, da die Engländer mit jedem Tag stärker werden. Den Gegenangriff zwischen Waal und Niederrhein sollen das II. SS-Panzerkorps, und südlich von Nymwegen das II. Fallschirmjägerkorps durchführen.

Am 27. September gibt das II. SS-Panzerkorps den Frontabschnitt westlich von Arnheim an das XII. SS-Armeekorps (von Gottberg) ab und konzentriert sich auf die Angriffsvorbereitungen zwischen Waal und Niederrhein. Die 9. und 116. Panzerdivision werden dem II. SS-Panzerkorps aus dem Aachener Raum zugeführt. Die 10. SS-Panzerdivision „Frundsberg“, die — verstärkt durch Alarmeinheiten — die Stellungen zwischen Waal und Rhein hält, soll den Aufmarsch der 9. und 116. Panzerdivision sichern.

Am 28. September findet auf dem Gefechtsstand des II. SS-Panzerkorps bei Velp die Befehlsausgabe an die Kommandeure der 116. Panzerdivision, Generalleutnant von Waldenburg, der 9. Panzerdivision, Generalleutnant von Elverfeldt, und der 10. SS-Panzerdivision, Generalmajor der Waffen-SS Harmel, statt, der eine eingehende Besprechung der gedachten Kampfführung folgt. Es sollen angreifen:

die 116. Panzerdivision, der die Kräfte der bisherigen Kampfgruppe 9. SS-Panzerdivision unterstellt werden (Verband Oberst Gerhard), rechts aus dem Raum Elden;

die 9. Panzerdivision links aus dem Raum Huissen — Schwerpunkt auf den inneren Flügeln beider Verbände; erstes Angriffsziel Elst, Trennungslinie zwischen den Divisionen Elden—de Gouden Klomp (Orte zu 116. Panzerdivision)—westlich Aamsche Brücke—Elst (9. Panzerdivision);

die 10. SS-Panzerdivision soll südlich der Linie Angeren—Huis de Karbrug—Merm, auf Bemmel angreifend, den Feind binden.
Zur Unterstützung des Angriffs der 116. Panzerdivision auf Driel soll die 363. Volksgrenadierdivision (Generalleutnant Dettling) durch Stoßtruppunternehmen über den Rhein in Richtung Driel die Aufmerksamkeit des Gegners fesseln.
Bei dieser Besprechung ist die pessimistische Lageeinschätzung des Kommandierenden Generals Bittrich und des Kommandeurs der 10. SS-Panzerdivision angesichts der gewonnenen Kampferfahrungen und der Schwäche der Angriffsverbände nicht zu übersehen. Ein verstärkter Einsatz des SS-Artillerie-Regiments 10 auf den Raum wird angestrebt, ist aber später aus Munitionsmangel nicht möglich. Die 10. SS-Panzerdivision gibt die schwere Panzerabteilung 506 und die bewährten Bataillone Knaust und Bruhns an die herankommende 9. Panzerdivision ab. Betriebsstoffmangel und andauernde Jaboangriffe verzögern das Herankommen der 9. und 116. Panzerdivision. Dadurch kann das II. SS-Panzerkorps zum befohlenen Angriff am 29. September nicht antreten.
Am Morgen des 28. September greift das II. Fallschirmjägerkorps des Generals Meindl aus der Linie Wyler—Zyfflich auf Nymwegen an und wirft die 82. US-Luftlandedivision zurück. Nach Einnahme des Dorfes Erlekom (4 km ostwärts Nymwegen) bleibt der Angriff der Fallschirmjäger unter hohen Verlusten liegen.
In der Nacht zum 29. September erfolgt der letzte Einsatz von Marine-Kampfschwimmern auf die Brücken von Nymwegen. Das Mittelstück der Eisenbahnbrücke bricht zusammen, die Straßenbrücke wird schwer beschädigt.
Nach mehrmaliger Verschiebung treten 9. und 116. Panzerdivision am Morgen des 1. Oktober zum Angriff nach Westen an. Nebliges Wetter erschwert den Angriff auf Elst, der durch das SS-Art.Rgt. 10 mit Feuerschlägen auf Elst und Aamsche Brücke unterstützt wird. Der Feind, der den Angriff erwartet hat, macht den deutschen Angriffsgruppen jeden Meter Boden streitig und setzt zu Gegenangriffen an. Nach Anfangserfolgen bleibt der deutsche Angriff auf Elst gegen Mittag im schwersten Feindfeuer liegen. Nach starker Artillerievorbereitung greifen Teile der 10. SS-Panzerdivision am Nachmittag über den Südrand von Heuvel auf Vergert an, um der vor Aam festliegenden Kampfgruppe Volker der 9. Panzerdivision vorwärts zu hel-

fen. Auch der Angriff des SS-Panzergrenadierregiments 21 bleibt nach Anfangserfolgen im zusammengefaßten Abwehrfeuer des Feindes liegen, ebenso die Ablenkungsangriffe des SS-Panzergrenadierregiments 22 aus dem Raum Baal—Haalderen auf Bemmel. Als gegen Abend der Himmel aufklart, sind wieder die feindlichen Jagdbomber da, die die Stellungen der Infanterie und Artillerie und die Fährstellen bei Huissen und Pannerden angreifen.
Der Verlauf des ersten Angriffstages bestätigt die pessimistische Lagebeurteilung des Kommandierenden Generals vor Angriffsbeginn. Trotz großer Anstrengungen blieb ein durchschlagender Erfolg aus. Der einheitlich begonnene Angriff ist in viele örtliche Unternehmen aufgesplittert worden.
In der Nacht zum 2. Oktober dringt ein britischer Stoßtrupp in Heuvel ein und stiftet Verwirrung unter den hier stehenden Teilen eines Festungs-MG-Bataillons und der RAD-Abteilung 251. SS-Panzergrenadiere des Regiments 21 stellen bis zum Morgengrauen die alte Lage wieder her.
Trotz des ungünstigen Ablaufs des ersten Angriffstages gibt Model die Hoffnung auf eine Verbesserung des Frontverlaufs bei Arnheim und Nymwegen noch nicht auf.
In der Nacht zum 2. Oktober greift das II. Fallschirmkorps befehlsgemäß wieder an. Am Morgen des 2. Oktober steht die Fallschirm-Aufkl.Abt. 12 kurz vor Groesbeek; feindliche Luft- und Artillerieüberlegenheit machen die Weiterführung des Angriffs unmöglich. Am Abend meldet die 1. Fallschirmarmee an die Heeresgruppe B: „Beim II. Fallschirmkorps Angriffsunternehmen nicht geglückt. Starke feindliche Luftüberlegenheit am Tage. Für Nachtkampf zu schlechte Ausbildung der Truppe.“ Die Front des II. Fallschirmkorps erstarrt in der Linie Erlekom—Wyler—Den Heuvel—Riethorst—Middelaar.
Die Angriffe des II.-SS-Panzerkorps stehen unter ähnlichen Bedingungen. Bereits am Morgen des 2. Oktober werden die deutschen Angriffsspitzen mit heftigem Artilleriefeuer eingedeckt. Luftangriffe verdichten die Abwehr des Feindes. Unter diesen Umständen kommt der befohlene Angriff des II. SS-Panzerkorps nicht in Fluß. Gegen 10.00 Uhr treten die Briten zu Gegenangriffen an. Südlich von Vergert wird eine feindliche Panzeransammlung durch eigene Artillerie zersprengt. Nur mit Mühe wird die am Vortag erreichte Linie von den Verbänden des II. SS-Panzerkorps gehalten.

Aufgrund von Agentenmeldungen rechnet die deutsche Führung mit neuen feindlichen Luftlandungen im Raum Nymwegen—Emmerich—Kleve. Auf Befehl des Fallschirm-AOK 1 ordnet das II. SS-Panzerkorps die Bildung von Alarmeinheiten aus rückwärtigen Diensten an.

Die 10. SS-Panzerdivision macht ihr in Didam und Doetinchem liegendes Feld-Ersatz-Bataillon unter Umbenennung in Feld-Ausbildungs-Bataillon als Eingreifreserve verfügbar, rüstet es mit leichten und schweren Infanteriewaffen aus und motorisiert es behelfsmäßig. Dem SS-FAB 10 wird eine Ausbildungs-Batterie des SS-Pz.Art.Rgt. 10 mit vier leichten Feldhaubitzen unterstellt. Neu eintreffender Ersatz wird weiterhin vom SS-FEB 10 aufgenommen. Die Trennung in FEB und FAB wird auch später beibehalten und bewährt sich besonders, als die von der Luftwaffe kommenden Mannschaften infanteristisch umgeschult werden müssen.
Die 10. SS-Panzerdivision ist für die Abwehr feindlicher Luftlandungen zwischen Rees—Ijsselburg und Pannerden—Doetinchem verantwortlich.
Am 3. Oktober vermag weder die 116. noch die 9. Panzerdivision Anfangserfolge zu erzielen. Heftige Gegenangriffe drücken am Nachmittag die am Nordflügel stehende 116. Panzerdivision zurück. An der Naht 9. Panzerdivision—10. SS-Panzerdivision setzt sich der Feind in Besitz des Wegevierecks hart südlich von Heuvel und bedrängt von dort den Südflügel der 9. Panzerdivision durch heftiges Flankenfeuer. Zur Bereinigung der Lage bei Heuvel zieht die Division „Frundsberg“ die SS-Pz.AA 10 aus dem Raum Huissen—Angeren auf Huis de Karbrug vor. Dem Angriff der SS-Pz.AA 10 soll sich das I./Pz.Gr.Rgt. 11 (9. Panzerdivision) anschließen. Das SS-Pz.Gr.Rgt. 21 erhält Befehl, mit Unterstützung von Panzern der II./SS-Pz.Rgt. 10 aus dem Raum Baal nach Nordwesten anzugreifen. Aufgrund der feindlichen Luftüberlegenheit entschließt sich Brigadeführer Harmel, den Angriff in der Nacht zum 4. Oktober durchzuführen.
In der Morgendämmerung des 4. Oktober wird der Feind südlich von Heuvel von drei Seiten angegriffen und räumt nach zähem, für beide Seiten verlustreichen Kampf das Wegeviereck südlich von Heuvel. Dabei fallen Kriegsgerät und Gefangene in deutsche Hand.
Die nach Tagesanbruch weiter auf Bemmel angreifende, mit Teilen gegen Vergert abschirmende SS-Pz.AA 10 gerät dann 800 Meter süd-

lich von Heuvel in schwerstes Abwehrfeuer. Die 1./SS-Pz.AA 10 setzt trotzdem ihre Sturmfahrt fort und kommt bis an den Nordrand von Bemmel heran. Hier wird die Kompanie durch schwerstes Abwehrfeuer gestoppt. Der Kompaniechef, Obersturmführer Ziebrecht, wird schwer verwundet. Die zersprengte Kompanie kämpft sich nach Klein Baal und Halderen zurück. Die Masse der SS-Pz.AA 10 setzt sich unter Verlusten auf Heuvel ab. Bei diesen Kämpfen fällt der Ritterkreuzträger der 2. Kompanie, Untersturmführer Rech.
Nach umfassender Artillerievorbereitung treten die Briten zum Gegenangriff an. Um 14.00 Uhr wird um Heuvel erbittert gekämpft; britische Infanterie und Panzer gegen SS-Panzergrenadiere des Regiments 21 und Männer der Alarmeinheiten. Heuvel bietet Deckungsmöglichkeiten, aber die Männer, die zwischen den Orten Heuvel, Baal und Halderen im flachen, freien Wiesengelände liegen, sind schutzlos den feindlichen Artilleriefeuerschlägen ausgesetzt, und das Inferno wird durch andauernde Jaboangriffe noch verstärkt. Die erdrückende Materialüberlegenheit erinnert an die Kämpfe in der Normandie, nur läßt hier der hohe Grundwasserstand ein In-die-Erde-gehen nicht zu. Die Männer haben sich flache Mulden geschaffen und sie mit aufgeschichteten Grassoden umgeben. Einige Soldaten des Festungs-MG-Bataillons laufen zum Feind über und verhalten sich so, wie es ihnen feindliche Flugblätter empfohlen haben. Die Deutschen weichen auf den Kanal de Linge aus, die Orte Heuvel und Baal gehen in Feindbesitz über. Am Abend in Haalderen eindringende Teile der britischen 51. Infanteriedivision (McMillan) werden vom Bataillon Euling mit Unterstützung von Panzern zurückgeworfen. Übersetzversuche des Feindes über den Waal werden vom SS-Pz.Gr.Rgt. 22 aus den Stellungen bei der Ziegelei südlich von Haalderen abgewiesen.

Unter persönlicher Führung des Brigadeführers Harmel und unter Aufbietung aller Kräfte wird am Abend des 4. Oktober und in der folgenden Nacht entlang des Kanals de Linge eine neue Abwehrfront aufgebaut. Um den Anschluß an die 10. SS-Panzerdivision zu wahren, nimmt auch die 9. Panzerdivision ihren linken Flügel hinter den Kanal zurück. Die Tatkraft eines Divisionskommandeurs und der unerschütterliche Kampfgeist der SS-Panzergrenadiere haben auch die wenig kampferfahrenen Männer der Alarmeinheiten mitgerissen und eine der größten Krisen gemeistert.

Während die 10. SS-Panzerdivision „Frundsberg" am 5. Oktober am Kanal de Linge zur Verteidigung übergeht, setzen 9. und 116. Panzerdivision den Angriff fort, der nach Anfangserfolgen liegenbleibt.
Am 6. Oktober wird der Angriff wieder aufgenommen, es ist der letzte Versuch der 9. und 116. Panzerdivision, die Orte Driel und Elst zu erobern. Aus dem Raum Opheusden—Ochten sollen Verbände des XII. SS-Armeekorps entgegenstoßen. Auch der letzte Versuch wird im Keime erstickt. Unter dem Eindruck der überragenden Abwehrkraft des Feindes und der eigenen Verluste entschließt sich das II. SS-Panzerkorps zur Einstellung des Angriffs. Zu dieser Folgerung kommt am 7. Oktober auch die höhere Führung im Hinblick auf die Entwicklung der Aachener Schlacht, die zur Bildung neuer Reserven zwingt; sie befiehlt dem II. SS-Panzerkorps, zur Verteidigung überzugehen und als ersten Verband die 116. Panzerdivision zu anderer Verwendung aus der Front zu ziehen.
Indessen verbessert die 10. SS-Panzerdivision ihre Stellungen am Kanal de Linge. Im Zuge einer Frontbegradigung wird Haalderen aufgegeben. In den Befehlen des II. SS-Panzerkorps vom 4. und 7. Oktober wird die 10. SS-Panzerdivision als Kampfgruppe Harmel bezeichnet, was mit einer stark abgesunkenen Gefechtskraft gleichzusetzen ist.
Das Gesetz des Handelns ist wieder an Horrocks' XXX. Korps übergegangen. Der verstärkte Einsatz der britischen Artillerie und Luftwaffe auf die deutschen Artilleriestellungen und auf die Fährstellen Huissen und Pannerden läßt auf neue Angriffsabsichten schließen. Gegen Mittag des 7. Oktober zerstört ein feindlicher Bombenangriff die Straßenbrücke über den Niederrhein in Arnheim, nachdem sie schon am 6. Oktober beschädigt, aber wieder benutzbar gemacht worden war. Die Brücke fällt damit für die bevorstehende Umgruppierung und die Herauslösung der 116. Panzerdivision aus.

Am Abend des 7. Oktober ergeht ein neuer Befehl des II. SS-Panzerkorps an die Divisionen, der den Übergang zur Verteidigung und die neue Abschnittseinteilung regelt. Danach übernehmen der Sperrverband des Obersten Gerhard und die 9. Panzerdivision durch Streckung ihrer bisherigen Front den Abschnitt der 116. Panzerdivision. Neue Grenze zwischen der 9. Panzerdivision und der 10. SS-Panzerdivision ist die Linie Kullenberg—Nordrand Angeren. Etwa 2 km hinter der jetzigen HKL wird der Ausbau einer zweiten Linie in Angriff genommen. Um die Arnheimer Rheinbrücke, um Elden und um Huissen und Doornenburg werden Brückenköpfe ausgebaut, die bei höchster Gefahr als Zwischenstationen zum Zurückgehen hinter den Rhein dienen sollen.

In der Nacht zum 9. Oktober erfolgt die Herauslösung der 116. Panzerdivision und ihr Abmarsch und die Rückunterstellung des Bataillons Bruhns von der 9. Panzerdivision an die 10. SS-Panzerdivision. Die Reste des Bataillons Bruhns werden mit dem stark angeschlagenen Bataillon Wesel zusammengelegt.

Nach dem Abbruch des Angriffs beabsichtigt Generalfeldmarschall Model, durch Sprengung des Rheindeichs das Gelände zwischen Niederrhein und Waal zu überschwemmen und die Front hinter den Rhein zurückzunehmen. Mit der Sprengung des Deiches südlich von Arnheim wird das SS-Pz.Pi.Btl. 10 beauftragt, das unter dem Kommandeur, Sturmbannführer Brandt, unverzüglich mit der Erkundung und der Vorbereitung beginnt. Kommandos der Versorgungstruppen treiben das Vieh aus den Ställen und von den Weiden über den Niederrhein ab, soweit es der Fährverkehr zuläßt.

In der Nacht vom 9./10. Oktober beginnt die von der Heeresgruppe befohlene erste Phase des Rückzuges. Die 9. Panzerdivision und die 10. SS-Panzerdivision gehen vom Feinde ungestört auf die ausgebaute zweite Linie zurück.

In der Nacht vom 13./14. Oktober erfolgt die zweite Phase des Rückzuges hinter den Niederrhein, wobei die 9. Panzerdivision zu anderer Verwendung herausgelöst wird. Die gut ausgebauten und verminten Brückenköpfe südlich der Arnheimer Brücke, ostwärts Huissen und Angeren, sowie bei Pannerden bleiben besetzt.

Am 12. Oktober trifft bei der 10. SS-Panzerdivision „Frundsberg" Nachersatz in Stärke von 1600 Mann ein, darunter 30 Prozent Unteroffiziere und Mannschaften von der Luftwaffe. Der Ersatz wird vom SS-Feld-Ersatz-Bataillon 10 in Doetinchem, später Goer, aufgenommen.

Ab 14. Oktober steht die 10. SS-Panzerdivision am östlichen Niederrheinufer abwehrbereit und hält die Brückenköpfe am Westufer. Mit

dem Zurückgehen ist eine Verschiebung der Korpsgrenze nach Westen verbunden. Das bisher bei Arnheim führende XII. SS-Armeekorps verlegt in den Raum Aachen. Nun steht das II. SS-Panzerkorps als linkes Flügelkorps der 1. Fallschirmarmee in der Linie Oosterbeek—Arnheim—Millingen, mit rechts 363. Volksgrenadierdivision und links 10. SS-Panzerdivision.
Die Sprengung des Rheindeiches südlich von Arnheim wird nicht durchgeführt, da noch der Brückenkopf Elden vom Verband Gerhard gehalten wird. Unter Aussparung überschwemmter Geländeabschnitte ist die Niederrheinfront nur stützpunktartig besetzt. Die Brückenköpfe Huissen und Angeren werden von der SS-Pz.AA 10, der Brückenkopf Doornenburg vom SS-Pz.Pi.Btl. 10 gehalten. Im Doornenburger Rhein-Waal-Dreieck bildet ein Betonbunker der alten niederländischen Verteidigungslinie einen starken Rückhalt. Alle Brückenköpfe sind gut ausgebaut und durch Draht- und Minensperren gesichert; vorgeschobene Beobachter der Artillerie beantworten jede Feindannäherung mit der Auslösung von Sperrfeuer.
Bei Millingen schließt die 84. Infanteriedivision des Generalmajors Fiebig an.
Die Batterien des SS-Panzerartillerieregiments 10 haben im Raum Zevenaar—Babberik ihre Feuerstellungen. Die 5. und 8. Kompanie des SS-Pz.Rgt. 10 überholen in den Unterkünften im Raum s'Heerenburg ihre Panzer und Sturmgeschütze. Die anderen Panzerkompanien der II. Abteilung warten auf neue Panzer. Die I. Abteilung fehlt immer noch.
Die Tage in der Niederrheinstellung zwischen Arnheim und Millingen verlaufen ruhig. Die 10. SS-Panzerdivision „Frundsberg" frischt ihre Einheiten auf und ergänzt Waffen und Geräte. Die SS-Panzergrenadierregimenter 21 und 22 ziehen jeweils abwechselnd ein Bataillon zur Erholung und Neugliederung aus der Front. Am 15. Oktober trifft die Kampfgruppe Roestel als letzte abgegebene Kampfgruppe wieder bei der Division ein. Sie hatte seit Anfang September im Verband der Divisionskampfgruppe Walther im Raume Neerpelt—Veghel und dann im Brückenkopf Venlo gefochten. Die SS-Pz.-Flak-Abt. 10 schießt bei Pannerden einen viermotorigen Feindbomber ab.

Nach Abschluß der Kämpfe geht folgender Tagesbefehl auf dem Gefechtsstand der 10. SS-Panzerdivision ein:

„Fallschirm-Armee-Oberkommando
Der Oberbefehlshaber O. U., 18. 11. 1944

Tagesbefehl.

Mit dem 18. 11. 44 scheidet die 10. SS-Panzerdivision ‚Frundsberg‘ aus dem Bereich der Fallschirm-Armee.
Unter der umsichtigen und entschlossenen Führung ihres Kommandeurs hat die Division in ununterbrochenem Einsatz seit dem 21. 9. 44 in Angriff und Abwehr ausgezeichnete Leistungen vollbracht und alle ihr gestellten Aufgaben in vorbildlicher Tapferkeit erfüllt.
Besonderen Anteil hat die Division an den harten Kämpfen vom 17.—26. 9. 44, die zur völligen Vernichtung der 1. engl. Luftlande-Division führten.
Ich spreche allen Führern, Unterführern und Mannschaften meine besondere Anerkennung aus und wünsche der Division für alle weiteren Einsätze Erfolg und Soldatenglück.
Ich bin gewiß, daß die Division ‚Frundsberg‘ an ihrer Stelle zum Endsieg unseres Volkes beitragen wird.

Es lebe der Führer!

gez. Student
Generaloberst und Oberbefehlshaber
der Fallschirmarmee.“

EINSATZ DER KAMPFGRUPPE TRAUPE BEI DER 15. ARMEE

Jaboangriffe stören den Anmarsch — Im Maasbrückenkopf bei Hertogenbosch — Der Übergang bei Waalwijk wird offengehalten

Gemäß ihrer Strategie des Zersägens der deutschen Front treten alliierte Armeen Anfang November 1944 gleichzeitig am Oberrhein, bei Aachen und in den Niederlanden und Belgien zu neuen Angriffen an. Die britisch-kanadische 21. Heeresgruppe des Feldmarschalls Montgomery soll den bis an die Scheldemündung einschließlich der Halbinsel Walcheren vorspringenden Frontbogen der 15. Armee zurückdrücken und damit eine Bedrohung der weit vorspringenden Arnheim-Nymwegen-Front ausschalten. Unter den Schlägen der kanadischen 1. Armee (Generalleutnant Crerar) und der britischen 2. Armee (Generalleutnant Dempsey) erbebt die deutsche Front in der Linie Walcheren—Turnhout—Tilburg—Hertogenbosch. General Zangens 15. Armee wird langsam nach Norden zurückgedrückt. Nach langen Kämpfen geht die zuletzt abgeschnittene Halbinsel Walcheren verloren; die 70. Infanteriedivision geht mit ihrem Div.-Kommandeur, Generalleutnant Daser, und 10 000 Mann in Gefangenschaft. Bis zum 24. Oktober wird der vorspringende Westflügel der 15. Armee bis in die Linie Tilburg—Breda—Roosendaal zurückgedrückt, und es besteht die Gefahr, daß die am weitesten westlich stehenden eigenen Verbände abgeschnitten werden und den Übergang über die Maas in ihrem Mündungsgebiet nicht mehr vollziehen können. Diese Notlage zwingt zu Hilfen für die 15. Armee.

Gegen Mittag des 24. Oktober erhält das II. SS-Panzerkorps von der Heeresgruppe B den Befehl, schnellstens je einen verstärkten Regimentsverband der 10. SS-Panzerdivision und der 363. Volksgrenadierdivision dem am Ostflügel der 15. Armee stehenden LXXXVIII. Armee-

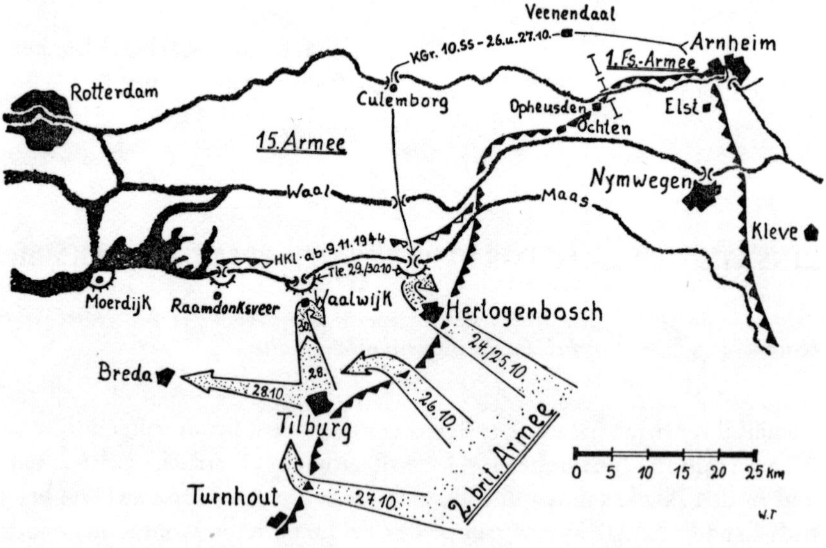

Einsatz der Kampfgruppe 10. SS-Panzerdivision bei der 17. Armee

korps zuzuführen. Da auch die Briten Kräfte abgezogen haben, ist die Schwächung der Niederrheinfront tragbar. Die 10. SS-Panzerdivision macht die zur Abgabe vorgesehenen Einheiten frei. In der Nacht vom 25./26. Oktober marschiert eine verstärkte Kampfgruppe unter Befehl des Obersturmbannführers Traupe ab. Sie besteht aus je einem Bataillon der SS-Pz.Gr.-Regimenter 21 und 22.
Der Anmarsch der Kampfgruppe Traupe über Veenendaal—Doorn—Culemburg wird durch laufende Jaboangriffe gestört und verzögert. Inzwischen hat die britische 2. Armee Hertogenbosch und Tilburg genommen. Die am Abend des 27. Oktober an der Maas eintreffende Kampfgruppe Traupe besetzt einen Maas-Brückenkopf nördlich von Hertogenbosch.
Am 28. Oktober stoßen britische Einheiten nach trommelfeuerartiger Artillerievorbereitung und dem verstärkten Einsatz ihrer Luftwaffe von Tilburg auf Waalwijk vor. Währenddessen strömen noch große Teile der 15. Armee über die Fährstelle von Waalwijk nach Norden. Die Absicht der Briten ist klar erkennbar: Abschneiden der deutschen Kräfte, bevor sie das nördliche Maasufer erreicht haben. Zur Abwendung dieser Gefahr erhält Obersturmbannführer Traupe vom LXXXVIII. Armeekorps den Befehl, mit Teilen seiner Kampfgruppe an der südlichen Maas-Uferstraße vorzurücken und den Brückenkopf Waalwijk zu verstärken. Am Abend des 29. 10. bricht ein Bataillon der Kampfgruppe Traupe auf und erreicht über Heusden am Morgen des 30. Oktober das Moorgelände von Waalwijk.
Am 30. Oktober vorgetragene Feindangriffe gegen den deutschen Brükkenkopf nördlich von Hertogenbosch werden abgewiesen.
Bis zum 30. Oktober werden die deutschen Brückenköpfe Hertogenbosch und Waalwijk gehalten. Währenddessen baut die 15. Armee hinter der Maas eine neue Front auf. In der Nacht vom 8./9. 11. gibt die 15. Armee alle Brückenköpfe südlich der Maas auf.
Am 10. November rückt die Kampfgruppe Traupe befehlsgemäß nach Arnheim zurück und untersteht damit wieder der 10. SS-Panzerdivision „Frundsberg".

AUFFRISCHUNG DER 9. SS-PANZERDIVISION

Im Raum Siegen — Ersatz von Luftwaffe und Marine — Oberführer Stadler übernimmt wieder die Division — Im Raum Gütersloh—Gesecke—Paderborn — Abmarsch und Bereitstellung zur Ardennen-Offensive

Auf Befehl des Oberkommandos der Wehrmacht soll die 9. SS-Panzerdivision „Hohenstaufen" im Reichsgebiet aufgefrischt werden. Die Verlegung aus dem Raum Arnheim läuft sehr schleppend an. Ab 10. September 1944 gehen die ersten Vorkommandos, Stämme und Spezialisten in das Reichsgebiet ab. In die laufende Verlegung platzt die alliierte Luftlandung bei Arnheim und Nymwegen hinein und stoppt den weiteren Abtransport. Auch Panzer und Fahrzeuge werden ab Anfang September in die Heimatkraftfahrparks zur Wiederinstandsetzung überführt.
Gleichzeitig verfügt das SS-Führungshauptamt die Inmarschsetzung von Marschbataillonen aus verschiedenen Ersatztruppenteilen der Waffen-SS in den neuen Auffrischungsraum Siegen—Dillenburg—Kirchen—Denklingen—Altenkirchen. Der Divisionsstab befindet sich in Siegen.

Neben dem Ersatz aus Ersatzeinheiten der Waffen-SS werden etwa 30 Prozent des Personalbestandes von der Luftwaffe überstellt, der aus Unteroffizieren und Mannschaften — Bodenpersonal, Ausgekämmte aus Stäben und Flakeinheiten und aus einigen Männern des fliegenden Personals — besteht. Die Soldaten der Luftwaffe wurden im Zuge der Forderung des OKW auf Verringerung der teilweise sehr aufgebauschten Stäbe und Versorgungsdienststellen der Luftwaffe freigestellt. Bei der Eingliederung dieser Unteroffiziere und Mannschaften gibt es verschiedentlich Reibereien, da sie kurzfristig auf die Erfordernisse einer Panzerdivision umgeschult werden und dementsprechend eine Infanterieausbildung, deren Schwerpunkt auf Gefechts- und Waffenausbildung liegt, durchmachen müssen. Manchem alten Luftwaffen-Unteroffizier, der jahrelang in Schreibstuben gesessen hat und körperlich nicht mehr im Training ist, fällt es schwer, zumal er sich oftmals von viel jüngeren Sturmmännern oder Rottenführern kommandieren lassen muß. Hierzu einige Stimmen!
Obersturmführer Steinbach, Batteriechef im SS-Pz.Art.Rgt. 9, schildert das in einem Brief an den Verfasser so: „Die größte Leistung unserer jungen Kompaniechefs besteht in der richtigen psychologischen Be-

handlung dieser zu uns kommenden Männer. Die Versetzung zur Waffen-SS ließ sie zunächst erschaudern, aber unsere warmherzige und kameradschaftliche Art, unser Gespür dafür, daß es sich hier um wertvolle Menschen handelt, hat sie bei uns eingegliedert, und Sie finden heute auf unseren Treffen mehr Leute von der oft scherzhaft sogenannten ‚Hermann-Göring-Spende' als von anderen Dienstgraden. Ich selbst hatte beispielweise wertvolle ausgebildete Funker, einen Jagdflieger mit drei Abschüssen usw. — Die Bewährungsprobe war dann die Ardennen-Offensive. Damals stritt man sich nicht um innere Führung, man hatte sie!"

Obersturmführer Franke, Kompaniechef der 1. (Fernsprech-)SS-Pz. Nachr.Abt. 9 schreibt: „Nach den Einsätzen in Frankreich sammelten wir in Niederschelden an der Sieg und erhielten Ersatz. Oberfeldwebel Weirich meldete mir am 19. September 1944 einen kompletten Zug einer Luftwaffen-Nachrichteneinheit, der zur Waffen-SS versetzt worden war. Skespsis auf beiden Seiten war verständlich. Nicht nur das wesentlich höhere Alter der Mannschaften, die aus überwiegend alten Obergefreiten bestanden, sondern auch eine gewisse Überheblichkeit unserer Männer, die sich in den Einsätzen bewährt hatten, mögen u. a. dafür ursächlich gewesen sein. Nach drei Monaten aber — der Zug war unter Hauptscharführer Weirich fast geschlossen zusammengeblieben, zeigte sich, daß alle Zweifel und Bedenken von beiden Seiten ausgeräumt waren. Schon bei der Ardennen-Offensive haben die Kameraden, die von der Luftwaffe zumeist nicht freiwillig zur Waffen-SS gekommen waren, gezeigt, daß sie die ihnen gestellten Aufgaben genau so zuverlässig lösten, wie die anderen Züge der Kompanie."

Nach anfänglichen Schwierigkeiten passen sich also die Luftwaffensoldaten schnell in die 9. SS-Panzerdivision „Hohenstaufen" ein und werden zum größten Teil ausgezeichnete Frontsoldaten, die den Stämmen der Division in nichts nachstehen. Viele rücken zu Zug- und Kompanieführern auf.

Aufsichtsmäßig untersteht die 9. SS-Panzerdivision im Auffrischungsraum dem I. SS-Panzerkorps und dem SS-Panzer-Armee-Oberkommando 6, da auch die 1. und 12. SS-Panzerdivision im westfälischen Raum aufgefrischt werden.

Der an der Invasionsfront verwundete Divisionskommandeur, Oberführer Stadler, übernimmt am 10. Oktober 1944 wieder die 9. SS-Panzerdivision und führt sie bis zum Kriegsende.

Nach Rückkehr von Arnheim wird der bisherige Divisionsführer, Obersturmbannführer Harzer, als Chef des Stabes zum V. SS-Gebirgskorps nach Sarajewo versetzt. Er erhält aber bereits Ende Oktober 1944 eine Kommandierung zum Divisionsführerlehrgang nach Hirschberg.
Es stellt sich bald heraus, daß der bergige Raum um Siegen kein Gelände für Verbandsübungen einer Panzerdivision ist. Die 9. SS-Panzerdivision beantragt darum beim (SS-)Pz.AOK 6 eine Verlegung in einen günstigeren Raum, der genehmigt wird.
Vom 17. bis 27. Oktober 1944 verlegt die Division schubweise im Eisenbahntransport in den Raum Ahlen—Gütersloh—Geseke—Münster—Paderborn. In diesem Zusammenhang erreicht folgender Befehl die SS-Panzerdivision „Hohenstaufen" (Fundstelle Vopersal):

> SS-Führungshauptamt — Berlin-Wilmersdorf, 25. Oktober 1944
> Amt II Org.Abt. Ia/II — Kaiserallee 188
> Tgb.Nr. 3855/44 g.Kdos.
>
> Betrifft: Meldeköpfe der Westverbände der Waffen-SS.
> Verteiler: Sonderverteiler. 80 Ausfertigungen.
> Sämtliche Ersatz- und Materialtransporte, Versetzte, Versprengte, Dienstreisende usw. der nachstehenden Westverbände der Waffen-SS sind über folgende Meldeköpfe zu leiten:

Gen.Kdo. I. SS-Pz.Kps. m. Korpstr.	Petershagen (nördl. Minden)
Gen.Kdo. II. SS-Pz.Kps. m. Korpstr.	Bocholt
1. SS-Pz.Div. „LSSAH"	Lübbecke
2. SS-Pz.Div. „Das Reich"	Büren (sw. Paderborn)
9. SS-Pz.Div. „Hohenstaufen"	Wadersloh (sw. Wiedenbrück)
10. SS-Pz.Div. „Frundsberg"	Bocholt

Die 9. SS-Panzerdivision „Hohenstaufen" ist Ende Oktober personell zu 80 Prozent aufgefüllt. Neben dem erwähnten Ersatz kommen zahlreiche Divisionsangehörige, die bei der Invasion verwundet worden sind, ausgeheilt aus den Lazaretten zurück und bilden mit den anderen „Alten" den Kern. Mit den Ersatzzuführungen des SS-Führungshauptamtes kommen auch viele Volksdeutsche aus Ungarn und Jugoslawien zur Division.
Die Materialergänzung läuft kriegsbedingt sehr schleppend an. Zuerst kommen die wieder instand gesetzten Panzer, Kraftfahrzeuge und Waffen zurück, mit denen die Ausbildung betrieben wird. Die Neuzuweisung von Geschützen und anderen schweren Waffen läuft befriedigend,

Panzerhaubitze „Hummel" bei Höhe 112 Caen.

Arnheim September 1944. Von links nach rechts: Generalfeldmarschall Model; SS-Brigadeführer Harmel; Generaloberst Student (OB der Fallschirm-Armee); SS-Obergruppenführer Bittrich (Komm.Gen. des II. SS-Pz.-Korps); dahinter SS-Obersturmbannführer Harzer (Führer der Divisionskampfgruppe „Hohenstaufen").

Luftaufnahme der RAF von der Rheinbrücke bei Arnheim. September 1944.

Brücke von Arnheim wird zur Sprengung vorbereitet.

Gleiter-Landeplatz bei Wolfsheeze.

Landeplatz der Fallschirmjäger bei Wolfsheeze.

Arnheim. Sturmgeschütze und Grenadiere. 19. September 1944.

Mitten im Sumpf und Wasser bei Nymwegen die Stellungen der Panzergrenadiere der SS-Panzerdivision „Frundsberg“ (Bataillon Euling).

Arnheim. Gefangene werden gesammelt.

Oosterbeek. Waffenruhe. Britische Schwerverwundete werden von Sanitätsdiensten der Waffen-SS übernommen.

Ein großer Teil der Fallschirme mit Verpflegung landet in den deutschen Linien.

Die Fähre über den Pannerdeschen Kanal.

November 1944. Von links nach rechts: SS-Oberscharführer Hinterhölzl, Fahrer von Harmel; SS-Brigadeführer Harmel, Kommandeur 10. SS-Panzerdivision; Unterscharführer Friedrich.

Verwundete britische Gefangene.

die der Panzer und Kraftfahrzeuge sehr schleppend. Die im Raum Arnheim erbeuteten Jeeps der 1. britischen Fallschirmjägerdivision müssen auf Befehl des OKW an die Panzerbrigade Skorzeny abgegeben werden, die bei der Ardennen-Offensive Sonderaufträge zu erfüllen hat. Als Ausgleich für die Jeeps werden der SS-Panzerdivision „Hohenstaufen" 150 Volkswagen zugewiesen.

Im Raum Münster—Paderborn wird überwiegend Gefechtsausbildung von der Gruppe bis zum Bataillon betrieben. Danach erfolgen die großen Rahmenübungen.

Die Spezialausbildung wird auf Lehrgängen vertieft. Alle Einheiten halten natürlich besondere Lehrgänge und Spezialausbildungen für ihre jeweiligen Waffen ab, die z. T. mit großen Schwierigkeiten verbunden sind. Es fehlt überall an geeigneten Lehrkräften, an Führern und Unterführern.

Dazu kommt ein recht mäßig ausgebildeter Ersatz und, wie schon gesagt, Marine- und Luftwaffensoldaten, die jahrelang eine völlig andere Tätigkeit ausgeübt hatten.

Für die Artillerie kommt noch hinzu, daß sie in kurzer Zeit Grenadiere in hochwertige Panzerartilleristen umschulen soll. Vor allem fehlt es aber allerorten an fähigen und gut ausgebildeten Unterführern, die ja bekanntlich in jeder Truppe das Rückgrat darstellen.

Schwerpunkt bilden deshalb in allen Einheiten Unterführer-Lehrgänge, die von den erfahrensten Frontoffizieren geleitet werden.

Es wird in dieser Zeit unheimlich gearbeitet und mit allen Mitteln versucht, soviel als nur irgend möglich an Ausbildungsmängeln zu beheben.

Die Zeit ist aber einfach zu kurz und der Zugang an Ersatz viel zu unregelmäßig bzw. zu spät. Eine Panzerdivision kann nicht in einigen Wochen neu aufgestellt werden.

Im Zuge des Aufmarsches zur Ardennen-Offensive wird die 9. SS-Panzerdivision vom 9. bis 25. November 1944 im Eisenbahntransport in den Raum Bad Godesberg—Bonn—Euskirchen verlegt. Die neuen Meldeköpfe regelt folgender Befehl (Fundstelle Vopersal):

SS-Führungshauptamt — Berlin-Wilmersdorf, 9. Dezember 1944
Amt II Arg.Abt. Ia/II — Kaiserallee 188
Tgb.Nr. 4793/44 g.Kdos.
Betrifft: Meldeköpfe der Westverbände der Waffen-SS.
Verteiler: Sonderverteiler — 80 Ausfertigungen

Ab sofort gelten für nachstehend aufgeführte Verbände der Waff-SS folgende Meldeköpfe:

Gen.Kdo. I. SS-Pz.Kps. m. Korpstr.	Herrig (2 km westl. Lechenich)
Gen.Kdo. II. SS-Pz.Kps. m. Korpstr.	Alfter (5 km westl. Bonn)
1. SS-Pz.Div. „LSSAH“	Mülheim (7 km nw. Euskirch.)
2. SS-Pz.Div. „Das Reich“	Kaarst (6 km nw. Neuß)
9. SS-Pz.Div. „Hohenstaufen“	Gelsdorf (8 km so. Rheinbach)

Für die Verlegung der 9. SS-Panzerdivision „Hohenstaufen“ sind 62 Eisenbahnzüge erforderlich. Bei voller Kriegsstärke und Ausstattung benötigt die Division ca. 105 Eisenbahnzüge. Aus dieser Faustrechnung wird ersichtlich, daß die 9. SS-Panzerdivision zu zwei Drittel mit Waffen und Fahrzeugen ausgestattet ist.

Die Verlegung erfolgt unter dem Befehl des Panzer-Armee-Oberkommandos 6, das in den amtlichen Unterlagen immer ohne den Zusatz SS erscheint. Oberbefehlshaber ist Generaloberst der Waffen-SS Sepp Dietrich. Gleichzeitig mit der 9. SS-Panzerdivision werden auch die 1. und 12. SS-Panzerdivision in den linksrheinischen Raum verlegt. Das (SS-) Pz.AOK 6 untersteht im neuen Raum der Heeresgruppe B, die mit der Führung der Ardennen-Offensive beauftragt ist. Im neuen Raum übernimmt das Generalkommando II. SS-Panzerkorps den Befehl über die 2. SS-Panzerdivision „Das Reich“ und die 9. SS-Panzerdivision „Hohenstaufen“.

Im Raum Bonn—Euskirchen geht die Auffrischung und Ausbildung weiter. Der Personalbestand ist auf 80 bis 90 Prozent der Sollstärke angewachsen. Einen Überblick vermittelt eine Stärkemeldung des SS-Pz.Gr.-Regiments 20 vom 6. 12. 1944 (Fundstelle Bundesarchiv Freiburg):

	Führer:	Unterführer:	Mannschaften:	Gesamt:
Ist:	63	468	2779	3310
Fehl:	23	137	187	347

Zustandsbericht Material (vollmot. bewegliche bzw. verlastete Verbände in Prozenten): Stab SS-Pz.Gr.Rgt. 20: 50 Prozent;
I. Bataillon: 25 Prozent; II. Bataillon: 30 Prozent;
III. gepanzertes Bataillon (SPW): Räderteile: 55 Prozent, Halbketten: 14 Prozent.

Ab 12. Dezember, kurz vor Beginn der Ardennen-Offensive, zieht die 9. SS-Panzerdivision „Hohenstaufen“ in den Raum Münstereifel vor.

EINSATZ DER 10. SS-PZ.-DIVISION AUF DEUTSCHEM BODEN

General Gillems XIII. US-Korps will durch — „Rauf auf die Höhen von Linnich!" — Die Amerikaner werden abgewiesen

Die im Oktober 1944 wieder aufgenommenen Angriffe der Alliierten gegen die deutsche Westfront zeitigen langsame, aber stetige Erfolge. Dennoch scheint es wie ein Wunder, daß sich die in der Normandie und beim Rückzug durch Frankreich stark angeschlagenen deutschen Verbände noch einmal fangen konnten und nun den Alliierten jeden Meter Boden streitig machen.

Im Zuge der Neueinteilung der deutschen Westfront erhält am 10. November 1944 die neugebildete Heeresgruppe H (OB Generaloberst Student) den Abschnitt von der Maas-Mündung bis Roermond; ihr unterstehen die 15. Armee (v. Zangen) und die 1. Fallschirmjäger-Armee (General Schlemm). Die Heeresgruppe B (Generalfeldmarschall Model) erhält den Abschnitt von Roermond bis Trier, in dem die 5. Panzerarmee (v. Manteuffel) und die 7. Armee (Brandenberger) stehen. Von Trier bis zur Schweizer Grenze steht die Heeresgruppe G (General Balck) mit der 1. und 19. Armee (v. Knobelsdorff und Wiese).

Das II. SS-Panzerkorps führt nach wie vor im Abschnitt beiderseits Arnheim im Rahmen der 1. Fallschirmjäger-Armee die 10. SS-Panzerdivision und die 363. Volks-Grenadier-Division.

Die Einteilung der Abschnitte unterliegt jedoch ständigen Veränderungen, insbesondere beim Anlaufen der Umgliederung des deutschen Westheeres zur Ardennen-Offensive. Aber vorerst gilt es, die bei Aachen in den Westwall eingebrochene 9. US-Armee des Generals Simpson aufzufangen.

Die Entwicklung im Aachener Raum macht den Einsatz von weiteren deutschen Divisionen notwendig. In der Nacht vom 17./18. 11. beginnt die Ablösung der 10. SS-Panzerdivision „Frundsberg" im Abschnitt Arnheim—Middelburg durch die 6. Fallschirmjägerdivision (Erdmann). Die 10. SS-Panzerdivision soll geschlossen nach Erkelenz verlegen — Räderteile im Landmarsch, Kettenteile im Eisenbahntransport — und dann unter der Heeresgruppe B nordwestlich von Aachen zum Einsatz kommen. Auf Befehl des OB West, Generalfeldmarschall v. Rundstedt, wird der 10. SS-Panzerdivision eine Kompanie der schweren Pan-

zerabteilung 874 („Tiger") unterstellt. Da die Zuweisung von Betriebsstoff verspätet eintrifft, verzögert sich der Abmarsch der Räderteile. Am 19. November um 0.00 Uhr übergibt die 10. SS-Panzerdivision ihren Abschnitt an die 6. Fallschirmjägerdivision.
Damit scheidet die 10. SS-Panzerdivision „Frundsberg" aus dem Verband des II. SS-Panzerkorps aus. Die kommenden turbulenten Ereignisse verhindern eine Wiedervereinigung mit der Schwesterdivision „Hohenstaufen" unter Befehl des II. SS-Panzerkorps, unter dem beide Divisionen entstanden sind und gekämpft haben.
Da die Kraftstoffzuteilung immer noch nicht eingetroffen ist, erfaßt die Division alle Treibstoffbestände und verteilt sie neu auf die Kampfeinheiten, die am Nachmittag des 19. 11. abfahren und über Emmerich—Wesel—Aldekerk den Raum westlich von Krefeld erreichen. Dann ist der Treibstoff aufgebraucht, und die Vorausteile warten zwei Tage, bis neuer Treibstoff eintrifft. Inzwischen kommen auch erste Eisenbahntransporte mit den Gleiskettenteilen an. Da die Bahnanlagen von Erkelenz durch Luftangriffe stark zerstört sind, erfolgen die Ausladungen auf den kleinen Bahnhöfen nördlich von Erkelenz. Der letzte Transportzug (der 13.) trifft erst am 28. 11. ein. Am 21./22. 11. ziehen die aufgetankten vordersten Räderteile in den Raum Erkelenz vor.
Mit dem Eintreffen der 10. SS-Panzerdivision im Raum Erkelenz tritt sie unter den Befehl der 5. Panzerarmee; auf ausdrücklichen Befehl des OB West soll sie nur geschlossen zum Einsatz kommen.
Am Nachmittag des 21. November wird der Kommandeur der 10. SS-Panzerdivision zur Berichterstattung zum Gefechtsstand der 5. Panzerarmee nach Königshoven befohlen. Er erhält von General von Manteuffel schnellste Hilfe in der Treibstoffversorgung zugesagt und wird über die Lageentwicklung im Aachener Raum und die eigenen Absichten unterrichtet. Am 16. 11. war die 9. US-Armee aus dem eroberten Raum um Aachen (die eingeschlossene Stadt kapitulierte am 21. 10.) wieder angetreten, um den Roer-Abschnitt zu gewinnen und dann in Richtung Köln und Düsseldorf weiterzustoßen. Entlang des Würm-Tales griff General Gillems XIII. US-Korps mit starken Kräften beiderseits der Straße Aachen—Mönchengladbach—Düsseldorf an. Diese Straße bildet die Grenze zwischen dem XII. SS-Armeekorps (nördlich) und dem LXXXI. Armeekorps (südlich). Zur Stützung der bedrängten Front des XII. SS-Armeekorps (General Blumentritt) wird das XXXXVII. Panzerkorps (v. Lüttwitz) mit der 15. Panzergrenadierdivision und der 9.

Panzerdivision eingeschoben, die den Feind in der Linie Hoven—Beek —Gereonsweiler—Ederen zum Stehen bringen; aber es ist vorauszusehen, daß die Amerikaner nach der Umgliederung mit frischen Kräften wieder antreten werden.

Am Vormittag des 22. November fährt der Kommandeur der 10. SS-Panzerdivision von Königshoven nach Hückelhoven zum XII. SS-Armeekorps, um sich dort zu melden. Der Gefechtsstand des Korps befindet sich in einem Westwallbunker etwa 1 km südostwärts von Hükkelhoven. Auf der Fahrt dorthin erhält Brigadeführer Harmel einen Eindruck vom Gelände beiderseits der Roer. Das Gelände erinnert an das Kampfgebiet um Höhe 112 bei Caen. Von den Höhen ostwärts von Linnich hat man einen umfassenden Einblick in den Roer-Abschnitt. Der Fluß führt Hochwasser und die Wege sind verschlammt. Der Blick schweift durch das wildverwachsene Tal bis hinauf zur Höhe 98 westlich von Linnich, von dort zu den zerschossenen Baumkronen von Gereonsweiler, auf die langgezogene Höhe nördlich von Ederen und auf die Höhe 100 nordwestlich von Merzhausen. Auf allen Geländeteilen liegt Artilleriefeuer, und hieran kann Harmel den ungefähren Verlauf der HKL erkennen. Es wird ihm klar, daß die Amerikaner hier eine schnelle Entscheidung anstreben, um einen kräftezehrenden Stellungskrieg zu vermeiden. Immer wieder läßt Brigadeführer Harmel seinen Fahrer anhalten und schaut hinüber ins Kampfgebiet. Wiederholt müssen sie vor feindlichem Artilleriefeuer anhalten und Deckung nehmen. Linnich, Körrenzig und Rurich an der Reichsstraße 57 scheinen ausgesprochene Feuerschwerpunkte der feindlichen Artillerie zu sein.

Als Harmel am frühen Nachmittag auf dem Gefechtsstand des XII. SS-Armeekorps eintrifft, liegen hier die ersten Meldungen eines neuen amerikanischen Großangriffs vor. Die Verbände des XII. SS-Armeekorps und des XXXXVII. Panzerkorps schlagen sich mit dem Mut der Verzweiflung, aber der weit überlegene Feind gewinnt Vorteile.

Nach kurzer Einweisung in die Lage befiehlt General Blumentritt, sofort mit allen beweglichen Teilen der 10. SS-Panzerdivision über Erkelenz auf Linnich anzutreten und von dort in den Kampf der schwerringenden 9. Panzerdivision einzugreifen. Das Ziel ist die Wiederherstellung der alten HKL, der Bunkerlinie. Nach Festigung der Front durch die 10. SS-Panzerdivision soll dann die sehr geschwächte 9. Panzerdivision herausgezogen werden. Harmel macht noch einmal auf die Betriebsstofflage aufmerksam, weil davon der Einsatz der 10. SS-Panzerdivision

abhängt, General Blumentritt sagt Hilfe zu. Harmel ist gewillt, der 9. Panzerdivision schnell Entlastung zu bringen, da beide Divisionen schon mehrmals Seite an Seite gekämpft haben und eingespielt sind. Beide Divisionskommandeure verbindet eine herzliche Freundschaft, die auf einen Divisionsführerlehrgang in Hirschberg zurückgeht, wobei General von Elverfeldt als Taktiklehrer den angehenden Divisionsführer Harmel ausgebildet hat. Der Kommandeur der 10. SS-Panzerdivision ist sich bewußt, daß die Lage im Abschnitt der 9. Panzerdivision äußerst kritisch ist. Auf der Rückfahrt vom XII. SS-Armeekorps über Baal nach Erkelenz — beide Orte liegen unter Art.-Störungsfeuer — trifft er zwischen 15.00 und 16.00 Uhr in Erkelenz auf das vorderste Bataillon der Division, das I./SS-Pz.Gr.Rgt. 22, das nach Auftanken vom Ia der Division, Sturmbannführer Stolley, in Marsch gesetzt wurde. Harmel erteilt dem Kommandeur des Bataillons, Hauptsturmführer Euling, nach kurzer Lageeinweisung den Befehl, sofort nach Linnich weiterzufahren, von dort über die Stellungsteile der 9. Panzerdivision hinweg den Feind auf der Höhe 98 (westlich von Linnich) anzugreifen und die Höhe zurückzuerobern.
Kurz nach dem Bataillon Euling trifft das II./SS-Pz.Gr.Rgt. 21 (Hauptsturmführer Siebert) in Erkelenz ein, das der Divisionskommandeur dem I./22 mit dem Auftrag nachschiebt, ab Westrand Linnich beiderseits der Straße nach Gereonsweiler vorzustoßen und über die Stellungsteile der 9. Panzerdivision hinweg die Höhen- und Bunkerstellung 1 km nordwestlich von Gereonsweiler zurückzuerobern.
Inzwischen stürmt das Bataillon Euling in der Abenddämmerung des 22. November ohne Unterstützung schwerer Waffen die Höhe 98, die Amerikaner werden überrascht und viele in den Bunkern gefangengenommen. Mit diesem Husarenstreich hat Hauptsturmführer Eulings I./22 dem Feind eine beherrschende Höhe entrissen.
Der später einsetzende Angriff des Bataillons Siebert läuft in der Dämmerung an und führt zur Eroberung mehrerer Westwallbunker am Fuße der Höhen 98 und 95. Wichtige Geländepunkte und Straßenkreuzungen liegen unter feindlichem Artilleriefeuer. Es beginnt in Strömen zu regnen, die Orientierung im unbekannten Gelände wird immer schwerer. Stoßtruppartig und nach abschnittsweiser Orientierung und Einweisung durch die noch haltenden Teile der 9. Panzerdivision (Pz.Gr.Rgt. 11) führt auch dieser Angriff zum Erfolg. Bei Morgengrauen des 23. November wird der letzte Westwallbunker an der Straße hart nördlich

von Gereonsweiler geknackt. Beide Bataillone haben damit ihren Auftrag erfüllt, die alte HKL am Brennpunkt Gereonsweiler wieder hergestellt und dem Feind den Einblick in das Roer-Tal verwehrt.

Am 22. November treffen nach Einbruch der Dunkelheit zwei weitere Bataillone der 10. SS-Panzerdivision bei Linnich ein. Das III./SS-Pz. Gr.Rgt. 21 wird über Welz auf Ederen angesetzt, in das der Feind nach

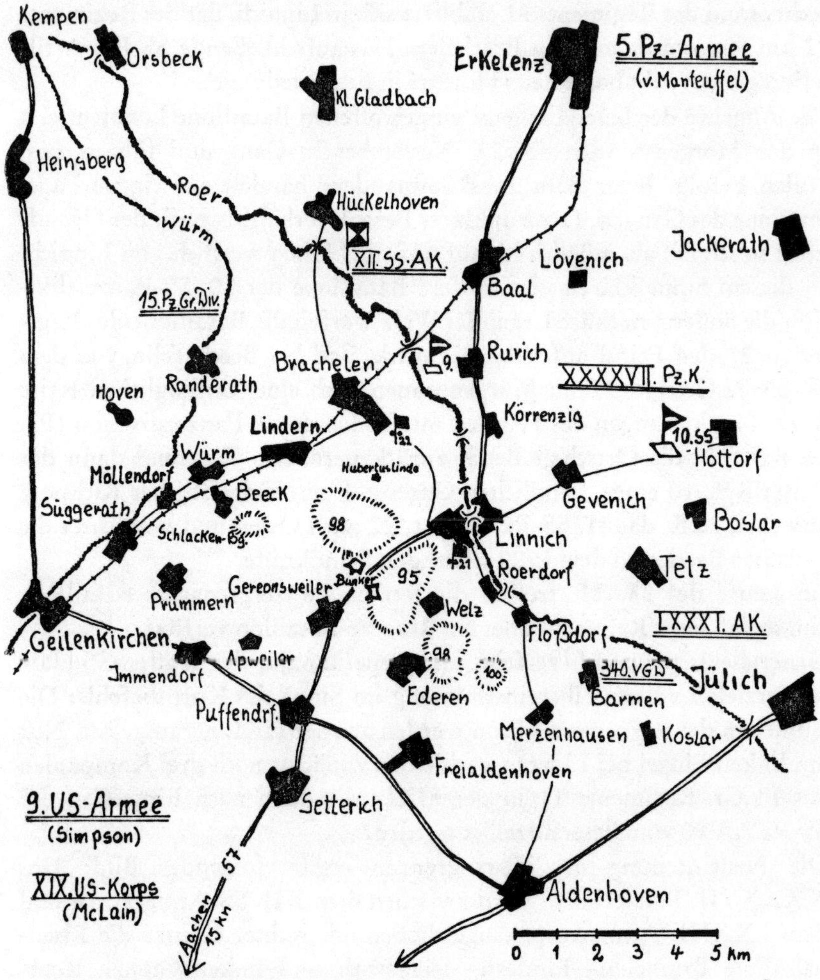

Einsatz der 10. SS-Panzerdivision im Raum Linnich
(Als Angriffsverband wurde das XIII. US-Korps eingeschoben)

letzten Meldungen eingesickert ist. Das II./SS-Pz.Gr.Rgt. 22 wird von Körrenzig über Lindern auf Beeck angesetzt. Beide Bataillone erhalten den Auftrag, die alte HKL wiederzugewinnen und die Verbindung mit den stehengebliebenen Fronteinheiten herzustellen.
Der Gefechtsstand der 10. SS-Panzerdivision „Frundsberg" wird in Hottorf errichtet. Die eintreffenden Stäbe der SS-Panzergrenadierregimenter 21 und 22 übernehmen die Führung ihrer Bataillone. Der Gefechtsstand des Regiments 21 etabliert sich in Linnich, der des Regiments 22 am Südostausgang von Brachelen. Das aufschließende SS-Pz.-Artillerieregiment geht beiderseits Hottorf in Feuerstellung.
Die Angriffe der beiden zuletzt eingetroffenen Bataillone kommen erst in den Morgenstunden des 23. November in Gang und führen zum vollen Erfolg. Jeder Bataillonskommandeur handelt auf eigene Faust im Sinne des Ganzen. Trotz unklarer Befehlsverhältnisse gilt der Grundsatz: so schnell als möglich hinauf auf die Höhen westlich von Linnich! In diesem Sinne klären vier tapfere Bataillone der 10. SS-Panzerdivision die äußerst prekäre Lage. Bei Welz werfen die Bataillone des Regiments 21 den Feind auf Ederen zurück, und bei Beeck gelingt es dem II./SS-Pz.Gr.Rgt. 22 im Morgengrauen nach einer anfänglichen Krise durch Flankierungen des Feindes, mit Teilen der 9. Panzerdivision (Pz. Gr.Rgt. 10) die Ortschaft Beeck zurückzuerobern. Während dann das Pz.Gr.Rgt. 10 einen feindlichen Gegenstoß aus südwestlicher Richtung abwehrt, stößt das II./SS-Pz.Gr.Rgt. 22 nach Osten und vernichtet die zwischen Beeck und dem I./22 stehenden Feindkräfte.
Im Laufe des 23. 11. treffen die letzten Panzergrenadier-Bataillone ein, so daß jedes Regiment über ein Reserve-Bataillon verfügt.
Generalleutnant von Elverfeldt und Generalmajor der Waffen-SS Harmel erzielen völlige Übereinstimmung im Sinne des Korpsbefehls: Die Einheiten der 9. Panzerdivision werden aus der HKL herausgelöst. Nur am linken Flügel bei Elderen verbleiben zunächst noch drei Kompanien des Pz.Gr.-Regiments 11 in der HKL, die dann nach Eintreffen der SS-Pz.AA 10 von dieser abgelöst werden.
Die Neueinteilung der Korpsgrenzen ergibt folgendes Bild: Das XXXXVII. Panzerkorps wird zwischen dem XII. SS-Armeekorps und dem LXXXI. Armeekorps eingeschoben mit rechter Grenze die Eisenbahnlinie Brachelen—Lindern—Süggerath und linker Grenze Roerdorf—Welz (einschließlich)—Ederen (ausschließlich). Der Abschnitt des XXXXVII. Panzerkorps ist fast identisch mit dem Abschnitt der 10.

SS-Panzerdivision; nur an beiden Flügeln sind Teile der 9. Panzerdivision in Stellung.
Das SS-Pz.Art.Rgt. 10 hat bei Hottorf seine Feuerstellungen und erkundet Wechselstellungen bei Rurich und Körrenzig für den Fall verstärkter Luftangriffe bei aufklarendem Wetter. Die SS-Pz.-Flak-Abt. 10 bezieht nach dem Eintreffen Feuerstellungen nordostwärts von Linnich. Damit ist die artilleristische Abwehrkraft im Raum Linnich erheblich gestiegen. Sperrfeuerräume werden erschossen, besonders vor dem gefährdeten Abschnitt Gereonsweiler—Ederen.
Im Laufe des 23. November treffen die 5. und 8. Kompanie des SS-Panzerregiments 10, die SS-Pz.Jg.Abt. 10 und die unterstellte „Tiger"-Kompanie der schweren Panzerabteilung 847 in Erkelenz ein. Diese Verbände ziehen in den Waldstücken bei Rurich unter. Die SS-Pz.Jg. Abt. 10 (letzte Teile treffen erst am 28. 11. ein) ist auf Zusammenarbeit mit dem SS-Pz.Gr.Rgt. 22, die II./SS-Pz.Rgt. 10 (ohne 6. und 7. Kp., die keine Panzer haben) und die „Tiger"-Kompanie auf Zusammenarbeit mit dem SS-Pz.Gr.Rgt. 21 angewiesen. Einzelne Panzer werden an gefährdeten Geländepunkten in sogenannten Panzergruben eingegraben, so daß nur die Türme herausragen.
Am 23. November besteht der Rest der 9. Panzerdivision wechselvolle Kämpfe im Raum Beeck. Im Abschnitt der 10. SS-Panzerdivision „Frundsberg" bleibt es verhältnismäßig ruhig. Die Panzergrenadiere graben sich in den tiefgründigen, lehmigen Boden ein. Es regnet und regnet. Und drüben lauert der Feind sprungbereit.
In der Nacht vom 23./24. November liegt lebhaftes Störungsfeuer amerikanischer Artillerie auf dem Hinterland von Linnich. Fast alle Nachschubstraßen, Kreuzungen und Brücken werden beschossen. Der Gefechtsstand der 10. SS-Panzerdivision muß von Hottorf nach Klein Bouslar verlegt werden. Ein vorgeschobener Div.-Gefechtsstand wird in Linnich errichtet, in der Nähe des Gefechtsstandes des SS-Pz.Gr.-Regiments 21.
Am Morgen des 24. 11. treffen die ersten Teile der SS-Pz.AA 10 in Roerdorf ein, wo auch der Gefechtsstand der Abteilung errichtet wird. Die Abteilung übernimmt im Laufe des Tages den linken Divisionsabschnitt und löst dabei die letzten Teile der 9. Panzerdivision ab. Linker Nachbar ist die 340. Volksgrenadierdivision.
Trotz strömendem Regen stehen am Vormittag des 24. 11. feindliche Artillerieflieger in der Luft und leiten das langanhaltende schwere Ar-

tilleriefeuer auf die deutschen Stellungen und die Roerbrücken. Auch Jabos erscheinen. Die Brücke bei Linnich wird durch Volltreffer zerstört. General Simpsons 9. US-Armee nimmt den Angriff wieder auf! Das XIII. US-Korps hat den Auftrag, die deutschen Sperrstellungen zwischen Würm und Ederen zu durchbrechen und entlang der Reichsstraße 57 über Linnich auf Köln und Düsseldorf vorzustoßen. Gillems Korps verfügt über die 84. und 102. Inf.-Division und über die 2. Pz.-Division. Es sind voll aufgefüllte und ausgestattete Divisionen. Die Amerikaner kennen keinen Materialmangel, jede Division verfügt über eine volle zweite Ausstattung in Bereitschaftslagern. Wo gibt es und gab es das jemals bei den deutschen Verbänden?
Am Vormittag des 24. November geht der Ruf durch die deutschen Stellungen: „Die Amerikaner kommen!" Die 9. Panzerdivision und die 10. SS-Panzerdivision läßt die Amerikaner anrennen — ihre Artillerie, ihre Flak schießen Sperrfeuer.
„Wie steht es bei Ihnen vorn?", fragt durch den Draht der Kommandeur der 10. SS-Panzerdivision einen Kompanieführer, der die Maschinenpistole weiter im Anschlag hält. Der Untersturmführer sagt darauf gar nichts. Er läßt seine Männer am nahen MG nicht aus dem Auge und hält den Hörer des Feldapparates in Richtung der angreifenden Amerikaner, so daß das Getöse der berstenden Granaten, das unaufhörliche Hämmern der MGs deutlich zu vernehmen ist. Dann nimmt er den Hörer wieder an das Ohr und hört den Kommandeur sagen: „Danke sehr, das genügt mir, ich bin vollkommen orientiert, komme sofort selbst zu Ihnen — Ende!"
Dieser wortlose Drahtbericht ist sprechend für den Großkampfraum Aachen, in dessen lebendigen Wall von Leibern die Division „Frundsberg" jetzt eingefügt ist.
Ein Angriff amerikanischer Infanterie mit Unterstützung von 16 Panzern aus Gereonsweiler auf Linnich wird von eingegrabenen deutschen Panzern und Pak und von den Panzergrenadieren des Regiments 21 abgeschlagen. Am Nachmittag ein neuer Angriff — auch dieser bricht im deutschen Abwehrfeuer zusammen.
Und bei Beeck das Gleiche! Auch hier schlagen die Pz.-Artillerieregimenter der 9. Panzerdivision und der 10. SS-Panzerdivision zu, wehren Panzergrenadiere und Panzer der 9. Panzerdivision — wenn auch unter hohen eigenen Verlusten — alle Angriffe der Amerikaner ab und behaupten sich in Beeck.

In den Abendstunden befiehlt das XXXXVII. Panzerkorps die endgültige Herauslösung der Reste der 9. Panzerdivision durch die 10. SS-Panzerdivision. Glücklicherweise treffen immer noch Gruppen, Züge und Kompanien der 10. SS-Panzerdivision, die durch Fahrzeugausfälle oder Tieffliegerangriffe abgerissen waren, bei der Division ein. Sie sind in dieser Lage eine willkommene Verstärkung. Die 10. SS-Panzerdivision steht nun allein im Abschnitt des XXXXVII. Panzerkorps. Nur das Pz.Art.Rgt. 102 (9. Pz.Div.) verbleibt in den Stellungen und beteiligt sich weiterhin an der artilleristischen Abwehr.

Obwohl das Wetter am 25. November etwas besser ist, bleiben die Angriffe gegen die 10. SS-Panzerdivision aus. Ist den Amerikanern das Angreifen vergangen? Bei der 15. Pz.Gr.-Division und der 340. Volks-Grenadier-Division werden schwächere Teilangriffe abgewiesen.
Im Zuge der Neugruppierung macht das SS-Pz.Art.Rgt. 10 Stellungswechsel in die erkundeten Feuerstellungen nördlich von Körrenzig. Unter Obersturmbannführer Paetsch wird der taktische Einsatz der wenigen verfügbaren Panzer des SS-Pz.-Regiments 10 und der SS-Pz.Jg. Abt. 10 neu geregelt. Der Stab Paetsch bezieht den alten Gefechtsstand der 9. Panzerdivision im Schloß Rurich.
Die Koordinierung der artilleristischen Abwehrkraft zwischen den Art.-Regimentern der 9. Panzerdivision und der 10. SS-Panzerdivision wird abgeschlossen. Das Pz.Art.Rgt. 102 erhält als Schwerpunkt den Raum um Beeck, das SS-Pz.Art.Rgt. 10 den Raum Gereonsweiler—Ederen zugewiesen. Die Feuerpläne sind so abgestimmt, daß im Krisenfall auch ein Art.-Regiment in den Raum des anderen wirken kann. An den Divisionsflügeln können außerdem die Art.-Regimenter der Nachbardivisionen eingreifen.
Diese Artillerieplanung trägt in den kommenden schweren Kämpfen die schönsten Früchte. Die Schwesterwaffe der Infanterie wird zum besten Helfer, ja oft zum Retter in letzter Not. Es schießen nicht nur Art.-Abteilungen, sondern ganze Art.-Regimenter in die Bereitstellungsräume des Feindes. Glücklicherweise steht der deutschen Artillerie im Roer-Abschnitt genügend Munition zur Verfügung. Tag um Tag, Nacht um Nacht, verläßt Schuß auf Schuß die nicht kaltwerdenden Rohre, und nicht selten sind 400 Schuß die Tagesleistung einer einzigen Batterie. Diese deutsche Artilleriefaust wird zum Alptraum der amerikanischen Infanterie, wie immer wieder Gefangene bestätigen; um auf die ame-

rikanische Artillerie wirksam einzuwirken, fehlen jedoch die Beobachtungsflieger und auch geeignete Beobachtungsstellen.
Am 26. und 27. November 1944 verstärken die Amerikaner ihren Artillerie- und Luftwaffeneinsatz, der an die Materialschlachten der Normandie erinnert. Obwohl die 10. SS-Panzerdivision alle Aufklärungsvorstöße des Feindes leicht abwehrt, entstehen doch erhebliche Ausfälle durch Bomben und Granaten. Auf den Straßen im Hinterland sind am Tage keine Bewegungen mehr möglich. Wiederholt werden alle wichtigen Straßen und Brücken mit Bomben und Granaten eingedeckt. In Jackerath füllt sich der Hauptverbandplatz der 10. SS-Panzerdivision erschreckend schnell.
Die Nachbardivisionen wehren feindliche Angriffe mit Mühe ab. An einigen Stellen gewinnen die Amerikaner Boden. Noch einmal vereitelt die deutsche Artillerie den Amerikanern das Vorwärtskommen, besonders aber einen entscheidenden Einbruch in die deutsche Front beiderseits Linnich.
Am 28. November führen die Amerikaner erfolglose Teilangriffe gegen die Nachbarn der 10. SS-Panzerdivision. Vor der Front der „Frundsberg“ bleibt es ruhig, aber ununterbrochene Fliegerangriffe auf ihr Hinterland kündigen einen neuen Großangriff an. Alle Roer-Brücken — bis auf die kleine nur für Bauernkarren geeignete Brücke nördlich von Linnich — werden von Jagdbombern und von weitreichender, schwerer Artillerie zerstört. Eine Instandsetzung ist unmöglich. Mit dem siebten Sinn eines Truppenführers hatte Divisionskommandeur Harmel das Vorziehen auch nur einzelner Batterien über die Roer verhindert, und auch die Masse der Fahrzeuge der SS-Pz.AA 10 verblieb auf dem Ostufer.
Das Wissen um zerstörte Brücken im Rücken muß sich auch auf die psychische Verfassung der Truppe auswirken; aber hier zeigt sich besonders die Ruhe und die Kaltblütigkeit der „alten Hasen“, die mit ihren „Reichsrottenführern“ das Rückgrat der Einheiten bilden und die Wankenden und Ängstlichen wieder hochreißen. Sie, die in unzähligen Gefechten ihren Mann gestanden und immer noch selbst ausweglos erscheinende Situationen gemeistert haben, sind in diesen Stunden der ruhende Pol in der Kampftruppe. Zu ihnen blicken die Wankenden auf, von ihnen schöpfen sie neue Kraft.
In dieser gespannten Atmosphäre fährt, läuft und kriecht Generalmajor Harmel die Stellungen seiner Verbände ab. Kurz vor dem Passieren der

Roerbrücke bei Linnich wird er Augenzeuge eines Tieffliegerangriffes; wie Habichte stürzen die Jabos auf die Brücke nieder, werfen und ziehen wieder hoch — 8, 9, 10 Bomben fallen und zerstören die Brücke vollkommen.
Als Harmel dann auf dem Gefechtsstand der SS-Pz.AA 10 in Roerdorf eintrifft, meldet ihm der Abt.-Kommandeur, Sturmbannführer Brinkmann, daß Teile seiner Aufklärungs-Abteilung buchstäblich aus Welz herausgeschossen worden sind. Letzte Reserven der Abteilung haben an den Steilhängen hart ostwärts von Welz eine Auffangstellung bezogen. Harmel befiehlt die sofortige Wiederbesetzung von Welz. Auf dem Rückweg über Linnich unterrichtet Harmel den Kommandeur des SS-Pz.Gr.-Regiments 21, Obersturmbannführer Laubscheer, über die Lage bei Welz und weist ihn und den gerade dazukommenden Obersturmbannführer Paetsch an, notfalls der Aufklärungs-Abteilung durch einen Gegenstoß mit Panzerunterstützung zu helfen.
Inzwischen schiebt die SS-Pz.AA 10 ihre Verteidigungslinie über das vom Feind unbesetzte Welz hinaus. Beim linken Nachbarn, der 340. Volksgrenadierdivision toben bereits heftige Kämpfe um Floßdorf und Barmen, wo die Amerikaner schließlich die Volksgrenadiere bis hart an die Roer zurückdrücken.
Als Generalmajor Harmel nach Klein Bouslar zurückkommt, meldet ihm sein Ia die letzte Entwicklung am linken Flügel der Division. Harmel entschließt sich mit Teilen der Aufklärungs-Abteilung, denen noch eine Pionierkompanie und Teile der Panzerjäger-Abteilung zugeführt werden sollen, hart südlich von Floßdorf zum Schutz der linken Divisionsflanke eine Sicherung aufzubauen und die Verbindung mit der 340. VGD aufrechtzuerhalten. Das SS Pz.Art.Rgt. 10 erhält die Anweisung, den Raum südlich von Floßdorf mit verstärktem Feuer zu belegen. Das Pz.Art.Rgt. 102 soll die in Ederen erkannten feindlichen Bereitstellungen mit hohem Munitionseinsatz bekämpfen. Obwohl Harmel und sein Ia, Sturmbannführer Stolley, schon immer den linken Divisionsflügel als kommenden Schwerpunkt gesehen haben, wissen sie doch nun die starken Bereitstellungen — auch von Panzern — im Raum Ederen nicht zu deuten. Von Ederen führt keine für Panzer brauchbare Straße nach Linnich oder Barmen. Vermuten die Amerikaner einen Flankenstoß der 10. SS-Panzerdivision nach Süden zur Entlastung der rechten 340. VGD? Oder wollen sie damit ihren rechten Angriffsflügel decken? Für letzteres spricht auch die Vernebelung des Geländes zwi-

schen Welz und Floßdorf, die auch die deutschen Artillerie-Beobachter blind macht, doch dank gut eingeschossener Sperrfeuerräume finden die deutschen Granaten ihre Ziele. Am Abend des 28. November befiehlt das XXXXVII. Panzerkorps — trotz Bedenken des Kommandeurs der 10. SS-Panzerdivision — die Verschiebung der linken Divisionsgrenze bis Floßdorf. Hier muß die 10. SS-Panzerdivision ihre letzte Reserve — eine Pionierkompanie und Teile der Panzerjäger-Abteilung — einschieben.

KAMPF UM LINNICH

Das Bataillon Euling behauptet die Höhe 98 — Das SS-Panzerartillerieregiment 10 trommelt die amerikanischen Angriffe zusammen — Der Kampf um den Schlackenberg — Obersturmführer Ebert führt den Gegenstoß — Der Chef der Divisions-Begleitkompanie, Obersturmführer Fischer, und sein verwegener Haufen — Das Ringen um Linnich — Die Roer ist die neue Widerstandslinie

Die Erfolge der Amerikaner bei den Nachbarn der 10. SS-Panzerdivision „Frundsberg", besonders bei der 340. Volksgrenadierdivision (LXXXI. AK), lassen vermuten, daß nun auch die 10. SS-Panzerdivision in den Großkampf mit hineingezogen wird. Die „Frundsberg" hatte bisher alle Angriffe abgewiesen. Nun wollen die Amerikaner die Sperrbastion Linnich aufbrechen und den Weg nach Köln und Düsseldorf freikämpfen. Generalleutnant Gillems XIII. US-Korps schaffte es bisher nicht, die 84. und 102. US-Inf.-Division (Bolling und Kaeting) und die 2. US-Pz.Div. (White) kamen keinen Schritt weiter. Der amerikanische Kommandierende General hatte wiederholt beim OB der 9. US-Armee, Simpson, auf die hartnäckige Abwehr der Deutschen und auf die Geländeschwierigkeiten hingewiesen und erhielt zum neuen Angriff weitere Reserven unterstellt.
In der Nacht zum 29. November 1944 liegen starke Feuerüberfälle auf wichtigen Geländepunkten und auf dem Hinterland der 10. SS-Panzerdivision. Bei Morgengrauen schwillt das Artilleriefeuer abschnittsweise und schwerpunktmäßig zum Trommelfeuer an. Am Vortag lag der Schwerpunkt bei Floßdorf und Barmen, heute liegt er bei Beeck und

Würm, wo plötzlich massiert Nebelgranaten geschossen werden. Eine dichte Nebelwand, die bei Würm und Beeck beginnt und sich über den Ostrand von Lindern bis zum Ostrand von Brachelen hinzieht, soll unliebsame Flankenwirkungen auf den eigentlichen Schwerpunkt Gereonsweiler—Linnich ausschalten. Eine neue Kampfmethode, die die Amerikaner mehr und mehr entwickeln.

Am Morgen des 29. November entbrennt der Kampf im gesamten Abschnitt der 10. SS-Panzerdivision. Bei Beeck weisen SS-Panzergrenadiere des Regiments 22 mit Unterstützung von Pak und einzelnen Panzern mehrere kombinierte Infanterie- und Panzerangriffe ab und bereinigen einen Einbruch. Die deutsche Artillerie beschießt ununterbrochen die erkannten Bereitstellungsräume Gereonsweiler und Ederen und das feindbesetzte Barmen. Der Hauptstoß der Amerikaner erfolgt aus Gereonsweiler beiderseits der Reichsstraße 57. Aber die Panzer der 2. US-Pz.-Division und die Infanteristen der 102. US.-Inf.-Division kommen nicht weit. Bald nach dem Heraustreten aus den Bereitstellungen werden sie von den SS-Panzergrenadieren der Regimenter 21 und 22, von den Panzerjägern und Panzern, die in ausgezeichneten Stellungen der Höhen 98 und 95 stehen, „heiß" empfangen. Am Vormittag tobt nördlich von Gereonsweiler die Schlacht in unvorstellbarer Stärke. Die Luft ist erfüllt vom Dröhnen der Geschütze, von den Einschlägen der Granaten, von den kurzen, harten Abschüssen der Panzer und Pak und vom Kekkern der Maschinengewehre. Vorgeschobene Beobachter der Artillerie leiten aus den vordersten Infanteriestellungen das Feuer; sie kennen das Gelände, sie kennen nun auch die Kampfweise der Amerikaner, wissen ihre Bewegungen richtig einzuschätzen und darauf ihre Batterien anzusetzen. Die Zusammenarbeit mit den Bataillonen und zwischen dem SS-Pz.Art.Rgt. 10 und dem Pz.Art.Rgt. 102 (9. Pz.Div.) ist vorbildlich. In dieser Abwehrschlacht zieht die deutsche Artillerie alle Register ihres Könnens zugunsten der schwerringenden Infanterie.

Jetzt zeigt sich auch der große Vorteil der sogenannten Panzergruben. Deutsche Panzer und Pak sind eingegraben und bieten dem Feind nur den Turm als Ziel. Ein auf Höhe 98 eingesetzter „Tiger" der schweren Panzer-Abteilung 874 schießt in kurzer Zeit 14 angreifende „Sherman"-Panzer ab und nimmt den Amerikanern den Angriffsschneid.

Das auf Höhe 98 nördlich von Gereonsweiler stehende I./SS-Pz.Gr. Rgt. 22 wird bis 10.50 Uhr fünfmal angegriffen, im Laufe des Tages wehrt das Bataillon Euling vier weitere Angriffe ab. Ein Einbruch wird durch Gegenstoß bereinigt. Die Verluste sind auf beiden Seiten sehr hoch.

Gegen Mittag antworten die Amerikaner mit schwerstem Artilleriefeuer auf Würm (15. Pz.Gr.Div.), Beeck (10. SS-Pz.Div.), Lindern, Brachelen, Linnich und Welz. Die amerikanische Luftwaffe greift verstärkt in die Kämpfe ein. Die zwischen Beeck und Lindern liegende künstliche Nebelwand wird ständig genährt; die von ihr erfaßten Stellungsteile — nur stützpunktartig besetzt mit Lücken bis zu 500 Metern — werden blind; vielfach reißen die Verbindungen.

Nach dieser neuen, gut koordinierten Vorbereitungsphase zwischen amerikanischer Artillerie und Luftwaffe und der erneuten Verdichtung des künstlichen Nebels auf den Raum Beeck—Lindern greift der Feind erneut Beeck an. Während alle Angriffe gegen den Ort abgewiesen werden, gelingt es amerikanischer Infanterie mit Unterstützung von Panzern, im Schutze des Nebels den Schlackenberg südlich von Beeck gegen 14.00 Uhr zu erobern. Der Schlackenberg ist eine natürliche Bodenerhebung, die nichts mit einer Schlackenhalde zu tun hat. Das nach dem Verlust des Schlackenberges und auf das angrenzende Gelände zusammengefaßte Feuer aller deutschen Waffen verursacht bei den Amerikanern hohe Verluste und zwingt sie, ihren Angriff in Richtung Osten zur Öffnung der deutschen Sperre nördlich von Gereonsweiler einzustellen. Sie wenden sich mit Teilkräften im Schutze des Nebels nach Norden und dringen in den Ostteil von Beeck ein. Eine in die Tiefe des Hauptkampffeldes vorgestoßene kleinere Feindgruppe mit Panzern prellt in der Nebelwand unbemerkt bis an den Westrand von Lindern vor und stiftet bei den hier liegenden Trossen des SS-Pz.Gr.Rgt. 22 zunächst Verwirrung. Schnell gebildete Troßkampfgruppen gehen gegen diesen Feind vor, können ihn aber nicht aus dem Westteil von Lindern herausdrücken; der Feind hat sich „eingeigelt", nachdem ihm keine eigenen Kräfte gefolgt sind.

Inzwischen laufen die Gegenstöße des SS-Pz.Gr.-Regiments 22 auf den im Ostteil von Beeck eingedrungenen Feind an, die jedoch nach zähen Nahkämpfen erst in den Abendstunden zum Erfolg führen.

Währenddessen treten gegen 14.00 Uhr feindliche Infanterie- und Panzerkräfte aus dem Raum Ederen—Gereonsweiler gegen die Höhe 95 an. Der am Fuße der Höhe liegende, jedoch noch nicht ganz fertige Panzergraben trennt zunächst die amerikanischen Panzer von der Begleitinfanterie. „Königstiger" der Pz.Abt. 874 und Panzer und Pak der 10.

SS-Panzerdivision schießen zahlreiche Feindpanzer zusammen. Gegen 14.30 Uhr erfolgt ein Feindeinbruch in die Abwehr des III./SS-Pz.Gr. Rgt. 21 südwestlich von Welz. Unverzüglich tritt der Kompanieführer der 9. Kompanie, Obersturmführer Eberts, mit einer zusammengerafften Reserve zum Gegenstoß an und wirft die amerikanische Infanterie zurück. Dabei werden 24 Gefangene eingebracht.

Um die gleiche Zeit treten fünf „Sherman"-Panzer mit Begleitinfanterie aus dem Westteil von Gereonsweiler nach Norden an, um die in Lindern eingeschlossenen eigenen Kräfte zu entsetzen. Dieser Feindvorstoß dringt 800 Meter in das deutsche Hauptkampffeld ein. Als die Feindgruppe dann in der Nebelwand erkannt ist, wird sie durch das Feuer des SS-Pz.Gr.-Regiments 22 und des SS-Pz.Art.-Regiments 10 am Boden „festgenagelt". Ein gegen 18.00 Uhr zum Tragen kommender Gegenstoß zusammengeraffter Kräfte unter Führung von Obersturmbannführer Paetsch wirft den Feind auf seine Ausgangsstellung zurück, und einige Gruppen schlagen sich zu ihrem „Igel" in Lindern durch. Die Feindinsel in Lindern ist zwar fest umschlossen, doch bedeutet sie für die Front der 10. SS-Panzerdivision eine große Gefahr in Verbindung mit neuen Feindangriffen. Mit dem Verlust des Schlackenberges ist dem Feind unmittelbare Einsicht in Beeck und in die Bachgründe gegeben, die sich von Apweiler und Gereonsweiler nach Norden hinziehen. Die 10. SS-Panzerdivision plant einen Nachtangriff auf den Schlackenberg. Die 10. SS-Panzerdivision „Frundsberg" hat sich behauptet. Brigadeführer Harmel kann mit der Abwehrleistung seiner Division zufrieden sein. Er weiß aber auch, daß die Amerikaner wieder angreifen werden — und aller Wahrscheinlichkeit nach morgen schon. Harmel überdenkt noch einmal alle Möglichkeiten. Er weiß, daß seine Panzergrenadierregimenter arg zusammengeschmolzen sind, daß die HKL bereits große Lücken aufweist, die aus Mangel an Reserven nicht mehr zu schließen sind. Am Abend des 29. November telefoniert er mit dem Korps, mit der Panzerarmee von Manteuffel, und berichtet über den Verlauf des Großkampftages. 148 Gefangene wurden eingebracht, die in ihren Vernehmungen keinen Zweifel daran lassen, daß Gillems XIII. US-Korps Linnich nehmen soll. Harmel bittet um Zuführung von Verstärkungen. Ihm wird eine verstärkte Artillerieunterstützung durch die Nachbarn zugesagt und die Zuführung aufgefrischter Teile der 9. Panzerdivision in Aussicht gestellt.

Harmels größte Sorge ist der Schlackenberg und die eingeschlossene

Feindgruppe in Lindern, und er faßt den Entschluß, beide Krisenherde noch in der Nacht vom 29./30. 11. zu beseitigen. Unter rücksichtsloser Entblößung des weniger exponierten linken Flügels werden dort die notwendigen Gegenstoßreserven frei gemacht und in den Raum Beeck herangeführt.

Der Schlackenberg wird von drei Seiten angegriffen. Überraschend werden die amerikanischen Sicherungen überrumpelt. Nach kurzem Kampf ist der beherrschende Schlackenberg am Morgen des 30. November wieder in deutscher Hand.

Die Feindinsel in Lindern wird von der Divisions-Begleitkompanie unter Führung ihres verwegenen Chefs, Obersturmführer Fischer, angegriffen. Die Divisionsbegleitkompanie kann man als Stoßtrupp der Division bezeichnen. Sie ist personell und materiell gut ausgestattet und setzt sich aus dem Kompanietrupp, einem Kradschützenzug (Schwimmwagen und Kräder), einem Schützenzug (auf Lkw verlastet), je einem Flak-, Pak- und IG-Zug und einer Pioniergruppe zusammen. Den Angriff gegen die Feindinsel in Lindern führen Kradschützen- und Schützenzug und die Pioniergruppe durch. Insgesamt 100 Mann.

Gegen Mitternacht stürmen die Züge von Süden und Osten überfallartig in den feindbesetzten Ortsteil von Lindern hinein und überrumpeln die ersten feindlichen Sicherungen. Dann stoßen sie gegen wachsenden Widerstand bis zum Bahnhof. Es ist ein harter nächtlicher Kampf, der hauptsächlich mit Handgranaten, Maschinenpistolen und Panzerfäusten geführt wird. Sieben amerikanische Panzer werden abgeschossen, aber auch die eigenen Verluste sind hoch. Als der Feind zu Gegenangriffen antritt, zieht sich die Div.-Begleitkompanie bis auf den Ostrand von Lindern zurück. 4 amerikanische Offiziere und 57 Mannschaften wandern in deutsche Gefangenschaft. Das Erinnerungsbuch der „Frundsberg“ schildert diesen Angriff so:

„Eine ganze Kompanie der Division, intensiv bis ins kleinste ausgebildet, junge Kerle, keiner über achtzehn, zeigen sich als routinierte Einzelkämpfer, die den Gegner dort zu packen wissen, wo er verwundbar ist, nämlich im ungestümen Angriff. Mitten in der Nacht stürmen sie, ihr Kompaniechef, SS-Obersturmführer Fischer, allen voran, in ein vom Feind besetztes Dorf. Sie überrumpeln den Gegner, der sich dort massiert hat und kämpfen sich von Haus zu Haus in harten Einzelkämpfen von Mann zu Mann vor. Es sprechen zumeist nur die Handgranaten. Die Grenadiere schreien laut auf vor Freude! In den Toreinfahrten der

Bauernhöfe stehen Panzer, leibhaftige Panzer. Nicht wenige sind es. Sie wollen sich dem nächtlichen Spuk entziehen und sind bereits angeworfen, die Motoren dröhnen schon. Eine Panzerbesatzung glaubt sich damit retten zu können, daß sie schnell die Luken schließt. Aber ehe sie überhaupt zum Starten kommen, sprechen die Faustpatronen ihre todbringende Sprache. Zwei Panzer erledigt der Kompaniechef. Einen dritten trifft seine Faustpatrone und die von einem seiner Zugführer zur gleichen Zeit. Zwei ‚Shermans' werden von SS-Untersturmführer H. in die Luft gejagt. Einen sechsten und siebten erledigen ein Unterscharführer und einer der Grenadiere. Der Kampf geht weiter."

Nach erfolgter Umgruppierung greift die Divisionsbegleitkompanie in den frühen Morgenstunden des 30. November von Nordosten her erneut an. Die zur Unterstützung des Angriffs vorgesehenen und im Anmarsch befindlichen Teile der Gegenstoßgruppe Paetsch, die gerade mit der Säuberung und Neuorganisierung der Verteidigung auf dem wiedereroberten Schlackenberg fertig sind, müssen jedoch auf einen neuen feindlichen Angriff, der ostwärts der Würm auf den Ort Würm und auf Beeck zielt, umgedreht und wieder in der HKL bei Beeck und auf dem Schlackenberg eingesetzt werden. Die Divisionsbegleitkompanie kann allein die starke Feindgruppe in Lindern nicht zerschlagen und stellt den Angriff auf diese ein.

Der Schlackenberg und die Orte Beeck und Lindern wechseln am 30. November mehrmals den Besitzer, wobei die in Lindern zunächst noch eingeschlossene Feindgruppe eine bahnbrechende Rolle spielt. Bei einem am Nachmittag laufenden Feindangriff mit weit überlegenen Infanterie- und Panzerkräften gehen Beeck, der Schlackenberg und Lindern endgültig verloren.

Gleichzeitig mit den in den Morgenstunden losbrechenden Kämpfen am rechten Divisionsflügel nimmt der Feind mit überlegenen Kräften auch seine Angriffe an der Reichsstraße 57 wieder auf. Und dieses Mal kommt er zum Erfolg! Beiderseits der Straße zwischen Gereonsweiler und Linnich halten sich deutsche Widerstandsgruppen in „Igeln" noch längere Zeit. Der an der Straße auf Höhe 95 gelegene Westwallbunker wird von den Amerikanern mehrmals erfolglos berannt. Erst als sie Schaufel- und Flammenwerferpanzer einsetzen, wird die 10köpfige Besatzung niedergemacht und der Bunker außer Gefecht gesetzt. Ein anderer Feindangriff entlang des Weges Ederen—Welz kann erst im Nordteil von Welz aufgefangen werden; eigene Gegenstöße haben keinen Er-

folg. Einen weiteren Angriff auf Floßdorf wehrt die SS-Pz.AA 10 mit letzter Kraft ab.
Gegen 20.00 Uhr greifen die Amerikaner nach Zuführung von Verstärkungen aus Lindern gegen Brachelen an. Der Angriff wird abgewiesen. Im Gegenstoß dringt die Divisionsbegleitkompanie sogar wieder in Lindern ein. Dabei fällt ihr tapferer Kompaniechef Obersturmführer Fischer. Die Kompanie zieht sich zurück und geht 400 m nördlich von Lindern in Stellung.
Alle Kämpfe des Tages waren wieder von ungewöhnlicher Härte, wobei die Amerikaner ihre materielle und personelle Überlegenheit voll ausgenutzt haben. Die Kompanien der 10. SS-Panzerdivision brannten zur Schlacke aus. Bei Einbruch der Dunkelheit stehen starke feindliche Angriffskeile zum Teil tief im deutschen Verteidigungsfeld. Die 10. SS-Panzerdivision hält eine stützpunktartige Front in der Linie Würm — dann bis zum Nordrand von Lindern zurückspringend — gleichlaufend mit dem Weg Lindern—Linnich—Nordrand Welz—Floßdorf.
Die deutsche Artillerie bekämpft in der Nacht zum 30. 11./1. 12. feindliche Bereitstellungen im Raum Beeck—Lindern und Gereonsweiler—Ederen. Da Brigadeführer Harmel annimmt, daß die Amerikaner ihre am 30. 11. errungenen Erfolge am 1. 12. ausweiten werden, beauftragt er das SS-Pz.Pi.Btl. 10 mit dem unverzüglichen Ausbau einer Auffangstellung hinter der Roer. Als erfahrener Truppenführer rechnet er sich aus, wie lange noch seine stark angeschlagene Division den Ansturm amerikanischer Infanterie- und Panzerkräfte aufhalten kann. Er beantragt beim Korps die Zuführung von Verstärkungen. Daraufhin werden Teile der 9. Panzerdivision noch in der Nacht zum 1. 12. nach Randerath vorgezogen, die durch einen Stoß in die linke Angriffsflanke der Amerikaner die Lage im Raum Lindern bereinigen sollen.
Am Morgen des 1. Dezember stehen zwei Angriffsgruppen der 9. Panzerdivision westlich und nordwestlich von Lindern zum Angriff auf Lindern bereit. Die Divisionsartillerie und die des XII. SS-Armeekorps schießen Lindern sturmreif. Gegen 10.00 Uhr beginnt der Angriff, dem sich auch die Divisionsbegleitkompanie der „Frundsberg“ anschließt. Gegen Mittag tobt ein heftiger Ortskampf, und langsam drücken die Deutschen die Amerikaner aus Lindern heraus. Am Nachmittag sind dann die Amerikaner wieder im Gegenzug und werfen die Deutschen zurück, die dann hart nördlich von Lindern in den Abendstunden eine neue HKL aufbauen.

Als der Kampf um Lindern in den ersten Nachmittagsstunden den Höhepunkt erreicht hat, erhält der Divisionskommandeur der „Frundsberg“ — der sich naturgemäß auf dem Gefechtsstand des im Schwerpunkt stehenden SS-Pz.Gr.-Regiments 22 im Südteil von Brachelen aufhält — eine neue Hiobsbotschaft. Der Ia, Sturmbannführer Stolley, der nach dem Divisionskommandeur herumtelefoniert hat und ihn nun endlich erreicht, gibt folgende Orientierung durch:

„Vom Regiment 21 überschlagen sich die Meldungen. Der Feind ist nach starker Artillerievorbereitung und Nebelschießen mit Infanterie und Panzerkräften aus dem Raum Welz auf Linnich angetreten. Linnich wird kaum zu halten sein. Obersturmbannführer Laubscheer ist verwundet worden!“

Mit einem Schlag haben die Kämpfe um Lindern eine zweitrangige Bedeutung. Der Schwerpunkt liegt nun auf dem linken Flügel. Linnich, das Schlüsselloch über die Roer, ist bedroht. Mit diesen Gedanken rast Harmel nach Linnich und erhält dort folgende Orientierung:

„Gegen 14.00 Uhr belegte der Feind die Stellungen des Regiments 21 verstärkt mit Artilleriefeuer. Dann schoß er plötzlich Nebel, der sich in den Bodensenken besonders vor dem III./21 und der Aufkl.Abt. lange hielt. Mit dem Zerflattern des Nebels standen dann amerikanische Infanterie und Panzer vor den eigenen Stellungen, und an vielen Stellen entbrannte ein heftiger Nahkampf, an dem sich auch die Artillerie-VBs beteiligten. Unsere Artillerie schoß Sperrfeuer, die Wirkung konnte wegen des Nebels nicht beobachtet werden. Die Kämpfe sind im vollen Gange!“

In den Vormittagsstunden ist Hauptsturmführer Siebert, Kommandeur des II./21, in seinem stark entblößten linken Abschnitt, um auftragsgemäß MG-Stellungen zu erkunden. Ein Kompanieführer und ein Melder begleiten ihn. Ein Melder fertigt die Stellungsskizzen an; in die erkundeten Stellungen sollen MG-Nester eingeschoben werden. Mitten in diese Erkundung platzt heftiges, eine halbe Stunde anhaltendes schweres Artilleriefeuer hinein. Hauptsturmführer Siebert und seine Begleiter suchen Deckung und überstehen das feindliche Artilleriefeuer. Danach greifen die Amerikaner mit Infanterie und Panzern an. Siebert und seine Begleiter beschließen nach rechts zu laufen, um den großen Bunker an der Straße Gereonsweiler—Linnich zu erreichen, der bisher allen Angriffen der Amerikaner getrotzt hatte.

Sie laufen, suchen Deckung vor neuen Artillerieeinschlägen, erreichen

ein Grabenstück und laufen weiter. Hauptsturmführer Siebert verlassen infolge einer gerade ausgeheilten Verwundung die Kräfte, und plötzlich liegt er ganz allein in einem Rübenfeld. Die Amerikaner kommen heran, Siebert will weiter, sie machen Hasenjagd auf ihn. Ein Amerikaner ruft immer in deutsch: „Deutsche Kameraden ergebt euch!" Siebert hat keine andere Wahl mehr, er wird überwältigt. „Wo sind eure Pak?" ist die erste Frage der Amerikaner, aber Siebert weiß es selbst nicht. Er wird von dem deutschsprechenden Amerikaner nach Puffendorf gebracht. Hier sieht es wüst aus, überall brennende Fahrzeuge und Munitionsstapel und laufend rauschen weitere Salven der deutschen Artillerie heran. Während Siebert draußen bleiben muß, suchen die Amerikaner in den Kellern Schutz. Dann wird der Hauptsturmführer zum Verhör geholt, auf dem Wege dorthin fleht ihn der deutschsprechende Amerikaner förmlich an, bei der Befragung niemals „nein", sondern „ich weiß es nicht" zu sagen. Daraus schließt Siebert, daß wahrscheinlich brutal verhört wird, er hält sich an den Rat, man droht ihm mit Erschießung und läßt ihn dennoch wieder ungeschoren abführen. Fast alle Namen der Kommandeure und der eigenen Einheiten sind den Amerikanern bekannt.
Bei späteren Verhören will man wissen, ob unter der Roer Stollen sind, da bei der Einnahme von Linnich kaum Gefangene gemacht werden, aber auch das ist Siebert nicht bekannt.
Indessen vollzieht sich an der Straße Gereonsweiler—Linnich der Untergang des II./SS-Pz.Gr.Rgt. 21, und neue Meldungen von III./21 sprechen von Feindeinbrüchen in den Abschnitt des Bataillons bei Welz. Hier im Tal zwischen den Höhen 95 und 98 hat sich der künstliche Nebel lange gehalten. Eine genaue Übersicht ist nicht zu gewinnen.
Linnich, durchzogen von Nebelfetzen, scheint verloren. Die Verbindungen zwischen den Verteidigern sind zerrissen. Sturmbannführer Herbst mit seinem III./21 steht noch mit einzelnen Gruppen in den alten Stellungen. Im Nordteil von Linnich sammelt der Chef der 9. Kompanie, Obersturmführer Eberts, zurückkommende Versprengte und stürmt mit ihnen von Norden her durch Gärten und Straßen bis zur Kirche von Linnich vor. Mit diesem ungestümen Vorstoß einer kleinen Schar wird der feindliche Angriffskeil angeschlagen; und als weitere Gruppen des III./21 in den Kampf eingreifen, werden die Amerikaner bis zum Einbruch der Dunkelheit aus Linnich herausgedrückt. Die Lage ist noch einmal gerettet.

Indessen spielt sich nordwestlich von Linnich eine Tragödie ab. Vorsichtig schieben sich „Königstiger“ der schweren Panzerabteilung 874 — aus dem Raum Lindern kommend — an den Nordrand von Linnich heran, um hier den gemeldeten Feindangriff aufzufangen. Sie gehen bei Rischmühle in Lauerstellung. Ebenso vorsichtig schieben sich vier Panzer von Süden nach Norden vor; im Nebel sind nur die Umrisse schemenhaft zu erkennen. Die „Tiger“ nehmen sie unter Feuer in der Annahme, daß es amerikanische Panzer sind und schießen sie zusammen. Kurz danach stellt sich heraus, daß die „Königstiger“ vier Panzer der II./SS-Pz.Rgt. 10 abgeschossen haben. Auch so etwas passiert im Eifer des Gefechtes! Mit diesen vier Panzern hat die II. Abteilung zwölf Panzer an diesem Tage verloren. Mit knapp 30 Panzern war die Abteilung an den Roer-Abschnitt gekommen. Nur die 5. und 8. Kompanie haben Panzer. Die 6. und 7. Kompanie und die gesamte I. Abteilung warten auf ihre neue Panzerausstattung.
Der 1. Dezember hatte der 10. SS-Panzerdivision wieder hohe Verluste gebracht, und es ist vorauszusehen, daß die Amerikaner am 2. Dezember ihre Angriffe in unverminderter Stärke fortsetzen werden. Die 10. SS-Panzerdivision ist nicht mehr in der Lage, einen ausgesprochenen Abwehrschwerpunkt zu bilden. Die abwechselnden „Links-Rechts-Schläge“ des Feindes konnten zwar nicht den Abwehrwillen brechen, aber es fehlen Kräfte um die neue Abwehrlinie durchgehend zu besetzen.

Der 2. Dezember beginnt mit neuen schweren Angriffen der Amerikaner gegen die Stellungen der 10. SS-Panzerdivision. Bald toben um Linnich hin- und herwogende Kämpfe und gegen Mittag stehen die Amerikaner am Nordrand der Stadt.
Kurz nach Mittag setzt auch auf Roerdorf und Floßdorf starkes Artilleriefeuer ein. Dann wird Nebel geschossen, und bald ist das ganze Kampfgebiet und das Hinterland zwischen Linnich und Barmen in eine dichte „Waschküche“ verwandelt.
Aus dem Raum Welz antretend, durchbrechen Infanterie- und Panzerkräfte der 102. US-Inf.-Division die HKL am linken Flügel der 10. SS-Panzerdivision. Der Nebel, der plötzlich auftauchende Feind, die Unübersichtlichkeit der Kampflage bringen die hier stehenden Männer der SS-Pz.AA 10 in Verwirrung. Mit der Roer im Rücken wehrt sich die Aufklärungs-Abteilung mit dem Mute der Verzweiflung; sie wird schließlich an die Roer zurückgedrückt ,und die Männer erreichen zum

größten Teil schwimmend das andere Ufer. Der Pionierzug der Abteilung unter Führung von Oberscharführer Schulz deckt bis zuletzt das Absetzen der Abteilung und geht gegen Abend auf einem erbauten Notsteg neben der zerstörten Brücke bei Roerdorf über den Hochwasser führenden Fluß. Die SS-Pz.AA 10 sammelt in Hottorf und wird anschließend in Jüchen aufgefrischt.
Gleichzeitig mit dem Angriff auf die SS-Pz.AA 10 entbrennt erneut der Kampf um Linnich. Es kommt wieder zu hin- und herwogenden Straßenkämpfen. Eine Führung durch Funk und Draht ist nicht mehr möglich. In dieser Lage kann nur noch mit der Waffe in der Hand durch Vorbild und unmittelbare Befehle geführt werden. Einfache Soldaten werden Führer von kleinen Kampfgruppen, die Unentschlossene mitreißen. Sie handeln selbständig im Sinne des Ganzen, das heißt auf einen Nenner gebracht: keinen Boden preisgeben. Dennoch wird bis zum Abend der größte Teil von Linnich von den Amerikanern erobert. In der Stadt halten sich in der Nacht zum 3. 12. noch einzelne deutsche Widerstandsnester und schlagen sich am folgenden Morgen zu den eigenen Truppen durch; unter ihnen der schwere Granatwerferzug des III./SS-Pz.Gr.Rgt. 21, der als letzter aus dem Linnicher Trümmerfeld herauskommt und bei Brachelen von eigenen Kräften aufgenommen wird. Linnich, wichtiger Schlüsselpunkt über die Roer, ist am 2. Dezember 1944 von Generalmajor Whites 2. US-Pz.-Division und Generalmajor Kaetings 102. US-Inf.-Division erobert worden.
Um einen Feindvorstoß über die Roer aufzufangen, hat die 10. SS-Panzerdivision vorsorglich hinter der Roer eine neue Linie aufgebaut, auf die jedoch nach dem Fall von Linnich kein Nachstoß erfolgt, und damit vergeben die Amerikaner — zu einem Zeitpunkt verminderter deutscher Abwehrkraft — eine große Chance.
Die deutschen Verluste im Kampfraum Linnich werden in der Geschichte der 102. US-Inf.-Division folgendermaßen angegeben:
400 Tote, 425 Gefangene, 43 Bunker vernichtet, 36 Geschützte und Panzer erbeutet oder vernichtet.
Diese Zahlen beziehen sich wahrscheinlich auf die 10. SS-Panzerdivision und die 340. Volksgrenadierdivision. Nachzutragen bleibt, daß die 102. US-Inf.-Division über drei Infanterieregimenter, ein Panzerbataillon, vier Art.-Abteilungen und die üblichen Divisionseinheiten verfügt.
Der mit großen Hoffnungen begonnene Großangriff der 9. US-Armee ist verpufft. Das Operationsziel Köln liegt in weiter Ferne.

Am 3. Dezember 1944 läßt der Feinddruck auf die 10. SS-Panzerdivision erheblich nach. Lediglich an der Naht zur 15. Pz.Gr.-Division geht der Ort Leiffarth verloren.
Statt bei Linnich weiterzumachen, versuchen es die Amerikaner abermals im Norden. Nach Blendung der deutschen Artilleriebeobachtung durch Vernebelung des Geländes um Brachelen schlägt am Nachmittag des 3. Dezember ein amerikanischer Angriff auf den von der 15. Pz.Gr.-Division besetzten Ort Würm fehl. Im Abschnitt Brachelen werden von einem Stoßtrupp des SS-Pz.Gr.Rgt. 22 sechzehn Gefangene eingebracht.
Am 4. Dezember läßt der Feinddruck mit zunehmender Wetterverschlechterung merklich nach. Westlich von Lindern werden letzte Teile der 9. Panzerdivision herausgezogen. Zur Verdichtung der deutschen Abwehr ostwärts der Roer wird der 10. SS-Panzerdivision aus der Armeereserve ein Regiment der 12. Volksgrenadierdivision unterstellt, das am linken Flügel der „Frundsberg" zum Einsatz kommt. Durch mehrere Stoß- und Spähtrupps klärt die 10. SS-Panzerdivision auf und täuscht eigene Stärke vor. Ein auf den Nordrand von Linnich aus Gegend Rischmühle angesetzter deutscher Stoßtrupp bringt fünf Gefangene, Waffen und Geräte mit zurück.
In der Nacht zum 4./5. 12. wird das Generalkommando XXXXVII. Panzerkorps zur Vorbereitung der Ardennen-Offensive herausgelöst. Die 10. SS-Panzerdivision tritt wieder zum XII. SS-Armeekorps. Bereits im Laufe des Tages erhält das XII. SS-Armeekorps von der Heeresgruppe B den Befehl, die 10. SS-Panzerdivision unter Ausnutzung der augenblicklichen Kampfpause schnell und abschnittsweise durch die 340. Volksgrenadierdivision abzulösen und als Armeereserve im Raum Rheydt—Rheindalen—Erkelenz—Wanlo zu versammeln. In der Nacht zum 5./6. 12. übergibt die 10. SS-Panzerdivision ihren Frontabschnitt an die 340 VGD. Im folgenden Tagesbefehl wird der Einsatz der 10. SS-Panzerdivision gewürdigt:

Der Kommandierende General
XXXXVII. Panzerkorps

Kps.Gef.Std., den 5. 12. 1944

An den Kommandeur der 10. SS-Pz.Div. „Frundsberg"
SS-Brigadeführer und Generalmajor der Waffen-SS Harmel

Mit dem heutigen Tage scheidet die 10. SS-Pz.Div. „Frundsberg" aus meinem Befehlsbereich aus.

Die Division hat in der kurzen Zeit der Unterstellung ab 21. 11. 44 in härtesten Kämpfen im Raum ostwärts Geilenkirchen den Angriff des Feindes mit seiner gewaltigen Übermacht an Menschen und Material zum Stehen gebracht und den feindlichen Durchbruch durch unsere Stellungen verhindert.
Ich spreche allen Angehörigen der Division meine Anerkennung und meinen Dank für ihren tapferen Einsatz aus.
Mit Trauer gedenke ich der Gefallenen, die in diesen schweren Kämpfen um Sein oder Nichtsein unseres Volkes ihr Leben für uns gaben. Wir senken in Ehrfurcht die Fahnen vor diesen Helden.
Ich wünsche der 10. SS-Pz.Div. „Frundsberg" und ihrem bewährten Divisionskommandeur weiterhin in den noch bevorstehenden schweren Kämpfen Erfolg und Soldatenglück.

gez. Frhr. von Lüttwitz
General der Panzertruppe.

Am Morgen des 6. Dezember 1944 verlegt der Divisionsstab der „Frundsberg" nach Otzenrath, 10 km südostwärts von Erkelenz. Das Herauslösen und die Inmarschsetzung der einzelnen Bataillone erfolgt Zug um Zug, auch während des Tages, da das schlechte Wetter eine feindliche Lufttätigkeit verhindert. In der Nacht zum 10. Dezember werden die letzten Teile der SS-Panzergrenadier-Regimenter 21 und 22 durch die Volksgrenadier-Regimenter 695 und 696 abgelöst und erreichen am folgenden Tag den Versammlungsraum der Division.
Damit ist der Kampf der 10. SS-Panzerdivision „Frundsberg" an der Roer beendet. Wieder einmal hat sich die Division mit größter Tapferkeit geschlagen und ist wieder einmal ausgeblutet. Eine personelle und materielle Auffrischung ist unerläßlich. Schon mehrmals wurde dazu der Anfang gemacht, doch immer wieder mußte die Division aus der angefangenen Auffrischung heraus wieder in den Kampf geworfen werden und die deutsche Westfront an bedrohten Stellen stützen. Divisionsführung und Einsatzverbände gaben ihr Letztes, aber es waren in Wahrheit doch nur kümmerliche Reste einer einstigen kriegsstarken Division, die trotz hoher Einsatzfreudigkeit das vorhandene Fehl an Männern und Waffen nicht auszugleichen vermochten und daher auch nicht alle — viel zu hoch gegriffenen — Erwartungen der höheren Führung und nicht alle ihr gestellten Aufgaben erfüllen konnten.

Die Schlacht beiderseits Aachen, im Hürtgenwald beim Städtchen Schmidt und an der Roer bei Jülich und Linnich hat beiden Seiten hohe Opfer abverlangt. Die Amerikaner meldeten 24 000 Gefallene, Verwundete und Vermißte und 9000 Kranke. Die deutschen Ausfälle dürften ähnliche Zahlen erreichen.
Die alliierte Maschinerie des Krieges, die sich Technik und Materialüberlegenheit zunutze macht, wirkt entscheidend. So war es und so bleibt es auch!
Trotz alledem bereitet die Heeresgruppe B auf Befehl Hitlers eine neue deutsche Offensive vor und kratzt im wahrsten Sinne des Wortes die letzten Reserven zusammen. Noch einmal wird aus der Rüstungsindustrie alles herausgepreßt. Die Planungen zur Ardennen-Offensive sind in jenen Tagen, als die 10. SS-Panzerdivision „Frundsberg" aus dem Roer-Abschnitt herausgelöst wird, bereits weit fortgeschritten. Und in diese Einsatzplanungen ist bereits wieder die zerschlagene 10. SS-Panzerdivision mit einbezogen. Wird sie unter diesen Vorzeichen ihre mehrmals begonnene Auffrischung endlich durchführen können?

EINSATZ DES II. SS-PANZERKORPS BEI DER ARDENNEN-OFFENSIVE

St. Vith — Das SS-Panzergrenadierregiment 19 erobert Grand Halleux — Angriff auf Poteaux — Luftangriffe auf St. Vith und Recht — Nachtangriff über die Salm — Der Kampf um Bastogne — Rückzug auf die Ausgangsstellungen — . . . und am Ende sind es nur noch Reste

Schon bei der Beendigung der Normandieschlachten und dem deutschen Rückzug durch Frankreich sind Hitlers Gedanken zunehmend mit dem Plan beschäftigt, bei der ersten besten Gelegenheit im Westen wieder offensiv zu werden. Am 20. August und am 3. September 1944 werden bereits die ersten Richtlinien für eine Gegenoffensive durch den Wehrmachtführungsstab erlassen. Wenig später liegen die ersten Operationspläne zu Flanken- und Gegenangriffen gegen die unbekümmert vorstoßenden alliierten Armeen dem Wehrmachtführungsstab vor. Diese Planungen werden jedoch von den Frontereignissen überrollt.

Dann muß auch Feldmarschall Montgomery mit der verlorenen Schlacht bei Arnheim und Nymwegen seine Hoffnung auf ein baldiges Ende des Krieges begraben, und auch Eisenhower sieht sein Ziel, in der Verfolgung des deutschen Westheeres bis an den Rhein zu kommen, als gescheitert an. Anfang Oktober 1944 haben die Reste von 41 deutschen Infanteriedivisionen und 10 schnellen Divisionen rund 60 alliierte Divisionen mit weit überlegener Bewaffnung zum Stehen gebracht. Teiloffensiven der Alliierten führen 1944 zu keinem durchschlagenden Erfolg, obwohl ihnen 4700 Jagdflugzeuge, 6000 Kampfflugzeuge und 4000 Aufklärungs-, Transport- und andere Maschinen zur Verfügung stehen, die ein entscheidendes Gewicht darstellen. Diese Übermacht hätte ausreichen müssen, um das deutsche Westheer in ständiger Bewegung zu halten und über den Rhein zu werfen. Widerstrebend stimmte Eisenhower dem Luftlandeunternehmen Arnheim-Nymwegen zu, da der Hafen Antwerpen noch nicht benutzbar war. Das Nachlassen der alliierten Angriffe — durch eine Verbesserung der Nachschubgrundlagen bedingt — wird von Hitler als eine Schwäche eingeschätzt. Sein Plan zu einer Gegenoffensive nimmt immer mehr Gestalt an.
Die vorbereitenden Studien des Wehrmachtführungsstabes zeigen als Ergebnis, daß der Abschnitt Monschau—Echternach für einen Ansatz der geplanten Gegenoffensive geeignet ist. Aus fast dem gleichen Raum war das deutsche Westheer 1940 gegen Frankreich angetreten und hatte entscheidende Siege errungen. Hitler glaubt, die Frankreichoffensive von 1940 noch einmal wiederholen zu können, aber was war das deutsche Westheer 1940 — was ist es nach dem Ende des Rückzuges aus Frankreich im Herbst 1944?
Hitler will der eingetretenen alliierten Überlegenheit auf allen Gebieten dadurch begegnen, daß er als Angriffsraum ein Gebiet vorsieht, aus dem die Alliierten keinen deutschen Angriff erwarten und dementsprechend schwach sind, in einer Zeit, wo das Wetter die feindliche Luftwaffe zur Zwangspause zwingt. In den ersten Richtlinien heißt es, daß der Hauptstoß in nordwestlicher Richtung Ende November mit zwei Panzerarmeen geführt werden soll. Die deutsche Operationsplanung läuft unter größter Geheimhaltung und sieht vor:

1. Durchbruch durch die feindliche Front in den Ardennen und Erreichen der Maas.
2. Unter Abdeckung der Flanken Einschwenken der Masse nach Nordwesten und Stoß auf Brüssel und Antwerpen.

3. Dabei Spaltung der britischen und der amerikanischen Front. Einschließung und Vernichtung der in Belgien und in den Niederlanden stehenden Feindkräfte.

Mit der Wiedergewinnung der Scheldemündung und des Hafens von Antwerpen wäre den Alliierten die wichtige Versorgungsbasis genommen.

Der deutsche Offensivplan wird vom Oberkommando der Wehrmacht ausgearbeitet, ohne die militärischen Führer des Westens zu Rate zu ziehen. Am 2. 11. 1944 ist Hitler im Hauptquartier des Oberbefehlshabers West, ostwärts von Krefeld, um mit Generalfeldmarschall von Rundstedt und dem OB der Heeresgruppe B, Generalfeldmarschall Model, den Plan zu besprechen. Beide Marschälle schlagen angesichts des Kräfteverhältnisses eine „kleine Lösung" (Angriff zunächst bis zur Maas und dann weitersehen) vor, doch Hitler beharrt auf der „großen Lösung" mit dem Ziel Brüssel und Antwerpen.

Der am 25. 11. in Aussicht genommene Angriffsbeginn wird infolge der amerikanischen Offensive bei Aachen und der sehr schleppenden Neuaufstellung der vorgesehenen Angriffsverbände mehrmals verschoben. Gleichzeitig wechselt der Deckname, aus „Wacht am Rhein" wird „Herbstnebel".

Die „große Lösung" wird auch von den nunmehr in den Plan eingeweihten Führern der Angriffsverbände hart attackiert. Alle Eingaben laufen auf eine Umwandlung in die „kleine Lösung" aus, da Korps- und Divisionsführer im Hinblick auf die überstürzten Auffrischungen ihrer Verbände, ihre schleppende Ausstattung mit Waffen und Fahrzeugen, eine ungenügende Bereitstellung von Nachschub die „große Lösung" für undurchführbar halten; aber sie kommen damit bei Hitler nicht durch. Große Teile des Versorgungsgutes lagern rechtsrheinisch, und das Vorbringen über die Rheinübergänge wird von der alliierten Luftwaffe außerordentlich erschwert.

Am 11. und 12. Dezember 1944 versammelt Hitler in zwei großen Schüben alle an der Offensive beteiligten militärischen Führer bis hinunter zum Divisionskommandeur in seinem Hauptquartier auf Schloß Ziegenberg in Hessen, das ihm auch beim Westfeldzug 1940 als Hauptquartier diente. In einer fast zweistündigen Rede wendet sich Hitler in einer Art letztem Appell noch einmal ganz eindringlich an seine Truppenführer. Er baut mit klugen Beispielen aus der Geschichte auf. In tiefer Sorge bespricht er ausführlich die Gefahr, welche die Politik der UdSSR für Europa bedeutet und versucht klarzumachen, warum er entgegen seiner Ablehnung jedes Zweifrontenkrieges dennoch den Krieg gegen Rußland beginnen mußte. Nichts wird in dieser einmaligen Rede beschönigt oder verharmlost. Hitler verbirgt auch nicht mehr, ja er deutete es sogar an, daß der Krieg verloren werden kann, wenn es nicht gelingt, die Ardennen-Offensive siegreich zu gestalten. Er habe deshalb nochmals alle Kräfte zusammengefaßt, um das Schicksal zu wenden, und gibt hierzu einen Zahlenvergleich zwischen Westfeldzug 1940 und Ardennenfeldzug 1944, in welchem die Verdoppelung von Menschen und Material bewiesen wird.

Die Zahlen stimmen sicher, doch die Masse der Munition und des Kraftstoffes liegen nicht, wie allseits angenommen, linksrheinisch, sondern noch rechtsrheinisch.

Bei der Knappheit an Transportraum und der überlegenen alliierten Luftwaffe, die zeitweise sogar jeden auftauchenden Kradmelder unter Feuer nimmt, sind die genannten Mengen völlig illusorisch. Sie können nie rechtzeitig herangeschafft werden.

Weder Hitler noch die versammelten Generäle wußten von dieser Sachlage zur damaligen Zeit und konnten deshalb nicht ahnen, daß damit der entscheidende Waffengang schon von vornherein durch Kraftstoff- und Munitionsmangel verloren war, abgesehen vom schlecht ausgebildeten Zustand der Truppe.

Die Wirkung dieser großen, leidenschaftlichen Rede bleibt nicht aus. Hitler versteht es wie immer meisterhaft, trotz sichtbar angeschlagener Gesundheit, bei seinen Oberbefehlshabern, Kommandierenden Generälen und Divisionskommandeuren wieder Hoffnung, ja sicher auch bei vielen die Überzeugung zu wecken, daß diese Offensive gewonnen werden muß, ging es doch um Sein oder Nichtsein des geschundenen Vaterlandes. Keiner widersprach oder deutete auch nur an, daß man in großen und kleinen Lösungen dachte. Im Gegenteil, Feldmarschall Rundstedt, ebenfalls stark beeindruckt, gelobt zum Abschluß im Namen aller Angehörigen seiner Heeresgruppe unverbrüchliche Treue und alles zu tun und zu leisten, um diese „genial erdachte“ und entscheidende Operation zu gewinnen.

Anschließend verabschiedet Adolf Hitler die Teilnehmer mit Handschlag, als letzten und jüngsten den Kommandeur der 9. SS-Panzerdivision „Hohenstaufen“, dem er noch einige Fragen stellt. Oberführer Stadler gibt eine detaillierte Schilderung über den Zustand seiner Division und antwortete offen und ehrlich, daß die „Hohenstaufen“ noch nicht einsatzbereit sei.

Es fehlte nicht nur an entsprechender Ausbildung, sondern ebenso Panzer, Geschütze, Transportraum, ja selbst Gewehre und Stahlhelme.

Hitler meint ganz erschrocken zu Keitel:

„Wie ist das möglich? Wir müssen schnell helfen.“

Der Feldmarschall bejaht und veranlaßt sofort, daß der für die Ausbildung zuständige General Thomale geholt wird, damit gleich alle Einzelheiten fixiert werden können. Adolf Hitler sagt noch abschließend, es täte ihm leid, daß er ausbildungsmäßig nicht helfen könne, weil eine Verschiebung der Offensive nicht mehr möglich sei. Was aber an Material und Ausrüstung fehle, soll die Division in jedem Falle noch bekommen. Außerdem würde sie erst in zweiter Linie eingesetzt. Er wünscht noch viel Soldatenglück.

Er hat Wort gehalten. Was alle Soldaten der 9. SS-Panzerdivision nicht zu träumen wagten, trifft tatsächlich ein. Täglich kommen Transportzüge mit uns noch fehlendem Material, selbst Panzer und Geschütze kommen innerhalb von vier Tagen.

Leider sind alle Anstrengungen umsonst. Denn am Vorabend vor Angriffsbeginn muß die Division zwei von den mühsam gehorteten zweieinhalb Versorgungssätzen an das I. Panzerkorps abgeben, damit überhaupt angetreten werden kann.

Es ist ein schwerer Schlag und läßt das Schlimmste nach Anlaufen der Offensive befürchten. Leider kommt es dann tatsächlich noch viel schlimmer.

Die Gliederung der Heeresgruppe B für die Ardennen-Offensive ist folgendermaßen:

Heeresgruppenkommando:
  Oberbefehlshaber: Generalfeldmarschall Model,
  Chef des Generalstabes: General Krebs.

6. SS-Panzerarmee:
  Oberbefehlshaber: Generaloberst der Waffen-SS Dietrich,
  Chef des Stabes: Generalmajor der Waffen-SS Krämer.

  LXVII. (67.) Armeekorps (Generalleutnant Hitzfeldt)
  mit 272. und 326. Inf.-Division.

I. SS-Panzerkorps (General der Waffen-SS Prieß)
mit 12., 277. Inf.-Division und 3. Fallsch.Jg.-Division, 1. und 12. SS-Panzerdivision.

II. SS-Panzerkorps (General der Waffen-SS Bittrich)
mit 2. und 9. SS-Panzerdivision.

5. Panzerarmee:

Oberbefehlshaber: General von Manteuffel,
Chef des Stabes: Generalmajor Wagner.

LXVI.(66.) Armeekorps (General Lucht)
mit 18. und 62. Inf.-Division.

LXVIII.(68.) Panzerkorps (General Krüger)
mit 560. Inf.-Division und 116. Panzerdivision.

XXXXVII.(47.) Panzerkorps (General Frhr. von Lüttwitz)
mit 26. Inf.-Division, 2. Panzer- und Panzer-Lehr-Division.

7. Armee:

Oberbefehlshaber: General Brandenberger,
Chef des Stabes: Oberst i. G. Frhr. von Gersdorff.

LXXXV.(85.) Armeekorps (General Kniess)
mit 352. Inf.- und 5. Fallschirmjäger-Division.

LXXX. (80.) Armeekorps (General Dr. Beyer)
mit 212. und 276. Infanteriedivision.

LIII.(53.) Armeekorps (General Graf Rothkirch)
mit Sicherungsbataillonen.

In der ersten Offensivphase sind den Armeen weiterhin unterstellt:

Die Volksartilleriekorps (je 6 Abteilungen) 388, 401, 402, 405, 407, 408 und 766.
Die Werferbrigaden (je 6 Abteilungen) 4, 7, 8, 9, 15, 16, 17 und 18.
Die Heeresgruppe stellt die 79. Inf.-Division als Reserve bereit.

Das Oberkommando der Wehrmacht beabsichtigt im Verlauf der Offensive folgende Verbände bereitzustellen und nachzuführen:

Die 9. und 257. Inf.-Division, die 3. Panzergrenadier-Division, die 6. SS-Gebirgsdivision „Nord“, die 11. Panzerdivision und die 10. SS-Panzerdivision „Frundsberg“.

Nach dem Angriffsplan liegt der Schwerpunkt bei der 6. SS-Panzerarmee, die über Lüttich und Antwerpen vorstoßen soll, das II. SS-Panzerkorps in zweiter Welle. Die südlich davon angreifende 5. Panzerarmee soll die Maas bei Namur überschreiten, dann Brüssel nehmen und mit Teilkräften auf Antwerpen eindrehen. Die aus dem Raum Luxemburg antretende 7. Armee soll die Südflanke des Angriffskeils zwischen Mosel und Maas offensiv abdecken. Gleichzeitig soll die in den Niederlanden stehende 15. Armee durch begrenzte Angriffe den Feind binden. So hofft Hitler ein zweites Dünkirchen zu erzwingen.
Indessen geht die Ausbildung und Auffrischung der 9. SS-Panzerdivision „Hohenstaufen“ im Raum Bonn—Euskirchen—Bad Neuenahr weiter. Der Divisionsgefechtsstand befindet sich in Gelsdorf, 15 km südlich von Bonn. Während die voll ausgestattete 4. Batterie der SS-Pz.-Flak-Abteilung 9 bereits im Raum Rheinbach Objektschutz übernimmt, erhalten die schweren Batterien im Raum Hönningen (Ahr) neue 8,8-cm-Flak, 3,7-cm-Flak-Vorderdrucklader und Zugmaschinen.
Mannschaftsmäßig ist die Abteilung aufgefüllt, ja die 2. Batterie zählt 225 Mann und hat damit Überstärke. Die Panzergrenadier-Regimenter sind fast voll, ebenso das Panzerregiment.

Am 14. Dezember 1944 marschieren erste Führungsorgane der 9. SS-Panzerdivision in den Bereitstellungsraum südlich von Blankenheim ab. Darunter der kleine Divisionsführungsstab und die Funkkompanie der SS-Pz.Nachr.Abt. 9, die am 15. Dezember in Jünkerath und Stadtkyll mit der Arbeit beginnen.
Das SS-Pz.Art.Rgt. 9 wird in den Dahlemer Wald vorgezogen und vorübergehend der 277. Infanteriedivision zum Artillerieeinsatz unterstellt. Aus Feuerstellungen im Dahlemer Wald ist dann das Regiment an der Einleitung der Ardennen-Offensive zusammen mit anderen Artillerieeinheiten beteiligt.
Am 15. Dezember 1944 sind alle Wälder der Schnee-Eifel und ihrer Ostausläufer mit deutschen Angriffsverbänden vollgestopft, auf allen Wegen und Straßen quälen sich weitere Verbände in die Angriffspositionen vor. Zum Glück läßt das diesige Winterwetter den Einsatz der alliierten Luftwaffe nicht zu.
Es ist der 16. Dezember 1944. Um 05.30 Uhr beginnt die deutsche Offensive „Herbstnebel“, die später unter der Bezeichnung „Ardennen-

Offensive“ in die Kriegsgeschichte eingeht. In Generalfeldmarschall von Rundstedts Tagesbefehl an die Angriffstruppen heißt es:

> Soldaten der Westfront!
> Eure große Stunde hat geschlagen! Starke Angriffsarmeen sind heute gegen die Anglo-Amerikaner angetreten. Mehr brauche ich Euch nicht zu sagen. Ihr fühlt alle: Es geht ums Ganze! Tragt in Euch die heilige Verpflichtung, alles zu geben und Übermenschliches zu leisten für unser Vaterland und unseren Führer!“

30 deutsche Divisionen mit 250 000 Mann, 1900 Geschützen und 970 Panzern treten zwischen Monschau und Echternach zum Angriff an. 1500 deutsche Flugzeuge werden noch einmal aufgeboten. Die Infanteriedivisionen sollen die Breschen schlagen. Bereits in den ersten Stunden kommt der Angriffsplan der aus dem Raum Monschau angreifenden 6. SS-Panzerarmee durcheinander. Ihr äußerster rechter Flügel gerät in den Angriff des V. US-Korps der 1. US-Armee, das endlich den Raum der Rur-Talsperren erobern soll, und bleibt liegen. General Hitzfelds LXVII. Armeekorps wird vom V. US-Korps aufgehalten. Gleich bei Angriffsbeginn fällt durch Bombenangriff der Führungsstab Hitzfeldts aus. Der Führungsstab des II. SS-Panzerkorps springt vorübergehend ein — besonders mit der Korps-Nachrichten-Abteilung—, Hitzfeld und Bittrich führen vorübergehend gemeinsam.
Auch weiter südlich gelingt es der 277. Infanteriedivision und der 12. SS-Panzerdivision nicht — unter Absetzen von Fallschirmjägern der 3. Fs.-Division — den Elsenborner Hügel schnell zu nehmen und damit die Voraussetzungen für den Angriff der 12. und 1. SS-Panzerdivision zu schaffen. Und diese Divisionen sollen schon am zweiten Angriffstag über Malmedy und Lüttich die Maas erreichen.
Etwas besser läuft der Angriff der 5. Panzerarmee. Hier ist es lediglich das Städtchen St. Vith, das von den Amerikanern hartnäckig verteidigt wird und nicht vorgesehene deutsche Kräfte auf sich zieht, die an anderer Stelle der 5. Panzerarmee dann fehlen. Eine weitere feindliche Bastion ist Bastogne. Hier werden amerikanische Kräfte eingeschlossen, die aber hemmend auf den Angriff der 5. Panzerarmee einwirken. Ein von Obersturmbannführer Skorzeny vorbereitetes Unternehmen — Decknahme „Greif“ — stiftet anfangs zwar Verwirrung bei den Amerikanern, zeitigt aber nicht die Ergebnisse, die man erhofft. „Greif“ operiert mit englisch sprechenden deutschen Soldaten in amerikanischen

Uniformen, mit amerikanischen Waffen und Fahrzeugen im feindlichen Hinterland, insbesondere zur Verhinderung von Brückensprengungen nach dem Muster der legendären „Brandenburger“ in Rußland. „Greif“ steht somit nicht unter dem Schutz der Genfer Konvention.
Gegen Mitternacht zum 16. Dezember laufen die Bewegungen der Verbände des II. SS-Panzerkorps an. Durch die harten Kämpfe im Ab-Abschnitt der 6. SS-Panzerarmee bedingt, werden die Marschbewegungen des II. SS-Panzerkorps — das hinter das I. SS-Panzerkorps aufschließen soll — langsamer und kommen zum Stillstand.

Die 9. SS-Panzerdivision „Hohenstaufen“ zieht im Raum Stadtkyll—Jünkerath—Blankenheim unter.
Die 10. SS-Panzerdivision „Frundsberg“, die bei den schweren Kämpfen an der Roer schwer angeschlagen wurde und im Raum Blatzheim—Kerpen (25 km westlich Köln) aufgefrischt wird, wird der Heeresgruppe B als Heeresgruppenreserve unterstellt. Ihr Divisionskommandeur erhält tägliche Orientierungen von der Heeresgruppe. Es ist vorgesehen, die Division nach Schaffung einer genügend großen Durchbruchslücke der 6. SS-Panzerarmee nachzuschieben. Die unter größter Geheimhaltung laufenden Vorbereitungen zur Ardennen-Offensive verursachen beim Divisionsstab Hochspannung; als statt der bisherigen 3stündigen Abmarschbereitschaft am 15. 12. eine 1stündige befohlen wird, wissen alle Stabsoffiziere der „Frundsberg“, daß der Beginn der Offensive unmittelbar bevorsteht. Indessen betreibt die Division weiter Gefechtsausbildung, um den Ersatz — vorwiegend von der Luftwaffe kommend — in den festen Rahmen der Einheiten einzuschweißen. Verbandsübungen sind wegen der Geheimhaltung und wegen der feindlichen Lufttätigkeit nicht durchzuführen. 24 Stunden vor Beginn der Offensive erhält die Division den Befehl, ihr Artillerieregiment und die Flak-Abteilung der 6. SS-Panzerarmee zuzuführen. Beide Verbände ziehen in den Raum Schleiden vor und kommen im Rahmen der Artillerievorbereitung mit Beginn der Offensive zum Einsatz. Beide Verbände sollen spätestens mit dem Einsatz der „Frundsberg“ rückunterstellt werden. Infolge des negativen Verlaufs der Offensive bleiben sie dann jedoch bis zur Einstellung der Offensive der 6. SS-Panzerarmee unterstellt. Allgemein ist zu sagen, daß die 10. SS-Panzerdivision „Frundsberg“ bei Beginn der Ardennen-Offensive materiell und personell fast den Stand der Gliederung nach der geltenden Vorschrift

(Panzerdivision 44) erreicht hat. Im Verlauf der Offensive werden der Divisionskommandeur Heinz Harmel und sein Ia Jochen Stolley täglich vom Oberbefehlshaber der Heeresgruppe B, Model, oder von dessen Chef des Stabes, Krebs, in die Gesamtlage eingewiesen. Der Gefechtsstand der Heeresgruppe B befindet sich in einem einsamen verschneiten Eifeltal 6 km westlich von Münstereifel.
Die schweren Kämpfe um den Elsenborner Hügel und den Losheimer Graben und die starke Verteidigung von St. Vith tragen dazu bei, daß das II. SS-Panzerkorps verspätet in Bewegung kommt. Nach dem Durchbruch der Panzergruppe Peiper von der 1. SS-Panzerdivision bis Stavelot läßt das SS-Pz.-Armee-Oberkommando 6 die 9. SS-Panzerdivision „Hohenstaufen" marschfertig machen, um sie links neben der 1. SS-Panzerdivision über Losheim auf Vilsalm anzusetzen. Die 2. SS-Panzerdivision „Das Reich" soll im Abschnitt der 5. Panzerarmee über St. Vith vorgezogen werden.
Am Abend des 17. Dezember werden die Einheiten der 9. SS-Panzerdivision zum Abmarsch alarmiert. In der Nacht und am 18. Dezember marschiert die Division über Stadtkyll, Manderfeld bis in den Raum Schönberg vor.
Inzwischen gelingt es der Panzer-Kampfgruppe Peiper, über die Amblève zu kommen. Infolge starken Feinddruckes und Zurückhängens nachfolgender Verbände igelt die Kampfgruppe Peiper um La Gleize, aber alle Versuche, auf sie aufzuschließen oder sie zu entsetzen, scheitern am zunehmenden Widerstand der 30. US-Pz.-Division, die der Kampfgruppe Peiper entgegengeworfen wurde.
Der starke Widerstand der Amerikaner bei St. Vith zwingt den OB der 5. Pz.-Armee, neben dem LXVI.(66.) Armeekorps auch seinen in Reserve gehaltenen Panzerverband, die Führer-Begleit-Brigade unter Oberst Remer, auf St. Vith anzusetzen.
Neben diesen Verbänden sollen auch Teile der 9. SS-Panzerdivision auf St. Vith angesetzt werden. Obersturmbannführer Spindlers SS-Pz.Art. Rgt. 9 quält sich auf Feldwegen vor, bezieht bei Born Feuerstellungen und beteiligt sich an der Artillerievorbereitung zum Sturm auf St. Vith. Um dem Angriff der 6. SS-Panzerarmee vorzuhelfen, wird die 9. SS-Panzerdivision am 19. 12. dem I. SS-Panzerkorps unterstellt, erste Teile werden über Born und Recht vorgeführt.
Betriebsstoffmangel ermöglicht zunächst nur das Vorziehen der SS-Pz. AA 9, hinter der Teile des SS-Pz.Gr.Rgt. 19 im Fußmarsch am 19. 12.

den Raum Recht erreichen. An diesem Tage ist St. Vith bereits von drei Seiten eingeschlossen. Die SS-Pz.AA 9 löst in Recht Teile der SS-Pz. AA 1 ab, die mit Teilen der schweren SS-Pz.Abt. 501 als linke Flankendeckung der 1. SS-Panzerdivision bereits am 17. 12. Kaiserbaracke und Recht genommen hat. Im Zuge des allgemeinen Angriffs auf St. Vith greift Hauptsturmführer Reckes SS-Pz.AA 9 am Nachmittag aus dem Raum Recht den noch alleinigen Rückzugsweg der Amerikaner bei Poteaux an, doch vermögen amerikanische Panzer und gut verschanzte Infanteristen der Kampfgruppe A die lebenswichtige Kreuzung bei Poteaux zu behaupten. Indessen führen auch alle anderen konzentrischen Angriffe auf St. Vith zu keinem Erfolg. Die SS-Pz.AA 9 muß das Aufschließen der Division abwarten, denn nur ein Einsatz stärkerer Kräfte verspricht Erfolg.

Die Masse der 9. SS-Panzerdivision quält sich indessen auf den verstopften und verschlammten Wegen und Straßen über Losheimer Graben und Manderfeld weiter nach Westen vor. Die Hauptvormarschstraße über Schönberg—St. Vith ist noch blockiert. Das SS-Pz.Gr.Rgt. 19 marschiert über Born—Kaiserbaracke heran und wird nach Norden auf Pont und Wanne abgedreht, um dem festliegenden linken Flügel der 1. SS-Panzerdivision vorwärts zu helfen. Das Heranziehen der schweren Fahrzeuge und Waffen der 9. SS-Panzerdivision — und damit erfolgversprechende Angriffe — kommt aber erst am 21. 12. in Fluß, nachdem in den Abendstunden St. Vith endlich von der 18. und 62. Inf.-Division im Zusammenwirken mit der Führer-Begleit-Brigade genommen wurde.

An der Artillerievorbereitung vor dem Sturm auf St. Vith ist auch die III./SS-Pz.Art.Rgt. 10 unter Führung von Sturmbannführer Haas beteiligt, der auch die 10. Batterie (10,5-cm-Kanonen) des Hauptsturmführers Bültemeier unterstellt ist. Diese Artillerieteile haben im Raum Schönberg ihre Feuerstellungen.

Oberjunker Sierks leitet als VB das Feuer der 10. Batterie auf den Bahnhof von St. Vith. Als dann der Befehl zur Feuereinstellung kommt, stürmen Oberjunker Sierks und Oberscharführer Westhuis mit den Infanteristen nach St. Vith hinein. Am Bahnhof können sie sich von den guten Schießergebnissen ihrer Batterie überzeugen, dabei entdecken sie auf einem Gleis einen Güterzug voller Weihnachtspakete für die Amerikaner. Mit einem erbeuteten Jeep fahren sie mehrmals zur Batterie, vollgeladen mit Weihnachtspaketen. Zuletzt

koppeln sie einen kleinen Anhänger mit Briketts an und bringen Unterwäsche und Wolldecken mit.
Die Männer der Batterie haben sich auf einem Bauernhof bei Schönberg einquartiert, und die Bevölkerung erzählt, daß die amerikanischen Soldaten alle 14 Tage abgelöst wurden und sich weit hinten in der Etappe zwei bis vier Wochen erholen konnten.
An einem Tage schleudert plötzlich eine Detonation alle Männer auf dem Bauernhof auf die Erde, doch außer zwei toten Kühen wird niemand ernsthaft verletzt. Eine Jabo-Bombe galt einem deutschen Panzer, der gerade auf den Hof eingefahren war. Splitter und Mauerbrocken beschädigen die „Räucherkammer" der Batterie (einen mitgeführten Möbelwagen mit Schinken und Würsten aus einem geräumten Verpflegungslager). Am nächsten Tag ereilt den Jabo sein Schicksal. Die Taktik, hoch oben zu kreisen, um dann plötzlich auf ein erspähtes Opfer herunterzustoßen, wird ihm zum Verhängnis, denn eine gut getarnte Vierling erwischt ihn dabei voll, und die Maschine stürzt senkrecht in den Boden.
Allgemein zeigt sich bald nach Beginn der Ardennen-Offensive, daß die amerikanische Front bis auf einige heftig verteidigte Bastionen zwar durchbrochen wurde, ein schneller Vormarsch der deutschen Verbände auf schmalen Gebirgsstraßen und durch heillose Verstopfungen aber nicht möglich ist. Als dann schmale Wege und Seitenstraßen benutzt werden, sind auch diese bald in Schlammstrecken verwandelt. Zudem erfordern diese Straßen einen überhöhten Brennstoffverbrauch, der ohnehin äußerst knapp bemessen ist. An jedem Hindernis in den Tälern stauen sich die Fahrzeugschlangen. Dadurch kommt es, daß fast immer nur die Spitzen der Divisionen am Feind stehen.
In den Wäldern der Schnee-Eifel befinden sich mehrere Abschußbasen deutscher Vergeltungswaffen, die bei der Ardennen-Offensive auf Ziele weit im feindlichen Hinterland eingesetzt werden.
General Middletons VIII. US-Korps wird im Raum St. Vith zersprengt und zerschlagen. Die an anderen Frontstellen freigemachte 7. und 9. US-Panzerdivision kommen dem bedrängten VIII. US-Korps zu Hilfe. General Hasbrouk, Kommandeur der 7. US-Pz.Div., übernimmt die Verteidigung im Raum St. Vith und baut am 21. und 22. 12. im Salmtal beiderseits Vilsalm eine neue Verteidigung auf. Die 7. US-Pz.Div. und die 82. US-LL.-Division beziehen einen großen Verteidigungshalbbogen vorwärts Vilsalm, um die geschlagenen Reste des VIII. US-Korps,

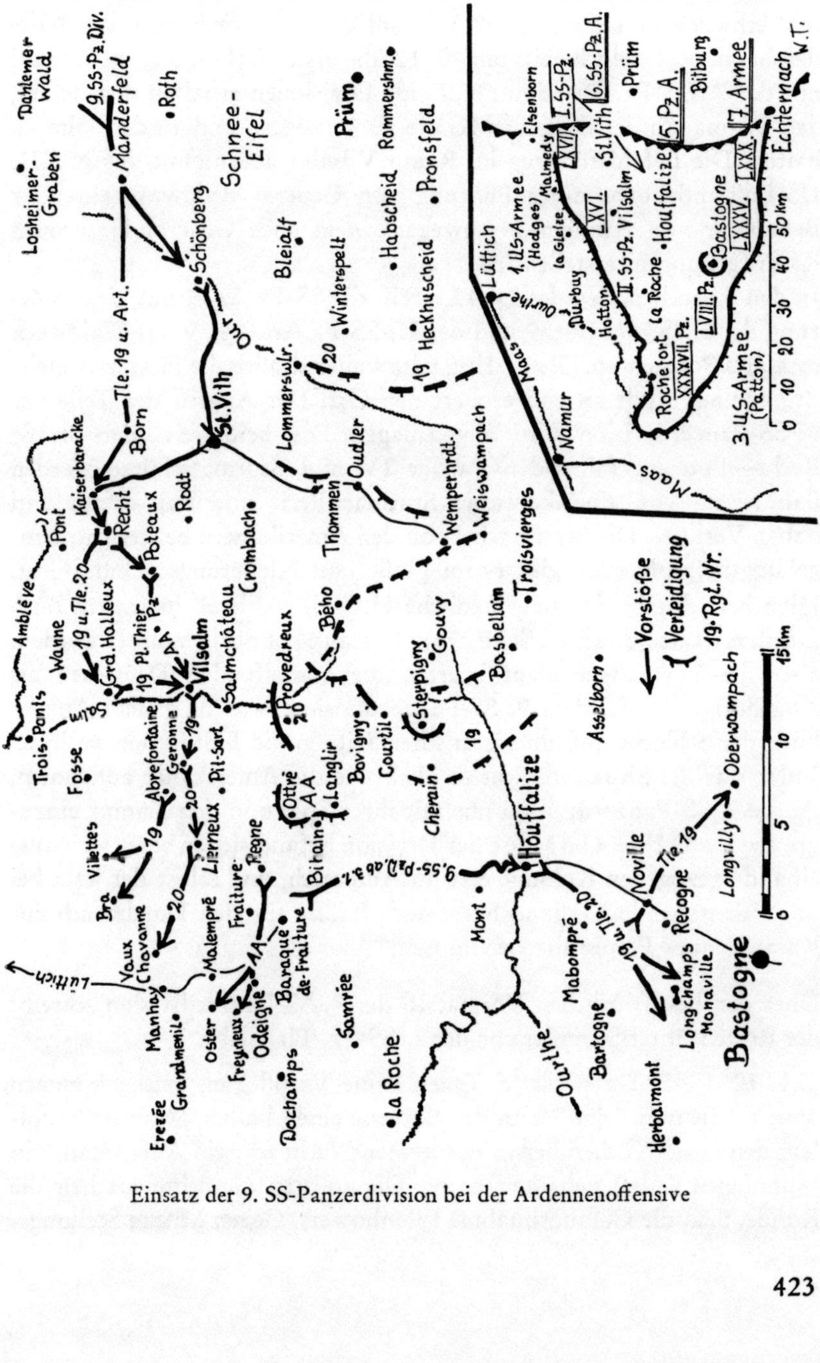

Einsatz der 9. SS-Panzerdivision bei der Ardennenoffensive

die aus dem Ei bei St. Vith zurückkommen, aufzunehmen. Diese Kräfte machen in den nächsten Tagen der 9. SS-Panzerdivision „Hohenstaufen“ schwer zu schaffen. Die 82. US-Luftlandedivision kommt von Norden heran und stellt bereits am 20. 12. die erste Verbindung im Salmtal mit der 7. US-Pz.-Division her. Beide Divisionen erhalten den Befehl, den Vormarsch der deutschen Kräfte zu verzögern und an der Salm zu halten. Die Befehlsführung im Raum Vilsalm übernimmt das XVIII. US-Luftlandekorps unter Führung von General Ridgway (ein alter Bekannter von Arnheim-Nymwegen), dem auch General Hasbrouks Kampfgruppe unterstellt wird.
In den Abendstunden des 21. 12. greift die SS-Pz.AA 9 mit Unterstützung der II./SS-Pz.Rgt. 9 und der II./SS-Pz.Art.Rgt. 9 das Waldstück ostwärts Poteaux an. Gleichzeitig tritt weiter südlich die Führer-Begleit-Brigade auf Rodt an und erobert den Ort. Der Angriff der Teile der 9. SS-Panzerdivision wird abgeschlagen. Die beiderseits der Straße Recht—Poteaux fahrenden Panzer IV und Sturmgeschütze werden flankierend von amerikanischer Sturmartillerie und Pak erfaßt und haben Verluste. Die Straße wird von den Amerikanern beherrscht, Umgehungsmöglichkeiten gibt es im Fluß- und Niederungsgelände nicht. Hierüber schreibt der amerikanische Historiker Elstob in seinem Buch „Hitlers letzte Schlacht“, Seite 296: „Poteaux konnte behauptet werden, aber die Verteidiger identifizierten die angreifenden Deutschen als Angehörige der frischen 9. SS-Panzerdivision, was in diesem Augenblick der Schlacht auf amerikanischer Seite große Bestürzung auslöste. Indes war die Situation nicht so übel, wie die Amerikaner annahmen, da die 9. SS-Panzerdivision nur mit ihrer Spitze in den Kampf einzugreifen vermochte. Die Masse der Division befand sich in einer weit auseinandergezogenen Kolonne erst im Anmarsch, und selbst der jetzt bei St. Vith stehende Verband hatte noch Kräfte für den Durchbruch zur Kampfgruppe Peiper abgeben müssen.“

Über den beschwerlichen Vormarsch der 9. SS-Panzerdivision schreibt der Rottenführer Semmler von der 2./SS-Pz.-Flak-Abt. 9:

„21. 12. 1945: Da seit zwei Tagen keine Verpflegung nachgekommen war, erhält nun jeder Mann der Batterie einen halben Weihnachtsstollen, den unser Küchenchef in der letzten Nacht unseres Aufenthaltes in Hönningen (Ahr) gebacken hatte. Die tollsten Gerüchte machen die Runde, u. a. die Gefangennahme Eisenhowers. Gegen Mittag Stellungs-

wechsel. Auf der Rollbahn nur stückweises Vorwärtskommen. Ein hoher SS-Führer erscheint und scheucht uns von den Fahrzeugen; wir sollen nach vorn marschieren, zum Schieben. Nach einem langen Marsch erreichen wir eine Behelfsbrücke (bei Schönberg), wo ein riesiger US-Lkw umgestürzt im Bach liegt. Hinter der Behelfsbrücke eine sehr stark vereiste Straßensteigung. Hier müssen wir unter großen Anstrengungen die vielen Fahrzeuge hochschieben, die einzeln die Brücke passieren. Am Rande der Rollbahn steht Luftwaffenflak, hier hören wir am Abend den Wehrmachtbericht, in der Schnee-Eifel sollen 7000 eingekesselte Amerikaner kapituliert haben. Dann gehen wir wieder zu unseren Fahrzeugen zurück, die weit hinter der Brücke stehen.
22. 12. 1945: Morgens bis zur Behelfsbrücke gekommen. Dann langer Aufenthalt. Erst nachmittags weiter, aber an der Brücke vorbei. Model stand im langen Wintermantel einsam an der Straße und regelte den Verkehr. Links und rechts der Rollbahn zahlreiche stehengelassene ‚Shermans'. Bei Anbruch der Dunkelheit endlich zügig durchgefahren bis kurz vor St. Vith.
23. 12. 1945: Um 02.00 Uhr in St. Vith. Um 06.30 Uhr in Recht, dort beziehen wir Stellung."
Gleichzeitig zieht das SS-Pz.Gr.Rgt. 19 nördlich an St. Vith vorbei und erreicht zumeist im Fußmarsch den Raum Wanne. Noch in der Nacht vom 21./22. 12. erfolgt nach kurzer Bereitstellung der Angriff auf Grand Halleux. Hierüber berichtet Oberjunker Johannsen von der 6./SS-Pz.Rgt. 19:
„Das II./SS-Pz.Gr.Rgt. 19 (Hauptsturmführer Altrogge) tritt noch bei Dunkelheit von einem Hügel südostwärts Grand Halleux zum Angriff an. Während die von Hauptscharführer Jensen geführte 5. Kompanie im Südteil von Grand Halleux eindringt, weiter bis zur Salm vorstößt und dann nach Norden auf die Salmbrücke eindreht, greift die von Oberscharführer Mumberg geführte 6. Kompanie direkt von Osten die kleine Stadt an und stößt bis zur Salmbrücke vor. Die Amerikaner werden überrascht, leisten dann aber zunehmenden Widerstand. Wir erreichen die Salmbrücke, die kurz vor uns in die Luft gesprengt wird. Inzwischen ist es Tag geworden. Ein Übersetzen über die Salm ist nicht möglich, da die Amerikaner nun vom Westufer der Salm, aus dem Hauptteil von Grand Halleux, uns mit schwerem Abwehrfeuer niederhalten, vor allem mit gepanzerten Fahrzeugen, Artillerie und einer Vielzahl von Granatwerfern."

Gegen Mittag ist der Ostteil von Grand Halleux vollständig in der Hand des SS-Pz.Gr.Rgt. 19. Damit ist die linke Flanke der 1. SS-Panzerdivision gesichert und für den weiteren Angriff der 9. SS-Panzerdivision im Tal zwischen Poteaux und Vilsalm eine günstige Ausgangsstellung für einen Angriff auf Vilsalm von Norden her geschaffen.
Das Generalkommando II. SS-Panzerkorps, das vorübergehend beim Korps Hitzfeldt ausgeholfen hatte, zieht am 23. 12. nach St. Vith vor, um ab 25. 12. wieder die Führung über die 2. und 9. SS-Panzerdivision zu übernehmen. Der Auftrag für das Korps lautete, die Linie Mormont —Erezée zu erreichen und weiter auf Durbuy vorzustoßen.
Indessen halten amerikanische Kräfte noch westlich von St. Vith im sogenannten „Ei". Nach der Lageentwicklung am 22. 12. kommt General Hasbrouk jedoch zu dem Entschluß, im Hinblick auf die sich verstärkende 9. SS-Panzerdivision zu seiner Linken und die nunmehr zum Einsatz gekommene 2. SS-Panzerdivision zu seiner Rechten, die noch im „Ei" stehenden eigenen Auffangkräfte ohne Rücksicht auf die örtliche Lage über die Salm zurückzunehmen. In der Nacht vom 22./23. 12. stehlen sich diese Kräfte zurück, wobei sie von eigenen Sperrkräften, die an wichtigen Geländepunkten stehen, aufgenommen und weitergeholfen werden. Starke Sperren baut die 7. US-Panzerdivision im Tal eines Quellarmes der Salm, zwischen dem immer noch gehaltenen Straßenknotenpunkt bei Poteaux, Petit Thier und Vilsalm, auf. Dieser Talabschnitt eignet sich für die hinhaltende Verteidigung besonders gut.
Am Morgen des 23. 12. wird der Straßenknotenpunkt Poteaux immer noch von amerikanischen Kräften gehalten. Die I./SS-Pz.Rgt. 9 greift nach kurzer Bereitstellung beiderseits der Straße Recht—Poteaux an, aus den Waldstücken ostwärts Poteaux wird der Panzerangriff von amerikanischer Sturmartillerie und Pak gestoppt. Fünf „Panther" werden abgeschossen, darunter der Führungspanzer mit Sturmbannführer Telkamp. Telkamp kann unversehrt ausbooten, sein Richtschütze, Oberscharführer Schreiner, und Funker Roswora werden verwundet, der Fahrer Sturmmann Heinz Schneider ist durch den Treffer auf die Fahrerluke sofort tot. Links der Straße fährt der Sturmmann Wolfgram mit dem Kommandeurs-SPW. Im Wagen bemüht sich ein VB der Artillerie um die Funkverbindung mit den Feuerstellungen, die erst spät zustande kommt. Links der Straße Recht—Poteaux greifen die SS-Pz.AA 9 und aufgeschlossene Teile des SS-Pz.Gr.Rgt. 20 an, die dann den wichtigen Knotenpunkt Poteaux nehmen. Während die Masse der 9. SS-Panzer-

division im Tal weiter auf Petit Thier vorgeht, schirmt eine Gruppe der SS-Pz.AA 9 nach Süden gegen Rodt ab. Auf der Straße Rodt—Poteaux stoßen Teile der 18. Inf.Div., die St. Vith genommen hatten, über die bei Rodt stehende Führer-Begleit-Brigade hinweg nach Norden.

Nachdem die alliierte Luftwaffe infolge des trüben Wetters gelähmt war, wird das Wetter am 23. 12. besser, und die hart bedrängten amerikanischen Bodenverbände erhalten wieder Luftunterstützung. Zu Beginn des amerikanischen Rückzuges auf Petit Thier ist das Kriegsglück auf amerikanischer Seite: Gerade als sich das SS-Pz.Rgt. 9, die SS-Pz. AA 9 und das III./SS-Pz.Gr.Rgt. 20 zur Verfolgung des abziehenden Gegners bei Poteaux formieren, erscheint in den Vormittagsstunden des 23. 12. eine Staffel Jabos von Typ „Lightning", die nach Gelegenheitszielen sucht, entdeckt die sich formierende Kolonne der 9. SS-Panzer-Division und greift sie mehrmals an, doch dann kommt die Verfolgung in Fluß. Abschnittsweise sperren Kräfte der abziehenden 7. US-Pz.Div. das Tal und verzögern den Vormarsch der 9. SS-Panzerdivision auf Vilsalm. Immer wieder muß der Widerstand gebrochen werden. Viele amerikanische Panzer bleiben zurück, da sie bis zuletzt feuerten und nicht mehr zurückkamen. Die 9. SS-Panzerdivision ergänzt aus den stehengelassenen amerikanischen Lkw und Pkw ihren Fahrzeugbestand. Gegen 19.00 Uhr hat die 7. US-Pz.Div. den Salmabschnitt beiderseits Vilsalm überschritten und baut westlich des Flusses eine neue Abwehr auf, die nördlich durch Kräfte der 82. US-LL.Div. und südlich durch die 9. US-Pz.Div. verlängert wird. Nur schwache Nachkräfte stehen noch auf dem Ostufer.

Südlich von Vilsalm erreicht die 2. SS-Panzerdivision Salmchâteau, andere Teile der Division stoßen südlich an Salmchâteau vorbei und erreichen weiter westlich die Straße Bastogne—Lüttich bei Baraque-de-Fraiture. Die 9. SS-Panzerdivision dringt bis kurz vor Vilsalm vor. Das III./SS-Pz.Gr.Rgt. 20 nimmt mit dem bei Grand Halleux stehenden SS-Pz.Gr.Rgt. 19 die Verbindung auf. Weitere Teile des SS-Pz.Gr.Rgt. 20 marschieren im Fußmarsch heran und lösen Zug um Zug Teile des SS-Pz.Gr.Rgt. 19 im Abschnitt Grand Halleux ab, die später von Norden her Vilsalm angreifen.

Indessen kämpft das I. SS-Panzerkorps noch erbittert um den Anschluß an seine vorgeprellte Kampfgruppe Peiper, die im Igel von La Gleize steht. Es wird erkennbar, daß der Angriff des I. SS-Panzerkorps gescheitert ist und die gesteckten Ziele infolge des zunehmenden Widerstandes nicht erreicht werden können. Die Amerikaner haben den Weg nach Lüttich verriegelt. Feldmarschall Model entschließt sich, das I. SS-Panzerkorps anzuhalten, in der erreichten Linie zu verteidigen, und von dort Kräfte abzuziehen, die bei der 5. Panzerarmee eingesetzt werden sollen, um vor allem das immer noch von den Amerikanern gehaltene Bastogne zu nehmen. Bereits jetzt sehen deutsche Militärs die Ardennen-Offensive als gescheitert an, der Zeitverlust ist nicht mehr wettzumachen und die feindlichen Gegenmaßnahmen werden von Tag zu Tag spürbarer. Die Amerikaner bringen bis zum Morgen des 24. 12. ca. 15 000 Mann, 100 Panzer und 9. Art.-Abteilungen aus dem Raum St. Vith hinter die Salm zurück. Feldmarschall Montgomery, der die gesamte Befehlsführung im Nordteil des deutschen Einbruchsraumes übernommen hat, wirft alle verfügbaren Reserven in den Kampf, auch englische Verbände. Er befiehlt, den Salmabschnitt zu verteidigen, um Zeit zu gewinnen. Teile der 9. US-Pz.Div. werden nach Malampré geworfen, um die tiefe Einbruchsflanke im Norden zu schützen und die Straße Bastogne—Lüttich zu sperren, an der sich bereits Teile der 2. SS-Panzerdivision zum Stoß nach Norden versammeln.

Acht Tage nach Beginn der Ardennen-Offensive wird der Salmabschnitt erreicht, zwei Tage danach hätte er bereits erreicht werden sollen. Die inzwischen anlaufende Verlagerung des deutschen Schwerpunktes zur 5. Panzerarmee kommt zu spät, um noch der Ardennen-Offensive zum Erfolg zu verhelfen.

Die 1. US-Armee (Hodges) bemüht sich, den immer noch gefährlichen Igel der Kampfgruppe Peiper bei La Gleize zu beseitigen. In der Nacht vom 23./24. 12. bricht die Kampfgruppe Peiper befehlsgemäß — unter Zurücklassung der Verwundeten und von Sanitätspersonal und nach Sprengung der Fahrzeuge — nach Osten aus.

Während am 24. 12. 1944 der Ostteil von Vilsalm von den vordersten Teilen der SS-Pz.Gr.-Regimenter 19 und 20 und der SS-Pz.AA 9 erobert wird, die dann an der Salm auf das Aufschließen weiterer Verbände der 9. SS-Panzerdivision warten, erreichen die SS-Flak-Abt. 9 und die Einheiten der Nachr.Abt. und des Nachschubs das Dorf Recht. Recht, ein weitverstreutes belgisches Dorf, umgeben von Hügeln und Waldstücken, wird vielen Soldaten ewig in Erinnerung bleiben. Nach trüben, naßkalten Tagen scheint am Heiligen Abend 1944 über Recht die Sonne, und kaum eine Wolke zeigt sich am blauen Himmel.

Obersturmführer Gropp, Chef der 2./SS-Pz.-Flak-Abt. 9, hat den 24. Dezember 1944 in einer Tonbandaufzeichnung festgehalten. Gropps Batterie ist in einer Schonung bei Recht in Stellung. Schon am Vormittag tummeln sich feindliche Jäger und Jagdbomber über dem Luftraum Recht—St. Vith. Die SS-Pz.-Flak-Abt. schießt wegen Munitionsknappheit nicht. Dann ziehen Wellen feindlicher schwerer Bomber hoch über Recht nach Osten; amerikanische Quellen sprechen von 5000 Bombereinsätzen zur Abdrosselung der deutschen Versorgung. Obersturmführer Gropp stellt Kommandos zusammen, die die zahlreichen in der Nähe stehenden, verlassenen amerikanischen Fahrzeuge und Panzer leertanken; damit schafft sich die Batterie eine „schwarze" Brennstoffreserve. Als dann immer mehr Jäger und Jabos auftauchen, befiehlt Gropp, mit den amerikanischen Beutewaffen die Tiefflieger zu bekämpfen, und von der Abteilung kommen die Feuerbefehle zur Bekämpfung der hochfliegenden Bomberverbände mit den Achtacht-Batterien. Sturmbannführer Bergraths Flak-Batterien verschießen ihre Munition bis auf einen eisernen Bestand von 8 bis 10 Granaten pro Fla-Geschütz. Einzelheiten schildert der Rottenführer Semmler von Gropps Batterie: „Wir schießen noch eine ‚Fortress II' in Brand und müssen dann das Feuer aus Munitionsmangel einstellen. Nachmittags wieder viele Jabos am Himmel. Bei Luftkämpfen wird eine Me 109 und eine FW 190 (deutsche Jagdmaschinen) abgeschossen. Eine ‚Thunderbolt' braust im Tiefflug über die Stellung und birst plötzlich brennend auseinander." Und in der Kompaniechronik der 2./SS-Pz.Nachr.-Abt. 9 lesen wir: „Um die Mittagszeit ist der Himmel strahlend blau. Wir sind in Recht. Der Divisionsstab hat schon die Weihnachts-Marketenderware erhalten, wir haben dies noch vor uns. Irgendwie behagt uns das schöne Wetter nicht, wir können nicht recht glauben, daß uns die feindliche Luftwaffe ungeschoren läßt, aber wir vertrauen auf den Nachrichtendienst des OB West, der uns auch an der Invasionsfront rechtzeitige Bombenwarnungen zukommen ließ. Ein Teil der Funker schläft. Um 14.00 Uhr wird über OB West Alarm gegeben, daß die Ortschaft Recht um 14.30 bombardiert werden soll. Wir jagen noch unsere Funkwarnungen an die Einheiten, Melder hasten von Haus zu Haus, ob noch alle rechtzeitig gewarnt werden können, bleibt dahingestellt. Wir raffen hastig unsere Sachen zusammen, werfen sie in die Funkwagen. Dann fährt die Kolonne aus Recht heraus, in Richtung Poteaux, und zieht auf einem Waldweg unter. Der Wagen der Funkmeisterei wird noch in Recht von den

Bomben erwischt, dabei wird Rottenführer André verwundet, und ein Hiwi findet den Tod."

Über den Bombenangriff schreibt der Rottenführer Semmler in seinem Tagebuch: „Mehrere Gruppen von vier bis sechs ‚Mitchel'-Bombern legen einen Bombenteppich auf Recht. Anschließend fetzen Jabos mit Bordwaffen und Raketen in den Ort. Wir sehen den Absturz einer brennenden ‚Lightning' und einer ‚Fortress II', die mitten im Verband plötzlich auseinanderplatzt. Dann schießt auch noch amerikanische Fernkampfartillerie in den Ort. Gegen 17.00 Uhr wird es ruhig, und nun hören wir, daß die 1. Batterie (Haupsturmführer Seiler) acht Gefallene und zwölf Verwundete hat, auch die 4. Batterie meldet Verluste."

Als der Bombenangriff auf Recht beginnt, befindet sich der Chef der 4./SS-Pz.-Flak-Abt. 9, Obersturmführer Hayler, auf dem Bttr.Gef.-Stand in einem Haus von Recht. Auf dem Weg in seine Batteriestellung wird er durch eine Bombe schwer verwundet und stirbt später im Lazarett. Die Batteriestellung ist in einem Hohlweg nahe des Ortes. Als die erste Welle ihre Bomben ablädt, suchen die Kanoniere Deckung. Dann kommen dies Jabos, und jetzt springen als einzige die Flak-Kanoniere Bechlin und Borbe auf ihre Selbstfahrlafette — in wenigen Sekunden ist die Dreisieben feuerbereit. Sturmmann Bechlin sitzt auf dem K-1-Sitz, Ladeschütze macht der Rottenführer Borbe. Das Geschütz schießt inmitten des Infernos eine „Lightning" ab. Gegen Abend macht sich der Batterieschreiber Böker auf den Weg zur Aufschlagstelle, um den Abschuß ordnungsgemäß schriftlich zu fixieren und — wie es die Vorschrift besagt — Wrackteile als Zeugnis des Abschusses mitzubringen. Die 4./SS-Pz.-Flak-Abt. 9 übernimmt Obersturmführer Wülger.

Die 4. Bttr. des SS-Pz.Art.Rgt. 9 ist am 24. Dezember 1944 auf dem Marsch über Recht—Poteaux nach Petit Thier. Der damalige Chef der Batterie, Obersturmführer Steinbach, schildert den Tag und das Vorziehen der Batterie in einem Brief vom 27. Juni 1973 an den Verfasser so: „Kurz vor der Ardennenoffensive bekam meine Batterie noch eine Anzahl neuer Fahrzeuge, afrikagelb gespritzt, darunter sechs Pkw der Marke DKW, die wir in den ersten Tagen mit Zugmaschinen und Lkw hinter uns hergezogen haben. Mit Granaten waren wir in den ersten Tagen gut versorgt, Benzin war eine Katastrophe. Das ganze Gelände, alle Feld- und Waldwege von Schnee und Eisstücken bedeckt, war ein schlammiges, grundloses Etwas. Motorisierte Kraft war eigentlich nur mit Kettenfahrzeugen richtig nutzbar und die berühmten ‚Geleitzüge'

eine schreckliche Belastung. Ich war voll ausgerüstet mit großen deutschen Zugmaschinen, die an allen Ecken und Enden helfen mußten.
Der Heilige Abend 1944 war ohne Feldpost, ohne Tannenbaum, ohne Licht und für meine jungen Soldaten sehr stimmungsdrückend. Um wenigstens etwas zu retten, beschloß ich etwas Ungeheuerliches — ich griff die Panzersonderausstattung an, und an jeden meiner Männer wurde am Heiligen Abend eine Tafel Schokolade verteilt. Die Sache durfte nicht ruchbar werden, und so bin ich am nächsten Morgen zu meinem Abteilungskommandeur Lux gefahren und habe gemeldet, daß der Wagen mit der Sonderausstattung, darunter Schokolade, beim Bombenangriff auf Recht zerstört wurde. Einen Augenblick war ‚Funkstille', dann hat mich Sturmbannführer Lux verkniffen angesehen und gesagt: ‚Mein lieber Steinbach, daß Sie die Schokolade aufgefressen haben, nehme ich Ihnen nicht übel, aber daß Sie mir keine Tafel abgegeben haben, ist eine Schweinerei!' Das Bombenangriffsmärchen war schwierig zu halten, aber man verstand sich an der Front, und der Fall war erledigt. Dem Unterscharführer Mayer vom Batterie-Trupp wird das Dorf auch ein Leben lang in Erinnerung bleiben, denn als die Bomben kamen, sprang er in den Keller des nächsten Hauses — und rein in ein volles Sirupfaß; Mayer putzt heute noch an seiner Uniform!"
Die Batterie Steinbach quält sich bis zum Abend des 24. 12. bis Petit Thier vor. Alle anderen Batterien der Abteilung verbleiben im Raum Recht, weil sie ihren letzten Treibstoff an die Batterie Steinbach abgeben mußten. Die Selbstfahrlafetten der I./SS-Pz.Art.Rgt. 9 haben indessen schon mit den Panzern Vilsalm erreicht.
Die 4./SS-Pz.Art.Rgt. 9 ist auf dem Vormarsch. Die 3./SS-Pz.AA 9 sammelt am Heiligen Abend in der Mühle von Petit Thier, wird neu eingeteilt und auf Lkw zusammengepfercht in eine Sicherungsstellung gefahren.
Der Salmabschnitt wird von der 7. US-Pz.Div. und der 82. US-LL.-Div. verteidigt. Gegenüber — zwischen Grand Halleux und Vilsalm — schließt die 9. SS-Panzerdivision „Hohenstaufen" mit weiteren Teilen auf. Die einzelnen Bataillone und Kompanien marschieren heran, werden im Pendelverkehr mit eigenen und Beutefahrzeugen vorgezogen; Oberführer Stadler ist gezwungen, die Bataillone vorn einzusetzen, wie sie eintreffen. Der Zeitverlust soll aufgeholt werden. Nächstes Ziel der 9. SS-Panzerdivision — über den Salmabschnitt antretend — ist der Raum Manhay an der Straße Bastogne—Lüttich,

um dort mit der von Süden angesetzten 2. SS-Panzerdivision die Verbindung herzustellen. Doch zunächst gilt es, den Salmabschnitt zu überwinden.
Weiter südlich hat am 23. 12. die 2. SS-Panzerdivision mit der Aufklärungsabteilung die Salm überschritten.
Eine voraussichtlich starke Verteidigung des Salmabschnittes und die erdrückende feindliche Luftüberlegenheit bei Tage veranlassen Oberführer Stadler, den geforderten Angriff über die Salm am 24. 12. erst bei Dunkelheit durchzuführen, weil auch seine Division noch im Aufschließen begriffen ist.
Am Heiligen Abend liegt der Stab des Generalkommandos II. SS-Pz.-Korps in St. Vith; mit dem 25. Dezember 1944, 0.00 Uhr, übernimmt das Generalkommando wieder die 2. und 9. SS-Panzerdivision sowie die Führer-Begleit-Brigade. In Zuführung begriffen ist die 12. SS-Panzerdivision, die mit der Führer-Begleit-Brigade ausgetauscht und südlich der 2. SS-Panzerdivision eingesetzt werden soll. Am Nachmittag machen die Alliierten mit drei Bombenteppichen St. Vith zu einer Geisterstadt. Vorherige Bombenwarnungen über die Funkstellen des OB West halten die Verluste der Deutschen gering. Auch das Generalkommando II. SS-Pz.-Korps hat die Stadt vorher geräumt. Allmählich wird der Abschnitt des I. SS-Pz.-Korps vom LXVII. AK (Hitzfeld) übernommen, das später auch noch die 1. SS-Panzerdivision ablöst. Das Generalkommando I. SS-Pz.-Korps soll im Zuge der Schwerpunktverschiebung bei Bastogne eingesetzt werden.
Die beim vorgeschobenen Gef.-Stand der 9. SS-Pz.Div. in Vilsalm eintreffenden Meldungen sind günstig, die Aufklärungsergebnisse rechtfertigen einen Nachtangriff über die Salm, auch im Zusammenhang mit dem Vorwärtskommen der 2. SS-Panzerdivision an der Straße Bastogne—Lüttich.
In Grand Halleux ist die Front ruhig. Um besser sehen zu können, haben die Amerikaner mehrere Häuser an der Salm mit Phosphorgranaten in Brand geschossen. In Grand Halleux stehen jedoch nur noch schwache Kräfte des SS-Pz.Gr.Rgt. 19 und aufgeschlossene Teile des SS-Pz.Gr.Rgt. 20. Die Masse des SS-Pz.Gr.Rgt. 19 ist inzwischen aus dem Raum Grand Halleux in den Raum Vilsalm verschoben worden und stellte sich für den Nachtangriff bereit.
Ein kurzer heftiger Feuerschlag des SS-Pz.Art.-Regiments 9 eröffnet um 20 Uhr den Angriff auf Vilsalm. Dann stürmen die Kompanien

von Obersturmbannführer Zollhöfers SS-Pz.Gr.Rgt. 19 und Teile des Gr. Rgt. 20 durch die Gärten und an den Häusern im Ostteil von Vilsalm vorbei zum Salmufer. Drüben auf der Uferstraße krepieren die Salven der deutschen Artillerie und springen dann weiter zurück. An der zerstörten Salmbrücke entbrennt ein kurzer heftiger Kampf. Dann sind die ersten Männer des SS-Pz.Gr.Rgt. 19 drüben. Links und rechts gehen Kameraden über schnell geschlagene Notstege oder waten durch die flache Salm und verstärken ihre Kameraden am anderen Ufer. Grell zerplatzen Leuchtkugeln am Himmel und tauchen die Gärten und Häuser des westlichen Stadtteils in gespenstisches Licht. Zunehmend wird der feindliche Widerstand spürbar. Um die Kasernenanlage wird besonders heftig gekämpft, hier befindet sich ein riesiges Nachschublager der Amerikaner. Eingreifende „Sherman"-Panzer werden von Panzerfäusten zur Strecke gebracht. Gegen 01.00 Uhr (25.12.) hat das Rgt. 19 gewonnen, ca. 300 Amerikaner werden gefangengenommen, große Beute an Kraftfahrzeugen, Geschützen, Munition und Kraftstoff wird gemacht.

Vilsalm, die amerikanische Verteidigungsbastion an der Salm, ist gefallen, doch die Kompanien des Rgt. 19 marschieren rastlos weiter. Dem Feind auf den Fersen bleiben, ihm keine Zeit lassen zum erneuten Festsetzen! Die Männer sind zum Umfallen müde, doch das Gefühl des Erfolges, des soeben errungenen Sieges treibt sie weiter. Sie marschieren auf der festen Straße Vilsalm weiter, voraus sind Spähtrupps der SS-Pz. AA 9, die die ankommenden Spitzen einweisen. Weiter. Aus den verstreuten Gehöften werden schlaftrunkene Amerikaner herausgeholt, die unter Bewachung von deutschen Leichtverwundeten zurückbleiben. Kurze Feuerkämpfe. Weiter! Und am Morgen des 25. Dezember stehen die Spitzen von Obersturmbannführer Zollhöfers SS-Pz.Gr.Rgt. 19 in Abrefontaine. Die übermüdeten Kompanien werden vom aufschließenden III./SS-Pz.Gr.Rgt. 20 (SPW-Bataillon) abgelöst und gehen zur wohlverdienten Ruhe über.

Das SS-Pz.Pi.Btl. 9 stellt in Vilsalm den Flußübergang fertig. Am 25. 12. wälzt sich ein langes Kolonnen- und Marschband nach Westen, alle Straßen und Wege zwischen Recht und Lierneux sind übervoll.

Indessen schieben sich die Spitzen der 9. SS-Panzerdivision an Lierneux heran. Das SS-Pz.Gr.Rgt. 20 wird im Pendelverkehr vorgezogen.

In den Abendstunden des 25. 12. dringt der erste Angriff auf Lierneux nicht durch, weil die Angriffskräfte noch zu schwach sind. Vor allem soll die Artillerie erst aufschließen, um den für den nächsten Morgen geplanten neuen Angriff wirksam zu unterstützen. Nach einigen Stunden der Ruhe marschieren dann auch die Kompanien des SS-Pz.Gr.Rgt. 19 weiter, die nach Nordwesten abgedreht werden und rechts neben dem Rgt. 20 Bra und Vilettes angreifen sollen.
Am 25. 12. wird die ganz vorn stehende SS-Pz.AA 9 vorübergehend der 2. SS-Panzerdivision zu deren linken Flankenschutz unterstellt. Die Abteilung nimmt in der Nacht vom 25./26. 12. die Orte Oster und Freyneux in Besitz, dringt aber bis zur beherrschenden Höhe bei la Fosse nicht durch. Der Abt.Gef.-Stand befindet sich in Odeigne.
Aufgrund des veränderten Planes (neuer Schwerpunkt bei der 5. Pz.-Armee) erhält das II. SS-Pz.-Korps den Befehl, aus dem Raum Manhay —Malempré—Lierneux nach Westen anzugreifen, um bei Hotton (in Anlehnung an die vorgeprellte 5. Pz.-Armee) einen Ourthe-Brückenkopf zu gewinnen. Der 9. SS-Panzerdivision fällt dabei der nördliche Flankenschutz und seine fortlaufende Verlängerung zu. Die Amerikaner befürchten jedoch, daß das II. SS-Pz.-Korps entlang der Straße Bastogne—Lüttich auf Lüttich vorstoßen wird. Sie bauen daher im Raum Manhay—Vaux Chavanne eine starke Verteidigung auf.
Entgegen der Vermutung der Amerikaner setzt General der Waffen-SS Bittrich die 2. SS-Panzerdivision zum Angriff nach Westen an, während die 9. SS-Panzerdivision die Linie Vaux Chavanne—Vilettes erreichen soll. Zwischenzeitlich wird aber erkennbar, daß auch um Hotton— dem Angriffsziel der 2. SS-Panzerdivision — starke Feindkräfte zusammengezogen werden. Daraufhin wird der 2. SS-Panzerdivision Durhuy (etwas weiter nördlich) als Ziel gesetzt, um hier einen Brückenkopf über die Ourthe zu erzwingen. Die nächste Flußbarriere ist dann die Maas, die in einer weiteren Angriffsphase erreicht werden soll.
Der 26. Dezember 1944 wird ein kampfreicher Tag. Im Schutze der Dunkelheit ziehen die Angriffsverbände in ihre Sturmausgangsstellungen. Und als es Tag wird, greifen die Verbände des II. SS-Panzerkorps auf breiter Front an.
Obersturmführer Steinbach, Chef der 4. Batterie des SS-Pz.Art.Rgt. 9, schildert den Angriff auf Lierneux in einem Bericht: „In der Nacht erhalte ich den Befehl, mit einer Batterie vorzuziehen, um den Angriff auf Lierneux zu unterstützen. Da die Straßen verstopft sind, versuchen

wir auf eigene Faust über Feld- und Waldwege an Lierneux heranzukommen und eine geeignete Feuerstellung zu beziehen. Dabei verfranzen wir uns, und meine Batterie steht am Morgen des 26. 12. ganz allein südlich von Lierneux. Wir bekommen Verbindung mit eigenen Panzergrenadieren, die Lierneux angreifen, fahren sofort offen auf und beteiligen uns am Kampf um Lierneux. Die Amerikaner räumen sehr schnell und fluchtartig Lierneux. Meine Batterie zieht nach. Ein erbeuteter amerikanischer Panzerspähwagen wird fortan mein Cheffahrzeug, und auch einige Jeeps und Lastwagen bereichern unseren Fahrzeugbestand."

In den Morgenstunden des 26. 12. wird Lierneux vom SS-Pz.Gr.Rgt. 20 mit Unterstützung der I./SS-Pz.Art.Rgt. 9 (Sfl) genommen. Dann geht der Vormarsch des Regiments 20 in Richtung Nordwesten weiter. Im Laufe des Tages werden die Dörfer Baneux und Jevigne gegen schwächeren Widerstand genommen, vor Vaux Chavonne kommt der Angriff zum Stehen.

Indessen erreicht das SS-Pz.Gr.Rgt. 19 die Linie Bra—Vilettes. Nach kurzem, heftigem Kampf nehmen Teile des Regiments 19 das Dorf Vilettes. Weit schwerer wird der Angriff auf Bra. Hierüber berichtet der Oberjunker Johannsen von der 6./SS-Pz.Gr.Rgt. 19:

„Unser II. Bataillon hat sich von Südosten her an Bra herangearbeitet. Der kleine Ort Bra ist von mehreren, hauptsächlich bewaldeten Höhen umgeben. Wir haben im Wald Stellung bezogen, und ich erhalte den Befehl, mit einem Spähtrupp die Sturmausgangsstellung zu erkunden. Nach Durchführung der Erkundung und Ergebnismeldung an den Bataillonskommandeur Hauptsturmführer Altrogge soll ich noch einmal mit einem Spähtrupp vorgehen.

Beim zweiten Spähtrupp (Gruppenstärke) stoßen wir plötzlich auf Amerikaner, die wir im dichten Wald- und Farngelände übersehen haben, aber wir haben bereits genug gesehen und ziehen uns ohne Verluste zurück. Ich melde dem Bataillon das Aufklärungsergebnis: Von unserem Bereitstellungsraum im Walde haben wir eine nackte Höhe vor uns, die bis dicht an Bra heranreicht. Auf dieser Höhe schanzen die Amerikaner fieberhaft. Einige eingegrabene Panzer sind zu erkennen. Aus der feindlichen Schanztätigkeit ist zu erkennen, daß die Amerikaner unseren Angriff erwarten und sich auf eine verstärkte Verteidigung einrichten. Es besteht die Möglichkeit, über bewaldete Höhen von links

und rechts an Bra heranzukommen, doch hat man hier keinen Überblick über die feindliche Abwehr.
Aufgrund dieser Lage entschließt sich der Bataillonskommandeur, den vom Regiment geforderten Frontalangriff in einen Zangenangriff über die bewaldeten Höhen umzuändern und beim Regiment durchzusetzen. Zunächst wird die Angriffszeit verschoben.
Indessen erzielt ein amerikanischer Stoßtrupp am linken Flügel des II./SS-Pz.Gr.Rgt. 19 einen Einbruch und nimmt mehrere Männer des II. Bataillons gefangen. Danach macht sich das Btl. zum Angriff bereit, denn Zeitdruck — es ist bereits Spätnachmittag — läßt keine Verzögerung zu, wenn das Dorf bis zum Einbruch der Dunkelheit in Besitz genommen werden soll.
Nach einem kurzen Feuerschlag der Artillerie (II./SS-Pz.Art.Rgt. 9) greift das II./SS-Pz.Gr.Rgt. 19 das kleine Ardennendorf Bra an. Gleich beim Heraustreten aus dem Wald ist ein Jabo da und beharkt uns mit Bordwaffen. Die ersten Verluste treten ein. Vor Bra werden die Angriffskompanien durch rasendes Abwehrfeuer auf der nackten Höhe niedergezwungen. Nach der Feuerfolge zu urteilen, beschießen uns die Amerikaner mit deutschen MG 42, die sie vielleicht in der Normandie erbeutet haben; jeder fünfte Schuß ist scheinbar Leuchtspurmunition.
Ein Flankenstoß durchbricht die feindliche Linie und dringt bis in die ersten Häuser von Bra durch. Sofort einsetzende Gegenangriffe der Amerikaner zwingen zur Aufgabe des bereits genommenen Ortsteils. Bis zum Einbruch der Dunkelheit wird heftig gekämpft, dann geht das II./SS-Pz.Gr.Rgt. 19 auf die Ausgangsstellung am Waldrand ostwärts von Bra zurück."
Links vom Regiment 19 greift das SS-Pz.Gr.Rgt. 20 mit Unterstützung von Teilen des SS-Pz.Rgt. 9 an. Auch hier ist die amerikanische Abwehr unüberwindlich. Der Kampf um Vaux Chavanne trägt die gleichen Züge wie der Kampf um Bra. Das SS-Panzergrenadierregiment 20 geht südostwärts von Vaux Chavanne zur Verteidigung über.

Am 22. 12. greift die 2. SS-Panzerdivision von Grandmenil auf Erezée an. Der Angriff kommt auf halbem Wege zum Stehen. Die hier stehende 75. US-Inf.Div. wurde durch starke Teile der 3. US-Pz.Div. verstärkt, die nach Ausräumung des Peiper-Igels bei La Gleize frei geworden sind. Es kommt zu heftigen Panzerduellen, die feindliche Luftwaffe tritt verstärkt auf. Am Nachmittag zwingt dann der Druck der Amerikaner die

2. SS-Panzerdivision zur Aufgabe von Grandmenil und Manhay. Die Division geht in der Linie Freyneux—Oster—Höhe 455 (südlich Manhay) zur Verteidigung über. Im Rahmen der 2. SS-Panzerdivision steht die unterstellte SS-Pz.AA 9 zunächst im Flankenschutz, dann in der Verteidigung bei Oster. Der Angriff in Richtung Ourthe auf Durbuy soll nunmehr mit Verstärkung der herankommenden 12. SS-Panzerdivision — die links neben der 2. SS-Panzerdivision eingesetzt werden soll — weitergeführt werden.
Als am 27. Dezember der Angriff des II. SS-Panzerkorps weitergehen soll, treffen alarmierende Meldungen auf dem Korpsgefechtsstand in Salmchâteau ein. General der Waffen-SS Bittrich und sein Generalstabschef, Standartenführer Keller, müssen umdisponieren und die Angriffsverbände zunächst auf die Verteidigung einstellen. Bei Bra und Vilettes, bei Vaux Chavanne, Manhay und Oster trommelt amerikanische Artillerie auf die deutschen Linien. Der vom SS-Pz.Gr.Rgt. 19 verteidigte Ort Vilettes geht trotz verstärktem Eingreifen der II./SS-Pz.Art.Rgt. 9 mit dichtem Sperrfeuer verloren. Ein erneuter Angriff des SS-Pz.Gr. Rgt. 20 auf Vaux Chavanne wird schon in den Anfängen niedergetrommelt, und das Regiment sieht sich bald in die Verteidigung gedrängt. An den Kämpfen sind Panzer und Sturmgeschütze des SS-Pz.Rgt. 9 beteiligt. Die harten Angriffs- und Abwehrkämpfe halten den ganzen Tag über an. Die Kompanien schmelzen zusammen und haben nur noch Stärken von 40 bis 50 Mann. Bei einem Jaboangriff fällt der Kommandeur der II./SS-Pz.Rgt. 9, Sturmbannführer Hilgenstock.
Über den 27. Dezember schreibt der Rottenführer Semmler von der 2./ SS-Flak-Abt. 9 in seinem Tagebuch: „04.00 Uhr morgens Abmarsch von Vilsalm. Starkes feindliches Störungsfeuer liegt auf den Straßenknotenpunkten, überall schlagen schwere Brocken ein. Im Morgengrauen Lierneux erreicht und Stellung bezogen. Der blaue Himmel wimmelt von Jabos, die uns laufend mit Bomben und Bordwaffen angreifen. Wir graben unsere Geschütze ein und bauen Stellungen. Vor uns in der Hauptkampflinie heftige Artillerieduelle."
Wie immer, ist auch bei den Kämpfen am 27. 12. die Artillerie die starke Stütze der Infanterie. Der Kommandeur des SS-Pz.Art.Rgt. 9, Obersturmbannführer Ludwig Spindler, ist schon am frühen Morgen unterwegs, um an den Brennpunkten des Artilleriekampfes persönlich einzugreifen. Am Nachmittag des 27. Dezember fährt er zur schweren Abteilung, die von Hauptsturmführer Vogel geführt wird. Die III. Ab-

teilung soll mit ihren weitreichenden Geschützen die feindliche Artilleriestellungen bekämpfen. Hierüber berichtet Unterscharführer Horlebein, Artillerievermessungstruppführer der III./SS-Pz.Art.Rgt. 9:

„Am Nachmittag ist Obersturmbannführer Spindler auf unserem Gefechtsstand in Gernechamps bei Lierneux. Ich bin gerade am Plantisch beschäftigt, er kommt zu mir und beugt sich in seiner väterlichen Art über meine Planunterlagen und stellt Fragen, die ich ihm nach bestem Wissen beantworte. Die Munitionslage macht uns besonders zu schaffen. Beim Fortgehen sagt der Regimentskommandeur: ‚Horlebein, ich fahre jetzt noch einmal zu den anderen Abteilungen, um noch etwas Munition für euch frei zu machen!'

Die I. Abt. hat nämlich eine 15-cm-Batterie auf Selbstfahrlafette, und für unsere Kanonenbatterie können wir die LFH-Granaten verwenden. Unsere III. Abt. hat derzeit drei 15-cm-Batterien mot. Zug (Reichweite 18 800 m) und eine 10,5-cm-Kanonenbatterie (Reichweite 22 000 m) zu je vier Geschützen.

Auf der Fahrt von uns zur I. Abteilung wird der Wagen von Jagdbombern angegriffen und dabei fällt Obersturmbannführer Spindler. Es ist für uns ein schwerer Schlag, denn Spindler war äußerst beliebt. Bei Einbruch der Dunkelheit bringt ein Fahrzeug der Flak-Abteilung den toten Regimentskommandeur zu uns, der in einem Schuppen neben dem Gefechtsstand auf einer Trage noch mehrere Tage aufgebahrt liegt. Spindler hat viele Löcher in der Brust, von Bombensplittern oder einer Rakete. Nach Tagen holt ein Kommando des SS-Pz.Art.Rgt. 9 den toten Kommandeur ab und überführt ihn nach Altenkirchen im Westerwald, wo er vom Ers.Btl. der ‚Hohenstaufen' begraben wird.

Den Todestag dieses großen Regimentskommandeurs und Einheitsführers, den ich vor Tarnopol am Scherenfernrohr — damals war er noch unser Abt.Kdr. — kennengelernt habe, behalte ich so genau in Erinnerung, weil ich am Abend desselben Tages bei einem Jaboangriff durch Splitter im Oberschenkel verwundet worden bin. Das SS-Pz.Art.Rgt. 9 übernimmt Sturmbannführer Jakob."

Am 27. 12. löst das LXVI. AK (Lucht) letzte Teile der 1. SS-Panzerdivision südwestlich von Trois Ponts ab. Das LXVI. AK wird nach dem Freiwerden bei St. Vith zwischen dem LXVIII. AK (Hitzfeld) und dem II. SS-Pz.-Korps eingeschoben und verteidigt die Linie südlich Malmedy —Trois Ponts und hat bei Vilettes Anschluß an die 9. SS-Panzerdivision.

Am 28. und 29. Dezember 1944 greift das II. SS-Pz.-Korps — nunmehr mit Schwerpunkt links — mit der 560. VGD und der 12. und 2. SS-Panzerdivision an, um die Linie Wy—Erezée zu gewinnen. Die Angriffe bleiben nach Anfangserfolgen liegen. Das Korps geht in der Linie Bra—Grandmenil—Wy zur Verteidigung über.
Am 28. und 29. Dezember fordert der OB West, Generalfeldmarschall von Rundstedt, von Hitler, den Angriff einzustellen und zunächst die Lage bei Bastgone zu bereinigen. Bastogne ist eingeschlossen, wird aber von den Amerikanern gehalten, und immer stärker einsetzende Gegenangriffe der Amerikaner von Süden her zielen darauf ab, Bastogne zu entsetzen. Rundstedt fordert auch den Einsatz der 10. SS-Panzerdivision „Frundsberg" aus der Reserve des OKW, was Hitler ablehnt, da er sie für eine Offensive im Oberelsaß vorgesehen hat.
Ab 30. Dezember 1944 läuft die Verschiebung des Schwerpunktes auf Bastogne an, von der auch die 9. SS-Panzerdivision „Hohenstaufen" betroffen wird.
In der Nacht vom 30./31. 12. 1944 wird die SS-Pz.AA 9 bei la Fosse und Oster von Teilen der 560. VGD abgelöst, scheidet aus der Unterstellung bei der 2. SS-Panzerdivision aus und tritt zur 9. SS-Panzerdivision zurück. In der Nacht vom 31. 12. 1944 zum 1. 1. 1945 wird das SS-Pz.Gr.Rgt. 19 von der 12. Inf.Div. bei Vilettes und Bra abgelöst, und eine Nacht später beginnt auch die Ablösung des SS-Pz.Gr.Rgt. 20 bei Malempré.
Am 31. Dezember 1944 erhält der Gefechtsschreiber der 4. Bttr. der SS-Flak-Abt. 9, Böker, auf dem Abt.Gef.-Stand in Lierneux den neuen, detaillierten Einsatzbefehl für seine Batterie: Die Batterie hat unverzüglich in den Raum Houffalize zu verlegen und dort mit den anderen Batterien der Abteilung die Luftsicherung für den Aufmarsch der 9. SS-Panzerdivision zum Angriff auf Bastgone zu übernehmen.
Houffalize ist das Nadelöhr auf der Straße nach Bastogne. Das kleine Ardennenstädtchen ist von kahlen und bewaldeten Bergen umgeben, durch deren Täler sich ein Nebenfluß der Ourthe hinschlängelt, was eine Umgehung des Städtchens unmöglich macht. Über Houffalize und die gewundenen Serpentinen der Straße Lüttich—Bastogne müssen alle Einheiten, die Bastogne angreifen sollen, und hierauf legt bereits die feindliche Fernkampfartillerie und Luftwaffe ihr Augenmerk.
Auf Houffalize gehen mehrere allierte Bombenangriffe nieder. Ständig fliegen Jabos den Luftraum ab. Über einen Bombenangriff auf Houf-

falize berichtet die Chronik der 2./SS-Pz.Nachr.Abt. 9:
„Am hellen Tag macht die Funkführungsstaffel der Division Gefechtsstandwechsel. Unsere Kolonne fährt durch die Ardennen nach Houffalize. Kein Jabo läßt sich sehen, doch als wir den Ortseingang von Houffalize erreicht haben, sind feindliche Bomber über uns. Die Kolonne hält, die Fahrzeuge fahren in Deckung, und Fahrer und Funker suchen im Straßengraben und hinter Häusermauern Schutz. Dann bebt die Erde unter dem Bombenhagel.
Die Fu.Fü.-Staffel hat Glück, alle Fahrzeuge bleiben fahrbereit. Rottenführer Eckl lief direkt in den Bombenhagel hinein, er wird nicht gefunden und muß von den Bomben zerfetzt worden sein."
Am 30. Dezember 1944 beginnt von Süden der Angriff der 3. US-Armee zum Entsatz von Bastogne. Beiderseits der Straße Arlon—Bastogne wird ein Keil vorgetrieben. An diesem Tage beginnt auch die deutsche Umgruppierung zum Angriff auf Bastogne, aber sie kommt zu spät.
Bastogne ist seit Tagen von deutschen Truppen eingeschlossen. In der Stadt lagern riesige Mengen amerikanischen Nachschubs: Benzin, Verpflegung, Waffen, Munition. Die Erorberung Bastognes könnte die deutsche Nachschubmisere beheben. Die eingeschlossenen Amerikaner, inzwischen durch die 101. Luftlandedivision verstärkt, halten unter Einsatz des letzten Mannes, von Troß- und Nachschubmännern und Leichtverwundeten, die Stadt Bastogne. Bastogne geht in die amerikanische Kriegsgeschichte als leuchtendes Beispiel ein; Einheiten, Schiffe und Waffen tragen später den Namen Bastogne.
Die Versorgungslage der deutschen Truppen hat sich inzwischen zur Katastrophe ausgeweitet. Die feindliche Luftwaffe bringt den Eisenbahn- und Straßenverkehr vollkommen zum Erliegen. Zahlreiche Transportzüge müssen in Tunnels abgestellt werden und bilden Hemmnisse, die nicht mehr zu entwirren sind. Nur wenig Nachschub erreicht den ausgewiesenen Empfänger.
Auch Hitler erkennt, daß die Ardennen-Offensive nicht zum besten steht. Um die deutsche Front bei Bastogne zu entlasten, befiehlt er, den Angriff im Elsaß zu beginnen, um damit den begonnenen Angriff der 3. US-Armee auf Bastogne abzuwürgen und General Patton zur Verschiebung von Kräften seiner Armee an die Elsaßfront zu zwingen. Zur Ausschaltung der alliierten Luftwaffe sollen am Neujahrsmorgen alle verfügbaren deutschen Fliegerkräfte zu überraschenden Angriffen auf die feindlichen Verkehrswege und Luftwaffenbasen eingesetzt werden. Das Unterneh-

men „Nordwind", der Angriff der 1. deutschen Armee im Oberelsaß, beginnt in der Silvesternacht 1945 und bleibt nach Anfangserfolgen liegen. Über den Neujahrsangriff der deutschen Luftwaffe — „Unternehmen Bodenplatte" — schreibt Elstob*: „1100 FW 190 und Me 109 sind in drei Guppen und gegen (alliierte) Flugplätze dirigiert worden, auf denen Bomben- und Jagdflugzeuge in dichten Reihen standen. Man hoffte auf deutscher Seite, daß die Piloten und das Bodenpersonal der attackierten alliierten Einheiten am Morgen nach der Silvesternacht nicht besonders wachsam sein würden. Da sich die deutsche Luftwaffe zuletzt kaum gezeigt hatte, war dem Angriff — von der überrumpelten alliierten Luftwaffe mit bitterem Spott ‚Kater-Raid' getauft — in der Tat ein voller Überraschungserfolg beschieden."

Am 2. Januar 1945 hat die 3. US-Armee einen schmalen Korridor auf Bastogne vorgetrieben. Beiderseits des Schlauches toben heftige Kämpfe. Den anlaufenden deutschen Angriff auf Bastogne führt das Generalkommando I. SS-Panzerkorps.
Am 3. Januar greift die 9. SS-Panzerdivision mit ihrem vordersten Regiment in den Kampf ein. Das SS-Pz.Gr.Rgt. 19 scheitert an der Höhe 497 und an Longchamps-Monaville. Teile des aufschließenden SS-Pz.Gr.Rgt. 20 greifen in den Kampf ein; der Chef der 16. Kompanie, Hauptsturmführer Klauk, fällt. Die feindliche Luftwaffe und Artillerie würgen den Angriff ab. Feldmarschall Model greift persönlich ein und fordert die Wiederaufnahme des Angriffs. Obersturmführer Steinbach wird Zeuge einer Auseinandersetzung zwischen Model und dem Kommandeur der 9. SS-Panzerdivision, der den weiteren Angriff bei Tage ablehnt, um nicht seine Männer, Waffen und gepanzerte Fahrzeuge sinnlos zusammenschießen zu lassen. Es wird beschlossen, Longchamps-Monaville im Nachtangriff zu erobern.
In der Nacht vom 3./4. Januar 1945 erobert das SS-Pz.Gr.Rgt. 19, verstärkt durch Teile des SS-Pz.Gr.Rgt. 20, Longchamp-Monaville und trifft am Vormittag auf das angreifende III. US-Korps. Der Angriff der 9. SS-Panzerdivision, von Teilen der 12. SS-Panzerdivision und der 340. Volks-Gr.-Division, bleibt westlich von Bastogne endgültig liegen. In den folgenden Tagen wird die erreichte Linie verteidigt.

* a.a.O., Seite 360

Am 3. Januar 1945 meldet der Wehrmachtbericht:
„Die Schlacht im Großraum Bastogne dauert unter schweren, hin- und herwogenden Kämpfen an. Der hartnäckige Versuch der Amerikaner, mit etwa vier Panzer- und vier Inf.-Divisionen die deutsche Front westlich Bastogne einzudrücken und unseren Stellungsbogen östlich und südöstlich der Stadt von drei Seiten zu umfassen, brachte dem Feind bei nur geringem Geländegewinn einen neuerlichen Verlust von über 100 Panzern ... In der Winterschlacht hat der Gegner nach den vorliegenden Meldungen insgesamt über 400 Geschütze, 1230 Panzer und Panzerfahrzeuge und über 24 000 Gefangene eingebüßt. Seine blutigen Verluste übersteigen bereits 50 000 Mann."
Am 4. Januar 1945 meldet der Wehrmachtbericht u. a.:
„In Belgien ist der Feind zwischen Stavelot und Marche gestern von Norden her zu dem erwarteten Großangriff angetreten, um seinen bei Bastogne schwer ringenden Verbänden Entlastung zu bringen. Dort warfen unsere Divisionen den Gegner in die Verteidigung und fügten ihm hohe Verluste zu ..."
Am 3. Januar 1945 tritt im Norden auch die 1. US-Armee (Hodges) zum Gegenangriff an. Ziel der 1. und 3. US-Armee ist Houffalize. Mit der Vereinigung beider Armeen im Raum Houffalizie sollen alle deutschen Kräfte, die westlich der Straße Lüttich—Bastogne stehen, abgeschnitten und vernichtet werden.
Am Morgen des 3. Januar 1945 werden die letzten Teile des SS-Pz.Gr. Rgt. 20 bei Malempré von der 12. Inf.Div. abgelöst, aber bereits gegen Mittag bekommt die Division den Druck der angreifenden 1. US-Armee zu spüren. Malempré geht verloren. Die gerade nach Bastogne fahrende SS-Pz.AA 9 wird bei Fraiture angehalten, dreht um und kommt der 12. Inf.Div. zu Hilfe. Gleichzeitig treffen auch Panzer der 2. SS-Panzerdivision auf dem Gefechtsfeld ein. Das Vorgehen der Amerikaner wird gestoppt, die 3. US-Pz.Div. verliert einige Panzer.
Im Raum Bastogne toben schwere Kämpfe. Die Panzergrenadiere der SS-Pz.Gr.-Regimenter 19 und 20 werden von der Artillerie und den Panzern der „Hohenstaufen" wirksam unterstützt. Das SS-Pz.Rgt. 9 tritt mit ca. 30 Panzern und Sturmgeschützen in die Kämpfe bei Longchamps-Manoville ein und erleidet durch Kampfeinwirkungen und Materialschäden weitere Einbußen; hierzu trägt das einsetzende strenge Winterwetter mit Frost und Schneestürmen erheblich bei. Die Einsätze sind sehr hart. Sperrfeuer aller Waffen und die Luftwaffe be-

hindern jede Bewegung. Durch straffste Führung und tadellose Disziplin der Panzerbesatzungen meistert das Regiment aber auch in dieser schwierigen Lage seinen Auftrag erfolgreich. Die von Obersturmführer Klein geführte Werkstattkompanie des SS-Pz.Rgt. 9 arbeitet Tag und Nacht an der Instandsetzung ausgefallener Panzer. Jeder Panzer wird zum Einsatz gebraucht. Die WK, die normalerweise immer über ca. 180 Tonnen Ersatzteile mitgeführt hat — u. a. einen kompletten Panzerturm mit Kanone —, muß hier im Raum Houffalize diese Ersatzteile entbehren, da sie nicht nachkommen, und behelfsmäßig die Reparaturen durchführen.

Bei einem „Panther" steckt die Granate im Rohr, die Treibladung ging nach hinten los, riß den Verschluß heraus und tötete die Besatzung. Was tun? Laut Vorschrift muß das KwK-Rohr ausgebaut und zum Zeugamt nach Berlin-Spandau geschickt werden, und das dauert lange. Klein und seine Männer in den blauen Monteuranzügen finden eine andere Lösung. Vorsichtig wird das Rohr heruntergekurbelt und zwischen der steckengebliebenen Granate und dem neu eingebauten Verschluß mit Putzwolle und einer halben Treibladung gefüllt. Mit einer Zündschnur wird die Ladung gezündet, die die Granate heraustreibt. Der „Panther" ist wieder einsatzbereit.

Am 5. Januar 1945 schreibt Hauptsturmführer Appel einen Brief* an seinen früheren Kommandeur, den Obersturmbannführer Skorzeny, in dem es u. a. heißt:

„Eine Stunde Ruhe während einer Verlegung benutze ich, Ihnen eine kurze Lagemeldung zu erstatten. Seit drei Tagen bin ich Btl.Kdr. des I./SS-Pz.Gr.Rgt. 20 der ‚Hohenstaufen'. Leider unter unerfreulichen augenblicklichen Verhältnissen. Wir liegen vor B. [Bastogne] mit dem Auftrag: Verteidigung der Südflanke des von der Eifel ausgehenden Einbruchskeils. Durch widrige Umstände — mangelhafte Ausbildung der Männer und sehr mangelhafte Versorgung, insbesondere auch Bekleidung und Schuhe — habe ich sehr hohe Ausfälle; hauptsächlich durch Artillerie und, sobald das Wetter aufklart, durch Jabos. Gestern bekam ich 200 Mann Ersatz, leider fast alles ältere Männer aus der Ukraine, von denen ein Teil weder deutsch spricht, noch versteht . . . Es fehlt an allem, hier muß sich gerade der Mann bewähren. Was es bedeutet, ohne eigene schwere Waffen angreifen zu müssen, weil man-

* Quelle: Bundesarchiv Freiburg, Sammelordner 9. SS-Pz.Div.

gels Zugmittel Pak, IG und Artillerie nicht nachgezogen werden können, oder auf gefrorenem Boden festzuliegen, als Zielscheibe des Gegners und der Jabos, das habe ich gerade in diesen Tagen erfahren ... Die Kompanien hatten zum Teil noch Kampfstärken von 10 bis 15 Gewehren und sind nun auf durchschnittlich 40 bis 50 Mann gebracht worden ..."
Während die deutsche Front vom 5. bis 7. Januar 1945 bei Bastogne unter wechselvollen Kämpfen gehalten wird, werden das II. SS-Panzerkorps und das LXVI. Armeekorps langsam nach Südosten zurückgedrückt. Die Einkesselung der noch weit im Westen stehenden deutschen Kräfte der 5. Panzerarmee zeichnet sich ab. Alle entbehrlichen Trosse und schweren Einheiten werden zurückgeschickt, auch die im Raum Houffalize stehende SS-Pz.-Flak-Abt. 9, die ohnehin an Munitionsmangel leidet. Das Tagebuch des Rottenführers Semmler von der 2. Batterie vermittelt uns ein Bild der Lage:

„3. 1. 1945: Feuerbereitschaft für uns praktisch sinnlos, da Munitionsmangel. Wetter glücklicherweise diesig.
5. 1. 1945: Mittags kommt Befehl zum Stellungswechsel. Alles abgebaut. Da klart das Wetter plötzlich auf. Gegenbefehl, Batterie stellt Feuerbereitschaft wieder her. Eine Stunde später ist die Hölle los! Wo man hinsieht, Jabos, die auf alles schießen, was sich bewegt. Wir schießen auf einige Kampfverbände. Nachts ein Bombenteppich neben der Stellung heruntergekommen, ohne Schaden bei uns anzurichten.
6. 1. 1945: Um 05.00 Uhr Stellung abgebaut, Marschbereitschaft hergestellt, es geht zurück. Die Straßen sind vollkommen verstopft. Zum Glück herrscht starker Nebel. Endlich geht es fließender vorwärts, und wir fahren bis Luxemburg durch (vermutlich Raum Wemperhardt—Weiswampach). Dort in Stellung gegangen. Kaum ist alles fertig, kommt Gegenbefehl. Wir sollen wieder in die alte Stellung zurückfahren, aber es geht nicht, unsere Fahrzeuge haben keinen Treibstoff mehr."

Am 7. 1. 1945 befiehlt Hitler den Rückzug bis in die Linie Dochamps (10 km nordostwärts La Roche)—Longchamps (5 km nordwestlich Bastogne). Damit ist die Ardennen-Offensive endgültig abgeschrieben, wird der allgemeine Rückzug auf die Ausgangsstellungen eingeleitet. Am 9. 1. wird auch die Offensive der 1. Armee im Oberelsaß als gescheitert beurteilt.
Im Zuge des Rückzuges aus den Ardennen soll zunächst das I. SS-Panzerkorps herausgelöst und aufgefrischt werden. Bereits am 5. Januar

beginnt die Ablösung der Kampfgruppe (anders sind die Divisionen nicht mehr zu bezeichnen) 1. SS-Panzerdivision und erster Teile der 9. SS-Panzerdivision bei Bastogne durch die 26. Inf.Div. und die 340. Volks-Gr.-Division. Am 6. 1. beginnt die Ablösung der 12. SS-Panzerdivision. Beiderseits Bastogne verstärkt sich der Druck der 3. US-Armee.

Auch im Norden wird es kritisch. Am 8. 1. zerreißt die 1. US-Armee die deutsche Front bei Baraque de Fraiture. Die SS-Pz.AA 9 wird zur Schließung einer Lücke auf den Höhen westlich von Ottré eingesetzt.
Am Abend des 9. 1. 1945 beginnt die Absetzbewegung aus dem Frontvorsprung nordwestlich von Bastogne. Im Norden erreicht die 1. US-Armee Vilsalm und dringt auf Salmchâteau vor. Das SS-Pz.Gr.Rgt. 20 wird schleunigst herangeführt und zur Sperrung des Salmtales beiderseits Provedreux eingesetzt. Die Bataillone und Kampfgruppen müssen nun überall an kritischen Frontstellen die Funktion einer „Feuerwehr" übernehmen. Der Gefechtsstand der 9. SS-Panzerdivision verlegt nach Beho.
Am 10. Januar 1945 greifen die Amerikaner im Salmtal an. Das beiderseits Provedreux stehende SS-Pz.Gr.Rgt. 20 schlägt mit Unterstützung der II./SS-Pz.Art.Rgt. 9 den Angriff ab. Das Rgt. 20 hält auch weiteren Feindangriffen stand. Hier gibt es für die Amerikaner kein Durchkommen.
Weiter westlich steht die SS-Pz.AA 9 auf den Höhen bei Ottré mit umgebogenem linken Flügel bis auf die Höhen bei Langlir. Den Verlauf des 10. Januar 1945 schildert der Unterscharführer Hax, Gruppenführer der 3./SS-Pz.AA 9, so:
„Die Amerikaner haben es auf die Bergkuppe zwischen Ottré und Langlir abgesehen. Am Scheitelpunkt liegt Unterscharführer Meitinger mit seiner Gruppe. Am Hohlweg steht eine Achtacht und weiter hinten, hinter einem Bauerngehöft, haben zwei ‚Panther' eine Lauerstellung bezogen.
Die Amerikaner greifen mit Panzerunterstützung an. Unsere Waffen sprechen. Dreimal rennen sie an, dreimal werden sie ins Tal zurückgeschickt, bis sie endlich erkennen, daß sie hier nicht durchkommen. Drei feindliche Panzer brennen.
Inzwischen bin ich mit meiner verstärkten Gruppe rechts der Straße beim Bauerngehöft in Stellung gegangen. Dann beginnt die feindliche Artillerie zu trommeln und übersät die Schneelandschaft mit schwarzen

Kratern. Den ganzen Tag über hält das starke Artilleriefeuer an. Meine Gruppe kommt wie ein Wunder ohne Ausfälle davon. Ein Panzerabschuß geht auf das Konto meiner Gruppe; Meciak hat ihn im Morgendunst mit der Panzerfaust abgeschossen.
Gegen 20.00 Uhr werde ich zum Kp.Gef.-Stand befohlen, in Langlir, Haus Nummer 65. Der Ort ist vollkommen zerschossen, das Leben spielt sich in den Kellern ab. Ich werde in die neue Lage eingewiesen, die Abteilung soll sich in der Nacht einige hundert Meter bis zum Ronce-Bach absetzen. Der Bach entspringt südlich Baraque de Fraiture und mündet bei Provedreux in die Salm. Das ist also die neue Verteidigungslinie, die den Druck der 1. US-Armee von Norden standhalten soll. In der neuen Stellung soll ich mit dem schweren Zug Verbindung aufnehmen. Ich mache eine Skizze, und als lebhaftes Schützenfeuer zu hören ist, meint der Kompanieführer in Anspielung auf das begonnene Absetzen: ‚Na ja, sie machen Marscherleichterung.'
Ich ziehe mit zwei Begleitern die Dorfstraße entlang. Fahl scheint der Mond, und es herrscht nun eine unheimliche Stille. An der Straßenbiegung liegt ein Mann und lallt mit kaum vernehmbarer Stimme: ‚Amis!'. Ich glaube, daß es ein eigener Verwundeter ist, der noch nicht geborgen werden konnte, aber im gleichen Augenblick erkenne ich auf der anderen Straßenseite im Mondschatten eines Hauses eine Gruppe Soldaten und glaube, daß es der schwere Zug ist. Ich mache ein paar Schritte auf sie zu und rufe sie an. Von drüben erschallt der Ruf: ‚Hands up!', und ich laufe blitzschnell davon. Schüsse zerreißen die Stille, und ich fühle, daß ich getroffen bin. In einem Keller breche ich erschöpft zusammen. Entgegen aller Erfahrung haben die Amerikaner einen Nachtangriff unternommen, bei dem sie unglücklicherweise in unsere Absetzbewegung hineingestoßen sind.
Mein linker Oberarm ist zerschossen, ein Knochensplitter ragt aus der Wunde. Ebenso sieht der linke Oberschenkel aus. Ich kann nicht mehr laufen. Ein Sanitäter — ich glaube von der Div.-Begleitkompanie — harrt bei den Verwundeten aus. Neben mir liegt einer mit einem Bauchschuß. Es heißt, unsere machen einen Gegenstoß und ein eigener Panzer soll uns Verwundete zurückbringen.
Wir warten und warten, nichts geschieht. Irgendwo hört man draußen Schießen und ganz in der Nähe das Klicken von Metall, wenn Magazine eingeschoben werden. Dann schieben sich Gestalten in den Raum hinein, und im verglimmenden Kerzenstummel erkennen wir Amerikaner. Hei-

mat ade! Aus ist es damit, in einem Heimatlazarett zu liegen und schon bald lieben Besuch zu bekommen. Ich bin POW, und ein weiter Weg führt durch Lazarette und Camps."

Am 12. Januar 1945 beginnt die sowjetische Großoffensive gegen das Großdeutsche Reich aus dem Baranow-Brückenkopf an der Weichsel, Tage früher als vorgesehen. Endlich ist Stalin bereit, dem Hilfeersuchen der Briten und Amerikaner stattzugeben und, um ihnen in den Ardennen Entlastung zu geben, auch im Osten loszuschlagen. Nach dem Kriege wird aus zahlreicher Kriegsliteratur bekannt, daß Stalin absichtlich so lange gezögert hat, um die Briten und Amerikaner zu schwächen und damit der Roten Armee selbst bessere Positionen zu verschaffen.

Nach kurzem Einsatz von Teilen des SS-Pz.Gr.Rgt. 19 bei Oberwampach steht das Regiment ab 15. Januar mit seinem Nordflügel bei Sterpigny im Kampf und weist von Westen vorgetragene feindliche Infanterieangriffe mit Panzerunterstützung ab. Im Gegenstoß werden Einbrüche bereinigt. Das Art.Rgt. und die nur noch in kleinen Gruppen eingesetzten Panzer der „Hohenstaufen" geben den Panzergrenadieren Rückhalt.

Am 16. Januar entbrennt der Kampf um Sterpigny mit aller Heftigkeit. Starke amerikanische Infanterie- und Panzerangriffe von Westen her vermögen nicht das zäh verteidigende III./SS-Pz.Gr.Rgt. 19 zu erschüttern. Die II./SS-Pz.Art.Rgt. 9 und die letzten einsatzbereiten Panzer des SS-Pz.Rgt. 9 sind den in dürftigen Schneelöchern liegenden Panzergrenadieren eine unschätzbare Hilfe; sie lassen keinen Feindpanzer über Sterpigny vordringen, zwischen Sterpigny und Cherain werden sie zu Schrott zerhämmert. Zwei feindliche Panzer konnten an diesem Tag abgeschossen werden.

Am gleichen Tage, vormittags gegen 11.00 Uhr, reichen sich die Spitzen der 11. und 2. US-Pz.-Division bei Houffalize die Hand. Alle deutschen Verbände, die noch westlich der Straße Lüttich—Bastogne gestanden haben, sind in die Auffangstellungen ostwärts aufgenommen worden. Vor genau einem Monat begann die Ardennen-Offensive mit großen Hoffnungen, nun sind die Seiten verkehrt, die deutschen Soldaten sind deprimiert, und die Hoffnungslosigkeit des Kampfes greift weiter um sich.

Am 17. Januar muß das — Sterpigny verteidigende — III./SS-Pz.Gr. Rgt. 19 bereits heftige Flankenangriffe abwehren. Gegen Mittag greifen massierte Infanterie- und Panzerkräfte frontal den Ort an. Das VII. Korps der 1. US-Armee will endlich über Sterpigny den Durchbruch nach Westen erzwingen. Der Kampf wogt hin und her. Allmählich werden die Verteidiger aus Sterpigny herausgedrückt. An der Bachbrücke gleich hinter dem Ort kommt der Feindangriff wieder zum Stehen. Deutsche Panzer und wenige einsatzbereite Geschütze der II./SS-Pz.Art. Rgt. 9 beherrschen die Brückenstelle, das Nadelöhr, mit ihren Kanonen. Bis zum Abend bleiben hier 20 zerschossene Panzer der 3. US-Pz.-Division liegen. Rechts vom III./SS-Pz.Gr.Rgt. 19 steht das SS-Pz.Gr.Rgt. 20 beiderseits Courtil und verwehrt der 83. US-Division das Weiterkommen.

Über die harten Kämpfe um Sterpigny berichtet der Chef der 4./SS-Pz.Art.Rgt. 9, Obersturmführer Steinbach: „Der Kampf um Sterpigny ist wohl der Höhepunkt des Kampfes beim Rückzug aus den Ardennen. Ich habe dort — mit und ohne Befehl — dauernd die Geschützstellungen gewechselt, wenn die feindliche Luftaufklärung vermuten ließ, daß wir beim nächsten Artillerie- und Bombensegen dran waren. Wir sind mit geringen Verlusten aus diesem Hexenkessel herausgekommen, während die 5. und 6. Batterie zerschossen und zerbombt wurde. Die 5. Batterie war dort zeitweise aufgelöst. Die 6. Batterie hat dort ihren Chef und viele Unterführer und Männer verloren und mußte durch den von mir abgegebenen Tapferkeitsoffizier, Untersturmführer Berger, gesammelt und geordnet werden, ehe sie wieder zum Einsatz gebracht werden konnte."

In der Nacht vom 17./18. Januar geht die 9. SS-Panzerdivision im Zuge der allgemeinen Absetzbewegung nach Osten zurück. Die neue Verteidigungslinie verläuft von südlich Salmchâteau bis Wemperhardt. Der Div.Gef.-Stand wird in Oudler errichtet.

In den folgenden Tagen geht die 9. SS-Panzerdivision hinhaltend kämpfend auf die Reichsgrenze zurück. Ein harter Ardennenwinter macht Freund und Feind zu schaffen. Die Einheiten schmelzen weiter zusammen. In den Hauptverbandplatz in Bleialf werden immer mehr Divisionsangehörige mit schweren Erfrierungen eingeliefert. Alle entbehrlichen Männer der Trosse, der Artillerie, der Nachrichten- und Flak-Abteilung werden der kämpfenden Front zugeführt. Die Panzer nehmen den Kampf mit den feindlichen Panzern immer wieder auf. Am 23. 1. 1945 meldet der Wehrmachtbericht: „Ergänzend zum Wehrmachtbericht wird gemeldet: SS-Oberscharführer Gußnerlach vom Pan-

zerregiment der 9. SS-Panzerdivision ‚Hohenstaufen' schoß trotz mehrmaliger Verwundung mit seiner Panzerbesatzung innerhalb 48 Stunden im Westen 13 feindliche Panzer und 2 Panzerspähwaren ab."
Die feindliche Artillerie schießt erkannte Sperrstellung mit hohem Munitionseinsatz zusammen. Die deutsche Artillerie leidet unter Munitionsmangel. Am 24. 1. sind die Reste des SS-Pz.Art.Rgt. 9 im Raum Bracht—Winterspelt in Stellung und verschießen ihre letzten Granaten. Am 25. 1. 1945 wird die 9. SS-Panzerdivision „Hohenstaufen" von der 9. Panzerdivision des Heeres abgelöst. Die Reste des SS-Pz.Gr.Rgt. 19 verlassen ihre Schneestellungen bei Heckhuscheid, die des SS-Pz.Gr.Rgt. 20 bei Winterspelt. Feldmarschall Model verabschiedet die Division persönlich und spricht ihr seine besondere Anerkennung für ihren Einsatz im Angriff und in der Verteidigung aus.
Die 9. SS-Panzerdivision „Hohenstaufen" sammelt um Prüm, im Raum Fleringen—Rommersheim. Die 9. SS-Panzerdivision verlegt zur Auffrischung in den Raum Kaifenheim—Mayen, die 2. SS-Panzerdivision in den Raum Neuwied—Koblenz.
Bereits am 16. Januar 1945, an dem Tag, an dem sich die 1. und 3. US-Armee bei Houffalize die Hände reichten, hatte Hitler befohlen, die 6. SS-Panzerarmee aus der laufenden Rückzugsbewegung herauszuziehen, sie aufzufrischen und sie „zum Schutz des kriegsentscheidenden Ölgebietes nach Ungarn zu werfen". Damit zeichnet sich auch für das II. SS-Panzerkorps der neue Einsatzraum ab.
Sechs Wochen härtesten Kampfes liegen hinter den Männern der 9. SS-Panzerdivision „Hohenstaufen". Zahlreiche Kameraden blieben in schmucklosen Feldgräbern in den Ardennen zurück; sie finden auf den später eingerichteten Soldatenfriedhöfen von Recogne und Rommel ihre letzte Ruhe. Sehr viele Kameraden verlassen die Kampfstätten als Verwundete, und nicht wenige behalten zeitlebens schwere Kriegsleiden zurück, unter ihnen der Kommandeur des SS-Pz.Gr.Rgt. 20, Obersturmbannführer Geiger, der in den letzten Kampftagen verwundet wurde.
Über die 9. SS-Panzerdivision „Hohenstaufen" liegen keine Verlustzahlen vor. Lediglich der Chef der 1./SS-Pz.Nachr.Abt. 9, Obersturmführer Franke, hat persönlich Buch geführt und gibt die Verluste seiner Kompanie in den Ardennen mit 11 Gefallenen und 42 Verwundeten an. Das ist ungefähr ein Drittel des Bestandes der Kompanie. Die Verluste der Kampfkompanien dürften höher liegen.

Nach Recherchen mehrerer Historiker liegen die Verluste beider Seiten bei 70 000 bis 80 000 Mann. Die Aufstellung von Jung* dürfte den deutschen Verlustzahlen am nächsten kommen. Jung stützt sich auf die Listen des Heeresarztes im OKH, die erst in jüngster Zeit aufgefunden worden sind. Hierbei sollten jedoch die Vermißtenzahlen etwas höher angesetzt werden, da sie wahrscheinlich mit den tatsächlichen Gefangenenzahlen nicht übereinstimmen:

Menschenverluste während der Ardennenschlacht

	Gefallene:	Verwundete:	Vermißte:	Gesamt:
6. SS-Panzerarmee:	3 818	13 693	5 940	23 451
5. Panzerarmee:	4 415	10 521	8 271	23 212
7. Armee:	2 516	10 225	8 271	21 012
Gesamt:	10 749	34 439	22 487	67 675

*

Nach Fertigstellung des Manuskripts ging dem Verfasser noch ein Bericht über den Einsatz der SS-Werfer-Abteilung 102/502 bei der Ardennen-Offensive zu. Die ehemaligen Führer in der Abteilung, Herbst und Vahldiek, berichten:

„Während der Neuaufstellung der SS-Werfer-Abteilung 102 auf dem Truppenübungsplatz ‚Kurmark' war noch der Werferverband (2 Batterien) Nickmann an den Kämpfen um Arnheim beteiligt. Am 1. Dezember 1944 vereinigten sich diese Teile im Raum Bonn-Friesdorf und wurden wieder — nunmehr in Werfer-Abteilung 502 umbenannt — dem II. SS-Panzerkorps unterstellt. Die Führung übernahm Hauptsturmführer Nickmann; der Führer der Auffrischungsgruppe, Hauptsturmführer Weiß, wurde Chef der 2. Batterie.

Die Abteilung nahm an der Ardennen-Offensive teil und war fast pausenlos im Einsatz. Die ersten Feuerstellungen lagen im Raum Hallschlag—Scheid, woraus die Abteilung ihm Rahmen der Artillerievorbereitung am 16. Dezember den ersten Feuerschlag schoß.

Der Vormarsch ging über Losheim—Losheimer Graben bis Hünningen, dann weiter nach Südwest über St. Vith und nach West über Vilsalm

* Die Ardennenoffensive 1944/45, Musterschmidt Verlag, Göttingen 1973.

in den Raum Malempré, wo die Abteilung die 2. und 9. SS-Panzerdivision unterstützte. In Manhay wurden erkannte feindliche Bereitstellungen unter wirksames Werferfeuer genommen, und der Ort brannte an mehreren Stellen. Durch feindlichen Artilleriebeschuß erlitt die Abteilung mehrere Ausfälle.
Dann erfolgte ein Stellungswechsel nach Süden. Die neuen Feuerstellungen lagen südwestlich des Straßenkreuzes Baraque de Fraiture. Der Abt. Gef.-Stand befand sich in Cherain, hier wurde Hauptsturmführer Nickmann bei der Absetzbewegung nach Osten am 15. Januar 1945 schwer verwundet und starb wenig später. Die Abteilung übernahm wieder Hauptsturmführer Weiß. Am 16. 1. verlegte die Abteilung infolge starken Feinddruckes (auf das SS-Pz.Gr.Rgt. 19) nach Osten und ging ostwärts von Gouvy erneut in Stellung. Hier erhielt der Abt.Gef.-Stand während eines Abrufes eines eigenen Feuerüberfalles einen Volltreffer und hatte mehrere Ausfälle an Toten und Verwundeten. Trotzdem wurde der Feuerüberfall durchgeführt und zeitigte nach Aussage des Korps-Art.-Führers, Oberführer Bock, einen guten Erfolg.
Der weitere Rückzug führte zum Westwall am Nordzipfel von Luxemburg. Hier war nur noch die 2. Batterie mit sechs Werfern und sechs Zugmaschinen voll einsatzfähig, die anderen Batterien kaum noch bewegungsfähig.
Danach wurde die SS-Werfer-Abteilung 502 herausgelöst und ging über Prüm—Gerolstein in den Raum westlich von Mayen, wo gesammelt wurde. Hier wurden die Fahrzeuge, Waffen und Geräte überholt."

EINSATZ DER 10. SS-PANZERDIVISION IM OBERELSASS

Bei Freistett über den Rhein — Obersturmführer Bachmanns Husarenstück — Angriff auf Hagenau

Am 23. November 1944 wird Straßburg und bis Anfang Dezember dann fast das ganze Elsaß von amerikanischen und französischen Truppen besetzt. Im Oberelsaß verläuft die Front in der Linie Bitsch—Hagenau und findet etwa auf Höhe von Baden-Baden Anschluß an die deutsche Rheinfront, die sich nach Süden bis Basel erstreckt. Um Colmar wird noch ein deutscher Brückenkopf westlich des Rheins gehalten, der später — mit dem Raum um Hagenau — Ausgangsbasis einer neuen deutschen Offensive zur Rückeroberung von Straßburg werden soll. Dieser Plan wurde vom Oberbefehlshaber West, Generalfeldmarschall von Rundstedt, schon vor Beginn der Ardennen-Offensive vorgeschlagen, um das Abziehen der 7. US-Armee aus dem Oberelsaß zu unterbinden; tatsächlich werden auch Teile dieser Armee an den Ardennen-Schwerpunkt abgezogen. Hitler entschließt sich, nunmehr auch im Raum Bitsch—Hagenau offensiv zu werden, und beauftragt mit der Angriffsführung die Heeresgruppe G und die 1. Armee. Den deutschen Kräften steht die alliierte 6. Armeegruppe (Devers) mit der 7. US-Armee (Patch) in der Front Saarlouis bis Straßburg, und die französische 1. Armee (de Tassigny) von Straßburg bis zur Schweizer Grenze gegenüber. Zwischen Saargemünd und Hagenau steht das VI. US-Korps (Brooks) mit der 10. Pz.-Division (Morris) und der 63. und 100. Inf.-Division (Hibbs und Burres). Gegen das VI. US-Korps richten sich in der Silvesternacht die ersten Angriffe des XIII. SS-Armeekorps (Simon) und des LXXXIX. Armeekorps.

Der am 1. Januar 1945 beginnende Großangriff erzielt zunächst gute Erfolge. Beiden deutschen Korps gelingt es, die Maginot-Linie im Oberelsaß zu durchbrechen und nach Süden auf die Zaberner Senke Boden zu gewinnen. Als nach zwei Tagen der Angriff zum Stehen kommt, greift Hitler in die Kampfführung ein und befiehlt eine neue Schwerpunktbildung im Raum Weißenburg. Sein neuer Plan sieht einen Angriff auf Straßburg von Norden und Süden vor, wobei er vom Reichsführer SS und Chef der deutschen Polizei, Heinrich Himmler, bestärkt wird, der im Dezember 1944 die Heeeresgruppe G von General Balck übernommen hatte.

Bei Beginn des deutschen Angriffs auf die Zaberner Senke entsteht in Straßburg eine Panik. Eisenhower will Straßburg vorübergehend räumen, er stößt aber auf den Widerstand de Gaulles. Obwohl die 7. US-Armee schon Rückzugsbefehle zur Aufgabe des vorspringenden Frontbalkons im Oberelsaß gegeben hat, einschließlich der Räumung Straßburgs, setzt General de Gaulle am 3. 1. bei Eisenhower durch, daß Straßburg verteidigt wird und nur kleinere Frontvorsprünge im Oberelsaß aufgegeben werden. Da der deutsche Schwerpunkt auf Eingreifen Hitlers mehrmals gewechselt wird und die Umgruppierungen der deutschen Verbände zeitraubend sind, festigt sich die amerikanische Front wieder.

Am 7. und 8. Januar erfolgen die neuen deutschen Angriffe auf Straßburg aus dem Raum Weißenburg im Norden und aus dem Colmarer Brückenkopf im Süden. Ein weiterer deutscher Brückenkopf besteht bei Gambsheim, nördlich von Straßburg, der anfangs als Basis für einen Stoß auf die Zaberner Senke von Osten her dienen sollte; er konnte aus Kräftemangel nicht verstärkt werden, stellte aber dennoch eine Bedrohung der amerikanischen Kräfte im Raum Hagenau dar.
Das XXXIX. Panzerkorps des Generals Decker gewinnt aus dem Raum Weißenburg mit drei Panzer- und vier Infanterie-Divisionen am 7. und 8. Januar nach Süden Raum. Dann setzten am Nordrand des Hagenauer Forstes die 14. und 79. US-Inf.-Division den deutschen Angriffsverbänden heftigen Widerstand entgegen. Die Dörfer Bühl, Hatten und Rittershofen verwandeln sich in Trümmerfelder, am 9. 1. steht hier der deutsche Angriff. Hitler greift abermals in die Kampfführung ein und verfügt, daß das aufschließende LXXXX. Armeekorps wesentliche Kräfte in den Colmarer Brückenkopf verlegt, um dort den schwachen deutschen Angriff zu verstärken. Damit fehlt aber dem XXXIX. Panzerkorps die Durchschlagskraft.
Indessen kommt auch der Angriff aus dem Colmarer Brückenkopf am 7. 1. in Fluß. Die 198. Inf.-Division, unterstützt vom SS-Kampfverband Braun (SS-Unterführerschule Radolfzell), wirft die französische 1. Division nach Norden über die Ill zurück und stößt bis Erbstein vor. Zu weiterführenden Angriffen auf Straßburg fehlt die Kraft. Die Verlegung von Teilen des bei Weißenburg versammelten LXXXX. Armeekorps läuft an.
Die wiederholte Verlegung des Schwerpunktes der unter dem Decknamen „Nordwind" stehenden deutschen Offensive im Oberelsaß macht letztlich einen Erfolg unmöglich. Straßburg wird nicht erreicht!
Nachdem der Angriff des XXXIX. Panzerkorps im Hagenauer Forst zum Stehen gekommen ist, wird das Korps noch einmal ostwärts davon zum Angriff zusammengefaßt.
Zum Einsatz im Oberelsaß wird auch die 10. SS-Panzerdivision „Frundsberg" herangezogen. Die Division hat als Reserve der Heeresgruppe B im Raum Blatzheim—Kerpen—Euskirchen ihre personelle und materielle Auffrischung vorangetrieben und wird Anfang Januar 1945 — nach dem Scheitern der Ardennen-Offensive — der Heeresgruppe G zugeführt.
Die Division „Frundsberg" verlädt in den ersten Januartagen auf den

Bahnhöfen im Raum Erftstadt—Euskirchen—Bonn. Die Transportbewegung reißt infolge feindlicher Luftangriffe und Streckenunterbrechungen auseinander, dadurch verläuft die Verlegung sehr schleppend.
Die I. Abteilung des SS-Panzerregiments 10 mußte lange auf ihre Ausstattung mit „Panthern" warten und erhält auf dem Truppenübungsplatz Grafenwöhr endlich ihre volle Panzerausstattung. Sie verlegt Anfang Januar von Grafenwöhr in den Raum Landau (Pfalz). Im Zuge der wechselnden Schwerpunktbildung — nunmehr Brückenkopf Gambsheim und nördlich von Weißenburg — wird die Abteilung im mot. Marsch in den Raum Stollhofen—Freistett verlegt, mit Abt.Gef.-Stand in Memprechtshofen.
Eine Übersicht vom 10. 12. 1944 läßt auf die Waffen- und Panzerlage der 10. SS-Pz.Div. schließen, wenn man die „in Zulauf" stehenden Zahlen mit zurechnet (Quelle Bundes-Militärarchiv Freiburg):

	Soll:	Ist:	in Zulauf:	Gesamt:
Panzer V „Panther":	60	4	25	29
Panzer IV:	30	10	34	44
Sturmgeschütze:	21	11	3	14
schwere Pak:	28	6	7	13
lFH:	37	37		37
sFH:	18	18		18
10-cm-Kanonen:	4	8		8

Die 10.-SS-Panzerdivison wird dem XXXIX. Panzerkorps (Decker) unterstellt und soll aus dem Brückenkopf Gambsheim, der von der 553. Volksgrenadierdivision gehalten wird, nach Westen angreifen und zunächst die Linie Brumath—Hagenau erreichen.
Am 15. Januar 1945 setzt die I./SS-Pz.Rgt. 10 bei Freistett mit der Fähre über den Rhein. Der Uferwechsel wird durch laufende Jaboangriffe gestört. Bis zum Erreichen der Fährstelle muß auf dem sehr schmalen Damm und der Deichkrone gefahren werden. Einzelne Panzer rutschen ab und müssen unter sehr großen Mühen wieder flottgemacht werden.
Das SS-Pz.Gr.Rgt. 21 und erste Teile des Rgt. 22 (Masse noch im Antransport) ziehen in das Busch- und Wiesengelände an der Fährstelle vor und warten. Neben der Wagenfähre betreibt das SS-Pz.Pi.Btl. 10 mit Behelfsfähren und Sturmbooten den Uferwechsel, der immer wie-

der durch Treibminen, die der Feind bei Straßburg in den Rhein wirft, gefährdet wird. Auf den Fähren und Sturmbooten werden MG-Sicherungen mit dem Abschießen der Minen beauftragt. Dann versucht man mit Fischernetzen die Minen abzufangen. Eine Fähre mit einer Einheit des SS-Pz.Gr.Rgt. 22 wird durch eine Mine zerstört, die Männer erreichen schwimmend das Ufer.
Die Divisions-Artillerie geht auf dem rechten Rheinufer in Feuerstellung, Teile sind noch im Antransport.
Am 17. Januar wird in Offendorf ein vorgeschobener Divisionsgefechtsstand errichtet und gleichzeitig eine vorgeschobene Div.-Vermittlung.

Um den engen Brückenkopf (Breite knapp 5 km, Tiefe 2,5 km) für die Bereitstellung der 10. SS-Panzerdivision zu vergrößern, entschließt sich der Divisionskommandeur zu einem gewaltsamen Vorstoß in Richtung Herlisheim, dem ein weiterer auf Kilstett folgen soll.
Am Morgen des 17. Januar tritt Sturmbannführer Tetsch mit seiner „Panther"-Abteilung von Offendorf auf Herlisheim an. Der Panzerangriff bleibt im Abwehrfeuer amerikanischer Pak und Panzer vor Herlisheim liegen. Eigene Panzer fallen durch Beschußschäden aus, der Chef der 3. Kompanie wird verwundet.
Sturmbannführer Tetsch kehrt auf den Gefechtsstand der Abteilung nach Offendorf zurück, um die eingetretene Lage an das Regiment und die Division zu melden. Der Abt.Adjt., Obersturmführer Bachmann, der das Gespräch mitgehört hat, meldet sich bei Tetsch ab, um zu seiner alten, nun führerlosen 3. Kompanie vorzufahren. Er weiß beim Wegfahren noch nicht, daß ihn der Kriegsgott dazu bestimmt hat, eine verwegene Waffentat zu vollbringen. Hierzu lesen wir in seinen Aufzeichnungen:
„Ich fahre im B-Krad von Sauerwein vor. Am Eingang von Herlisheim treffe ich auf zwei Panzer der 3. Kompanie, dabei Unterscharführer Mühlbradt. Von ihm erfahre ich, daß im Ort amerikanische Panzer stehen. Ich will selbst erkunden. Die beiden Panzer sollen mir Feuerschutz geben und folgen.
Ich fahre mit dem B-Krad bis an eine Straßengabel, lasse hier halten und teile die beiden Panzer zur Sicherung je einer Straße ein. Ich gehe zu Fuß entlang der rechten Straße zur weiteren Aufklärung vor.
Nach etwa 50 Metern, bei Erreichen einer Straßenbiegung, eröffnet ein ‚Sherman' das Feuer. Ich springe zum B-Krad zurück, hole eine Pan-

zerfaust und erreiche ein Haus, aus dessen Fenster ich die querverlaufende Hauptstraße einsehen kann und erkenne auf dieser zwei ‚Sherman'. Einen schieße ich aus 30 Meter Entfernung mit der Panzerfaust ab und laufe dann zu meinen beiden sichernden ‚Panthern' zurück. Hierbei mache ich mir einen Plan.

Kurze Einweisung der beiden Panzerkommandanten: Panzer 2 sichert weiterhin rechte Straße, zieht bis zur Biegung vor und eröffnet das Feuer, wenn Panzer 1 anfährt.

Panzer 1 (Mühlbradt) fährt mit mir linke Straße, Turm 3 Uhr, und eröffnet das Feuer sofort, wenn die Kreuzung erreicht ist und der Richtschütze Schußfeld auf die Querstraße hat.

Nun läuft alles genau nach Plan. Die beiden Panzerbesatzungen ‚spuren' großartig. Panzer 2 eröffnet das Feuer, Panzer 1 prescht auf die Kreuzung und schießt den ersten ‚Sherman' zusammen. Dann folgt Schuß auf Schuß unter Eindrehen auf die Hauptstraße. Weitere US-Panzer werden abgeschossen, eine weiße Fahne wird geschwenkt.

Ich lasse das Feuer einstellen und gehe nach vorn. Ein amerikanischer Offizier bietet mir die Übergabe an. Ich fordere ihn auf, daß seine Männer ihre Waffen vor mir ablegen.

Als 60 Amerikaner ihre Waffen vor mir niedergelegt haben und 20 deutsche Soldaten hinzukommen, die in amerikanische Gefangenschaft geraten waren, stelle ich die Frage, ob sie die Besatzungen der abgeschossenen Panzer seien. Daraufhin erklärt mir der amerikanische Offizier, sie seien die Besatzungen der nicht abgeschossenen Panzer und zeigt auf einen Hof der linken Straßenseite, auf dem vier ‚Sherman' mit Schußrichtung Straße stehen; etwas weiter würden die anderen stehen. Das ist für uns eine Überraschung. Jetzt heißt es, die Nerven behalten. Ich dränge zur Eile und lasse die amerikanischen Panzerfahrer vortreten, teile jedem einen wiederbewaffneten deutschen Soldaten zu und befehle ihnen, mit den ‚Sherman' nach Offendorf zu fahren. Als die Panzerkolonne davonrasselt, ist mir leichter.

Über Funk unterrichte ich die Abteilung in Offendorf von den anrükkenden Beute-‚Shermans' und bitte um Zuführung weiterer eigener Panzer nach Herlisheim und um Abholung von weiteren 48 Gefangenen. Zwölf ‚Sherman'-Panzer und 60 Gefangene sind das Gesamtergebnis.

Meine zwei ‚Panther' ziehe ich bis an den Ortsrand von Herlisheim vor, wo sie in Richtung Drusenheim sichern und hierbei noch einmal

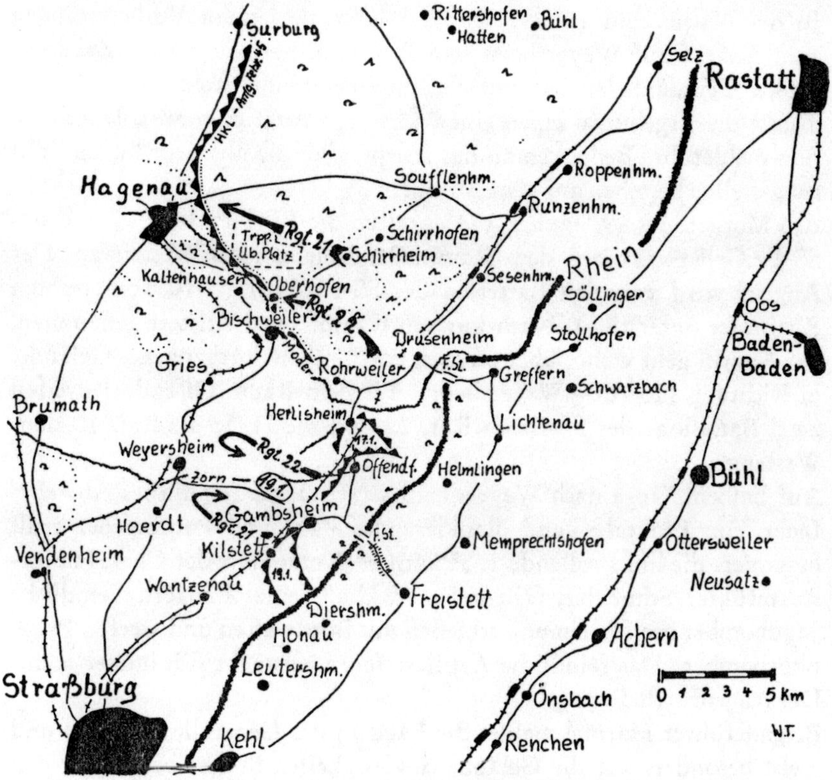

Einsatz der 10. SS-Panzerdivision im Oberelsaß
Januar — Februar 1945

zwei ‚Shermans' abschießen, die nach Herlisheim fahren wollen. Damit haben meine zwei ‚Panther' neun Abschüsse erzielt.
Nach Eintreffen von eigenen Verstärkungen werde ich am Nachmittag zum Abt.Gef.-Stand nach Offendorf zurückbefohlen."
Dieser Husarenstreich des Obersturmführers Bachmann mit zwei tapferen Panzerbesatzungen wird durch die Verleihung von Eisernen Kreuzen und dem Ritterkreuz an Obersturmführer Erwin Bachmann belohnt.
Am 18. Januar erfolgt ein Panzervorstoß auf Kilstett, der infolge heftiger Feindabwehr frühzeitig abgebrochen wird. Indessen ziehen die SS-Pz.AA 10 und weitere Teile der SS-Panzergrenadierregimenter in den Brückenkopf nach.

In der Nacht vom 18./19. Januar laufen die letzten Vorbereitungen zum Angriff auf Weyersheim und Brumath, Fernziel ist die Zaberner Senke. Feindaufklärung und Geländeerkundung stehen unter Zeitdruck; die Ergebnisse sagen einen schweren Angriff voraus. Die Division meldet ihre Bedenken an das Korps, aber die übergeordneten Führungsstellen bestehen auf dem Angriff.
Am Morgen des 19. Januar 1945 greifen die I./SS-Pz.Rgt. 10 und das SS-Pz.Gr.Rgt. 21 aus dem Raum Gambsheim nach Westen an. Der Angriff wird von den Batterien des SS-Pz.Art.Rgt. 10 vom rechten Rheinufer unterstützt. Nach kurzem Kampf wird Kilstett genommen, der Angriff geht weiter über offenes, von Gräben durchzogenes Gelände, in Richtung Hoerdt—Weyersheim. Aus dem Raum Offendorf greifen zwei Bataillone des SS-Pz.Gr.Rgt. 22 und die II./SS-Pz.Rgt. 10 nach Westen an.
Auf halbem Wege nach Weyersheim setzt starkes feindliches Abwehrfeuer ein. Frontales und flankierendes Pak- und Panzerfeuer trifft besonders die links rollende 1. „Panther"-Kompanie, der Chef, Hauptsturmführer Schneider, fällt beim Abschuß seines Panzers. Feindliche Jagdbomber greifen ein und schießen mit Bordwaffen und werfen Phosphorbomben. Das feindliche Artilleriefeuer verstärkt sich immer mehr. Der Angriff steht!
Brigadeführer Harmel meldet die Lage an das Generalkommando und weist besonders auf die Geländeschwierigkeiten hin, er beantragt, den Angriff abzubrechen. Am Abend des 19. Januar fällt die Entscheidung. Vom XXXIX. Panzerkorps kommt der Befehl:

„Angriff einstellen, auf die Ausgangsstellung zurückgehen!"

In der Nacht wird das so schwer erkämpfte Gelände aufgegeben, da hier ein weiterer Angriff mit den vorhandenen Kräften sinnlos erscheint.

Die neue HKL verläuft von Kilstett entlang der Bahnlinie bis Herlisheim (einschließlich) und von dort nach Osten. Diese Stellung wird bis zum 22. Januar ohne größere Kampfhandlungen gehalten. Tägliche Spähtrupps sondieren besonders die Feindlage in Richtung Bischweiler und über die Moder bei Rohrweiler.
Indessen führt der Hauptangriff des XXXIX. Panzerkorps — nunmehr in der Rheinniederung zwischen Hagenauer Forst und Rhein — zu erheblichen Geländegewinnen nach Süden. Die Amerikaner ziehen sich langsam aus dem Ostteil des Forstes auf Hagenau zurück. Am 22. 1.

erhält der Brückenkopf Gambsheim bei Drusenheim Verbindung mit den von Norden vorstoßenden Kräften; am 23. 1. wird die Basis bis Rohrweiler ausgedehnt. Letzte Teile des SS-Pz.Gr.Rgt. 22 werden bei Drusenheim übergesetzt.

Das XXXIX. Panzerkorps beabsichtigt nun, mit der 10. SS-Panzerdivision aus der Linie Rohrweiler—Schirrheim Hagenau anzugreifen. Die Division gruppiert um und setzt das bisher am linken Flügel stehende SS-Pz.Gr.Rgt. 21 nun am rechten Flügel ein. Der Abschnitt Gambsheim wird von der 553. Volksgrenadierdivision übernommen. Die letzten im Eisenbahntransport eintreffenden Batterien des SS-Pz.Art.Rgt. 10 laden in Roppenheim (linksrheinisch) aus; die anderen Batterien werden über den Rhein vorgezogen und gehen im Raum Drusenheim—Sessenheim in Feuerstellung.

Am Morgen des 24. Januar 1945 eröffnen die Batterien des SS-Pz.Art.-Regiments 10 den Angriff auf Hagenau. Das SS-Pz.Gr.Rgt. 22 greift mit Unterstützung der I./SS-Pz.Rgt. 10 aus dem Raum Rohrweiler auf Bischweiler, das Rgt. 21 mit Unterstützung der II./SS-Pz.Rgt. 10 aus dem Raum Schirrheim den Truppenübungsplatz Hagenau an. Der vorgeschobene Div.Gef.-Stand befindet sich in Schirrheim, der Div.-Stab in Sessenheim, der Führungsstab des XXXIX. Pz.-Korps in Drusenheim.

Rgt. 22 und I./SS-Pz.Rgt. 10 erobern bald Bischweiler, dann bleibt der Angriff vor Oberhofen und dem Militärlager liegen. Das Rgt. 21 kommt bis zum Abend über den Truppenübungsplatz hinaus und setzt sich am Waldrand hart ostwärts von Hagenau fest.

Über die Kämpfe um Oberhofen und das Militärlager, die sich tagelang hinziehen, berichtet der SS-Panzergrenadier Bautsch vom Rgt. 22 folgendes:

„Wir haben den Waldrand erreicht. 200 Meter vor uns liegt Oberhofen, das von den Amerikanern besetzt ist. Ich gehe — vom Zugführer Oberscharführer Schuster eingewiesen — mit meinem MG in Stellung.

Die feindliche Artillerie schießt sich mit Nebel- und Phosphorgranaten auf unsere Waldstellung ein. Wir geben dem Angriff der anderen Züge der Kompanie Feuerschutz, die links von uns Oberhofen angreifen und in die ersten Gehöfte eindringen. Der Kampflärm läßt auf heftige Kämpfe schließen, und auch wir bekommen nun heftiges Feuer.

Feindliche Scharfschützen nehmen uns unter Feuer. Mein Schütze II,

Günter Dörmann, sinkt getroffen zusammen. Tot! Ich entkomme einer Scharfschützenkugel durch Stellungswechsel. Nun streut die feindliche Artillerie unseren Wald ab. Hierbei fallen viele Kameraden.
Indessen haben die anderen Züge in Oberhofen die Oberhand gewonnen, und der Zug Schuster — noch 15 Mann stark — rückt ebenfalls in Oberhofen ein.
Die folgenden Tage stehen im Zeichen eines erbitterten Kleinkrieges. Oberhofen wird zur Hälfte von uns und zur Hälfte von den Amerikanern behauptet. Der Kirchturm erhält fünf Artillerietreffer. Jede Nacht setzt der Feind ein anderes Haus mit Phosphorgranaten in Brand, um besser sehen zu können.
An einem Morgen sehen wir nacheinander mehrere Amerikaner im Nachbarhaus verschwinden. Bahnt sich hier eine Schweinerei an, wollen sie angreifen?
Dem müssen wir zuvorkommen. Wir machen uns zum Gegenstoß fertig. Unter Führung unseres Zugführers greifen wir an. Mein MG schießt einmalig. Die Amerikaner laufen davon, einige Tote bleiben liegen. Nach diesem Gegenstoß kommen feindliche Tiefflieger, beharken das amerikanische Gebiet und werfen dort auch Bomben; sicherlich auf eine Fehlmeldung hin.
Am Nachmittag kommen zwei ‚Panther' durch den von Feind besetzten Ortsteil gefahren. Der eine wird 50 Meter vor unserer Stellung von den Amerikanern mit Nahkampfmitteln abgeschossen, der andere rollt zurück. Die ausbootende Panzerbesatzung wird von feindlichen Scharfschützen gejagt, Oberscharführer Schuster kommt mit einigen eigenen Leuten den Panzermännern zu Hilfe und wird dabei verwundet. Am Panzer, der zurückrollte, habe ich noch die Nummer 34 erkennen können."
Sicherlich hat der Panzergrenadier Bautsch die dritte Zahl nicht lesen können, denn hierbei handelt es sich wahrscheinlich um einen „Panther" der 3. Kompanie. Leider weiß Bautsch auch nicht mehr seine Kompanienummer.
In den folgenden Tagen gewinnt die 10. SS-Panzerdivision „Frundsberg" nur noch wenig Boden. Freund und Feind bemühen sich, ihre Positionen zu verbessern. Im Hagenauer Forst schließen die 245. Inf.Div. und 7. Fallschirmjäger-Division bis auf Höhe des SS-Pz.Gr.Rgt. 21 auf, das seinen Gefechtsstand im Wald 2 km nordostwärts von Hagenau errichtet hat. Hagenau wird von amerikanischen Kräften zäh verteidigt, die

auch eine starke Artillerie und Luftwaffe zur Verfügung haben. Die Fronten erstarren.
Eine Artilleriekarte des Chefs der 11./SS-Pz.Art.Rgt. 10, Obersturmführer König, weist als letzten Standort einiger Batterien und ihrer VB im Raum Hagenau aus:
Gef.-Stand des SS-Pz.Art.Rgt. 10 in Schirrhofen; II. und III. Abt. in Schirrheim; Stellung der 11. Bttr. (10-cm-Kanonen) hart südwestlich von Souflenheim; Stellung der 7. und 9. Bttr. hart nördlich von Schirrheim; die VB der Batterien in Oberhofen (zwei) und und am Waldrand hart ostwärts von Hagenau.
Der deutsche Angriff im Oberelsaß (Deckname „Nordwind") wird eingestellt. Das Generalkommando XXXIX. Panzerkorps, das man inzwischen das „fliegende" nennt, wird mit der Führung eines neuen Angriffs in Hinterpommern beauftragt, und die 10. SS-Panzerdivision „Frundsberg" geht mit.
Am 3. Februar 1945 beginnt die Ablösung der 10. SS-Panzerdivision im Raum Hagenau durch die 21. Panzerdivision und im Raum Bischweiler und Oberhofen durch eine Volksgrenadierdivision, deren Einheiten mit Lkw-Kolonnen der „Frundsberg" herangefahren werden. Kurz nach der Ablösung stößt der Gegner bei Bischweiler und Oberhofen nach, und die zumeist alten Volksgrenadiere weichen zurück. Teile der 10. SS-Panzerdivision kehren um und bereinigen im Gegenstoß die Lage.
Am 4. Februar baut die SS-Pz.Nachr.Abt. 10 ihre Fernsprechleitungen, Vermittlungen und Funkstellen ab, setzt bei Drusenheim über den Rhein und bezieht in Neusatz, Kreis Bühl, Unterkunft. Die Masse der Division gelangt ebenso über den Rhein und wartet in den Dörfern südlich von Baden-Baden auf den Abtransport nach Pommern. Teile des SS-Pz.Art.-Regiments 10 fahren mot. linksreinisch bis in den Raum Karlsruhe, wo sie später verladen.
Am 5. Februar verladen die ersten Einheiten der 10. SS-Panzerdivision auf den Bahnhöfen zwischen Baden-Baden und Renchen. Die Verladungen werden durch laufende Fliegerangriffe gestört. Vier Züge der SS-Pz.-Flak-Abt. 10 werden getroffen und haben Menschen- und Materialausfälle. Die SS-Pz.AA 10 verlädt in Oos; hier traf gerade noch ein Transportzug mit 100 fabrikneuen VW-Kübeln für die Division ein, die größtenteils nicht mehr abgeladen werden und mit der AA nach Norden rollen.
Die Transportbewegung nach Pommern leidet unter dauernden Luft-

angriffen und wird erheblich auseinandergerissen. Untersturmführer Wenke von der 1./SS-Pz.Nachr.Abt. 10 führt ein persönliches Tagebuch und trägt jeden Tag die Fahrtroute ein:
„6. 2. 1945: 08.30 Uhr Abfahrt von Renchen. Kurz nach Abfahrt des Transportes Jaboangriff. Lok und viele Fahrzeuge getroffen. Keine Verwundeten. Um 19.00 Uhr Weiterfahrt über Karlsruhe.
7.2.: Nürnberg—Saalfeld; 8.2.: Halle—Berlin; 9. 2.: Stettin; 10. 2.: 06.00 Uhr Ankunft in Stettin-Altdamm; bis 15. 2.: Überholung der Kfz und der Nachrichtengeräte; 15. 2.: 18.00 Uhr Abfahrt nach Stargard, Unterkunft in einer Kaserne."
Diese Tagesetappen gelten für die ersten Transporte, die letzten treffen erst Mitte Februar 1945 in Pommern ein.

EINSATZ DER 10. SS-PANZERDIVISION IN HINTERPOMMERN

Aus den Zügen heraus ... — Kampf um den Bahnhof Warnitz — Umgruppierung in ein paar Nachtstunden — Sallenthin und Muscherin werden erobert — „Sonnenwende" steht — Zurück bleiben frische Feldgräber

Am 12. Januar 1945 durchbrechen die Sowjets die deutsche Narew-Weichselstellung. Drei Millionen Sowjet-Soldaten überrennen die hier stehenden 750 000 schlecht bewaffneten deutschen Soldaten. Am 26. Januar wird die deutsche 2. Armee hinter die untere Weichsel zurückgedrückt und Königsberg eingeschlossen. Weiter südlich werden deutsche Truppen im Kessel von Braunsberg—Heiligenbeil eingeschlossen. Truppenreste und Flüchtlingstrecks fluten über das Eis des Haffs zur Frischen Nehrung und dann nach Westen. Um Danzig wird hart gekämpft.
Im Süden erreichen die Sowjets Niederschlesien. An der unteren Weichsel wird Marschall Rokossowskis 2. Weißrussische Front zunächst gebunden.
Den Hauptstoß führt Marschall Schukows 1. Weißrussische Front; nach stürmischem Vormarsch stehen seine 1. und 2. Garde-Panzerarmee bereits Anfang Februar bei Küstrin an der Oder. Nach Norden sichern Flankenkräfte in der Linie Bahn—Pyritz—Arnswalde—Kallies. Weiter nach Osten klafft noch eine Lücke von 100 km.

Am 23. Januar wird unter dem Befehlshaber des Ersatzheeres, Heinrich Himmler, ein neuer Heeresgruppenstab gebildet, dessen Aufgabe es ist, alle deutschen Verbände zwischen Weichsel und Oder zu sammeln und eine neue Abwehrfront gegen die lange Flanke Schukows in der Linie Warthe—Netze aufzubauen. Himmler hatte zuvor die Heeresgruppe G am Oberrhein geführt und wurde von Generaloberst der Waffen-SS Paul Hausser abgelöst. Am 24. 1. 1945 richtet Himmler in Deutsch-Krone seine Feldkommandostelle ein. Nach und nach werden ihm alle verfügbaren Ersatztruppenteile des pommerschen Raumes zugeführt. Diese Zusammenfassungen — zumeist mit hochtönenden Namen — sind jedoch nur Improvisationen. Im Zuge dieser Maßnahmen wird auch das stark angeschlagene III. (germ.) SS-Panzerkorps auf dem Seewege von Kurland herantransportiert und der Kommandierende General, Felix Steiner, mit der Bildung eines SS-Panzer-Armee-Oberkommandos 11 beauftragt, das die Verteidigung Hinterpommerns übernehmen soll. Es ist geplant, daß das unter Steiner neugebildete Pz.AOK nur so lange führen soll, bis das eingespielte Pz.AOK 3 — Oberbefehlshaber General Raus — aus Ostpreußen heran ist.
Bereits Anfang Februar besteht bei der obersten deutschen Führung auf Grund der feindlichen Bewegungen Klarheit darüber, daß ein Vorstoß zur Oder die Voraussetzungen für einen Angriff auf Berlin schaffen soll. Um die brüchige Front in Hinterpommern zu entlasten und vor allem den bei Küstrin stehenden russischen Stoßkeil in der Flanke anzugreifen, kommt der Chef des Generalstabes des Heeres, Generaloberst Guderian, mit seinem schon einmal erörterten Zangenangriff von Pommern und Schlesien, mit einer Teillösung, einem begrenzten Stoß von Pommern, bei Hitler zum Zuge, der bis dahin der Westfront den Vorzug gegeben hat. Die „Operation Sonnenwende" wird ausgearbeitet. Alle verfügbaren Kräfte sollen im Raum Stargard—Reetz zur Offensive zusammengefaßt werden.
Um die Angriffsführung und um den Beginn der „Operation Sonnenwende" gehen die Meinungen auseinander. Guderian, der der Führungskunst Himmlers und auch Steiners mißtraut, setzt durch, daß ein Mann seines Vertrauens, Generalleutnant Wenck, mit der Angriffsführung betraut wird. Guderian dringt auf ein baldiges Antreten, um die Überraschung auszunutzen, ehe Schukow seine Kräfte verstärkt hat. Steiner will nichts überstürzen und seine stark angeschlagenen Kräfte erst auffrischen; aus seiner Sicht muß eine überhastete Operation zum Scheitern

verurteilt sein. Dieser Meinung schließt sich auch General Raus an, der von Ostpreußen eintrifft und am 13. Februar auf Himmlers Gefechtsstand in Lage und Absicht eingewiesen wird. Er schlägt vor, die zugeführten Kräfte als Eingreifreserven für den zu erwartenden sowjetischen Großangriff bereit zu halten. In einer dramatischen Auseinandersetzung am 13. Februar 1945 im Führerhauptquartier setzt Guderian den Angriffsbeginn „Sonnenwende" für den 15. Februar durch*. Rückschauend muß konstatiert werden, daß die Operation von Anfang an zum Scheitern verurteilt ist, weil die Erfolgsaussichten durch mangelhafte Vorbereitungen und die noch nicht erfolgte Auffrischung der stark angeschlagenen Verbände in Frage gestellt sind. Zu dem Resultat kommt auch der Historiker Murawski** und er fügt hinzu: „Alle Transporte aus dem Westen und aus der Heimat mußten über das einzige vorhandene Brückensystem bei Stettin laufen, konnten also der sowjetischen Luftaufklärung nicht verborgen bleiben und sind später von ihr auch richtig erkannt worden. Es kam aber noch etwas hinzu: Die Truppen der Angriffsgruppe trafen z. T. mit erheblicher Verzögerung ein, weil auch die beweglichen Kräfte aus Treibstoffmangel mit der Eisenbahn . . . zugeführt werden mußten und weil die Bahnstrecken überlastet waren."

Die Anfang Februar aus Kurland kommenden Verbände des III. (germ.) SS-Panzerkorps sind nur noch Schatten von Divisionen. Was in Stettin ausgeladen wird, sind praktisch nur noch die Trosse der Divisionen „Nordland" und „Nederland". Es erfolgt eine überhastete Auffüllung. Das SS-Pz.Gr.Rgt. 49 wird beispielsweise erst eine Nacht vor dem Angriff mit „Ersatz" aufgefüllt, den man in Stettin aus den Kinos und den Sammelstellen zusammengesucht und angefahren hat. Bei den unfertigen und aus der Aufstellung herausgerissenen SS-Divisionen „Wallonien" und „Langemarck" ein ähnliches Bild. Nur die vom Balkan und der Oberelsaßfront kommende 4. SS-Polizeidivision und 10. SS-Panzerdivision sind einigermaßen voll.

„Sonnenwende" wird unter diesen Voraussetzungen von allen Truppenführern als begrenzter Stoß in Schukows Flanke eingeschätzt. Der Überraschungseffekt auf Kosten mangelhafter Vorbereitungen bleibt

* Heinz Guderian, „Erinnerungen eines Soldaten", Vowinckel-Verlag, Heidelberg, Seite 375.

**Erich Murawski, „Die Eroberung Pommerns durch die Rote Armee, Seiten 160, 161 und 162.

ohnehin wirkungslos, denn Schukow war schon immer um seine Nordflanke besorgt und hat sie laufend verstärkt.

Die Gliederung zur „Operation Sonnenwende" sieht drei Angriffsschwerpunkte vor:

1. eine Westgruppe zwischen Madüsee und Stargard unter Führung des XXXIX. Panzerkorps (Decker), das von der Oberelsaßfront antransportiert wurde.
   Verbände von rechts nach links:
   Panzerdivision „Holstein" (aus Ersatzeinheiten),
   10. SS-Panzerdivision „Frundsberg",
   4. SS-Polizeidivision,
   28. SS-Frw.Pz.Gr.-Division „Wallonien" (unfertig).

2. eine mittlere Gruppe im Raum Zachan—Jakobshagen unter Führung des III. (germ.) SS-Panzerkorps (Unrein).
   Verbände von rechts nach links:
   27. SS-Frw.Gr.-Division „Langemarck" (unfertig),
   11. SS-Frw.Pz.Gr.-Division „Nordland" (notdürftig aufgefrischt),
   23. SS-Frw.Pz.Gr.-Division „Nederland" (notdürftig aufgefrischt),
   Führer-Begleit-Brigade.

3. eine Ostgruppe bei Nörenberg unter Generalmajor Munzel.
   Verbände:
   Panzerjagdbrigade 104,
   Führer-Grenadier-Brigade,
   281. Infanteriedivision (im Antransport von Gdingen),
   163. Infanteriedivision (im Antransport von Finnland).

Das III. (germ.) SS-Panzerkorps sieht seine Hauptaufgabe in der Befreiung der eingeschlossenen Stadt Arnswalde und die Rückführung der darin befindlichen Flüchtlinge. Am 15. Februar 1945 schlägt das III. (germ.) SS-Panzerkorps los; die Division „Nordland" treibt einen schmalen Schlauch bis Arnswalde vor und leitet die Rückführung der Flüchtlingstrecks ein. Der Generalangriff „Sonnenwende" beginnt erst am Morgen des 16. Februar 1945.
Am 10. Februar treffen die ersten Eisenbahntransporte der 10. SS-Panzerdivision „Frundsberg" in Stettin-Altdamm ein. Der Antransport der Division wird durch ständige Luftangriffe auf die Abgangsbahnhöfe im Raum südlich Baden-Baden erschwert und in die Länge gezogen.

Aus dem Versammlungsraum Altdamm ziehen der Divisionsstab, die SS-Pz.Nachr.Abt. 10 und Versorgungsdienststellen am 15. Februar nach Stargard vor und nehmen die Arbeit auf. In der Nacht zum 15./16. Februar folgen erste Teile der II./SS-Pz.Rgt. 10 und des SS-Pz.Gr.Rgt. 21 und gehen im Raum Kunow—Schellin an der Nordspitze des Madü-Sees in Bereitstellung. Große Teile des SS-Pz.Art.Rgt. 10 und das SS-Pz.Gr. Rgt. 22 befinden sich im Antransport auf der Bahn und werden gleich über Altdamm weitergefahren.

Generalmajor der Waffen-SS Harmel erhält auf dem Gefechtsstand des XXXIX. Panzerkorps in Stargard die Angriffsbefehle. In der Nacht zum 16. Februar richtet sich der Divisionsgefechtsstand in Klützow ein, und die Nachrichtenabteilung beginnt mit dem Aufbau der Divisionsvermittlung, des Telefonnetzes und der Funkstellen.

General Deckers XXXIX. Panzerkorps hat die Aufgabe, die Seenenge Madü—Plöne-See zu öffnen und mit dem weit vorgestaffelten Pyritz, das noch von deutschen Kräften gehalten wird, die Verbindung herzustellen. Decker setzt aus dem nach Süden vorspringenden Frontbogen am Ostufer des Madü-Sees die Panzerdivision „Holstein" und links daneben die 10. SS-Panzerdivision „Frundsberg" ein, aus dem Frontvorsprung bei Repplin die vom Balkan herantransportierte 4. SS-Polizeidivision mit der Stellungsdivision „Wallonien".

Bis zum Angriffsbeginn sind längst nicht alle Einheiten der „Frundsberg" eingetroffen. Das SS-Pz.Gr.Rgt. 22 und die I./SS-Pz.Rgt. 10 sind noch im Antransport, die letzten Teile der Artillerie rollen gerade über die Oderbrücken bei Stettin. Allen Soldaten wird klargemacht, daß diese Operation entscheidend ist und jeder sein Letztes zu geben habe — hochtönende Aufrufe Hitlers an die Soldaten ohne personelle und materielle Grundlagen.

Der Hauptangriff beginnt am Morgen des 16. Februar 1945. Die Panzerdivision „Holstein" erreicht über mehrere feindliche Abwehrriegel hinweg über das Dorf Werben fast die Südostspitze des Madü-Sees.

Bei der 10. SS-Panzerdivision „Frundsberg" treffen am Morgen noch immer Angriffseinheiten auf den Bahnhöfen westlich von Stargard ein; Panzerteile laden mit Hilfe mitgeführter Strohballen auf freier Strecke aus und rollen direkt ins Gefecht. Bereitstellung, Erkundung und Aufklärung können nur flüchtig vorgenommen werden. Der überhastete und zerrissene Einsatz der Division führt zu entsprechenden Angriffsergebnissen. Trotzdem tritt die Division aus dem Bereitstellungsraum Schlö-

Einsätze der 10. SS-Panzerdivision in Hinterpommern

tenitz an, durchbricht die erste russische Verteidigungslinie zwischen Margarethenhof und Uslar und bleibt dann vor der Linie Damnitz—Warnitz liegen. Das SS-Pz.Rgt. 10 wirft weitere eintreffende Panzerkompanien ins Gefecht, aber es gelingt nicht, den überaus starken Pakriegel am Bahnhof Warnitz aufzubrechen. Es kommt zu schweren Panzerduellen. Schukows 2. Garde-Panzerarmee gibt keinen Meter Boden mehr preis. Auch die rechts von der „Frundsberg" vorgehende Panzerdivision „Holstein" muß infolge einsetzender heftiger Gegenangriffe auf Werben und dann bis auf Höhe von Damnitz zurück. Der rechte Flügel des XXXIX. Panzerkorps konnte zwar die ersten russischen Linien eindrücken, die Hauptlinie aber nicht durchbrechen.
Am linken Flügel des Korps gelingt es der 4. SS-Polizeidivision — aus dem Bereitstellungsraum Repplin—Kremzow antretend — die Stellungen der russischen 61. Armee aufzureißen, die Orte Blumberg und Brallenthin zu nehmen und mit Teilkräften von Brallenthin auf Dölitz vorzugehen. Das II./SS-Pz.Gr.Rgt. 7 gewinnt einen Brückenkopf über die Faule Ihna, mit dem Bau einer 24-Tonnen-Brücke wird sofort begonnen.
Das III. (germ.) SS-Panzerkorps erweitert den Schlauch nach Arnswalde und leitet die Rückführung der Besatzung und der Flüchtlinge ein. Die Korpsgruppe Munzel erobert mit der Kampfgruppe Schulz-Streek (Pz.Jg.Abt. „Nordland") den Ort Nantikow, über den die Führer-Grenadier-Brigade weiter angreift und in der Nacht zum 16./17. 2. den starken russischen Stützpunkt Buchholz nehmen kann.
Am Abend des ersten Angriffstages ergeben sich somit zwei Einbruchsstellen, die zu weiterführenden Angriffen genutzt werden:

a) Der Einbruchsraum Blumberg—Brallenthin mit einem Brückenkopf über die Faula Ihna südlich von Blumberg. Kräfte der 4. SS-Polizeidivision stehen vor dem Bahnhof Dölitz.
b) Bei der Korpsgruppe Munzel der Raum Nantikow—Buchholz.

Der mit der Führung der Operation „Sonnenwende" betraute Generalleutnant Wenck befiehlt das sofortige Herauslösen der 10. SS-Panzerdivision unter Zurücknahme des vorspringenden Frontbogens am Madü-See und ihren Einsatz aus dem Ihna-Brückenkopf bei Blumberg.

Am Abend des 16. Februar laufen die Drähte beim XXXIX. Panzerkorps und bei der 10. SS-Panzerdivision heiß; Funksprüche jagen durch den Äther. Die Masse des nun erst eintreffenden SS-Pz.Gr.Rgt. 22 wird gleich in den Raum Blumberg dirigiert; in einer gut abgestimmten Bewegung wird die gesamte 10. SS- Panzerdivision „Frundsberg“ in ein paar Nachtstunden vom rechten Flügel des XXXIX. Panzerkorps an den linken Flügel umgruppiert. Als der 17. Februar aus der Morgendämmerung heraufsteigt, steht Brigadeführer Harmels Division im Raum Blumberg zum neuen Angriff bereit.

Die schnelle Umgruppierung ist eine Meisterleistung von Führung und Truppe. Am Morgen des 17. 2. wird auf Gut Kremzow (Besitzer von Wedel) der neue Divisionsgefechtsstand eingerichtet. Die SS-Pz.Nachr. Abt. 10 baut in aller Eile die Fernsprech- und Funkverbindungen auf. An der Verstärkung der Brücke bis zur Tragfähigkeit der „Panther“ wird fieberhaft gearbeitet.

Deckers neuer Plan sieht vor: Mit der 10. SS-Panzerdivision in Richtung Südwesten auf Muscherin—Lübtow und den Schöninger Kanal vorzustoßen, um dann mit der Besatzung von Pyritz die Verbindung herzustellen. Danach soll zwischen Pyritz und Plönesee eine neue Front entstehen. Mit der 4. SS-Polizeidivision nach Südosten vorzustoßen, mit Arnswalde die Verbindung herzustellen und die im Raum Schönwerder stehenden Feindkräfte zerschlagen. Taktisch gesehen ist dieser Ansatz der einzig mögliche; ob er zu einem operativen Erfolg ausgeweitet werden kann, ist eine andere Frage, die aber schon in den nächsten 24 Stunden durch das Kräfteverhältnis zugunsten der Sowjets entschieden wird.

Nachdem am Morgen die Einheiten des SS-Pz.Gr.Rgt. 22 in den von der SS-Polizeidivision gebildeten Ihna-Brückenkopf südlich von Blumberg eingeflossen sind, geht Sturmbannführer Brinkmanns SS-Pz.AA 10 und dann die II./SS-Pz.Rgt. 10 über die Brücke. Die I./SS-Pz.Rgt. 10 muß noch warten, da die Kriegsbrücke erst verstärkt werden muß, um die „Panther“ zu tragen.

Gegen Mittag des 17. Februar 1945 greifen SS-Pz.AA 10 und die II./SS-Pz.Rgt. 10 mit dem SS-Pz.Gr.Rgt. 22 im schwungvollen Angriff Schöningsthal und Sallenthin an. Es ist der letzte geschlossene gepanzerte Angriff. Beide Orte sind bald im Besitz der Frundsberger. Rechts davon erobert die 28. SS-Frw.Pz.Gr.-Division die beherschenden Lindenberge.

Nach der Einnahme von Sallenthin wendet sich die II./SS-Pz.Rgt. 10 nach Süden und greift den Ort Muscherin an. Hierbei zeichnet sich der Chef der 7. Kompanie, Obersturmführer Riedel, durch den Abschuß

von 13 Feindpanzern mit seiner tapferen Besatzung besonders aus. Er vernichtete damit insgesamt über 40 Feindpanzer, zahlreiche Pak und andere leichte und schwere Waffen. Riedel wird mit dem Ritterkreuz ausgezeichnet.
Zum Angriff auf Muscherin schreibt der Panzerfahrer Rottenführer Pietzka von der 6./SS-Pz.Rgt. 10 folgendes:

„Die von Obersturmführer Quandel geführte Panzerkompanie rasselt am Spätnachmittag des 17. Februar in Gefechtsformation mit 30 bis 40 Stundenkilometern von Sallenthin direkt auf Muscherin vor.
Vor Erreichen des Ortes empfängt uns ein wütendes Pakfeuer von links. Der vor uns fahrende Panzer erhält einen Treffer in die Seite, fährt aber weiter. Nach kurzem heftigem Kampf wird Muscherin genommen. Panzergrenadiere schließen auf.
Es wird Nacht. Einige Gehöfte brennen. Infanterie und Panzer beziehen eine Abwehrstellung.
Wir fahren mit unserem Panzer bis zur Ortsmitte, von dort führt eine Straße nach links, nach Blumberg. Hier fahren wir unseren Panzer neben ein Haus, mit Front zur etwa 1000 Meter entfernten Hauptstraße, die von Dölitz nach Lübton führt.
Halblinks vor uns in etwa 1500 Meter Entfernung ist ein Mischwald von Russen besetzt. Dazwischen liegt eine Heidelandschaft mit trockenem Moos und einzelnen Bäumen. Am Ortsrand haben sich unsere Panzergrenadiere eingegraben.
Am Morgen des 18. Februar schießt der Russe mit Granatwerfern, wir hören deutlich das Flupp-flupp der Abschüsse. Überall im Ort liegen die Einschläge, und wir schließen schnell die Luken. Steine und Geröll prasseln auf unsere Panzer. So geht das den ganzen Tag, und erst am Abend wird es ruhiger.
Am 20. Februar schießen die Russen wieder den ganzen Tag mit Granatwerfern und Artillerie auf Muscherin. In einer Feuerpause hören wir unseren Hauptscharführer Stief rufen: ‚Kompanie Essen fassen!' Es scheint, als zwinge die gewichtige Stimme des etwas beleibten Spieß' der 6. Kompanie die Russen zur Einhaltung einer Mittagspause; aber danach geht der Zauber wieder los. Unser Funker, der das Essen für die Besatzung holen wollte, wird verwundet."

Während die II. Abteilung des SS-Pz.Rgt. 10 am 17. Februar Muscherin angreift, kann nun auch die I. Abteilung über die inzwischen verstärkte

Faule-Ihna-Brücke bei Blumberg nachgezogen werden. Teile der Abteilung unterstützen das II./Pol.Rgt. 7 beim Angriff südlich der Faulen Ihna auf Dölitz, um das die von Norden angreifende 4. SS-Polizeidivision bisher erfolglos gekämpft hat.
Fehlende Aufklärung wird durch Panzervorstöße der 1./SS-Pz.Rgt. 10 unter Führung von Untersturmführer Kühn in den Raum westlich von Sallenthin ersetzt. Obersturmbannführer Paetsch zieht die I./SS-Pz.Rgt. 10 in den Raum Sallenthin—Muscherin vor, da im Raum Lübtow starke Feindkräfte erkannt wurden. Der Gefechtsstand des SS-Pz.Rgt. „Frundsberg“ und der I. Abteilung wird in Muscherin von einem feindlichen Artilleriefeuerüberfall getroffen; u. a. werden der Regimentsadjutant Hauptsturmführer Kulp und Untersturmführer Weinhold vom Stab der I. Abteilung verwundet.
Am 17. Februar erhält Marschall Schukow vom sowjetischen Hauptquartier die Genehmigung, mit frischen Kräften aus der Reserve (Teile der 3. Stoßarmee und das VII. Garde-Kav.-Korps) einen Gegenschlag im Raum beiderseits des Plönesees zu führen, um — wie schon einmal vorgeschlagen — die Linie Tempelburg—Dramburg—Wangerin—Gollnow zu erreichen und damit den noch weit in Ostpommern stehenden Truppen die Verbindungswege nach Stettin abzuschneiden. Hieraus ergeben sich ab 18. Februar erbitterte Kämpfe, die zwar „Sonnenwende“ endgültig, aber auch den neuen russischen Stoß nach Norden scheitern lassen.
Am Morgen des 18. Februar greift die I./SS-Pz.Rgt. 10 aus dem Raum Muscherin—Sallenthin nach Süden an. Ziel ist Lübtow und der Schöninger Kanal. Bei diesen erbitterten Kämpfen zeichnet sich Obersturmführer Scherzer mit seiner 1. „Panther“-Kompanie besonders aus und erhält dafür das Ritterkreuz. Es zeigt sich immer mehr die Überlegenheit der Sowjets an Menschen und Material. Schukow wirft immer neue Reserven in den Kampf. Gefangene berichten, daß in der vergangenen Nacht mindestens drei neue, hintereinander gestaffelte Pak- und Panzerfronten vor dem deutschen Angriffsschwerpunkt errichtet worden sind. In einer Krisensituation führt Sturmbannführer Tetsch persönlich seine Panzerabteilung und eine Infanteriegruppe zum Gegenangriff an und bereinigt die Lage bei Muscherin; im Nachstoß mit „Panthern“ wird eine sowjetische Brigade weit zurückgeworfen und der Großteil ihrer Waffen vernichtet. Hierfür wird Tetsch mit dem Ritterkreuz ausgezeichnet.

In den hohen deutschen Stäben schlägt die anfangs noch optimistische Lagebeurteilung in eine pessimistische um. Beide Seiten greifen an, prallen aufeinander. General der Waffen-SS Steiner muß in dieser kritischen Phase die Führung von „Sonnenwende“ selbst übernehmen, da Generalleutnant Wenck am 17. Februar mit dem Auto verunglückt ist. Angesichts der mit aller Heftigkeit einsetzenden russischen Gegenangriffe bleibt ihm — in Abstimmung mit der Heeresgruppe Weichsel — nur noch, die Operation am Abend des 18. Februar einzustellen, um die wertlose Abnutzung der Verbände zu vermeiden.
Am Abend des 18. Februar verläuft die HKL nördlich vom Plönesee über die Lindenberge („Wallonien“) und Sallenthin—Muscherin (10. SS-Panzerdivision) —entlang der Straße Lübtow—Dölitz (4. SS-Panzergrenadierdivision) und schließt ostwärts von Dölitz an das III. (germ.) SS-Pz.-Korps an, das entlang der Bahnstrecke bis Arnswalde verteidigt.
Während die Einheiten der Division „Frundsberg“ ihre Linien halten, geht eine Kampfgruppe der Division „Wallonien“ unter Obersturmführer Capelle auf den beherrschenden Lindenbergen unter; bis auf zwei Verwundete, die zurückkommen, fallen alle Männer.
Am 27. 2. 1945 gibt das OKW bekannt: „Ergänzend zum Wehrmachtbericht wird gemeldet: In Pommern hat sich eine im Flankenschutz eingesetzte Kampfgruppe der SS-Freiwilligen-Grenadierdivision „Wallonien“ unter Führung von SS-Obersturmführer Capelle mit vorbildlicher Standhaftigkeit und fanatischem Kampfwillen geschlagen*.“
Am 19. 2. wird die Linie Sallenthin—Muscherin infolge zunehmender Feindangriffe auf die Faule Ihna zurückgenommen. Schon am Morgen ist Brigadeführer Harmel in Muscherin, um das Absetzen in der kommenden Nacht mit den Kommandeuren zu besprechen. Der Ia, Obersturmbannführer Stolley, bleibt auf dem Div.-Gefechtsstand zurück und hält indessen alle Fäden in der Hand. Harmel ist unruhig, die Russen bereiten unübersehbar einen neuen Angriff auf Muscherin vor — und das vor dem Absetzen der eigenen Kräfte! Von einer B-Stelle des SS-Pz.Art.Rgt. 10, einem Scheunendach, beobachtet Harmel durch das Scherenfernrohr die Feindbewegungen bei Lübtow und am Plönesee. Plötzlich geht ein Artillerieüberfall auf die Umgebung des Gutshofes nieder. Splitter schlagen dem VB eine Ferse ab, Harmel durch die Ho-

* Aus Karl Cerff, Waffen-SS im Wehrmachtbericht, Seite 89.

sen; ein Obersturmführer ist auf der Stelle tot. Über den Verlauf des Kampfes schreibt Rottenführer Pietzka von der 6./SS-Pz.Rgt. 10:
„Es erfolgt ein starker Angriff der Russen, und es gelingt ihnen, die ersten Häuser von Muscherin zu besetzen. Dabei kommt es zu erbitterten Nahkämpfen. Die Reserven der Panzergrenadiere, die sich in den Kellern befanden, sind plötzlich da, und der Angriff wird abgeschlagen. Mit Einbruch der Dunkelheit kommt der Befehl zur Aufgabe von Muscherin. Die Panzergrenadiere rücken ab, und wir schießen mit unseren Panzern Störungsfeuer auf die russischen Linien. Der Rückmarsch erfolgt ohne weitere Störungen."
Zurück bleiben die frischen Feldgräber vieler tapferer Frundsberger. Der ehemalige Div.-Kommandeur erklärte hierzu dem Verfasser bei einem Gespräch im Dezember 1973: „Viele Führer und Männer empfanden das befohlene Zurückgehen, die Aufgabe eines unter großen Opfern eroberten Gebietes, als eine Fehlplanung oberster Führung. Die großtönenden Tagesbefehle vor Angriffsbeginn, die Mahnung zur äußersten Pflichterfüllung schlugen ins Gegenteil um und erschütterten das Vertrauen zur obersten Führung. Vor dem Absetzen wurden die Gräber eingeebnet, und viele fragten sich: Wofür sind sie gefallen?"
Am 20. Februar verlegt der Gefechtsstand der 10. SS-Panzerdivision von Kremzow nach Schöneberg. Mit dem Beziehen einer Zwischenstellung an der Faulen Ihna übernimmt die 10. SS-Panzerdivision auch den Abschnitt der 4. SS-Polizeidivision, die in den Raum Dirschau verlegt.
Der Kommandeur des SS-Pz.Art.Rgt. 10, Obersturmbannführer Sonnenstuhl, wird an die SS-Artillerieschule versetzt. Sturmbannführer Haas (III.) übernimmt die Führung des Regiments. Hauptsturmführer Behrens ist Kommandeur der I. Abteilung, Sturmbannführer Jobst Kommandeur der II. Abteilung, Sturmbannführer Dr. Zumper übernimmt die III. Abteilung und Hauptsturmführer Menze führt die IV. Abteilung. Die IV. Abteilung besteht aus 10-cm-Kanonen; die 10. Batterie führt Hauptsturmführer Bültemeier, die 11. Obersturmführer König.
Am 21. Februar stimmt Hitler dem Antrag der Heeresgruppe Weichsel zu, den Angriff einzustellen und die Ihna-Linie zu beziehen. Das III. (germ.) SS-Panzerkorps räumt Arnswalde, und im Zuge dieser Bewegung geht auch das XXXIX. Panzerkorps auf die Linie 5 km südlich Stargard zurück.

Am Morgen des 23. Februar steht die neue Front an der Ihna. Nun wird auch das XXXIX. Panzerkorps (Decker) herausgelöst und nach Sachsen verlegt, den Abschnitt übernimmt zusätzlich das III. (germ.) SS-Panzerkorps. Die 10. SS-Panzerdivision „Frundsberg" verlegt zunächst als Reserve in den Raum Stargard.
Infolge einer neuen Krise im Raum Frankfurt (Oder) wird die 10. SS-Panzerdivision ab 25. Februar der bedrängten 9. Armee (Busse) zugeführt. Die Transporte laufen schleppend. Als die ersten Teile der Division im Raum Seelow eingetroffen sind, die Masse aber noch auf dem Bahntransport ist, bricht am 1. März die neue russische Großoffensive in Hinterpommern los, die auch die Front an der Ihna zerschlägt. General Raus, OB der 3. Pz.-Armee, die am 24. 2. die Befehlsführung in Hinterpommern von der 11. Pz.-Armee übernommen hatte, hatte sich angesichts der bevorstehenden russischen Offensive gegen das Abziehen der an „Sonnenwende" beteiligten gepanzerten Verbände erfolglos aufgelehnt. Aber das OKH konnte für den neuen Krisenraum Frankfurt (Oder) und in Sachsen keine anderen Verbände frei machen, weil es sonst keine mehr hatte. In dieser verzweifelten Lage wird die 10. SS-Panzerdivision wieder umgedreht und nach Pommern gefahren, um das Loch zwischen der 3. Pz.-Armee und der 2. Armee durch Gegenangriff zu schließen. Ehe die Division den neuen Versammlungsraum Wangerin—Labes erreicht, überstürzen sich die Ereignisse.

ZWEITER EINSATZ DER 10. SS-PANZERDIVISION IN HINTERPOMMERN

Kampf um Naugard — Die Odyssee der SS-Pz.AA 10 — Die I./SS-Pz.Art. Rgt. 10 wird überwalzt — Das Ringen um Gollnow — Rosengarten, Hohenkrug und Hökendorf — An den Oderbrücken von Stettin

In den ersten Märztagen 1945 treffen die Einheiten der 10. SS-Panzerdivision tropfenweise im Raum Plathe—Wangerin ein. Inzwischen hat sich der russische Stoßkeil aus dem Raum Tempelburg rasend schnell in Richtung Ostsee und nach den Seiten erweitert. Der geplante Gegenangriff der 10. SS-Panzerdivision zur Wiederherstellung der Verbin-

dung zwischen der 2. Armee und der 3. Pz.-Armee ist aussichtslos geworden. Die Front in Hinterpommern ist in der Mitte aufgespalten, die Sowjets beabsichtigen, die beiden deutschen Armeen in zwei großen Kesseln zu vernichten. Unter diesen Vorzeichen treffen die Einheiten der 10. SS-Panzerdivision „Frundsberg" wieder in Pommern ein.
Unter ständigem Feinddruck schwenken die noch kampfkräftigen Teile der 3. Panzerarmee auf die Oder zurück. Drehpunkt ist das Nordufer des Madü-Sees. Die Masse des Ostflügels der 3. Pz.-Armee (X. SS-AK und Korpsgruppe von Tettau) wird im Raum Dramburg—Falkenburg eingeschlossen und aufgerieben, Teile schlagen sich nach Nordwesten und Westen durch. Durch die Drehung der Front um 90 Grad konnte das III. (germ.) SS-Panzerkorps eine Überflügelung seines linken Flügels verhindern und den Zusammenhang der Korpsfront einigermaßen wahren. Am 3. März steht die Abwehr des III. (germ.) SS-Panzerkorps in der Linie Stargard—Freienwalde. Die Zurücknahme des III. (germ.) SS-Pz.-Korps wird von Guderian, der neben Hitler immer noch an eine Schließung der Frontlücke glaubte, ungerechterweise scharf kritisiert, aber die Frontkommandeure sehen es anders. Über die Lage am linken Flügel der 3. Pz.-Armee schreibt Murawski*: „Höchste Gefahr zeichnete sich demnach schon am zweiten Tage ab für die beiden deutschen Korps am linken Flügel der 3. Pz.-Armee. Das X. SS-AK und die Korpsgruppe von Tettau wurden bereits von drei Seiten angegriffen und liefen Gefahr, völlig von der Masse der Armee abgeschnitten und eingekesselt zu werden. Generaloberst Raus erbat daher am 2. März von der HG Weichsel die Genehmigung zur Zurücknahme der beiden Korps nach Westen, doch wurde ihm dies nach seinem Zeugnis von Himmler wie auch von Guderian trotz seines beschwörenden Einspruchs gegen deren Befehle striktest verboten. Die befürchteten Folgen zeigten sich bald." — Und diese Folgen enden mit der sinnlosen Vernichtung von zwei deutschen Armeekorps.
In dieser äußerst verworrenen Lage treffen am 2. März die ersten Teile der 10. SS-Panzerdivision „Frundsberg" wieder in Pommern ein. Nach dem Willen Hitlers soll die Division bis in den Raum Köslin gefahren werden und dort nach flüchtiger Bereitstellung die Westflanke des zur Ostsee durchbrechenden sowjetischen III. Garde-Panzerkorps angreifen. Die rasche Krisenentwicklung bei der 3. Panzerarmee zwingt die

* a.a.O. S. 210

Armeeführung dazu, der 10. SS-Panzerdivision am 2. 3. neue Aufgaben zuzuweisen, sie auseinanderzureißen und auf Massow, Naugard und Plathe abzudrehen und damit das an seiner offenen Nordflanke arg bedrängte III. (germ.) SS-Panzerkorps zu entlasten. Der Befehl Hitlers für die 10. SS-Panzerdivision ist damit durch die Frontereignisse überholt. Murawski schreibt dazu*: „Generaloberst Raus bemerkte hierzu: Es wäre eine Utopie gewesen zu glauben, daß man einen Raum von mehr als 150 km Tiefe, in dem sich bereits drei feindliche Pz.-Armeen und mehrere Inf.-Armeen befanden, mit einer einzigen Panzerdivision [„Frundsberg"] durchbrechen und eine dauernde Verbindung zu einer Arme [2.] herstellen könne, die, vom Feinde selbst schwer bedrängt, im Zurückkämpfen gegen Osten war."

Generaloberst Raus beabsichtigt mit der 10. SS-Panzerdivision „Frundsberg" die Regnitz-Linie wiederzugewinnen, sie bis zur Aufnahme des X. SS-Armeekorps (Krabbe) und der Korpsgruppe von Tettau zu halten und dann auf die Oder zurückzugehen.
Die SS-Pz.AA 10 trifft mit Masse als erste Transportgruppe am 2. März 1945 wieder in Hinterpommern ein und lädt auf den Bahnhöfen Naugard und Plathe aus. Der Befehl für Sturmbannführer Brinkmanns Abteilung lautet:

> „Vorziehen nach Plathe, Verteidigung der Stadt und Aufklärung nach Norden, Osten und Südosten!"

Am 3. März richtet sich die Abteilung zur Verteidigung von Plathe ein. Am 3. 3. treffen erste Teile des SS-Pz.Gr.Rgt. 22 in Naugard ein und beziehen Abwehrstellungen am Stadtrand.
Spähtrupps der SS-Pz.AA 10 fahren auftragsgemäß von Plathe auf Regenwalde vor. Sie kommen schon bald mit Alarmmeldungen zurück: „Von Nordosten und Osten rollen starke feindliche Panzerkräfte auf Plathe vor!" Die beabsichtigte Wiedergewinnung der Regnitz-Linie wird damit hinfällig.
Von Naugard über Daber auf Wangerin und Labes angesetzte Spähtrupps der Aufklärungsabteilung melden weitere Panzerbewegungen, bleiben ‚dran', um der eigenen Führung Anzahl und Marschweg laufend zu melden:

* a.a.O. S. 213

„10.30 Uhr: 35 Feindpanzer auf dem Marsch von Wangerin nach Zeitlitz.
11.00 Uhr: 5 Feindpanzer bei Zeitlitz, drehen nach Daber ein.
13.00 Uhr: Starke feindliche Panzerkräfte auf dem Marsch von Labes nach Regenwalde.
14.00 Uhr: 20 feindliche Panzer bei Groß Radow.
15.00 Uhr: 40 Feindpanzer südostwärts von Regenwalde.
17.00 Uhr: Stärkere feindliche Panzerkräfte hart ostwärts von Daber."
In den Räumen Regenwalde und Daber versammeln sich feindliche Panzerkräfte zu neuen Schwerpunkten, die unübersehbar auf Naugard und Plathe abzielen.
Indessen rollen weitere Transporte der 10. SS-Panzerdivision „Frundsberg" an. Die Regimenter sind durch die schleppende Transportbewegung auseinandergerissen, und ihre Einheiten gehen gleich nach dem Ausladen in Abwehrstellungen über. Das Regiment 22 — zuletzt von Pommern abgegangen — trifft nun wieder zuerst in Pommern ein.
Am Morgen des 4. März erhält die Plathe haltende SS-Pz.AA 10 erste Feindberührung. Um 06.00 Uhr wird die erste anfahrende Panzerspitze der Sowjets erfaßt, um 09.30 Uhr nähert sich diese von Nordosten her der Stadt Plathe, gegen 19.00 Uhr erfolgt ein heftiger Panzerangriff entlang der Straße Regenwalde—Plathe. Brinkmanns Aufklärungsabteilung hält. Wie lange, ist abzusehen.
Ebenso wird Naugard seit den Morgenstunden bedrängt. Drei Kompanien des SS-Pz.Gr.Rgt. 22 — um welche es sich handelt, konnte nicht mehr festgestellt werden — verteidigen sich am Ostrand der Stadt mit größter Erbitterung, aber die Sowjets dringen in Naugard ein und umgehen die verteidigenden Kompanien. Der Spähzug des Oberscharführers Stocké von der 2./SS-Pz.AA 10 kämpft beweglich und gibt den anrollenden Eisenbahntransporten wichtige Meldungen durch. Naugard ist gegen Mittag des 4. 3. größtenteils in russischer Hand. Ein anrollender Transportzug des SS-Pz.Gr.Rgt. 22 wird westlich von Naugard bereits von russischen Panzern beschossen, die die Straße Massow—Naugard erreicht haben. Die Eisenbahner flüchten, der Zug steht, die Frundsberger nehmen den Feuerkampf teilweise von den Waggons auf und schwärmen zur Sicherung aus. Einem Oberscharführer gelingt es, den Zug an eine günstige Geländestelle heranzufahren. Vorsorglich mitgeführte Strohballen, Bohlen und Waggonrungen müssen die fehlende Bahnrampe ersetzen, der Zug wird auf freier Strecke entladen und

ebenso ein weiterer mit Panzern, der noch herangedampft ist. Die jungen Panzerfahrer vollbringen eine Meisterleistung, fahren ihre Kampfwagen von den Waggons herunter, die Panzergrenadiere laden ihre schweren Waffen und Fahrzeuge ab, und aus der Ausladung heraus wird zum Gegenangriff angetreten. Unterscharführer Zemlitz, z.b.V. im Stab des SS-Pz.Gr.Rgt. 22, schreibt hierzu:
„Es gelingt uns, den Gegner, der Naugard fast vollständig in der Hand hatte, zurückzuwerfen. Die Stadt ist noch voller Flüchtlinge, und unbeschreibliche Szenen spielten sich ab, mancher von uns weint in ohnmächtiger Wut, die uns die Kraft gibt, trotz aller Müdigkeit die Russen aus Naugard herauszuwerfen. Es ist schon ein großer Sieg, alle Flüchtlingstrecks in der Stadt zu befreien und abfließen zu lassen. Unter anderen befreien wir auch ein Heim mit 200 Kindern. Doch der Druck der Russen wird immer stärker und wir durch Ausfälle immer weniger. Die Verbindungen nach vorn waren abgerissen. Am Abend des 4. März bekomme ich den Auftrag, mit einem Oberjunker und einem Oberscharführer vorzufahren, um ein Bataillon zu suchen, von dem wir seit Stunden keine Nachricht mehr haben. [Anm.: Hier handelt es sich vermutlich um die drei Kompanien.] Ich fahre den VW. Der Oberjunker sitzt sprungbereit auf der Wagentür. Überall erhellen Brände die Stadt. Ab und zu schießt die russische Artillerie. Links neben unserer Straße schimmert ein Flüßchen, ein Stadtgraben, und als die Straße eine Linkskurve macht, sehen wir im Schein der Brände einen unserer Panzer mit laufendem Motor stehen. Der Oberjunker ruft seine Frage nach dem Bataillon, das wir suchen, hinauf, der Panzerkommandant fuchtelt mit den Armen und zeigt in unsere Fahrtrichtung. Wir fahren weiter. Nichts rührt sich mehr. Von Zeit zu Zeit halten wir und horchen. Nichts. Weiter. Links von uns ist immer noch die Böschung zum Wasser. Dann sehen wir im Schatten eines Hauses einen Panzer stehen — ein eigener? Oder ein russischer? Wir haben kein Fernglas. Stellen Vermutungen an und kommen zu dem Schluß, daß es nur ein eigener sein könne. Der Oberjunker und der Scharführer steigen aus und gehen auf den Panzer zu, da schießt plötzlich der Panzer, und beide fallen in den Garben der Bordwaffen. Ehe mein VW einen Kanonentreffer bekommt, kann ich gerade aus dem Wagen hechten und renne — im Schutz der Grabenböschung — zum eigenen Panzer zurück. Der feuert inzwischen, was das Zeug hält, und schießt den russischen Panzer ab. Nun erfahre ich auch den tragischen Irrtum; der Kommandant gab mit seinen Gesten dem

Oberjunker zu verstehen, daß vor ihm nichts mehr sei. Drüben, beim russischen Panzer, sind nun auch hastige Bewegungen zu erkennen. Ich warte noch eine Weile auf meine Begleiter und hoffe auf ein Wunder, aber ich sah sie ja direkt in die Garben der Bordwaffen hineinlaufen und fallen. Dann gehe ich zum Gefechtsstand zurück, der sich in einer Seitenstraße der Hauptstraße nach Gollnow befindet, und mache Meldung."

Wie sehr die Division „Frundsberg" zerrissen ist und ihre ankommenden Einheiten zusammenhanglos in den Kampf geworfen werden müssen, spiegelt auch das persönliche Tagebuch des Untersturmführers Wenke von der 1./SS-Pz.Nachr.Abt. 10 wieder. Wenke schreibt unter dem 4. März 1945: „06.00 Uhr, Ankunft in Stettin. Entladen. Fahrt mit Pkw nach Plathe und Naugard. Leitungsschaltungen in Postämtern. Div.-Vermittlung wird in Basenthin errichtet." Demnach ist auch der Div.Gef.-Stand der 10. SS-Panzerdivision „Frundsberg" in Basenthin, 10 km nordostwärts von Gollnow.

In der Nacht vom 4./5. März geht das III. (germ.) SS-Panzerkorps auf die Linie Nordrand Madü-See—Massow zurück. Am 5. März toben um diese Linie erbitterte Kämpfe, die mit einem weiterem Nachgeben der deutschen Front nach Westen enden.

In diesem Zusammenhang wird auch Naugard vom SS-Pz.Gr.Rgt. 22 und Teilen des SS-Pz.Rgt. 10 aufgegeben. Das im Raum Gollnow eintreffende Rgt. 21 wird herangeführt und nördlich vom III. (germ.) SS-Panzerkorps eingesetzt. Ab Mittag verteidigt ein Bataillon den Ort Neuendorf erfolgreich gegen immer wieder vorgetragene Feindangriffe.

Entlang der Straße Naugard—Gollnow drängen überlegene Feindkräfte das Rgt. 22 auf Gollnow zurück. Die II. Abt. des SS-Pz.Rgt. 10 hat den Auftrag, das Vorrollen der russischen Panzerbrigaden zu stoppen. Von Rottenführer Pietzka, Panzerfahrer der 6./SS-Pz.Rgt. 10, haben wir folgenden Bericht:

„Am 5. März erhalten wir den Befehl, bei Wolchow die Reichsstraße 2 nach Gollnow zu sichern. Wir beziehen in einem Laubwald, der bis an die Straße reicht, Stellung, tarnen unseren Panzer und kurbeln das Rohr in Richtung der Straße nach Naugard. Gegen Mittag erscheint ein Untersturmführer und stellt sich als neuer Zugführer vor. Auf seinen Befehl verlassen wir unsere Stellung und fahren mit den anderen Panzern des Zuges im überschlagenden Vorgehen langsam in Richtung Naugard.

Wir erreichen freies, etwas hügeliges Gelände und erkennen in etwa 4 km Entfernung russische Panzer, gegen die wir sofort unseren Turm eindrehen. Der Kommandant spricht dem Richtschützen ein Ziel an, und wenig später jagt die erste Panzergranate aus unserer Kanone. Als Fahrer kann ich kein Ziel erkennen und höre den Kampfablauf nur aus den Gesprächen meiner Kameraden.
Plötzlich tauchen vor uns aus einer Bodenwelle, die wir nicht erkannt haben, mehrere T-34 auf, die sofort das Feuer auf uns eröffnen, und wir erhalten einen schweren Treffer auf den Turm. Panzerkommandant, Ladeschütze und Funker sind sofort tot. Ich werde am Unterarm verwundet, und mit Hilfe des Richtschützen, meines Kameraden Kehrer, komme ich aus dem brennenden Panzer heraus. Wir laufen zurück, die Bordwaffen der T-34 jagen uns wie Hasen, und erreichen das Dorf Hindenburg, das unter schwerem russischen Artilleriefeuer liegt. Wir laufen weiter und erreichen den Wald beim Dorf Kicker, wo wir auf Panzergrenadiere des Rgt. 22 stoßen, die mich verbinden. Dann stoßen wir auf einen Panzer unserer Kompanie, der bei Kicker sichert. Helfende Hände heben mich in den Panzer, und hinter dem Sitz des Funkers erhalte ich meinen Platz bis zum Absetzen. Panzerfahrer ist der Rottenführer Veit. Nach einigen Sicherungsstellungen erreichen wir später bei Gollnow die Kompanie, und ich komme zum Hauptverbandplatz."
Beim Kampf an der Straße nach Gollnow wird die I./SS-Pz.Art.Rgt. 10 (Sfl) von russischen Panzern angegriffen. Die Bedienungen von Hauptsturmführer Behrens Abteilung schlagen sich wie die Teufel und jagen Schuß auf Schuß aus den Rohren heraus. Einige Geschütze werden von russischen Panzern überrollt. Die Tapferkeit der I. Abteilung wird mit 40 Eisernen Kreuzen belohnt.
In der Nacht und am folgenden Tag bezieht das SS-Pz.Art.Rgt. 10 neue Stellungen: Die I. Abteilung in Glewitz, II. Abteilung in Marsdorf und Jakobsdorf, III. Abteilung in Diedrichsdorf, IV. Abteilung in Barfußdorf, Regiments-Gefechtsstand in Christinenberg und der Divisions-Gefechtsstand verlegt nach Rörchen. Die Abteilungen schießen Störfeuer nach Karte auf Kreuzungen. Sparsamster Munitionsverbrauch wird immer wieder vom Regiment gefordert.
Am 5. März verlegt der Stab der 10. SS-Panzerdivision „Frundsberg" von Basenthin nach Rörchen, wo unverzüglich die neue Div.-Vermittlung aufgebaut wird. Ein vorgeschobener Div.Gef.Stand verbleibt in Gollnow.

Während die bisher eingetroffenen und eingesetzten Teile der 10. SS-Panzerdivision „Frundsberg“ in der Nacht vom 4./5. März einigermaßen geordnet nach Westen zurückkommen, findet die um Plathe stehende SS-Pz.AA 10 die Straße nach Naugard bereits von russischen Kräften gesperrt. Sturmbannführer Brinkmann entschließt sich, nach Greifenberg zu fahren, um Anschluß an zurückgehende Kräfte des Korps von Tettau zu finden. Damit beginnt die Odyssee der SS-Pz.AA 10, die bei ihrem Marsch durch feindliche Vormarschlinien dennoch den festen Zusammenhalt wahrt und sich unter der umsichtigen Führung ihres Kommandeurs, des Sturmbannführers Brinkmann, zurückboxt und schließlich bei Stepenitz noch auf einen eigenen kleinen Brückenkopf stößt, der von Marineeinheiten zur Aufnahme von deutschen Versprengten gehalten wird.
Am Morgen des 5. März erreicht die SS-Pz.AA 10 den noch feindfreien pommerschen Flecken Greifenberg. Wohin nun? — Brinkmann setzt Aufklärung nach Norden an, in der Hoffnung, dort auf zurückgehende Kräfte (Besatzung von Stolberg) zu stoßen. Der gep. Spähtrupp erreicht Deutsch-Pribbernow, aber auf der Küstenstraße von Kolberg nach Cammin rollen 80 russische Panzer nach Westen. Aufgrund dieses Aufklärungsergebnisses entschließt sich Sturmbannführer Brinkmann, nunmehr nach Südwesten zu fahren, um irgendwo an der Oder auf eigene Kräfte zu stoßen. Die SS-Pz.AA 10 rollt auf Nebenwegen, unter Ausscheidung von Seitensicherungen über Koldemanz nach Südwesten. Gegen 08.00 Uhr steht sie an der Straße Gülzow—Naugard, doch auch auf dieser Straße rollen schon russische Panzer. Sturmbannführer Brinkmann befiehlt: Durch! — Es kommt zu einem kurzen harten Panzergefecht, bei dem beide Seiten Verluste haben; die Abteilung kommt mit den meisten Fahrzeugen über die Straße.
Gegen 13.00 Uhr erreicht die stets kampfbereite Abteilung auf Waldwegen die Straße Pribbernow—Gülzow, aber auch diese Straße wird bereits von russischen Panzern, die nach Südwesten fahren, benutzt. Brinkmanns Streitmacht rochiert parallel mit den Russen nach Südwesten, in der Hoffnung, irgendwo ein Loch zu finden, um in den ihm inzwischen bekanntgewordenen deutschen Brückenkopf bei Wollin zu gelangen. Gegen 15.00 Uhr erfolgt ein gewaltsamer Durchbruch nach Norden, abermals entstehen Verluste.
In der Nacht vom 5./6. März „igelt“ die SS-Pz.AA 10 südlich von Wietstock und treibt nach allen Seiten Aufklärung vor. Nördlich von Wiet-

stock wird eine feindliche Panzergruppe erkannt, die einen Durchbruch zum Brückenkopf Wollin unmöglich erscheinen läßt. Also wieder nach Südwesten gewandt!

Am Morgen des 6. März, gleich bei Hellwerden, sondieren Spähtrupps der SS-Pz.AA 10 Feindlage und Gelände in Richtung Südwesten. Die Abteilung fährt an, umgeht die erkannten Feindstellungen und erreicht über Feld- und Waldwege und über die Dörfer Rissnow, Altsarnow und Graseberg das größere Dorf Stepenitz am Stettiner Haff. Hier trifft die Abteilung am 6. März 1945 gegen 10.00 Uhr ein und wird in die Rundumverteidigung des Brückenkopfes einbezogen. Schwächere Vorstöße des Feindes werden im Laufe des Tages und auch am 7. März abgewiesen. Zahlreiche deutsche Versprengte des X. SS-AK und der Korpsgruppe von Tettau schlagen sich zum Brückenkopf Stepenitz durch, der dann in der Nacht vom 7./8. März aufgegeben wird. Die Männer und Fahrzeuge der SS-Pz.AA 10 werden ab 21.00 Uhr auf mit Strohballen ausgepolsterten Oderkähnen nach Ziegenort auf der Westseite des Stettiner Haffs überführt. Damit ist die Irrfahrt der SS-Pz.AA 10 und ihrer tapferen Männer beendet.

Indessen haben sich die Regimenter der 10. SS-Panzerdivision „Frundsberg“ aus dem Raum Naugard auf Gollnow zurückgekämpft. Am 6. März hält die Division etwa in der Linie Kicker—Stepenitzer Bach—Neuendorf und hat südlich davon Anschluß an die SS-Panzergrenadierdivision „Nederland“, die den Raum Massow verteidigt. Besonders harte Kämpfe toben den ganzen Tag über um Neuendorf, das vom Rgt. 21 gehalten wird. Schließlich umgehen Feindkräfte den Ort, nehmen den dahinter liegenden Ort Speck und blockieren die Rückzugstraße. Die Front der 10. SS-Panzerdivision „Frundsberg“ fällt bis zum Abend des 6. 3. auf die Außenbezirke von Gollnow zurück. Eine feindliche Panzergruppe stößt bereits über Speck auf Gollnow vor und wird hier am Abend von der „Frundsberg“ aufgefangen. Hierzu schreibt Murawski*:

„Dort [bei Gollnow] versuchte die 10. SS-Panzerdivision in weitem Bogen um Gollnow herum in beweglicher Kampfführung die erneute Flankenbedrohung [für das III. (germ.) SS-Panzerkorps] aus Norden abzuwehren. Ihre Gefechtsstärken waren durch die dauernden Kämpfe der letzten Tage von 75 Prozent auf 50 Prozent abgesunken.“

* a.a.O. S. 218

Und Wenke schreibt in seinem Tagebuch unter dem 6. 3. u. a.: „Russischer Panzerangriff. Ein Bataillon vom Rgt. 21 wird eingeschlossen." Um welches Bataillon es sich handelt, konnte nicht festgestellt werden. Wahrscheinlich handelt es sich um die Verteidiger von Neuendorf.
In Gollnow stoßen auch die Reste der bei Naugard untergegangenen Kompanien des SS-Pz.Gr.Rgt. 22 zur Division. Hierüber berichtet der beim Kampf um Naugard erwähnte Unterscharführer Zemlitz vom Stab des Regiments 22: „Ich erfahre vom Schicksal dieser Kompanien, als ich einen Sturmbannführer, der das Bataillon übernehmen soll, nach vorn bringe. Zum Auffüllen bekommen wir in Gollnow noch Ersatz von der Luftwaffe und Marine. Darunter fliegendes Personal, hoch dekoriert, unmöglich ausgerüstet, teils mit Beutewaffen ohne Munition. Der Ersatz ist infanteristisch nicht ausgebildet und stellt für uns in dieser Lage eher eine Belastung als einen Gewinn dar. Zudem ist die Versorgung mit Lebensmitteln, Munition und Benzin auch sehr schlecht."
Am 7. März verteidigt die 10. SS-Panzerdivision „Frundsberg" die Stadt Gollnow gegen immer wieder anrennende feindliche Infanterie- und Panzerkräfte. Gegen Abend dringen feindliche Kräfte in die Stadt ein. In der folgenden Nacht geht das III. (germ.) SS-Panzerkorps — und an seinem Nordflügel die 10. SS-Panzerdivision „Frundsberg" — auf den Brückenkopf Altdamm zurück. Unterscharführer Petzschner, vom Ib der 10. SS-Panzerdivision wiederholt mit Sonderaufträgen betraut, hatte schon beim ersten Pommerneinsatz der Division im Waldgebiet ostwärts von Altdamm ein Div.-Munitionslager eingerichtet, das dort bis zum zweiten Pommerneinsatz geblieben ist. Petzschner, dem außer einigen Deutschen nur Hiwis und Italiener als Arbeitskräfte zur Verfügung stehen, gelingt es noch vor dem Absetzen, das Lager zu räumen; eine Meisterleistung, die kaum beachtet wird, die jedoch den Kampf der Division wesentlich beeinflußt.
Mit dem Einfließen in den großen Brückenkopf Altdamm ist der Rückzug zunächst beendet. Abschließend muß gesagt werden, daß es eine taktische Meisterleistung war, das III. (germ.) SS-Panzerkorps und mit ihm die 10. SS-Panzerdivision „Frundsberg", unter schwerstem Feinddruck, bei absoluter Luftüberlegenheit der Sowjets, zusammenzuhalten und aus einer Ost-West-Linie in einer schwierigen Drehung in eine Nord-Süd-Linie zurückzunehmen, bei ständigem Verlegen des Korpsgefechtsstands und der Div.-Gefechtsstände, bei immer wieder versagenden Nachrichtenverbindungen. Die Seele dieser umsichtigen Führung

waren der Kommandierende General Unrein und sein Chef des Stabes, Obersturmbannführer von Bockelburg, der die schwierige Operation mit scharfem Verstand fast mathematisch errechnete. Daß es zu keiner Überflügelung des Nordflügels des III. (germ.) SS-Panzerkorps kam, ist das Verdienst der 10. SS-Panzerdivision „Frundsberg". Der OB der 3. Panzerarmee erklärt dazu: „Daß es nach dem Ausfall zweier Korps [X. SS-AK und Korpsgruppe von Tettau] noch gelungen ist, die beiden übrigen [III. (germ.) SS-Pz.AK und XXXII. AK, vormals stellvertr. II. AK] trotz einer mehr als zehnfachen Überlegenheit des Gegners an Infanterie und Panzern . . . kampfkräftig an die Oder zu bringen, ist der Haltung der Truppe und der frontnahen Führung zuzuschreiben, deren Spitzenträger untereinander und mit der Truppe ständig in persönlicher Führung standen*."

Die 10. SS-Panzerdivision „Frundsberg" verteidigt bis zum 7. März erfolgreich die pommersche Kleinstadt Gollnow. Die letzten Einheiten der Division fließen in den Morgenstunden des 7. März befehlsgemäß in den Brückenkopf Altdamm ein, der vorerst noch Verbindung mit dem Brückenkopf Greifenhagen hat.

Die Führung im nördlichen Teil des Brückenkopfes liegt in den Händen des III. (germ.) SS-Panzerkorps, im südlichen Teil bis Greifenhagen beim XXXIX. Panzerkorps, das das Korps Hörnlein in der Führung abgelöst hatte. Zunächst bemühen sich die Führungsstäbe, die in den Brückenkopf einfließenden, zersplitterten Einheiten zu ordnen und ihnen im Rahmen ihrer Division neue Verteidigungsbereiche zuzuweisen. Die Neugliederung wird jedoch durch unverzüglich einsetzende russische Angriffe gegen den Brückenkopf sehr erschwert und kann erst Tage später abgeschlossen werden. Der Gefechtsstand der 10. SS-Panzerdivision „Frundsberg" verlegt am 7. März von Rörchen nach Finkenwalde. Die SS-Pz.Nachr.Abt. 10 beginnt dort unverzüglich mit dem Aufbau eines Fernsprechnetzes durch Leitungsschaltungen bei den Postämtern. Der 10. SS-Panzerdivision wird damit ein Verteidigungsabschnitt am Südflügel des III. (germ.) SS-Panzerkorps zugewiesen.

Das II./SS-Pz.Gr.Rgt. 21 wird nach dem Einfließen in den Brückenkopf Altdamm zunächst im Rahmen der Division „Nederland" bei Lübzin eingesetzt und kommt erst später — bei der Verkleinerung des Brückenkopfes — zur Division zurück. Beim Zurückgehen von Gollnow nach

* Murawski, a.a.O. S. 231

Hornskrug schießt die 1./SS-Pz.Gr.Rgt. 10 unter Führung von Obersturmführer Bachmann (vorher Obersturmführer Scherzer) bei Christinenberg drei T-34 ab und öffnet die Rückmarschstraße.
Die größte Gefahr zeichnet sich entlang der Reichsstraße Stargard—Stettin ab. Hier dringt das sowjetische 9. Garde-Panzerkorps über Hohenkrug—Buchholz bis an die Autobahn vor und steht damit kurz vor den Oderübergängen bei Altdamm. In den gefährdeten Abschnitt wird die 10. SS-Panzerdivision eingesetzt. Hier erzielt das SS-Pz.Rgt. 10 hervorragende Abwehrerfolge, die bei Rosengarten in Lauerstellung stehenden Panzer der 1./SS-Pz.Rgt. 10 schießen drei T-34 und einen „Stalin"-Panzer ab. Bei Rosengarten und am Flugplatz von Altdamm sind auch die letzten einsatzbereiten Geschütze der SS-Pz.-Flak-Abt. 10 in Stellung; ihr Auftrag lautet: „Keinen Feindpanzer über die Autobahn kommen zu lassen!" Und Schrembs Flakartilleristen erfüllen diese Aufgabe. Teile der 1. und 2./SS-Pz.AA 10 sichern durch gepanzerte Verbindungsspähtrupps die einzelnen Flakstellungen. An diesem Frontabschnitt treten auch Seydlitztruppen auf, die unerkannt durch die eigenen Linien kommen und einzelne Infanteriesicherungen ausheben. Südlich von Rosengarten kämpft die 5./SS-Pz.Rgt. 10. Hierüber schreibt der Fahrer im Chefpanzer der 5. Kompanie, Rottenführer Münzenberg, in einem Feldpostbrief an seine Eltern: „Am 9. März hatten wir ein schweres wechselvolles Gefecht mit überlegenem Gegner. Dreimal wechselte Rosengarten den Besitzer. Am Abend konnten wir uns doch behaupten. Bei diesem Kampf ist unser Chef gefallen. Er saß hinter mir am Scherenfernrohr, als ein Baumkrepierer über uns einschlug. Der Chef war gleich tot. Es war gerade im kritischen Augenblick — wir waren im Gegenstoß —, als plötzlich 50 Meter vor uns eine größere Gruppe von Russen auftauchte. Zu allem Übel versagten unsere beiden MG . . . Wir sind nicht zurückgegangen und haben gehalten. Unser Chef war übrigens ein Studienrat aus Wernigerode." Leider konnte der Verfasser den Namen des Kompaniechefs nicht feststellen, da der Briefschreiber seit dem Einsatz in Sachsen vermißt wird.
Der hartnäckige Widerstand der 10. SS-Panzerdivision „Frundsberg" und anderer Verbände führt zum Abbruch des sowjetischen Angriffs auf den Brückenkopf Altdamm aus der Bewegung heraus. Marschall Schukow befiehlt eine gründliche Vorbereitung und Umgruppierungen zu einem neuen Angriff. Vom 12. bis 14. März tritt an der gesamten Brückenkopffront Ruhe ein.

Bereits am 13. März erkennen die deutschen Führungsstäbe die Absicht der Sowjets, durch eine neue Schwerpunktbildung bei Klebow und Binow den großen Brückenkopf durch einen Stoß in Richtung Sydowsaue und Podejuch aufzuspalten und anschließend die so entstandenen kleineren Brückenköpfe Greifenhagen und Altdamm zu zerschlagen. Der Forst Buchheide bildet mit seinem bewaldeten Berggelände ein großes Hindernis, das jedoch durch vermehrten Einsatz von Artillerie von Infanteriekräften überwunden werden soll. Hierzu schreibt Murawski: „Sehr wesentlich war ferner die Verstärkung der (drei Angriffs)Armeen durch vier Artillerie-Durchbruchs-Divisionen. Damit erreichte man an den Angriffs-Schwerpunkten eine Artilleriedichte von 250 bis 280 Geschützen und Granatwerfern je Frontkilometer. Außerdem stellte die 1. Weißrussische Front ihre sämtlichen Schlachtflieger und 90 Prozent ihrer Bomber zur Unterstützung der Infanterie bereit*." Nachzutragen bleibt noch, daß in dieser Situation der OB der 3. Panzerarmee, Generaloberst Raus, am 10. 3. durch General von Manteuffel ersetzt wird.

Am Morgen des 14. März 1945 beginnt der neue sowjetische Großangriff mit stundenlangem Trommelfeuer auf die deutschen Stellungen. Drei sowjetische Armeen — die 47. und 61. sowie die 2. Garde-Panzerarmee — treten zum Angriff auf den Brückenkopf an.

Teile des SS-Pz.Gr.Rgt. 22 werden in den Forst Buchheide geworfen, um die dortige Front zu stützen. Hierüber berichtet der Sturmmann Bautsch: „Wir werden auf zwei Lkw von Finkenwalde nach vorn gefahren. Unser Fahrzeug hat noch ein anderes im Schlepp. Auf den Ladeflächen stehen die Soldaten dicht gedrängt. Ich bin Kotflügelfahrer und als Fliegerbeobachter eingeteilt. Mehrmals müssen wir vor angreifenden feindlichen Flugzeugen Deckung nehmen. Am Spätnachmittag erreichen wir unser Ziel und werden auch gleich eingesetzt. — So ein Waldkampf ist schlimm. Überall knallt es. Die Russen haben sich teilweise auf den Bäumen festgesetzt und lassen uns durch, um uns dann von hinten zu beschießen. Hierbei werde ich verwundet, kann mich aber bis zum nächsten Verbandplatz zurückschleppen und gelange von dort mit dem Sanka ins Lazarett nach Stettin."

An der Südfront des Brückenkopfes von Greifenhagen bis Hökendorf sind die 1. Mar.Schtz.Div., die 25. Pz.Gr.Div. und die Pz.Div. Schlesien

* a.a.O. S. 283

eingesetzt. Die Ostfront von Hökendorf bis westlich Augustwalde verteidigen die Reste der 549. Volks-Gr.Div., der 281. Inf.Div. und der 10. SS-Pz.Div. An der Nordfront stehen die Reste der SS-Pz.Gr.-Divisionen „Nordland“ und „Nederland“.
Bis zum 17. März halten die Reste der 10. SS-Panzerdivision „Frundsberg“ ihre Stellungen ostwärts von Rosengarten und Hökendorf. Auch die anderen Frontabschnitte werden unter wechselhaften Kämpfen im wesentlichen gehalten. Am 17. und 18. März erreichen die russischen Infanterie- und Panzerangriffe nach vorbereitenden Schlägen ihrer Artillerie und Luftwaffe den Höhepunkt. Immer noch verwehren Panzer- und Flak-Batterien der „Frundsberg“ den Russen das Weiterkommen in Richtung der Oderbrücken. Das SS-Pz.Rgt. 10 schießt bei Rosengarten und Hökendorf zahlreiche Feindpanzer zusammen, die von Obersturmführer Bachmann geführte 1./SS-Pz.Rgt. 10 allein bei Hökendorf 17. Die Reste der SS-Pz.Gr.-Regimenter 21 und 22 schmelzen zusammen. Es spielen sich zahlreiche menschliche Tragödien ab, ein alter Haudegen des Regiments 21, Hauptscharführer Tanner, wird in letzter Minute verwundet, von Untersturmführer Tintoff vor der russischen Gefangenschaft bewahrt und zurückgebracht. Am 15. März sucht Untersturmführer Hoffmann einen vermißten VB mit Funktrupp der 10./SS-Pz.Art.Rgt. 10 und kommt nicht zurück; Untersturmführer Sieks (inzwischen Adjutant der IV./SS-Pz.Art.Rgt. 10) rückt mit drei Männern zur Suche aus, wird dabei in Rosengarten in Kämpfe verwickelt und kommt mit einer Oberarmverwundung zurück, bleibt aber bei der Truppe. Am 16. März fällt der Kommandeur des SS-Pz.Rgt. 10, Obersturmbannführer Otto Paetsch; das Regiment übernimmt der Kommandeur der I. Abt., Sturmbannführer Tetsch. Am 16. März fällt auch der Kommandeur des SS-Pz.Gr.Rgt. 24 „Danmark“, Obersturmbannführer Krügel, bei einem Gegenstoß bei Altdamm. Die Front wird auf einen verkleinerten Brückenkopf zurückgenommen, der gerade noch Altdamm und Finkenwalde einschließt. Am 18. März erreichen russische Kräfte die Oder bei Klütz (hart nördlich der Autobahnbrücke, die in der Nacht vom 16./17. 3. vorsorglich gesprengt wurde) und spalten den Brückenkopf in zwei kleine um Greifenberg und Altdamm. Gleichzeitig drehen starke russische Panzerkräfte nach Norden ein und berennen die Verteidigungsstellungen bei Sydowsaue, Podejuch und Hökendorf. Bei Sydowsaue verteidigt das Bataillon Dierick, die Reste der SS-Pz.Gr.Div. „Wallonien“.

Am 18. März droht auch die HKL der „Frundsberg" bei Hökendorf zu zerreißen. Noch einmal schlagen sich die Panzer der Division mit überlegenen russischen Panzerkräften herum, und noch einmal wird die Front gehalten, der Feinddurchbruch zu den Oderbrücken bei Altdamm aufgefangen. Untersturmführer Wenke schreibt hierzu unter dem gleichen Datum: „Nach einem russischen Panzerdurchbruch verlassen wir Nachrichtenleute mit dem Div.Gef.-Stab schnellstens Finkenwalde in Richtung Oderbrücke und bauen an der Altdammer Straße eine neue Div.-Vermittlung und Funkstelle auf."

In der Nacht zum 19. März rollen bereits die schweren Waffen und Fahrzeuge über Zollhaus nach Stettin. Pioniere sprengen alle dem Feind nützenden Anlagen und Gebäude in Altdamm.
Am 19. März wird ein russischer Vorstoß auf die Oderbrücken mühsam aufgefangen. Das Pz. AOK 3 stellt die Heeresgruppe Weichsel vor die Wahl, „entweder heute nacht alles auf das Westufer der Oder zu retten oder morgen alles zu verlieren*". Der Antrag wird überraschend schnell von Hitler genehmigt, der Räumungsbefehl erreicht die Truppenteile des III. (germ.) SS-Panzerkorps gegen 23.00 Uhr. Die Einheiten fließen unverzüglich ab. Gegen Mitternacht sichert der Rgt.Pi.-Zug „Danmark" als Nachhut die Straßenbrücke Zollhaus—Stettin, die zur Sprengung fertig gemacht wird. Dann fliegt die Brücke in die Luft. 1500 Meter südlich davon geht die Nachhut der „Wallonie" mit den letzten „Panthern" der 1./SS-Pz.Rgt. 10 über die Eisenbahnbrücke nördlich von Finkenwalde über die Oder; danach fliegt auch diese Brücke in die Luft. Damit finden die Kämpfe in Hinterpommern ihren Abschluß, an dessen Ende praktisch die Zerschlagung der Verbände des III. (germ.) SS-Panzerkorps steht, das im opfervollen Kampf zuletzt nur noch bemüht war, zurückströmenden Flüchtlingstrecks und Versprengten einen Weg über die Oder offen zu halten.

Am 20. März 1945 schreibt der Rottenführer Münzenberg, Fahrer des Chefpanzers der 5./SS-Pz.Rgt. 10, an seine Eltern:

„Gestern wurden wir über die Oder zurückgenommen und liegen in Stettin in Ruhe. Heute hörte ich im Wehrmachtbericht, daß drei russische Armeen den Brückenkopf Altdamm unter stärkstem Kräfte- und

* Murawski, a.a.O. S. 287

Munitionseinsatz angegriffen haben. Das haben wir so richtig gespürt. Heute wollen wir unseren Regimentskommandeur (Paetsch) zu Grabe tragen. Wir bedauern diesen Verlust sehr. Ich habe während des ganzen Einsatzes wieder viel Glück gehabt. Am 9. 3., als unser Chef fiel, habe ich noch einen T-34 abgeschossen. Bis jetzt sind es fünf bestätigte Abschüsse." Und ein paar Tage später schreibt Münzenberg an seine Eltern: „... über die Hälfte von uns hat keine Heimat mehr. Unsere Heimat ist die Einheit." Der zum Unterscharführer beförderte Münzenberg geht durch alle Leiden und wird seit dem Ausbruch aus dem Kessel von Spremberg vermißt.

*

Die abgedrängte SS-Pz.AA 10 wird indessen in der Nacht vom 7./8. März 1945 aus dem kleinen Brückenkopf Stepenitz auf Oderkähnen über das Papenwasser nach Ziegenort übergesetzt. Hier untersteht ihr die Verteidigung des Oder-Abschnittes Pölitz—Neuwarp mit unterstellten Flak-, Luftwaffen- und Marinegruppen. In diese Zeit fällt das Unternehmen „Waffen-SS auf See", das der Kommandeur, Sturmbannführer Brinkmann, so beschreibt:

„Es melden sich bei uns zwei junge Heeresoffiziere, die mit einem Ruderboot vom Ostufer der Oder herübergekommen sind, und teilen mir mit, daß sich hinter den russischen Linien im Forst Stepenitz Hunderte von deutschen Soldaten befinden, die wegen des breiten Stromes keine Möglichkeit haben, weiter nach Westen zu kommen. Wir machen einen Plan, um möglichst viele dieser Soldaten auf unsere Seite zu holen. Zufällig finden sich zwei Feldwebel der Luftwaffe bei uns ein, die sich eigentlich nur zum Verpflegungsempfang bei uns melden sollen, aber zu einer Aufklärungsstaffel gehören. Diese Piloten erklären sich bereit, unter Umgehung des Dienstweges — der sicherlich lange dauern würde — zu fliegen und entsprechende Fliegermeldungen und Nachrichten bei den deutschen Versprengten abzuwerfen. In unseren Plan werden einige startklare Marine-Landungsboote einbezogen, die in Neuwarp liegen und von Maaten geführt werden. Auf dem Truppenübungsplatz Neuwarp werden indessen mehrere Baracken frei gemacht und wird Verpflegung für die Versprengten bereitgestellt. Schwere Flakbatterien erhalten den Auftrag, eine Landungsstelle auf dem Ostufer freizuschießen.

Am 11. März wirft ein deutscher Aufklärer zweimal in der Nähe des uns als Sammelpunkt angegebenen Forsthauses eine Meldung ab mit Ort, Datum und Zeit des geplanten Unternehmens. In der Abenddämmerung schießt die Flak Sperrfeuer um den angegebenen Landekopf. Die Landungsboote der Marine und ein Beiboot, mit Männern meiner Abteilung besetzt, bestückt mit MG, rauschen über das Haff, bilden einen kleinen Brückenkopf und warten auf die deutschen Versprengten. Es klappt alles vorzüglich, wenig später treffen die ersten Gruppen am Landekopf ein und gehen in die Boote, darunter auch eine größere Zahl von Offiziersanwärtern der Fahnenjunkerschule Großborn. Ohne Störung durch die Russen läuft die Rettungsaktion ab, und am nächsten Tag bedankt sich eine Abordnung der Geretteten bei uns. Insgesamt wurden 603 deutsche Soldaten über die Oder geholt."

Die Teile der SS-Pz.AA 10, die bei Naugard Aufklärung gefahren haben und dann nicht mehr zur Abteilung kamen, kommen nach Aufgabe des Brückenkopfes Altdamm wieder zur Abteilung zurück.

Im Stettiner Haff sind indessen deutsche Tankschiffe von den Russen beschossen worden und liegen auf Grund. Die Tankschiffe waren die letzten, die vom Hydrierwerk Pölitz abgehen sollten. Oberscharführer Stocké von der 2./SS-Pz.AA 10 erhält den Auftrag, mit Sturmbooten der Marine und seinen Männern als Begleitschutz zu den Tankern zu fahren und Benzin zu bergen. Auch diese Aktion gelingt, und nachdem die Tanker leergepumpt sind, werden sie gesprengt.

*

Mit der Räumung des Brückenkopfes Altdamm wird die 10. SS-Panzerdivision „Frundsberg" frei und in den Raum Frankfurt (Oder) als Heeresgruppenreserve verlegt. Als letzter Verband folgt die SS-Pz.Aufkl. Abt. 10, die den Oderabschnitt an das XXXII. AK übergeben hat.

DER WEG DER 9. SS-PANZERDIVISION VOM PLATTENSEE BIS ZUR REICHSSCHUTZSTELLUNG

Ausladen im Raum Raab — Erschwerter Aufmarsch — 6. März 1945: Die deutsche Plattensee-Offensive beginnt — Die Offensive bleibt im Schlamm stecken — Der russische Gegenangriff — Der Kessel von Stuhlweißenburg — Die 9. SS-Panzerdivision hält das Loch offen — Am Plattensee zurück — An der Zala und bei Radkersburg

Am 16. 1. 1945 befiehlt Hitler, die in den Ardennen kämpfende 6. SS-Panzerarmee aus der Rückzugsbewegung herauszuziehen und zum Schutz des kriegsentscheidenden Ölgebietes nach Ungarn zu werfen.
In Ungarn hat sich die deutsche Front etwas gefestigt. Mit der 6. SS-Panzerarmee, die im Kriegstagebuch der Heeresgruppe Süd immer ohne den Zusatz „SS" erscheint, soll das südungarische Ölgebiet von Groß-Kanizsa zurückerobert werden. Gleichzeitig bereiten die Russen nach der Einnahme von Budapest eine Offensive gegen Österreich vor — die „Wiener Operation".
Die Heeresgruppe Süd (Wöhler) nimmt vor Angriffsbeginn folgende Gliederung ein:

2. Panzerarmee (de Angelis) von der Drau bis zum Südende des Plattensees,
6. SS-Panzerarmee (Dietrich) zwischen Nordende des Plattensees und Velencze-See,
6. Armee (Balck) vom Velencze-See bis nördlich Mór,
3. ungarische Armee von Mór bis zur Donau und
8. Armee (von Kreysing) nördlich der Donau am Westufer des Gran.

Das Ziel der deutschen Offensive ist die Zerschlagung der russischen Kräfte westlich der Donau, Wiedergewinnung des südungarischen Ölgebietes, Entsatz von Budapest und Gewinnung von Brückenköpfen über die Donau. Den Schwerpunkt bildet die 6. SS-Panzerarmee. Die Angriffsrichtung ist Südosten. Zur Unterstützung greift die 2. Panzerarmee südlich des Plattensees an, um mit der 6. SS-Panzerarmee im Raum Dombovar—Pecs in Verbindung zu kommen.
Die Sowjets, die die deutschen Angriffsvorbereitungen erkennen, bauen ihre Stellungen westlich der Donau stark aus und legen — aufbauend auf den Erfahrungen der Kursker Schlacht — tiefgegliederte Panzerabwehrriegel an. Trotz der bevorstehenden deutschen Offensive befiehlt

Stalin, die Vorbereitungen zur „Wiener Operation“ voranzutreiben. Die 3. Ukrainische Front (Tolbuchin), die beiderseits des Velencze-Sees steht, erhält zum Angriff auf Österreich die aufgefrischte 9. Garde-Armee und die 6. Garde-Panzerarmee. Dem Angriff soll sich die 2. Ukrainische Front (Malinowskij) mit der südlich der Donau — Raum Budapest — stehenden 46. Armee anschließen.
Indessen rollen die Transporte mit den Verbänden der 6. SS-Panzerarmee nach Ungarn. Es sind die SS-Panzerdivisionen „Leibstandarte“, „Das Reich“, „Hohenstaufen“ und „Hitlerjugend“. Die zuerst eintreffenden Divisionen „Leibstandarte“ und „Hitlerjugend“ werden zur Beseitigung des russischen Granbrückenkopfes eingesetzt und verlegen dann in den neuen Bereitstellungsraum zur Plattensee-Offensive.
Bei der Heeresgruppe Süd ruhen nun alle Hoffnungen auf den Divisionen der 6. SS-Panzerarmee, die direkt von der gescheiterten Ardennen-Offensive bis zum 6. März 1945 im Raum westlich von Stuhlweißenburg (Székesfehérvár) eintreffen. Wie so oft, schaut man auch dieses Mal auf die Waffen-SS und erhofft sich von ihr den Erfolg. Aber was in Ungarn ankommt, sind nur Schatten einstiger berühmter Divisionen. In der Ardennen-Offensive zum letzten Mal — wie so oft — zur Schlakke ausgeglüht, in 14 Tagen unzureichend aufgefüllt mit Soldaten der Luftwaffe und der Marine, kann man selbst bei verhältnismäßig hoher Kampfmoral keine militärischen Wunder erwarten.
Der Antransport der Waffen-SS-Divisionen nach Ungarn und der Marsch in die Bereitstellungsräume erfolgt unter sehr erschwerenden Witterungsbedingungen und Straßenverhältnissen. Zum Teil erhalten die im Raum Raab eintreffenden Einheiten hier noch personellen Ersatz. Das SS-Pz.Pi.Btl. 9 erfährt erst die letzte Auffüllung im Raum Stuhlweißenburg kurz vor Angriffsbeginn. Der von der Luftwaffe kommende Ersatz kann nicht mehr in spezielle Pionieraufgaben eingewiesen werden.
Teile des SS-Pz.Art.Rgt. 9 verbleiben in Raab und warten auf ihre Ausstattung mit Geschützen und Zugmaschinen. Diese Teile gelangen in Ungarn nicht mehr zur Division und schließen sich beim Rückzug der 2. SS-Panzerdivision an.
Alle Vorbereitungen laufen unter größter Geheimhaltung. Die 6. SS-Panzerarmee, ihre Korps und Divisionen erhalten Decknamen. An den Panzern und Fahrzeugen werden die taktischen Zeichen überpinselt, an den Waffenröcken die Ärmelstreifen entfernt.

Der Anmarsch des II. SS-Panzerkorps erfolgt mit der 2. SS-Panzerdivision über Varsany—Zirc—Varpalota, mit der 9. SS-Panzerdivision über Kisber—Mór—Stuhlweißenburg in den Bereitstellungsraum Falubattyan.

Am 1. März 1945 meldet das II. SS-Panzerkorps an die 6. SS-Panzerarmee folgende Stärken (Quelle Bundesarchiv Freiburg):

SS-Ausbildungsstab „Süd" mit Korpstruppen (Generalkommando II. SS-Panzerkorps mit Korpstruppen)	888
Krankensammelstelle „Süd"	101
Transportstaffel „Süd"	39
SS-Lehrzug A 1 (ohne 2. Inspektion)	446
SS-Lehrstaffel W 1	744
SS-Lehrstaffel W 2	577
SS-Stabszug 1	241
SS-Ausbildungsgruppe „Nord" (= 2. SS-Pz.Div.)	19 542
SS-Ausbildungsgruppe „Süd" (= 9. SS-Pz.Div.)	17 299
zusammen:	39 807

Für den Funkverkehr gilt folgende Tarnnamenliste:

II. SS-Panzerkorps	Katharina II.	(1759)
2. SS-Panzerdivision	Kunersdorf	(1760)
9. SS-Panzerdivision	Zorndorf	(1761)
Reichsgrenadierdivision „Hoch- und Deutschmeister"	Daun	(1762)
25. ungar. Inf.Div.	Hubertusberg	(1763)
23. Panzerdivision	Roßbach	(1764)

In der Wochenmeldung der 6. SS-Panzerarmee an die Heeresgruppe Süd mit Stand vom 3. März 1945 ist der Zustand und Kampfwert der 9. SS-Panzerdivision so angegeben:

9. SS-Panzerdivision „Hohenstaufen":

Kommandeur: SS-Oberführer Stadler,

Ia: SS-Sturmbannführer Stürzbecher.

a) 3 starke, 2 mittelstarke, 2 durchschnittliche Bataillone.

b) 15 schwere Pak (beim FEB), 17 Pz.-Jäger IV, 16 Sturmgeschütze, 4 Flak-Panzer IV, 19 Panzer IV, 24 Panzer V, 10 Jagdpanzer V.

c) 3 leichte, 2 schwere Batterien.
d) schwere Waffen mot. 80 Prozent, übrige Teile 60 Prozent.
e) Kampfwert II.

Bis zum Angriffsbeginn am 6. März 1945 sind die Verbände der 6. SS-Panzerarmee im Raum südwestlich von Stuhlweißenburg versammelt. Die Bereitstellung erfolgt zwischen dem Plattensee und dem Velencze-See in folgender Aufstellung von rechts nach links:

I. Kavalleriekorps (Harteneck) mit
25. ungarische Inf.Div.,
4. Kavalleriedivision (v. Nordenskhöld),
3. Kavalleriedivision (von der Gröben).

I. SS-Panzerkorps (Priess) mit
12. SS-Panzerdivision (Kraas),
1. SS-Panzerdivision (Kumm).

II. SS-Panzerkorps (Bittrich) mit
44. Reichsgrenadierdivision „Hoch- und Deutschmeister“ (v. Rost),
2. SS-Panzerdivision (Ostendorf, dann Lehmann),
9. SS-Panzerdivision (Stadler).

III. Panzerkorps (Breith) (gehört zur 6. Armee) mit der
356. Inf.Div. und der
3., 6. und 1. Panzerdivision
soll die Angriffsflanke nach Norden abschirmen.

Der Angriffsplan der Heeresgruppe geht am 3. März den Armeen und Armeekorps zu und sieht vor:

Angriff des I. Kav.-Korps und des I. SS-Panzerkorps aus dem Raum Polgardi, westlich des Sarviz-Kanals nach Süden, unter Eindrehen nach Osten und Bildung von Donaubrückenköpfen bei Baja und Mohacs. Zusammenwirken mit der 2. Panzerarmee und der Heeresgruppe Südost. Zerschlagung der russischen Kräfte im Raum Dombovar und Gewinnung einer neuen Front an der Donau.
Angriff des II. SS-Panzerkorps aus dem Raum Felsöszentivan—Aba nach Südosten. Gewinnung von Donaubrückenköpfen bei Dunapentele und Dunaföldvar. Dann Eindrehen nach Süden und Vorstoß zwischen Sarviz-Kanal und Donau auf Tolna.

Angriff des III. Panzerkorps (6. Armee, Balck) nach Nordosten, Gewinnung der Linie Kapolnas Nyok—Ivancse und Abschirmung nach Norden.
Bei günstigem Verlauf der Plattensee-Offensive soll dann die 6. Armee durch Angriff des IV. SS-Panzerkorps (Gille) die Nordflanke bis an den Váli-Abschnitt vordrücken. Wenn auch diese Operation gelingt, soll in einer weiteren Angriffsphase das ganze Donauufer bis Budapest zurückerobert werden.

Die 9. SS-Panzerdivision erhält am 5. März gegen 13.00 Uhr den Angriffsbefehl für den nächsten Tag, 04.00 Uhr. Sie befindet sich zu diesem Zeitpunkt noch mindestens einen Tagesmarsch vom Bereitstellungsraum entfernt. Die Vormarschstraßen sind total verschlammt und verstopft.
Ein Blick auf die Karte genügt, um festzustellen, daß der Angriffstermin viel zu kurz bemessen ist und der Bereitstellungsraum in keinem Falle pünktlich erreicht wird, geschweige die für einen solchen Großangriff unbedingt notwendige eingehende Erkundung und Aufklärung gewissenhaft durchgeführt werden kann. Selbstverständlich wird die Division dennoch sofort alarmiert und ein mündlicher Marsch- und Bereitstellungsbefehl an die Truppe weitergegeben.
Der Divisionskommandeur setzt sich aber sofort fernmündlich mit dem Korps in Verbindung, erklärt die Gesamtlage und bittet um Verschiebung des Angriffsbeginns um mindestens 24 Stunden. Stabsführer Keller, Chef des Stabes II. Korps, kann nicht entscheiden, und der Kommandierende General ist im Augenblick nicht zu erreichen.
Kurze Zeit später meldet sich SS Gruppenführer und Generalleutnant Ostendorf, Kommandeur 2. SS-Panzerdivision, am Telefon. Er macht sich die gleichen Sorgen und kann seinen Bereitstellungsraum ebenfalls nicht zum befohlenen Zeitpunkt erreichen. Die beiden Kommandeure beschließen, gemeinsam beim Korps vorzusprechen und verabreden sich dort mit General Bittrich. Die vorgetragenen Argumente, vor allem, daß man einen solchen Großangriff nicht ohne jede Erkundung und Aufklärung antreten kann, finden zwar volle Zustimmung, doch eine Verschiebung des Angriffes kann auch General Bittrich nicht gestatten.
Auf der Rückfahrt zur inzwischen bereits angetretenen Division trifft der Kommandeur der 9. SS-Panzerdivision unterwegs den Oberbe-

fehlshaber der 6. SS-Panzerarmee, Generaloberst Dietrich. Noch einmal werden alle Argumente eingehend besprochen und auf die Gefahren hingewiesen, welche ein zu spätes Antreten zur Folge haben muß. Ein Angriff ohne Überraschungsmoment ist von vornherein zur Erfolglosigkeit verurteilt, und die daraus entstehenden Verluste sind einfach nicht zu verantworten. Der Divisionskommandeur beschwört seinen Oberbefehlshaber, notfalls in das Führerhauptquartier zu fliegen, um eine mindestens 24stündige Verschiebung des Angriffsbeginns zu erwirken.

Dietrich erklärt, daß er bereits vergeblich versucht habe, einen Aufschub zu erreichen: „Wir müssen morgen angreifen, und wenn wir motorisiert nicht schnell genug sind, dann eben zu Fuß."

Hier zeigt sich in aller Deutlichkeit ein führungsmäßiger Niedergang, der zur Katastrophe führen muß. In den vorangegangenen Schlachten wurden Großangriffe bis in jede Einzelheit erkundet und vorbereitet. Selbst der letzte Unterführer kannte ganz genau seine Aufgabe und natürlich auch das Gelände. Die Bereitstellung erfolgte entsprechend frühzeitig. Bei der Ardennen-Offensive hatte man leider darauf schon verzichtet. Dort wurden aber wenigstens noch die Führer eingewiesen und mit ihrer Aufgabe vertraut gemacht. Nun aber muß aus einem viel zu spät befohlenen Marsch heraus angegriffen werden, ohne jede Vorbereitung und Bereitstellung. Dazu Anmarschstraßen, die in kürzester Zeit total aufgeweicht und für Räderfahrzeuge kaum noch befahrbar sind, vom Wetter völlig abgesehen.

Der Wetterbericht für den 6. März 1945 lautet: Temperatur um 0 Grad. Tiefe Wolkendecke und Schneefälle. Schlechte Sicht. Wege völlig verschlammt.

Am 6. März 1945, um 04.00 Uhr, beginnt die deutsche Plattensee-Offensive, die letzte im Zweiten Weltkrieg. Nach einer kurzen, teilweise völlig unzureichenden Artillerievorbereitung treten die Sturmkompanien zum Angriff an. Das I. SS-Panzerkorps trifft auf hartnäckige Abwehr, es gelingt zwar in die russischen Linien einzubrechen, aber nicht, sie zu durchbrechen. Das III. Panzerkorps hat mehr Glück, kommt bis Seregelyes vor und bildet dort einen kleinen Brückenkopf. Das II. SS-Panzerkorps tritt erst gegen Mittag mit Stoßtrupps an, da immer noch die meisten Angriffskompanien zu Fuß im Aufschließen begriffen sind. Hierzu erklärt General der Waffen-SS Bittrich in einem Gespräch am

14. 10. 1973, daß er, nachdem in der Nacht und am 6. 3. 1945 morgens nach nochmaliger Einsichtnahme in das Gelände offensichtlich wurde, daß die Masse seiner Verbände, insbesondere die schweren Waffen und Panzer, nicht rechtzeitig bereitgestellt werden konnten, nicht mehr die Absicht gehabt habe, aus der Marschhast sogleich anzutreten. Das offene, schwierige Gelände zwischen Aba und Seregelyes, offenbar stark verteidigt, bedurfte einer sorgfältigen Vorbereitung und Bereitstellung, die nicht gegeben waren. Diese Argumente sind ein Beweis hohen Verantwortungsbewußtseins eines Truppenführers gegenüber seinen Soldaten.

Generaloberst der Waffen-SS Dietrich beurteilt die Lage der 6. SS-Panzerarmee am ersten Angriffstag dahingehend, daß man nicht mit einem raschen Durchbruch rechnen könne. Die Wege sind katastrophal. Schlamm und Neuschnee haben übel mitgewirkt. Panzer und schwere Waffen können nur an den festen Straßen eingesetzt werden. Man muß die feindliche HKL Stück für Stück im Infanteriekampf herausbrechen.

Der Auftrag des II. SS-Panzerkorps für den 7. März lautet:

> „Fortsetzung des Angriffs über die Straße Sarkeresztur—Sarosd bis zum Höhengelände ostwärts Sarkeresztur unter Ausschaltung von Aba."

Der zweite Angriffstag steht im Zeichen einer verstärkten russischen Verteidigung. Die auf Aba angesetzte 44. Reichsgrenadierdivision „Hoch- und Deutschmeister" (H.u.D.) kämpft sich bis zur Gehöftgruppe 3 km nordostwärts von Aba vor. Die in der Mitte des II. SS- Panzerkorps angreifende 2. SS-Panzerdivision überwindet im Angriff zahlreiche Hügelstellungen und erreicht eine Höhe am Wege Sarosd—Aba.

Am linken Flügel des II. SS-Panzerkorps greift die 9. SS-Panzerdivision an. Schon das Heranführen der Panzer und schweren Waffen über den Sarviz bei Falubattyan wird durch Artilleriefeuerüberfälle weitreichender russischer Batterien gestört. Stadler berichtet dazu:

„Ein geschlossener Panzerangriff ist einfach unmöglich. Das gesamte Gelände ist ein aufgeweichter Schlamm, in dem alles versinkt. Obersturmbannführer Telkamp, ein umsichtiger Panzerkommandeur, führt die vorderste Kompanie persönlich und muß feststellen, daß sein Regiment nicht eingesetzt werden kann, weil die schweren Wagen im Schlamm versinken. Nachdem zwei Panzer bis zum Turm im

Dreck verschwanden, kann der Angriff der in breiter Front vorgehenden Grenadiere nur noch mit einer Panzerkompanie von der einzigen Straße im Angriffsstreifen unterstützt werden. Da die Russen unseren Angriff erwarten, erhalten die Regimenter bald heftiges Abwehrfeuer aller Waffen. Der Angriff kommt unter diesen Umständen nur mühsam vorwärts."

Der linke Angriffsflügel der Division erhält südlich von Seregelyes Anschluß an das III. Panzerkorps (Breith). Der weit vorspringende rechte Flügel gewinnt Anschluß an die 2. SS-Panzerdivision. Die Mitte kämpft bis zum Abend um eine stark verteidigte Höhe drei Kilometer südwestlich von Seregelyes. Alle Angriffe des II. SS-Panzerkorps und des III. SS-Panzerkorps werden durch das offene Hügelgelände außerordentlich erschwert.

Der Kriegstagebuchführer der Heeresgruppe Süd schreibt am 7. März 1945 unter „Erwägungen, Entschlüsse, Befehle" in das KTB ein (Quelle: Bundesarchiv Freiburg):

„Das II. SS-Panzerkorps, das gestern infolge verspäteten Eintreffens nicht zum Zuge kam, trieb heute hauptsächlich mit Infanteriekräften einen 6 km tiefen Keil in das feindliche Hauptkampffeld bis zu den Höhen westlich Sarosd. Seine Aufgabe wird die Öffnung der Straßen von Sarkeresztur und Sarosd nach Südosten sein."

Am 8. März werden die Kämpfe im Abschnitt des II. SS-Panzerkorps mit größter Erbitterung ausgetragen. Während die am rechten Flügel angreifende 44. Division „H.u.D." nach Abschuß von sieben russischen Panzern das Höhengelände westlich von Aba gewinnt, kommen 2. und 9. SS-Panzerdivision trotz größter Anstrengungen über den Weg Aba—Sarosd nicht hinaus. Zahlreiche zu Sützpunkten ausgebaute Höhen, eingegrabene Panzer und Minenriegel bilden das Rückgrat der russischen Verteidigung. Gegen 19.00 Uhr erfolgt noch einmal ein Angriff der 9. SS-Panzerdivision mit zusammengefaßten Kräften, der in der Dunkelheit zur Eroberung der Gehöfte nordwestlich von Sarosd führt.

Der Ia der 6. SS-Panzerarmee, Obersturmbannführer Maier, schreibt hierzu in einer gleich nach dem Kriege verfaßten Studie (Archiv Harzer):

„Der Angriff kam westlich des Sarviz-Kanals (I. SS-Panzerkorps) flüssig vorwärts, während der Russe zwischen Sarviz-Kanal und Velencze-See zäh verteidigte. Nachdem dort kein Überraschungserfolg gelungen war, blieb der Angriff hängen und kam nicht mehr in Schwung, trotz

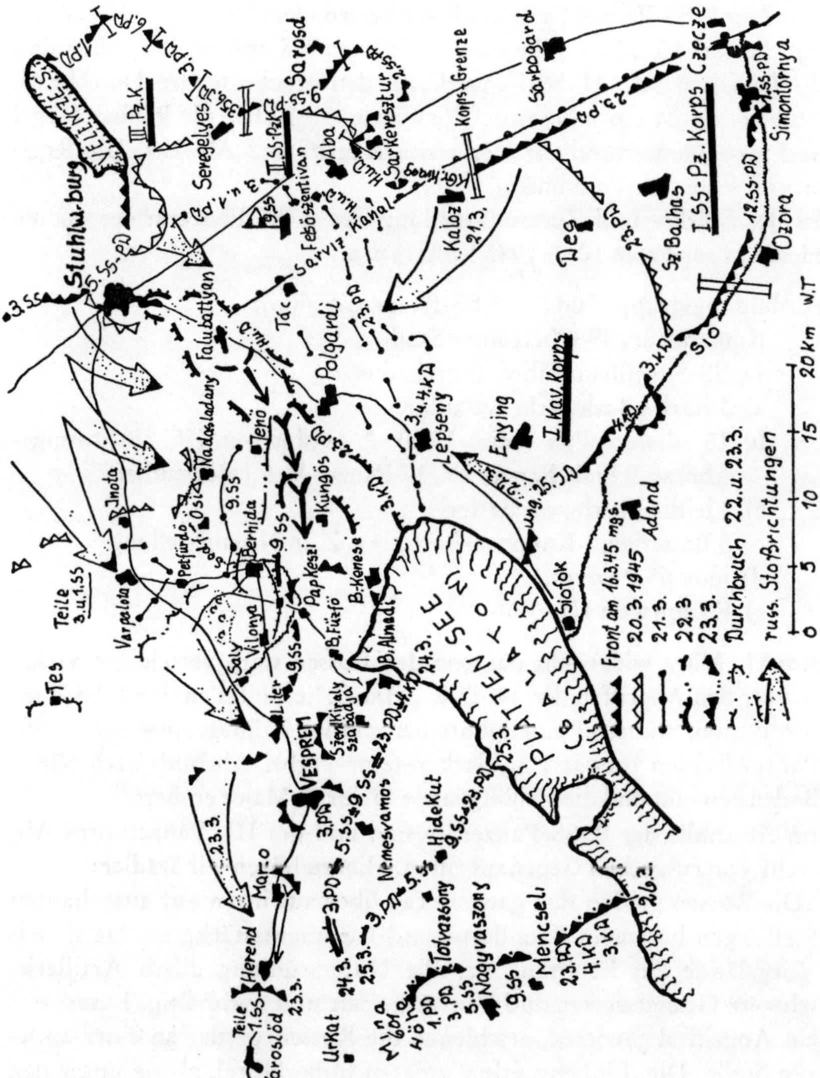

Einsatz der 9. SS-Panzerdivision in Ungarn.
Angriff bis zum Kessel von Stuhlweißenburg

größter persönlicher Bemühungen der Kommandeure (Ostendorf, Kommandeur 2. SS-Panzerdivision schwer verwundet)."

Am 9. und 10. März gehen die erbitterten Kämpfe weiter, ohne daß die Divisionen des II. SS-Panzerkorps den entscheidenden Durchbruch erzielen. Es ist ein mühsames Vorwärtsquälen über die kahlen Hügel und eine ununterbrochene Kette von Angriff und Abwehr. Die Regimenter schmelzen zusammen.

In der Stärke- und Zustandsmeldung der 6. SS-Panzerarmee an die Heeresgruppe vom 10. 3. 1945 heißt es u. a.:

Ausbildungsgruppe Süd (= 9. SS-Panzerdivision):
Komandeur: SS-Oberführer Stadler,
Ia: SS-Sturmbannführer Stürzbecher.
a) 3 starke, 4 schwache Bataillone.
b) 15 schwere Pak (beim FEB), 7 Jagdpanzer IV, 15 Sturmgeschütze, 9 Flak-Panzer IV, 17 Panzer V, 6 Jagdpanther.
c) 3 leichte, 1 schwere Batterie.
3 Batterien, 1 Kanonen-Batterie z. Z. in Neuaufstellung.
d) mot. 65 Prozent.
e) Kampfwert III.

Am 11. März widersteht das von den Russen stark verteidigte Sarkeresztur den Angriffen der 44. Div. „H.u.D." und Teilen der 2. SS-Panzerdivision, während eine zusammengefaßte Kräftegruppe der 2. SS-Panzerdivision ostwärts an Sarkeresztur vorbei erheblich nach Süden Boden gewinnt und die Gehöftgruppe Heinrich Major erobert.

Im Abschnitt der 9. SS-Panzerdivision und des III. Panzerkorps Abwehr von russischen Gegenangriffen. Hierzu hören wir Stadler:

„Die Russen griffen den ganzen Tag über aus ihren gut ausgebauten Stellungen heraus in Bataillons- und Regimentsstärke an. Da sie das Vorgelände gut kannten, war die Unterstützung durch Artillerie, schwere Granatwerfer und Panzer gezielt und nachhaltig. Kaum war ein Angriff abgewiesen, erschienen die Russen wieder an einer anderen Stelle. Die ‚Hohenstaufen' zeigten hohe Moral, als sie unter den gegebenen Umständen dennoch alle Angriffe für den Gegner außerordentlich verlustreich abweisen konnten. Leider waren aber die eigenen Verluste ebenfalls hoch."

Am 12. März erobert das I. SS-Panzerkorps Simontornya und dringt auf breiter Front bis zum Sio vor.

44. Div. „H.u.D." und Teile der 2. SS-Panzerdivision erobern Aba, bleiben aber dann wieder an der feindlichen Abwehr von Sarkeresztur liegen.
Die im Abschnitt südlich Seregelyes—Jakobzallas stehende 9. SS-Panzerdivision „Hohenstaufen" wehrt vom 12. bis 16. März zunehmende feindliche Gegenangriffe ab und ist endgültig zur Verteidigung übergegangen. Die Stellungen werden ausgebaut. Der Stellungskrieg in allen seinen Formen — das Ringen um kleinste Geländeteile, Späh- und Stoßtruppunternehmen, intensiver Artilleriekampf — diktiert das Geschehen bis zum Einsetzen des Rückzuges.

Wie wir heute wissen, haben die Sowjets — trotz der deutschen Geheimhaltung — die deutsche Plattensee-Offensive kommen sehen. Sie haben besonderes Gewicht auf eine Verteidigung des für eine Abwehr günstigen Geländes zwischen Sarviz-Kanal und Velencze-See gelegt. Am zweiten Angriffstag forderte der OB der 3. Ukrainischen Front, Marschall Tolbuchin, vom russischen Oberkommando (STAVKA) den Einsatz der zur „Wiener Operation" bereitgestellten 9. Gardearmee zur Abwehr des deutschen Angriffs. Die STAVKA lehnte ab, die 4. Gardearmee und die 26. Armee sollen allein den deutschen Angriff zum Stehen bringen. Nach Erlahmen der deutschen Angriffskraft beabsichtigt Stalin, mit der 9. Gardearmee und der 6. Garde-Panzerarmee bei Stuhlweißenburg zum Gegenangriff anzutreten, um die 6. SS-Panzerarmee zwischen Stuhlweißenburg und Plattensee einzukesseln und zu zerschlagen.
Obwohl die Heeresgruppe Süd spätestens am 14. März diese Absicht erkennt und entsprechend dem Führerhauptquartier meldet, hält Hitler an der Fortsetzung der Plattensee-Offensive fest, nunmehr unter neuer Schwerpunktbildung ostwärts des Sarviz-Kanals. Dazu soll die Front am Sio stehenbleiben und das I. SS-Panzerkorps in den Abschnitt des II. SS-Panzerkorps überwechseln, um dann mit beiden SS-Panzerkorps zunächst die überaus starke Verteidigung bei Sarkeresztur zu zerschlagen und dann beiderseits der festen Straße nach Sarbogard nach Südosten Boden zu gewinnen. Aber ehe die deutsche Umgruppierung richtig anläuft, schlagen die Sowjets am Morgen des 16. März zwischen Mór und Stuhlweißenburg los; die Front des IV. SS-Panzerkorps (Gille) wird nach schweren Kämpfen durchbrochen, die Sowjets stoßen mit der 9. Garde-Armee und der 6. Garde-Panzerarmee in Richtung Varpalota

—Veszprem vor und durchbrechen mit der 46. Armee die ungarische Front im Vertes-Gebirge in Richtung Komorn an der Donau.
Die deutsche Plattensee-Offensive wird eingestellt. Nun diktieren die Sowjets das Geschehen. Der ca. 40 km tiefe Einbruch zwischen Plattensee und Sarviz-Kanal wird langsam auf die deutsche Ausgangsstellung zurückgenommen, die frei werdenden Kräfte zur Stützung der ungarischen Front und zum Auffangen des russischen Großangriffs bei Stuhlweißenburg eingesetzt.
Die russischen Panzerverluste beim deutschen Angriff für die Zeit vom 6. bis 15. 3. 1945 beziffert eine Anlage des KTB der HG Süd mit 202 Panzern, davon 110 durch die 6. Panzerarmee und 92 durch die Armeegruppe Balck. In der Panzerlage der 6. SS-Panzerarmee mit Stand vom 15. 3. 1945 (Anlagenband KTB der HG Süd, Nr. 79) ist die 9. SS-Panzerdivision „Hohenstaufen" wie folgt verzeichnet:
„25 Panzer, 29 Jagdpanzer und Sturmgeschütze, 141 SPW und Panzerspähwagen einsatzbereit. 31 Panzer, 28 Jagdpanzer und Sturmgeschütze und 79 SPW und Panzerspähwagen sind in Reparatur (teilweise langfristig)."

Am 17. März 1945 weist die Wochenmeldung der 6. SS-Panzerarmee an die Heeresgruppe Süd für die 9. SS-Panzerdivision folgenden Stärke- und Zustandsbericht aus:

9. SS-Panzerdivision „Hohenstaufen":
Kommandeur: SS-Oberführer Stadler,
Ia: SS-Sturmbannführer Stürzbecher.
Tagesstärke: 10 820; Kampfstärke: 4 614.
a) 1 mittelstarkes, 3 schwache Bataillone, 1 schwaches FEB.
b) 15 schwere Pak (z. Z. beim FEB), 10 Pz.Jg. IV, 11 Sturmgeschütze, 16 Panzer IV, 13 Panzer V, 8 Jagdpanther.
c) 4 leichte, 2 schwere Batterien. 2 Batterien in Neuaufstellung.
d) mot. 65 Prozent.
e) Kampfwert II.

Am 18. März ist die Ablösung des I. SS-Panzerkorps unter Zurücknahme des Frontvorsprungs bei Simontornya bis beiderseits Deg beendet. Das I. SS-Panzerkorps stellt sich im Raum Inota bereit, um im Gegenangriff die durchbrochene Front des IV. SS-Panzerkorps wieder bis in die alte Linie Mór—Stuhlweißenburg vorzudrücken. Während-

dessen wehrt die beiderseits von Stuhlweißenburg stehende 5. SS-Panzerdivision noch alle feindlichen Angriffe ab.
Auch im Abschnitt des II. SS-Panzerkorps kommt es zu stärkeren Feindangriffen; westlich Sarosd wehrt die 9. SS-Panzerdivision einen bataillons-, und westlich Jakabzallas einen regimentsstarken, von zehn Panzern unterstützten russischen Angriff ab. Ein Einbruch in die HKL wird im Gegenstoß bereinigt, dabei werden zwei Feindpanzer vernichtet. Auch die noch im Frontvorsprung von Heinrich Major stehende 2. SS-Panzerdivision hat sich stärkerer Feindangriffe von drei Seiten zu erwehren.
Die Heeresgruppe Süd muß bald erkennen, daß der Gegenangriff des I. SS-Panzerkorps zur Wiederherstellung der alten HKL zwischen Mór und Stuhlweißenburg infolge des überaus starken Gegners nicht durchschlägt. Das II. SS-Panzerkorps soll dem I. SS-Panzerkorps nachgeschoben werden. Am 18. März, um 16.00 Uhr, geht folgendes Fernschreiben bei der Heeresgruppe ab (Anlagenband KTB der HG Süd):

KR Blitz

Fernschreiben

An Höh.Pi.-Führer Ungarn (= 6. SS-Pz.-Armee),
Armeegruppe Balck,
nachrichtlich Luftflotte 4, O.Qu./H.Gr.

1. Die Front auf den inneren Flügeln des Hö.Pi.-Führers Ungarn (6. SS-Pz.-Armee) und des III. Pz.-Korps ist in der Nacht vom 18./19. 3. in die Linie ostwärts Kaloz—ostw. Aba—Brückenkopf Seregelyes —Agard pusta Nordostrand, und in der Nacht vom 19./20. 3. 1945 bei III. Pz.-Korps in die Linie Brückenkopf Seregelyes—Dinnyes zurückzunehmen.

2. Im Zuge dieser Bewegungen sind herauszulösen:
   a) in der Nacht vom 18./19. 3. die 2. SS-Pz.Div. und die 6. Pz.Div.
   b) in der Nacht vom 19./20. 3. das Generalkommando II. SS-Pz.-Korps und die 9. SS-Pz.Div. durch Teile des III. Pz.-Korps und Reichsgren.Div. „Hoch- und Deutschmeister".

3. Gen.-Kommando II. SS-Pz.-Korps mit 2. und 9. SS-Pz.-Div. ist nach Herauslösen im Raum südwestlich Stuhlweißenburg zu versammeln. Beschleunigtes Nachführen hinter I. SS-Pz.-Korps ist vorzubereiten. 6. Pz.Div. ist unverzüglich in den Raum südostwärts Kisber

zu führen mit dem Auftrag, einen Feinddurchbruch Richtung Komorn zu verhindern. Bereits herausgelöste Teile der Division am 18. 3. voraus.

4. In der Front verbleiben Gen.-Kommando III. Pz.-Korps und Reichsgrenadier-Div. „H.u.D.“, 3. Pz.Div. und 1. Pz.Div., wobei durch 1. Pz.Div. bereits in der Nacht vom 18./19. 3. eine Rgt.-Gruppe herauszulösen ist.
5. Das Herauslösen der 9. SS-Pz.Div. ist durch Strecken der Reichsgren. Div. „H.u.D.“ bis in den Raum nördlich Aba, bzw. der 3. Pz.Div. nach Süden zu ermöglichen ...

Der Gegenangriff des I. SS-Panzerkorps kommt nicht in Fluß. 1. und 12. SS-Panzerdivision und die zurückgeworfenen Reste der 3. SS-Panzerdivision müssen immer wieder russische Überflügelungen parieren und werden immer weiter nach Südwesten zurückgedrückt. Im Bakony-Wald kommt eine zusammenhängende Front nicht mehr zustande. Die raumgreifenden Durchbrüche bei den Ungarn haben zur Folge, daß das Generalkommando II. SS-Panzerkorps mit der 2. SS-Panzerdivision und der 6. Panzerdivision, voraus die Aufklärungsabteilungen der beiden Divisionen, nach Norden geworfen werden und beiderseits Kisber den russischen Stoß auf Komorn auffangen.
Die 9. SS-Panzerdivision scheidet damit endgültig beim II. SS-Panzerkorps und der 6. SS-Panzerarmee aus und gerät fortan von einem Korps zum anderen. Jedes Korps wehrt sich natürlich gegen Abgaben, denn die eigenen Kräfte reichen nicht mehr aus, um die immer größer werdenden Lücken zu schließen. Alle wollen jedoch Einheiten der Waffen-SS behalten, auch wenn es nur Teile sind. Die Division wird vollkommen verzettelt. Der Kommandeur wehrt sich mit allen Mitteln gegen dieses Verkleckern einer Panzerdivision, noch dazu in der Verteidigung. Er scheut sich nicht, dieserhalb einen Funkspruch an die 6. SS-Panzerarmee zu senden mit der Bitte, die Division aus dem Verband der Armee Balck herauslösen zu lassen und der eigenen Armee wieder zuzuführen, bevor sie sinnlos zerschlagen wird. Der Funkspruch wird von der Armee bzw. Heeresgruppe mitgehört und künftig dem Divisionskommandeur in unfairer Weise persönlich angekreidet, obwohl es Pflicht eines jeden Panzerführers ist, den besten und vor allem geschlossenen Einsatz seiner Einheit sicherzustellen. Erst etwa ein Jahr zuvor hat kein geringerer als Generaloberst Guderian anläß-

lich einer großen Panzerübung in Frankreich jedem Panzerführer als oberstes Gebot mit auf den Weg gegeben, sich in jedem Falle und vor allem auch gegen vorgesetzte Dienststellen zur Wehr zu setzen, wenn Panzereinheiten nicht nach den Richtlinien der Panzertruppe eingesetzt werden. Der besagte Funkspruch hat nicht mehr und nicht weniger bedeutet.

Der russische Druck, nunmehr auch bei Aba, führt — entgegen dem Heeresgruppenbefehl, die ganze 9. SS-Panzerdivision herauszulösen — in der Nacht vom 19./20. 3. 1945 nur zum Herauslösen der SS-Pz.AA 9 und des II./SS-Pz.Gr.Rgt. 19. In den Nachtstunden und am Morgen des 20. 3. greifen 1200 Rotarmisten, unterstützt von zahlreichen Panzern, die umgruppierende und in der Ablösung begriffene 9. SS-Panzerdivision zwischen Aba und Sarosd an. Zehn russische Panzer werden abgeschossen, von drei örtlichen Einbrüchen werden zwei abgeriegelt und einer beseitigt. Die in der Front stehenbleibenden Teile der 9. SS-Panzerdivision „Hohenstaufen" sind wieder Herr der Lage.

Indessen hält die 5. SS-Panzerdivision „Wiking" noch Stuhlweißenburg, obwohl russische Kräfte bereits an der Stadt vorbeigestoßen sind und den Raum Varpalota—Nadasladany erreicht haben. Die Einschließung der deutschen Kräfte zwischen Stuhlweißenburg und dem Plattensee zeichnet sich ab. Mit der Umgruppierung der SS-Panzerkorps nach Norden wechselt auch die Armeeführung. Das SS-Pz.AOK 6 übernimmt den Abschnitt Stuhlweißenburg bis zur Donau und das AOK 6 (Balck) den Abschnitt Plattensee—Stuhlweißenburg. Dieser Wechsel führt dazu, daß die noch bei der 6. Armee und beim III. Panzerkorps eingesetzten Teile der 6. SS-Panzerarmee vom AOK 6 zu spät frei gemacht werden und dem SS-Pz.AOK 6 zur Stabilisierung seiner Front fehlen.

Die herausgelösten Teile der 9. SS-Panzerdivision sammeln am 20. März und der darauffolgenden Nacht im Raum Falubattyan und werden dem IV. SS-Panzerkorps unterstellt. Die Division soll im Gegenangriff die alte Frontlinie westlich von Stuhlweißenburg wiedergewinnen und Stuhlweißenburg, den Eckpfeiler der Front, entlasten. Unter Sicherung durch die SS-Pz.AA 9 und das II./SS-Pz.Gr.Rgt. 19, die bereits in der Nacht vom 19./20. 3. aus der Front bei Aba herausgelöst worden sind, stellt sich die aufschließende 9. SS-Panzerdivision in der Linie Falubattyan—Nadasladany—Ösi zum Gegenangriff bereit. Der linke Flügel, die Flak-Abt. und die SS-Pz.AA 9, werden im Raum Reti

Pusta—Ösi bereits in heftige Kämpfe mit überlegenem Feind verwikkelt, der nach Südwesten vorgeht und bis Mitternacht auf die gesamte Abwehrlinie der 9. SS-Panzerdivision trifft. In harten Kämpfen wird der Feind, der bis zum Bahnhofsgelände südostwärts Varpalota vorgedrungen ist, im Zusammenwirken mit der 1. SS-Panzerdivision zurückgeworfen.

Um Mitternacht steht die 9. SS-Panzerdivision in der Linie Nadasladany—Wald, ein Kilometer nördlich Ösi, in Abwehr gegen den aus dem Raum Reti-Pusta-Inota vordringenden starken Feind.

An Angriff ist nun nicht mehr zu denken. Im Gegenteil, es muß schnell und entschlossen gehandelt werden, um zu verhindern, daß der Gegner durchbricht und den sich abzeichnenden Kessel dicht macht. Das Rgt. 19 und Teile des Rgt. 20 verteidigen unter Führung von Obersturmbannführer Hofmann in Anbetracht der schwierigen Gesamtlage zäh und verbissen die erreichte Linie. Alle Männer wissen, daß es hier um die Einkesselung von Stuhlweißenburg geht und damit um immerhin vier deutsche Divisionen, die noch in dem fast geschlossenen Kessel kämpfen und sich nur schwer lösen können.

Am 21. März nimmt der Tagesverlauf katastrophale Formen an. Besonders das Aufreißen der Front des III. Panzerkorps im Abschnitt südlich Polgardi setzt nunmehr auch an der Südfront der 6. Armee ernste Zeichen des Unterganges der zwischen Stuhlweißenburg und dem Plattensee stehenden deutschen Kräfte. Die russische 27. Armee steht wenige Kilometer vor ihrem Ziel: Polgardi! Die 6. Garde-Panzerarmee, in Verbindung mit Infanteriekräften der 4. Garde-Armee, erreicht fast zur gleichen Stunde von Nordosten her ihr Ziel: Berhida! Die Entfernung Berhida—Polgardi beträgt 12 km. So breit ist also der Schlauch, der sich bis Stuhlweißenburg hinzieht, in dem noch zahlreiche deutsche Soldaten stehen, kämpfen und fallen.

Wie am Vortag drücken die Russen mit massierten Kräften nach Süden. Ösi geht nach verlustreichen Kämpfen verloren. Hier und im Raum Varpalota schieben die Russen immer neue Kräfte nach.

Nördlich Berhida kämpfen die Panzergrenadiere der Division einen verzweifelten Kampf gegen vielfache Übermacht. Obersturmbannführer Hofmann ist die Seele dieser gewaltigen Verteidigungsschlacht. Überall ist er und gibt damit den Männern Mut und Übersicht, die für die Führung jeden Gefechtes von wesentlicher Bedeutung sind.

Trotz alledem wird sein Regiment mit den Teilen des Rgt. 20 allmählich zurückgedrängt.

Wie Obersturmführer Neumann, Regiments-Nachrichtenzugführer 19, berichtet, fängt Hofmann immer wieder zurückflutende Teile auf, formiert einen Gegenstoß nach dem anderen und führt seine Männer gegen den unentwegt nachdrückenden Feind. Kurze Zeit nach dem letzten Gegenstoß fällt Obersturmbannführer Hofmann. Die 9. „Hohenstaufen" hat damit ihren schwersten Verlust erlitten. Dieser tapfere und fähige Kommandeur ist einfach nicht zu ersetzen. Obersturmführer Neumann und der Regimentsadjutant versuchen mit einigen Männern noch einen weiteren Gegenstoß, um ihren beliebten Kommandeur zu bergen, doch leider erfolglos. Die Russen drängen sofort nach.

Am linken Flügel der Division, bei Petfürdö, stemmt sich Sturmbannführer Bergraths SS-Pz.-Flak-Abt. 9 den feindlichen Panzerkräften entgegen und schießt zahlreiche Panzer ab.

Obersturmbannführer Telkamps Panzer greifen an allen Schwerpunkten der Division ein und bringen den schwerringenden Panzergrenadieren immer wieder Entlastung.

So werden aus einer gut getarnten Stellung südlich Ösi innerhalb von Minuten fünfzehn Stalinpanzer durch acht Jagdpanther abgeschossen. Die Rusen sind zu siegessicher geworden und fahren nur noch darauf los. Die Panzermänner haben aber ihre Nerven behalten, lassen den Gegner kommen, um ihn dann aus treffsicherer Entfernung abzuschießen. Wie Obersturmbannführer Telkamp glaubwürdig berichtet, wurden an diesem Großkampftag insgesamt noch mindestens siebzig T 34 und KW 1 abgeschossen. Das gibt den Grenadieren, ja der ganzen Division immer wieder Auftrieb und die Kraft zu höchstem Einsatz.

Am Morgen des 21. März ist das SS-Panzer-Pionier-Bataillon 9 auf dem Marsch aus dem alten Einsatzraum in den Raum Berhida. Im alten Kampfraum hatte Hauptsturmführer Möllers Pionierbataillon zuletzt Hindernisse und Minensperren angelegt und wurde mehrere Male mit Stoßtrupps zur Bereinigung von Feindeinbrüchen eigesetzt. Nachdem das Bataillon Straßensperren angelegt und Sprengungen durchgeführt hat, um die Sowjets aufzuhalten, durchfährt es in der Nacht Tác und stößt im Morgengrauen des 21. März bei Polgardi mit einer russischen Panzerspitze mit aufgesessener Infanterie zusam-

men. Die 1. Kp. unter Führung von Obersturmführer Peters geht in Stellung, um den Weitermarsch des Bataillons zu sichern. Es kommt zu einem heftigen Kampf. Die 1. Kp. vernichtet vier russische Panzer im Nahkampf, hierbei fällt der tapfere Unterscharführer Pritz durch Volltreffer einer Panzergranate. Das Bataillon hat Verluste an Menschen und Fahrzeugen, kann aber über Küngös nach Berhida abfließen und wird dort zur Ortsverteidigung eingesetzt.
Am 22. März 1945 kämpft die 9. SS-Panzerdivision unter ihrem Kommandeur, Oberführer Stadler, bis zur Selbstaufopferung. Es gilt, für die aus dem Raum Stuhlweißenburg sich durchschlagenden Kräfte eine Aufnahmestellung zu halten. Hierzu ist in der Geschichte der 5. SS-Panzerdivision „Wiking"* zu lesen: „Es muß an dieser Stelle vermerkt werden, daß die 9. SS-Panzerdivision ‚Hohenstaufen' unter ihrem Kommandeur, SS-Oberführer Sylvester Stadler, am geglückten Durchbruch der ‚Wiking' entscheidenden Anteil hat. Entgegen dem Befehl hat Stadler seine Front so weit wie möglich an den Nordteil des Plattensees vorgeschoben, um der Division diesen Abschnitt offenzuhalten."
Bereits in den Morgenstunden steht die 1. Bttr. der SS-Pz.-Flak-Abt. 9 unter ihrem Chef, Hauptsturmführer Seiler, südlich von Petfürdö in einem mörderischen Abwehrkampf mit weit überlegenen russischen Panzerkräften. Die Batterie Seiler verliert bis auf ein Geschütz alle schweren Achtacht, fügt aber den Angreifern schwere Verluste zu. Der größte Teil der Männer der 1. Batterie kämpft unter Hauptsturmführer Seiler infanteristisch weiter. Die inzwischen eingeschlossene Kampfgruppe Seiler schlägt sich in der Nacht vom 22./23. März zu den eigenen Linien durch.
Indessen wird auch Obersturmbannführer Seela mit den Männern der Regimenter 19 und 20 auf Berhida zurückgedrängt. Der 22. März 1945 und der Ort Berhida gehen als leuchtende Beispiele in die Kriegsgeschichte der 9. SS-Panzerdivision ein, die hier mit ihrer Standhaftigkeit den Rückzug der 5. SS-Panzerdivision, der 1. und 3. Panzerdivision und der Reste der 44. Reichsgrenadierdivision „Hoch- und Deutschmeister" ermöglicht.
Ostwärts Berhida halten zur gleichen Zeit das SS-Pz.Gr.Rgt. III./20 und die Reste der II./SS-Pz.Rgt. 9 unter Sturmbannführer Rettberg die

* Peter Straßner, „Europäische Freiwillige", Seite 341, Munin Verlag, Osnabrück.

von Nordosten und Südosten vordringenden russischen Infanterie- und Panzerkräfte auf. Die nach Süden umgebogene Aufnahmefront hat nördlich Polgardi Anschluß an die 23. Panzerdivision, die in schwerste Kämpfe mit aus dem Raum Kaloz vordringenden Feindkräften verwickelt ist.
Das KTB der Heeresgruppe Süd vermerkt in seinen Anlagen hierzu folgendes: „22. 3. 1945: Fahrt des OB der Heeresgruppe (Wöhler) zur 6. Armee (Balck). Starke Verschärfung der Lage nordostwärts des Plattensees. Dort herrscht ein wildes Durcheinander. Da Fernsprechleitungen fehlen, ist es schwer, ein klares Bild zu gewinnen ..."

Über den Kampf im Abwehrschwerpunkt Vilonya—Berhida liegt ein Bericht des Rottenführers Semmler von der 2./SS-Pz.-Flak-Abt. 9 und ein Tonband des Batteriechefs, Obersturmführer Gropp, sowie ein Bericht des Unterscharführer Borbe von der 4./SS-Pz.-Flak-Abt. 9 vor: Südostwärts von Vilonya ist die 2. Bttr. der SS-Flak-Abt. „Hohenstaufen" nach einem nächtlichen Rückmarsch erneut in Stellung gegangen. Links von Vilonya stehen die Reste der 1. Bttr. und rechts, an der Straße Papkeszi—Ösi, die 4. Bttr. und zwei Achtacht vom Luftwaffen-Flak-Rgt. 25. Die Männer der 2. Bttr. haben sich in einer Stellung, die bei den Winter- und Frühjahrskämpfen in diesem Raum entstanden ist, zur Ruhe niedergelegt, um den neuen Tag abzuwarten und dann ihre Geschütze und Stellungen einzurichten.
Am Morgen des 22. März beschießt russische Artillerie die Straße, die sich rechts an der Stellung der 2. Bttr. entlang eines Weinberges nach Norden zieht. Das feindliche Artilleriefeuer springt von Punkt zu Punkt vor, und der Batteriechef, Obersturmführer Gropp, vermutet hier einen feindlichen Angriff. Er erkennt im Fernglas, voraus in ca. 3 km Entfernung, ein größeres Waldstück, in das zahlreiche russische Panzer und Fahrzeuge hineinfahren. Hier tut sich etwas!
Bald danach brausen zwei T-34 in voller Fahrt auf der Straße nach Papkeszi auf die deutschen Stellungen zu. Die am Weinberg direkt an der Straße in Stellung liegende leichte Flak der 4. Bttr. und die zwei Luftwaffen-Achtacht nehmen aus allen Rohren den Feuerkampf auf und schießen einen T-34 zusammen. Der andere dreht nach links ab, gerät vor die Rohre der 2. Bttr. und wird ebenfalls zusammengeschossen.
Das ist der Auftakt! Obersturmführer Gropp läßt die Stellungen verbessern und genügend Munition bereitlegen. Die Luftwaffen-Flak wird

herausgezogen, um bei Veszprem mit dem Flak-Rgt. 25 eingesetzt zu werden.
Die Stellung der 2. Bttr. befindet sich auf einem kleineren Weinberg. Davor liegt eine gut einzusehende Niederung, durch die quer die Eisenbahnlinie Vilonya—Berhida auf einem ca. 2 m hohen Bahndamm verläuft. In ca. 3 km Entfernung dann der Wald, in dem sich die Russen bereitstellen.
Gegen 07.30 Uhr treten ca. 40 Feindpanzer und dahinter Infanteristen, teilweise auf Fahrzeugen aufgesessen, aus dem Wald in breiter Front zum Angriff an. Ihr Ziel scheint Papkeszi zu sein. Die Richtkanoniere der 2. Bttr. bringen die feindlichen Panzer und Fahrzeuge in ihre Optiken, aber noch erteilt Obersturmführer Gropp nicht den Feuerbefehl. Er will sie auf 1000 Meter herankommen lassen. Der Feind darf jedoch nicht den schützenden Bahndamm erreichen.
Feuerbefehl! Auf einen Schlag hämmern die Geschütze los, zahlreiche Feindpanzer und Fahrzeuge werden bewegungsunfähig geschossen, und die anderen kehren um, zurück in den schützenden Wald. Der erste massierte Panzerangriff ist abgeschlagen.
Nach ca. 30 Minuten setzt heftiges Feuer überschwerer Granatwerfer ein. der Chef der 4. Bttr., Obersturmführer Wolger, wird verwundet. Die Weinbergstellung der 2. Bttr. verwandelt sich in eine riesige rotbraune Qualmwolke, und Obersturmführer Gropp malt sich aus, was passieren wird, wenn die Russen im Schutze dieser Qualmwolke plötzlich vor den deutschen Stellungen stehen. Aber die Russen nutzen diese Chance jetzt und auch später nicht.
Nachdem die Qualmwolke verzogen ist, treten die Russen abermals mit starken Panzer- und Infanteriekräften an. Vier Achtacht und drei Dreisieben der 2. Batterie und 200 Mann des SS-Pz.Gr.Rgt. 19 wehren den Angriff ab und zwingen die Russen abermals zum Rückzug in das Waldstück. Eine Achtacht und eine Zugmaschine der 2. Bttr. fallen aus.

Nach dem zweiten abgeschlagenen Angriff herrscht wieder Stille. Flakkanoniere und Panzergrenadiere bereiten sich auf den nächsten Angriff vor, verbessern die Stellungen und legen Munition bereit.
Gegen 11.00 Uhr brausen plötzlich 22 feindliche Schlachtflieger vom Typ IL-2 heran und bombardieren bei fünf Anflügen die deutschen Stellungen, über die wieder ein mächtiger Qualmpilz zum Himmel emporsteigt. Von der 2. Bttr. werden Oberscharführer Sauer und zwei Ka-

noniere durch Bombentreffer getötet; mehrere Lkw, eine Achtacht und eine Zugmaschine fallen aus.
45 Minuten nach dem IL-2-Angriff, gegen 13.30 Uhr, erfolgt der nächste feindliche Infanterie- und Panzerangriff, der wieder im Feuer der Infanterie- und Flakwaffen zusammenbricht. Unterscharführer Voß vom leichten Flakkampftrupp schießt mit der Panzerfaust zwei Vierlings-Selbstfahrlafetten zusammen und bringt drei Gefangene ein. Um ein Haar hätten die ersten russischen Kräfte den schützenden Bahndamm erreicht.
Gegen 16.00 Uhr verwehen hinten am Horizont die Staubfahnen der zurückgehenden deutschen Einheiten, die letzten haben das schmale Durchschlupfloch zwischen Plattensee und Papkeszi passiert.
Gegen 16.30 Uhr meldet sich ein Untersturmführer mit 30 Kanonieren der zerschlagenen 1./SS-Pz.-Flak-Abt. 9 auf Befehl des Abteilungskommandeurs bei der 2. Batterie. Gropp setzt die kleine Streitmacht zur Rückendeckung auf dem hinter der Batteriestellung liegenden Weinberg ein, denn links und rechts der eigenen Stellung arbeiten sich bereits kleinere Feindgruppen vor. Da sich bei Einbruch der Dämmerung hinten auf dem Weinberg nichts mehr rührt, schickt Gropp einen Spähtrupp los, der mit der Meldung zurückkommt: „Auf dem Weinberg hinter uns liegt niemand mehr!“ Gropp geht selbst und erkennt nun russische Infanterie, die bereits die Batteriestellung umgangen hat, und eine Gruppe von 60 Mann, die 150 Meter seitlich der eigenen Stellung steht. Gropp und der ihm begleitende Unterscharführer Busse laufen zur Batterie zurück und zwingen die Russen mit Gewehr- und Sturmgewehrfeuer zur Umkehr.
Inzwischen kommt auch der zur Wegeerkundung losgeschickte Geschützstaffelführer Oberscharführer Zeusel mit der Nachricht zurück, daß im Rücken der Batterie ein querverlaufendes Flüßchen zu überwinden ist, an dessen einziger Brücke sich die Russen bereits eingraben und durch anrollende Panzer verstärkt werden.
Jetzt gilt es schnell zu handeln! Obersturmführer Gropp nimmt seine Männer zusammen, erklärt ihnen den Ernst der Lage und hämmert ihnen ein, daß der gewaltsame Durchbruch nur gelingen wird, wenn jeder die gegebenen Befehle buchstabengetreu ausführt.
Die Zugmaschinen brausen heran: während die beschädigten Fahrzeuge und Geschütze zerstört werden, protzen die einsatzbereiten Geschütze auf, werden in Sekundenschnelle angehängt, die Männer springen auf

die Zugmaschinen, die Batterie braust los und gelangt, ohne daß ein Schuß fällt, über die Brücke. Als die überraschten Russen wach geworden sind und das Feuer aus Infanterie- und Panzerwaffen eröffnen, ist die Batterie Gropp in einem deckenden Hohlweg verschwunden. Nach ca. einem Kilometer trifft sie auf die wartende Abteilung.

„Gegen 16.00 Uhr [am 22. März] traf die Div.-Führungsstaffel [der 5. SS-Panzerdivision ‚Wiking'] auf dem Div.-Gefechtsstand der ‚Hohenstaufen' in Papkeszi ein. Zwei Stunden später waren alle Teile der ‚Wiking' hinter der Front von ‚Hohenstaufen' versammelt*."

Die 1. und 3. Panzerdivision, ebenso die Division „Hoch- und Deutschmeister" waren mit Masse aus dem Schlauch bereits heraus.

Hierzu berichtet Oberführer Stadler: „Der Kommandeur ‚Wiking', Standartenführer Ullrich, informiert seinen alten Kameraden, Kommandeur ‚Hohenstaufen', über den Ausbruch und befürchtet, daß noch bei weitem nicht alle Teile aus dem Kessel von Stuhlweißenburg herausgekommen sind. Es müssen noch zahlreiche Versprengte aller Einheiten, auch des Heeres, im Kessel sein.

Die ‚Hohenstaufen' hat zwar Befehl vom I. Kavalleriekorps, dem sie nun unterstellt ist, sich um Mitternacht abzusetzen, um weiter westlich eine neue Auffangstellung zu beziehen. Ich entschließe mich jedoch aufgrund der Informationen von Ullrich, die bisherige Stellung zu halten, solange noch deutsche Soldaten kommen.

Sturmbannführer Stürzbecher, Ia der Division und ein fähiger, außerordentlich fleißiger und verantwortungsbewußter Generalstabsoffizier, übermittelt den zuständigen Kommandeuren die hierfür notwendigen Befehle.

Wir schießen unentwegt Leuchtsignale, damit unsere Männer den richtigen Weg finden und auch tatsächlich bei uns und nicht bei den Russen ankommen. Und sie kommen. Immer mehr!

Während der Nacht marschieren Gruppen und Kolonnen durch, eine komplette Artillerieabteilung des Heeres ist dabei, eine Kampfgruppe von ‚Hoch- und Deutschmeister' und viele andere. Insgesamt kommen immerhin nach unseren Zählungen über 1700 deutsche Soldaten in dieser Nacht und bis zum Mittag des 23. 3. mit und auch ohne Gerät und Waffen, die unsere vordersten Linien passieren und wieder

* Peter Straßner, a.a.O. Seite 342

Mit allen Waffen auf den landenden Gegner.

Arnheim brennt.

Der Divisionsarzt der 9. SS-Panzerdivision, Dr. Skalka.

SS-Obersturmbannführer Harzer.
Ritterkreuz für die Schlacht um Arnheim.

B. Hofmann (gefallen) übergibt als Ib der „Hohenstaufen“ am 50. Geburtstag General Bittrichs ein Modell Panzer IV.

Der Ia der 10. SS-Panzerdivision, Sturmbannführer Stolley, mit Ordonnanzoffizieren.

Die berühmte 8,8-Flak.

Kampfraum Gereonsweiler, schon auf deutschem Boden.

St. Vith nach dem Bombenangriff.
Aufgrund einer Funkwarnung des Oberbefehlshabers West verlies der in St. Vith untergezogene Stab des Generalkommandos II. SS-Panzerkorps das Ardennenstädtchen.

Annähernd 8000 Amerikaner treten den Weg in die Gefangenschaft an.
Deutscher „Tiger"-Panzer rollt nach vorn.

Die Ardennen-Offensive ist gescheitert.

SS-Brigadeführer und Generalmajor der Waffen-SS Sylvester Stadler, letzter Kommandeur der 9. SS-Panzerdivision „Hohenstaufen“, hier als SS-Standartenführer 1944.

Elbbrücke bei Tangermünde.

Hier gingen die Reste der 9. und 12. Armee (darunter viele Einheiten der Waffen-SS) zu den Amerikanern.

zu ihren Einheiten gelangen. Ab Mittag wird es dann ruhiger. Wahrscheinlich haben die Russen um diese Zeit das Loch erkannt und geschlossen, denn bis zum Abend kommt leider niemand mehr durch. Die letzten Teile der Division, wie immer die Panzergrenadiere und Panzer, setzen sich daraufhin gegen 17 Uhr auf eine angeblich vorbereitete Auffangstellung ab. Die Russen haben die Division aber bereits überholt und nahmen Papkeszi. Später geht auch Vilonia verloren."

Hierzu berichtet Obersturmbannführer Telkamp: „Während der Kämpfe der Regimenter 19 und 20 südlich Berhida zur Offenhaltung des Kessels Stuhlweißenburg, sicherte eine Abteilung des Panzerregiments nördlich Papkeszi die offene Flanke der Division nach Norden gegen überraschende Panzervorstöße des Gegners, die damals an der Tagesordnung waren. Die Stellung wurde sorgfältig in einem Weinberg ausgewählt, aus dem sich gute Sicht in das gesamte Vorfeld ergab, die Panzer natürlich einwandfrei getarnt, selbst die Fahrspuren werden mit Laub und Sträuchern abgedeckt. Die Männer werden einzeln in ihre Aufgaben und Möglichkeiten eingewiesen. Jeder kennt seinen Auftrag bis zum i-Punkt.

Der Gegner muß zudem auf einer schmalen Straße anfahren, rechts und links davon ist Sumpf- und Schlammboden. Es gibt also auch keinerlei Ausweichmöglichkeiten. Nun gilt es, Nerven zu bewahren und den Feind so nah als möglich kommen zu lassen. Und Nerven haben unsere Panzerbesatzungen. Zudem müssen sie ja auch mit der Munition sparsam sein.

Gegen Mittag erschien dann tatsächlich eine russische Panzereinheit mit 108 Wagen. Unbekümmert und siegessicher fahren sie gegen Südwesten, um den Kessel von Stuhlweißenburg endgültig zu schließen und uns den Rückzug abzuschneiden.

Voller Spannung warten unsere Besatzungen auf den Feuerbefehl. Nachdem die Russen auf etwa 600—800 Meter heran sind, wird geschossen; genau und dennoch in höchster Geschwindigkeit. In kürzester Zeit ist der gesamte Panzerpulk des Gegners erledigt. Was nicht brennt oder bewegungsunfähig geschossen ist, versinkt in Sumpf und Dreck, wie es uns bei Beginn der Offensive fast ergangen wäre. Der Erfolg war durchschlagend. Den ganzen Tag und auch am nächsten rührte sich hier nichts mehr. Die Panzermänner, ja die gesamte Division strahlt mit Recht über diese großartige Leistung, die noch dazu ohne jeden Eigenverlust erfolgte.

Jeder Frontsoldat weiß, welch hohe psychologische Wirkung, gerade in schwierigen Situationen, eigene Erfolge erwirken können. Obersturmbannführer Seela, der nach dem Tode von Obersturmbannführer Hofmann die Reste beider Grenadierregimenter zusammenfaßte und sich während der großen Abwehrschlacht südlich Berhida durch Umsicht und Ruhe auszeichnete, nutzt diese Wirkung mit sicherem Instinkt. Seine tapferen Grenadiere halten, was nur zu halten ist, Tag und Nacht. Sie trennen geschickt die angreifende russische Infanterie von ihren Begleitpanzern und schlagen so alle Angriffe des Gegners zurück.
Jeder Angehörige der Division wächst in diesen Tagen über sich selbst hinaus und hat Anteil an dem großen Erfolg der Division. Es ist eine echte Gemeinschaftsleistung und den vorangegangenen Kriegstaten der Waffen-SS durchaus würdig."
Im KTB der Heeresgruppe Süd ist festgehalten, daß allein die 9. SS-Panzerdivision und die 23. Panzerdivision am 22. und 23. März 102 Panzer abgeschossen haben. Und weiter ist darin unter dem 23. 3. 1945 festgehalten: „... Die durch die harten Kämpfe der letzten Tage körperlich und seelisch überbeanspruchten Reiter und Panzergrenadiere gaben ihr letztes, konnten dem mit weit überlegenen Kräften anrennenden Feind aber nicht standhalten ..."
Das Generalkommando III. Panzerkorps (Breith), das nach Stuhlweißenburg ohnehin nichts mehr zu führen hat, bemüht sich hinter dem kämpfenden I. Kavalleriekorps und dem IV. SS-Panzerkorps eine neue Auffangstellung aufzubauen; Auffangkommandos weisen die zum Teil führerlos aus dem Kessel ankommenden Kräfte in neue Stellungen ein. Die im Aufbau befindliche Linie verläuft ostwärts Marco—südwestlich Veszprem—Südwestrand Szentkiralyszabadja—Balatonalmadi. Gefechtsstände des IV. SS-Panzerkorps in Totvaszony, des I. Kavalleriekorps in Balatonkövesd und des III. Panzerkorps in Balatonfüred. Die neuen Stoßrichtungen der Russen sprengen in den nächsten Tagen die 6. Armee und die 6. SS-Panzerarmee auseinander. Die Reste der Divisionen der 6. Armee — I. Kavalleriekorps, IV. SS-Panzerkorps und III. Panzerkorps — werden entlang des Plattensees nach Südwesten zurückgedrückt.
Im Zuge dessen entdeckt Obersturmbannführer Telkamp auf der Suche nach Brennstoff in der Nähe von Veszprem für sein Regiment ein zur Sprengung vorbereitetes Brennstofflager. Die Freigabe wird

glatt verweigert, weil schon die Sprengung befohlen ist. Man sollte es nicht glauben, aber so etwas hat es auch schon in Rußland gegeben. Telkamp fackelt nicht lange und erzwingt mit vorgehaltener Pistole die Freigabe. In kürzester Zeit tankt die gesamte Division voll auf, versorgt auch noch teilweise die Nachbardivisionen und kann dadurch wenigstens einige Tage wieder beweglicher kämpfen, ohne auf jeden Liter Brennstoff achten zu müssen.

Mit der Einnahme von Veszprem am 23. 3. 1945 ist die erste Etappe der russischen Großoffensive abgeschlossen. Die 3. Ukrainische Front erhält vom russischen Oberkommando STAVKA den Befehl, die 6. Garde-Panzerarmee und die 9. Garde-Armee nach Nordwesten abzudrehen und auf Köszeg (Güns), südlich des Neusiedler Sees, marschieren zu lassen, die 26. Armee soll Szombately (Steinamanger) und die 27. Armee zunächst Zalaegerszeg erreichen. Die russische 27. Armee ist in den nächsten Tagen der Gegner der deutschen 6. Armee, in deren Verband auch die 9. SS-Panzerdivision „Hohenstaufen" zurückgeht.

Am Morgen des 24. März durchbricht die russische 27. Armee die vom I. Kavalleriekorps aufgebaute Verteidigungslinie bei Szentikiralyszabadja und Vörösbereny. Wenig später erfolgt ein Durchbruch beim IV. SS-Panzerkorps an der Straße Veszprem—Nemesvamos. Damit reißt die Verbindung mit der 6. SS-Panzerarmee westlich von Veszprem. Im Laufe des Tages bemüht sich die 27. Armee, die deutschen Kräfte der 6. Armee durch Umfassung gegen den Plattensee zu drücken und zu zerschlagen.

Die 9. SS-Panzerdivision, nun endlich einige Tage beim gleichen Korps, und zwar beim I. Kavalleriekorps, versucht bei den Rückzugskämpfen um Veszprem mit allen Mitteln Ruhe in das furchtbare Geschehen zu bringen. Nicht nur daß jede Ortschaft, jedes Dorf und Gehöft verteidigt wird, es müssen von Panzern und Schützenpanzern auch immer wieder Gegenstöße nach allen Seiten gefahren werden. Vor allem aber nach Norden und Nordwesten müssen Sturmgeschütze, Panzer und auch die Flak-Abteilung immer wieder vor russischen Panzervorstößen nicht nur die eigene, sondern auch die Kavalleriedivision, die völlig unzureichende Panzerabwehrwaffen hat, schützen und sichern.

Die Nachbardivisionen erkennen das dankbar an, und gar bald ergibt sich mit den gutausgebildeten Reitern eine herzliche Kameradschaft.

So finden sich an diesem Tage erst ein Regimentskommandeur, dann der Ia und zum Schluß auch noch der Divisionskommandeur der Nachbardivision ein. Sie suchen versprengte Teile ihrer Division. Bei einem russischen Panzereinbruch war nämlich ein ganzes Regiment versprengt worden. Selbstverständlich hat die 9. sofort mit Sturmgeschützen ausgeholfen und eine Anzahl Panzer abgeschossen. Die Lage war bereinigt. Die Lücke war aber nicht zu schließen, weil schon lange keinerlei Reserven zur Verfügung standen.

In diesem Augenblick erscheint der General Balck zu seinem ersten und auch letzten Besuch auf dem Gefechtsstand der 9. SS-Panzerdivision. Der Divisionskommandeur meldet und will die Lage erklären. In wenig feiner Art schneidet ihm Balck das Wort ab und faucht ihn an, daß er eben eine Pionierkompanie der Division auf der Flucht nach hinten festgestellt habe. (Eine sofortige Überprüfung ergibt, daß es sich um abgesprengte Teile der „Wiking" handelt. Das Pionierbataillon ist vollzählig im Einsatz.) Außerdem habe der Führer befohlen, daß die derzeitige Linie unter allen Umständen zu halten sei. Er macht den Divisionskommandeur persönlich dafür verantwortlich, daß dieser Führerbefehl auch durchgeführt wird.

Stadler, durch die unqualifizierte Behandlung in Rage gekommen, antwortet nun ebenfalls mit entsprechender Lautstärke, daß bei der „Hohenstaufen" bisher noch kein Mann auf der Flucht sei, sondern die Männer, wie erst vor einigen Tagen bewiesen, stets mehr als ihre Pflicht tun. Außerdem sei weder dem Führer noch dem Vaterland geholfen, wenn hier die Division sinnlos geopfert wird, obwohl es bei der bevorstehenden unmittelbaren Verteidigung der Heimat auf jeden Mann ankommt. Er fühle sich nach wie vor für jeden Angehörigen der Division voll verantwortlich und werde keinen sinnlos in den Tod jagen.

Der General stutzt ob solcher Widerrede und wird erst recht wütend. Er brüllt in einem Redeschwall dauernd von Führerbefehl und Kriegsgericht und endet schließlich mit dem schon sattsam bekannten „der Führer hat befohlen und damit basta!".

Anschließend wendet er sich völlig verwandelt dem noch anwesenden Kommandeur der Nachbardivision zu, beglückwünschte ihn zur Beförderung zum Generalmajor und verabschiedet sich von ihm mit den Worten: „Ich weiß, daß Sie Ihre Division fest in der Hand haben und bei Ihnen alles in Ordnung ist."

Welch eine Ironie! Deutlicher kann man sich nicht blamieren. Deutlicher konnte der General Balck auch seine feindliche Einstellung zur Waffen-SS ganz allgemein und zur 9. SS-Panzerdivision nicht offenbaren. Im Interesse der geschichtlichen Wahrheit berichtet hierzu der ehemalige Divisionskommandeur Stadler:
„Wie schon beim Entsatzangriff auf Tarnopol, beschuldigte Balck (damals noch Kommandierender General XXXXVII. Panzerkorps) in einer nach dem Kriege verfaßten Studie die 9. SS-Panzerdivision, sie habe seine Befehle nicht ausgeführt, und sie habe, wie im Falle Stuhlweißenburg—Berhida, nicht angegriffen und dann nicht gehalten. Diese Vorwürfe entbehren, wenn man die betreffenden Kriegstagebücher und Anlagen eingehend studiert, jeglicher Grundlage und sind eine glatte Verleumdung. Sie sollen nur zur Rechtfertigung Balcks dienen. Sie sind dem Herrn General Balck auch erst nach dem Kriege eingefallen. Derartige Behauptungen sind jedoch nur glaubwürdig, wenn sie an Ort und Stelle und von Mann zu Mann vertreten werden. Das ist aber nie geschehen. Der Divisionskommandeur denkt voll Verehrung an die vorangegangenen Armeeführer von Eberbach in der Normandie und von Manteuffel in der Ardennenschlacht. Sie klammerten sich nie an einen Führerbefehl, der ja nur die große Linie festlegen konnte, sondern handelten stets an Ort und Stelle nach der jeweiligen Feindlage und den sich hieraus ergebenden Erfordernissen. Es waren große Persönlichkeiten."
Über die Kämpfe an der Straße Veszprem—Nemesvamos berichtet Rottenführer Cihotzki vom SS-Pz.Pi.Btl. 9: „In Nemesvamos ist ein Kloster mit dem Leidensweg Christi in lebensgroßen Figuren. Zwischen diesem Ort und Veszprem sichert das SS-Pz.Pi.Btl. ‚Hohenstaufen' die große Straße. Fortwährend ziehen noch deutsche Kolonnen nach Südwesten. Dann drängen russische berittene und bespannte Einheiten hinter den letzten deutschen Kolonnen nach und versuchen, sie westlich zu überflügeln. Die 1. und 2. Kompanie muß alle Benzinreserven an die 3. Kompanie abgeben. Die 3. Kompanie hat noch 16 SPW und erhält den Auftrag, den Rückzug zu decken. Die anderen zwei Kompanien fahren zurück. Zwei auf der Straße zurückkommende Flak-Selbstfahrlafetten halten in die parallel rochierenden russischen Kavalleriekräfte hinein, die ungeachtet der eintretenden Verluste weiterhin die Überflügelung anstreben. Gegen 10.00 Uhr kommt noch ein Panzerbergezug der Division ‚Das Reich', er hat drei ‚Panther' im Schlepp,

je ein Panzer fahren vorn und hinten als Sicherung. Die Panzermänner rufen dem Führer der 3. Kompanie, Obersturmführer Maier (später gefallen), zu: ‚Wir sind die letzten, hinter uns kommen die Russen!' Damit ist der Auftrag der Kompanie erfüllt. Sie schießt noch einmal aus allen Rohren und setzt sich dann befehlsgemäß ab."

Auch am 25. März versucht der Feind, in Fortsetzung seiner von zahlreichen Panzern unterstützten Angriffe die Front des I. Kavalleriekorps und des IV. SS-Panzerkorps zu durchbrechen und die Truppen nach Südwesten abzudrängen. Eine Kampfgruppe der 9. SS-Panzerdivision, die ostwärts Nemesvamos verteidigte, schlägt sich in der Nacht vom 24./25. 3. unter Abschuß von 23 Feindpanzern auf die neue HKL bei Hidekut zurück. Immer wieder setzen sie sich an den Ortsrändern fest, lassen den Gegner kommen, schießen ihn zusammen und gehen dann auf den nächsten Ortsrand zurück.

Am 26. März hat die 6. Armee in der Linie Halimba—Pula—Nagyvaszony—Akali eine neue Abwehrlinie bezogen, aber schon in den Vormittagsstunden wird sie bei Nagyvaszony von 40 Feindpanzern und auch bei Menshely durchbrochen. I. Kavalleriekorps und IV. SS-Panzerkorps fallen bis zum Abend in die Linie beiderseits Tapolka zurück. Nördlich der Donau weiten die Sowjets die am Vortage gewonnenen Brückenköpfe über den San aus. Damit kommt auch die 8. Armee in Bewegung.

Bis zum Abend des 27. März fällt die Front des I. Kavalleriekorps auf die Linie südlich Sümeg—Szigliget zurück. Dabei wird Tapolka aufgegeben.

Verlauf der Front des I. Kavalleriekorps von Norden nach Süden: 3. Kavalleriedivision, 9. SS-Panzerdivision, 44. Division „H.u.D.", 4. Kavalleriedivision und 23. Panzerdivision. Das IV. SS-Panzerkorps wird auf Zalagszentgrot—Eisenburg abgedrängt. Damit reißt auch die Verbindung zwischen dem IV. SS-Panzerkorps und dem I. Kavalleriekorps.

Über mehrere Zwischenstellungen hinweg erreicht das I. Kavalleriekorps am 30. März bei Kesthely das Südwestende des Plattensees. Der linke Flügel des Korps steht bei Kallosd mit zurückgebogenem Flügel. Zum IV. SS-Panzerkorps besteht keine Verbindung mehr. Am gleichen Tage marschieren die Sowjets in Zalaegerszeg ein. Damit droht nicht nur eine erneute Umfassung des I. Kavalleriekorps, sondern der gesamten 2. Panzerarmee, die nach wie vor in ihren Stellungen südlich des

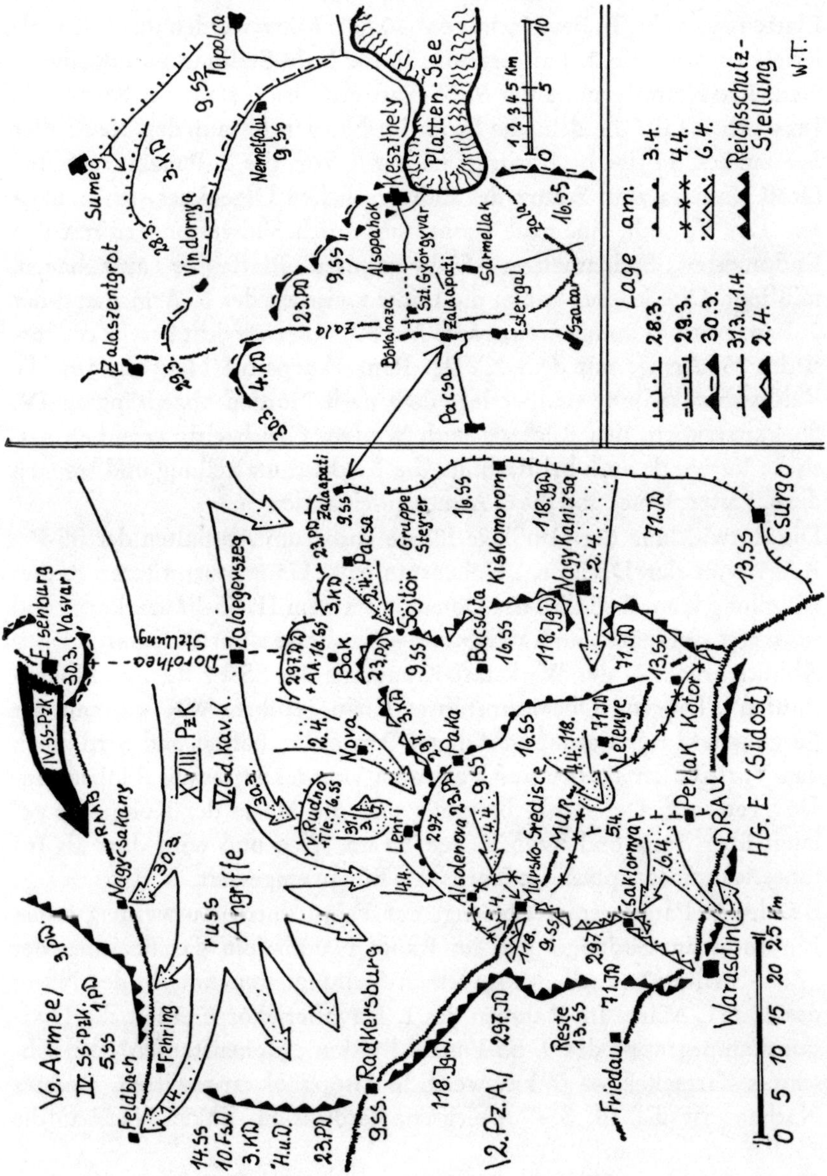

Rückzug der 9. SS-Panzerdivision bis zur „Reichsschutzstellung“

Plattensees steht. In der Nacht vom 30./31. März werden das I. Kavalleriekorps und die 2. Panzerarmee in die Zala-Stellung zurückgenommen. Die Kampfgruppe der 9. SS-Panzerdivision steht bei Sarmellek. Inzwischen fällt die deutsche Front im Norden bis auf den Neusiedler See zurück. Hitler beabsichtigt nach wie vor, die 2. Panzerarmee bei Groß Kanizsa zum Schutz des südungarischen Ölgebietes stehenzulassen. Der Versuch, eine neue Front quer durch Südwestungarn mit den Endpunkten Steinamanger—Südwestspitze Plattensee aufzubauen, mißlingt. Die Sowjets reißen die Lücke zwischen der 6. Armee und der 2. Panzerarmee immer weiter auf. Am 30. März erreicht bereits die russische 26. Armee mit dem XVIII. Panzerkorps bei Nagycsakany die Reichsschutzstellung und verlegt dem nach Norden abgedrängten IV. SS-Panzerkorps den Rückzug nach Westen. Gleichzeitig erreichen russische Verbände auch bei Rechnitz die Reichsschutzstellung und trennen die 6. Panzerarmee und die 6. Armee auseinander.

Die Entwicklung der Großlage führte auch zum Abspalten der SS-Pz. AA 9 von der Division „Hohenstaufen". Hauptsturmführer Reckes Abteilung kämpft südlich der Donau unter dem II. SS-Panzerkorps und stößt erst viel später, im Raum Steyr—Amsstetten, zur Division.

Ähnlich ergeht es der Werkstatt-Kompanie des SS-Pz.Rgt. 9 „Hohenstaufen". Die von Obersturmführer Klein geführte WK war mit der Bergung und Reparatur beschädigter Panzer beschäftigt und wird durch den Vorstoß der Russen auf Veszprem von der Division „Hohenstaufen" getrennt. Der Panzerbergezug und die Masse der Kompanie gelangt über Papa und Raab in den Raum Wien und wird dort als Infanteriekampfgruppe beim Korps von Bünau eingesetzt.

Bei der 2. Panzerarmee erzwingt der Feind durch Ausweitung seines Einbruchs am Südflügel und im Raum Nagybajom das Beziehen der „Zala-Stellung" (auch „Margarethen-Stellung" genannt) in der Nacht des 30./31. März. Im Rahmen des I. Kavalleriekorps erhält die Divisionskampfgruppe der 9. SS-Panzerdivision „Hohenstaufen" den Abschnitt Sarmellek — 2 km westlich Alsopahok zugewiesen. Rechter Nachbar ist die 16. SS-Panzergrenadierdivision, linker Nachbar die 23. Panzerdivision.

Hierzu berichtet Stadler: „Die Russen waren auch diesmal, wie schon so oft in den letzten Tagen, wieder einmal vor uns in der neuen Widerstandslinie. Als der Divisionskommandeur gegen Mittag den neuen Gefechtsstand aufsuchen wollte und durch Sarmellek fuhr, empfingen ihn nicht eigene, sondern eine Gruppe von T 34 mit aufgesessener Infanterie, die sich gerade im Ort umsahen. In wilder Fahrt ging es nun um alle denkbaren Ecken wieder zurück nach Osten. Von dort waren Teile des Panzerregiments und das III./Rgt. 20, das SPW-Bataillon, als Nachhut der Division, im Anmarsch. Nach kurzer, genauer Einweisung wird Sarmellek nun von Osten angegriffen. Die Russen waren nicht schlecht überrascht, als plötzlich drei ihrer Panzer brannten. Wie verrückt stoben die restlichen Wagen auseinander und versuchten zu entkommen. Unsere acht Panther hatten sich aber sehr geschickt und, von den Panzergrenadieren entsprechend abgesichtert, in Stellung gebracht. Es entwickelte sich ein Ortsgefecht der Panzer. Nach etwa einstündigem hartnäckigen Kampf war der Ort wieder in eigenem Besitz.

Zwölf T 34 waren abgeschossen, wir hatten allerdings hierbei auch zwei Wagen verloren. Der Rest der Russen konnte leider in Richtung Norden entkommen, ebenso Teile seiner Begleitinfanterie.

Man konnte sich täglich überzeugen, daß der Kampfgeist der Russen nicht größer war als bei uns, im Gegenteil. Sie wollten erst recht überleben, war doch ihr Sieg nun greifbar nahe gerückt. Aber sie waren in einer unerhörten Übermacht an Menschen, Material und Panzern. Täglich wurden in großer Zahl T 34 abgeschossen, es wurden dennoch nicht weniger. Nirgends und zu keiner Zeit war man vor einem dieser überraschenden Vorstöße sicher. Der Gegner ließ uns einfach keine Zeit, eine neue Widerstandslinie einzurichten. Genau wie wir es ihm zu Anfang des Krieges vorexerziert hatten. Deshalb konnte auch die Zala-Stellung nicht gehalten werden. Sie war durchbrochen, bevor sie von allen Teilen bezogen war."

Um die gleiche Zeit bezieht das SS-Pz.Pi.Btl. 9 die Sperrstellung am Straßendreieck von Sarmellak. Hinter den letzten deutschen Kolonnen folgen russische Panzer mit aufgesessener Infanterie. Es kommt zum Kampf. Oberscharführer Heiermann, Zugführer der 2. Kompanie, schießt mit der Panzerfaust zwei Panzer ab; als er den dritten angeht, wird er schwer verwundet und stirbt wenig später. Dem Chef der 2. Kompanie, Obersturmführer Meier, wird durch eine Granate die rechte Gesichtshälfte weggerissen, auch er stirbt bald darauf. Die 2. Kompanie übernimmt Obersturmführer Rehbein.

Die drei Brücken über die Zala und ihre zwei Stichgräben werden in aller Eile sprengfertig gemacht (eine Stein-, zwei Holzbrücken). Haupt-

sturmführer Möllers Pionierbataillon hält bis 15.00 Uhr Sarmellek und das Straßendreieck, geht dann über die Brücken nach Zalaapati zurück und sprengt diese.
Ähnliche Kämpfe spielen sich bei Zalaapati und weiter südlich ab. Die Zala-Stellung ist gegen den zunehmenden Feinddruck nun auch der russischen 57. und der bulgarischen 1. Armee nicht mehr zu halten. Gegen 14.00 Uhr erhalten die Divisionen von der 2. Panzerarmee den Befehl, die Zala-Stellung aufzugeben und hinter dem Prinzipal-Kanal eine neue Stellung zu beziehen. Gegen 15.00 Uhr setzen sich die Einheiten ab.
Damit kommt der allgemeine Rückzug der 2. Panzerarmee in Gang. Mit dem Rückzug auf die Prinzipal-Stellung wird das südungarische Ölgebiet bei Groß Kanizsa aufgegeben.
Auch die Prinzipal-Stellung hält nicht lange. Sie wird am 2. April bei Groß Kanizsa von massierten Kräften durchbrochen. Ein schwächerer Stoß trifft die 9. SS-Panzerdivision bei Söjtör.
Auf der Hauptrückzugsstraße Zalaapati—Pacsa—Bak—Lenti—Alsolenova—Mursko Sredisce (Murbrücke) wälzen sich die Kolonnen der 2. Panzerarmee und des I. Kavalleriekorps zurück, immer wieder bedroht durch das russische V. Garde-Kavalleriekorps, das in die offene Nordflanke hineinstößt. Wiederholt muß die Straße von zusammengewürfelten Kräften freigekämpft werden. Hierzu nochmals Stadler: „Allmählich spielt sich trotz allem ein gewisser, freilich recht bedrükkender Rhythmus ein. Die Divisionen sprechen sich laufend ab, wo und wie neue Widerstandslinien errichtet werden können und wie man sich am besten aus einem sich anbahnenden Kessel herausschlagen kann. Es besteht auch ein enger Kontakt zwischen den Generalstabsoffizieren des Korps, die sich laufend bei Sturmbannführer Stürzbecher einfinden, um sich bei den immer schwieriger werdenden Verhältnissen kollegial und, wenn notwendig, gegenseitig zu helfen. Auch zum I. Kavalleriekorps hat die Division mittlerweile ein gutes Verhältnis, die Befehlsgebung ist klar.
Selbstverständlich hat sich auch innerhalb der Division, trotz aller Schwierigkeiten in der Versorgung mit Munition und Kraftstoff, über die nur in kleinsten Mengen verfügt und nur nach äußerster Dringlichkeit verteilt werden kann, eine unglaubliche Routine ergeben. Selbst wenn kein Schuß Munition und kein Liter Kraftstoff offiziell empfangen werden kann, etwas ist immer da, und wenn es Petro-

leum ist. Die Fahrzeuge laufen, wenn auch langsam und nur kurze Strecken, weil sie sonst zu heiß werden, aber sie kommen alle mit.
Am schlimmsten ist vor allem die Angst vor der Einkesselung, und bei den Divisionen ohne wirkungsvolle Panzerabwehr, die panische Angst vor den russischen Panzern. Sie hat diesen Rückzug in manchen Teilen zur Katastrophe werden lassen.
Die ‚Hohenstaufen' hat aber in ihren Panzern und Sturmgeschützen, die sich im Rückzug ebenso großartig schlagen wie im Angriff, stets einen starken Halt. Selbst in schwierigen Situationen, z. B. wenn die Division eingeschlossen war, und das war des öfteren der Fall, war immer noch irgendwo ein Gefühl der Überlegenheit gegenüber den gegnerischen Massen. Die Division kam auch immer wieder heraus. Doch der Feind überholt sie ständig, um dann wieder einzubiegen und einen Kessel anzusetzen. Hier sind die Männer aber stets hellwach. Jeder kennt seine Aufgabe und handelt danach.
Das Artillerieregiment unter seinem umsichtigen Kommandeur, Obersturmbannführer Jakob, hatte es allerdings beim Rückzug besonders schwer. Keine oder nur ganz wenig Munition. Kraftstoff war noch knapper. Dazu die schweren Geschütze und Zugmaschinen in völlig verschlammtem Gelände. Aber es wurde geschossen und Stellungswechsel über Stellungswechsel gemacht, der Gegner getäuscht und überrascht, und wenn es sein mußte, auch dem Nachbar noch geholfen. An vielen Tagen hat das Artillerieregiment seinen Kameraden von der Kavalleriedivision die Geschütze über die Berge geschleppt. Das war eine selbstverständliche Kameradschaft."
Über die Beschwernisse des Rückzuges schreibt Unterscharführer Kraßmann in der Chronik der 2./SS-Pz.Nachr.Abt. 9: „Der Benzinmangel macht sich außerordentlich bemerkbar. Die Kraftfahrer fahren längst ‚rationell', das heißt, bergab ohne Motorkraft. Viele Fahrzeuge schleppen zwei, drei andere hinter sich her. In einem Ort finden wir ein Kartoffelspritlager, damit strecken wir unseren Treibstoff. Die Motore werden zwar sehr heiß, aber es geht weiter. Auf diese Weise ‚schummeln' sich die Troßfahrzeuge unter Führung von Oberjunker Pauli bis in die Untersteiermark."
Am 4. April 1945 haben die Verbände der 2. Panzerarmee südlich der Mur eine neue Stellung bezogen. Vorwärts Mursko Sredisce wird ein Brückenkopf gehalten, über den die letzten Kolonnen abfließen. In der Nacht vom 5. zum 6. April wird der Brückenkopf aufgegeben.

Der nachlassende Druck des Feindes und die Flußbarrieren von Mur und Drau ermöglichen den zurückgeführten Verbänden eine Verschnaufpause. Die deutschen Divisionen werden geordnet und erhalten neue Verteidigungsabschnitte zugewiesen. Im Zuge dieser Neuordnung erhält die 9. SS-Panzerdivision „Hohenstaufen" am 7. April den Mur-Abschnitt zugeteilt. Stadler erinnert sich:

„Es handelte sich um die Reichsschutzstellung, ein Begriff, der nun erstmalig bekannt wurde. Ausgebaute Stellungen in entsprechender Tiefe, den Feind nicht mehr unmittelbar im Nacken, sondern vor der Front, und dahinter die Heimat. Das gab nach dieser furchtbaren inneren Not des Rückzuges wieder mächtig Auftrieb, Kraft und Mut. An weiteren Rückzug war jetzt einfach nicht mehr zu denken. Hier muß die letzte Schlacht geschlagen werden, wahrscheinlich bis zum bitteren Ende. Diese und ähnliche Gedanken bewegten die Männer, als sich die Division aufmachte, um die letzten Stellungen zu beziehen. Gar bald folgte jedoch ein jähes Erwachen.

Die Russen saßen bereits in der Reichsschutzstellung und erwarteten die Division. Sie müssen vom Norden eingesickert sein. Das war zuviel des Guten. Obersturmbannführer Seela erhielt Auftrag, den Abschnitt freizukämpfen und den Gegner zu werfen.

Die ausgelaugten und völlig erschöpften Panzergrenadiere, der Rest der beiden Regimenter 19 und 20, jeweils ein schwaches Bataillon stark, griffen dennoch beherzt von beiden Seiten an und nahmen die Russen in die Zange. Nach kurzer Gegenwehr gab der Gegner auf und versuchte, über die Mur zu entkommen. Viele Russen ertranken dabei. Der Rest, etwa 60 bis 70 Mann, wurde gefangengenommen.

Es war der letzte Angriff der „Hohenstaufen", fast ein reiner Infanterieangriff. Die Unterstützungswaffen konnten nicht eingesetzt werden, weil die Gefährdung der eigenen Truppe bei den gegebenen Geländeverhältnissen zu groß war.

Der Divisionskommandeur freute sich besonders über diesen letzten Erfolg, da er so gut wie ohne eigene Verluste errungen wurde, und sprach seinen tapferen Panzergrenadieren hierfür seine besondere Anerkennung aus. Sie hatten zudem in allen vorangegangenen Phasen den schwersten Teil zu bewältigen und haben Übermenschliches leisten müssen. Wer es nicht selbst erlebt hat, kann sich kaum vorstellen, was es heißt, ständig in irgendeinem Loch, einer Mulde oder wenn es gutging, in einem richtigen Graben zu hausen, zu warten und zu zittern, bis der Gegner kommt, meistens mit Panzern und aufgesessener Infanterie, also ein frischer und ausgeruhter Feind. Dann Abwehr, d. h schießen und treffen, notfalls sich von den Panzern überrollen lassen und um sein bißchen Leben kämpfen bis zum Letzten. Und das den ganzen Tag und manchmal auch die Nacht über. Dann wieder zurück und gleich wieder in die nächste Widerstandslinie, und der Teufelstanz begann von vorne, Tag für Tag.

Es soll keine Schmälerung der Leistungen aller „Hohenstaufen" sein, wenn man diese Männer der Regimenter 19 und 20 besonders erwähnt.

Die Reichsschutzstellung wurde nun in aller Ruhe und Gewissenhaftigkeit bezogen, fast friedensmäßig. Von einem Grabensystem ist allerdings noch nicht viel vorhanden, außer der vordersten Linie. Die Kolonnen der Organisation Todt und andere arbeiteten aber fieberhaft daran. Die Truppe kann auch alle Sonderwünsche noch anbringen, so vor allem für die Stellungen der schweren Waffen und der Artillerie. Jeder Einheitsführer bekommt seinen Beobachtungsstand, der dem Grabensystem angeschlossen werden soll; vom Feind natürlich nicht einzusehen.

Der Gegner verhielt sich völlig ruhig. Dennoch beobachteten alle Einheiten scharf und können jede Bewegung feststellen, weil die eigenen Stellungen überhöht in den Hügeln westlich der Mur verlaufen. Die Truppe atmete richtig auf und fängt sich in kürzester Zeit nach den unvorstellbaren Strapazen des Rückzuges. Ersatz ist bereits angekündigt.

Kaum war die Division geordnet und in ihren Stellungen, da erschien auch bereits der Kommandierende General Lanz, dessen Armeekorps die „Hohenstaufen" nun unterstand. Er sprach der Division für ihr rasches Zupacken bei der Säuberung der Reichsschutzstellung seine Anerkennung aus und meinte wörtlich: „Ich freue mich, eine Division zu haben, die von sich aus und ohne ausdrücklichen Befehl angreift." Er läßt sich genau einweisen, erkundigt sich nach jeder Einzelheit, insbesondere wo und ob schon Verbindung zu den Nachbarn im Süden und Norden bestehen usw. Der Divisionskommandeur hatte sich davon gerade persönlich überzeugt und konnte genau Rede und Antwort stehen.

Am 8. April kam der General Lanz wieder vorbei, bestätigte dem Divisionskommandeur seine präzisen Angaben vom Vortag und überbringt als kleine Anerkennung eine Kiste Sekt. Lanz war ganz angetan von der Disziplin und Meldefreudigkeit der Truppe und kam noch oft durch unsere Stellungen. Dabei gab es nie ein böses Wort. Seine Befehle waren klar und sinnvoll und wurden gerne ausgeführt. Kurzum, die Division hatte vom ersten Tag an ein herzliches Verhältnis zu ihrem Kommandierenden General. Welch ein Unterschied im Vergleich zum General Balck.

Am gleichen Tag erschien auch noch der Gauleiter der Steiermark, Dr. Überreither, in seiner Eigenschaft als Reichsverteidigungskommissar bei der Division. Er war glücklich, nun auch eine bekannte Division der Waffen-SS in seinem Bereich zu haben, noch dazu mit einem geborenen Steirer als Divisionskommandeur. Immer und immer wieder wollte er wissen, wie die Division die Russen so schnell aus der Reichsschutzstellung geworfen hatte. Er sorgte dafür, daß nun auch die nördliche Steiermark, wo die Russen ebenfalls schon eingebrochen waren, durch erfolgreiche Gegenangriffe wieder gesäubert wurde und in der Reichsschutzstellung verteidigt werden konnte. Dadurch wurde die Steiermark nicht mehr Kriegsschauplatz. Bei allen seinen Besuchen betont er, daß die „Hohenstaufen" hierfür die Voraussetzungen geschaffen und ihm dazu Mut und Kraft gegeben hätten. Er kommt noch oft. Die Sorgen der letzten Tage vor dem Zusammenbruch lasten schwer auf ihm. Die Truppe ist für ihn Erholung.

In den folgenden Tagen herrschte bald emsige Betriebsamkeit bei allen Einheiten. Kleidung, Waffen, Munition, Fahrzeuge, alles mußte in Ordnung gebracht und aufgefrischt werden. Die Instandsetzungskompanien arbeiteten Tag und Nacht, wie schon die ganze Zeit vorher.

Die gesamte Division wurde eine weiteres Mal durchgekämmt und alle vollausgebildeten Soldaten nach vorne geholt, damit der laufend eintreffende Ersatz gleich in die richtigen Hände kam und vernünftig angelernt werden konnte; denn hier fehlte es gewaltig. Der Ersatz kam aus allen denkbaren Truppenteilen und war von 17 Jahre bis über 60 Jahre alt, also regelrecht zusammengewürfelt. Die Regimenter 19 und 20 konnten voll ergänzt bzw. neu aufgestellt werden. Die Führung des Regiments 19 übernahm Obersturmbannführer Rohde. Innerhalb von 14 Tagen hatte die Division wieder volle Kriegsstärke. Es galt aber erst, den Ausbildungsrückstand aufzuholen. Mit dem

Bezug der Reichsschutzstellung wurde auch der Großteil von Radkersburg aufgegeben. Die Bevölkerung wurde zeitig aufgerufen, nach Westen zu ziehen. Die Masse kam diesem Aufruf jedoch nicht nach und wollte verständlicherweise die angestammte Heimat nicht verlassen. Sie meinten, es würde schon nicht so schlimm, denn die Russen wären ja auch Menschen, obwohl die Truppe aufgrund der bisherigen Erfahrungen keine Zweifel an den Folgen ließ und vor allem die Frauen davor warnte zurückzubleiben.
Die Russen rückten natürlich sofort nach und besetzten lautlos die Stadt. Doch die ganze Nacht und auch noch in den folgenden Nächten gellten die verzweifelten Schreie der Frauen zu uns herüber. Wir konnten leider nicht mehr helfen. Es war eines der bittersten Erlebnisse dieses furchtbaren Krieges.
Die nächsten beiden Wochen vergingen wie im Fluge. Die Division beherrschte ihren Verteidigungsabschnitt bis in alle Einzelheiten. Jede Bewegung des Gegners wurde sofort und von der jeweils zuständigen Waffe nach Feuerplan bekämpft. Der Ersatz wurde auf diese Art am besten in die Fronttruppe eingeführt und mit den üblichen Gepflogenheiten im großen Verband vertraut gemacht. Ansonsten herrschte fast vollkommene Ruhe an der Front.
Alle Kommandeure und ihre Einheiten arbeiteten mit Fleiß und formten ihre Truppe, obwohl inzwischen so ziemlich allen klar geworden war, daß der Krieg nicht mehr lange dauern konnte."

DAS ENDE DER 10. SS-PANZERDIVISION

Heidersdorf — Marsch nach Nordwesten — Der Kessel von Spremberg — Die Schreckensniederung bei Neu-Petershain — Geschafft, doch viele blieben liegen — Über das Erzgebirge — Jeder versucht es auf eigene Faust

Am 27. März 1945 wird die 10. SS-Panzerdivision aus dem Verband der 3. Panzerarmee (von Manteuffel) entlassen und Reserve der Heeresgruppe Weichsel. Die Division war bis zuletzt im Brückenkopf Altdamm eingesetzt, die SS-Pz.AA 10 verteidigte das Westufer des Stettiner Haffs. Vom 22. bis 27. März lagen die meisten Einheiten der Division im Großraum Stettin in Ruhe.

Vom 22. bis 27. März befindet sich der Div.Gef.-Stand in Stettin-Brunn. Am frühen Morgen des 27. März verladen die Einheiten der 10. SS-Panzerdivision auf den Bahnhöfen bei Stettin. Die SS-Pz.AA 10, die bei Ziegenort und Jasenitz verspätet von Einheiten des XXXII. Armeekorps abgelöst wird, verlädt am 28. 3. in Grambow. Die Eisenbahntransporte laufen größtenteils über Berlin. Neuer Versammlungsraum ist der Raum zwischen Fürstenwalde und Frankfurt (Oder). Bei Seelow haben die Sowjets einen starken Oder-Brückenkopf gebildet, aus dem sie später zum Großangriff auf Berlin antreten.
Die unterschiedliche Lagebeurteilung im Führerhauptquartier und bei der Heeresgruppe Weichsel schlägt sich in der mehrmaligen Verlegung der 10. SS-Panzerdivision „Frundsberg" nieder. Der Oberbefehlshaber der Heeresgruppe Weichsel, Generaloberst Heinrici, erwartet den Großangriff auf Berlin aus dem Brückenkopf bei Seelow, Hitler glaubt, daß die Russen aus den Neiße-Brückenköpfen durch Sachsen bis an die Elbe vorstoßen werden, um sich dort mit den Amerikanern zu vereinigen. Am 29. 3. 1945 laden die ersten Teile der 10. SS-Panzerdivision in Briesen bei Fürstenwalde aus und beziehen Quartier. Der Div.Gef.-Stand wird in Wilmersdorf errichtet. Aber bald danach kommt ein neuer Befehl zur Verlegung zur Heeresgruppe Mitte (Schörner) in den Raum ostwärts von Görlitz. Am 31. 3. verladen die Divisionsteile, die bereits im Raum Briesen Quartier bezogen haben, während die meisten Transporte der „Frundsberg" noch von Stettin heranrollen, teilweise im Kreis fahren und gar nicht erst ausladen. In den ersten Apriltagen rollt die 10. SS-Panzerdivision durch Sachsen. Am 2. 4. 1945 lädt der Div.-Stab in Lichtenau (ostwärts Görlitz) aus und fährt mot. nach Pfaffendorf weiter, wo der Div.Gef.-Stand errichtet wird. Am 8. 4. wird der Div. Gef.-Stand nach Heidersdorf verlegt, wo er bis zum 15. 4. verbleibt. Die nacheinander eintreffenden Einheiten der Division beziehen im Raum ostwärts Görlitz — südlich Lauban Quartier und nutzen die Ruhezeit zur Auffrischung und Ausbildung.
Die Sowjets haben zwei gefährliche Neiße-Brückenköpfe bilden können. Daraufhin hat Generalfeldmarschall Schörner die Verlegung der 10. SS-Panzerdivision zur Heeresgruppe Mitte durchgesetzt. Aus dem Raum ostwärts Görlitz hatte die Armeegruppe Nehring — dabei das XXXIX. Panzerkorps des Generals Decker— Anfang März erfolgreich angegriffen und ein Panzerkorps der russischen 4. Garde-Panzerarmee zerschlagen.

Ende März 1945 erkrankt der Kommandeur der 10. SS-Panzerdivision, Brigadeführer Harmel, an einer schmerzhaften Nervenentzündung am Arm. Die Spritzen, die ihm der Divisionsarzt Dr. Günther täglich gibt, helfen nichts. Harmel wird von Fürstenwalde nach Berlin zur Behandlung geschickt. Adolf Hitler erfährt davon und läßt ihn zur Berichterstattung in den Führerbunker kommen.

Am 16. April erfährt Brigadeführer Harmel vom Beginn des russischen Großangriffs auf Berlin und von der bevorstehenden Verlegung seiner Division in den Raum Cottbus—Spremberg. Wenig später braust ein VW von Berlin in Richtung Cottbus los — im Fond Brigadeführer Harmel, am Steuer sein langjähriger Fahrer Oberscharführer Hinterhölzl.

Als am Morgen des 16. April 1945 die Sowjets aus ihren Oder- und Neißebrückenköpfen zum Sturm in das Herz Deutschlands antreten, rätselt man im Führerhauptquartier noch über die Ziele des russischen Großangriffs. Hitler glaubt immer noch nicht, daß das Hauptziel der Sowjets die deutsche Reichshauptstadt ist; er vermutet nach wie vor den Hauptstoß durch Sachsen bis an die Elbe, wo schon die Amerikaner stehen. Um die russischen Angriffe aus den Neiße-Brückenköpfen zum Stehen zu bringen, befiehlt der OB der Heeeresgruppe Mitte, Schörner, die sofortige Verlegung der 10. SS-Panzerdivislion „Frundsberg" in den Raum Bautzen als Heeresgruppenreserve.

Gegen Mittag des 16. April trifft der Verlegungsbefehl auf dem Gefechtsstand der 10. SS-Panzerdivision in Heidersdorf ein. Zwei Stunden später fährt Sturmbannführer Brinkmanns SS-Pz.AA 10 als erste Marschgruppe der Division mot. über Ostritz—Löbau in den Raum Bautzen ab.

Die mot. Verlegung der 10. SS-Panzerdivision leidet unter Betriebsstoffmangel. Die Einheiten erreichen tropfenweise und auseinandergerissen den Raum Bautzen. Bevor hier die Trosse und Nachschubeinheiten eintreffen, bestimmen neue Befehle den Einsatz der 10. SS-Panzerdivision zwischen Cottbus und Spremberg. Hier hat ein aus dem Brückenkopf bei Forst vorgetragener russischer Angriff weit nach Westen Boden gewonnen. Alle Trosse und einige Kampfeinheiten geben ihren letzten Betriebsstoff an die vorauszuwerfenden Kampfverbände ab und bleiben bewegungsunfähig im Raum Bautzen liegen.

Inzwischen haben sich die sowjetischen Großangriffe aus den Oder-Neiße-Brückenköpfen weiter entwickelt. Bei Seelow wird die 9. Armee zurückgedrückt. Zwischen Frankfurt (Oder) und Forst hält noch die Front.

Gleichzeitig wird der Nordflügel der Heeresgruppe Mitte, die im Abschnitt Forst—Görlitz stehende 4. Panzerarmee des Generals Graeser, angegriffen. Schwerpunkt ist der russische Brückenkopf zwischen Forst und Muskau; hier konnte die 1. Ukrainische Front mit der 13. Armee, der 5. Garde- und 4. Garde-Panzerarmee die deutsche Front bereits am ersten Tag in 26 km Breite und 13 km Tiefe aufbrechen. Das bei Forst stehende deutsche V. Armeekorps wird von der Heeresgruppe Weichsel getrennt und der Heeresgruppe Mitte unterstellt. Das V. Armeekorps und das südlich anschließende Panzerkorps „Großdeutschland" werden nach tapferen Abwehrkämpfen zerschlagen. Die wenigen noch haltenden Verteidigungsinseln werden umgangen. Zwischen Cottbus und Spremberg streben drei feindliche Armeen nach Westen.

Am 17. April 1945 erreichen die beweglichen Teile der SS-Pz.AA 10 den Raum Cottbus, andere Teile der 10. SS-Panzerdivision den Raum Spremberg und übernachten im Wald. Hier stößt auch der von Berlin kommende Divisionskommandeur Harmel wieder zur Division und meldet sich beim OB der 4. Panzerarmee, General Graeser. Nach der Lageeinweisung erhält Brigadeführer Harmel den Befehl, die entstandene Lücke zwischen Cottbus und Spremberg durch Gegenangriffe zu schließen.

Am 18. April wird der Gefechtsstand der 10. SS-Panzerdivision „Frundsberg" in Roitz, hart westlich von Spremberg, errichtet. Hier meldet sich auch der Führer der Divisions-Nachschubtruppen, Sturmbannführer Rösch, der seinen Versorgungs- und Nachschubeinheiten zum Befehlsempfang vorausgefahren ist.

Teile der Division „Frundsberg" werden bereits im Raum Groß Osning von starken russischen Angriffskräften berannt und gehen nach Süden zurück. Ein Gegenangriff von Teilen des SS-Pz.Rgt. 10 und des I./SS-Pz.Gr.Rgt. 21 (SPW-Btl.) schlägt nach Norden nicht durch.

Über den Einsatz und das Schicksal der IV. Abteilung des SS-Pz.Art. Rgt. 10 geben uns Auszüge aus dem Kriegstagebuch der Abteilung Auskunft, die den Verlag auf vielen Umwegen erreichten. Sie stehen stellvertretend für den Kampf und Untergang vieler Einheiten der „Frundsberg", die in keinem KTB oder in sonstigen Aufzeichnungen festgehalten sind. Am 18. April erfährt der Abteilungs-Kommandeur, Hauptsturmführer Menze, beim Regiment erstmals die genaue Feind-

lage. Nach Rückkehr auf den Abteilungsgefechtsstand, der von Madlow nach Slamen verlegt wurde, erhält Menze vom VB der 11. Batterie die Meldung, daß Einheiten des Heeres zurückgehen; nördlich Spremberg sollen die Russen die Spree überschritten haben. Der VB fragt an, ob er zur Feuerstellung zurück kann. Wenig später meldet Obersturmführer Bültemeier, dessen 10. Batterie artilleristisch den Raum südlich von Spremberg überwacht, daß Feindpanzer mit aufgesessener Infanterie rudelweise südlich Spremberg vorbeistoßen. Daraufhin verlegt der Abteilungsgefechtsstand nach Heinrichsdorf. Die 11. Batterie erhält den Befehl, bei Kochsdorf (westlich Spremberg) neue Stellung zu beziehen und sich zur Rundumverteidigung einzurichten. Vom Regimentsstab erfährt man, daß Untersturmführer Kutzner gefallen ist.
Indessen bemüht sich am 19. April die 10. SS-Pz.-Division weiterhin, durch Teilangriffe entlang der Straße Spremberg—Cottbus eine neue Verteidigung aufzubauen. Es gelingt nicht. Ohnmächtig müssen die „Frundsberger" mit ansehen, wie weit überlegene russische Kräfte unbeeindruckt nach Westen ziehen. Am Nachmittag wird der Divisionsgefechtsstand in Roitz von russischen Kräften angegriffen, die jedoch im Gegenangriff von der Divisions-Begleitkompanie zurückgeworfen werden. Hart südlich von Cottbus steht Sturmbannführer Brinkmann mit Teilen seiner SS-Pz.AA 10 im Kampf.
Damit ist die 10. SS-Pz.Div. „Frundsberg" in drei Teile gespalten: Südlich Cottbus die beweglichen Teile der SS-Pz.AA 10; nördlich und westlich von Spremberg das Gros der Kampfeinheiten; im Raum Bautzen die Trosse und die wegen Betriebsstoffmangel festliegenden Teile des SS-Pz.Rgt. 10, des SS-Pz.Art.Rgt. 10 und der SS-Pz.AA 10.
Am 19. April beginnt sich der Kessel von Spremberg zu schließen, die 10. SS-Pz.Div., die 344 Inf.Div. (Generalmajor Jolasse) und die Führer-Begleit-Division (Generalmajor Remer) sitzen in der Falle.
Hierzu wieder der Bericht nach dem KTB der IV./SS-Pz.Art.Rgt. 10: Am 19. 4. 45 starker Gefechtslärm westlich Spremberg. Hauptsturmführer Menze erfährt von einem Kurier, daß die Division Remer, andere Heereseinheiten und Teile der „Frundsberg" eingekesselt sind. Der Adjutant, Untersturmführer Sierks, ruft alle Führer zur Beratung zusammen. Befehl: „Sofort Truppe informieren, defektes Gerät zerstören, Personalunterlagen vernichten, sich auf Panzer- und Infanterieangriffe einrichten. Um jede Batterie Einmann-Deckungslöcher

graben. Truppe mit Panzerfaust vertraut machen." Die Stimmung auf dem Abteilungsgefechtsstand ist zuversichtlich.
Am 20. April 1945 verlegen die 10. und 11. Batterie nach Jessen, der Abteilungsgefechtsstand nach Gosda, Ortsteil „Alte Buden" (5 km WSW Roitz). Der Gefechtsstand der Division Remer liegt im Gutshof Gosda. Hier erhält Hauptsturmführer Menze die Orientierung, daß sich die Division unter Generalmajor Remer zurückziehen wird, um südostwärts von Berlin neue Stellungen zu beziehen.
Untersturmführer Schwetschke von der 11. Batterie meldet, daß russische Infanterie sich aus Richtung Terpe durch den Forst auf Jessen (3 km westlich Roitz) vorarbeitet, und auch auf Gosda (2 km westlich Jessen). Die Bahnlinie südlich der Orte ist durch Volkssturm besetzt. Divisionsbefehl „Frundsberg": Am 21. 4. 1945 die Stellungen räumen. Die Division versammelt sich im Raum Neu-Petershain. Hauptsturmführer Menze und Untersturmführer Lax ziehen mit der Stabsbatterie zurück. Untersturmführer Sierks hatte sich erst in den Morgenstunden ins Bett gelegt und vor Übermüdung den Abzug der Stabsbatterie verpaßt. Er wacht auf, als die Russen schießend in die Häuser von „Alte Buden" eindringen und entkommt mit Sturmmann Meier in dem aufgeregten Durcheinander.
Am Morgen des 20. April sind alle drei Divisionsreste in einem kleinen Kessel nordwestlich von Spremberg von einer russischen Übermacht zusammengedrängt und eingeschlossen. Jede Divisions-Kampfgruppe verteidigt ein Drittel des Kessels. Wegen der geringen Schußentfernung schießen die wenigen noch einsatzbereiten Batterien über den Kessel hinweg vor die Front des Nachbarn Sperrfeuer; ein Fall, der nur selten im Kriege auftrat.
Im Laufe des 20. April 1945 treffen auf dem Gefechtsstand der 10. SS-Panzerdivision „Frundsberg" auf Schloß Roitz zwei Funkbefehle gleichen Inhalts ein, einer von Himmler aus dem Führerbunker, unterzeichnet von Hitler, und einer von Schörner:
„Die in Ihrem Abschnitt entstandene Frontlücke zwischen Spremberg und Cottbus ist durch sofortigen Angriff nach Norden zu schließen. Für die Durchführung dieses Befehls sind Sie mir persönlich verantwortlich. Sie haben den Angriff siegreich zu führen oder mit Ihrer Division zu fallen."
Die Funkbefehle sind ausdrücklich an die 10. SS-Panzerdivision gerichtet. Damit muß Harmel alle Konsequenzen ziehen, die sich aus

der Nichtbefolgung des ausdrücklichen Befehls ergeben. Aber der erfahrene Divisionskommandeur weiß die Lage richtig einzuschätzen und ist bereit, selbständig zu handeln — auch gegen ausdrückliche Befehle — und alle Verantwortung zu tragen. Er bespricht sich mit seinem Ia, Stolley, der ebenfalls den Befehl für undurchführbar hält, und geht dann nacheinander zu Generalmajor Remer, Kommandeur der Führer-Begleit-Division, und zu Generalmajor Jolasse, Kommandeur der 344. Infanteriedivision, um diese um Rat zu fragen, stehen sie doch alle jetzt eng nebeneinander.

Die Generale wägen noch einmal alle Möglichkeiten ab. Für Harmel und Remer gibt es in dieser aussichtslosen Lage nichts mehr zu überlegen, sie wollen nach Westen ausbrechen und Anschluß an eigene Truppen suchen. Generalmajor Jolasse steht noch im Widerspruch von Gewissen und Befehl, er macht auf alle eventuellen nachteiligen Folgen — auch Sippenhaft — aufmerksam. Aber was bedeutet ein Befehl, der nicht durchzuführen ist? In einem weiteren Funkbefehl wird Generalmajor Jolasse zum Generalleutnant befördert und ist damit Ranghöchster im Kessel, aber das hindert die beiden anderen nicht, an ihrem Entschluß, in der kommenden Nacht mit ihren Divisionsresten auszubrechen, festzuhalten.

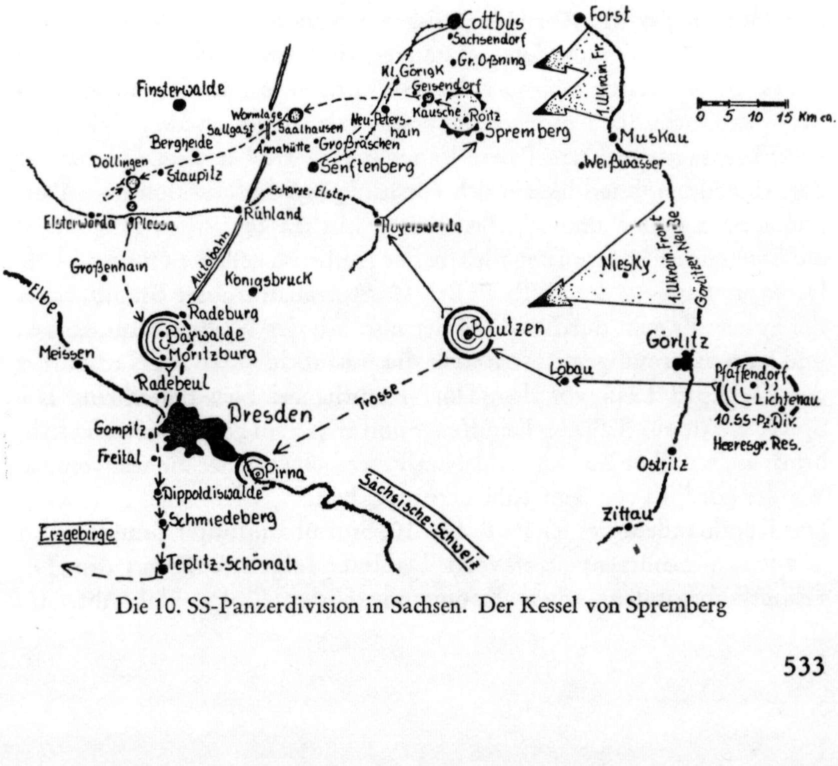

Die 10. SS-Panzerdivision in Sachsen. Der Kessel von Spremberg

Harmel und Remer besprechen den Ausbruchsplan, der zu folgenden Entschlüssen führt:

1. Alle nicht unbedingt zum Ausbruch notwendigen Fahrzeuge und Waffen werden vernichtet. Der Betriebsstoff ist vor der Vernichtung restlos auszupumpen, damit sind die zum Ausbruch vorgesehenen Fahrzeuge aufzutanken.
2. Die Reste der 10. SS-Panzerdivision stellen sich bereit und erzwingen den Durchbruch.
3. Die Nachhut übernimmt Remer mit den Resten der Führer-Begleit-Division. Diese Gruppe erhält Kettenfahrzeuge zur Mitnahme der Verwundeten.
4. Ausbruchsrichtung nach Nordwesten, um im Raum südlich Berlin Anschluß an eigene Truppen (Armee Wenck) zu gewinnen. Der Ausbruch soll durch die Wälder der Niederlausitz erfolgen.

In der Nacht zum 21. April lösen sich die Reste der 10. SS-Panzerdivision, der Führer-Begleit-Division und der 344. Infanteriedivision aus ihren Stellungen bei Roitz. Auch Jolasse, der gezögert hatte, schließt sich nun an; er soll mit seinen Leuten die Nordflanke abschirmen. Überall werden noch Waffen und Fahrzeuge zerstört.
Am Morgen des 21. April setzt sich ein wandernder „Lindwurm" in Bewegung. Vorweg die letzten Panzer, die letzten Flak-Sfl. und die letzten SPW mit den Männern des SS-Pi.Btl. 10. An der Straße Jessen—Stradow stockt der Ausbruch das erste Mal; aus einem kleinen Kusselwäldchen ragen mehrere Panzerkuppeln von T-34 heraus. Die Panzer der Ausbruchsspitze schieben sich vorsichtig in Schußpositionen — Panzerkanonen bellen und schießen den russischen Sperriegel zusammen, die sicherenden Rotarmisten fliehen, der Ausbruch geht weiter.
Der Kommandeur der SS-Pz.Pi.Btl. 10, Sturmbannführer Brandt, führt die Spitze. Es geht durch die Wälder nördlich der Weißen Berge vorbei, und nach mehrmaligen Rasten steht die Ausbruchsspitze am Nachmittag des 21. April 1945 vor dem Dorf Kausche bei Neu-Petersheim. Die Spitze erhält aus Kausche Feindfeuer und tritt zum gewaltsamen Durchbruch an, um über Kausche und Neu-Petersheim wieder die schützenden Wälder nördlich von Senftenberg zu erreichen.
Der Kommandeur des SS-Pz.Pi.Btl. 10, Sturmbannführer Brandt, führt mit seinem Schützenpanzer vorn. Dahinter folgen SPW mit dem Divisionskommandeur, dem Kommandeur der SS-Pz.-Flak-Abt. 10,

Sturmbannführer Schrembs, und dem Führer der Div.-Nachschub-Truppen, Sturmbannführer Rösch. An der Straßenkreuzung in Kausche kommt es zum Kampf. Eine russische Pak wird vernichtet, der letzte Überlebende richtet durch das Rohr den Spitzen-SPW an, eine Granate jagt aus dem Rohr und krepiert am MG-Schutzschild des vordersten Schützenpanzers; Sturmbannführer Brandt wird schwer verwundet und verliert das Augenlicht. Die nachfolgenden SPW und Flak-Selbstfahrlafetten fahren hinter Häusern in Deckung. Nun wird überall geschossen und es stellt sich heraus, daß mindestens 15 russische Pak die Straßenkreuzung Kausche mit ihrem Feuer beherrschen. Hier gibt es kein Durchkommen, die Ausbruchsgruppen gehen in die Wälder nördlich, ostwärts und südostwärts von Kausche zurück, wo sie erneut sammeln und sich zum Sturm auf Kausche bereit machen.

Die IV. Abteilung des SS-Pz.Art.Rgt. 10 sammelt erst gegen 11.00 Uhr (21.4.) bei der Schäferei nordwestlich von Gosda und fädelt sich ziemlich am Schluß der Ausbruchskräfte in den „Lindwurm" ein. Hier meldet Untersturmführer Lax dem Kommandeur Menze, daß der Truppenarzt mit Verwundeten noch in Gosda sein muß. Untersturmführer Sierks ruft Freiwillige für einen Stoßtrupp zusammen, zehn Mann arbeiten sich in den Ort zurück und holen den Truppenarzt Dr. Schwedt mit „Sanka" und Verwundeten heraus.

Die 10. und 11. Batterie schließen sich bei „Weiße Berge" den Ausbruchskräften an. Es geht über einen sandigen Waldweg. Staub macht die Kehlen trocken. Die Sonne scheint heiß. Dann ein langer Halt. Essenausgabe. Die Männer legen sich nieder und ruhen aus. Plötzlich peitscht eine russische MPi-Garbe in die Rastenden. Sekunden später mäht eine Vierling in den Wald. Trupps werden zusammengestellt und gehen vor. Ein toter russischer Offizier wird gefunden, sonst keine Spuren. Wahrscheinlich war es ein russischer Spähtrupp, der unvermutet auf die deutsche Kolonne gestoßen war. Flankensicherung wird befohlen. Um 16.00 Uhr aufsitzen, langsam geht es weiter und überall die bange Frage: „Ob wir wohl aus dem Kessel herauskommen?" — Die Truppe schaut auf ihre Führer, Untersturmführer Sierks strahlt Zuversicht aus. Er wirft in die vorbeifahrenden Fahrzeuge Zigaretten hinein. Es wird Abend. Vorne schießen Panzer und Pak, die Ausbruchsspitze kämpft also bereits. Melder jagen heran, jede Einheit soll einen Zug als Infanterie zur Spitze vorschicken. Untersturmführer Kaiser zieht mit 20 Männern los.

Nach erneuter Bereitstellung wird am Abend des 21. April Kausche genommen. Die IV./SS-Pz.Art.Rgt. 10 schließt nach Kausche auf. Im Ort ist noch Zivilbevölkerung. Ein junges Mädchen sitzt wimmernd und halb ausgezogen an einer Hauswand, und ihr Großvater erzählt stockend, daß seine Enkelin wohl ein dutzendmal von Russen vergewaltigt wurde, bevor die Deutschen den Ort nahmen. Hauptsturmführer Menze befiehlt, daß die Zivilbevölkerung auf den Fahrzeugen der Abteilung mitgenommen werden soll: Soldaten runter, Frauen, Kinder und Greise rauf. Endloses Warten. Keiner weiß, wo es hingehen soll, dann kommt der Befehl: „Alles absitzen, in der Nähe der Fahrzeuge aufhalten, Posten einteilen!" Die Verwundeten werden versorgt, die Nacht bricht herein, Leuchtkugeln steigen hoch, in der Ferne fallen Schüsse.

Am Morgen des 22. April soll es weitergehen. Nun soll der Durchbruch zwischen Geisendorf und Klein Göhrigk und nördlich am feindbesetzten Neu-Petersheim vorbei erfolgen. Hierbei muß ein Wiesental zwischen Neu-Petersheim und Geisendorf überwunden werden. Eine genaue Aufklärung kann nicht erfolgen, da die Spähtrupps überall angeschossen werden.

In den Vormittagsstunden des 22. April geht es los, fahren Panzer, Schützenpanzer und Flak-Selbstfahrlafetten in etwas breiterer Front an. Bis zum Waldrand bei Geisendorf geht es gut, aber dann, als das sumpfige Wiesental zwischen Geisendorf und Neu-Petersheim überquert wird, schlägt rasendes Feindfeuer aus Neu-Petersheim und von T-34, die in einer Bahnunterführung nordwestlich von Geisendorf stehen, auf die Ausbruchsspitze nieder. Die ersten Kettenfahrzeuge fahren sich fest, erhalten Flankenfeuer von beiden Seiten und bilden ein gutes Ziel. Der Div.-Nachschubführer, Sturmbannführer Rösch, wird schwer verwundet und verliert ein Bein. Alle Versuche, eigene Panzer gegen die T-34 an der Bahnunterführung anzusetzen, schlagen fehl. Eine straffe Führung ist nicht mehr möglich. Bei den Ausbruchsgruppen, die das Wiesental überwinden, treten empfindliche Verluste ein, aber es gibt keine andere Möglichkeit — hier müssen alle durch! Harmel stellt Ablaufgruppen zusammen. Alle Nebelkerzen werden zusammengesucht.

Jede Ablaufgruppe wirft Nebelkerzen, dem Feind wird die Sicht erschwert. Und dann durch — eine Gruppe nach der anderen! Die Russen schießen, was das Zeug hält, schießen vielfach blind drauflos, und viele Männer und Fahrzeuge werden getroffen. Im Wiesental westlich von

Kausche bleiben viele Fahrzeuge brennend zurück. Gefallene bedecken den sumpfigen Boden. Aber viele kommen durch, erreichen den schützenden Wald und sammeln sich zum Weitermarsch.

Dem Führer der Nachhut, Generalmajor Remer, wird zweimal der Schützenpanzer bewegungsunfähig geschossen; sein Ia, Reidel, und sein Adjutant Bechtel werden dabei schwer verwundet. Dann macht Remer genau wie seine Soldaten: „Sprung auf, marsch, marsch!", und sie erreichen das schützende Waldstück. Hier werden die Verwundeten auf die letzten SPW geladen und mitgeführt.

Aber nicht alle Ausbruchsgruppen kommen verhältnismäßig so gut durch. Die I. und IV. Abteilung des SS-Pz.Art.Rgt. 10 sowie ein Bataillon der Division Remer bleiben als letzte Einheiten in Kausche und sollen nach gelungenem Durchbruch der Hauptkräfte folgen. Als im Wiesental von Geisendorf die deutschen Soldaten um ihr Leben stürmen, wird die Nachhut in Kausche durch russische Vorstöße gebunden. Oberstleutnant Wulf von der Division Remer übernimmt den Befehl in Kausche und ruft Führer und Offiziere in der Schule von Kausche zu einer Besprechung zusammen. Nach kurzer Beratung kommt man zu folgendem Entschluß:

1. Die beiden Batterien der IV./SS-Pz.Art.Rgt. 10 gehen in Stellung und verschießen ihre letzte Munition auf Nahziele, danach Zerstörung der Kanonen.
2. Die I./SS-Pz.Art.Rgt. 10 (Sfl) unter Hauptsturmführer Behrens greift mit Panzern und gepanzerten Fahrzeugen der Division Remer in Richtung Neu-Petershain an und erzwingt den Durchbruch.
3. Die Masse folgt auf Fahrzeugen.
4. Bis zum Abmarsch übernimmt Untersturmführer Kaiser die Verteidigung am Nordrand von Kausche, Untersturmführer Sierks den Ostrand und Oberleutnant Koch den Südrand.

Kurze Zeit danach wird ein russischer Angriff am Nordrand von Kausche abgewiesen, dabei erhält Untersturmführer Kaiser einen Lungensteckschuß. Auch gegen den Ostrand arbeitet sich der Feind unter guten Deckungsmöglichkeiten heran. Die 10. und 11. Batterie des SS-Pz.Art.Rgt. 10 verschießen auf die Angreifer ihre letzte Munition.

Motorenlärm setzt ein, Gewehrfeuer im Westen. Melder rasen zum Gefechtsstand Wulf in der Schule: Obersturmführer Bültemeier hat mit seiner 10. Batterie infolge eines falsch übermittelten oder verstan-

denen Befehls einen Ausbruchsversuch gemacht. Die Batterie ist im Feindfeuer liegengeblieben und hat alle Fahrzeuge verloren. Jetzt heißt es die Nerven behalten.
Essen fassen unter feindlichem Granatwerferbeschuß, Erbsensuppe — die letzte für viele Tage. Ein Melder überbringt den Befehl vom Abteilungskommandeur Hauptsturmführer Menze: „Ausbruch 14.00 Uhr, Richtung und Reihenfolge wie besprochen, Verwundete werden mitgeführt, Gruppe Sierks löst sich als letzte und übernimmt den Schutz nach rückwärts."
Den Ausbruch der I. und IV./SS-Pz.Art.Rgt. 10 und des Bataillons der Division Remer aus Kausche schildert ein Augenzeuge so: „Wir fassen Gewehrmunition. Um 14.00 rasseln die 4 Panzer los. Zunächst erhalten sie kein Feuer. Wir setzen hinterher, können aber das Tempo nicht mithalten. Feindfeuer setzt ein. Ein Lkw stürzt um, alles runter und weiter, weiter! Wir schießen im Laufen. Heftiger Widerstand aus Neu-Petershain. Wir schließen auf. Es hilft nichts, wir müssen den Ort nehmen, sonst kommen die Fahrzeuge nicht durch. Alles sitzt ab und geht weit ausgeschwärmt gegen Neu-Petershain vor. Die Russen antworten mit einem mörderischen Feuer, setzen auch Pak ein. Unsere Verluste sind hoch. Auf der Suche nach einem Ausweg prescht Hauptsturmführer Behrens mit seinen letzten „Hummeln" und „Wespen" nach Norden und nimmt das Gut Geisendorf. Alles schwenkt hinterher, läßt von Neu-Petershain ab. Auf Gut Geisendorf sammeln sich die Reste und igeln sich ein.
Oberstleutnant Wulf und Oberleutnant Koch werden vermißt, sie sollen in Gefangenschaft geraten sein. Wer hat wen gesehen? Untersturmführer Sierks trifft mit ca. 50 Männern der Nachhut ein, einige sind verwundet, er selbst hat eine Beinverwundung erhalten und kann schlecht laufen. Ein Sanitäter legt Verbände an. Neue Meldungen besagen: Hauptsturmführer Menze, Obersturmführer Bültemeier und Untersturmführer Schwetschke sollen gefallen oder schwerverwundet sein, die Untersturmführer Kaiser, Lax und Meyer werden vermißt.
Aus Richtung Groß Räschen hören wir schwere Waffen feuern. Dort müssen also deutsche Einheiten kämpfen. Es wird der Entschluß gefaßt, in Richtung Groß Räschen vorzustoßen.
Beinverwundete werden auf die Panzer und Zugmaschinen geladen und dann los! Am Bahndamm westlich des Gutes von Geisendorf reißt die Kette eines Panzers, Hauptsturmführer Prechtl erhält einen

Bauchschuß, die Besatzung setzt den Panzer in Brand. Jenseits des Bahndammes, auf der Lichtung eines Waldstückes, versammeln sich noch ca. 300 Mann, drei Panzer und ein SPW.
Hauptsturmführer Behrens befiehlt den Aufbruch in Richtung Nordwesten. Als die Panzer die freie Fläche erreichen, erhalten sie Pakfeuer von links. Innerhalb einer Minute erhalten alle drei Panzer Volltreffer. Die Männer warten die Dämmerung ab und gehen dann in Richtung Petershain (3 km nördlich von Neu-Petershain) vor, der SPW bleibt zurück. In der Nähe des Thuga-Teiches wird die deutsche Ausbruchsgruppe mit lautem „Urrää" von russischer Infanterie angegriffen, aber der Angriff wird abgewehrt. Petershain brennt. Im Schein der Brände sehen die Ausbrecher, wie deutsche Gefangene von den Russen weggeführt werden. Lautsprecher fordern alle „Frundsberger" auf, sich sofort zu ergeben und zur Gefangenensammelstelle zu kommen. Immer wieder ertönt die Aufforderung in deutscher Sprache. Gute Behandlung wird zugesichert.
Der Zusammenhalt der Reste der I. und IV. Abteilung des SS-Pz.Art. Rgt. 10 geht verloren. Viele versuchen in der regnerischen Nacht auf eigene Faust durchzukommen. Das ist das Ende der ruhmreichen Abteilungen.
In der Nacht finden sich zehn Versprengte der IV./SS-Pz.Art.Rgt. 10 zusammen. Die Feuerkraft besteht aus 10 Gewehren, zwei Pistolen und wenig Munition. Untersturmführer Sierks führt die Gruppe und schlägt vor, tiefer in den Wald hineinzugehen, am Tage zu rasten und nachts nach Westen zu marschieren, um die Elbe zu erreichen. Die Männer sind einverstanden, aber sie schaffen nur wenige Kilometer. Zwei Armverwundete und der am Bein verwundete Untersturmführer Sierks können nicht mehr. Die Gruppe muß rasten.
Dann treibt sie die Unruhe weiter. Eine Straße wird überquert und ein Bahndamm. Brennender Durst zwingt die Männer an jeder Regenpfütze nieder zum Trinken. Als es wieder Tag wird, verkriecht sich die Gruppe Sierks in einem Walddickicht.
Mit dem gewaltsamen Durchbruch durch das Wiesental nördlich von Neu-Petersheim ist der Zusammenhang der gesamten Ausbruchskräfte verlorengegangen. Einzelne Gruppen schlagen sich auf eigene Faust weiter nach Westen durch. Andere finden sich in der Nacht vom 22. zum 23. April im Forst Reddern wieder zusammen und setzen den Ausbruch hinter der Ausbruchsspitze fort.

Im Forst Reddern erhält die von Brigadeführer Harmel geführte Spitze über eine durchgebrachte Funkstelle ein Bild der allgemeinen Lage: Am 20. April ist die 4. Ukrainische Front nach Erreichen des Raumes südlich von Lübben und Lübbenau mit der 3. Garde-Panzerarmee und der 4. Panzerarmee nach Norden eingedreht, und damit steht fest, daß das Hauptziel der Sowjets die deutsche Reichshauptstadt ist. Gleichzeitig war die 1. Weißrussische Front aus dem Brückenkopf Seelow auf Berlin angetreten und hatte die 9. Armee auseinandergesprengt. Am 21. April trafen sich beide Angriffsspitzen bei Königs Wusterhausen. Die 9. Armee des Generals Busse ist zwischen Guben—Müllerose—Fürstenwalde—Königs Wusterhausen—Lübben eingeschlossen. Aufgrund dieser Lage beschließt Harmel in Richtung Südwesten weiter durchzubrechen, etwa bei Elsterwerda über die Elster zu gehen und den Raum Riesa—Großenhain zu erreichen. Indessen bricht Generalmajor Remer mit den Resten seiner Führer-Begleit-Division in den Raum Riesa—Oschatz durch und stellt sich hier am 2. Mai der Kampfgruppe des Generalleutnants Heidkämpfer zur Verfügung.

Am Abend des 23. April 1945 steht die Spitze der „Frundsberg" an der Autobahn 3 km nördlich von Freienhufen. Halt! Harmel kommt nach vorn. Auf der Autobahn fährt eine russische Pferdekolonne nach Norden. Die „Frundsberger" legen sich in den Hinterhalt, um die Panjekolonne zu überfallen, denn sie hoffen, damit ihre Verpflegung zu ergänzen.

Der Überfall gelingt nicht, da einer der Männer voreilig schießt und die meisten Wagen noch kehrtmachen können.

In der Nacht vom 23. zum 24. April geht es über die Autobahn. Zwischen Wormlage und Saalhausen erreichen die einzelnen Gruppen wieder ein ausgedehntes Waldgebiet und gliedern sich neu.

Untersturmführer Wenke von der 1./SS-Pz.-Nachr.Abt. 10 führt nun die Spitze an, aber bald liegt sie fest; auf der Straße Finsterwalde—Senftenberg ziehen ununterbrochen russische Kolonnen nach Nordwesten. Wenkes Spitze treibt Spähtrupps vor und meldet die Beobachtungen nach hinten. Brigadeführer Harmel kommt nach vorn. Es gibt keine Umgehungsmöglichkeit, die feindliche Marsch- und Nachschubstraße muß überquert werden. Harmel macht einen Plan. Die letzten Panzer der „Frundsberg" — keine zehn — werden vorgezogen, gehen in günstige Stellungen, so daß sie die Reichsstraße 96 beherrschen können, und machen sich feuerbereit.

Wie ein Blitz aus heiterem Himmel trifft das Feuer der Reste der 10. SS-Panzerdivision die russischen Nachschubkolonnen und unterbricht den Strom bei Sallgast und Annahütte. Dort gehen russische Fahrzeuge in Flammen auf und blockieren die Straße. Die dazwischen stehenden Fahrzeuge können weder vor noch zurück. Hinter der Spitze drücken weitere Ausbruchsgruppen nach. Benzin, Verpflegung und intakte Fahrzeuge werden als willkommene Beute mitgenommen. In den Vormittagsstunden des 24. April wälzt sich der „Lindwurm" der Deutschen über die russische Hauptnachschubstraße — unaufhaltsam zu allem entschlossen — und verschwindet wieder im ausgedehnten Waldgebiet südlich von Bergheide und Staupitz.
Am Morgen des 25. April stehen die Ausbruchsgruppen bei Döllingen, 8 km nordostwärts von Elsterwerda. Dort erfahren sie, daß die Brücken in Elsterwerda bereits gesprengt sind. Die Feindlage ist unklar. Harmel entschließt sich, nach Süden zu marschieren und bei Plessa über die Elster zu gehen. Einheimische Hitlerjungen bieten sich an, die Lage in Plessa zu erkunden. Sie kommen zurück und melden Harmel, daß Plessa von schwächeren russischen Nachschubeinheiten besetzt und die Elsterbrücke nicht zerstört ist.
Plessa wird von den letzten Panzern der „Frundsberg" und von SPW und Flak-Sfl. angegriffen. Die Russen flüchten. Dann geht es über die Brücke. Eine Panzerbesatzung, die ihren Panzer sprengen mußte, greift sich Pferde der Russen und zieht nun beritten nach Süden. Mit der Überwindung der Elsterbrücke bei Plessa ist der Ausbruch geschafft.
Großenhain wird umgangen. Am 26. 4. treffen die Ausbruchsgruppen nacheinander im Raum Bärwalde (zwischen Großenhain und Dresden) ein. Da die Feindlage völlig ungeklärt ist, igeln sich die Reste der 10. SS-Panzerdivision ein und gliedern sich neu. Eine Funkstelle der 344. Infanteriedivision, die ein Oberleutnant führt, bekommt Verbindung mit der 4. Panzerarmee. Aus dem sich nun entwickelnden Funkverkehr erhalten die Ausbrecher ein Bild der allgemeinen Lage. Danach ist die 1. Ukrainische Front mit Teilen auf Berlin und mit anderen Teilen auf die Elbe bei Riesa abgedreht. Andere Teile der 4. Ukrainischen Front traten aus dem Neiße-Brückenkopf bei Niesky in Richtung Bautzen—Dresden an; diese Feindkräfte wurden vom rechten Flügel der 4. Panzerarmee tagelang aufgehalten und streben nun von Osten her auf Dresden zu.
Die im Raum Bautzen wegen Betriebsstoffmangels liegengebliebenen

Trosse, Panzer- und Artillerieteile der 10. SS-Panzerdivision „Frundsberg", die in den Raum Spremberg nicht nachgezogen werden konnten, sprengen Waffen und Fahrzeuge und ziehen mit neu verteiltem Benzin vor den auf Bautzen vorgehenden Russen nach Südwesten. Als neuer Versammlungsraum dieser Divisionsteile ist der Raum zwischen Dresden und Pirna angegeben. Oberscharführer Stocké von der 2./SS-Pz.-AA 10, der mit Teilen der Aufklärungs-Abteilung „Frundsberg" wegen Betriebsstoffmangels ebenfalls im Raum Bautzen liegengeblieben ist, sucht mit seinen Männern buchstäblich jeden Tropfen Benzin zusammen, um die Verlegung durchführen zu können; Zivilfahrzeuge werden leergetankt, und aus den Tankstellen saugt man mit Schläuchen den letzten Tropfen Benzin heraus. Die Bautzener Gruppe der 10. SS-Panzerdivision erreicht ohne Kampfhandlungen den neuen Versammlungsraum zwischen Dresden und Pirna.

Die Masse der SS-Pz.AA 10 wurde bei den Kämpfen südlich von Cottbus von der Division „Frundsberg" abgedrängt, gerät in den Kessel von Halbe und bricht mit der 9. Armee nach Westen aus.

Ritterkreuzträger Obersturmführer Bachmann, Adjutant der I./SS-Pz. Rgt. 10, wurde mit drei weiteren hochdekorierten Soldaten der 10. SS-Panzerdivision zur Übergabe der Winterhilfswerksammlung der Division in Höhe von über 3 Millionen Mark nach Berlin geschickt. Nachdem Bachmann am 20. April 1945 den Spendenscheck der Division an Hitler überreicht hat, erhält er von diesem die Anweisung, sich im Lageraum des Reichskanzleibunkers die neuesten Informationen und den schriftlichen Befehl an die Division, die Lücke zwischen Cottbus und Spremberg zu schließen, geben zu lassen; ein Funkspruch sei bereits abgegangen. Um die gleiche Stunde ist dieser schriftliche Befehl bereits durch die Frontereignisse überholt. Die Gruppe Bachmann erreicht auf Umwegen über Luckenwalde—Wittenberg—Torgau—Elsterwerda den Raum Pirna und trifft hier auf die von Bautzen kommenden Trosse und Inst.-Staffeln der Division, darunter auch noch auf einige „Sherman"-Panzer, die Obersturmführer Bachmann beim Handstreich auf Herlisheim im Oberelsaß erbeutet hatte und die anschließend unter dem deutschen Balkenkreuz im Pommerneinsatz waren.

Indessen gliedern sich die im Raum Bärwalde eingetroffenen Reste der Spremberger Ausbruchsgruppe neu. Die Verwundeten werden mit den letzten Fahrzeugen nach Dresden gebracht; auf der Rückfahrt nehmen die Lkw Verpflegung und Munition mit.

Bereits am Spätnachmittag des 26. April war ein Fieseler Storch mit einem Luftwaffengeneral bei den Ausbruchskräften bei Bärwalde gelandet, um zu erkunden, um welche Verbände es sich handelt und ihnen eine Lageorientierung zu geben. Am Vormittag des nächsten Tages landet der Fieseler Storch wieder, um Brigadeführer Harmel und seinen Ia, Obersturmbannführer Stolley, zu General Graeser nach Neustadt bei Dresden zu fliegen. Hier berichtet Harmel ausführlich über den Ausbruch der Spremberger Gruppe, und als Generale und Stabsoffiziere wenig später an der Mittagstafel sitzen, kommt die Order, daß sich Harmel und Stolley unverzüglich beim Oberbefehlshaber der Heeresgruppe Mitte, Generalfeldmarschall Schörner, in Königgrätz zu melden haben. Wieder klettern Harmel und Stolley in den Fieseler Storch. Der Flug nach Königgrätz ist ein einziges Heckenspringen. Der Flugzeugführer, ein Feldwebel, erweist sich als ein erfahrener Pilot, und am Abend des 27. April setzt er den Fieseler Storch sicher bei Königgrätz auf. Nach Meldung im Hauptquartier der Heeresgruppe Mitte werden Harmel und Stolley im Soldatenheim einquartiert, mit der Weisung, sich am nächsten Tag bei Generalfeldmarschall Schörner zu melden.

Dort werden sie ungeduldig und eisig vom Chef des Stabes, Generalleutnant Natzmer, empfangen, der ihnen mittelt, daß Generalfeldmarschall Schörner bereits wieder zur Frontinspektion fort sei und einen Brief an Harmel hinterlassen habe.

Der Brief enthält den bitteren Vorwurf, daß die 10. SS-Panzerdivision „Frundsberg" bei Spremberg versagt habe und ihr Kommandeur von der Führung entbunden sei.

Über eine tapfere Division wird der Stab gebrochen, die in unzähligen Gefechten und Schlachten mehr als ihre soldatische Pflicht getan hat, nur weil sie bei Spremberg nicht in den sicheren Tod und Untergang gegangen ist. Harmel protestiert, verlangt eine Verbindung mit Berlin und stellt an Natzmer die Frage, ob dieser Beschluß einer Verhaftung gleichkomme. Natzmer verneint und eröffnet Harmel, daß er sofort zur Führerreserve nach Bad Traunstein versetzt sei, der Ia der Division, Obersturmbannführer Stolley, soll zur Division zurückgeflogen werden.

Am nächsten Tag meldet sich Harmel bei einer Dienststelle des Heerespersonalamtes in Traunstein, die ihn nach Klagenfurt schickt.

In Klagenfurt wird Harmel mit der Verteidigung der Zugänge nach Südkärnten beauftragt. Durch die Sonderkapitulation der deutschen Heeresgruppe C in Italien (29. 4. bzw. 2. 5. 1945) werden die Rückzugswege der 2. Panzerarmee und der Heeresgruppe E aus Jugoslawien gefährdet. Eine Verteidigung der Karawankenpässe und der Flußübergänge südlich von Klagenfurt und Villach wird notwendig. Die Führung dieser Sperrverbände übernimmt das herangeführte Generalkommando XXII. Gebirgskorps unter General Lanz. Unter diesem Kommando kämpft die aus der Junkerschule Klagenfurt, aus Ersatzeinheiten der 7. SS-Gebirgsdivision „Nord“ und Teilen der 24. Karstjägerdivision zusammengesetzte Kampfgruppe Harmel bis zum bitteren Ende. Den Gesamtplan im Auge, den störungsfreien Rückzug der gegen Russen und Titoverbände stehenden deutschen Kräfte zu gewährleisten, lehnt Brigadeführer Harmel am 1. Mai die Kapitulation gegenüber der britischen 6. Panzerdivision bei Moggio (an der Straße Udine—Villach) ab. Die Kampfgruppe Harmel zieht sich hinhaltend kämpfend bis auf die Alpenpässe südlich von Villach zurück und hält.

Am 7. Mai kommt General der Flieger Felmy auf den Gefechtsstand der Kampfgruppe und orientiert Brigadeführer Harmel über die bevorstehende Kapitulation und das Absetzen der gegen Osten stehenden Verbände der 2. Panzerarmee und der Heeresgruppe E (Löhr) nach Westen. Um diese Verbände vor einer russischen und jugoslawischen Gefangenschaft zu bewahren, muß die Kampfgruppe Harmel bis zuletzt an den Karawankenpässen stehenbleiben. Am 8. Mai 1945 legen die Einheiten der Kampfgruppe Harmel im Rosental bei Villach die Waffen nieder und gehen in englische Gefangenschaft, mit ihnen Brigadeführer und Generalmajor der Waffen-SS Heinz Harmel.

Indessen führt Obersturmbannführer Roestel die Reste der 10. SS-Panzerdivision „Frundsberg“ in Sachsen. Auch Roestel verteidigt in mehreren Gesprächen mit Schörner die Handlungsweise Harmels und den richtigen Entschluß zum Ausbruch aus dem Kessel von Spremberg.

Am 3. Mai 1945 bricht eine gemischte Kampfgruppe der 10. SS-Panzerdivision aus dem Versammlungsraum Bärwalde nach Moritzburg nördlich von Dresden auf, um eine Front gegen die anrückenden Russen zu bilden. Die letzten Panzer führt Obersturmführer Bachmann, die Panzergrenadiere Hauptsturmführer Heins. Ein letzter Gegenangriff bringt zeitweilig Entlastung.

In den letzten Apriltagen wird Dresden von der Roten Armee eingeschlossen. Alle Befehle Hitlers und des OKW an die Heeresgruppe Mitte, durch einen Angriff aus dem Raum Bautzen nach Norden, Berlin zu helfen, sind eine Utopie. Generalfeldmarschall Schörner gibt Befehl

an die 4. Panzerarmee, sich nach Süden auf das Erzgebirge zurückzuziehen und dort eine letzte Verteidigung aufzubauen. Im Zuge dieser Maßnahmen erhält die 10. SS-Panzerdivision am 5. Mai 1945 den Befehl, mit allen Teilen im Raum westlich von Dresden zu sammeln. Hier stoßen auch die Troß- und Nachschubdienste wieder zur Division.
Die Kampfteile müssen sich den Rückmarsch aus dem Raum Moritzburg teilweise durch die Vorstoßlinien der Russen erkämpfen, Obersturmbannführer Roestel führt sie sicher und geschickt über die Elbe bei Dresden zurück. Alle Verwundeten der Division und viele Zivilisten werden mitgeführt.
Am 5. Mai sichern Teile der Division bei Gampitz, am Südwestrand von Dresden. Andere Teile stehen bei Pennrich und Pirna.
Am 6. Mai ist die Räumung des Gebietes nördlich der Elbe abgeschlossen. An diesem Tage greift eine über die Elbe gegangene Stoßgruppe die Sicherung der „Frundsberg" bei Gampitz an. Eine abfließende Kolonne gerät in das Feuer von T-34, die letzten Panzer der Division schießen sechs russische Panzer ab und retten die Lage. Gegen Abend kommt der Abmarschbefehl; über Dippoldiswalde soll zunächst Teplitz-Schönau erreicht werden. Die bei Pirna stehenden Teile der „Frundsberg" marschieren ebenfalls nach Teplitz-Schönau ab. Eine sperrende Panzerspitze wird von Oberst Rudel mit seinen letzten Sturzkampffliegern zerschlagen.
Am 7. Mai kommt es bei Schmiedeberg zum letzten Panzergefecht, wobei die letzten Panzer der 10. SS-Panzerdivision fünf T-34 abschießen. In der folgenden Nacht sprengen die Panzerbesatzungen ihre Panzer, darunter die letzten „Sherman".
Am 8. Mai 1945, dem Tag der Kapitulation, gehen die Reste der 10. SS Panzerdivision „Frundsberg" über das Erzgebirge nach Teplitz-Schönau, am 9. Mai werden die nach Südwesten marschierenden Kolonnen der Division bei Brüx von russischen Panzern beschossen und zersprengt. Der Zusammenhalt geht verloren, in kleineren Kolonnen und Gruppen schlagen sich die Reste der Division über Komotau und Schlackenwerth entlang des Erzgebirges bis zur Grenze bei Klingenthal durch und treffen dort zwischen dem 10. und 12. Mai 1945 ein. Viele „Frundsberger" schlagen sich in die Heimatorte durch, viele geraten in russische und tschechische Gefangenschaft und viele, allzuviele bleiben am Leidensweg der 10. SS-Panzerdivision „Frundsberg" tot zurück, und kein Stein und kein Kreuz nennt ihre Namen.

Erst lange nach dem Kriege wird bekannt, daß Generalfeldmarschall Schörner noch am 3. Mai 1945 Obersturmbannführer Roestel mit dem Ritterkreuz ausgezeichnet hat. In einer schriftlichen Bestätigung des Ordens der Ritterkreuzträger vom 11. Juni 1974 — unterzeichnet von General a. D. Fellgiebel — heißt es:
„Dem unterzeichnenden Vorsitzenden der Ordenskommission liegt jedoch eine schriftliche Stellungnahme mit der Originalunterschrift des Generalfeldmarschalls Schörner vor, wonach die auf seinen Vorschlag an den SS-Obersturmbannführer Franz Roestel erfolgte Verleihung des Ritterkreuzes zugleich die letzte Ehrung für die 10. SS-Panzerdivision ‚Frundsberg' war."

*

Viele kleine Gruppen von „Frundsbergern" haben nach dem Durchbruch bei Neu-Petershain nicht mehr den Anschluß an ihre Division gefunden. Das Schicksal und der Weg der Getreuen um Untersturmführer Sierks von der IV. Abteilung des SS-Pz.Art.Rgt. 10 steht stellvertretend für den Leidensweg aller Versprengtengruppen der 10. SS-Panzerdivision. Ein Überlebender der Gruppe Sierks hat das so festgehalten:
„Am 24. April irren wir durch den Forst Reddern. Ein Dorf muß in der Nähe sein, es bellen Hunde und wir hören Autos fahren. Das Wetter ist sommerlich warm. Wir haben Hunger. Einer von uns entdeckt am Rande einer Lichtung eine Kartoffelmiete. Wir essen die Kartoffeln roh mit Schale. Dann weiter. Vor uns taucht eine Autobahn auf, die wir schnellstens überwinden.
In den Morgenstunden des 25. April erreichen wir das Gut Wormlage. In einem offenen Stall brüllen Kühe. Über eine Stunde beobachten wir das Gut, aber Menschen entdecken wir nicht. Wir treten vorsichtig ins Herrenhaus. Knochentrockene Brotreste und Sonnenblumenöl liegen auf dem Tisch, und wir versuchen das Zeug runterzukriegen.
Im 2. Stockwerk hat jemand Betten entdeckt, wir steigen hinauf und hauen uns hinein.
Musik weckt uns. Träumen wir? Nein, unter uns Gejohle, und jemand hämmert auf dem Klavier herum. Männer- und Frauenstimmen sind zu hören. Wir greifen nach unseren Karabinern, aber niemand kommt

herauf. Von den Fenstern sehen wir im Hof Fahrräder stehen, und einige Männer treiben Vieh zusammen, wahrscheinlich sind es Polen. Sie ziehen ab. Abends ziehen auch wir weiter.

Am Morgen des 28. April 1945 erreichen wir eine Ziegelei. Die Brennöfen strahlen eine wohlige Wärme aus. Hier wollen wir uns über Tag verbergen. Mittags steht ein etwa 10jähriger Junge vor uns, zwei Hühnereier in der Hand. Wir halten ihn fest und fragen ihn aus. Der Ort heißt Schacksdorf und ist von Russen und Polen besetzt. Die deutschen Frauen und alten Männer müssen auf den Feldern arbeiten. Suchkommandos fahnden nach versprengten deutschen Soldaten, es sind Kopfprämien ausgesetzt, wenn ein versteckter deutscher Soldat angezeigt wird. Wer Soldaten versteckt, wird bestraft. Wir nehmen dem Jungen das ‚Ehrenwort' ab, daß er uns nicht verrät.

Wir beschließen, uns in zwei Gruppen zu trennen, weil Untersturmführer Sierks starke Schmerzen hat und immer häufiger rasten muß. Es war sein Vorschlag, mit zwei Mann bleiben wir bei ihm.

In der Nacht zum 29. April erreichen wir den Rand eines Feldflugplatzes mit russischen Maschinen. Sie sind bewacht, in der Dunkelheit glühen überall Zigaretten auf. ‚Ein Königreich für eine Zigarette, ein Königreich für ein Glas Milch.'

Wir kommen an ein Ortsschild — ‚Finsterwalde'! Aus den Fenstern hängen weiße Laken heraus, ein Plakat verkündet, daß jedes Haus zerstört wird, das keine weiße Fahnen zeigt — im Namen des russischen Ortskommandanten.

Wir ziehen uns eiligst nach Nehesdorf zurück, verkriechen uns in einer Scheune und schlafen. Als wir aufwachen, ist es fast Mittag. Kein Laut ist zu hören, das Gehöft scheint verlassen zu sein. Sierks hatte uns gewarnt, kommt aber dann doch nach, um seinen Verband zu wechseln. Irgendwo in jedem Haus muß auch Leinen sein, und wir machen uns auf die Suche. Wir finden in einem Haus Milch und trinken uns satt. Sierks geht auf die Toilette.

Russen müssen uns beobachtet haben und dringen plötzlich in unser Haus ein. Sie nehmen uns gefangen. Widerstand ist zwecklos. Sie suchen nach dem dritten Mann. Von der Toilette kommt ein Geräusch, ein Russe springt hin und reißt die Tür auf. Da sitzt nun Untersturmführer Sierks und sagt empört: ‚Nicht mal in Ruhe scheißen kann man hier!' Ein Dolmetscher übersetzt, und der russische Anführer bricht in schallendes Gelächter aus.

Wir werden befragt, ob noch mehr deutsche Soldaten im Ort sind. Dann erhalten wir Brot, kriegen aber kaum etwas hinunter.
Der russische Greiftrupp lädt uns auf einen Wagen und liefert uns nach längerer Fahrt in Lauchhammer ab. Dort liegen einige hundert deutsche Gefangene. Wir werden verhört, immer wieder muß der russische Anführer die Begleitumstände unserer Gefangennahme erzählen und genauso oft wird Sirks hereingeholt und begafft.
In den nächsten Tagen geht es im Fußmarsch nach Spremberg, dann im Transport nach Sorau, wo die Verwundeten im Postamt zum erstenmal ärztliche Hilfe erhalten.
Am 12. Mai 1945 treffen wir mit 120 Mann auf Güterwagen in Gleiwitz ein und kommen ins Hilfslazarett ‚Karin-Göring-Schule'. Hier treffen wir Kameraden von der ‚Frundsberg', unter ihnen auch Hauptsturmführer Behrens und Oberleutnant Koch, aber beide werden nach kurzer Zeit verlegt.
Im Hilfslazarett Gleiwitz grassiert die Ruhr, täglich werden Tote auf Leiterwagen weggefahren. Wir werden von Kosaken bewacht. Sie sind korrekt zu uns. Gerüchte blühen: Die SS soll 20 Jahre in Gefangenschaft, die SS soll entmannt werden, und anderes mehr. Wir beginnen uns auf eine lange Gefangenschaft einzustellen.
Anfang August 1945 werden wir gegen Mitternacht geweckt und zum Zählappell in den Hof getrieben. Drei von uns sollen einen Fluchtversuch unternommen haben, der fehlgeschlagen ist. Untersturmführer Sierks, ein Panzeroffizier und ein Fallschirmjägerfeldwebel hatten in tagelanger Arbeit eine Wand durchbrochen, waren auf einem tieferliegenden Dach gelandet und wollten an einem Regenrohr herunterhangeln. Bereits unter dem ersten Mann riß die Halterung, und er stürzte auf die Straße. Die beiden anderen wurden vom Dach geholt.
Am nächsten Morgen werden die drei Ausbrecher aneinandergefesselt abgeführt, zum Erschießen, wie der Lagerkommandant bekanntmachen läßt. Uns packt tiefe Resignation, und trotz Hunger schmeckt uns tagelang kein Essen.
Dann beginnt auch für uns der Abtransport in andere Lager nach Rußland, und viele kehren nach Jahren in ihre Heimat zurück. Für viele gibt es keine Wiederkehr."

*

Ein ehemaliger Heeresangehöriger, der als Rentner jenseits unserer Grenzen wohnt, sieht Ende 1974 die drei Filme „Die Prätorianer", „Die Blitzsoldaten" und „Die Todgeweihten" — eine dreiteilige Fernsehsendung, deren Autor Höhne auch Autor des Buches „Orden unter dem Totenkopf" ist, und er erfährt erst jetzt vom Munin Verlag, dem er alsdann am 25. 1. 1975 schreibt. Der Brief lautet:

„Ich gehörte während des Krieges einer Kavallerieeinheit des Heeres an. Teile unserer Einheit wurden Ende 1944 in die Waffen-SS überführt. Mein Chef war Rittmeister Menze. Wir erhielten SS-Dienstgrade: Menze wurde Hauptsturmführer, ich Rottenführer. Diese Überstellung schien kein Einzelfall zu sein, denn mir ist bekannt, daß auch Luftwaffeneinheiten in SS-Divisionen übernommen wurden. Von einer Infanteriedivision des Heeres kam übrigens auch unser Truppenarzt, Feldunterarzt Schwedt. Obwohl mir das Schicksal hart mitgespielt hat: Ich habe mich unter den Kameraden der Waffen-SS wohlgefühlt, weil es einige Besonderheiten gab, die mir gefielen: Wir wurden vom ersten Tage an voll in die soldatische Gemeinschaft aufgenommen, die Kameradschaftlichkeit, das Zusammengehörigkeitsgefühl waren so ausgeprägt, daß gefallene oder schwer verwundete Kameraden unter Einsatz des eigenen Lebens mitgenommen und geborgen wurden, wo immer das möglich war. Der Abt.-Adjutant Untersturmführer Sierks (IV./SS-Pz.Art.Rgt. 10) versuchte in Rosengarten bei Stettin im März 1945 einen Schwerverwundeten zwischen Häusern herauszuholen, die bereits von Russen besetzt waren. Er erhielt dabei einen Oberarmdurchschuß und entging nur knapp der Gefangennahme. Bei Gosda nahe Spremberg trat Sierks mit einem spontan gebildeten Stoßtrupp an, um den Arzt Dr. Schwedt herauszuhauen, der mit einem Sanka voll Verwundeter noch im Ort geblieben war, ohne zu wissen, daß der Russe bereits eingedrungen war.

Die Disziplin — in der Waffen-SS nannte man das wohl ‚Manneszucht' — war ohne Beispiel. Neben meinem alten Chef Menze hatten vor allem drei Offiziere meine höchste Achtung: Divisionskommandeur Harmel (der alte ‚Frundsberg', wie ihn die Truppe nannte), Obersturmführer Bültemeier (Chef der 10. Batterie) und Untersturmführer Sierks. Harmel war ein Kommandeur, zu dem die Truppe unbedingtes Vertrauen hatte, ein Draufgänger, dem der Wahlspruch der 10. SS-Pz.Div. ‚Frundsberg' auf den Leib geschrieben schien: ‚Dran, drauf und durch!' Bültemeier war dagegen ein ‚Bürger in Uniform',

der sich in rührender Weise um jeden Mann sorgte, ein Vater seiner Männer. Sierks dagegen war ein erst 20 Jahre alter Offizier, der sich in den schlimmsten Situationen als einzigartiger Charakter erwies. Er hat manches Leben gerettet und unter Mißachtung von Führerbefehlen dafür einige Male selbst den Strick riskiert. ‚Mut vor Fürstenthronen' — auch das schien in dieser Truppe selbstverständlich zu sein.
Über das Verhalten der Waffen-SS im Kriege ist viel berichtet worden: Richtiges und wohl auch viel Falsches. Meine persönlichen Erfahrungen waren diese: Klischeevorstellungen, wie man sie im Heer vielfach über die Waffen-SS hatte, nämlich eine nationalsozialistische Truppe von wildem Fanatismus und blindem Gehorsam zu sein u.a.m., habe ich gründlich revidieren müssen. In der Truppe, in der ich die letzten 5 Kriegsmonate verbrachte, kämpfte man nicht für den ‚Führer', sondern für Deutschland. Niemand forderte blinden Gehorsam, aber die mir bekannten SS-Offiziere hatten in der Truppe eine natürliche Autorität, weil sie ‚führten', statt den Vorgesetzten herauszukehren; weil sie voranstürmten, durch ihr gelebtes Beispiel Vertrauen fanden und Essen, Strapazen, Dreck und Läuse mit ihren Männern teilten. Brigadeführer Harmel war dafür selbst ein Beispiel. Ich habe ihn immer nur in Tarnjacke von der vordersten Linie kommend gesehen, mit uns bei Stettin aus einer Feldküche essend, in kurzer Ansprache uns anspornend, den Abschnitt zu halten, ‚damit die Zivilbevölkerung sich hinter der Oder in Sicherheit bringen kann'.
Obersturmführer Bültemeier ließ einen Möbelwagen voller Würste und Schinken aus aufgelösten Depots im Westen mitführen, um die Verpflegung seiner Batterie zu verbessern. Später ließ er alle Vorräte an die Zivilbevölkerung verteilen. Bei der Verlegung nach Pommern im Februar 1945 hielt der Transportzug bei Berlin. Als Kinder und Frauen um ein wenig warmes Essen baten, befahl er, das gesamte warme Essen an Frauen und Kinder auszugeben.
Untersturmführer Sierks (ich war zeitweilig sein Fahrer) hat in Arnimswalde bei Stettin fünf desertierte Luftwaffensoldaten vor den Greifkommandos der Feldgendarmerie gerettet und bei Stargard einen 15jährigen Volksturmmann, der von seiner Mutter versteckt worden war. Er tat das aus eigener Gewissensentscheidung. Als es sich herumsprach, wurde er von Hauptsturmführer Menze dazu vernommen und ihm in Gegenwart von Bültemeier vorgehalten, daß er vor das

Standgericht kommen könne. Sierks soll nur gefragt haben: ‚Und wie hätten Sie an meiner Stelle gehandelt?' Damit waren sie selbst auch Mitwisser geworden und in Gefahr, vor ein Kriegsgericht gestellt zu werden. Aber in der Truppe fand sich kein Judas. Auch das war wohl typisch für die Waffen-SS. Alle drei leben nicht mehr: Menze und Bültemeier sind im April 1945 gefallen, Sierks geriet arm- und beinverwundet wenige Tage vor Kriegsende in russische Gefangenschaft, kam im Mai 1945 mit uns ins Hilfslazarett Gleiwitz/Schlesien. Nach einem mißlungenen Fluchtversuch führte man ihn mit zwei Kameraden gefesselt von einem Kosakenkommando zur Erschießung. In diesem Lazarett (vormals Karin-Göring-Schule) lagen ca. 50 Offiziere und 200 Mannschaften, z. T. aus den Divisionen ‚Großdeutschland' und ‚Frundsberg', unter ihnen der Kommandeur der I./SS-Pz. Art.Rgt. 10, Hauptsturmführer Behrens . . ."

DIE SCHWERE SS-PANZERABTEILUNG 502 AN DER ODERFRONT UND DER AUSBRUCH AUS DEM KESSEL VON HALBE

Sturmbannführer Hartrampfs Abteilung, Stütze der Oderfront — Der Sturm auf Berlin bricht los — Aussichtsloser Kampf — Die 9. Armee wird eingekesselt — Ausbruch durch märkische Wälder — Das große Drama — Endlich Verbindung mit der Armee Wenck — Die Reste der 9. Armee gehen bei Tangermünde über die Elbe — Bei den Amerikanern

Mitte August 1944 übernimmt Sturmbannführer Hartrampf die schwere SS- Panzerabteilung 102 und führt deren Reste, die alle „Tiger" und fast alle Fahrzeuge beim Rückzug durch Frankreich und Belgien verloren hat, in den Raum Soest—Anröchte—Bad Sassendorf—Altengesecke zurück. Es wurde bewußt dieser Raum gewählt, um nach dem Rückzug zunächst etwas Ruhe in die Einheiten zu bringen und dann nach erneuter Ausrüstung in das nahegelegene Sennelager zu verlegen.
Nach kurzer Umstellung und Mannschaftsergänzung steht die Ausbildung ohne Panzer und Gerät im Vordergrund, insbesondere Geländeausbildung unter der Sicht des Panzereinsatzes und Schießlehre.

Daneben werden laufend Unterführerlehrgänge durchgeführt und Panzerfahrer und Panzerwarte zur Ausbildung bei der „Tiger"-Instandsetzungs-Abteilung nach Wien und zur Panzerersatzabteilung nach Erlangen abkommandiert.
Mit der Neuaufstellung der Abteilung erhält sie im Rahmen einer neuen Numerierung aller „Tiger"-Abteilungen der deutschen Wehrmacht die Bezeichnung: schwere SS-Panzerabteilung 502.
Nachdem die Zuweisung von Panzern und Fahrzeugen langsam anläuft, verlegt die Abteilung Ende November 1944 in das Sennelager bei Paderborn, wo die Ausbildung der Besatzungen sowohl taktisch als auch technisch energisch vorangetrieben wird.
Durch schwere Luftangriffe auf das Henschel-Werk in Kassel, wo die „Tiger" gebaut werden, verzögert sich die Anlieferung. Die Planung geht davon aus, daß pro Monat etwa 120 „Tiger" fertiggestellt werden, aber diese Zahl wird nicht mehr erreicht.
Im weiteren Verlauf hat die Ausbildung im Kompanie- und Abteilungsrahmen Vorrang. Bis Mitte Februar 1945 sind alle Ketten- und Radfahrzeuge übernommen. Es fehlt nur noch der 3,7-cm-Flakzug, der vom SS-Flak-Ersatzregiment zugeführt werden soll, der aber dann einem anderen SS-Truppenteil zugeführt wird. Dafür erhält die Abteilung einen Flakzug von der Luftwaffe, deren Besatzungen keine Erfahrungen im Erdkampf haben, was sich in den späteren Einsätzen nachteilig auswirkt. Einsatzfreudiger ist später der von Hauptscharführer Severing geführte Vierlings-Flakzug (Sfl.), der sowohl im Luft- als auch im Erdkampf gute Erfolge erzielt.
Ende Februar verwüsten mehrere Bombenangriffe der Angloamerikaner die Stadt Paderborn. Damit wächst die Gefahr, daß auch das Sennelager angegriffen wird und die schwere SS-Panzerabteilung 502 noch vor dem bevorstehenden Einsatz unersetzbare Verluste an Menschen und Material erleidet.
Am 8. März 1945 trifft der Befehl bei der Abteilung ein, sofort im Eisenbahntransport zur Ostfront zu marschieren. Die schwere SS-Panzerabteilung 502 setzt sich zur Zeit folgendermaßen zusammen:

Kommandeur: Sturmbannführer Hartrampf;
Stabskompanie: Hauptsturmführer Graalfs;
1. Kompanie: Hauptsturmführer Kalls;
2. Kompanie: Obersturmführer Soretz;
3. Kompanie: Obersturmführer Schienhofen.

Jede Kompanie hat neun „Königstiger“ (2 Züge à 4 Wagen und Chefpanzer). Hinzu kommen 2 Stabswagen der Abteilung, die damit über 29 „Königstiger“ verfügt.
Beim Abmarsch von Sennelager verunglückt Obersturmführer Soretz tödlich; die 2. Kompanie übernimmt Hauptsturmführer Neu. In zehn Transporten verlegt die Abteilung nach Stettin. Dort ist schon die Ostfront! Nachdem die Transporte rollen, fährt der Abteilungskommandeur voraus, um den zersplitterten Einsatz der wertvollen Abteilung zu verhindern. Allzuoft sind Kampfteile, so wie sie gerade ankamen, bei Krisen sofort eingesetzt worden.
Am 11. März 1945 ist die Entladung in Stettin-Ost beendet, und die Abteilung zieht im Raum am Glambeck-See und in der Panzerjäger-Kaserne unter. Da der Brückenkopf Altdamm vom III. (germ.) SS-Panzerkorps aufgegeben wird, kommt die Abteilung im Raum Stettin nicht zum Einsatz.
Die Heeresgruppe Weichsel (Himmler, später Heinrici) verteidigt die Oderfront von der Mündung bis Forst in der Lausitz. Dieser Abschnitt ist unterteilt:

3. Panzerarmee (von Manteuffel): von der Odermündung bis zum Hohenzollernkanal;
9. Armee (Busse): vom Hohenzollernkanal bis Forst, wo die Heeresgruppe Mitte (Schörner) mit der 4. Panzerarmee (Graeser) anschließt.

Der Schwerpunkt liegt bei der 9. Armee im Oderbogen zwischen Küstrin und Frankfurt. Dort haben die Sowjets seit Februar 1945 einen starken Brückenkopf auf dem Westufer der Oder bilden können, der die Ausgangsbasis zum Sturm auf Berlin wird.
Trotz aller Vorstellungen von Heeresgruppe und 9. Armee im Führerhauptquartier, glaubt Hitler nicht an einen Angriff auf Berlin. Er vermutet den Hauptstoß der Sowjets in Sachsen in Richtung Elbe, um sich dort mit den Amerikanern zu vereinigen.
Die 9. Armee hat eingesetzt:

CI. (101.) Armeekorps (General Berlin): vom Hohenzollernkanal bis Kienitz;
XI. SS-Armeekorps (Obergruppenführer Kleinheisterkamp): von Kienitz bis Lebus einschließlich Festung Küstrin;
Festung Frankfurt/Oder (Generalmajor Bieler): von Lebus bis

vier Kilometer südlich Frankfurt/Oder. Anfangs dem V. SS-Geb.AK, dann dem AOK 9 direkt unterstellt;
V. SS-Gebirgskorps (Obergruppenführer Jeckeln): von südlich Frankfurt/Oder bis Forst/Lausitz.

Um den nunmehr erkennbaren Aufmarsch der 1. Weißrussischen Front (Schukow) im Raum Küstrin—Frankfurt zu zerschlagen, befiehlt Hitler einen Angriff von fünf Divisionen aus dem Brückenkopf Frankfurt (ostwärts der Oder) mit Stoßrichtung Küstrin. Im Zuge dieser Absicht wird auch die schwere SS-Panzerabteilung 502 von Stettin herangezogen.
Zwischenzeitlich wird aber der geplante Angriff aus dem Brückenkopf Frankfurt/Oder nicht mehr durchgeführt. Stattdessen soll zunächst der russische Brückenkopf bei Küstrin zerschlagen werden. Die hierzu im Anmarsch befindlichen Angriffskräfte sollen vom Generalkommando XXXIX (fliegendes) geführt werden.
Am 18. März 1945 erhält die schwere SS-Panzerabteilung 502 den Befehl zur Verlegung in den Raum Frankfurt/Oder. Sie erreicht im Eisenbahntransport ohne Ausfälle Müllrose und lädt dort aus.
Die Abteilung wird dem XXXIX. Panzerkorps (General Decker) unterstellt. Sturmbannführer Hartrampf meldet sich beim Korpsstab in Müncheberg und trifft dort als Chef des Stabes Oberst i. G. Kühlein, einen alten Kameraden vom Panzeregiment 5 (Heer). Damit sind die Voraussetzungen für eine verständnisvolle Zusammenarbeit zwischen Korps und Abteilung von vornherein gegeben.
Der Gefechtsstand der schweren SS-Panzerabteilung 502 wird in Seelow errichtet. Am 21. März erfolgt bereits der erste Einsatz der Abteilung auf den russischen Brückenkopf, der eine Ausdehnung von Podelzig bis etwa Schaumburg hat. Hierzu berichtet Obersturmführer Klust:
„Der geschlossene Einsatz der Abteilung am 21. 3. 1945 hat die Beseitigung des russischen Brückenkopfes westlich Küstrin und den Entsatz der eingeschlossenen Festung Küstrin zum Ziel. Bei Einbruch der Dunkelheit beginnt der Angriff bei starker Infanterie- und Artillerieunterstützung.
Die 1. Kompanie greift entlang der Hauptstraße nördlich von Sachsendorf über freies, offenes Gelände an. Etwa 5 Kilometer läuft der Angriff sehr zügig, bleibt dann aber im verminten Gelände und unter

starkem Panzer- und Pakbeschuß liegen. Die eigene Infanterie wird durch immer stärker werdendes Abwehrfeuer zu Boden gezwungen. Jeder Panzermann weiß, daß bei Dunkelheit und im unbekannten Gelände ein weiteres Vorgehen ohne Schuz durch Begleitinfanterie sinnlos ist und zu Panzerverlusten durch Nahbekämpfung führt; aus diesem Grunde fährt auch die 1. Kompanie nicht weiter vor."
Und der Hauptscharführer Streng erinnert sich wie folgt:
„Die Motoren der ‚Tiger' dröhnen, bei der 2. Kompanie fährt Untersturmführer Schaubinger mit seinem 2. Zug Spitze. Plötzlich eröffnet ein dröhnender Schuß und ein grelles Aufflammen eines getroffenen Feindpanzers das Nachtgefecht. Der Zug des Untersturmführers Schroif setzt sich neben den Zug Schaubinger und greift mit an. Die Hölle bricht los. Artillerie, Granatwerfer und Panzer bestimmen den Kampf. Dazwischen ist hin und wieder das helle Keckern der Maschinengewehre zu hören. Die ersten Verwundeten huschen an den ‚Tigern' vorbei nach rückwärts. Mit ‚Hurra!' wird das erste feindbesetzte Gehöft genommen, und gegen 01.00 Uhr ist die erste russische Feindstellung in deutscher Hand. Die eigene Infanterie hat bereits erhebliche Verluste und ihr Angriffsschwung ist dahin.
Meterweise tasten sich die ‚Tiger' in breiter Formation weiter vor. Fahren, schießen, halten. Dann stehen sie — rückwärts vom brennenden Sachsendorf beleuchtet — als scharfe Silhouetten vor der 2. Feindlinie und werden von russischen Panzer- und Pakgranaten eingedeckt. Eine Zusammenarbeit mit der eigenen Infanterie besteht nicht mehr.
Ich stehe mit meinem ‚Tiger' an einer Straßenkreuzung. Vor mir ein ausgedehnter, teilweise brennender Gutshof. Ich weiß nicht, ob bereits eigene Infanterie dort eingedrungen ist, oder ob ich die Gebäude zusammenschießen soll. So geht wertvolle Zeit verloren.
Langsam wird es Tag. Die Umrisse der Bäume, der Verlauf der Straße, Bodenbedeckungen und Menschen nehmen Form und Farbe an. Die Angriffskompanien formieren sich neu. Dann läuft der Angriff wieder. Haargenau überschießen die Waffen der ‚Tiger' die vorstürmende Infanterie.
Einsetzendes schweres Artillerie- und Granatwerferfeuer zwingt die eigene Infanterie zu Boden. Von rechts rollen mehrere russische Pak heran und gehen an einem Hinterhang in Stellung. Vier ‚Tiger' der 2. Kompanie nehmen aus 1200 Metern Entfernung die Bekämpfung auf, doch mindestens zehn Rohre blitzen über dem Hang auf und

schießen sich an die offen dastehenden ,Tiger' heran. Zwei russische Pak werden durch Sprenggranaten zerschlagen. Drei eigene Panzer erhalten Treffer und müssen zurücksetzen. Jetzt hastet auch die eigene Infanterie zurück.
Sturmbannführer Hartrampf läßt die 1. Kompanie angreifen, um die feindliche Pakfront auszuschalten. Auf einer pappelumsäumten Landstraße kommen drei russische Panzer angerollt. Zielwechsel, Abschüsse, und bald stehen drei Feindpanzer als ölig brennende Fackeln im Gelände, aber auch die 1. Kompanie hat Panzerschäden."

Trotz starker Artillerie- und Luftwaffenunterstützung scheiterte der Angriff also nach guten Anfangserfolgen. Nachdem die ersten Stellungen von den Panzern überrollt waren, verlor die Infanterie den Anschluß und bekämpfte nicht energisch genug die immer wieder auflebenden Widerstandsnester. Dieser Brückenkopf hatte bereits eine Tiefe von etwa fünf Kilometern.
Ab 25. März befindet sich der Gefechtsstand der schweren SS-Panzerabteilung 502 in Alt Tucheband.
Am 26. 3. 1945 erfolgt ein erneuter Angriff auf den russischen Brükkenkopf. Die schwere SS-Panzerabteilung 502 wird als Kampfgruppe eingesetzt. Ihr sind ein SPW-Bataillon, eine Artillerieabteilung, eine Mörserbatterie und eine Pionierkompanie des Heeres unterstellt. Nach guten Anfangserfolgen mit vielen Abschüssen russischer Panzer scheitert auch dieser Angriff unter ähnlichen Gründen wie am 21. März. Durch überstürzte Vorbereitung (keine Räumung der Minenfelder) hat die 1. Kompanie drei Panzerausfälle. In der folgenden Nacht wird die Bergung dieser Panzer durch die Werkstattkompanie unter dem Schutz des Aufklärungszuges durchgeführt. Nach diesem Angriff bezieht die Abteilung Bereitstellung im Raum Dolgelin.
Mit dem Abzug des Generalkommandos XXXIX. Panzerkorps Ende März 1945 wird die schwere SS-Panzerabteilung 502 dem XI. SS-Armeekorps unterstellt, dessen Kommandierender General Mathias Kleinheisterkamp ist, der als befähigter Truppenführer gilt. Er hatte vorher die SS-Division „Das Reich" und die 6. SS-Gebirgsdivision geführt, und die Truppe vertraut ihm wie Hausser. Er hat den Tod nach dem Untergang seines Korps gefunden.
Immer wieder versucht die 1. Weißrussische Front, den deutschen Ring um ihren Küstriner Brückenkopf zu sprengen und die Seelower

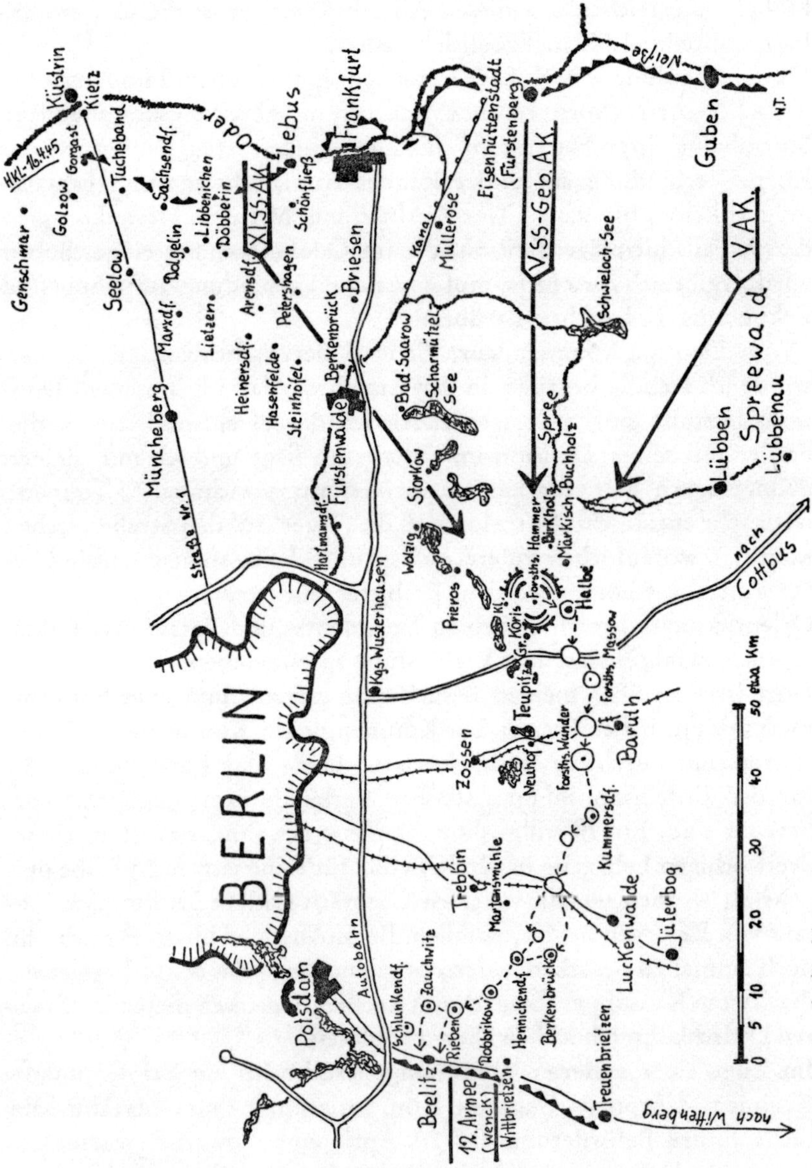

Einsatz der schweren SS-Panzerabteilung 502 (Tiger) an der Oderfront zwischen Küstrin und Frankfurt/Oder (März—April 1945) und als Spitze der 9. Armee beim Ausbruch aus dem Kessel von Halbe (28. 4. — 1. 5. 1945)

Höhen zu erreichen. An diesen Abwehrkämpfen ist die schwere SS-Panzerabteilung 502 maßgeblich beteiligt.
Da die Abteilung je nach Lage mit einem Einsatz überall im Abschnitt des XI. SS-Armeekorps rechnen muß, nimmt Abteilungskommandeur Sturmbannführer Hartrampf mit allen eingesetzten Divisionen des Korps Verbindung auf und erkundet Anmarschwege und Einsatzmöglichkeiten für seine „Tiger"-Abteilung. Mit dem Herankommen der 9. Fallschirmjägerdivision, die im Oder-Abschnitt eingeschoben wird, ergibt sich für Hartrampf eine neue Verbindungsaufnahme und Erkundung. Er berichtet darüber:
„Vom Divisionskommandeur, General der Fallschirmjäger Breuer, werde ich freudig begrüßt, in der Annahme, daß ich in seinem Divisionsabschnitt eingesetzt werde. Als ich darauf aufmerksam mache, daß er mit seiner Division im Oderbruch liegt und ich mit meinen ‚Königstigern' hier absacken würde (Gefechtsgewicht ca. 72 Tonnen), ist er sehr enttäuscht. Er meint, daß die ‚Tiger' auf den Straßen stehen könnten, worauf ich erwidere, daß sie da ‚Scheibe stehen' und in kurzer Zeit abgeschossen werden. Er bittet mich trotzdem, bei meiner Orientierungsfahrt zu einzelnen Regiments- und Bataillonsgefechtsständen zu fahren, um dort Verbindung aufzunehmen.
Dort ist man über meinen Besuch sehr erfreut, und man bestürmt mich mit taktischen Fragen. Die Kommandeure, Kompanie- und Zugführer sind durchweg hochdekorierte Jagd- und Kampfflieger, die für den Erdeinsatz infanteristischer Verbände nicht genügend vorbereitet sind. Ein Bataillonskommandeur erwähnt, daß er in einem dreiwöchigen Lehrgang in Grafenwöhr für seine jetzige Aufgabe umgeschult worden sei. Im weiteren Gespräch erkläre ich ihm den Ansatz von Reserven bei Krisenfällen. Beim Abschied bittet er mich, ihn noch einmal zu besuchen, sofern es meine Zeit erlaube. In Erwartung der harten Kämpfe verlasse ich mit großen Bedenken diesen in schweren Luftschlachten hochbewährten Soldaten.
Im Zuge einer anderen Erkundung besuche ich ein Fahnenjunker-Regiment. Gruppen-, Zug- und Kompanieführer sind Oberfähnriche, die auf ihre Beförderung am 20. April zum Leutnant warten. In ihrem Abschnitt setzen die Russen ihre Propaganda besonders stark ein. Nach abendlicher Marschmusik kommt die Aufforderung zum Überlaufen mit dem Hinweis, daß sie doch nicht mehr Leutnant werden.

Nachdem sie später am 20. April ihre Beförderung erhalten, rufen sie am gleichen Abend mit voller Lautstärke unter Benutzung von Sprechtüten hinüber: ‚Und Leutnant sind wir doch geworden!' Darauf antworten die Russen mit einem kurzen Feuerüberfall. Dieses Regiment hat sich dann bei der Abwehr und beim Ausbruch aus dem Kessel von Halbe hervorragend geschlagen."

Nach den kurzen erfolgreichen Einsätzen bei verschiedenen Divisionen des XI. SS-Armeekorps wird die schwere SS-Panzerabteilung 502 der Panzergrenadierdivision „Kurmark" unterstellt.

16. April 1945, 04.00 Uhr morgens — die russische Großoffensive gegen das Deutsche Reich beginnt. Aus dem Brückenkopf Küstrin treten Marschall Schukows Armeen zum Hauptstoß gegen die Front der 9. Armee in Richtung Berlin an. Hierüber schreibt der ehemalige „Tiger"-Kommandant Streng in seinen persönlichen Erinnerungen:

„Der seit Wochen von den deutschen Truppen an der Oder erwartete Großangriff der Roten Armee hat begonnen, und damit die letzte große Schlacht um Berlin und Deutschland. Es ist, als hebe sich der Vorhang zum letzten Akt des furchtbaren Dramas, als nun im langsam aufdämmernden Morgen ein Trommelfeuer von unvorstellbarer Wucht und Gewalt beginnt.

Noch müßte es Nacht sein. Doch draußen im Blickfeld der Winkelspiegel steht der östliche Himmel in Flammen. Aus der Oderbruchniederung, den Höhen dicht vor Lebus und Reitwein bis hinüber nach Seelow . . . das ganze Land scheint zu brennen! Vor und hinter uns liegt alles unter mörderischem Stahlgewitter. Schwere Artillerie schießt über die Oder hinüber. 20, 30 schwarze Flugschatten huschen über Häuserruinen hin, werfen Traubenbündel schwerer Phosphor- und Sprengbomben in jedes Waldstück, in die hinter Straßen und an Geländefalten angelehnten deutschen Artillerie- und Flakstellungen bis tief ins Land hinein.

Unsere Artillerie bleibt die Antwort nicht schuldig. Grau-schwarze Rauch- und Qualmbänke treiben aus der Oderniederung über die umschließenden Höhen der Hardenbergstellung nach Westen.

Vom vordersten Schützenloch bis zum hintersten Graben harren die Eigenen hinter ihren Maschinengewehren, Kampfständen, Optiken, Funkgeräten, Kartentischen der entscheidenden Stunde entgegen. Reserven rücken in ihre Bereitstellungs- und Verteidigungsräume ein. Vom vordersten Infanteriebataillon bis rückwärts ins deutsche Haupt-

quartier bei Zossen jagen sich die Funksprüche in ununterbrochener Folge: Spruch und Antwort.
Jetzt greifen auch Schwärme deutscher Jäger und Bomber in den Kampf ein. Die Luft zittert unter Motoren- und Propellergedröhn. Es wird 07.00, wird 08.00 Uhr.
Seit einer halben Stunde ist der auf- und abschwellende Gefechtslärm der Infanteriewaffen zu hören, durch den das hämmernde Stakkato der Maschinengewehre näher zu rücken scheint."
Die seit dem 3. April im Raum Diedersdorf—Lietzen in ständiger Alarmbereitschaft liegende schwere SS-Panzerabteilung 502 wird alarmiert, um Einbrüche der Russen in die Hardenbergstellung zu beseitigen.
Gegen 09.00 Uhr rollt die 2. Kompanie los, um einen Einbruch im Abschnitt der Panzergrenadierdivision „Kurmark" zu bereinigen. Es heißt, der Feind sei im rechten Divisionsabschnitt bei Schönfließ eingebrochen. Die „Tiger"-Kompanie erreicht über Dolgelin gegen 13.00 Uhr Alt-Zeschdorf und wird dort auf dem Regimentsgefechtsstand eingewiesen. Die Kompanie soll nach Herankommen eines Fahnenjunkerbataillons in etwa zwei Stunden zum Gegenangriff auf das von den Russen genommene Schönfließ antreten.
Gegen 14.30 Uhr rollen die Kampfwagen der 2. Kompanie, begleitet von den Fahnenjunkern, vor. Die „Tiger" rollen durch einen Hohlweg und brechen mit einem Stoßtrupp der Begleitinfanterie in Schönfließ ein. Die Russen flüchten nach Osten. „Tiger" und Fahnenjunker folgen ihnen.
Das anschließende Wiesengelände erschwert den Kampf und das Nachstoßen. Die Russen krallen sich in den alten vordersten deutschen Stellungen wieder fest. Der Kampf wogt hin und her. Jedes Grabenstück muß einzeln genommen werden. Bis zum Abend wird das Angriffsziel, der Bahndamm ostwärts von Schönfließ, erreicht und die alte HKL wieder besetzt.
Kurz nach dem Abmarsch der 2. Kompanie zum Einsatz erhält auch die 1. Kompanie der schweren SS-Panzerabteilung 502 den Einsatzbefehl. Dazu berichtet Obersturmführer Klust:
„Gegen 10.30 Uhr fahren sechs ‚Tiger' der 1. Kompanie nach Dolgelin und gehen am ostwärtigen Dorfrand in Stellung. Von hier haben wir eine gute Sicht bis Küstrin und sehen ganz deutlich die ungeheuren Massen der Russen, die nach Westen vorgehen. Neben der Höhe, auf

der wir stehen, verläuft die Straße Sachsendorf—Dolgelin, die durch eine Panzersperre verbaut ist. Davor steht der Russe mit zwanzig Kampfwagen, aber es gelingt ihm nicht, sie zu beseitigen. Wir können sie nicht erreichen, weil die Kanonen unserer ‚Tiger' nicht so weit heruntergedreht werden können.
Uns gegenüber stehen elf russische Panzer, die in kürzester Zeit alle von unseren ‚Tigern' abgeschossen werden. Leider achten wir bei dem Panzergefecht nicht genügend auf einen Hohlweg. Wir erhalten von dort an zwei ‚Tigern' Treffer, doch bleiben beide trotz Ketten- und Wannenschäden einsatzbereit. Dann bekämpfen wir Ziele und Kolonnen, die im Anmarsch auf die Seelower Höhen sind. Die Waffen unserer ‚Tiger' halten furchtbare Ernte; überall werden Fahrzeuge getroffen, und die Infanterieeinheiten von Sprenggranaten zersprengt, so daß die Russen die Seelower Höhen zunächst nicht erreichen. Während der Nacht ziehen wir uns auf eine freie Pläne am westlichen Ortsrand von Dolgelin zurück. Wie immer fast ohne Infanteriesicherung.
Im Morgengrauen des 17. April greifen wieder russische Infanteriemassen unter Einsatz von Stalinorgeln an. Unsere günstige Stellung zahlt sich aus. Im heldenhaften Einsatz unseres 2-cm-Flakzuges, der die Russen direkt unter Feuer nimmt, werden im Zusammenwirken mit unseren ‚Tigern' alle schweren Angriffe abgewehrt."
An der Südfront des russischen Oderbrückenkopfes hält die Front der Panzergrenadierdivision „Kurmark", aber weiter nördlich, bei der 9. Fallschirmjägerdivision, reißt sie auseinander. Dadurch kommt auch der Nordflügel der „Kurmark" in Bedrängnis. Am 17. April schlägt sich die schwere SS-Panzerabteilung 502 im Abschnitt Dolgelin —Libbenichen hervorragend. Neben anderen fällt hier Untersturmführer Schaubinger. Die „Tiger" werden laufend von der russischen Luftwaffe angegriffen.
Am 19. April hält die deutsche Front beiderseits Frankfurt/Oder noch, aber bei Wriezen und bei Forst wird sie durchbrochen. An diesem Tage steht die schwere SS-Panzerabteilung 502 im Raum Lietzen—Marxdorf im Kampf mit weit überlegenen Feindkräften und verhindert eine Umfassung des XI. SS-Armeekorps von Norden. Aber die Masse der russischen Verbände zieht unbeeindruckt entlang der Straße Seelow—Müncheberg nach Westen und manövriert dadurch das nach wie vor in seinen Stellungen haltende XI. SS-Armeekorps aus.

Am 19.4.1945 durchbrechen die Stoßverbände der 1. Ukrainischen Front des Marschalls Konjew auch den Nordflügel der Heeresgruppe Schörner bei Forst. Einen Tag später überwinden sie die Spree zwischen Cottbus und Spremberg und schwenken nach Nordwesten ein. Zwischen dieser Stoßlinie und der der 1. Weißrussischen Front entlang der Straße Küstrin—Berlin droht die Einschließung der 9. Armee, die nach wie vor mit ihren beiden südlichen Korps und dem von der Heeresgruppe Mitte abgespaltenen V. Armeekorps zwischen Frankfurt/Oder und Guben in ihren Stellungen stehengeblieben ist. Der Oberbefehlshaber der 9. Armee fordert von Hitler die Räumung von Frankfurt und der Oderstellungen, was ihm versagt wird. Um den immer länger werdenden offenen Nordflügel seiner Armee zu decken, läßt General Busse den linken Flügel des XI. SS-Armeekorps allmählich auf die Straße Müncheberg—Frankfurt zurückschwenken.
Am 21. April treffen sich die Angriffsspitzen der 1. Ukrainischen und der 1. Weißrussischen Front bei Königs Wusterhausen. Damit sind drei Korps der 9. Armee im Raum Frankfurt/Oder—Guben—Müllrose—Lübben—Fürstenwalde—Königs Wusterhausen eingeschlossen. Am gleichen Tage erhält die bei Sachsendorf südlich von Cottbus stehende SS-Pz.AA 10 den Befehl (von der „Frundsberg“ bereits abgespalten), entlang der Autobahn nach Nordwesten zu stoßen und in Märkisch-Buchholz sich zur Verfügung der 9. Armee zu versammeln. Brinkmanns Aufklärungsabteilung fährt fast immer in Sichtweite der Autobahn, da auf dieser bereits zahlreiche russische Verbände in Richtung Berlin ziehen. Die Abteilung erreicht in der Nacht zum 22. April das Dorf Birkholz bei Märkisch-Buchholz und erhält hier den Befehl, nach Königs-Wusterhausen zu fahren, an der Autobahn eine Sicherung aufzubauen und den Russen auf dieser das Vordringen nach Süden zu verwehren. Aber in Königs-Wusterhausen stehen bereits die Russen, und die Abteilung Brinkmann bezieht an der Autobahn mit Front Nordwesten eine Sperrstellung.
Die 9. Armee wird nun bereits von drei Seiten angegriffen. Das XI. SS-Armeekorps muß notgedrungen nordostwärts von Fürstenwalde einen Spree-Brückenkopf halten, um den in Frankfurt und an der Oder noch haltenden eigenen Kräften den Rückzug nach Westen zu ermöglichen, der von Hitler noch verweigert wird. Hieran hat die schwere SS-Panzerabteilung 502 maßgeblichen Anteil; sie hält vom 21. bis 23. April mit allen einsatzbereiten „Tigern“ im Zusammen-

wirken mit Infanteriekräften des XI. SS-Armeekorps den Raum Heinersdorf—Hasenfelde—Arnsdorf und wehrt zahlreiche russische Infanterie- und Panzerangriffe ab. Währenddessen ziehen starke russische Kräfte nördlich davon vorbei in Richtung Berlin. Am 23. April um 03.00 Uhr morgens durchbrechen „Tiger" mit schwachen Infanteriekräften eine inzwischen vollzogene Umklammerung bei Arensdorf. Ihr Weg führt dann über Wilmersdorf nach Südwesten, und bei Berkenbrück treffen sie wieder auf die Sicherungen der 9. Armee.
Mit der immer mehr zur Gewißheit werdenden Einschließung der 9. Armee taucht die Frage auf, ob das lange Verharren deutscher Kräfte an der Oder beiderseits Frankfurt noch zu vertreten sei. Hierzu äußert sich der Kommandierende General des XI. SS-Armeekorps, Kleinheisterkamp, in einem Gespräch an der Front mit Sturmbannführer Hartrampf, nicht länger zu warten und nach Westen durchzubrechen, und wenn es sein muß, aus eigener Initiative gegen den ausdrücklichen Befehl Hitlers. Aber zu dieser Initiative kann sich der Oberbefehlshaber der 9. Armee nicht entschließen, und so nimmt das Verhängnis seinen Lauf.

Am 23. April erteilt dann Hitler der 9. Armee endlich die Genehmigung zur Zurücknahme der Oderfront. Inzwischen haben die Sowjets den tödlichen Würgering zwischen Königs-Wusterhausen und Zossen verstärkt. Obergruppenführer Jeckeln zieht sich mit seinem V. SS-Gebirgskorps — unter Mitnahme der Besatzung von Frankfurt/Oder — nach Westen zurück. Südlich davon schließt sich das V. Armeekorps an, erreicht über Müllrose den Spreewald und sperrt die nach Süden führenden Straßen gegen die von Südosten vordringende 1. Ukrainische Front.

Am 24. April, morgens um 03.00 Uhr, passieren die Nachhuten des V. SS-Gebirgskorps und der Festung Frankfurt die große Autobahnbrücke zwölf Kilometer ostwärts von Fürstenwalde. Gleich danach wird die Brücke gesprengt. Im Zuge der in Gang gekommenen Westbewegung der 9. Armee hält das XI. SS-Armeekorps kurze Zeit die Spreelinie von etwa Fürstenwalde bis Hartmannsdorf und verwehrt in einer Front nach Nordwesten — von Spreenhagen bis zum Wolziger See — den Russen das Vordringen rittlings der Autobahn Berlin —Dresden. Hier an der Autobahn bei Deutsch-Wusterhausen sperrt auch Sturmbannführer Brinkmanns SS-Pz.AA 10.

Im Zuge der Westbewegung der 9. Armee gelangt die schwere SS-Panzerabteilung 502 über Bad Saarow—Storkow an den Nordrand des Wolziger Sees, wo Teile der Abteilung gegen vorstoßende russische Feindkräfte zum Einsatz kommen. Bald darauf wird die Abteilung in die Seenenge vor Prieros zurückgezogen, die sie nach Nordwesten hin sperrt.
Im Zuge dieser Bewegung geht auch die SS-Pz.AA 10 zurück und sperrt mit Hauptkräften die Autobahn nach Norden an der Seenenge bei Groß Köris und mit schwächeren Kräften bei Klein Köris.
Über die allmähliche Versammlung der 9. Armee in den Wäldern von Märkisch Buchholz zum Druchbruch aus dem Kessel und der damit verbundenen schrittweisen Aufgabe der Zwischenstellungen berichtet Untersturmführer Kuhnke, Zugführer der 2./schweren SS-Panzerabteilung 502, folgendes:
„Auf Befehl meines Kommandeurs muß ich bei Storkow zwei beschädigte ‚Tiger‘, als stationäre Geschütze eingegraben zurücklassen (auf Befehl des XI. SS-AK dem Kampfkommandanten in Storkow zurückgelassen. Laufwerkschäden. Anmerkung Hartrampf). Die Besatzungen sitzen auf meinem ‚Tiger‘ auf, und wir rasseln los. Gespenstisch leer sind die Straßen von Storkow, hier und da nur ein einzelner Landser. Obwohl bereits die Sonne am Vormittag dieses Frühlingstages wunderbar scheint, merken wir, daß wir bald allein sind. Als neuer Sammelpunkt ist uns Märkisch Buchholz angegeben. Die Abteilung, oder besser die Reste unserer ‚Tiger‘-Abteilung, sind schon lange vor uns in Richtung Prieros davongefahren. Wir sind allein, ein ‚Tiger‘ und drei Besatzungen. Wo ist der Russe?
‚Wieviel Sprit haben wir noch im Tank?‘ rufe ich nach unten, und die Antwort: ‚Untersturmführer, noch genug!‘
Wir hatten ja die Tanks der zurückgelassenen ‚Tiger‘ leer gemacht und damit unseren vollgetankt. Mit ‚Volldampf‘ fahren wir der Abteilung nach. Die außen auf dem Panzer sitzenden Männer übernehmen die Nahsicherung. Erst später erfahren wir, daß ein hinter uns liegendes Waldstück, das wir passiert haben, schon von den Russen besetzt ist, aber es geht noch einmal gut, wir kommen durch.“
Indessen strömt die Masse der 1. Weißrussischen Front nach Berlin. In den Strudel der Kämpfe um die Reichshauptstadt gerät das von der 9. Armee abgespaltene LVI. (56.) Panzerkorps des Generals Weidling; hierbei auch die 11. SS-Freiwilligen-Panzergrenadierdivision

„Nordland". Das 101. Armeekorps, das bei Beginn der russischen Großoffensive am Nordflügel der 9. Armee gestanden hat, wird über den Hohenzollernkanal nach Norden abgedrängt und tritt unter den Befehl der 3. Panzerarmee.
Zahlreiche Flüchtlinge streben mit den ausgelaugten und abgekämpften Verbänden der 9. Armee nach Westen. General Busse beabsichtigt, seine Truppen zum Ausbruch zu gliedern, und erteilt folgende Aufträge:

XI. SS-Armeekorps: Versammlung und halten einer Linie bei und nördlich von Halbe;
V. Armeekorps: südlich anschließend zum Schlagen der Durchbruchslücke und Sicherung der Südflanke;
V. SS-Gebirgskorps: Abdecken des Durchbruchs nach Osten und Norden und im weiteren Verlauf als Rückendeckung;
21. Panzerdivision: Deckung nach Nordwesten. Die Division soll auf Halbe zurückklappen, sobald alle Verbände abgeflossen sind und hinter dem V. SS-Gebirgskorps folgen.*

General Busse glaubt mit dieser Ausbruchsgliederung den russischen Würgegriff zu durchbrechen und mit der von Wittenberg auf Berlin vorstoßenden 12. Armee des Generals Wenck in Verbindung zu kommen. Der von Hitler geforderte Angriff auf Berlin von Süden her, nach Vereinigung mit der 12. Armee, ist überholt.
Am 28. April 1945 stehen die Reste der 9. Armee auf engstem Raum im Dreieck Klein Köris—Wendisch Buchholz—Halbe. Über die Ausbruchsgliederung und den Ausbruch liegt ein Bericht des Kommandeurs der schweren SS-Panzerabteilung 502 vor, den er mit einer Arbeitsgruppe zusammengetragen hat:
Vor dem Ausbruch aus dem Kessel von Halbe befindet sich das Stabsquartier des XI. SS-Armeekorps in Hermsdorf, nördlich von Märkisch Buchholz. Am 28. April, 15.00 Uhr, melden sich befehlsgemäß die Divisionskommandeure und Kommandeure der Korpstruppen in der Oberförsterei Hammer zur Lagebesprechung. Nach eingehender Beratung werden sinngemäß folgende Befehle erteilt:
Um 18.00 Uhr Antreten der 9. Armee zum Ausbruch!

* Aufstellung nach Busse: „Die letzte Schlacht der 9. Armee", in Wehrwissenschaftliche Rundschau, Heft 4/1955.

Die schwere SS-Panzerabteilung 502 bleibt wie in den bisherigen Tagen der Panzergrenadierdivision „Kurmark“ unterstellt.

Erstes Angriffsziel Halbe, an Märkisch Buchholz vorbei, dann weiter über die Autobahn nördlich an Baruth vorbei mit dem Ziel einer Verbindungsnahme mit der 12. Armee etwa zwischen Luckenwalde und Beelitz. Wie weit die angreifende 12. Armee vorkommen wird, steht zu dieser Zeit noch nicht fest.

Die Panzergrenadierdivision „Kurmark“ gliedert sich in zwei Stoßkeile. Der **südliche** mit:

SS-„Tiger“-Abteilung 502 und unterstellter Werfer-Batterie; eine SPW-Kompanie;

Reste einer Fahnenjunker-Kompanie als Begleitschutz gegen Panzer-Nahbekämpfer.

Anschließend die noch einsatzfähigen Teile eines Grenadierregiments der Panzergrenadierdivision „Kurmark“.

Der **nördliche Stoßkeil** (hauptsächlich zur Abschirmung nach Norden) mit der Panzerabteilung der Panzergrenadierdivision „Kurmark“ und weiteren Teilen der Division.

Im Anschluß an den südlichen Stoßkeil (schwere SS-Panzerabteilung 502) sollen sich eingliedern: Divisionsstab „Kurmark“, Stab XI. SS-Armeekorps und Stab 9. Armee.

Das Artillerieregiment „Kurmark“ erhält den Befehl, mit der noch vorhandenen Munition um 18.00 Uhr einen Feuerschlag auf Halbe zu schießen, dann die Geschütze zu sprengen und sich in die Ausbruchsgruppen einzugliedern.

Alle Verbände erhalten den Befehl, beim Ausbruch Kampffahrzeuge, Munitions- und Betriebsstoffwagen, Sanitäts- und Führungsfahrzeuge nur soweit als notwendig mitzuführen. Alle anderen Fahrzeuge sind leerzutanken und mit dem Betriebsstoff insbesondere die obengenannten Fahrzeuge aufzutanken. Alle zurückbleibenden Fahrzeuge sind zu sprengen.

Nach Beendigung der Befehlsausgabe verabschiedet sich General der Waffen-SS Kleinheisterkamp bei den Kommandeuren. Seine letzten Worte an den Sturmbannführer Hartrampf sind:

„Nun verlassen wir uns auf Sie und Ihre ‚Tiger‘!“

Und Hartrampf antwortet:

„Obergruppenführer, ich bin mir meiner schweren Aufgabe bewußt; an uns soll es nicht liegen!“

Sturmbannführer Hartrampf läßt seine Führer und Offiziere zusammenrufen, weist sie ein und gibt die Gliederung bekannt:

Spitze 2. Kompanie, Teile einer SPW-Kompanie (Heer) und Aufklärungs- und Pionierzug der Abteilung;
1. Kompanie, Abteilungskommandeur mit Nachrichtenoffizier und Werfer-Batterie;
3. Kompanie, 3,7-Flakzug, Vierlingsflakzug (Sfl), Radfahrzeuge mit Sanka und Abteilungsarzt.

Über den Ablauf des Ausbruchs aus dem Kessel von Halbe berichten Sturmbannführer Hartrampf, Kommandeur der schweren SS-Panzerabteilung 502, Untersturmführer Kuhnke, Spitzenzugführer der 2. Kompanie, und Hauptscharführer Streng, Kommandant eines „Tigers“ der 2. Kompanie:

Hartrampf: „Das Antreten der Abteilung verzögert sich bis 18.30 Uhr wegen Massierung führungsloser Soldaten. Nach dem Antreten zunächst zügiges Vorwärtskommen. Auftretende Widerstandsnester werden niedergekämpft. Um alle Rohre im Einsatz zu haben, teile ich meinen Panzer der 3. Kompanie zu und steige in meinen SPW um.
Mit einbrechender Dunkelheit steigt die Gefahr von Überraschungen, und das Marschtempo läßt nach. Mit der Division ‚Kurmark‘ und dem Korps ist Funkverbindung vorhanden. In der Abenddämmerung erreicht die Spitze den Ostrand von Halbe und wird angeschossen. Dadurch entsteht der erste Halt. Ohne Aufforderung meldet sich sofort der Chef der Werfer-Batterie mit der Frage, ob er gebraucht wird. (Leider ist mir sein Name entfallen.) Nach kurzer Einweisung setzt er besonders die rechts von uns befindlichen Widerstandsnester in einem Sägewerk außer Gefecht. Nach dem Eindringen der Panzerspitze in Halbe steht die Kolonne erneut.
Dann wird mir gemeldet, daß im Ort noch ein Gefechtstand eines Polizeiverbandes sei. Mit meinem Nachrichtenoffizier, Obersturmführer Scherz, begebe ich mich nach vorn. Meine Frage an die Polizeioffiziere, ob mit starkem Widerstand zu rechnen sei, wird verneint. Auf dem Weg zu meiner Panzerspitze verschwindet dann ein mir mitgegebener Begleiter, und auch heute noch vermute ich, daß der Polizeistab zu den Seydlitz-Truppen gehörte.“

Kuhnke: „Es ist der 28. April 1945, ein sonniger Nachmittag. Was an Vorräten noch vorhanden ist, wird an die Panzerbesatzungen ausgegeben. Die Kompaniechefs, Zugführer und Panzerkommandanten stehen um Sturmbannführer Hartrampf herum, der uns mitteilt, daß der Ausbruch aus dem Kessel von Halbe heute abend stattfindet.
Ich erhalte den Befehl, mit meinem Zug Spitze zu fahren. Unsere Motoren dröhnen auf, und die ‚Tiger' fahren, eine riesige Staubwolke aufwirbelnd, eine Waldschneise entlang in Richtung Halbe. Die zugeteilte Begleitinfanterie klammert sich an unseren ‚Tigern' fest. Dann endet der Wald. Vor uns liegt die Eisenbahnlinie Berlin—Cottbus, ein Sägewerk zur Rechten, und hinter der Bahnlinie beginnt Halbe. Es dämmert bereits, die Spannung wächst!
Nach einem kurzen Orientierungshalt kommt vom Kommandeur der Funkbefehl, unverzüglich durch Halbe durchzustoßen. Wir fahren wieder an und erreichen eine baumbesäumte gerade Straße, an der hinter Vorgärten die ersten Häuser von Halbe liegen. Inzwischen ist es 21.00 Uhr. Beim langsamen Vorfahren beschäftigt uns die Frage: Wo steckt der Feind?
Dann erkenne ich vor mir eine Panzersperre. Sie ist offen; eine Granate unserer KwK auf diese ergibt keine eindeutige Klärung. Ich rolle mit meinem ‚Tiger' weiter vor und bleibe achtzig Meter vor der Panzersperre stehen. Der Turm ist offen, damit ich besser beobachten und durch Handzeichen meine anderen Wagen schneller einweisen kann.
Mit einem Mal bricht die Hölle los! Ringsum schlagen Granaten ein, nicht nur Sprenggranaten, auch Phosphorgranaten. Mir scheint, als habe der Russe durch Luftaufklärung längst den Durchbruch der 9. Armee erkannt und uns in Halbe in die Falle gelockt. Alle Häuser um uns herum gehen nach Treffern in Flammen auf und erleuchten gespenstisch die Szenerie. Jetzt erkenne ich auch hinter der Panzersperre zwei russische Panzer. Meine Sprechfunkanfrage an den Kommandeur: ‚Was soll ich tun?' wird mit dem Befehl, weiter vorzustoßen, beantwortet. Die russische Abwehr wird aber immer stärker, und es scheint mir ein Selbstmord, die Sperre zu überfahren, um dann wahrscheinlich in der Flanke gefaßt zu werden. Ich will Sturmbannführer Hartrampf persönlich orientieren und springe aus dem Turmluk heraus. Unten angekommen, leuchte ich am ganzen Körper von dem Phosphor, den ich beim Abspringen vom Panzer abge-

wischt habe. Meine Handschuhe werfe ich weg, dann gelange ich an einigen Panzern vorbei bis zum Chefpanzer der 2. Kompanie. Hier treffe ich auch Sturmbannführer Hartrampf und berichte ihm. Daraufhin erwägt der Kommandeur, unter Deckung durch meinen vorn stehenden Panzer, die Kolonne kehrtmachen zu lassen und Halbe zu umgehen. Und so geschieht es dann auch!

Das Kehrtmachen der Kolonne löst nun erst richtig das Feuer der Russen aus. Nachdem ich wieder in meinem ‚Tiger' stehe und die Besatzung über unser Vorhaben unterrichtet habe, versucht der Fahrer unseren Panzer zu drehen. Dabei huscht eine Leuchtspurgranate eines hinter der Panzersperre stehenden Russenpanzers dicht über meinen Kopf hinweg, worauf ich schnell ‚wegtauche' und meinem Fahrer befehle, nach links — immer die Kanone am Feind belassend — hinter eine Baumreihe auszuweichen. In der Eile fährt sich jedoch mein Panzer auf einem Baumstumpf, den wir nicht gesehen haben, fest. Nun zeigen wir den Russen den heißen, glühenden Auspuff und bieten damit ein gut anzurichtendes Ziel. Der nächste Schuß sitzt im Heck, und Sekunden später brennt unser ‚Tiger'. ‚Ausbooten', ist mein letzter Befehl an meine Besatzung. Wir bringen uns in Sicherheit. So bleibt mein bis dahin so treuer ‚Tiger' als eigene Panzersperre liegen, brennt völlig aus und deckt damit das Wendemanöver der anderen. Später finde ich einen Platz auf dem SPW unseres Aufklärungszugführers, Untersturmführer Justus."

Kommandant des zweiten „Tigers" ist Hauptscharführer Streng. Er berichtet über den Kampf in Halbe: „Phosphorgranaten explodieren mit weißglühendem Sprühen. Jetzt wird es ernst! Wir erhalten einen Volltreffer, und in wenigen Sekunden steht unser ‚Tiger' in Flammen. Während Ott durch den Bordfunk ruft: ‚Wagen brennt!', reißen wir die Luken auf und fallen kopfüber aufs Straßenpflaster. Wir springen vom Panzer weg, wenden uns aber noch einmal um und erkennen nun, daß es eine Phosphorgranate gewesen sein muß. Wir eilen zurück, klettern wieder in unseren Panzer, Ott startet durch, und der Motor brummt wieder. Unsere hastig durchgesprochenen Worte werden durch Sprüche unterbunden. Kuhnke antwortet vorn nicht mehr. Der Kommadeur befiehlt sofortiges Absetzen bis zur Querstraße. Hier kommen wir mit unseren schweren Kolossen nicht durch. Wir setzen zurück und erfahren dann, daß Kuhnke vorn abgeschossen worden ist, aber Kuhnke lebt.

In dieser furchtbaren Nacht wird auch Panzer Harlander abgeschossen; der Kommandant ist tot, die Besatzung kann ausbooten.
Wir lassen die Stadt hinter uns. Der Weg führt nun nach rechts in den Wald hinauf, wo Tausende Soldaten auf uns warten. Halbe wird umgangen. Wir fahren nach Süden und schwenken dann wieder nach Westen ein. Nur noch vereinzelt säumen Wohnhäuser den Weg aus der Stadt. Nach späteren Feststellungen sollen in Halbe 4000—5000 Mann den Tod gefunden haben."
Hartrampf: „Die Spitze übernimmt nun Obersturmführer Klust, ein in vielen Kämpfen bewährter und tatkräftiger Führer. Halbe wird umgangen, und wir bahnen uns einen Weg in westlicher Richtung. Auftretender Widerstand wird beseitigt. Sobald es vorwärts geht, sind ständig Fußtruppen in unserem Gefolge, die aber verschwinden, sofern sich der Gegner zeigt. Bei ihnen ist der Gedanke vorherrschend, nur lebend diesem Hexenkessel zu entkommen.
Funkverbindung zur ‚Kurmark' und zum Korps ist noch vorhanden. Öfter als mir lieb ist, kommt die Frage: Wo vorderste Spitze!
Im Morgengrauen des 29. April erreicht unsere Panzerspitze die Autobahn Berlin—Cottbus westlich von Halbe und wird angeschossen. Ein oder zwei russische Panzer stehen gedeckt durch die leicht ansteigende Straße und feuern, sobald sich ein Fahrzeug von uns der Autobahn nähert. Aber da müssen wir hinüber. Einer unserer ‚Tiger' geht mit einem Infanteriestoßtrupp vor und setzt die russischen Panzer außer Gefecht. Wir stoßen über die Autobahn hinweg und legen im anschließenden Wald einen Stopp ein, damit die folgenden Teile aufschließen können. Hier trifft nach einigen Stunden General Busse ein. Kurz danach meldet sich der Ordonnanzoffizier von General Langkeit. Auf die Frage nach dem Kommandeur der ‚Kurmark' berichtet er, daß sein SPW abgeschossen worden sei und General Langkeit zu Fuß eine andere Richtung eingeschlagen habe. Eine Nachsuche nach General Langkeit bleibt ohne Erfolg. Erst nach dem Kriege stellt sich heraus, daß auch Langkeit am Leben geblieben ist."
Hier an der Autobahn treffen einige Ausbruchsgruppen auf einen vor Tagen zusammengeschossenen Troß der 10. SS-Panzerdivision, der der SS-Pz.AA 10 nachgefahren war. Die Fahrzeuge sind zerstört und überall liegen die Toten.
Zur gleichen Zeit, als die Hauptgruppe im Raum Forsthaus Massow sammelt, steht noch die SS-Pz.AA 10 als nördliche Flankendeckung

im Raum nordwestlich von Halbe. Beim Aufbruch wird hier die 3. Kompanie, am Schluß der Abteilung fahrend, von russischen Kräften abgeschnitten und gerät in Gefangenschaft, aus der nur wenig Überlebende Jahre später zurückkehren.
Ein nicht endender Strom deutscher Soldaten und Zivilisten schließt auf und sammelt beim Forsthaus Massow. Hier finden sich wieder Gruppen, Züge und Kompanien. Hier wird das Ausmaß der blutigen Nacht von Halbe sichtbar. Zu viele Kameraden und Weggefährten fehlen schon, sind tot oder verwundet auf der Strecke geblieben. Unter ihnen auch der Chef des Generalstabes der 9. Armee, Generalmajor Hölzl, und der Kommandierende General des XI. SS-Armeekorps, Kleinheisterkamp.
Vervollständigen wir nun das Bild mit einem Teilbericht von Ernst Streng: „Der in Halbe schwer verwundete Oberscharführer Rodinger wird von seinem Fahrer Stinzel hinter unserem Panzer niedergelegt. Wir können ihn im Panzerinnern nicht unterbringen. Er liegt mit wirren Haaren und bleicher Stirn auf einer Decke. In seinem Rücken klafft ein schwarzgezacktes Loch. Er spürt den nahen Tod und sagt: ‚Grüßt mir meine Frau und meinen Jungen, ich schaffe es nicht mehr lange. Nur nehmt mich mit und laßt mich hier nicht liegen.‘
Plötzlich wird der Weitermarsch befohlen. Die ‚Tiger‘ der 1. Kompanie rollen aus dem Wald in die Heide hinaus, und in die Abstände zwischen den Panzern schieben sich Zugmaschinen, Sturmgeschütze, Funkwagen, Selbstfahrlafetten und Fliegerabwehrgeschütze ein. Wir suchen indessen fieberhaft nach einer Fahrgelegenheit für Rodinger. Fast am Schluß halten wir einen Sanitäts-SPW an, dessen Arzt sich erst auf unser inständiges Bitten bereit erklärt, Rodinger mitzunehmen, obwohl sein Fahrzeug bis oben hin angefüllt ist mit Verwundeten.“
Sturmbannführer Hartrampf führt weiter aus: „Noch vor Beginn der Dunkelheit wird wieder angetreten. Auf unserem weiteren Marschweg müssen wir die Straße Zossen—Baruth kreuzen, und daß wir hier auf Russen stoßen werden, ist uns allen klar. Da ich das Gelände, in dem wir uns jetzt befinden, aus meiner Dienstzeit beim Panzerregiment 5 in Wünsdorf noch gut in Erinnerung habe, erteile ich Obersturmführer Ulan — nach einer genauen Geländebeschreibung — den Befehl, mit seinem Zug der 1. Kompanie die Straße zu sichern und offenzuhalten.

Im Vertrauen auf diese Sicherung fahren wir gegen 19.00 Uhr wieder an. Beim Erreichen der Straße Zossen—Baruth erhält die Spitze starkes Pak- und Panzerfeuer. Der erste Panzer mit Oberscharführer Pott wird abgeschossen, Pott fällt. Vom Zug Ulan ist nichts zu sehen, erst am anderen Tag meldet er sich bei mir zurück. Auf meine Frage, warum er meinen Befehl nicht ausgeführt hat, antwortet er, daß beim Beziehen der befohlenen Stellung plötzlich ein Oberst i. G. da war und ihn nach seinem Auftrag gefragt habe. Nachdem Ulan seinen Auftrag erklärt hatte, erhielt er vom Oberst i. G. den Befehl zu einem Stellungswechsel, da die ‚Tiger' hier am falschen Ort ständen. Auf den Hinweis auf seinen ursprünglichen Auftrag wurde ihm bei Nichtausführung des nun gegebenen Befehls mit dem Kriegsgericht gedroht. Dies ist nur ein Beispiel von der Arbeitsweise der Seydlitz-Truppen."
Ernst Streng führt weiter aus: „Das Marschband bewegt sich weiter durch den Baruther Forst. Am Spätnachmittag des 29. April steht die Panzerspitze vor dem Bahndamm und der dicht daneben verlaufenden Straße Zossen—Baruth. Hier erwarten stärkere Feindkräfte die ausbrechende deutsche Armee. Russische Panzer und Pak beherrschen mit Flankenfeuer von Norden und Süden die Straßen, und hier, hart südlich der Motzen Berge, gerät der Heerwurm der 9. Armee in eine neue verteufelte Lage und wird auseinandergerissen.
Die Panzer stoßen entlang des Bahndamms einige hundert Meter nach Norden und Süden vor, schaffen Luft, rollen dann über den Schienenstrang und die Straße und bilden wieder einen kleinen Brükkenkopf für die Nachfolgenden. Als die Dunkelheit hereinbricht, schließen die nachfolgenden Gruppen wieder zügiger zur Panzerspitze auf, die inzwischen beim Forsthaus Wunder steht. Hier werden noch einmal viele Räderfahrzeuge zugunsten der Panzer leergetankt und zerstört, denn die Panzer müssen als Schwertspitze der 9. Armee einsatz- und fahrbereit bleiben.
In der Nacht vom 29. zum 30. April wird der Artillerieschießplatz Kummersdorf erreicht, werden das Dorf und das Militärlager im Sturm genommen. Bei Hellwerden rollt die Panzerspitze über die östliche Schießbahn und erreicht nördlich von Schönefelde die westliche Schießbahn. Die Spitze hält, der Heerwurm schließt wieder auf.
An der zweiten Schießbahn werden die vielen Verwundeten auf eine vorgefundene Feldbahn gelegt und der Lorenzug von einem ‚Tiger'

bis ziemlich ans Ende der westlichen Schießbahn gezogen. Dann wieder ein Halt und Sicherung. Ausgeschickte Spähtrupps erkunden die Feindlage in Richtung Westen; sie melden einen neuen Panzer- und Pakriegel an der Straße Trebbin—Luckenwalde. Die nicht gehfähigen Verwundeten bleiben unter der Obhut von Ärzten und Sanitätern an der Schießbahn zurück. Nach Südwesten führt ein Waldweg; auf dem Wegweiser steht: Luckenwalde 8 km."

Im Waldgebiet am Nordende der Schießbahn von Kummersdorf werden die Einheiten neu geordnet. Das nimmt fast den ganzen Tag in Anspruch. Gegen Abend des 30. April setzt sich die neugegliederte Truppe wieder in Bewegung. Die an der Straße Trebbin—Luckenwalde errichtete russische Paksperre wird schnell niedergekämpft. Nun wälzen sich Ausbruchsgruppen nördlich von Luckenwalde über die Straße und tauchen in die schützenden Wälder ein. Bereits vor Mitternacht stehen die Spitzen zwischen Berkenbrück und der Försterei Martensmühle. Diskussionen der Führer und Stabsoffiziere um die Frage, noch einen längeren Halt einzulegen und erst am kommenden Tag den scheinbar letzten russischen Sperriegel zu durchbrechen, werden gegenstandslos, als die Panzerspitze einfach wieder anfährt und die anderen Teile automatisch hinter sich herzieht. Gegen Mitternacht wird schwächerer Feindwiderstand in Berkenbrück gebrochen. Gegen 03.30 Uhr (1. Mai) wird Hennickendorf durchbrochen und die dort von den Russen errichtete Paksperre von den „Tigern" überwalzt. Wie es weitergeht, schildert Ernst Streng so:
„Unser ‚Tiger' rollt nun auf der Teerstraße von Hennickendorf nach Dobbrikow. Auf halbem Wege bekommen wir von rechts aus einer Waldspitze Artilleriefeuer. Links der Straße bei den ersten Häusern des nächsten Dorfes schimmert aus der Dämmerung ein kleiner See herüber. Jetzt wird es mulmig. Zwei, drei lange Feuerstrahle zucken aus dem Waldrand halbrechts hervor. Pak! Ein schwerer Treffer erschüttert unseren ‚Tiger', klirrend fallen die abgeschlagenen Kettenabdeckbleche auf die Straße.
Bis zum Waldrand sind es 300 bis 400 Meter. Genaues ist noch nicht auszumachen. Unsere Panzerkanone brüllt gegen den Wald; grelle Explosionen schleudern drüben Stämme und Baumwipfel auseinander.
Blitzartig erhellt ein zweiter Treffer das Innere unseres Kampfrau-

mes; mit ungeheurer Wucht prallt die Granate gegen die rechte Wannenseite und steigt steil nach oben. Dann folgt ein weiterer furchtbarer Knall! Wir krallen die Hände irgendwo fest und pressen die Zähne zusammen. Treffer an der rechten Turmseite! ‚Fahrer hart links anziehen —Vollgas — marsch, marsch!‘ schreie ich über Bordfunk. Unser Panzer bäumt sich hoch auf und rollt nach links in das abfallende Feld, gegen den kleinen See zu. Nach einigen hundert Metern fahren wir wieder nach rechts. Inzwischen haben die anderen Panzer die feindliche Pak niedergekämpft und der Marsch von Tausenden geht weiter.
Unser Benzin ist alle. Endlich ergattern wir irgendwo Benzin und rollen weiter. Beim Einsteigen in den Panzer erhält unser Kampfwagen von halblinks über dem See einen Treffer von einem dort stehenden Panzer der Russen, den wir nicht erkannt haben. Ich werde am rechten Oberarm und am rechten Oberschenkel verwundet. Meine Kameraden legen mich in den Panzer, den nun Läbe übernimmt. Keine 10 Kilometer entfernt stehen die Spitzen der Armee Wenck, doch hier bei Wittbriezen — Rieben — Zauchwitz scheint der russische Sperriegel unüberwindbar.
Wir stehen anscheinend kurz vor Beelitz. Es ist 8 Uhr (1. Mai) durch. Der Wagen ist wieder voll mit Verwundeten. Wer irgend kann, soll den Wagen verlassen. Der Ladeschütze kann sich nicht mehr rühren. Die Gefechtsbereitschaft muß im Interesse aller gewährleistet sein.
Rechts lodert die Windmühle von Rieben in hellen Flammen. Unsere Panzerspitze ist nun auf zwei ‚Tiger‘ zusammengeschrumpft. Wir haben keinen mehr in der Besatzung, der nicht in den letzten Tagen mehrmals Verwundungen oder Verbrennungen erlitten hat.
Unser Kompaniechef kommt vom Kommandeur zurück. Unser Ersatzfahrer fällt durch Verwundung aus. Öls kommt dafür in den Wagen. Der Bordfunk ist ausgefallen. Auf der Drehbühne unter der Kanone liegen die Verwundeten der letzten Stunden. Kein Arzt ist da, der helfen könnte.
Es ist 10 Uhr vormittags. Es geht wieder los! Weit auseinandergezogen kommen die Landser aus den Wäldern und setzen sich hinter unseren Panzern in Marsch.
Der Panzer steht wieder. Mit einer Sprenggranate wird eine am Weg stehende russische Pak weggefegt. Wie viele Pak und wie viele Panzer sind es nun schon? Niemand zählte sie! Halblinks steht noch ein russi-

scher Panzer. Panzergranate, Schuß, Treffer! Qualmwolken verdekken die Sicht.
Plötzlich ein metallenes Bersten in der rechten Wannenseite unseres Panzers, ein langgezogenes Zischen. Blendend weiß sprüht es um uns auf. Für eine Sekunde tritt Totenstille ein. Selbsttätig pressen sich die Lider vor die Augen, schlingen sich Arme und Hände um den Kopf, als könne mit diesen instinkthaften Bewegungen das Dämonische der entfesselten Kraft gebannt und abgewandt werden. Ein weißer Qualmballen steht im Innern unseres Panzers, eine Hitzewelle dörrt uns den Atem.
Der Panzer brennt. Lähmung und Schreck legt sich gleich einer Vision auf mein Denken. Gurgelnde Schreie vor Schmerz und Weh; jeder versucht das rettende Loch und das Freie zu gewinnen. Glühende Stichflammen brennen sich in die schutzlose Haut der Hände, des Oberkörpers, ins Gesicht.
Köpfe und Körper prallen aufeinander. Hände umklammern die Rettung verheißenden Aussteigluken. In den Lungen staut sich die verbrauchte Luft. Im Hals und Hirn hämmern jagende Pulse. Purpurne Schwärze, von grünlichen Lichtern durchblitzt, steht vor meinen Augen.
Ich greife mit fliegenden Händen nach der Luke, zapple und schlage um mich, trete auf Abweiser und Kanone, zwei Köpfe fahren im Luk aufeinander. Instinktiv dränge ich Läbe nach unten, stoße mit Kopf und Leib übers Turmdach. Verheddere mich mit der Lederjacke an einem Haken und reiße sie vom Körper; noch einmal leuchtet das silberne Eiserne Kreuz, ehe es mit der Jacke in das brennende Innere des Wagens zurückfällt.
Kopfüber lasse ich mich vom drei Meter hohen Turm fallen, stoße mich mit den Händen von der Wanne ab. Im Fallen betrachte ich meine Hände, von der sich am linken Zeigefinger die ganze Haut ablöst, mit einem Ruck reiße ich sie vollends vom Finger und habe nur noch ein blutendes Etwas.
Unmittelbar vor mir springt die brennende, torkelnde Gestalt des Funkers vom Panzer weg. An mir vorbei rennen Hartinger, Neu und Öls. Wer ist drinnen geblieben? Hinter uns explodiert unser Panzer, der 18 Tonnen schwere Turm wird abgehoben und weggeschleudert. Das ist das Ende! Ich komme wie durch ein Wunder noch bis zu den rettenden Linien."

Am Vormittag des 1. Mai 1945 gehen die beiden letzten „Tiger“ der schweren SS-Panzerabteilung 502 kurz vor Erreichen der rettenden Aufnahmestellungen der 12. Armee verloren. Sie haben bis zuletzt der ausbrechenden 9. Armee den Weg gebahnt. Ohne die Leistungen der anderen Verbände schmälern zu wollen, hat doch die schwere SS-Panzerabteilung 502 einen entscheidenden Beitrag zum Ausbruch der 9. Armee geleistet. Im Gefolge der Ausbruchsgruppen gelangt auch eine „Armee“ von Zivilisten zu den deutschen Linien, die aus Angst vor den Russen ihre Heimat verlassen hat.
Bis zum 3. Mai halten die aus jungen Soldaten bestehenden Verbände der Armee Wenck die Aufnahmestellungen bei Beelitz. Viele Ausbruchsgruppen kommen noch durch. Die ausgebluteten und ausgemergelten Reste der 9. Armee streben gleich weiter nach Westen; unter ihnen die Reste der SS-Pz.AA 10 und weitere Teile der 10. SS-Panzerdivision „Frundsberg“, die bei Cottbus den Anschluß an ihre Division verloren haben. Unter ihnen auch Teile der 23. SS-Freiwilligen-Panzergrenadierdivision „Nederland“ mit ihrem Divisionskommandeur, Generalmajor der Waffen-SS Jürgen Wagner, und die Reste der 32. SS-Freiwilligen-Grenadierdivision „30. Januar“, die bei Frankfurt an der Oder gefochten hat.
Der Todesmarsch der 9. Armee ist zu Ende. Der Ausbruchsweg ist mit dem Schweiß und Blut unzähliger Soldaten und Zivilisten getränkt. Viele von ihnen finden als unbekannte Soldaten auf dem Soldatenfriedhof von Halbe ihre letzte Ruhe. Nicht wenige sind von ihren Kameraden und Weggefährten in den Wäldern zwischen Halbe und Beelitz in den Ausbruchspausen begraben worden. Die angefertigten Grabskizzen sind verlorengegangen, ihre Überbringer später gefallen. Viele dieser Ruhestätten findet man nicht mehr; Moos und märkischer Sand haben die Grabstellen überwuchert, verwischt — aber im ewigen Rauschen der Kiefernwälder hören die, die dabei waren, noch immer den Klang ihrer Stimme, ihre Todesschmerzen.
Die deutsche Wochenzeitschrift „Der Heidebote“, Verlagsort Lüneburg, schreibt in der Nummer 27 vom 3. Juli 1957 unter der Überschrift „Bei Halbe entstand der Totenhain“:
„Manch märkischer Ort abseits der großen Straßen ging durch Sieg — wie Fehrbellin — oder durch Niederlage — wie Kunersdorf — in die Geschichte ein. Kommende Geschlechter werden einmal den Namen Halbe auch so nennen müssen. Das langgestreckte Kirchdorf an der

Eisenbahnstrecke von Berlin nach Cottbus, zwischen Königswusterhausen und Lübben gelegen, gab der letzten großen Vernichtungsschlacht des Zweiten Weltkrieges den Namen.
In der ‚Kesselschlacht von Halbe' verbrannte Ende April 1945 die 9. deutsche Armee im sowjetischen Feuer. Die große Einsamkeit der ausgedehnten Wälder mit ihren schilfumsponnenen Wasserläufen und Seen wurde in letzter Stunde in eine Hölle des Unterganges verwandelt. Hier starben Zehntausende Soldaten des deutschen Heeres ihren Tod, und viele Flüchtlinge, die sich hier geborgen glaubten, ereilte das gleiche Schicksal. Den Bewohnern Halbes und der umliegenden Dörfer aber, die das Inferno überlebt hatten, drohte die Seuchengefahr, denn auf unbestattete Leiber strahlte sommerlich heiß die Maisonne des gespenstischen Jahres.
So drangen die Bewohner der Dörfer in die Wälder des Todes vor, in denen noch die zerschossenen Panzer schwelten. Zwischen ausgebrannten Fahrzeugen, explodierender Munition und herumliegenden Ausrüstungsgegenständen wurden Tausende an niemals markierten Stellen provisorisch in die Erde gebettet, viele Unbekannte begraben, da man bei ihnen weder Soldbücher noch Erkennungsmarken fand.
Gespenstisch blieb die Stätte. Im Jahre 1949 erst konnte der Volksbund deutsche Kriegsgräberfürsorge im Zusammenwirken mit der evangelischen Kirche an die Errichtung eines ordentlichen Soldatenfriedhofes gehen. Auf einem neun Hektar großen Waldgelände wurde nach den Entwürfen des Bornimer Gartenkünstlers Dr. h. c. Karl Förster eine Totenstätte geschaffen, der die märkische Landschaft ihre Weihe gibt."
Eine präzise Bilanz der Verluste der 9. Armee ist nicht aufzustellen. Die Zahlen der Durchgekommenen bewegen sich zwischen 30 000 und 40 000 Soldaten und einigen Tausend Zivilisten.
Mit dem Durchbruch aus der Umklammerung ist der Leidensweg der vielen Verwundeten noch nicht beendet. Die Lazarette in Ziesar, Burg und Genthin werden übervoll. Es fehlt an Verbandsstoff, an Medikamenten, an Verpflegung. Hinzu kommt die Sorge wegen der heranrückenden Russen. Viele treibt die Angst weiter, sie raffen sich mit letzter Kraft auf, um über die Elbe zu kommen, denn sie erhoffen bei den Amerikanern ein besseres Los.
Zum zeitlichen Ablauf und dem Schicksal der einzelnen Verbände ist noch anzufügen:

Am 1. Mai befindet sich der Gefechtsstand der SS-Pz.AA 10 im Forsthaus Neuendorf, am 2. und 3. Mai in Genthin. Sturmbannführer Brinkmanns Stab bemüht sich, die Reste der Aufklärungs-Abteilung der Division „Frundsberg“ zu sammeln, um sie über die Elbe zurückzuführen.

Am 2. Mai 1945 werfen die Sowjets das südlich von Potsdam stehende Korps Reymann zurück und dringen auch nördlich davon bis Havelberg vor. Die Armee Wenck geht langsam nach Westen zurück.

Am 4. Mai stehen die Reste der 9. Armee und der deckenden 12. Armee bei Genthin und ostwärts von Tangermünde. General Wenck bietet die Kapitulation der in diesem Raum stehenden deutschen Kräfte an. Die auf dem Westufer der Elbe stehende 9. US-Armee (Simpson) stimmt zu, verweigert aber den vielen Flüchtlingen das Übergehen in ihr Gebiet. Am westlichen Elbufer, von Havelberg bis westlich von Genthin, ist die 102. US-Infanteriedivision (Kaeting) eingesetzt, die auch das Übergehen der deutschen Truppenreste bei Tangermünde überwacht.

Am 4. Mai 1945 sammeln die SS-Einheiten bei Redekin, am 5. Mai stehen sie bei Fischbeck und warten auf das Übersetzen über die Elbe. Amerikanische und deutsche Pioniere führen den Uferwechsel durch. Die übersetzenden deutschen Soldaten nehmen so viel als möglich Zivilisten mit, was die Amerikaner stillschweigend hinnehmen.

Am 6. Mai gelangen die Reste von Sturmbannführer Brinkmanns SS-Pz.AA 10 größtenteils über die zerstörte und notdürftig wieder hergerichtete Elbbrücke über den Strom. Drüben werden sie von den Soldaten der 102. US-Infanteriedivision in das Sammellager Tangermünde weitergeleitet. An der Brückenauffahrt in Tangermünde türmen sich die Handfeuerwaffen zu Bergen. Die Männer der SS-Pz.AA 10 der Division „Frundsberg“ haben vor den Soldaten der 102. US-Infanteriedivision die Waffen gestreckt, jenen großen Gegnern, denen sie bei Linnich gegenübergestanden haben.

Als am 7. Mai sich die russischen Truppen den Übergangsstellen nähern, gehen auch die letzten Nachhuten der Armee Wenck über die Elbe.

Am 6. und 7. Mai 1945 marschieren die waffenlosen Waffen-SS-Einheiten nach Stendal und werden dort in die Gefangenenlager Westertimke und Sandbostel weitertransportiert.

DIE LETZTEN EINSÄTZE DES GENERALKOMMANDOS

Zwischen Neusiedler-See und Donau — Kampf um Wien — Bei Stockerau

Der russische Gegenangriff zwischen Mór und Stuhlweißenburg und weiter nördlich bei der ungarischen 3. Armee im Vertes-Gebirge führt zu bedrohlichen Durchbrüchen in Richtung ungarische Tiefebene—Wien. Die Plattensee-Offensive der 6. SS-Panzerarmee muß abgebrochen, ihre Verbände müssen zum Auffangen der russischen Stoßkeile eingesetzt werden. Der deutsche Frontvorsprung — das Ergebnis der Plattensee-Offensive — muß allmählich auf die Ausgangsstellungen zwischen dem Nordrand des Plattensees und dem Westrand des Velencze-Sees zurückgenommen werden.

In der Nacht vom 17. zum 18. März 1945 werden die 1. und 12. SS-Panzerdivision bei Simontornya herausgezogen und hinter dem IV. SS-Panzerkorps zum Gegenangriff zusammengezogen, der die alte Frontlinie zwischen Mór und Stuhlweißenburg wiederherstellen soll. Die Angriffsführung liegt in den Händen des Generalkommandos I. SS-Panzerkorps.

In der Nacht vom 18. zum 19. werden die 2. SS-Panzerdivision und die 6. Panzerdivision (Heer), und in der Nacht vom 19. zum 20. März das Generalkommando II. SS-Panzerkorps aus dem Abschnitt beiderseits Aba herausgelöst und eiligst nach Norden geworfen, um den Abschnitt unmittelbar südlich der Donau zu übernehmen und den russischen Durchbruch bei den Ungarn zum Stehen zu bringen. Diese Nordverschiebung geht in aller Eile vor sich. Die vorausgeworfenen Aufklärungs-Abteilungen der 2. und 9. SS-Panzerdivision und der 6. Panzerdivision (Heer) treffen zuerst ein und werfen sich den Angriffsspitzen der russischen 46. Armee entgegen. Die 9. SS-Panzerdivision, die eine Nacht später herausgezogen und dem II. SS-Panzerkorps folgen soll, bleibt in der Abwehrschlacht um Stuhlweißenburg und gelangt nicht mehr zum II. SS-Panzerkorps.

Der Korpsgefechtsstand wird in Per, 12 km südostwärts von Raab, errichtet. Unter Führung von Standartenführer Lehmann tritt die 2. SS-Panzerdivision im Raum Csep—Nagyagmand zu Gegenangriffen an, wird aber dann in die Verteidigung gedrängt und muß zurückgehen. Nördlich davon wird das Generalkommando XXXXIII. Armeekorps (Generalleutant Kullmer) mit der Verteidigung eines Brückenkopfes um Komorn beauftragt. Südlich von der 2. SS-Panzerdivision, im Raum Kisber, kämpft die 6. Panzerdivision unter Generalleutnant Freiherr von Waldenfels, der auch die Aufklärungs-Abteilungen der 2. und 9. SS-Panzerdivision unterstellt sind.

Mit der Umgruppierung des I. und II. SS-Panzerkorps nach Norden übernimmt die 6. SS-Panzerarmee diese Verbände. Der Armeegefechtsstand wird in Martinsberg, 14 km südlich der Stadt Raab, errichtet. Anstelle der 6. SS-Panzerarmee führt nun die 6. Armee (Balck) die Verbände zwischen Plattensee und Stuhlweißenburg.

Die neue Front der 6. SS-Panzerarmee beträgt ca. 70 km Luftlinie. An eine Wiederherstellung der alten Frontlinie durch Gegenangriffe des I. und II. SS-Panzerkorps ist nicht mehr zu denken. In der Front stehen äußerst geschwächte Einheiten, die nur noch stützpunktartig hinhaltenden Widerstand leisten. Alle Bemühungen der Panzerarmee und des II. SS-Panzerkorps um Zuführung der 9. SS-Panzerdivision werden nach den turbulenten Ereignissen zwischen Stuhlweißenburg und Veszprem gegenstandslos.

Die Planungen und Entschlüsse des Pz.AOK 6 und der Heeresgruppe Süd zielen auf einen Aufbau einer neuen Verteidigung entlang des Raab-Flusses ab; Hitler wünscht jedoch eine Verteidigung vorwärts der Raab unter Einschluß von Komorn, weil er immer noch an die Möglichkeit einer Wiedergewinnung der alten Frontlinie glaubt. Wunsch und Plan einerseits und das tatsächliche Frontgeschehen andererseits klaffen weit auseinander. Die 6. SS-Panzerarmee beantragt die Zurücknahme auch des II. SS-Panzerkorps, das noch weit vorgestaffelt nach Osten südlich der Donau steht. Dieser Antrag löst Wutausbrüche Hitlers aus, und er verfügt das Ablegen der Ärmelstreifen, die ohnehin infolge der Geheimhaltungsbestimmungen bei Beginn der Plattensee-Offensive hatten abgelegt werden müssen. Der Reichsführer SS wird beauftragt, zur 6. SS-Panzerarmee zu fahren, um festzustellen, welche SS-Division ihre Pflicht getan hat und welche nicht. Hitlers impulsive Anweisung, ausgelöst durch den Antrag zur Aufgabe eines Gebietes, das ohnehin nicht mehr zu halten ist, wird in Übereinstimmung mit der Armeeführung an die Divisionen nicht weitergegeben. Als Heinrich Himmler am 28. März die 6. SS-Panzerarmee besucht, muß er feststellen, daß die Waffen-SS-Verbände gegenüber einer erdrückenden Übermacht getan haben, was sie konnten.

Am 28. März wird der Brückenkopf des II. SS-Panzerkorps ostwärts

der Stadt Raab noch gehalten. Als die 2. SS-Panzerdivision und die 6. Panzerdivision am Morgen des 29. März das Westufer der Raab erreicht haben, sind die Russen weiter südlich bei der nun eingesetzten ungarischen Gebirgsbrigade über den Fluß gegangen und im Vorstoß auf Csorna. Die 2. SS-Panzerdivision wird aus ihrer Rückzugsbewegung gegen die russischen Kräfte angesetzt, die jedoch nicht mehr über den Fluß zurückgeworfen werden können.
Der Gefechtsstand des II. SS-Panzerkorps verlegt am 31. März von Janoshazapuszta (15 km nordwestlich Raab) nach Mosonszolnak (6 km westlich Wieselburg). Das Korps des Generals der Waffen-SS Bittrich wird in die Verteidigung zwischen Neusiedler See und Donau gedrängt; das Zurückgehen der Nachbarkorps führt zum weiteren Rückzug. Am 2. April 1945 richten sich 2. SS-Panzerdivision und 6. Panzerdivision (Heer) zu einer nachhaltigen Verteidigung zwischen dem Nordrand des Neusiedler Sees und Preßburg an der Donau ein.
Teile des SS-Pz.Art.Rgt. 9 der Division „Hohenstaufen", die sich noch in der Neuaufstellung im Raum Raab-Stadt befanden, gelangen zum Teil im Eisenbahntransport, zum Teil behelfsmäßig mit Zugmitteln ausgestattet, nach Bruck an der Leitha und Prellenkirchen und kommen mit wenigen Geschützen zum Einsatz. Ihr Weg führt dann über Petronell—Fischamend entlang der Donau-Uferstraße nach Wien.
Die Verteidigung der Linie Neusiedler See—Donau und der Brucker Pforte muß bald eingestellt werden, da aus dem rechten Nachbarabschnitt — beim I. SS-Panzerkorps — die Überflügelung droht. Am 4. April stehen die Spitzen der russischen 6. Garde-Panzerarmee bei Baden im Wiener Wald, am 5. 4. bei Preßbaum, und am 6. 4. erobern sie Tulln an der Donau. Am gleichen Tage schließen von links nach rechts die 9. und 4. russische Gardearmee auf. Nördlich der Donau nähert sich die 2. Ukrainische Front Wien. Das II. SS-Panzerkorps verteidigt mit Alarmverbänden, der 2. SS-Panzerdivision, mit Resten der 3. SS-Panzerdivision (darunter die Reste des I./SS.Pz.Gr.Rgt. 24 „Danmark") und der 6. Panzerdivision die Stadt Wien.
Generaloberst der Waffen-SS Dietrich und General der Waffen-SS Bittrich beabsichtigen — trotz Führerbefehl — nicht, die offene Stadt Wien nachhaltig zu verteidigen. Am 13. April wird Wien von deutschen Truppen geräumt und von sowjetischen besetzt. Die Einheiten des II. SS-Panzerkorps ziehen sich auf das Nordufer der Donau zurück und gliedern sich in die neue deutsche Abwehrfront ein. Unter ihnen die SS-

Pz.AA 9 und die Teile des SS-Pz.Art.Rgt. 9 der Division „Hohenstaufen".

Am 5. Mai steht das II. SS-Panzerkorps mit der Führer-Grenadier-Division und Teilen der 2. SS-Panzerdivision als Nordgruppe der 6. SS-Panzerarmee im Verteidigungsabschnitt ostwärts von Stockerau. Nach Norden schließt das XXXXIII. Armeekorps der 8. Armee an. Die lange Südflanke an der Donau decken größtenteils Einheiten der 3. SS-Panzerdivision, und am Traisenfluß, südlich der Donau, schließen die Korpsgruppe Schulz (vormals Bünau) und das I. SS-Panzerkorps an. Die Artillerieteile der 9. SS-Panzerdivision werden in die Pionierkaserne von Melk verlegt und einsatzbereite Geschütze mit Pferden beweglich gemacht; von diesen Kräften gelangen noch Batterieteile mit der 2. SS-Panzerdivision in den Raum Prag und gehen mit dieser Division in die Gefangenschaft.

Die Rückzugskämpfe des II. SS-Panzerkorps werden von einem weit überlegenen Gegner diktiert. Alle Anstrengungen der 2. und 3. Ukrainischen Front richten sich auf die Einnahme von Wien. Daß Wien mit seinen unwiederbringlichen Kulturdenkmälern nicht zum Trümmerfeld wird, ist das Verdienst von Dietrich und Bittrich, die noch zuletzt den Abtransport wertvoller Kulturgüter und der Pferde der Wiener Hofreitschule auf eigenen Fahrzeugen verfügten.

Lassen wir noch Obersturmführer Steinbach zu Wort kommen, der zuletzt in verschiedenen Stabsstellungen des Generalkommandos II. SS-Panzerkorps Verwendung gefunden hat und kompetent ist, aus zahlreichen früheren Einsätzen mit General Bittrich, dem Chef des Stabes Keller und dem Korpsstab ein realistisches Bild zu vermitteln. Steinbach schreibt in einem Brief an den Verfasser am 5. 9. 1973:

„In den verworrenen Situationen der schweren Rückzugskämpfe wurde der Zusammenhalt der Truppe und die unerschütterliche Disziplin zwischen Führung und Mannschaft bis zum letzten Tage und darüber hinaus erhalten.

Die Generäle Bittrich, Dietrich und Krämer (Chef des Stabes der 6. SS-Panzerarmee) haben wirklich das Äußerste getan, um unsere Männer nicht nutzlos zu opfern. Es bleibt einer meiner nachhaltigsten Eindrücke, daß unsere Kommandierenden Generale in so einer Situation auch das Leben des kleinen Mannes im Auge hatten.

Kein Zweifel, hier hat mancher unserer SS-Generale auf eigene Faust gehandelt. Ich habe den Gewissenskampf zwischen Befehl und Gehor-

sam einerseits und zwischen Vernunft und Verantwortung andererseits im engsten Kreise miterlebt. Die von oben kommenden Befehle wurden uns immer unverständlicher, und sie waren oft undurchführbar. So waren Ortschaften zu halten, weil dort angeblich U-Boot-Teile lagerten, andere wegen Rohölvorkommen u. a. —, aber die Ortschaften waren schon längst nicht mehr in unserem Besitz — auch kam es vor, daß Brückensprengungen angeordnet wurden, die den Rückzug unserer eigenen Truppen unmöglich gemacht hätten."
Über die Entwaffnung der mit Deutschland jahrelang verbündeten ungarischen Verbände, die von der Heeresgruppe am 31. März 1945 befohlen wurde, weil ein Teil der ungarischen Armee zum Feind übergegangen war, schreibt Steinbach:
„Eine Verwirrung trat ein, als der Entwaffnungsbefehl beim Korps eintraf. In unserem Korps kämpfte die ungarische Gebirgsbrigade. Viele Offiziere kannte man durch die Kampfhandlungen der letzten Wochen im Korpsstab persönlich. Die Ungarn in unserem Bereich waren gute, ehrbare und loyale Verbände. Die Entwaffnung empfanden wir daher als ehrenrührig, sie war uns ausgesprochen peinlich.
Auf Weisung von General Bittrich wurden den ungarischen Offizieren, die in unserem Korps standen, die Faustfeuerwaffen belassen und die Verbände, so gut es ging, in den rückwärtigen Bereich abgeschoben."

Über den Kampf um Wien schreibt Steinbach:
„Daß Wien nicht völlig zerstört wurde, ist vor allen Dingen der übereinstimmenden Lagebeurteilung der im Kampfraum Österreich noch handlungsfähigen Generalkommandos zu verdanken. Der Generaloberst der Waffen SS Sepp Dietrich hat den Vortrag des Kommandierenden Generals des II. SS-Panzerkorps — Bittrich — gebilligt, und der Oberbefehlshaber der Heeresgruppe — Generaloberst Rendulic — war einverstanden. (Rendulic war nach Wöhler ab 8. 4. 1945 OB der Heeresgruppe, die gleichzeitig in ‚Ostmark' umbenannt wurde.)
Bittrich hat es nicht zugelassen, daß der von OKW für Wien bestimmte Festungskommandant, General von Bünau, dort geopfert wurde mitsamt den Truppenteilen, die sich dort einschließen lassen sollten, um dort zu stehen oder zu fallen.
Wir haben den Festungskommandanten deshalb einige Tage in unserem Korpsgefechtsstand unter Arrest gehalten. Er führte dann in den letzten Kriegstagen wieder ein Nachbarkorps des Heeres."

Im Rahmen des II. SS-Panzerkorps hatte auch die SS-Werfer-Abteilung 502 unter Führung von Hauptsturmführer Wolters, der bei einer Besprechung auf dem Abteilungsgefechtsstand an der österreichischen Grenze fiel, alle Angriffs- und Abwehrkämpfe in Ungarn und den Rückzug bis Wien mitgemacht. Nach Ausfall von Hauptsturmführer Wolters führt Obersturmführer Bogs die Reste der Abteilung, die mit der zugeführten SS-Werfer-Abteilung 503 im Raum Wien und Stockerau ihre letzten Kämpfe besteht. Von Mitte April bis zum 8. Mai 1945 ist die Abteilung wegen Munitionsmangels nur noch mit einer Werfer-Batterie unter Führung von Untersturmführer Becker eingesetzt. Eine starke Infanterie-Kampfgruppe unter Führung von Obersturmführer Labude hat an den Abwehrkämpfen bei Stockerau maßgeblichen Anteil.

DAS ENDE IN ÖSTERREICH

Die letzten Kämpfe — An der Enns — Kapitulation — Bittrichs Abschiedsansprache — Gefangenschaft

Als Mitte April die Kämpfe im Raum Radkersburg abflauen, wird die 9. SS-Panzerdivision „Hohenstaufen" dort herausgelöst und in den Raum Amstetten zur 6. SS-Panzerarmee verlegt, um gegen die von Westen nahenden Amerikaner eingesetzt zu werden.
Am 26. 4. erhält die Division den Befehl, nach Herauslösung im Landmarsch und Kettenteile im Eisenbahntransport den Raum westlich von Amstetten zu erreichen. Korps, Armee und vor allem der Gauleiter bemühen sich zwar, die Ablösung rückgängig zu machen, damit die SS-Panzerdivision „Hohenstaufen" in der Steiermark verbleiben kann, doch ohne Erfolg. Die Truppe freut sich zwar, wieder zur angestammten SS-Armee zurückkehren zu können, doch die ruhige Zeit in der Steiermark hat allen gut getan, und so nehmen die Männer nur ungern Abschied.
Am 27. 4. rollen bereits die ersten Teile in Richtung Norden. Die letzten kommen allerdings erst am 2. 5. an, weil die Eisenbahntransporte ab Mureck unterwegs dauernd Aufenthalt durch Tieffliegerangriffe

haben. Der Divisionsgefechtsstand wird in einer verlassenen Krankenanstalt in Mauer, einem kleinen Nestchen westlich von Amstetten, aufgeschlagen. Endlich stoßen auch die SS-Pz.AA 9 und die Teile des SS-Pz.Art.Rgt. 9, die den Rückzug beim II. SS-Panzerkorps mitgemacht haben, wieder zur eigenen Division. Die „Hohenstaufen" ist nun wieder vollzählig, aufgefrischt und fast voll aufgefüllt, die Stimmung ist dennoch völlig auf dem Nullpunkt. Am 30. 4. wurde der Truppe nämlich bekanntgemacht, daß Hitler gefallen ist. Bange Sorge erfaßt alle. Was wird nun kommen? Das Reich, mit soviel Opfern aufgebaut, wird nicht mehr zu halten sein. Wilde Gerüchte machen die Runde. Schon spricht man von sogenannten Widerstandskämpfern. Es ist aber nichts davon zu sehen, also nur Parolen, welche die Truppe unsicher machen sollen. Zu Dönitz haben aber alle volles Vertrauen. Nur er kann einen ehrenvollen Waffenstillstand erreichen, davon ist die Truppe überzeugt, nicht ahnend, was noch alles bevorsteht. Es ist gut so.
Am 1. 5. erhält die Division, direkt der Armee unterstellt, einen sonderbaren Auftrag. Sie soll in der allgemeinen Linie Donau — Ostufer der Enns — etwa Sand einschließlich, weiteres Vorrücken der Amerikaner verhindern. Schießereien sind dabei aber zu vermeiden, damit die schon laufenden Waffenstillstandsverhandlungen nicht gestört werden. Der Divisionskommandeur und sein Ia denken lange darüber nach, ob und wie ein solcher Befehl überhaupt ausgeführt werden kann. Wenn nicht geschossen werden darf, kann die Division demnach nur in Bereitschaft liegen, scharf beobachten und abwarten. Bei eventueller Gefahr muß verhandelt werden, selbständig und schnell.
Die Division zieht im Raum Amstetten — Enns — Steyr in eine provisorische Verteidigungsstellung. Wie aber nun mit den Amerikanern in Verbindung kommen? Es geht schneller, als man annehmen kann. Die Amerikaner schicken nämlich am nächsten Tag schon einen Parlamentär, welcher der Division von sich aus Verhandlungen anbietet. Die Divisionsführung ist damit einverstanden. Es wird für den 4. 5. 17.00 Uhr ein Termin in einer Baracke südlich der großen Brücke bei Enns vereinbart. Die Amerikaner verpflichten sich, ihre Artillerie, die ab und zu zur „Hohenstaufen" herüberschießt, ab 16.30 Uhr schweigen zu lassen. Als der Divisionskommandeur, begleitet von Obersturmbannführer Wisliceny und Sturmbannführer Schreiber

vom Regiment „Deutschland“, das der Division vorübergehend unterstellt ist, am nächsten Tag losfährt, wird das Kraftfahrzeug prompt vor der Brücke beschossen. Nach Eintreffen an der Baracke beschwert sich Generalmajor Stadler wegen der Nichteinhaltung der Schießabsprache. Die Amerikaner entschuldigen sich. Das Klima ist eisig. Der amerikanische Generalleutnant Reinhardt verlangt nun die sofortige bedingungslose Kapitulation der Division „Hohenstaufen“. Stadler antwortet, daß er als Divisionskommandeur hierzu nicht berechtigt ist und im übrigen schon Kapitulationsverhandlungen auf höherer Ebene laufen. Man möge sich noch einige Tage gedulden.
Daraufhin verlangen die Amerikaner die Zusage, die Brücken über die Enns nicht zu sprengen. Stadler erklärt, das kann er nur zusagen, wenn die Amerikaner nicht den Versuch machen, die Brücken zu erobern. Nach längerem Hin und Her bei den Amerikanern, die weder eine Zu- noch eine Absage aussprechen, trennen sich nach etwa 20 Minuten die beiden Abordnungen. Die drei SS-Führer haben aber den Eindruck, daß der Gegner vorerst nicht weiter vordringen wird, zumindest hierzu noch keinen Befehl hat. Der so eigenartige Auftrag der „Hohenstaufen“ ist so gut wie erfüllt. Es war der letzte. Am Tage vor der Kapitulation werden die von den örtlichen Stellen zur Sprengung vorbereiteten Ennsbrücken auf Befehl der Division „Hohenstaufen“ entschärft. Spät nach Kriegsende konnte man dennoch in der örtlichen Presse lesen, daß die SS die Brücke sprengen wollte, von den einheimischen Widerstandskämpfern hieran aber gehindert wurde. Was für eine armselige Lüge.
Die Verbindung zu den Amerikanern ist also hergestellt und reißt auch nicht mehr ab. Es wird von beiden Seiten nicht mehr geschossen. Stattdessen kommen aber laufend amerikanische Offiziere zur Division und erkundigen sich, ob wir schon einen Befehl zur Kapitulation haben. Am 7. 5. ist es dann soweit. Sturmbannführer Stürzbecher fährt zu den Amerikanern, um den Ablauf der Kapitulation mit dem amerikanischen Generalstabsoffizier zu besprechen. Er kommt recht deprimiert zurück und berichtet, wonach alle Anwesenden sehr niedergeschlagen sind. Die Divisions-Führungsstaffel wird am 8. 5. um 12.00 Uhr an der Ennsbrücke erwartet. Im Anschluß soll dann die Division in die Gefangenschaft marschieren.
Am 30. April 1945 erzielen die Russen und Amerikaner eine Einigung über die Demarkationslinie in Österreich, die durch die Enns gebildet

wird; bei diesen Verhandlungen wird vereinbart, daß die deutschen Truppen gegenüber dem Gegner zu kapitulieren haben, gegen den sie zuletzt gekämpft haben. Und die Masse der 6. SS-Panzerarmee steht noch den Russen gegenüber. Die 6. SS-Panzerarmee beabsichtigt nun, den Vormarsch der Amerikaner zu verzögern, um die gegen die Russen eingesetzten eigenen Kräfte über die Enns zurückzubringen.

Ab Anfang Mai 1945 drehen sich alle Überlegungen und Anordnungen der Heeresgruppe Ostmark (vorher Süd) und der untergeordneten Führungsstäbe um die Gewinnung günstiger Positionen, um bei einer nicht fernen Kapitulation soviel als möglich deutsche Soldaten über die amerikanische Linien zu bringen. Während die Masse der 6. SS-Panzerarmee gegen die Russen steht, verhindern ab 2. Mai die 9. SS-Panzerdivision das Vorgehen der 3. US-Armee (Patton) mit dem XX. Korps (Walker) über die Enns; am 5. Mai besetzt die 71. US-Inf.-Division Steyr, zu ernsten Kämpfen kommt es nicht.
Um das Absetzen der 6. SS-Panzerarmee aus der Front gegen die Russen zu ermöglichen, werden Teile der „Hohenstaufen" am 7. Mai noch einmal in die Ybbs-Linie vorgeworfen. Die pferdebespannten Geschütze der Teile des Artillerie-Regiments, die den Rückzug beim II. SS-Panzerkorps mitgemacht haben und sich in Melk sammelten, werden noch einmal artilleristisch in Feuerstellungen bei St. Peter (15 km ostwärts Steyr) eingesetzt.
Am 6. und 7. Mai erfolgen Kapitulationsverhandlungen zwischen der Heeresgruppe und der 3. US-Armee sowie zwischen Generaloberst Rendulic und dem Kommandierenden General des XX. US-Korps, Generalleutnant Walker; die Kapitulation wird angenommen, das an der Enns stehende XX. US-Korps läßt alle deutschen Truppen die Ennsbrücken bis am 8. Mai 1945, 24.00 Uhr, passieren.

Hierzu schreibt der letzte Kommandeur der Division „Hohenstaufen", Generalmajor Stadler, weiter:

„Es folgen nun für jeden die wohl traurigsten Tage. Harte Frontkämpfer, die auch schwierigste Situationen nie erschütterten, können sich ihrer Tränen nicht erwehren, als die bedingungslose Kapitulation bekannt wird. Sie brauchen sich dieser Tränen nicht zu schämen. Wir haben ja nun alles verloren. Das deutsche Reich wird total vernichtet werden. Dunkle Ahnungen steigen auf, was nun kommt.

Dennoch kann sich kein Mensch vorstellen, was wirklich mit uns geschehen wird. Daß man uns alles, aber auch alles absprechen, uns alle einfach in Bausch und Bogen zu Verbrechern stempeln und auch noch das letzte nehmen wird, das einen Menschen hochhält, seine Ehre. Furchtbarer Haß und Rache werden fortan unser Geschick bestimmen.

Am 7. 5. ergeht dann der letzte Befehl der Division an die Einheiten. Sturmbannführer Stürzbecher zeigt noch einmal sein Können als Generalstabsoffizier und fertigt einen lückenlosen Ablaufplan für den Marsch in die Gefangenschaft nach Steyr.

Gleichzeitig findet beim Divisionsstab eine letzte Besprechung statt. Die Kommandeure werden gebeten, würdige Schlußappelle abzuhalten. Die Männer sind seelisch auf die Gefangenschaft vorzubereiten. Eine tadellose soldatische Haltung, eiserne Disziplin und unverbrüchliche Kameradschaft werden auch dem Gegner Achtung abgewinnen. Es ist selbstverständlich, daß alle Truppenführer in dieser Stunde der tiefsten Schmach bei ihren Männern bleiben und nicht die Verantwortung wegwerfen und flüchten.

Waffen und Gerät müssen unbrauchbar gemacht bzw. vernichtet werden. Darunter fast die gesamten Geschütze des Artillerieregiments, und immerhin noch 35 einsatzbereite Panzer und Sturmgeschütze. Kraftfahrzeuge sollen noch gepflegt werden, damit auf dem letzten Marsch niemand ausfällt und dadurch evtl. den Russen in die Hände gerät.

Das Wirtschaftsbataillon unter der Führung von Hauptsturmführer Hammer hatte gut vorgesorgt. Die Division kann für 32 Tage Verpflegung und eiserne Rationen mit in die Gefangenschaft nehmen.

Es war der erfreulichste Punkt dieser letzten Besprechung. In tiefer Niedergeschlagenheit fahren die Kommandeure wieder zu ihren Einheiten.

Am 8. 5. marschieren nach den Schlußappellen die Einheiten zu ihren Sammlungs- und Einfädelungspunkten.

Als Divisionskommandeur spreche ich vor dem Divisionsstab letzte Worte in dem schon eben genannten Sinne und setze mich mit der Divisionsführungsstaffel an die Spitze. Kurz vor dem Treffpunkt mit den Amerikanern wird diese aus den Getreidefeldern beiderseits der Straße mit Gewehrfeuer beschossen. Hunderte von bewaffneten ehemaligen KZ-Angehörigen kommen auf die Kolonne zu und versuchen, sie mit Waffendrohung in ihr Lager abzudrehen. Die Führungsstaffel ist, abgesehen von einigen Pistolen, praktisch unbewaffnet. Es wird nicht lange, aber klar und eindeutig verhandelt, und dann einfach auf die bereits in Sicht befindliche Ennsbrücke losgefahren, obwohl sich die KZ-Insassen schon teilweise auf die Fahrzeuge schwingen.

Sturmbannführer Gatternig, der bewährte Divisionsarzt, zeigt noch einmal, wie schon oft zuvor im Einsatz, seine Kaltblütigkeit, und sorgt mit dafür, daß die Kolonne die Brücke in Steyr ohne Ausfälle und pünktlich erreicht.

Zu unserer Verblüffung haben die auf uns wartenden Amerikaner, ein Oberstleutnant, weitere Offiziere, Mannschaften und Dolmetscher, die KZ-Angehörigen sofort entwaffnet und festgenommen. Der eigenen Bitte, dafür zu sorgen, daß die unbewaffnete Hauptkolonne nicht noch einmal beschossen wird, folgt sofort ein Befehl an eine amerikanische Kompanie mit Auftrag, die Aufmarschstraßen entsprechend zu sichern.

Ich werde nun in das amerikanische Stabsquartier geleitet und dort von den Generälen und Offizieren der 71. US-Infanteriedivision und einer weiteren Division empfangen. Es herrscht lautlose Stille, als ich den Raum betrete. Plötzlich ruft ein Oberstleutnant in typisch amerikanischer Art: ‚Hallo, General Stadler', und begrüßt mich wie einen alten Bekannten. Das stimmte übrigens, wir waren tatsächlich alte Bekannte. Der amerikanische Generalstabsoffizier war während der Ardennenschlacht Gefangener der 9. SS-Panzerdivision „Hohenstaufen" und wurde nach einigen Tagen gegen zwei in amerikanischer Gefangenschaft geratene Bataillonskommandeure und etwa dreißig Männer ausgetauscht, wie das oft geschehen war.

Er erzählt, freudig gestikulierend, daß die ‚Hohenstaufen' ihn anständig behandelt und seine Verwundungen bestens gepflegt hatten. Damit ist der Bann gebrochen. Die Amerikaner aller Dienstgrade bemühen sich, mir als Divisionskommandeur diese schwerste Stunde zu erleichtern.

Als erstes wird der Lagerplatz der Division besprochen und festgelegt. Punkt zwei ist die Bewaffnung der Wachen für Lager und Divisionsstabsquartier. Nachdem alle Angehörigen der Division ihre Waffen zerstört haben, wird die Feldgendarmerie mit Gewehren und das gesamte Offizierkorps der Division mit Pistolen sofort wiederbewaffnet, damit evtl. Angriffe von außen abgewendet werden können.

Ausreichende Verpflegung wird ab 12. 5. zugesagt. Schließlich haben beide Stäbe Verbindungsoffiziere zueinander abgestellt, die eine reibungslose Zusammenarbeit sicherstellen sollen. Als Divisions-Stabsquartier wird von den Amerikanern ein Haus am Stadtrand von Steyr zugewiesen. Die erste Verhandlung ist damit abgeschlossen und hat mehr gebracht als erwartet werden konnte.

Die Amerikaner fragen unentwegt nach dem Verbleib der SS-Armee. Allem Anschein nach ist man in Sorge, daß die Russen Schwierigkeiten machen. Es folgt nun der Vorbeimarsch der Masse der Division ‚Hohenstaufen' vor mir als letzten Kommandeur und vor den staunenden Amerikanern. Die Männer wissen, worum es geht, und machen trotz aller Bitternis einen hervorragenden Eindruck. Die amerikanischen Offiziere sind tief beeindruckt von so viel soldatischer Haltung und Disziplin. Sie sprechen offen ihre Anerkennung hierüber aus und fragen immer wieder, welchen Kampfwert die Russen haben und wie es zu unserem Zusammenbruch im Osten kommen konnte bei so viel sichtbarer Einsatzbereitschaft. Es sind bittere Fragen, und ich bin froh, als ich endlich am späten Nachmittag wieder bei meinen Männern bleiben kann.

Die Einheiten biwakieren geschlossen in den ihnen zugewiesenen Räumen in Zelten und Gräben und später leider auch unter freiem Himmel. Zum Glück ist das Wetter einigermaßen erträglich.

Gleich am nächsten Tag wird, soweit als möglich, alles in Ordnung gebracht: Lagerstraßen werden angelegt, Appellplätze und nicht zuletzt natürlich Latrinen. Das war das Steckenpferd der Amerikaner. Mit dem Hinweis auf Seuchengefahr kann in den nächsten Tagen noch etliches erreicht werden.

Damit die Männer sich nicht selbst überlassen bleiben mit ihren schweren Sorgen um Heimat und Familie, wird leichter Dienst gemacht. Das heißt, ein wenig Unterricht und viel Sport und Spiel.

Den größten Kummer macht aber gar bald die Verpflegung. Erst nach zehn Tagen bekommt die Division die ersten spärlichen Rationen von der amerikanischen Armee. Inzwischen hat das Lager aber eine Verpflegungsstärke von 36 000 Mann. Da die „Hohenstaufen" aus allen Gefangenenlagern im Umkreis von dreißig Kilometern um

Steyr die Gefangenen der Waffen-SS, die auf der Flucht geschnappt wurden, zusammenholt, reicht naturgemäß nun auch die eigene Bevorratung nicht lange aus. Die Division ist mit 18 000 Mann in Gefangenschaft gegangen, und innerhalb von zwei Wochen schwillt das Lager auf fast die doppelte Zahl an, und immer kommen noch SS-Männer an, oft halb verhungert.

Auch in diesen Tagen halten sich die ‚Hohenstaufen' großartig. Wenn die Kompanie zu ihrem Dienst marschiert, natürlich mit Gesang und in untadeliger Ordnung, staunen die Amerikaner nicht schlecht und freuen sich über soviel Soldatentum. Der Kommandant von Steyr, ein Oberst W., hat die „Hohenstaufen" bald besonders in sein Herz geschlossen. Jeden Tag besucht er das Lager und freut sich, weil stets alles in Ordnung ist. Später schleppt er laufend alle möglichen Lehrgänge der Amerikaner an, damit sie die Waffen-SS bei Unterricht, Gesang, Sport und Spiel, ihre persönliche und die Sauberkeit des Lagers kennenlernen können. Die sanitären Einrichtungen sind sein besonderer Stolz. Oberst W. erlaubt auch, daß die Zugmaschinen und Lkw allmählich gegen Lebensmittel veräußert werden bzw. duldet es stillschweigend. Die Bauern machen hierbei ein Riesengeschäft. Leider sind die Erträge, z. B. ein Lastzug Kartoffeln und ein Ochse, nur ein Tropfen auf einem heißen Stein. Der Hunger bleibt fortan unser ständiger Begleiter.

Mitte Juni beginnen dann die ersten Entlassungen der Heeresangehörigen. Da die Eisenbahnen noch bei weitem nicht regelmäßig verkehren, weil noch viele Strecken und vor allem Brücken zerstört sind, kommt eines schönen Tages Oberst W. und fragt, ob die Division den Abtransport der Gefangenen übernehmen kann. Die hierfür notwendigen Transportkolonnen werden aus den restlichen Lkws kurzfristig zusammengestellt und können bereits einige Tage später die ersten Transporte in die verschiedenen Zonen fahren. In Vertretung des Nachschubführers lösen Hauptsturmführer Hahn und Obersturmführer Josefs diese Aufgabe zur vollsten Zufriedenheit der Amerikaner, und damit beginnen auch die ersten Kontakte zu den Familienangehörigen. Jede Kolonne wird deshalb mit besonderer Sehnsucht zurück erwartet. Sie kommen stets alle pünktlich wieder, trotz aller Versuchungen der Freiheit, die alle Fahrer draußen genießen, gleichgültig, ob sie nach München, Hamburg oder Köln fahren müssen. Nur ein Transport kommt nicht wieder. Er bringt entlassene Gefangene in die Ostzone mit Marschziel Berlin. Die Russen müssen die Kolonne schon vor Berlin kassiert haben, denn sie kommt dort nie an, wie später zu hören ist. Die Amerikaner stellen zwar Ermittlungen über den Verbleib des Transportes an, doch die Russen stellen sich taub und wissen von nichts. Die Transporte laufen noch einige Monate, selbst dann noch, als die Division ab Anfang Juli in das ehemalige KZ-Lager Ebensee verlegt wird. Damit wird die Division ‚Hohenstaufen' von der amerikanischen Truppe ‚ausgeliefert'.

Denn nun dürfen sich die Einheiten nicht mehr Regiment oder Bataillon nennen, sondern werden nur noch, wie in den KZ-Lagern üblich, in Hundertschaften und Blöcke eingeteilt.

Tag für Tag rollen nun die Transporte an, per Eisenbahn natürlich, denn die eigenen Fahrzeuge fahren die Gefangenen nach Hause. Zum Lagerkommandanten wird der Chef des Stabes des I. Panzerkorps, Stabsführer Stückler, berufen, der in kürzester Frist das neue Lager in Ordnung hat. Er hat seine Aufgabe mit viel Geschick gelöst.

Als ich nach einigen Wochen aus dem Lazarett, in welches ich mit meiner letzten Verwundung vor Beginn der Verlegung nach Ebensee eingeliefert werden mußte, ebenfalls dort eintreffe, umfaßt das Lager 42 000 Mann. Es ist mehr als ein trauriger Anblick, diese tapferen Soldaten nun völlig ausgehungert in einem ehemaligen KZ-Lager zu sehen. Sie sind aber dennoch nicht unterzukriegen. Das amerikanische Lagerpersonal versucht zwar mit allen Mitteln, die kameradschaftlichen Bande der ‚Hohenstaufen', vor allem zwischen Führer und Mannschaften, zu zerstören, doch vergeblich. CIC-Agenten sollen die Männer gegen ihre Führer aufwiegeln, aber ihr Bemühen ist umsonst.

Was immer bleibt, ist der Hunger. Der tägliche Verpflegungssatz liegt bei 800—1000 Kalorien pro Tag. Krankheiten nehmen rapide zu. Ob das auch zum amerikanischen Umerziehungsprogramm gehört?

Anfang Oktober wird die Division dann endgültig auseinandergerissen. Jeder kann sich zum Abtransport in seine Heimatzone melden.

Einige Tage später gehen die Transporte in die verschiedenen Zonen, ausgenommen die sowjetische, mit der Eisenbahn ab.

Eine weitere Division der Waffen-SS hat aufgehört zu bestehen. Sie wird aber in den Herzen aller ihrer Angehörigen weiterleben, solange jeder einzelne atmen kann."

Schwieriger gestaltet sich das Zurückgehen des II. SS-Panzerkorps, das am 7. 5. 1945 noch bei Stockerau steht und bis zur Demarkationslinie bei Linz über 100 km marschieren muß.
Das Absetzen des I. SS-Panzerkorps vollzieht sich ohne wesentliche Störungen durch die Russen. Das Korps gelangt über die Enns-Brücken.

Über die letzten Stunden berichtet der damalige Unterscharführer Kraßmann in der Chronik der 2./SS-Pz.Nachr.Abt. 9:

„Fast an allen Stellen der Front herrscht Waffenruhe, nur gegen die Russen wird noch gekämpft. Ratlosigkeit breitet sich aus und Ungewißheit über unsere Zukunft. Zu viele Parolen schwirren umher. Praktisch geht es danach: Wer abhauen will, der kann. So bewegen sich die Gruppen der Division in Richtung Steyr. Ein Kradmelder der Division hält am 7. Mai diese Trupps an und gibt ihnen die Weisung, in Ulmerfeld zu sammeln, da die Division morgen kapituliert.
In Ulmerfeld kommt der traurigste Befehl, der jemals gekommen ist: ‚Alle Funkgeräte und Waffen zerstören!'
Wir haben den Krieg verloren! Jeder packt seine Habseligkeiten zusammen. Alle Angehörigen der Nachrichten-Abteilung versammeln sich und werden den verbliebenen Fahrzeugen zugeteilt. Obersturmführer Escher, unser Kompaniechef, gibt die letzten Anweisungen und mahnt zur Disziplin, wenn wir bei den Amerikanern sind. Die Reste der Division ‚Hohenstaufen' fahren in die Gefangenschaft.
Dicht an dicht fahren die Fahrzeuge, von Nebenstraßen kommende Fahrzeuge reihen sich in die Kolonnen ein. Eine Rata erscheint am Himmel — irgendwo schießt eine leichte Flak ihre letzten Magazine leer. Je mehr wir uns Steyr nähern, je langsamer wird die Fahrt. Die ersten Amerikaner stehen am Straßenrand; sie kümmern sich nicht um uns und wir nicht um sie. Gegen 14.00 Uhr hat unsere Abteilung die Brücke von Steyr erreicht; wir müssen absteigen, da angeblich die Brücke die mit Soldaten vollgestopften Lastkraftwagen nicht trägt. Am Ufer der Enns sieht es trostlos aus. Fahrzeuge, die ihre Fahrer einfach die steile Böschung hinabrollen ließen, liegen in der Enns. Einige Funkwagen und das Funkmeisterfahrzeug passieren die Brücke und wir marschieren hinterher. Wir dürfen auch nicht mehr aufsteigen.
Wir marschieren über die staubige Landstraße und biegen dann in ein Kornfeld ab, das schon von vielen Soldatenstiefeln niedergetreten ist.

Hier sollen wir bleiben, und hier bauen wir einheitsweise unsere Zelte auf."

Das Generalkommando II. SS-Panzerkorps führt indessen die unter seinem Befehl stehende Führer-Grenadierdivision, andere Heeresteile und die letzten Teile der 2. SS-Panzerdivision über 100 km nördlich der Donau zurück. Die mit der Donausicherung betrauten Einheiten der 3. SS-Panzerdivision schließen sich abschnittsweise an; Teile dieser Division leisten jedoch bei Linz den Amerikanern Widerstand; das Mißfallen der Amerikaner und die damit verbundene spätere Behandlung der Männer der Division gehen darauf zurück. Der Rückzug wird von den Russen nicht gestört, jedoch erreicht die Masse infolge des weiten Marschweges erst am 9. Mai 1945 die amerikanische Linie.

Am 8. Mai 1945 hält der Kommandierende General des II. SS-Panzerkorps, General der Waffen-SS Wilhelm Bittrich, vor den Führern und Soldaten seines Gefechtsstabes, der Korpssicherungs-Kompanie und der Heeres-Korps-Nachrichtenabteilung 400, die immer dem Korpsstab zugeteilt war, ostwärts von Linz seine letzte Ansprache:

„Meine Kameraden!

Wir stehen an diesem trostlosesten Tage für Soldaten — Kapitulation auf höchsten Befehl — und sehen uns zum Abschied noch einmal in die Augen. So niederdrückend unsere innere Welt auch sein mag, wir haben diese Pflicht zu erfüllen.

Unser aller Wege führen in eine ungewisse Zukunft. Das bittere Los der Gefangenschaft — wenn nicht auch Verbannung — stehen uns bevor. Ich habe mit allen Mitteln versucht, die Masse des Korps den Amerikanern zuzuführen. Das war möglich, als Teile des Korps auch im Kampf gegen die Amerikaner bei Linz eingesetzt waren.

Ich danke Ihnen für Ihren kämpferischen Einsatz, für Ihre Treue, für Ihre bewundernswerte Disziplin, die ich Sie bitte, auch auf dem vor uns liegenden Weg durch das Dunkel zu beweisen.

Viele lange Jahre — Jahrzehnte — wird unsere Nationalhymne nicht mehr für unsere Ohren erklingen; das Wort Deutschland, Vaterland, in kommenden Zeiten nicht mehr ausgesprochen werden. Aber in der Welt unserer Herzen muß es als ein Heiligtum für kommende Generationen, denen Gott ein besseres Schicksal und die Freiheit schenken möge, seine Bedeutung behalten.

Es lebe Deutschland unser Vaterland!"

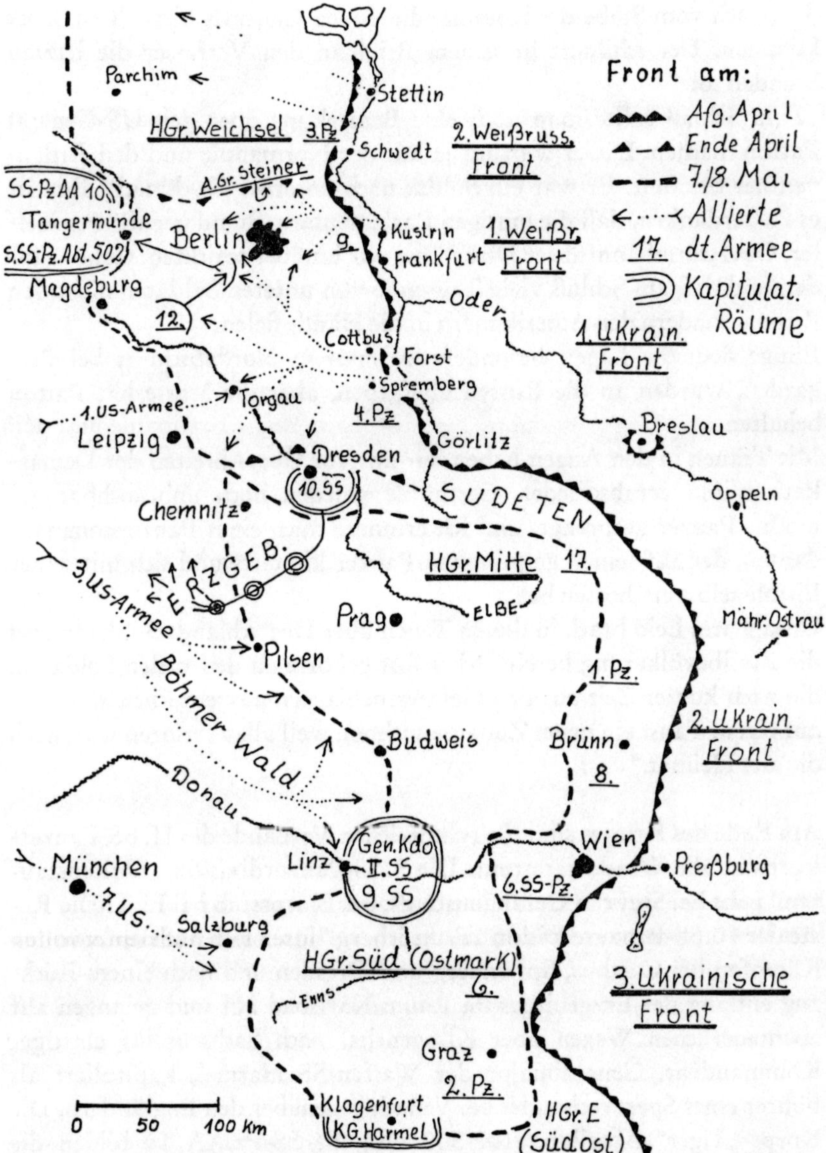

Das Ende der Verbände des II. SS-Panzerkorps am 8. Mai 1945

Das Generalkommando II. SS-Panzerkorps hat damit aufgehört zu bestehen. Lassen wir noch einmal den damaligen Obersturmführer Steinbach vom Stabe des Kommandierenden Generals Bittrich zu Wort kommen. Der schildert in seinem Brief an den Verfasser die letzten Stunden so:

„Zum Schluß sollte man noch eine Bemerkung über den US-General Patton machen. Dieser war uns ja aus der Normandie und den Ardennen her bekannt. Er war ein Soldat nach unserem Geschmack. Ihm ist es zu verdanken, daß die mutigen Parlamentäre (Standartenführer Keller, Obersturmbannführer Dirks), die wir hinüber schickten, Gehör fanden und daß am Schluß viele Tausende von unseren Soldaten nicht den Russen, sondern den Amerikanern in die Hände fielen.

Einige deutsche Lager, besonders in unserem Nordabschnitt bei Pregarden, wurden an die Russen übergeben, aber die Masse hat Patton behalten.

Mit Tränen in den Augen haben wir uns vor Überschreiten der Demarkationslinie verabschiedet. Geschütze wurden noch unbrauchbar gemacht, Panzer gesprengt, und ich erinnere mich eines Panzerkommandanten, der auf seinen gesprengten Panzer kletterte und sich mit seiner Pistole selbst erschossen hat.

Unsagbares Leid brach in diesen Tagen über Deutschlands Soldaten und die Zivilbevölkerung herein. Ich selbst gehörte zu den vielen Soldaten, die nach kurzer Zeit aus den Gefangenenlagern ausgebrochen sind und auf eigene Faust ein neues Zuhause suchten, weil alles verloren war, auch die alte Heimat."

Am Ende des Krieges sind die ruhmreichen Verbände des II. SS-Panzerkorps in alle Winde zerstreut. Die 9. SS-Panzerdivision „Hohenstaufen" geht bei Steyr in Gefangenschaft, der Korpsstab bei Linz. Die Reste der 10. SS-Panzerdivision „Frundsberg" lösen sich nach opfervollen Kämpfen bei Cottbus, Spremberg und Dresden und nach einem Rückzug entlang des Erzgebirges im Raum Karlsbad auf und gelangen auf abenteuerlichen Wegen über Klingenthal nach Sachsen; ihr einstiger Kommandeur, Generalmajor der Waffen-SS Harmel, kapituliert als Führer eines Sperrverbandes bei Villach gegenüber den Engländern. Die Korps-„Tiger"-Abteilung 102/502 und die SS-Pz.AA 10 bilden die Spitze der 9. Armee beim Ausbruch aus dem Kessel von Halbe und gehen bei Tangermünde an der Elbe in amerikanische Gefangenschaft.

Der ehemalige Unterscharführer Kraßmann von der 2./SS-Pz.Nachr.-Abt. 9 schreibt in seiner Kompaniechronik:
„Wir liegen bei brennender Sonne im Kornfeld bei Steyr, warten auf die Dinge, die da kommen sollen. Zunächst kommt die Anordnung, daß die Hoheitsadler und SS-Spiegel an den Uniformen zu entfernen sind. Gegrüßt wird nun durch Handanlegen an die Mütze. Das Leben wird immer trostloser, der Hunger schwingt sein Zepter. Die Wehrmachtsangehörigen werden abtransportiert, wir müssen noch bleiben. Parolen gehen um, daß alle Waffen-SS-Angehörigen 25 Jahre Zwangsarbeit erhalten sollen.
Nach einigen Wochen verlegt die Nachrichten-Abteilung ihr Feldlager in einen kleinen Wald, der von Heeresangehörigen — die ins Reich kamen — geräumt wurde. Sie hinterließen einige Küchengeräte und etwas Verpflegung. Wir hungern, wir suchen Sauerampfer und Brennesseln, um unsere klägliche Nahrung zu verlängern. Auf einem nahen Feld werden immer wieder die Erbsen geklaut, die die Bauern in die Erde bringen.
Am 27. Juli werden wir endlich abtransportiert, unsere letzten Funkwagen bleiben zurück. Mit der Eisenbahn — eingeteilt in Hundertschaften — erreichen wir das Lager Ebensee.
Im Oktober werden wir in fünf Gruppen eingeteilt, je nach den Besatzungszonen, in denen die Heimatorte liegen. Damit geht der bis dahin gewahrte Zusammenhang unserer Einheit verloren. Ich komme ins Lager Nieder-Roden, südlich von Frankfurt, und werde dort im August 1946 in die Freiheit entlassen."

Möge dieses Buch dazu beitragen, daß auch künftige Generationen die 9. SS-Panzerdivision „Hohenstaufen" und ihre große Zeit in Angriff, Verteidigung und Rückzug, in welchen sie mit höchstem persönlichem Einsatz für das deutsche Vaterland gekämpft und gelitten hat, in objektiver Rückschau kennenlernen.
Der Gegner hat bereits frühzeitig damit begonnen.
So hat der vorhin schon genannte Oberst W., inzwischen natürlich General geworden, dem Divisionskommandeur schon im Jahre 1949 durch einen bekannten Arzt und später, letztmalig im Jahre 1964, durch Offiziere der Bundeswehr, welche im Auftrag der NATO im Pentagon arbeiteten, für die Männer der Division „Hohenstaufen" Grüße bestellen lassen. Er erzählte den Offizieren immer wieder vom

tapferen Einsatz und Kampf der „Hohenstaufen“ in der Ardennenschlacht. Von ihrer großartigen soldatischen Haltung, der eisernen Disziplin und der einmaligen Kameradschaft, welche er und seine Kameraden in unmittelbarer Nähe dieser Division der Waffen-SS in Steyr erlebte.
Und wenn heute im Pentagon, nach Erzählungen der genannten Offiziere, auch Bilder von der Waffen-SS angebracht sind, dann haben die Männer der „Hohenstaufen“ in hohem Maße dazu beigetragen.
Der Divisionskommandeur möchte nicht versäumen, wenn auch reichlich verspätet, bei dieser Gelegenheit allen Kameraden die Grüße von Oberst W. zu übermitteln und ist stolz darauf, der letzte Kommandeur der 9. SS-Panzerdivision „Hohenstaufen“ gewesen zu sein.
Karl Otto Hoffmann schreibt in seinem Buch über die Luftnachrichtentruppe der Deutschen Wehrmacht: „Ein Wort sei auch erlaubt über das Verhältnis der Luftwaffensoldaten zu ihren Kameraden von der Waffen-SS. Während des gesamten Zweiten Weltkrieges gab es viele Berührungspunkte mit der Waffen-SS. Dabei konnte immer wieder die Feststellung gemacht werden, daß diese Truppe in ihrer Härte, ihrer Tapferkeit aber auch in ihrer Kameradschaftlichkeit von keiner anderen Truppe überboten wurde. Die Zusammenarbeit mit ihr war immer hervorragend gut, ihre Offiziere brachten den Aufgaben der Luftnachrichtentruppe großes Verständnis entgegen. Ihre Soldaten bewiesen, daß ihr Gefühl für Kameradschaft nicht nur der grauen Uniform mit den schwarzen Spiegeln und dem Totenkopf galt, sondern auch unumschränkt allen Soldaten des Heeres, der Luftwaffe und der Kriegsmarine
In den beiden letzten Kriegsjahren wurden viele Luftnachrichten-Soldaten im Zuge der Abgabe an die kämpfende Truppe zur Waffen-SS versetzt. Sie fanden dort die gleiche Aufnahme wie die Freiwilligen und Wehrpflichtigen der eigenen Truppe und reihten sich auch entschlossen und tapfer ein. Allerdings mußten die so eingereihten Soldaten nach der Kapitulation auch die üble Behandlung der Stamm-Waffen-SS nicht nur durch die Siegermächte erfahren. Der Luftnachrichtentruppe wird die auf dem Schlachtfeld erhärtete Kameradschaft der Waffen-SS unvergessen bleiben*.“

* Karl Otto Hoffmann, „Die Geschichte der Luftnachrichtentruppe“, Kurt Vowinckel Verlag, Neckargemünd 1968, Seite 339.

Im Jahre 1946 öffnen sich die alliierten Gefangenlager. Die ersten Ehemaligen der Waffen-SS kommen in ihre Heimatorte zurück. Sie beteiligen sich mit ganzer Kraft am Wiederaufbau ihres zerstörten Vaterlandes. Sie empfinden es als eine Gnade, heimkehren zu dürfen; unzählige ihrer Kameraden fanden im Osten und Westen, im Süden und Norden Europas ihre letzte Ruhestätte. Ihre Gebeine sind Staub geworden, aber ihre Tugenden, aus denen sie lebten und starben, bleiben in den Überlebenden lebendig bis an das Ende auch ihrer Tage.

JAHRE DANACH

Das Vermächtnis Guggenbergers — Dr. med. Runge besucht die alten Kampfstätten

Seit dem Ende des Zweiten Weltkrieges sind viele Jahre vergangen. Das Rad der Geschichte hat sich weitergedreht. Einstige Gegner sind Freunde geworden. Aus Vergangenheit und Gegenwart wurden Schlüsse gezogen, die in die Zukunft weisen.

Geblieben ist die Erinnerung an eine schwere Zeit. Soldaten sind niemals aus der Pflicht entlassen, für jene einzutreten, die an ihrer Seite im Kampf gefallen sind, die in den Gefangenenlagern zu Tode kamen und die nach dem Kriege gestorben sind. Sie sind nicht aus der Pflicht entbunden, nach den Vermißten zu forschen, um deren Angehörigen Gewißheit zu bringen.

Von dieser letzten Kameradenpflicht lesen wir in einem Brief des ehemaligen Unterscharführers Guggenberger vom I. Bataillon des SS-Panzergrenadierregiments 21 der Division „Frundsberg" an die Angehörigen seines vermißten Kameraden Willi Schielke:

„Den 20. Januar 1971

Liebe Familie Schielke!

Vor allem bitte ich Sie um Entschuldigung, daß ich erst heute auf Ihr Schreiben antworte, aber dies hat zwei Gründe. Ich wollte Sie in Offenbach besuchen, um einen persönlichen Kontakt herzustellen, aber leider war es mir bei meiner Deutschlandreise zeitmäßig nicht möglich,

nach Offenbach zu kommen. Ich habe versucht, Sie von Stuttgart aus telefonisch zu erreichen, konnte jedoch trotz Anfrage bei der Auskunft Ihre Telefonnummer nicht ermitteln. Zweitens habe ich mich bemüht, den damaligen Kompaniechef, einen Österreicher, ausfindig zu machen und hier leider auch mit negativem Erfolg.
Nun zum Februar 1945. Wir lagen auf einem Gutshof in der Nähe von Pommern, ich im Kompaniegefechtsstand und Willi in Stellung bei den Zügen. Dadurch hatten wir wenig Kontakt. Wir waren Kameraden und kannten uns schon aus der Zeit, wo wir noch im Westen im Einsatz waren. Unser Gesprächsthema war, wie es unter allen Soldaten der Welt üblich ist, der Alltag, der Krieg und die Vergnügungen, die uns jungen Angehörigen einer Kriegsgeneration vorenthalten blieben. Über das Zuhause und die Eltern haben wir eigentlich nie direkt gesprochen. Ich wußte nur, daß Willi Schüler war, aus Rumänien kam und wir beide dem Jahrgang 1927 angehörten. Viele Kameraden hat man nach 25 Jahren vergessen und die Namen sind einem heute entfallen. Willi konnte ich nie vergessen, und ich habe auch meinen, heute bereits erwachsenen Kindern von ihm erzählt. Es war daher für sie genauso erschütternd wie für mich, daß ich nach 25 Jahren das Schicksal dieses Kameraden klären konnte, oder besser ausgedrückt, mußte.
Ich war damals mit einem Steckschuß im rechten Schienbein auf dem Hauptverbandplatz in Stargard operiert worden und sollte in ein Lazarett kommen. Um nicht von meinen Kameraden getrennt zu werden, ging ich bei Nacht und Nebel durch und kam zu meiner Einheit. Hier tat ich im Kompaniegefechtsstand Dienst.
Es war Anfang März 1945, wir waren bereits von den Russen eingeschlossen, da beauftragte mich der Kompaniechef, Obersturmführer Stadler, die Züge zu verständigen, daß wir uns in einer Stunde absetzen und nach Westen ausbrechen. In diesem Augenblick kam Willi in den Gefechtstand (den Grund weiß ich heute nicht mehr) und sagte, als er von meinem Auftrag hörte: ‚Die Züge liegen auf freiem, eingesehenem Felde und Kurt hat mit seinem Bein keine Chance durchzukommen, ich gehe für ihn, ich schaffe es sicher!‘ Willi ging für mich und kam nicht mehr zurück. Kameraden erzählten mir später, daß der Melder, der den Absetzbefehl überbrachte, gefallen sei. Mich hat kein Kameradenschicksal so getroffen wie dieser Opfergang, der eigentlich mir bestimmt war. Es sind keine leeren Worte, wenn ich versichere, daß mit Willi ein Stück von mir in dieser einstmals deutschen Erde geblieben ist.

Beim Durchbruch ist es nur einem kleinen Teil unserer Einheit gelungen, die Oder zu erreichen. Der Großteil ist gefallen oder in Gefangenschaft geraten. Da dieses Gebiet nicht mehr zurückgewonnen wurde, ist über ihr Schicksal nichts bekannt, noch wissen wir, wo unsere toten Kameraden bestattet wurden. Ich bin sicher, daß aus diesem Grunde viele Kameradenschicksale ungeklärt geblieben sind.

Auch Sie haben damals keine amtliche Todeserklärung bekommen, und vielleicht war es barmherzig, erst 25 Jahre später, als die ärgsten Wunden vernarbt waren, Gewißheit über Willis Schicksal zu bekommen. Für mich ist es eine traurige Pflicht, die ich erfüllen muß. Seien Sie gewiß, daß Willi auch in meiner Erinnerung und in meinem Herzen weiterlebt. Ich konnte ihm weder danken, noch meine letzte Kameradenpflicht erfüllen, ich kann Ihnen auch keine Worte des Trostes geben, bitte Sie jedoch, mir zu erlauben, dieses: ‚Ich danke Dir, Willi, für eine Kameradschaft, der Du das Höchste, das Leben, geweiht hast!' seiner schwergeprüften Mutter aussprechen zu dürfen.

Ich verbleibe immer in Ihrer Schuld

als Ihr ergebener Kurt Guggenberger."

*

Am 19. Juli 1944 vollbringt der Truppenarzt der SS-Panzer-Nachrichten-Abteilung 9 der Division „Hohenstaufen" an der Invasionsfront seine friedlichste Tat während des Zweiten Weltkrieges. 29 Jahre später fährt Dr. med Bernhard Runge nach Frankreich, um die einstigen Kampfstätten aufzusuchen, und was er dort findet, ist Freundschaft und Dankbarkeit. Europa nimmt in den Herzen der einfachen Menschen Gestalt an. Vergangenheit und Gegenwart werden im Brief Doktor Runges an Bernard Gosselin, einen normannischen Bauern, lebendig:

„Mein lieber Bernard!

Demnächst jährt sich wieder der Tag, an dem Ihr Vater in höchster Sorge zu uns deutschen Soldaten gelaufen kam, um für seine Frau Hilfe zu erbitten, weil sich keine französischen Ärzte oder Hebammen mehr im Kampfgebiet befanden. Es wurde meine friedlichste Tat während des ganzen Krieges und gehört zu meinen schönsten Erinnerungen, als ich Sie Ihren Eltern präsentieren durfte, wie Sie gesund und fröhlich krähten. Ich benutze also diesen Tag, um Ihnen herzlich zu gratulieren und Ihnen und Ihrer Frau für die Zukunft meine guten Wünsche auszusprechen.

Als ich mich im vorigen Jahr endlich aufmachte, um Culey-le-Patry und die Familie zu suchen, wo ich vor fast drei Jahrzehnten dieses schönste Kriegserlebnis hatte, war ich überwältigt von dem herzlichen und geradezu liebevollen Empfang, den Sie alle mir bereiteten. Nie in meinem Leben werde ich Ihr erstauntes Gesicht vergessen, als ich Sie bei der Arbeit auf dem Acker überraschte und Ihnen mitteilte, warum ich Sie suchte. Zu meinen nachhaltigen Eindrücken gehört aber auch das langsame und dann so herzliche, freudige Wiedererkennen in den Augen Ihrer verehrten Frau Mutter, als Sie mich zu ihr brachten. Wir waren beide für Minuten sprachlos, und gerade dieses Schweigen drückte so viel Unsagbares aus. Überwältigt war ich von dem Anblick Ihres kranken Vaters, von dem man ja nicht wissen kann, ob ich ihm noch einmal begegnen werde. Auch seine Augen drückten mehr aus, als sich mit Worten hätte sagen lassen. Und dann der Trubel, den Sie mit mir für den Rest des Tages veranstalteten, mit den Besuchen bei Ihren Verwandten und Nachbarn, denen allen die Geschichte Ihres Erscheinens in dieser Welt restlos geläufig war und die sich so wohltuend herzlich freuten, jenen deutschen Doktor begrüßen zu können, von dem im Familienkreis zweifellos bei jeder passenden Gelegenheit erzählt worden war. Es war für mich ein überwältigendes Erlebnis, für das ich nächst dem Herrgott Ihnen allen unsagbar dankbar bin.

Ich habe über diesen Besuch allen meinen Freunden zu wiederholten Malen mit allen Einzelheiten und in immer neuer Begeisterung erzählt. Für mich wird das alles unvergeßlich sein, angefangen von der ersten Frage an jene junge Frau im Kaffee gegenüber der Kirche, ob sie wohl einen Monsieur Bernard kenne, der im Juli 1944 geboren wurde, bis zum letzten Besuch bei Ihrem Bürgermeister, der ebenfalls nicht versäumen wollte, den seltsamen Gast zu begrüßen.

In einer unbeschreiblichen Stimmung und menschlicher Ergriffenheit fuhr ich dann nach Norden auf den großen deutschen Soldatenfriedhof La Cambe, dessen Lage Sie mir geschildert hatten. In tiefer Besinnlichkeit verbrachte ich dort mehr als drei Stunden, zwischen den Gräberreihen umherwandernd. Hunderte von Namen und Geburtsdaten der jungen Männer unserer Division erinnerten mich an das grausige Geschehen der harten Invasionskämpfe. Auf einer Steintafel der im Sokkel der gewaltigen Anlage aufgestellten symbolischen Trauergruppe las ich den Namens eines meiner liebsten und besten Offizierskameraden. Den Abend verbrachte ich auf einem Campingplatz unmittelbar hinter der ‚Utah Beach', wo mir als erste ein junges Ehepaar aus Wien über den Weg lief. Der Mann hatte das Grab seines bei Caen gefallenen Vaters gesucht und gefunden und wollte sich nun selber eine Vorstellung von den Kämpfen verschaffen, die sich dort abgespielt haben. Bei unserem langen Gespräch kam mir mein Zeltnachbar zu Hilfe, ein etwa mir gleichaltriger Ingenieur aus Rouen, der das Geschehen an der Invasionsfront von der anderen Seite, nämlich von Bord eines französischen Zerstörers, miterlebt hatte. Tags darauf ging ich, wie Sie wissen, in Cherbourg an Bord eines Schiffes, zu meinem geplanten Ausflug nach Irland.

Meine Gefühle waren noch immer zutiefst aufgewühlt: Trauer und Niedergeschlagenheit ob der Schrecken und der Sinnlosigkeit eines grausamen Krieges, andererseits unbeschreiblich freudige Ergriffenheit von dem zutiefst menschlich erhebenden Erlebnis des Vortages mit Ihnen und Ihrer Familie, der Erinnerung an das mir wertvollste und köstlichste Geschenk, das die Schöpfung einem Arzt im Kriege zuteil werden lassen kann. Wie nie zuvor empfand ich den tiefen Sinn des Wortes vom Sterben und Werden.

Als ich langsam in der Kolonne die Rampe zum Fährschiff emporfuhr, wurde meine Aufmerksamkeit vom lauten Rufen und eifrigen Winken eines Herrn hinter dem Absperrzaun erregt. Es war der franzözische Kamerad vom Vorabend, der Zerstörermann. Die Träne, die ich mir beim Ablegen des Schiffes heimlich aus den Augen wischte, war von der Freude der Erleichterung, vom Dank an das Schicksal und vom Wissen darum geflossen, daß zwischenmenschliche Beziehungen stärker sind als vorübergehende machtpolitische Konstellationen und ihre überholt sein sollenden bösartigen Folgen. Ich war vom Sieg des Guten in der Natur überzeugt und mit dem Prinzip der Schöpfung einig wie kaum je zuvor. Ihnen, mein lieber Bernard, und Ihrer verehrten Frau Mutter werde ich das zeit meines Lebens danken.

Mit allerherzlichsten Grüßen an Sie alle

stets Ihr gez: Dr. Bernhard Runge"

NACHWORT UND DANK DES VERFASSERS

In mehrjähriger Arbeit ist das vorliegende Buch als Gemeinschaftswerk entstanden.
Es können nicht alle Helfer, Ratgeber, Informanten und Mitarbeiter namentlich aufgezählt werden. Mein Dank gilt allen, die in zahlreichen Gesprächen, Briefen und Berichten das Buch zur erlebten Geschichte werden ließen.
Ein besonderer Dank gilt Herrn Archivrat Meyer vom Bundesarchiv-Militärarchiv Freiburg, der mir mit größter Sachkenntnis stets hilfsbereit zur Seite stand und mir alle einschlägigen Dokumente des Archivs zugänglich machte.

gez. Wilhelm Tieke

ANHANG

Feldpostnummernverzeichnis des Generalkommandos II. SS-Panzerkorps und der Korpstruppen

Korpsstab	12200 A
Kartenstelle und Kriegsberichter	12200 B
Feldgendarmerie-Kompanie	59690
Sicherungs-Kompanie 102	48759
Stab Artillerie-Kommandeur	14513
gemischte Flak-Kompanie 102	23871
Feldpostamt 102	22620
Schwere SS-Artillerie-Abteilung 502	
Stab und Stabs-Kompanie	20079 A
1.—4. Batterie mit Zusatzbuchstaben	20079 B—E
schwere Beobachtungs-Batterie	46253
Schwere SS-Panzerabteilung 102/502	
Stab und Stabs-Kompanie	56085
1. Kompanie	13693
2. Kompanie 12748, dann	02707
3. Kompanie	12764
Versorgungs-Kompanie	44546
Werkstatt-Kompanie	58263
SS-Werfer-Abteilung 102/502	
Stab und Stabs-Kompanie	00004 A
1.—4. Batterie mit Zusatzbuchstaben	00004 B—E
Korpsnachrichten-Abteilung 400/Nachrichten-Abteilung 51 (Heer)	
Stab	32434
1. Kompanie	33226
2. Kompanie	34073
3. Kompanie	35920
4. Kompanie	00224
Kolonne	36135
Korpsnachschubtruppen	
Stab und Stabs-Kompanie	15621
1. kleine Kraftwagen-Kolonne	17028
2. kleine Kraftwagen-Kolonne	18445
3. große Betriebsstoff-Kolonne	19160
1. Kraftwagen-Kompanie 102	12200 C
2. Kraftwagen-Kompanie 102	12200 D
3. Kraftwagen-Kompanie 102	12200 E
Werkstatt-Kompanie (WK-Zug 20805)	12200 F

SS-Sanitäts-Abteilung 102/502	
1. Sanitäts-Kompanie	01082
2. Sanitäts-Kompanie	02996
1. Krankenkraftwagen-Zug	02628
2. Krankenkraftwagen-Zug	03014
Krankentransport-Kompanie (später zusammengefaßt)	03014
Bakt.-Zug	03014
Kolonne	02996
Feldlazarett 502	01593
SS-Feld-Ersatz-Brigade 102, Stab für FEB 9 und 10	65629

Feldpostnummernverzeichnis der 9. SS-Panzerdivision „Hohenstaufen"

Divisionsstab	20046
Kriegsberichter-Kompanie	20046 A
Begleitkompanie 20046 B, ab August 1943	26584
Artillerie-Meß-Batterie, bis Dezember 1943	57933
Schwere Beobachtungs-Batterie 9, ab August 1944	57933
Feldgendarmerie-Kompanie (Trupp), ab Mai 1943	22938
Feld-Ersatz-Bataillon	56136
SS-Panzergrenadierregiment 19 (1), Stab und Stabs-Kompanie	21770
I. Bataillon 1.—4. Kompanie (mit Zusätzen A—D)	23295
II. Bataillon 5.—8. Kompanie	23940
ab Oktober 1944	67998
III. Bataillon 9.—12. Kompanie	24111
13. IG-Kompanie	23324
14. Fla-Kompanie	24489
15. Kradschützen-Kompanie	24005
16. Pionier-Kompanie	24337
SS-Panzergrenadierregiment 20 (2), Stab und Stabskompanie	20340
I. Bataillon 1.—4. Kompanie (mit Zusätzen A—D)	25122
II. Bataillon 5.—8. Kompanie	25405
III. Bataillon 9.—12. Kompanie	23474
13. IG-Kompanie	21247
14. Fla-Kompanie	22535
15. Kradschützen-Kompanie	21991
16. Pionier-Kompanie	24297
SS-Panzerregiment 9, Stab und Stabs-Kompanie	21118
I. Abteilung („Panther") 1.—4. Kompanie	21815
II. Abteilung (Panzer III und IV und Sturmgeschütze)	
5.—8. Kompanie	22336
Pionier-Kompanie (gep.) bis März 1944	20183
Werkstatt-Kompanie	22490

SS-Panzerartillerieregiment 9, Stab (A) und Stabsbatterie (B)	24537
Schwere Beobachtungs-Batterie 104 und Meßbatterie 504 ab September 1944	57933
Fla-Züge ab März 1944	24537 C
I. Abteilung (Sfl) mit 3 Batterien	20488
II. Abteilung mit 3 Batterien	21339
III. Abteilung mit 3 Batterien	22728
IV. Abteilung	21419
SS-Panzerpionierbataillon 9, Stab, 3 Kompanien und leichte Pionier-Kolonne (A—E)	21649
SS-Sturmgeschützabteilung 9 bis März 1944	23565
SS-Panzerjägerabteilung 9 ab März 1944	21144
SS-Flak-Abteilung 9	20565
SS-Panzer-Aufklärungsabteilung 9 ab August 1943 (das Kradschützen-Regiment wurde aufgelöst)	25218
SS-Nachrichten-Abteilung 9	24742
SS-Instandsetzungs-Abteilung 9	21520
SS-Wirtschafts-Bataillon 9	
Stab bis August 1943 24889, danach	12402 A
Bäcker-Kompanie bis August 1943 24889 B, danach	12402 B
Schlächter-Kompanie bis August 1943 24889 C, danach	12402 C
Verwaltungskompanie	12402 D
SS-Divisions-Nachschubtruppen 9, Stab	20636
1. Kraftfahr-Kompanie ab Ende 1942	22093
2. Kraftfahr-Kompanie ab 1. 1. 1943	23648
3. Kraftfahr-Kompanie ab 1. 1. 1943	22806
4. Kraftfahr-Kompanie ab März 1943	23083
5. große Kraftwagen-Kolonne Ende 1942 bis Februar 1945	20856
6. große Kraftwagen-Kolonne	24908
7. große Kraftwagen-Kolonne	22157
8. große Kraftwagen-Kolonne bis Oktober 1944	25096
9. große Kraftwagen-Kolonne	25341
Nachschub-Kompanie	23793
SS-Sanitäts-Abteilung 9, Stab	23176
1. Sanitäts-Kompanie	57254
2. Sanitäts-Kompanie	58606
Feldlazarett Juni—November 1944	45148
1. Kranken-Kraftwagenzug	23176 E
2. Kranken-Kraftwagenzug	23176 F
3. Kranken-Kraftwagenzug	23176 G
SS-Feldpostamt 9 bis August 1944	23849
SS-Ausbildungs-Bataillon 9 ab Juli 1944 (Standort: Stralsund)	30868

Feldpostnummernverzeichnis der 10. SS-Panzerdivision „Frundsberg“

Divisionsstab mit Sicherungs-Kompanie und Kriegsberichter-Zug	21003
Feldgendarmeriezug, später Kompanie 10	26817
Feldpostamt 10	26310
Feld-Ersatzbataillon 10 (Stab und 1.—5. Kompanie mit Zusatzbuchstaben)	57815
SS-Panzergrenadierregiment 21, Stab und Stabs-Kompanie	27001
I. Bataillon, Stab und 1.—4. Kompanie (mit Zusätzen A—D)	25685
II. Bataillon, Stab und 5.—8. Kompanie (wie oben)	26966
III. Bataillon, Stab und 9.—12. Kompanie (wie oben)	28227
13. IG-Kompanie	28683
14. Fla-Kompanie	27121
15. Kradschützen-Kompanie (im Sommer 1943 aufgelöst)	29562
16. Pionier-Kompanie	28829
SS-Panzergrenadierregiment 22, Stab und Stabs-Kompanie	25706
I. Bataillon, Stab u. 1.—4. Kompanie (mit Zusätzen A—D)	29638
II. Bataillon, Stab und 5.—8. Kompanie (wie oben)	28588
III. Bataillon, Stab und 9.—12. Kompanie (wie oben)	28383
13. IG-Kompanie	26549
14. Fla-Kompanie	29708
16. Pionier-Kompanie	29899
SS-Panzerregiment 10, Stab und Stabs-Kompanie	25520
I. Abteilung, Stab u. 1.—4. Kompanie (mit Zusätzen A—E)	27732
II. Abteilung, Stab und 5.—8. Kompanie (wie oben)	26006
Panzer-Pionierkompanie (gep.) bis März 1944	26427
Werkstatt-Kompanie	28113
SS-Panzerartillerieregiment 10, Stab und Stabskompanie	26606
I. Abteilung, Stab u. 1.—3. Batterie (mit Zusätzen A—E)	27311
II. Abteilung, Stab und 4.—6. Batterie (wie oben)	25836
III. Abteilung, Stab und 7.—9. Batterie (wie oben)	22513
IV. Abteilung, Stab und 10.—12. Batterie (nur zeitweilig)	29135
SS-Panzeraufklärungsabteilung 10 (August 1943 aus dem II. Bataillon des Kradschützen-Regiments 10 hervorgegangen)	
Stab und 1.—4. Kompanie (mit Zusätzen A—E)	29022
SS-Panzerjägerabteilung 10 (ab Juli 1944)	
Stab und 1.—4. Kompanie (mit Zusätzen A—E)	07862
SS-Panzer-Nachrichtenabteilung 10	
Stab und 1. und 2. Kompanie (A—C)	45215
SS-Panzer-Flakabteilung 10, Stab und 4 Batterien (A—E)	27480

SS-Panzer-Pionierbataillon 10, Stab, 3 Kompanien und leichte Pionierkolonne (A—E)	28028
SS-Instandsetzungsabteilung 10	26218
SS-Wirtschaftsbataillon 10 Stab mit Verwaltungskompanie, Schlächter- und Bäckerkompanie (mit Zusätzen A—C)	27654
SS-Divisions-Nachschubtruppen 10, Stab	25920
1. Kraftwagen-Kompanie	26751
2. Kraftwagen-Kompanie	20798
3. Kraftwagen-Kompanie	29205
4. Kraftwagen-Kompanie (4. kleine Kraftwagen-Kolonne)	26177
5. Kraftwagen-Kompanie (5. große Kraftwagen-Kolonne)	28499
6. große Kraftwagen-Kolonne für Betriebsstoff	27510
7. große Kraftwagen-Kolonne für Betriebsstoff	23363
8. große Kraftwagen-Kolonne	24045
9. große Kraftwagen-Kolonne	20905
Gespann-Fahrkolonne	28499
Waffen-Werkstattkompanie	27908
Nachschubkompanie 10	25161
SS-Sanitätsabteilung 10 Stab, 2 Sanitätskompanien und 2 Kranken-Kraftwagenzüge (A—E)	15407
SS-Panzergrenadier-Ausbildungs- und Ersatzbataillon 10 (ab März 1945) (Standort: Brünn-Kuhberg)	64438

ORDEN UND EHRUNGEN

(laut Nachweis Bundesarchiv Konelimünster)

Generalkommando II. SS-Panzerkorps

Eichenlaub mit Schwertern zum Ritterkreuz des Eisernen Kreuzes

	verliehen am:
Hausser, Paul, geb. 7. 10. 1880 SS-Oberstgruppenführer und General der Waffen-SS als Oberbefehlshaber der 7. Armee	26. 8. 1944
Bittrich, Wilhelm, geb. 26. 2. 1894 SS-Obergruppenführer und General der Waffen-SS, Kommandierender General	6. 5. 1945 (nicht mehr im Bundesarchiv erfaßt)

Eichenlaub zum Ritterkreuz des Eisernen Kreuzes

Hausser, Paul
SS-Obergruppenführer und General der Waffen-SS, Kommandierender General — 28. 7. 1943

Bittrich, Wilhelm
SS-Obergruppenführer und General der Waffen-SS, Kommandierender General — 28. 8. 1944

Ritterkreuz des Eisernen Kreuzes

Kalls, Alois, geb. 18. 2. 1920
SS-Obersturmführer, Führer 1./schwere SS-Panzerabteilung 102 — 23. 8. 1944

Kertz, Wolfram, geb. 29. 7. 1916
Oberleutnant, Führer 8./Kampfgruppe Bruhn — 4. 10. 1944

Mathes, Josef
Oberwachtmeister, Zugführer 3./St.G.Brg. 280 — 4. 10. 1944

Hartrampf, Kurt
SS-Sturmbannführer und Kommandeur s.Pz.Abt. 502 — 6. 4. 1945

Ritterkreuz des Kriegsverdienstkreuzes mit Schwertern

Schaeffer, Emil, geb. 21. 1. 1905
SS-Obersturmbannführer, Korps-Ingenieur — 31. 12. 1944

Deutsches Kreuz in Gold

Pipkorn, SS-Standartenführer, Chef Generalstab	19. 8. 1944
Soretz, SS-Untersturmführer, Führer 3./schwere Panzerabteilung 102	25. 8. 1944
des Coudres, SS-Sturmbannführer, Kommandeur SS-Werferabteilung 102	23. 9. 1944
Egger, SS-Oberscharführer, 1./schwere SS-Panzerabteilung 502	30. 12. 1944

Deutsches Kreuz in Silber

Moser, Hans, SS-Standartenführer, Korpsintendant	17. 2. 1944
Dermietzel, Karl, SS-Brigadeführer, Korpsarzt	2. 6. 1944
Ulmer, Hans, SS-Sturmbannführer, Korpsintendant	21. 6. 1944
Unbehaun, Gerd, SS-Oberführer, Korpsarzt	3. 2. 1945
Musch, Othmar, SS-Obersturmbannführer, Korps-Ingenieur	20. 2. 1945

9. SS-Panzerdivision „Hohenstaufen“

Eichenlaub mit Schwertern zum Ritterkreuz des Eisernen Kreuzes

Stadler, Sylvester, geb. 30. 12. 1910
SS-Brigadeführer und Generalmajor der Waffen-SS, Divisionskommandeur* — 6. 5. 1945

Eichenlaub zum Ritterkreuz des Eisernen Kreuzes

Bock, Friedrich-Wilhelm, geb. 6. 5. 1897
SS-Oberführer, Divisionsführer 2. 9. 1944
Meyer, Otto, geb. 23. 12. 1912
SS-Obersturmbannführer, Kommandeur SS-Panzerregiment 9 30. 9. 1944

Ritterkreuz des Eisernen Kreuzes

Frank, Robert, geb. 18. 10. 1910
SS-Sturmbannführer, Kommandeur II./SS-Panzergrenadierregiment 20 4. 6. 1944
Meyer, Otto
SS-Obersturmbannführer, Kommandeur SS-Panzerregiment 9 4. 6. 1944
Gräbner, Viktor, geb. 24. 5. 1914
SS-Hauptsturmführer, Kommandeur SS-Panzer-Aufklärungsabteilung 9 23. 8. 1944
Telkamp, Eberhard, geb. 8. 5. 1914
SS-Sturmbannführer, Kommandeur II./SS-Panzerregiment 9 23. 8. 1944
Holte, Josef, geb. 28. 3. 1912
SS-Oberscharführer, Zugführer 2./SS-Panzerregiment 9 27. 8. 1944
Harzer, Walter, geb. 29. 9. 1912
SS-Obersturmbannführer, Ia 21. 9. 1944
Spindler, Ludwig, geb. 15. 11. 1910
SS-Sturmbannführer, Kommandeur I./SS-Panzerartillerieregiment 9 27. 9. 1944
Borchers, Hermann, geb. 5. 12. 1910
SS-Hauptsturmführer, Führer I./SS-Panzergrenadierregiment „H“ 16. 10. 1944
Kühme, Kurt, geb. 3. 10. 1910
Major, Kommadeur St.G.Brg. 280 9. 12. 1944
Alber, Hermann, geb. 12. 11. 1925
SS-Sturmmann, Melder III./SS-Panzergrenadierregiment 20 26. 12. 1944
Rettberg, Rudolf, geb. 25. 11. 1916
SS-Sturmbannführer, Kommandeur II./SS-Pz.Rgt. 9* 1. 5. 1945
Gropp, Heinz
SS-Obersturmführer, Führer 2./SS-Flakabteilung 9* 6. 5. 1945
Sailer, Johann
SS-Obersturmführer, Führer 3./SS-Pz.Jäg.Abt. 9* 6. 5. 1945

* nicht mehr im Bundesarchiv erfaßt

Deutsches Kreuz in Gold

Harzer, SS-Obersturmbannführer, Ia	18. 8. 1944
Recke, SS-Hauptsturmführer, Kommandeur II./SS-Panzergrenadierregiment 19	18. 8. 1944
Büdecker, SS-Hauptsturmführer, Chef 4./SS-Panzer-Aufklärungsabteilung 9	18. 8. 1944
Rennert, SS-Hauptsturmführer, Chef 8./SS-Panzerregiment 9	18. 8. 1944
Rettberg, SS-Hauptsturmführer, Chef 5./SS-Panzerregiment 9	18. 8. 1944
Tammling, SS-Obersturmführer, Zugführer 8./SS-Panzerregiment 9	18. 8. 1944
Spindler, SS-Sturmbannführer, Kommandeur I./SS-Panzerartillerieregiment 9	17. 9. 1944
Gottfried, SS-Hauptscharführer, Zugführer 3./SS-Panzer-Aufklärungsabteilung 9	17. 9. 1944
Woith, SS-Obersturmbannführer, Kommandeur SS-Panzergrenadierregiment 19	23. 9. 1944
Fraedrich, SS-Obersturmführer, Chef 1./SS-Panzerartillerieregiment 9	9. 10. 1944
Gruber, SS-Sturmbannführer, Führer SS-Panzerregiment 9	9. 10. 1944
Klauk, SS-Obersturmführer, Führer 16./SS-Panzergrenadierregiment „H“	27. 10. 1944
Skalka, SS-Hauptsturmführer, Chef 2./SS-Sanitätsabteilung 9	14. 11. 1944
Bauer, SS-Obersturmführer, Adjutant, SS-Panzerregiment 9	30. 12. 1944
Saladin, SS-Unterscharführer, 7./SS-Panzerregiment 9	30. 12. 1944
Schwarz, SS-Hauptsturmführer, Divisionsadjutant und stellvertretender Ia	14. 2. 1945

Deutsches Kreuz in Silber

Hofmann, Bernhard, SS-Sturmbannführer, Divisionsstab	17. 11. 1944

Im Ehrenblatt des Deutschen Heeres wurden genannt:
(Träger der Ehrenblattspange)

Graul, Gustav, Oberleutnant, Chef 1./Pionierbataillon z.b.V. 600 Tat: 3./6. 8. 1944, Chenedolle	17. 10. 1944
Vogel, Erich, SS-Obersturmführer, Führer 4./SS-Panzerregiment „H“ Tat: 20. 8. 1944, St. Lambert	5. 12. 1944
Kaiser, Wilhelm, SS-Unterscharführer, Sanitäter 3./SS-Panzer-Aufklärungsabteilung 9 Tat: 18. 9. 1944, bei Arnheim	25. 12. 1944
Bruhn, Hans, Hauptmann, Kommandeur Kampfgruppe Bruhn Tat: 19.—21. 9. 1944, bei Oosterbeek	25. 12. 1944
Lippert, Michel, SS-Standartenführer, Kommandeur SS-Unterführerschule Arnheim Tat: September 1944, Arnheim-Oosterbeek	27. 12. 1944

10. SS-Panzerdivision „Frundsberg"

Eichenlaub mit Schwertern zum Ritterkreuz des Eisernen Kreuzes

Harmel, Heinz, geb. 29. 6. 1906
SS-Brigadeführer und General der Waffen-SS, Divisionskommandeur — 15. 11. 1944

Eichenlaub zum Ritterkreuz des Eisernen Kreuzes

Paetsch, Otto, geb. 3. 8. 1909
SS-Obersturmbannführer, Kommandeur SS-Panzerregiment 10 — 5. 4. 1945

Ritterkreuz des Eisernen Kreuzes

Bastian, Karl, geb. 12. 2. 1915
SS-Hauptsturmführer, Führer II./SS-Panzergrenadierregiment 21 — 23. 8. 1944

Keck, Karl, geb. 20. 1. 1914
SS-Hauptsturmführer, 16./SS-Panzergrenadierregiment 21 — 23. 8. 1944

Paetsch, Otto
SS-Obersturmbannführer, Kommandeur SS-Panzerregiment 10 — 23. 8. 1944

Rech, Erich, geb. 15. 12. 1921
SS-Oberscharführer, Zugführer 2./SS-Pz.AA 10 — 23. 8. 1944

Reiter, Hans, geb. 20. 4. 1920
SS-Untersturmführer, Führer Stabskompanie SS-Panzergrenadierregiment 21 — 23. 8. 1944

Knaust, Hans-Peter, geb. 7. 8. 1906
Major, Kommandeur Kampfgruppe Knaust — 28. 9. 1944

Euling, Karl-Heinz, geb. 16. 8. 1919
SS-Hauptsturmführer, Kommandeur IV./SS-Panzergrenadierregiment 21 — 15. 10. 1944

Reinhold, Leo, geb. 22. 2. 1906
SS-Sturmbannführer, Kommandeur II./SS-Panzerregiment 10 — 16. 10. 1944

Bachmann, Erwin, geb. 5. 5. 1921
SS-Obersturmführer, Adjutant I./SS-Panzerregiment 10 — 10. 2. 1945

Riedel, Franz, geb. 2. 12. 1921
SS-Obersturmführer, Chef 7./SS-Panzerregiment 10 — 28. 3. 1945

Scherzer, Franz, geb. 13. 2. 1921
SS-Obersturmführer, Führer I./SS-Panzerregiment 10 — 28. 3. 1945

Tetsch, Ernst, geb. 28. 10. 1916
SS-Sturmbannführer, Kommandeur I./SS-Panzerregiment 10 — 28. 3. 1945

Roestel, Franz, geb. 4. 5. 1902
SS-Obersturmbannführer, Divisionsführer — 28. 3. 1945
(nicht mehr im Bundesarchiv erfaßt)

Deutsches Kreuz in Gold

Jobst, SS-Sturmbannführer, Kommandeur I./SS-Panzerartillerieregiment 10	19. 8. 1944
Ellwanger, SS-Obersturmführer, Chef 4./SS-Flak-Abt. 10	19. 8. 1944
Hinze, SS-Obersturmführer, Chef 3./SS-Panzer-Aufklärungsabteilung 10	19. 8. 1944
Pühringer, SS-Obersturmführer, Chef 2./SS-Flak-Abt. 10	19. 8. 1944
Riedel, SS-Obersturmführer, Führer 7./SS-Panzerregiment 10	19. 8. 1944
Haas, SS-Hauptscharführer, Divisions-Begleitkompanie 10	25. 8. 1944
Thomas, SS-Hauptscharführer, Zugführer 3./SS-Panzer-Aufklärungsabteilung 10	17. 9. 1944
Reinhold, SS-Sturmbannführer, Kommandeur SS-Panzerregiment 10	17. 9. 1944
Kellermann, SS-Oberscharführer, Zugführer 5./SS-Panzerregiment 10	17. 9. 1944
Ehrhardt, SS-Oberscharführer, Zugführer 6./SS-Panzerregiment 10	17. 9. 1944
Harmstorf, SS-Obersturmführer, Führer 2./SS-Panzer-Aufklärungsabteilung 10	27. 10. 1944
Behrens, SS-Obersturmführer, Führer 1./SS-Panzerartillerieregiment 10	14. 11. 1944
Richter, SS-Hauptsturmführer, Führer II./SS-Panzergrenadierregiment 21	14. 11. 1944
Spillner, Oberfeldwebel, Kampfgruppe Knaust	23. 11. 1944
Dr. Günther, SS-Obersturmbannführer, Divisionsarzt	18. 12. 1944
Baumgärtl, SS-Untersturmführer, Führer SS-Panzer-Pionierbataillon 10	30. 12. 1944
Baum, Hauptmann, Kommandeur IV./Artillerieregiment 191	30. 12. 1944
Laubscheer, SS-Sturmbannführer, Kommandeur SS-Panzergrenadierregiment 21	20. 1. 1945
Stolley, SS-Sturmbannführer, Ia	30. 3. 1945
Storch, SS-Rottenführer, 6./SS-Panzerregiment 10	30. 3. 1945

Deutsches Kreuz in Silber

Schill, Gerhard, SS-Sturmbannführer, Divisions-Intendant	24. 11. 1944
Rösch, Waldemar, SS-Sturmbannführer, Ib	18. 4. 1945

Im Ehrenblatt des Deutschen Heeres wurden genannt:
(Träger der Ehrenblattspange)

Hummelberger, Hans, SS-Untersturmführer, Führer 6./SS-Panzergrenadierregiment 21	27. 6. 1944
Tat: 15. 4. 1944, bei Przelowka	

Küffner, Gottfried, SS-Hauptscharführer, Zugführer 2./SS-Panzer-Aufklärungsabteilung 10 25. 8. 1944
Tat: Tautamerie
Entscheid OKH PA: „EB". Nennung ist nicht mehr erfolgt.

Gebhardt, Rolf, Fahnenjunker, Oberfeldwebel 1./JZ SS-Panzerregiment 10
Tat: Gollnow, 8. 3. 1945

Zahlenmäßige Übersicht über EK- und KVK-Verleihungen durch OKH und Generalkommando II. SS-Panzerkorps an Stab, Korps- und unterstellte Einheiten

August 1943 bis März 1945

Kriegsschauplatz	Gesamtsumme	EK 2. Kl.	Sp. z. EK 2. Kl.	EK 1. Kl.	Sp. z. EK 1. Kl.
Invasion	514	459	2	52	1
Osteinsatz	31	29	—	2	—
Insgesamt	545	488	2	54	1
KVK 2. Kl. m. Schw. Okt. 43 — Jan. 45	945				
KVK 1. Kl. m. Schw. Sept. 43 — Febr. 45	76				

Zahlenmäßige Übersicht über EK- und KVK-Verleihungen durch 9. SS-Panzerdivision „Hohenstaufen"

Juli 1943 bis Januar 1945

Kriegsschauplatz	Gesamtsumme	EK 2. Kl.	Sp. z. EK 2. Kl.	EK 1. Kl.	Sp. z. EK 1. Kl.
Rußland	356	329	1	26	—
Invasion	1979	1744	—	235	—
Insgesamt	2335	2070	1	261	—
KVK 2. Kl. m. Schw. Juli 43 — Jan. 45	3206				
KVK 1. Kl. m. Schw. April 44 — Jan. 45	166				

Zahlenmäßige Übersicht über EK- und KVK-Verleihungen durch 10. SS-Panzerdivision „Frundsberg"

Januar 1944 bis Januar 1945

Kriegsschauplatz	Gesamtsumme	EK 2. Kl.	Sp. z. EK 2. Kl.	EK 1. Kl.	Sp. z. EK 1. Kl.
Invasion	1658	1469	3	186	—
KVK 2. Kl. m. Schw. Jan. 44 — Jan. 45	1376				
KVK 1. Kl. m. Schw. März 44 — Jan. 45	206				

Stellungsbesetzungsliste

(Irrtum vorbehalten)

Generalkommando II. SS-Panzerkorps

Einheit/Planstelle:	1943	1944	1945
Komm. General:	Hausser	Hausser Bittrich	Bittrich
Chef des Stabes:	Ostendorff Pipkorn	Pipkorn Keller	Keller
Ia:	Ollrog	Ollrog Hoffmann	Wörner Prof. Dr. Dierks
Quartiermeister:	Sarnow	Sarnow Büthe Hoffmann Wülfgen	Wülfgen Conrad
Korpsintendant:	Moser	Moser Ulmer	Ulmer
Korpsarzt:	Dermietzel	Dermietzel Unbehaun	Unbehaun
Korps-Ingenieur:	Schäffer	Schäffer Musch	Musch

Korps-Art.-Führer:	Bock	Bock Sander	Bock
Korps-Pionierführer:		Seela	
Schwere SS-Pz.Abt. 102/502		Weiß Hartrampf	Hartrampf
SS-Werfer-Abt. 102/502		des Coudres Nickmann	Nickmann Weiß Wolters

Stellenbesetzung der 9. SS-Panzerdivision „Hohenstaufen"
(Irrtum vorbehalten)

Einheit/Planstelle:	1943	1944	1945
Div.-Stab/Kdr.:	Bittrich	Bittrich Müller i. V. Stadler Bock mdFb. Harzer i. V.	Stadler
Ia: 1. Generalstabsoffizier:	Keller Harzer	Harzer Stürzbecher	Stürzbecher
Ib: 2. Generalstabsoffizier:	Hofmann	Hofmann	
Ic: 3. Generalstabsoffizier:	Schöberle	Schöberle Scheffler	Döring
IIa: Div.-Adjutant:	Schwarz	Schwarz	Schwarz v. Locquengien
III: Feldgericht:	Dr. Marx	Dr. Marx	
IVa: Div.-Intendant u. Kdr. SS-Wirtschafts-Btl. 9:	Thöle	Thöle	Hammer
IVb: Div.-Arzt u. Kdr. SS-Sanitäts-Abt. 9:	Dr. Jencio Dr. Jung	Dr. Jung Dr. Skalka	Dr. Tiedjen Gatternig
V: Div.-Ingenieur u. Kdr. SS-Inst.Abt. 9:	Musch Kollrep	Kollrep	Kollrep
Feldgendarmerie-Kp.:	Peter	Peter	
Kdr. SS-Div.-Nachschubtruppen 9:	Grandke	Grandke	Grandke
SS-Feld-Ers.Btl. 9:	Gräbner Mühleck	Kümmel Liepelt	Brandl

SS-Pz.-Nachrichten-Abt. 9:	König	König Wortmann	Wortmann
SS-Pz.-Flak-Abt. 9:	Eimann	Sonnenstuhl Dr. Leoniker Bergrath	Bergrath
SS-Pz.-Jäger-Abt. 9:	v. Allwörden	v. Allwörden	v. Allvörden
SS-Pz.Pi.Btl. 9:	Monich	Monich Möller	Möller
SS-Pz.Aufkl.Abt.:	Gräbner	Gräbner Recke	Recke
SS-Panzerregiment 9:	Meyer	Meyer Gruber i. V. Bochmann Telkamp	Telkamp
I. Abteilung:	Bollert	Bollert Fler	Fler
II. Abteilung:	Ziebell	Telkamp Hilgenstock Rettberg	Rettberg
SS-Pz.Art.Rgt. 9:	Wiehle	Wiehle Spindler Jakob	Jakob
I. Abteilung (Sfl):	v. Sauken	v. Sauken Spindler Fraedrich	Hauck Fraedrich
II. Abteilung:	Spindler Lux	Lux	Lux
III. (schwere) Abt.:	Sonnenstuhl	Spindler Sonnenstuhl	Vogl Wagner
SS-Pz.Gr.Rgt. 19:	Deutsch	Woith Zollhöfer	Seela
I. Bataillon:	Hagenlocher	Hagenlocher Borchers Kriz	Lederer Prantl
II. Bataillon:	Dr. Segler	Dr. Segler Recke Euling	Hey

III. Bataillon:	Zollhöfer	Zollhöfer Mühleck Kümmel	Kümmel Bartholomai
SS-Pz.Gr.Rgt. 20:	Müller	Müller Gruber mdFb. Geiger	Geiger Hofmann Rohde
I. Bataillon:	Lederer	Lederer	Appel Burghardt
II. Bataillon:	Frank	Frank Dr. Segler	Altrogge Lehrmann
III. Bataillon (SPW):	Gruber	Gruber Riebel	Riebel Fuchs

Anmerkung: In der Aufstellungsphase zu einer Panzergrenadierdivision hatten die SS-Panzerartillerieregimenter 9 und 10 IV. Abteilungen. Mit der Umgliederung zu einer Panzerdivision hatten beide Artillerieregimenter nur noch drei Abteilungen.
Von Ende Juli bis Oktober 1944 waren die Reste der SS-Panzergrenadierregimenter 19 und 20 zum SS-Panzergrenadierregiment „Hohenstaufen" zusammengefaßt.

Stellenbesetzung der 10. SS-Panzerdivision „Frundsberg"
(Irrtum vorbehalten)

Einheit/Planstelle:	1943	1944	1945
Div.-Stab/Kdr.:	Debes	v. Treuenfeld Harmel	Harmel Roestel mdFb.
Ia: 1. Generalstabsoffizier:	Lingner	Lingner Büthe Stolley	Stolley
Ib: 2. Generalstabsoffizier:		Rösch	Rösch
Ic: 3. Generalstabsoffizier:		Schorn	Schorn
IIa: Div.-Adjutant:	Reinicke	Reinicke	Reinicke
IVa: Div.-Intendant u. Kdr. SS-Wirtschafts-Btl. 10:	Schill	Schill	Schill
IVb: Div.-Arzt u. Kdr. SS-Sanitäts-Abt. 10:	Dr. Rothardt	Dr. Günther	Dr. Günther
V: Div.-Ingenieur u. Kdr. SS-Inst.Abt. 10:		Besch	Besch
Feldgendamerie-Kp.:		Schinner	Schinner

Kdr. Div.-Nachschub-truppen 10:	Lippert	Lippert Martin Gärtner	Gärtner
Feld-Ers.Btl. 10:		Heinke	Dietrich Richter Lehr Wöllermann
SS-Nachr.Abt. 10:	Kruft	Kruft Batzlehn	Batzlehn
SS-Flak-Abt. 10:	Schrembs	Schrembs	Schrembs
SS-Pz.-Jäger-Abt. 10:		Roestel	Roestel
SS-Pi.Btl. 10:	Tröbinger	Tröbinger Brandt	Brandt
SS-Pz.Aufkl.Abt. 10:	Brinkmann	Brinkmann	Brinkmann
SS-Pz.Rgt. 10:	Kleffner	Kleffner Paetsch	Paetsch Tetsch
I .Abteilung:	Dr. Adam	Dr. Adam Tetsch	Tetsch Heinze
II. Abteilung:	Reinhold	Reinhold	Franke
SS-Pz.Art.Rgt. 10:	Sander	Sander Sonnenstuhl	Sonnenstuhl Haas
I. Abteilung (Sfl):	Jobst	Jobst Behrens	Behrens
II. Abteilung:	v. Hoym	v. Hoym v. d. Vecht Jobst	Jobst Krause
III. Abteilung:	Ernst	Hornhardt Bottler Haas	Haas Dr. Zumper
IV. (Kan.)Abt.: (Ende 1944 neu aufgestellt)		Bültemeier Menze	Menze
SS-Pz.Gr.Rgt. 21:	Kohlroser	Deisenhofer Laubscheer Milius	Milius Zollhöfer
I. Btl. (SPW):	Laubscheer	Laubscheer Wolter Reinprecht	Lohr Bachmann Stadler

II. Bataillon:	Maurer	Maurer Bastian Walther Siebert	v. Fritsch Schober
III. Bataillon:	Molt	Molt Sattler Herbst	Richter
SS-Pz.Gr.Rgt. 22:	Schützeck	Kleffner Schultze Traupe	Traupe Jobst
I. Bataillon:	Hillig	Wild Göttsche Richter Euling	Euling Herbst
II. Bataillon:	Löffler	Hauck	Schatz
III. Bataillon:	Bünning	Bünning Baumgärtl	Baumgärtl Gillhofer

Anmerkung: Im August 1944 wurden die SS-Panzergrenadierregimenter 21 und 22 zusammengelegt und von Obersturmbannführer Schultze geführt. Die zusammengelegten Kompanien bildeten Kampfgruppen unter dem Namen des jeweiligen Führers.

SSD Fernschreiben

H.Gr. B, Ia
an nachrichtlich: Fallsch.AOK 1 und W.B.Ndl.

(im Original an SS-Obergruf. u. Gen. d. Waffen-SS Bittrich und Generallt. von Tettau)

Generalfeldmarschall von Rundstedt spricht als Oberbefehlshaber West Führung und Truppe seine volle Anerkennung für die Vernichtung der 1. engl. Luftlande-Division im Raum Arnheim aus.
Ich freue mich, diese Anerkennung Ihnen weitergeben zu können und bitte, sie allen Ihren unterstellten Truppen unverzüglich bekannt zu geben. Ich verbinde sie mit einem besonderen Dank an alle Offiziere, Unteroffiziere und Mannschaftten für die in diesen schweren Kämpfen bewiesene Haltung. Sie war erfreulicherweise bei allen Truppen zum großen Teil beispielhaft.
Die gemachten Erfahrungen sind bis zum 30. 9. stichwortartig zu melden, damit sie allen Verbänden der Westfront bekanntgegeben werden können.

27. 9. 1944 gez. Model
11.15 Uhr. Generalfeldmarschall

Schlacht- und Gefechtsbezeichnungen

9. SS-Panzerdivision (nach Wehrpaß Horlebein):

12. 2. 1943 — 19. 2. 1944	Küstenschutz an der belgisch-französischen Kanal- und Atlantikküste
20. 2. — 20. 3. 1944	Küstenschutz an der Mittelmeerküste
23. 3. — 2. 4. 1944	Verlegung und Bereitstellung in den Raum der Heeresgruppe Nordukraine
3. 4. — 26. 4. 1944	Kämpfe im Raum Tarnopol und Angriff auf Buczacz
6. 4. 1944	Vereinigung mit der 1. Panzerarmee
7. 4. — 26. 4. 1944	Abwehrschlacht bei Buczacz und an der Strypa
14. 4. — 16. 4. 1944	Angriffsschlacht zum Entsatz von Tarnopol
17. 4. — 12. 6. 1944	Stellungskämpfe im Bereich der Heeresgruppe Nordukraine. Armeereserve
14. 6. — 14. 9. 1944	Invasions-Abwehrschlacht in Frankreich
10. 12. 1944 — 5. 2. 1945	Winterschlacht in den Ardennen
15. 2. — 16. 3. 1945	Bereitstellung und Einsatz im Raum Südost (Plattensee-Offensive)
17. 3. — 7. 5. 1945	Rückzugskämpfe und Kämpfe im Raum von Wien.

Von der **10. SS-Panzerdivision** liegt kein Wehrpaß vor. Es gelten jedoch die gleichen Schlacht- und Gefechtsbezeichnungen bis September 1944.

Stärken aus verschiedenen Quellen

Generalkommando II. SS-Panzerkorps und Korpstruppen

(Quelle: Dr. Klietmann: „Die Waffen-SS — eine Dokumentation", Seite 506 und folgende. Munin Verlag, Osnabrück 1965)

1. Zahl immer Führer, 2. Zahl Unterführer, 3. Zahl Männer, 4. Zahl Hilfswillige (nicht immer angegeben).

			Gesamtzahl
31. 12. 1943:		110 / 309 / 1453	1 872
20. 9. 1944:	Soll:	209 / 954 / 4325 / 308 Hiwi	4 872
	Ist:	84 / 332 / 1122 / 96	1 538
1. 3. 1945:	(Anlage zum KTB der HG Süd)		3 036

9. SS-Panzerdivision „Hohenstaufen"

31. 12. 1943 (Quelle Klietmann):	485 / 2684 / 16442	19 611
17. 4. 1944 (Quelle Vopersal):	452 / 2625 / 15029	18 106

30. 6. 1944 (Quelle Klietmann): 433 / 2529 / 12926 15 898

20. 9. 1944 (Quelle Klietmann):

Soll: 614 / 3923 / 13260 / 949 Hiwi 17 791

Ist: ohne Angabe.

1. 3. 1945 (Anlage KTB der HG Süd): 17 229

SS-Panzergrenadierregiment 20 (Quelle Bundesarchiv) 6. 12. 1944:

Ist: 63 / 468 / 2779 3 310

Fehl: 23 / 137 / 187

10. SS-Panzerdivision „Frundsberg"

31. 12. 1943 (Quelle Klietmann): 487 / 2722 / 16104 19 313

30. 6. 1944 (Quelle Klietmann): 374 / 2266 / 10912 13 552

20. 9. 1944, Soll: Wie 9. SS-Panzerdivision, Ist: keine Angabe.

Einheiten (aus verschiedenen Unterlagen des Bundesarchivs-Militärarchivs Freiburg/Brsg.)

Divisions-Begleitkompanie (Obersturmführer (Geyer)

2. 10. 1943: 3 / 28 / 217 248

5. SS-Panzerregiment 10

30. 4. 1944: 5 / 29 / 125 159

I./SS-Panzergrenadierregiment 22, Gefechtsstärken, 4. 5. 1944:

Stab:	3 / 5 / 21	29
1. Kompanie:	1 / 3 / 22	26
2. Kompanie:	1 / 7 / 36	44
3. Kompanie:	2 / 4 / 41	47
4. Kompanie:	1 / 13 / 120	134
Gefechtsstärken am 9. 6. 1944:		
1. Kompanie:	1 / 3 / 61	65
2. Kompanie:	1 / 7 / 58	66
3. Kompanie:	2 / 6 / 57	65
4. Kompanie:	1 / 7 / 71	79

II./SS-Panzergrenadierregiment 22

alle Kompanien mit Stab am 6. 7. 1944:

	Ist:	8 / 48 / 428		484
	Gefechtsstärke:	6 / 26 / 271		303
5. Kp. (2. 7. 1944)	Ist:	1 / 8 / 66		75
	Gefechtsstärke:	1 / 4 / 41		46
6. Kp. (30. 6. 1944)	Ist:	1 / 8 / 82		91
	Gefechtsstärke:	1 / 4 / 67		72
7. Kp. (2. 7. 1944)	Ist:	1 / 9 / 75	zuzügl. 7 Hiwi	85
	Gefechtsstärke:	1 / 5 / 58		64
8. Kp. (5. 7. 1944)	Ist:	1 / 11 / 146		158
	Gefechtsstärke:	1 / 9 / 107		117

Stärke der 10. SS-Panzerdivision „Frundsberg“ vom 25. 3. 1945:
(Fundstelle Bundesarchiv-Militärarchiv Freiburg)

Tagesstärke 369 Führer, 2670 Unterführer, 12028 Mannschaften,
Gesamt: 15067 Mann.

Panzerlage:	Ist:	Einsatzbereit:	Repa. über 4 Tage
Panzer IV:	35	26	9
Panzer V:	47	23	24
„Sherman“:	10	1	9
Panzerjäger IV:	12	4	8
Panzerjäger V:	6	2	4
Flak-Panzer IV:	8	5	3
Bergepanzer V:	4		
Panzerspähwagen:	16		
SPW:	138		
Panzer-Befehlswagen III:	1		
Panzer-Befehlswagen IV:	2		
Panzer-Befehlswagen V:	5		
Art.-Beobachtungspanzer III:	1		
Art.-Beobachtungspanzer IV:	7		

Artillerielagen:	
leichte Feldhaubitzen:	21 Rohren einsatzbereit,
schwere Feldhaubitzen:	12 Rohre einsatzbereit,
10-cm-Kanonen:	10 Rohre einsatzbereit.

Leichte Feldhaubitzen sind durch Behelfsmittel beweglich, schwere Feldhaubitzen 10 beweglich. Kanonen 7 beweglich.

Führerverluste der 10. SS-Panzerdivision „Frundsberg“ vom 5.—18. 4. 1944
(Fundstelle Rösch)

5. 4. 1944:			
Hauptsturmführer	Franke	6./Panzerregiment	verwundet
6. 4. 1944:			
Sturmbannführer	Molt	III./21	verwundet
7. 4. 1944:			
Sturmbannführer	Dedreux	1./Sanitätsabteilung	verwundet
Obersturmführer	Wolf	1./Sanitätsabteilung	verwundet
Obersturmführer	Steffen	1./Sanitätsabteilung	verwundet
8. 4. 1944:			
Oberjunker	Granow	8./Panzerregiment	gefallen
Untersturmführer	Kriftner	9./21	verwundet
Hauptsturmführer	Singer	III./22	verwundet

9. 4. 1944:

Obersturmführer	Hegemann	Panzerregiment	verwundet
Obersturmführer	Kettgen	Stab Regiment 21	verwundet
Obersturmführer	Matthies	I./21	verwundet
Hauptsturmführer	Vanselow	III./22	verwundet
Untersturmführer	Bika	1./21	verwundet
Untersturmführer	Löckelt	3./22	verwundet

10. 4. 1944:

Hauptsturmführer	Friedrich	8./21	gefallen
Untersturmführer	Rendler	7./22	verwundet
Obersturmführer	Kalusche	Stabskompanie 22	verwundet
Obersturmführer	Reichert	12./21	gefallen
Obersturmführer	Stegelmann	5./21	verwundet
Hauptsturmführer	Lohse	III./21	verwundet

11. 4. 1944:

Untersturmführer	Quandel	6./Panzerregiment	verwundet
Obersturmführer	Haseler	5./Panzerregiment	verwundet
Hauptsturmführer	Lösken	Regiment 21	gefallen
Obersturmführer	Kraus	2./21	gefallen
Hauptsturmführer	Sack	7./21	verwundet
Obersturmbannführer	Schützeck	Kommandeur 22	verwundet
Hauptsturmführer	Horn	II./Artillerieregiment	verwundet

13. 4. 1944:

Obersturmführer	Schiller	7./Panzerregiment	verwundet
Obersturmführer	Görner	11./21	verwundet
Untersturmführer	Wunderlich	15./21	verwundet
Obersturmführer	Ostermann	10./22	verwundet
Obersturmführer	Hussmann	11./21	gefallen
Sturmbannführer	Wild	I./22	verwundet
Untersturmführer	Scherner	2./22	verwundet
Hauptsturmführer	Bauch	1./22	verwundet
Obersturmführer	Meyer	III./Artillerieregiment	verwundet
Obersturmführer	Genz	3./Artillerieregiment	verwundet

14. 4. 1944:

Untersturmführer	Klein	Panzerregiment	gefallen
Untersturmführer	Kulp	II./Panzerregiment	verwundet
Obersturmführer	Reimers	5./21	gefallen
Untersturmführer	Petel	1./21	verwundet
Sturmbannführer	Laubscheer	I./21	verwundet
Obersturmführer	Dröse	Flakabteilung	verwundet

15. 4. 1944:

Hauptsturmführer	Paul	13./21	gefallen
Untersturmführer	Hummelberger	6./21	gefallen

Untersturmführer	Engelbrecht	Regiment 21	gefallen
Untersturmführer	Hoffmann	Aufklärungsabteilung	verwundet
Untersturmführer	Oettgen	Aufklärungsabteilung	verwundet
16. 4. 1944:			
Untersturmführer	Brodbeck	II./22	gefallen
Untersturmführer	Baumeister	7./22	gefallen
Untersturmführer	Siebenhüner	Aufklärungsabteilung	vermißt
17. 4. 1944:			
Untersturmführer	Lindemann	10.21	gefallen
Untersturmführer	Reichert	10./21	verwundet
Oberjunker	Wille	II./22	gefallen
Untersturmführer	Meierhoff	2./Pionierbataillon	gefallen
18. 4. 1944:			
Untersturmführer	Paulus	14./22	verwundet

10. SS-Pz.Div. „Frundsberg" Div.Gef.St., den 24. 4. 1944
—Divisionsarzt—

Verlustmeldung
für die Zeit vom 5.—20. 4. 1944 (einschließlich III./SS-Pz.Gr.Rgt. 22)

	Gefallen:	Verwundet:	Vermißt:	Später verstorben:
Pz.Rgt.	19	73	—	—
Rgt. 21	159	510	12	3
Rgt. 22	305	529	47	5
Art.Rgt.	16	93	1	—
Aufkl.Abt.	38	113	7	2
Flak-Abt.	9	22	—	1
Nachr.Abt.	2	13	—	1
Pi.Btl.	13	59	—	—
San.Abt.	3	10	—	—
Div.-Nachschub-Tr.	—	5	—	—
Div.Begl.Kp.	1	2	—	—
Feld-Ers.Btl.	—	2	—	—
IV. SS-K.F.Abt.	—	1	—	—
Gesamt:	565	1432	67	12

Anmerkung des Verfassers: Das III./SS-Pz.Gr.Rgt. 22 (Stubaf. Bünning) hatte beim Fliegerangriff am 28. 3. 1944 auf den Transportzug westlich von Paris 176 Gefallene (davon 6 Führer), die in der Zahl des Rgt. 22 enthalten sind.

(Fundstelle Rösch)

Verluste und Stärken der SS-Werfer-Abteilung 102
vom 1. 2.—11. 9. 1944
(Quelle: KTB Nr. 2 der Abteilung und Ausarbeitung Herbst/Vahldiek)

Verluste im oben angegebenen Zeitraum:
Gefallen 8; verwundet 88 (davon 29 bei der Truppe geblieben); vermißt (Gefangenschaft) 96; krank 54.

Stärken:

Datum:	Verpflegungsstärke:	Gefechtsstärke:	Insgesamt:
1. 2. 1944:	11 / 41 / 206	7 / 23 / 128	258
1. 7. 1944:	13 / 108 / 524	13 / 53 / 342	645
1. 8. 1944:	13 / 89 / 385	8 / 56 / 248	487
11. 9. 1944:	10 / 94 / 433	7 / 51 / 242	537

Waffen:

Datum:	Pak:	Werfer:	MG:
1. 2. 1944:	—	—	—
1. 7. 1944:	4	24	31
1. 8. 1944:	4	19	31
11. 9. 1944:	3	16	30

SS-Panzergrenadierregiment 22 der 10. SS-Panzerdivision „Frundsberg"

Anerkennung von Kampftagen für das Infanterie-Sturmabzeichen und für die Nahkampfspange. Stand 5. 5. 1944.
(Quelle Bundesarchiv-Militärarchiv Freiburg/Brsg.)

a) Infanterie-Sturmabzeichen:
I. Bataillon: Angriff auf Waldrand bei Petlikowce-Stare, 16. und 17. 4. 1944
II. Bataillon: Gegenstoß gegen eingebrochenen Feind bei Nowostawce 15. und 17. 4. 1944
III. Bataillon:
9. Kompanie: Stoßtrupp zur Säuberung der Waldecke nördlich Höhe 392 16. 4. 1944
Besetzen des Geländes bei der Höhe 392 21. 4. 1944
11. Kompanie: Angriff auf Wald 600 Meter westlich Höhe 392 13. 4. 1944
Angriff auf Waldrand bei Petlikowce-Stare 17. 4. 1944

b) Nahkampfspange:
I. Bataillon, Petlikowce-Stare: 15., 16., 17. und 18. 4. 1944
II. Bataillon, Nowostawce: 16., 17., 22., 24. und 25. 4. 1944
III. Bataillon 9. Kompanie, Höhe 392: 15., 16. und 21. 4. 1944
11. Kompanie, Petlikowce-Stare: 13. bis 19. 4. 1944.

10. SS-Pz.Div. „Frundsberg“ Div.Gef.St., den 22. 4. 1944
IIa

Verteiler A/3

Der Kommandierende General des Gen.Kdo. II. SS-Pz.Korps, SS-Obergruppenführer und General der Waffen-SS H a u s s e r , hat gedrahtet:

„An Kommandeur 10. SS-Pz.Div. „Frundsberg“.
Der Reichsführer-SS hat den Kommandeur der 10. SS-Pz.Div. „Frundsberg“, SS-Gruppenführer von Treuenfeld unter ausdrücklicher Anerkennung seiner Leistungen von dieser Stellung entbunden, weil er ihn für wichtige Aufgaben an anderer Stelle braucht. Mit der Führung der Division ist SS-Standartenführer H a r m e l beauftragt.
Grf. von Treuenfeld hat sich nach Übergabe der Geschäfte beim Reichsführer-SS zu melden. Ich spreche dem Grf. von Treuenfeld für seine rastlose Tätigkeit bei der Ausbildung und Erziehung und für seinen persönlichen Einsatz in den Kämpfen der letzten Wochen meinen besonderen Dank und Anerkennung aus.

gez. H a u s s e r
SS-Obergruppenführer und General der Waffen-SS“.

A. B. gez. Reinecke
SS-Hauptsturmführer und Div.-Adjutant

Anmerkung des Verfassers: Aus weiteren Unterlagen der Fundstelle Rösch geht hervor, daß Gruppenführer von Treuenfeld am 27. 4. 1944 die Geschäfte übergeben hat und daß Standartenführer Harmel in einem Tagesbefehl sich am 28. 4. 1944 der Division vorgestellt hat.

QUELLENNACHWEIS

Amtliche Quellen. Bundesarchiv-Militärarchiv Freiburg:

Verschiedene Unterlagen (Bruchstücke, lückenhaft) über die Aufstellung der 9. und 10. SS-Division.
Teil eines handschriftlichen Kriegstagebuches der 6./SS-Pz.Rgt. 10.
Kriegstagebuch (Teile) des I./SS-Pz.Gr.Rgt. 21.
Kriegstagebuch der II./SS-Pz.Rgt. 10 (Teile).
Von beiden obengenannten Einheiten Gefechtsstärken und Stellenbesetzungslisten.
Funk- und Fernschreiben vom SS-Pz.Gr.Rgt. 22.
Regimentsbefehle SS-Pz.Gr.Rgt. 22 (Frühjahr 1944).
Signaturnummern der Unterlagen: III/SS 87; III/SS 71; RS 3—10/2; RS 3—10/29.
Kriegstagebuch und Anlagen Pz.AOK 4 vom 1. 4.—30. 5. 1944.
Entwurf für einen Erfahrungsbericht über den Entsatzangriff auf Tarnopol vom 11.—17. 4. 1944; angefertigt vom Gen.Kdo. XXXXVIII. Pz.AK, Abt. Ia Nr. 897/44 geheim (Stab Balck).
Tagesmeldungen der 9. SS-Pz.-Division vom 1. 7.—13. 8. 1944. Signaturnummer: RS 3—9/2.
Kriegstagebuch der Heeresgruppe Süd vom 1.—31. 3. 1945 mit Anlagen. Sig.Nr.: RH 19 V/49 und 50; RH 19 V/62, 63, 68 und 70.

Bundesarchiv Zentralstelle Kornelimünster:

Nachweis über die Verleihung der Stufen des Ritterkreuzes und des Deutschen Kreuzes des Gen.Kdo. II. SS-Pz.Korps und der 9. und 10. SS-Pz.-Division.
Übersicht über EK- und KVK-Verleihungen von August 1943—März 1945.

Suchdienstunterlagen und Feldpostnummernverzeichnisse für:

Gen.Kdo. II. SS-Pz.AK und Korpstruppen, sowie über die 10. SS-Pz.-Division: Helmut Uphoff.
Für 9. SS-Pz.-Division: H. Henning.
Brinkmann: Kopie des KTB der SS-Pz.AA 10 vom 28. 3.—26. 5. 1944.
Harzer: Archiv Waffen-SS. Umfangreiche Unterlagen und Sammlungen über das II. SS-Pz.-Korps und die 9. und 10. SS-Pz.-Division.
Hausser (Nachlaß): Bericht über den Ungarneinsatz der 6. SS-Pz.-Armee. Verfaßt vom ehem. Ia des SS-Pz.AOK 6, Georg Mayer.
Klapdor: Verschiedene Ib-Unterlagen der 10. SS-Pz.-Division.
Rösch: Verschiedene Befehle und Unterlagen über die 10. SS-Pz.-Division.
Schneider (Privatarchiv): IIa-Unterlagen und Kartensätze von Frankreich.
Streng: Kopie des KTB der 2./s. SS-Pz.Abt. 102, Juli/August 1944.
Vopersal (Archiv): Verschiedene Aufstellungsbefehle, Stärkemeldungen und Gliederungen.

Gedruckte Quellen:

Bauer/Boeree: „De Slag bij Arnhem"; Verlag Elsevier Amsterdam-Brüssel, ohne Jahresangabe.

Boussel, Patrice: „Führer zu den Landeständen in der Normandie"; Presses de la Cité — Paris 1974.

Busse, Gen. a. D.: „Die letzte Schlacht der 9. Armee" in Wehrwissenschaftliche Rundschau, Heft 4/1955; Verlag Mittler und Sohn, Darmstadt.

Carell, Paul: „Sie kommen"; Stalling-Verlag, Oldenburg 1960. „Verbrannte Erde"; Ullstein Verlag, Berlin 1966.

Cartier, Raymond: „Der Zweite Weltkrieg"; Verlag Piper und Co., München 1967.

Cerff, Karl: „Die Waffen-SS im Wehrmachtbericht"; Munin Verlag, Osnabrück 1971.

Elstob, Peter: „Hitlers letzte Offensive"; List Verlag, München 1972.

Farrer/Hockley: „La bataille d' Arnhem"; Verlag Gérard & Co., Verviers 1971.

Fey, Will: „Panzer im Brennpunkt der Fronten"; Lehmanns Verlag, München 1960.

Fricke, Gert: „Fester Platz Tornopol"; Rombach Verlag, Freiburg 1969.

Geschichtsverein „Zwischen Venn und Schneifel": „Kriegsschicksale 1944 bis 1945"; St. Vith 1971.

Gehlen, Reinhardt: „Der Dienst"; von Hase und Koehler Verlag, Mainz-Wiesbaden 1971.

Greelen, Lothar van: „Verkauft und verraten"; Verlag Welsermühl, München 1963.

Guderian, Heinz: „Erinnerungen eines Soldaten"; Vowinckel Verlag, Heidelberg 1951.

Hausser, Paul: „Soldaten wie andere auch"; Munin Verlag, Osnabrück 1966.

Haupt, Werner: „Heeresgruppe Mitte"; Podzun Verlag, Dorheim 1968. „Das Ende im Westen"; Podzun Verlag, Dorheim 1972.

Hoffmann, K. O.: „Die Geschichte der Luftnachrichtentruppe"; Vowinckel Verlag, Neckargemünd 1968.

Husemann, Friedrich: „Die guten Glaubens waren", Teil II; Munin Verlag, Osnabrück 1973.

Hibbert, Christopher: „The Battle of Arnhem"; B. T. Batsford LTD, London 1962.

Jung, Hermann: „Die Ardennenoffensive 1944/45"; Musterschmidt Verlag, Göttingen 1973.

Klietmann, Dr.: „Die Waffen-SS — eine Dokumentation"; Munin Verlag, Osnabrück 1965.

Krätschmer, E. G.: „Die Ritterkreuzträger der Waffen-SS; Plesse Verlag, Göttingen 1955.

Manstein, Erich von: „Verlorene Siege"; Athenäum Verlag, Bonn 1951.

Michaelis, Prof.: „Der Zweite Weltkrieg"; im Werk des Bertelsmann Verlages, Reinhard Mohn, Gütersloh ohne Jahreszahl.

Mörke, Fritz: „Der Kampf um den Kreis Arnswalde im Jahre 1945“; Kirchlicher Betreuungsdienst für die ehem. Ostbrandenburgischen Kirchengemeinden, Göttingen 1973.
Murawski, Erich: „Die Eroberung Pommerns durch die Rote Armee“; Boldt Verlag, Boppard 1969.
Panzermeyer: „Grenadiere“, Schild Verlag, München 1956.
Public-Relations-Office — 102. US-Inf.-Division: „To the officers and men of the 102. Inf.-Division“; herausgegeben im Sept. 1945, Vilshofen Germany.
Rauchensteiner, Manfried: „Krieg in Österreich 1945“; Österreichischer Bundesverlag für Unterricht, Wissenschaft und Kunst, Wien 1970.
Ryan, Cornelius: „Die Brücke von Arnheim“; Fischer Verlag, Frankfurt/M. 1975.
Stein, George H.: „Geschichte der Waffen-SS“; Droste Verlag, Düsseldorf 1967.
Steiner, Felix: „Die Freiwilligen“; Plesse Verlag, Göttingen 1958.
„Die Armee der Geächteten“; Plesse Verlag, Göttingen 1963.
Straßner, Peter: „Europäische Freiwillige“; Munin Verlag, Osnabrück 1968.
Schukow, Marschall: „Erinnerungen und Gedanken“; Deutsche Verlags-Anstalt, Stuttgart 1969.
Tieke, Wilhelm: „Tragödie um die Treue“; Munin Verlag, Osnabrück 1968.
„Im Lufttransport an Brennpunkte der Ostfront“; Munin Verlag, Osnabrück 1971.
„Einsatz des II. SS-Pz.-Korps in Galizien“; Zeitschrift „Der Freiwillige“, Munin Verlag, Osnabrück, Heft 10, 11, 12/1972.
„Einsatz des II. SS-Pz.-Korps bei der Ardennenoffensive“; Heft 1/1973.
„Einsatz der Waffen-SS-Divisionen bei der Plattensee-Offensive“; Heft 8 und 9/1973.
Tippelskirch, Kurt von: „Geschichte des 2. Weltkrieges“; Athenäum Verlag, Bonn 1951.
Tugwell, Maurice: „Aus der Luft ins Gefecht“; Motorbuch Verlag, Stuttgart 1974.
Urquhart, R. E.: „Arnhem“; Cassell Verlag, London 1958.
Warlimont, Walter: „Im Hauptquartier der deutschen Wehrmacht“; Athenäum Verlag, Frankfurt/M. 1964.
Weidinger, Otto: „Division Das Reich“, Band III; Munin Verlag, Osnabrück 1973.
Winterstein/Jacobs: „General Meindl und seine Fallschirmjäger“; Selbstverlag Bund deutscher Fallschirmjäger, Braunschweig ohne Jahreszahl

Unveröffentlichte Quellen:

Abteilung Ia der 10. SS-Pz.-Division: „Erinnerungsbuch der 10. SS-Pz.Div. „Frundsberg“; an die Verwundeten in den Lazaretten, gleich nach den Kämpfen niedergeschrieben und Weihnachten 1944 übergeben. Maschinenmanuskript vervielfältigt.

Bachmann, Erwin: Persönliche Aufzeichnungen über den Einsatz des SS.Pz. Rgt 10 bei Hagenau, in Pommern und in Sachsen.
Brinkmann, Heinrich: Persönliches Tagesbuch über die Aufstellung und den Einsatz der SS-Pz.AA 10 bis 30. 7. 1944.
Bericht über den Einsatz der SS-Pz.AA 10 in Pommern 1945. Maschinenmanuskript.
Cihotzki, Rudi: Mehrere handschriftliche Berichte über den Einsatz des SS-Pz.Pi.Btl. 9.
Fürbringer, Herbert: Beschreibung des Einsatzes der Unterführerschule Radolfzell im Rheinbrückenkopf Colmar 1945. Maschinenmanuskript.
Gropp, Heinz: Tonband über den Einsatz der 2./SS-Pz.-Flak-Abt. 9.
Harzer, Walter: „A Wartime Log"; in der Gefangenschaft niedergeschriebene Erlebnisberichte.
Historial Division (US): Report über das II. SS-Pz.-Korps. Ms.
Report über die 9. SS-Pz.-Division. Ms.
Report über die 10. SS-Pz.-Division. Ms.
Ardennes Follow-UP, 10. SS-Pz.-Division. Ms.
Horlebein, Ludwig: „Meine Soldatenzeit"; Maschinenmanuskript.
Hax, Georg: Bericht über eine Ardennenfahrt mit Rückblick auf Einsatzorte und -tage während der Ardennen-Offensive.
Kraßmann, Ewald: „Chronik der 2./SS-Pz.Nachr.Abt. 9". Maschinenmanuskript.
Streng, Ernst: „Die Schlacht um Frankreich — Invasion 1944"; „Die Schlacht um Berlin — Oderfront 1945"; Der Weg der schweren SS-Pz.Abt. 102/502. Ausführliches Maschinenmanuskript, in zwei Bänden gebunden.
Semmler, Heinz: Tagebuch Ardennenoffensive und mehrere Erlebnisberichte über den Einsatz der 2./SS-Pz.Flak-Abt. 9. Ms.
Wenke, Hans: Persönliches Tagebuch über den Einsatz der SS-Pz.Nachr.Abt. 10 von Januar bis Mai 1945. Ms.
Wey,Friedrich: Persönliches Tagebuch über die Aufstellung der SS-Pz.AA 10.
Name unbekannt: Auszug aus einem Tagebuch eines Soldaten der SS-Pz.-AA 10 vom 22. 2.—7. 5. 1945.
10. SS-Pz.-Division: Mehrere Exemplare der Frontzeitung „Die Hellebarde".
Vahldiek/Herbst: Ausarbeitung über den Einsatz der SS-Werfer-Abteilung 102/502 unter Auswertung des KTB Nr. 2 der Abteilung.

Dienstgradabkürzungen und Gegenüberstellung Heer — Waffen-SS

Gefreiter	SS-Sturmmann	Strm.
Obergefreiter	SS-Rottenführer	Rttf.
Unteroffizier	SS-Unterscharführer	Uscha.
Feldwebel	SS-Oberscharführer	Oscha.
Oberfeldwebel	SS-Hauptscharführer	Hscha.
Leutnant	SS-Untersturmführer	Ustuf.
Oberleutnant	SS-Obersturmführer	Ostuf.
Hauptmann	SS-Hauptsturmführer	Hstuf.
Major	SS-Sturmbannführer	Stubaf.
Oberstleutnant	SS-Obersturmbannführer	Ostubaf.
Oberst	SS-Standartenführer	Staf.
	SS-Oberführer	Obfhr.
Generalmajor	SS-Brigadeführer und Generalmajor der Waffen-SS	Brig.Fhr.
Generalleutnant	SS-Gruppenführer und Generalleutnant der Waffen-SS	Gruf.
General	SS-Obergruppenführer und General der Waffen-SS	Ogruf.
Generaloberst	SS-Oberstgruppenführer und Generaloberst der Waffen-SS	Obstgruf.

Erläuterungen und Abkürzungen

AA	Aufklärungsabteilung
Abt.	Abteilung
AK	Armeekorps
AOK	Armeeoberkommando
Art.	Artillerie
Arko	Artilleriekommandeur
Aufkl.	Aufklärung
B-Krad	Beiwagenkraftrad
B-Stelle	Beobachtungsstelle
Brig.	Brigade
Btl.	Bataillon
Bttr.	Batterie
Div.	Division
Flak	Fliegerabwehrkanone
Flivo	Fliegerverbindungsoffizier
Gef.Std.	Gefechtsstand
Gen.Kdo.	Generalkommando
Gen.St.	Generalstab
Gra.We.	Granatwerfer
HG	Heeresgruppe
HKF	Hauptkampffeld
HKL	Hauptkampflinie
HVP	Hauptverbandplatz
IG	Infanteriegeschütz
i. G.	im Generalstab
Inf.	Infanterie
Inst.	Instandsetzung
Kdr.	Kommandeur
Kfz.	Kraftfahrzeug
KGr.	Kampfgruppe
Komm. Gen.	Kommandierender General
Korück	Kommandant rückwärtiges Armeegebiet
Kp.	Kompanie
KTB	Kriegstagebuch
lFH	leichte Feldhaubitze
sFH	schwere Feldhaubitze

lIG	leichtes Infanteriegeschütz
Lkw	Lastkraftwagen
lMG	leichtes Maschinengewehr
sMG	schweres Maschinengewehr
mot.	motorisiert
MPi.	Maschinenpistole
Nachr.Abt.	Nachrichtenabteilung
OB	Oberbefehlshaber
OKH	Oberkommando des Heeres
OKW	Oberkommando der Wehrmacht
OO	Ordonnanzoffizier
Pak	Panzerabwehrkanone
Pi.	Pionier
Pz.	Panzer
Pz.Abt.	Panzerabteilung
Pz.Rgt.	Panzerregiment
Pz.Div.	Panzerdivision
Pz.Gr.Rgt.	Panzergrenadierregiment
Pz.Jg.	Panzerjäger
RK	Ritterkreuz
San.	Sanitäts-
Sani	Sanitäter
Sfl.	Selbstfahrlafette
sowj.; russ.	sowjetisch; russisch
SPW	Schützenpanzerwagen
Stu.Gesch.	Sturmgeschütz
Stuka	Sturzkampfflieger
VB	Vorgeschobener Beobachter
z. b. V.	zur besonderen Verwendung

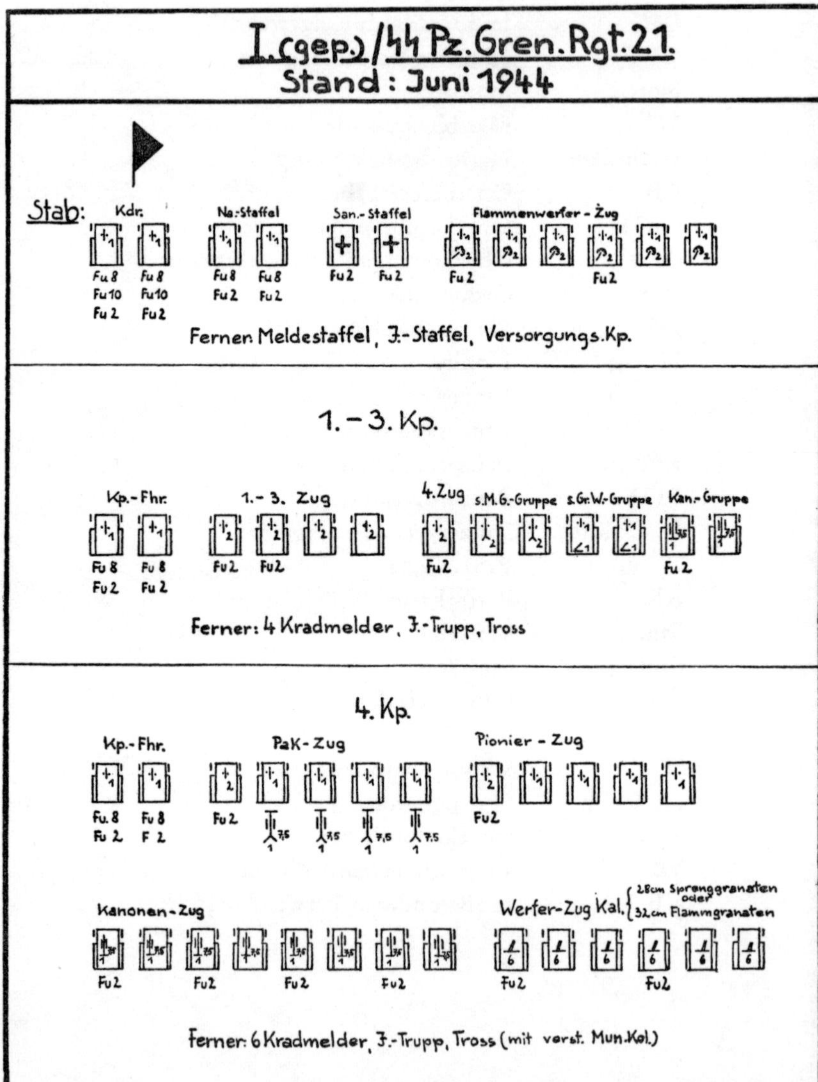
I. (gep.)/SS Pz. Gren. Rgt. 21.
Stand: Juni 1944
Stab:
Kdr.
Na.-Staffel
San.-Staffel
Flammenwerfer-Zug
Fu 8
Fu 10
Fu 2
Fernen Meldestaffel, J.-Staffel, Versorgungs.Kp.
1.–3. Kp.
Kp.-Fhr.
1.–3. Zug
4. Zug
s.M.G.-Gruppe
s.Gr.W.-Gruppe
Kan.-Gruppe
Ferner: 4 Kradmelder, J.-Trupp, Tross
4. Kp.
Kp.-Fhr.
PaK-Zug
Pionier-Zug
Kanonen-Zug
Werfer-Zug Kal.
28cm Sprenggranaten oder 32cm Flammgranaten
Ferner: 6 Kradmelder, J.-Trupp, Tross (mit verst. Mun.Kol.)

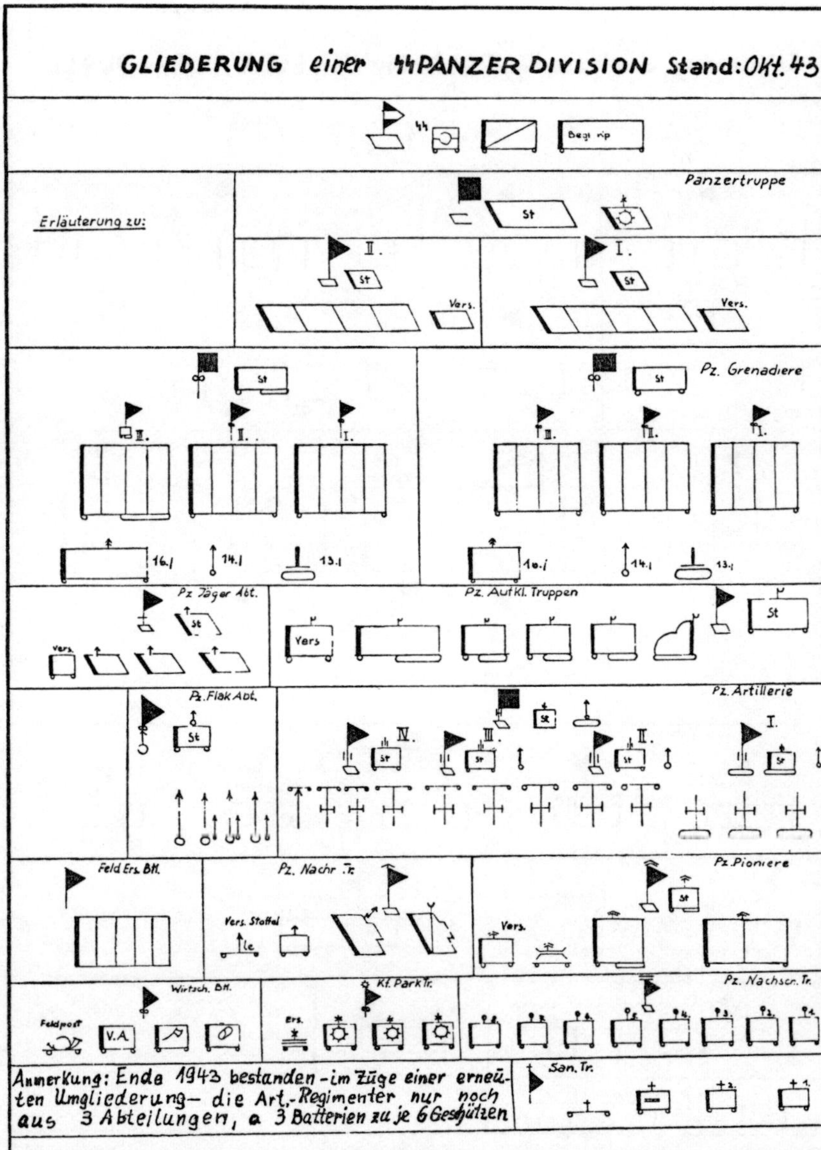
GLIEDERUNG einer SS PANZER DIVISION Stand: Okt. 43
Begl. Kp
Erläuterung zu:
Panzertruppe
St
II.
I.
Vers.
Pz. Grenadiere
III.
16./
14./
13./
Pz Jäger Abt.
Pz. Aufkl. Truppen
Vers
Pz. Flak Abt.
Pz. Artillerie
IV.
Feld Ers. Btl.
Pz. Nachr. Tr.
Vers. Staffel
le
Pz. Pioniere
Wirtsch. Btl.
Feldpost
V.A.
Kf. Park Tr.
Ers.
Pz. Nachsch. Tr.
Anmerkung: Ende 1943 bestanden - im Zuge einer erneuten Umgliederung - die Art.-Regimenter nur noch aus 3 Abteilungen, a 3 Batterien zu je 6 Geschützen
San. Tr.

Gliederung der Kampfgr. 9.44 Pz. Division bei Arnheim v.24.9.44.

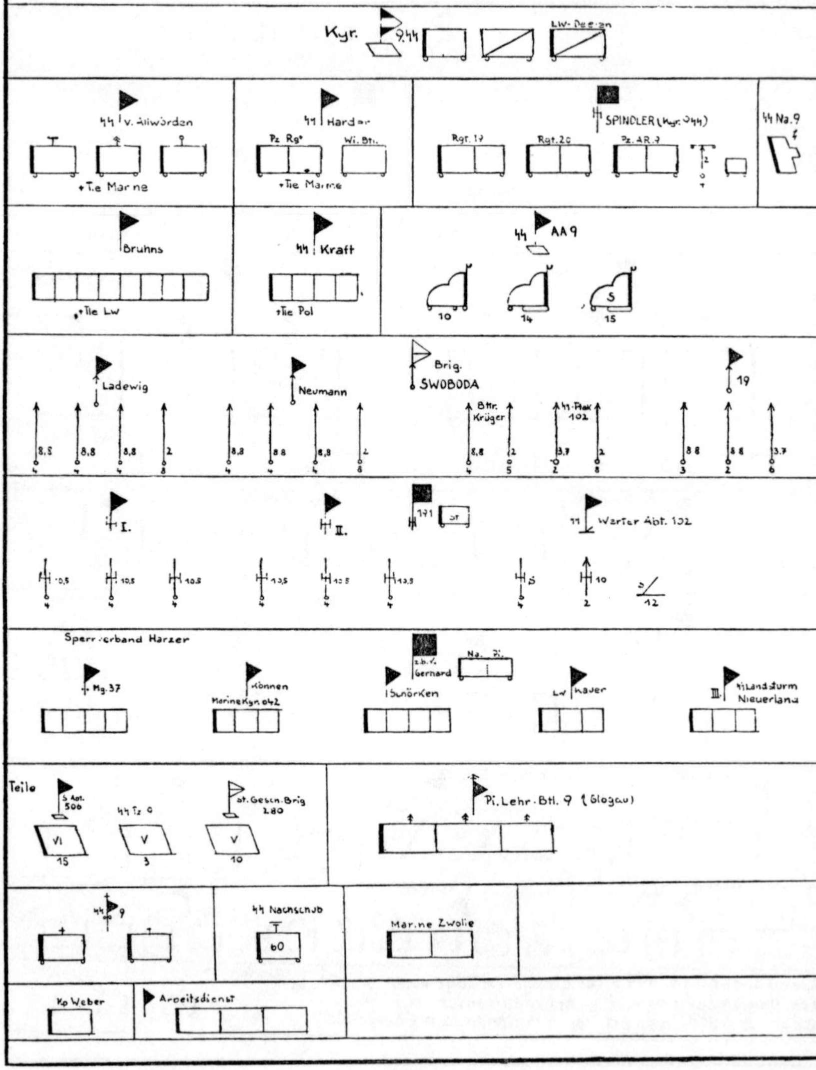